UTB **2900**

W0195134

Eine Arbeitsgemeinschaft der Verlage

Beltz Verlag Weinheim · Basel
Böhlau Verlag Köln · Weimar · Wien
Wilhelm Fink Verlag München
A. Francke Verlag Tübingen · Basel
Haupt Verlag Bern · Stuttgart · Wien
Lucius & Lucius Verlagsgesellschaft Stuttgart
Mohr Siebeck Tübingen
C. F. Müller Verlag Heidelberg
Ernst Reinhardt Verlag München · Basel
Ferdinand Schöningh Verlag Paderborn · München · Wien · Zürich
Eugen Ulmer Verlag Stuttgart
UVK Verlagsgesellschaft Konstanz
Vandenhoeck & Ruprecht Göttingen
vdf Hochschulverlag AG an der ETH Zürich
Verlag Barbara Budrich Opladen · Farmington Hills
Verlag Recht und Wirtschaft Frankfurt am Main
WUV Facultas Wien

Philippe Mastronardi

Verfassungslehre

Allgemeines Staatsrecht als Lehre vom guten und gerechten Staat

Haupt Verlag
Bern · Stuttgart · Wien

Philippe Mastronardi, Prof. Dr. iur., Ordinarius für öffentliches Recht an der Universität St. Gallen.
Geboren 1946, Rechtsstudium an der Universität Bern, 1972 Fürsprecherpatent und 1978 Promotion. Bis 1994 Sekretär der Geschäftsprüfungskommissionen der eidgenössischen Räte. Schwerpunkte der Lehr- und Forschungstätigkeit: Staatsrecht, Verwaltungsreform, Methodenlehre, Rechts- und Staatstheorie.

1. Auflage: 2007

Bibliografische Information der Deutschen Nationalbibliothek

Die Deutsche Nationalbibliothek verzeichnet diese Publikation in der Deutschen Nationalbibliografie; detaillierte bibliografische Daten sind im Internet über http://dnb.d-nb.de abrufbar.

ISBN 978-3-8252-2900-9

Vorwort

Ziel des Buches:
Die vorliegende Verfassungslehre entspricht dem, was traditionell eine **Einführung in das allgemeine Staatsrecht** genannt wird. Die Frage nach dem guten und gerechten Staat muss aber heute breiter gestellt werden. Darum vermittelt die Publikation eine Einführung in das Denken in öffentlichen Belangen. **Verfassungslehre** heisst das Buch, weil es nicht nur um den formal institutionalisierten Staat geht, sondern um den öffentlichen Raum insgesamt. Es soll auch die gesellschaftlichen und wirtschaftlichen Kräfte erfassen, welche öffentliche Aufgaben wahrnehmen oder politische Macht ausüben.

Der Gedankengang setzt an der grundlegenden Unterscheidung von privatem und öffentlichem Raum an. Dann führt er in die Staatslehre und in die politische Ethik ein, um auf diesen Grundlagen eine Verfassungslehre zu entfalten. Diese folgt in vier Schritten vom Abstrakten zum Konkreten:
1) Ethische Grundlage bildet die universale Moral der **Diskursethik.**
2) Auf der kulturell bedingten Ebene der politischen Theorie ergibt sich daraus das Konzept der **deliberativen Demokratie.**
3) Dieses lässt sich dann auf der rechtlichen Ebene des allgemeinen Staatsrechts in Grundsätzen des **demokratischen Verfassungsstaates** ausgestalten.
4) Auf der Ebene konkreter Staatsordnungen ergeben sich daraus **staatsleitende Prinzipien** wie Rechtsstaat, Demokratie, Föderalismus oder Leistungsstaat. Im internationalen Raum lassen sich daraus **Verfassungsprinzipien einer Weltordnung** entwickeln.

Moral	Ethik	Diskurs
Kultur	Politische Theorie	↓ Deliberative Demokratie
Recht	Staatsrecht	↓ Demokratischer Verfassungsstaat

Staatsleitende   Verfassungsprinzipien
Prinzipien   der Weltordnung

Dieser an sich anspruchsvolle Gedankengang wird auf elementar vereinfachte Weise auch Studienanfängern nahegebracht. Nach dem Muster des UTB-Bandes 2267 «Juristisches Denken» (Bern, 2. Aufl. 2003) wird im Grundlagenteil jeder Gedankenschritt in eine Einführung und eine Vertiefung gegliedert und mit Einführungs- und Übungsbeispielen eingerahmt. Diese didaktische Konzeption erleichtert einer breiten Leserschaft den Zugang und verlockt zugleich zum Weiterdenken.

Hinweise für die Leserin und den Leser:

Weil die Vertiefungen im ersten Teil des Buches zum Teil anspruchsvoll sind, wurden die **Einführungen** so gestaltet, dass sie auch alleine ein Bild der hier vertretenen Verfassungslehre vermitteln. Der rote Faden durch das Buch reisst nicht ab, wenn die Vertiefungen ausgelassen werden. Anderseits können auch die **Vertiefungen** für sich alleine gelesen werden.

Wer sich nur einen **raschen Überblick** verschaffen will, kann mit der Gesamtbetrachtung in Ziffer 15 beginnen und danach einzelne Kapitel nachschlagen.

Zu den meisten im Text **fett gedruckten Begriffen** finden sich Erläuterungen mit Hilfe des **Sach- und Personenregisters.** Die *kursiv gedruckten Textteile* enthalten Vereinfachungen oder Illustrationen zum Haupttext. Die Kästen liefern zusätzliche Informationen oder vertiefen ein Thema.

Dank

Das Buch verdankt sein Entstehen der grossen Mithilfe von Alexander Blarer und Christopher Rühle, die mich wissenschaftlich unterstützt haben, sowie von Katrin Thalmann, die das Lektorat übernommen hat. Zahlreiche Abklärungen verdanke ich Adelheid Becker und Melanie Knüsel. Meinem Wunsch, nicht nur über Diskurs zu schreiben, sondern auch diskursiv zu schreiben, haben zahlreiche Personen entsprochen, indem sie Entwürfe kommentiert oder mit mir diskutiert haben. Wertvolle Hinweise verdanke ich auf diese Weise Jan Assmann, Dorothea Baur, Hugo Eichhorn, Pierre Faessler, Lydia Fijn van Draat, Otfried Höffe, Erik Hornung, Frank Jehle, Alois Riklin, Yvonne Süess, Walter Steffen, Manuela van der Willik und Karin Wittmer.

St. Gallen, im Herbst 2006
Philippe Mastronardi

Anschrift:
Prof. Dr. iur. Philippe Mastronardi
Universität St. Gallen
Bodanstrasse 3
CH-9000 St. Gallen
philippe.mastronardi@unisg.ch

Inhaltsübersicht

Inhaltsverzeichnis

Abbildungsverzeichnis

Abkürzungsverzeichnis

a.a.O.	am angeführten Ort
Abs.	Absatz/Absätze
A. d. V.	Anmerkung des Verfassers
ägypt.	ägyptisch
Art.	Artikel
ASOG	Allgemeines Gesetz zum Schutz der öffentlichen Sicherheit und Ordnung in Berlin
AT	Österreich
Aufl.	Auflage
BBl	Bundesblatt der Schweizerischen Eidgenossenschaft
BGÖ	Bundesgesetz vom 17. Dezember 2004 über das Öffentlichkeitsprinzip der Verwaltung (Öffentlichkeitsgesetz)
BRD	Bundesrepublik Deutschland
bspw.	beispielsweise
BV	Bundesverfassung der Schweizerischen Eidgenossenschaft vom 18. April 1999
B-VG	Bundes-Verfassungsgesetz der Republik Österreich
bzw.	beziehungsweise
ca.	circa
CH	Schweiz
d.h.	das heisst
DE	Bundesrepublik Deutschland
ders.	derselbe
dies.	dieselbe(n)
ed./eds.	editor(s)/Herausgeber
EG	Europäische Gemeinschaften, auch Europäische Gemeinschaft (vormals Europäische Wirtschaftsgemeinschaft EWG)
EMRK	Konvention zum Schutze der Menschenrechte und Grundfreiheiten vom 4. November 1974 (Europäische Menschenrechtskonvention), SR 0.101.
et al.	und andere
EU	Europäische Union
EuGH	Europäischer Gerichtshof (EG/EU)
f., ff.	folgende Seite/Seiten

GG	Grundgesetz für die Bundesrepublik Deutschland vom 23. Mai 1949 (Bonner Grundgesetz)
griech.	griechisch
GwG	Bundesgesetz vom 10. Oktober 1997 zur Bekämpfung der Geldwäscherei im Finanzsektor (Geldwäschereigesetz, GwG)
Hrsg.	Herausgeber
i.d.R.	in der Regel
i.S.	im Sinne
insb.	insbesondere
lat.	lateinisch
n.Chr.	nach Christi Geburt
NGO	Non-governmental organisation/Nichtregierungsorganisation
Nr.	Nummer
Rz.	Randziffer
sog.	so genannt(e)
SR	Systematische Sammlung des Bundesrechts
SRO	Selbstregulierungsorganisationen
StGB	Schweizerisches Strafgesetzbuch vom 21. Dezember 1937
StGG	Staatsgrundgesetz (Österreich) über die allgemeinen Rechte der Staatsbürger vom 21. Dezember 1867 (durch Art. 149 B-VG im Verfassungsrang)
u.a.	unter anderem bzw. und andere(s)
u.U.	unter Umständen
UNO	United Nations Organisation/Organisation der Vereinten Nationen
UNO-Pakt II	Internationaler Pakt über bürgerliche und politische Rechte vom 16. Dezember 1966, SR 0.103.2
v.a.	vor allem
v.Chr.	vor Christi Geburt
vgl.	vergleiche
WTO	World Trade Organisation/Welthandelsorganisation
z.B.	zum Beispiel
z.T.	zum Teil
ZEWO	Schweizerische Fachstelle für gemeinnützige, Spenden sammelnde Organisationen
Ziff.	Ziffer
zit.	zitiert

I Grundlagen

Der Aufbau einer normativen Verfassungslehre

Eine normative Verfassungslehre handelt von unserem Zusammenleben im öffentlichen Raum. Sie redet von unseren Beziehungen zu Menschen, die wir meist nicht kennen. Sie will uns helfen zu beurteilen, was in diesen Beziehungen gut oder schlecht, gerecht oder ungerecht ist.

Ihre Elemente sind:

(1) **Der öffentliche Raum** – dieser umfasst das Zusammenleben der Menschen in der Öffentlichkeit. Er steht im Gegensatz zum privaten Bereich, der uns allen vertraut ist. Grob kann man sagen, dass alles Private öffentlich wird, wenn es generell-abstrakten Charakter erlangt: wenn es um die Frage der gerechten Beziehung zu einer unbestimmten Anzahl von Menschen geht (Ziff. 1).

(2) **Der Staat** – dieser ist die formale Organisation, welche die Voraussetzungen und Bedingungen unseres Zusammenlebens im öffentlichen Raum herstellt. Hier geht es um die Frage der Verteilung öffentlicher Macht nach den Grundsätzen der Demokratie und des Rechtsstaates (Ziff. 2).

(3) **Die politische Ethik** – diese handelt von der Legitimation des Staates. Sie fragt nach den Kriterien für die Beurteilung der Machtordnung als gut oder schlecht, gerecht oder ungerecht (Ziff. 3).

(4) **Die Verfassung** – die Verfassungslehre integriert die drei ersten Elemente zu einer Verfassung: Die Verfassung verleiht dem (1) öffentlichen Raum eine (2) staatliche Ordnung nach den (3) Grundsätzen der politischen Ethik (Ziff. 4).

1. Der öffentliche Raum

1.1. Einführung: Was unterscheidet das Öffentliche vom Privaten?

Vorab gilt es, einige zentrale Begriffe zu klären: In welchem Verhältnis stehen privater Bereich, Gesellschaft, Wirtschaft und öffentlicher Raum zueinander (Ziff. 1.1.1.)? Diese Begriffe sind nicht nur deskriptiv zu verstehen. Sie enthalten zugleich normative Anleitungen für unser Handeln. Insbesondere ist zu zeigen, welche Handlungsgrundsätze für den öffentlichen Raum massgeblich sind (Ziff. 1.1.2.). Eine integrative Betrachtungsweise wird schliesslich das Öffentliche überhaupt als Prinzip begreifen (Ziff. 1.1.3.).

1.1.1. Das Verhältnis von privatem Bereich, Gesellschaft, Wirtschaft und öffentlichem Raum

1 Intuitiv unterscheiden wir zwischen dem Privaten und dem Öffentlichen als Bereiche oder Räume, in denen wir uns bewegen[1]. Das Private erscheint als das Persönliche, das uns Vertraute, Nahe, während das Öffentliche uns als unpersönlich, fremd und fern vorkommt. Das Private ist der Bereich unserer individuellen Lebensgestaltung, das Öffentliche der Raum der kollektiven Ordnung[2].

2 **Beispiel:** Wenn der «Voralpenexpress» in St. Gallen einfährt, steigen immer viele Passagiere aus dem beliebten Selbstbedienungs-Speisewagen aus. Auf dem Bahnsteig vor dem Ausgang bildet sich eine Traube von neuen Reisenden, die warten, bis die andern ausgestiegen sind, um selbst einzusteigen. Eine Gruppe von Reisenden steigt deshalb in den anschliessenden Bahnwagen erster Klasse ein, dringt im Innern des Zuges in das begehrte Abteil vor und besetzt dort die besten Sitzplätze.

3 **Fragen:** *Worin liegt in diesem Beispiel der grundsätzliche Unterschied des Verhaltens der beiden Gruppen von Reisenden?[3] Wie sollen wir uns gegenüber andern verhalten? So, wie es uns am meisten nützt? So, wie es für die Gesamtheit*

---

[1] «Raum» oder «Bereich» meinen dabei nichts Örtliches, sondern eine «Welt» als sinnhaften Zusammenhang.

[2] Mühe haben wir allenfalls mit der Einordnung von Gesellschaft und Wirtschaft. Diese gelten als privat und kollektiv zugleich.

[3] Zur Antwort vgl. hinten Rz. 65.

am besten ist? So, dass andere nicht zu kurz kommen? Oder so, wie es die traditionellen Regeln des Zusammenlebens von uns fordern?

Jede dieser Handlungsmaximen hat ihre Berechtigung. Aber je nach Situation 4 kann jede auch falsch sein. Wir kommen nicht darum herum, jeweils die Entscheidung zu treffen, welche Maxime wir im Einzelfall befolgen wollen. Damit wir diese Entscheidung aber bewusst treffen können, müssen wir lernen, die Situation, in welcher wir uns gerade befinden, einzuschätzen. Wir brauchen Kriterien für richtiges Handeln.

Dazu ist es hilfreich, aus der Vielfalt der Lebenssituationen und der Hand- 5 lungskriterien typische Fälle herauszugreifen und in eine gedankliche Ordnung zu bringen. Dem dienen **Ordnungsbegriffe** wie «privater Bereich», «öffentlicher Raum», «Gesellschaft» oder «Wirtschaft». Sie kennzeichnen zugleich faktische Lebensbereiche wie normative Grundsätze für unser Verhalten gegenüber andern in bestimmten Aspekten unseres Zusammenlebens (vgl. dazu den Kasten «Methodischer Hinweis»).

Methodischer Hinweis zur Begriffsbildung:

Die Bildung von Ordnungsbegriffen, wie sie hier verwendet werden, folgt zwei Verfahrensschritten:

1) Zuerst dienen die Begriffe dazu, den Fluss der Lebenserfahrung analytisch aufzuteilen. Dadurch lässt sich die Wirklichkeit besser erkennen und beschreiben. Dazu wird der Standpunkt des **Beobachters** eingenommen. Seine Aussagen sind **deskriptiver** Natur (d.h. möglichst ohne Wertung). *Das Private und das Öffentliche werden als «Bereiche» oder «Räume» auseinander genommen.*

2) Sodann gilt es, die analysierten Teile wieder zusammenzuführen. Die konstruierten Gegensätze müssen wieder vereint werden, wenn es darum geht, Zusammenhänge zu verstehen, konkrete Entscheidungen zu treffen und dabei richtig zu urteilen. Dadurch wird der praktische Sinn der Begriffe sichtbar. Dazu wird der Standpunkt des **Teilnehmers** eingenommen. Seine Aussagen sind **normativer** Natur (d.h. werthaltig). *Freiheit und Verantwortung werden als untrennbare Grundsätze des Handelns miteinander verknüpft.*

Beobachten und Teilnehmen sind die beiden grundsätzlichen Haltungen, die wir zur Welt einnehmen können. Entweder machen wir die Welt zu unserem Objekt (Erkennen, Beschreiben) oder wir bringen uns als Subjekt in unsere Welt ein (Verstehen, Beurteilen).*

Eine **integrative Denkweise,** wie sie in diesem Buch gepflegt wird, wird stets versuchen, die beiden Haltungen des Beobachtens und des Teilnehmens in ein ganzheitliches Sinnverständnis zusammenzuführen (sie zu integrieren).

* Näheres dazu vgl. Philippe Mastronardi, Juristisches Denken, Rz. 35 ff.

6 Eine Verfassungslehre interessiert sich v.a. für unser Handeln im öffentlichen Raum. Für sie ist daher die wichtigste Unterscheidung jene von «privat» und «öffentlich». Was meinen wir damit?

7 Im privaten Bereich können wir tun und lassen, was wir wollen. Dem sagen wir Freiheit, Autonomie oder Selbstverwirklichung. Es ist der Bereich, in dem uns niemand Vorschriften macht. Hier bestimmen wir selber, was wir gut finden, ob wir nach bestimmten Grundsätzen leben wollen und wann wir uns

an diese halten sollen. Wir schaffen uns eine eigene Ordnung oder wählen uns zumindest jene Gruppe und jene Ordnung aus, die uns zusagt.

Den **öffentlichen Raum** verstehen wir hingegen zunächst als jene fremde 8 Ordnung, die uns von den andern auferlegt wird. Recht und Staat setzen hier Regeln durch, denen wir nur beschränkt ausweichen können. In einer Demokratie können wir diese Regeln zwar ändern, aber nicht alleine und nur mit erheblichem Aufwand. Wir erleben den öffentlichen Raum daher eher als Bereich der Pflichten und des Zwangs.

Dieser vorläufigen Wahrnehmung einer privaten Welt der Freiheit und einer 9 öffentlichen Welt des Zwangs entspricht am ehesten das liberale Modell eines Weltbildes. Dieses soll hier kurz eingeführt werden:

Das liberale Weltbild trennt scharf zwischen Individuum, Gesellschaft und 10 Staat. Die Wirtschaft gilt dabei als Teil der Gesellschaft[4].

Das **Individuum** ist von Natur aus frei und bestimmt sich selbst in allem 11 Handeln. Freiheit heisst dabei Abwesenheit von Fremdbestimmung jeglicher Art. Der Einzelne gestaltet seine Lebensweise in Selbstverantwortung. Er ist autonom, d.h. er setzt sich seine Ziele und Regeln selbst. Er bestimmt insbesondere selbst über seine moralischen Vorstellungen und soll auch rechtlich möglichst ungebunden sein. Als vernünftiges Wesen ist er grundsätzlich fähig, selbst zu erkennen, was gut und richtig ist. Das Kollektiv hat ihm dabei keine Vorgaben zu machen. Diese ungehinderte Selbstbestimmung des Individuums kennzeichnet den privaten Bereich.

Im liberalen Modell ist die **Gesellschaft** der Bereich spontaner kollektiver 12 Selbstregulierung. Wenn alle Individuen ungehindert ihren Eigeninteressen nachgehen, ergibt sich von selbst – wie von unsichtbarer Hand gelenkt – das Gemeinwohl. Der Wettbewerb unter den Einzelnen wird sie dazu veranlassen, ihr Bestes zu geben, um sich in der Gesellschaft zu behaupten. Die Gesellschaft umfasst insbesondere Bereiche wie Kirche, Kunst, Wissenschaft, Wirtschaft und allgemeine Öffentlichkeit. Sie alle haben privaten Charakter und stehen in einem Gegensatz zum Staat.

Die **Wirtschaft** ist in diesem Modell jener Teil der Gesellschaft, der am stärks- 13 ten durch den Wettbewerb gesteuert wird. Sie erlangt dadurch auch eine Führungsrolle in der liberalen Entwicklung. Das freigesetzte Spiel der wirtschaftlichen Kräfte führt dazu, dass jede Leistung zu ihrem höchsten Wert

---

4   Vgl. zum Folgenden: DIETER GRIMM, Recht und Staat; UDO BERMBACH, Liberalismus, 323 ff.

vermarktet wird. Am Markt kriegt jener den Zuschlag, der am meisten zu zahlen bereit ist. Und das ist jener, für welchen die Leistung den höchsten Wert besitzt. Auf diese Weise wird das ungehinderte Eigeninteresse eines jeden durch den Wettbewerb so kontrolliert und kanalisiert, dass es letztlich den Wohlstand fördert.

14 Der **Staat** hat damit nach der liberalen Konzeption keinen Auftrag zur Förderung des Gemeinwohls. Er soll bloss die spontane gesellschaftliche Harmonie gegen Angriffe von aussen oder Störungen von innen schützen und eine Rahmenordnung dafür schaffen, dass die gesellschaftlichen Prozesse wirksam ablaufen können. Er ist die Zwangsorganisation, die notwendig ist, damit die private Freiheit nicht missbraucht wird. Das öffentliche Interesse, welches der Staat dabei zu vertreten hat, wird von der Summe der privaten Interessen abgeleitet. Diese haben daher grundsätzlich Vorrang. Begrenzt werden sie nur dadurch, dass sie die berechtigten Interessen anderer Privater nicht verletzen dürfen. Der Staat ist damit im Wesentlichen nur als Schiedsrichter zwischen den Privaten eingesetzt. Er soll möglichst wenig Macht ausüben können. Das Private hat Vorrang vor dem Staat.

15 Insgesamt zieht das liberale Modell die **Trennlinie zwischen dem privaten Bereich und dem öffentlichen Raum** entlang der formellen Staatsorganisation und entlässt die private Ausübung öffentlicher Macht durch Gesellschaft und Wirtschaft aus der öffentlichen Verantwortung. Es unterscheidet das Private vom Öffentlichen nach dem Kriterium von Freiheit und Zwang. Individuum, Gesellschaft und Wirtschaft sind die Orte der Freiheit, der Staat ist der Ort des Zwangs.

16 Das liberale Modell ist als Reaktion auf den **absolutistischen Staat** des 17. und 18. Jahrhunderts zu verstehen. Dieser wollte das individuelle, gesellschaftliche und wirtschaftliche Wohl des Einzelnen politisch steuern. Der Staat griff tief in Gesellschaft, Wirtschaft und Individualsphäre ein. Dagegen wehrte sich das aufstrebende Bürgertum mit den Thesen des Liberalismus. Dieser ist also die bürgerliche Antwort auf die Herrschaft des Ständestaates. Er ist zugleich die politische Umsetzung der Aufklärung. Aus diesen Bedingungen heraus muss er verstanden werden. Der Liberalismus ist somit auch ein Kind seiner Zeit. In vielem trifft er zwar auch auf die heutige Situation noch zu. Aber auch er ist nur ein Modell und unterliegt dem Wandel.

17 So war die Freiheit, welche der Liberalismus gegen Staat und Kirche geltend machte, ursprünglich auf einen Glauben an natürliche Rechte des Menschen

gegründet und verband Freiheit mit Gleichheit und Brüderlichkeit (heute Mitmenschlichkeit). Später schwand einerseits die naturrechtliche Grundlage. Anderseits geriet die Brüderlichkeit in die politische Auseinandersetzung um die **soziale Frage.** Der Liberalismus hatte vorausgesetzt, dass das Interesse an Freiheit (gegenüber den absolutistischen Mächten) für alle Menschen das gleiche sei. Dies erwies sich als Täuschung insofern, als die unteren sozialen Schichten Freiheit nur durch Gleichheit und Brüderlichkeit erlangen können, während die Oberschicht den sozialen Charakter der Freiheit vernachlässigen kann. Die Oberschicht neigt daher dazu, Freiheit privat zu verstehen und sie von der sozialen Gerechtigkeit zu trennen, die im öffentlichen Raum belassen wird. Dadurch ergibt sich die heute im liberalen Selbstverständnis vorherrschende Trennung von privatem Freiraum und öffentlichem Zwang.

Diese Vorstellung ist aber nicht zwingend. Die **griechische Antike**[5] kannte eine 18 andere Trennung von privatem Bereich und öffentlichem Raum. Das Private war die Sphäre des Haushalts. Dieser war von den Lebensnotwendigkeiten beherrscht. Hier ging es um die elementaren Bedürfnisse des Menschen und um ihre Befriedigung. Es war der Bereich der Not und damit des Notwendigen. Zur Sicherung der Existenz schienen Zwang und Herrschaft von Menschen über Menschen legitim, so auch die Sklavenhaltung.

Demgegenüber war der öffentliche Raum – die Polis – für jene Männer, wel- 19 che dazugehören durften[6], der Ort der Freiheit, der politischen Entfaltung. Es war der Bereich, in dem man gleich war mit den andern Freien, wo die Ungleichheiten des privaten Bereichs und seine Herrschaftsverhältnisse überwunden wurden. Für jene, welche das Privileg hatten, Bürger zu sein, war es der Ort der Verständigung über das Gemeinwohl und über die Massnahmen und Mittel zu seiner Verwirklichung. Und es war der Ort der öffentlichen Tugend: der Gerechtigkeit.

Die **Wirtschaft** aber gehörte in den Bereich des privaten Haushalts. Ökono- 20 mie kommt ja von oiko-nomos, der Haus-Verwaltung. *Noch heute reden wir vom Haushalt des Staates oder vom haushälterischen, d.h. ökonomischen Umgang mit den verfügbaren Mitteln.* Die Wirtschaft war Teil des Zwangsbereichs, der privaten Unfreiheit.

---

5 Vgl. zum Folgenden HANNAH ARENDT, Vita activa, 33–97.
6 Ausgeschlossen waren alle Ausländer, Sklaven und Frauen. Die freien Bürger bildeten folglich eine kleine Minderheit der Bevölkerung.

> Damit war die Zuordnung von Freiheit und Zwang gerade umgekehrt als nach dem liberalen Modell: Der private Bereich war der Zwangsbereich; der öffentliche Raum war der Raum der Freiheit.

21 Wie aber konnte sich dieses Verhältnis in sein Gegenteil verkehren? In der **Neuzeit** erweiterte sich das zweiteilige Modell (das nur zwischen öffentlichem Raum und privatem Bereich unterschied) um den Begriff der **Gesellschaft** und wurde dreiteilig (öffentliche, gesellschaftliche und private Sphäre). Denn was wir heute Gesellschaft nennen, fiel im Altertum in den Bereich des Privaten, Familiären. Gesellschaft ist gewissermassen die Ausdehnung des Familiären ins Allgemeine. Sie ist die Abstraktion individueller Beziehungen, die Verallgemeinerung konkret gelebter Solidarität. *Gemeinnützige Vereine und Stiftungen leisten für die Allgemeinheit jene Dienste, welche im Familienkreis die Verwandten erbringen (z.B. Hilfe in Not, im Alter oder für benachteiligte Menschen).*

22 Das Gleiche geschah mit der **Wirtschaft.** Verkürzt lässt sich die Entwicklung wie folgt kennzeichnen: Mit der Arbeitsteilung löste sich das Wirtschaften vom Haushalt und vom familiären Bereich. Es wurde öffentlich. So wie die Gesellschaft öffentlich gewordener privater Bereich ist, ist die Wirtschaft das öffentlich gewordene Haushalten.

23 Dabei behielt das Wirtschaften aber seine private Logik bei. Die Ausdehnung der Wirtschaft in allgemein-abstrakte Beziehungen unter Menschen brachte auch eine Ausdehnung der privaten Regeln in den öffentlichen Raum. Es ging immer noch um die Bewältigung des Lebensnotwendigen, um die Deckung von Bedürfnissen. Die Bedürfnisbefriedigung wurde so zum allgemeinen Massstab des Verhaltens. Lust und Unlust, die Kriterien des Not-Wendigen, der Überwindung von Zwängen des privaten Bereichs, wurden in den öffentlichen Raum getragen.

24 Heute verdrängen die Verhaltensregeln des Wirtschaftens die Grundsätze des Handelns im öffentlichen Raum immer mehr. Nützlichkeit, Effektivität und Effizienz treten an die Stelle der öffentlichen Tugend der Gerechtigkeit. Und an die Stelle der Verständigung, der Kommunikation über gegenseitiges Handeln treten die Steuerungsmechanismen des Marktes, insbesondere der Wettbewerb und das Geld. Wichtig ist nicht das Handeln des Einzelnen, sondern das Verhalten der Gesamtheit.

Durch das Eindringen der Wirtschaft in den öffentlichen Raum wird der **Uti-** 25
litarismus immer mehr zur öffentlichen Moral. Der Nutzen wird zum einzigen Zweck des Handelns. Die Zweckfrage tritt an die Stelle der Sinnfrage. Der oberste Zweck ist das (nicht nur materielle) Glück, sowohl jenes des Einzelnen wie jenes der grossen Zahl. Dieses soll durch wirtschaftlichen Erfolg hergestellt werden können.

Das wirtschaftliche Handeln (die Zweckrationalität) gelangt zunehmend in 26
Konflikt zum politischen Handeln (der zwischenmenschlichen Verständigung). Für das wirtschaftliche Handeln sind die Sinnfragen immer schon entschieden: Der oberste Zweck, der wirtschaftliche Erfolg, ist vorgegeben. Es braucht darüber keine Verständigung mehr, um das Handeln der Betroffenen auf gemeinsame Ziele auszurichten. Die wirtschaftliche Logik duldet auch keine konkurrierenden Ziele, über die zu diskutieren wäre. *Nur die Konzentration aller Kräfte auf ein einziges Ziel bringt ein Maximum an Erfolg; denn bei mehreren Zielen ist nur eine Optimierung möglich. Für jedes Einzelziel sind dann Abstriche an der Zielerreichung unumgänglich.* Daher braucht die wirtschaftliche Logik auch keine Politik mehr. Diese ist nur hinderlich. *Das ökonomisch Effiziente ist politisch oft nicht konsensfähig.* Wo die Haltung des Wirtschaftens den öffentlichen Raum besetzt, verdrängt die wirtschaftliche Logik den politischen Prozess.

Mit der Eroberung des öffentlichen Raumes erlangt die Wirtschaft einen **Sys-** 27
temcharakter, dem wir uns ausgeliefert fühlen. Und die Politik übernimmt im Gefolge der Wirtschaft ähnliche Züge. Auch sie wird zum System. In dieser Perspektive nehmen wir den öffentlichen Raum nicht mehr als Ort der Freiheit wahr, sondern erleben ihn als Ort des Zwangs, dem wir hilflos gegenüberstehen. Daher sind wir versucht, in den privaten Bereich zu fliehen, wo wir hoffen, noch frei sein zu können.

Allerdings würden wir bei dieser Flucht einem grundsätzlichen Irrtum erlie- 28
gen. Die private Freiheit, die wir dabei finden könnten, ist **negative Freiheit,** reine Abwehr von äusserem Zwang. Diese Negativität würde uns der Ausrichtung auf einen Sinn berauben. Sinn ist nur in einer **positiven Freiheit** zu finden, der Freiheit zu und für etwas, das wir für sinnvoll halten. Dieses Ziel kann zwar auch im privaten Bereich liegen, aber wenn wir auf die Ziele des öffentlichen Raums verzichten, verlieren wir einen Grossteil unserer Entfaltung.

Dies wird klar, wenn wir zum Kern des antiken Modells zurückkehren. Da- 29
nach ist **das Öffentliche** die Welt, in der wir leben, soweit sie uns gemeinsam

ist und nicht Einzelnen zu Eigentum ausgesondert wird. Das Öffentliche ist, was wir in Mitmenschlichkeit (früher: Brüderlichkeit) miteinander teilen: der Raum der Solidarität. Es ist der Ort der sozialen Wirklichkeit. **Das Private** ist demgegenüber der Ort, dem diese grössere Wirklichkeit fehlt, der des öffentlichen Wirkens beraubt (*lat. privatus*) ist.

30 Der Rückzug ins Private hat privativen Charakter, weil er einen Realitätsverlust bedeutet. Er beschränkt uns auf eine negative Freiheit, nach welcher wir für die andern keine Verantwortung tragen. Positive Freiheit würde uns veranlassen, Verantwortung für andere zu übernehmen und damit unseren Wirkungskreis auszuweiten.

31 *Das Privateigentum ist ein Beispiel für die privatisierte Freiheit, welcher die Verantwortung fehlt. Es ist definiert als das Recht, Macht über Sachen (und, wenn es als Kapital in der Wirtschaft eingesetzt wird, indirekt auch über Menschen) auszuüben, ohne der öffentlichen Verantwortung unterstellt zu sein. Während Privateigentum sich etwa in der Schweiz in dieser privaten Funktion erschöpft, kennt das deutsche Recht die Sozialbindung des Eigentums[7].*

32 Der hier gezeichnete Gegensatz von «privat» und «öffentlich» ist notwendig für die Klärung des Themas und für die Orientierung unseres Handelns im öffentlichen Raum. Im Folgenden sollen allerdings zwei Modifikationen an diesem Ausgangsbild vorgenommen werden:

- Das Bild des öffentlichen Raums soll durch die Grundsätze angereichert werden, die in ihm Geltung beanspruchen (Ziff. 1.1.3.)
- Die Verdinglichung des Öffentlichen als «Raum» soll aufgelöst werden; denn was auf den ersten Blick als räumlicher Bereich erscheint, ist bei näherem Zusehen ein Handlungsgrundsatz (Ziff. 1.1.4.).

1.1.2. Grundsätze des Handelns im öffentlichen Raum

33 Erinnern wir uns: Die Unterscheidung von «privatem Bereich», «öffentlichem Raum», «Gesellschaft» und «Wirtschaft» dient dazu, typische Handlungssituationen zu kennzeichnen und Kriterien für unsere Entscheidung bereitzustellen. Eine Verfassungslehre bezieht sich dabei auf den öffentlichen Raum und will Grundsätze dafür angeben, wie in öffentlichen Belangen gut und gerecht gehandelt werden kann. Das bisher sehr allgemein skizzierte Vorverständnis vom Handeln im öffentlichen Raum ist nun einerseits zu differenzieren (Ana-

---

7   Art. 14 Abs. 2 GG, vgl. Hans Hofmann, Art. 14 Grundgesetz, Rz. 50 ff.

lyse), anderseits sind die aus dieser Analyse gewonnenen Unterscheidungen sogleich wieder zu einer Handlungsnorm zu verknüpfen (Integration)[8]. Dabei sind folgende Grundsätze und Spannungsverhältnisse wichtig:

(1) Freiheit und Verantwortung,

(2) Nützlichkeit – Solidarität – Subsidiarität,

(3) Effizienz – Gerechtigkeit,

(4) Das liberale Prinzip – das soziale Prinzip.

(1) Freiheit und Verantwortung: Zunächst ist nochmals die Gegenüberstel- 34 lung von privaten und öffentlichen Zielen hilfreich.

Im privaten Bereich ist das massgebende Prinzip die persönliche **Freiheit** des 35 Einzelnen: Der moderne Mensch versteht sich als frei, urteilsfähig und in der Lage, sein Handeln durch eigenen Willen zu bestimmen. Er entscheidet selbständig, wie weit er sich andern gegenüber binden will. Freiheit bedeutet also einerseits freien **Willen,** anderseits freiwillige persönliche **Bindung.** Der freie Wille äussert sich in Selbstverantwortung, die persönliche Bindung in Solidarität.

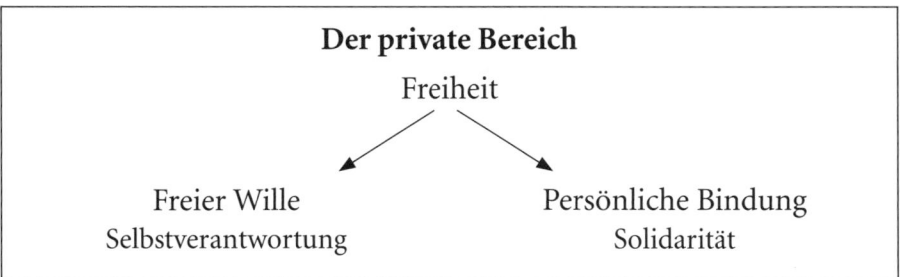

Abbildung 1-1: Grundsätze unseres Handelns im privaten Bereich

Im privaten Bereich bestehen somit auch Verpflichtungen: **Selbstverant-** 36 **wortung** ist die Verpflichtung, für sich selbst zu sorgen. **Solidarität** ist die Verpflichtung, den Nächsten nach dem Grundsatz der Mitmenschlichkeit zu behandeln. Beide sind von zentraler Bedeutung sowohl für das private wie das öffentliche Zusammenleben, weil sie Menschen dazu bewegen, sich als mündige Mitglieder für die Gemeinschaft einzusetzen. Selbstverantwortung und Solidarität sind die Quellen, aus welchen die Kraft des Einzelnen stammt,

---

8   Vgl. den methodischen Hinweis vorne nach Rz. 5.

die ihn zur Wahrnehmung öffentlicher Verantwortung befähigt. Sie verknüpfen die Selbstachtung mit der Rücksichtnahme gegenüber andern. Die beiden Verpflichtungen sind aber autonome Entscheidungen, die jeder nur vor sich selbst zu verantworten hat. Er kann dafür von Dritten nicht zur Rechenschaft gezogen werden. Sie reichen so weit wie das Bewusstsein und das Gefühl des Einzelnen.

37 Im öffentlichen Raum hingegen ist das massgebende Prinzip die **Verantwortung** gegenüber Dritten für die Folgen des eigenen Handelns. Alles Handeln in der Öffentlichkeit muss sich rechtfertigen. Denn jede Einwirkung auf andere ist Ausübung von Macht und daher legitimationsbedürftig. Macht darf ich nur ausüben, wenn ich dazu befugt bin, d.h. sowohl das Recht wie den Auftrag erhalten habe. Nicht mein freier Wille legitimiert mich, sondern erst meine **Kompetenz** i.S. der anerkannten Zuständigkeit. Und über mein Handeln muss ich vor den Betroffenen Rechenschaft ablegen. Erst damit kann ich meine Machtausübung legitimieren.

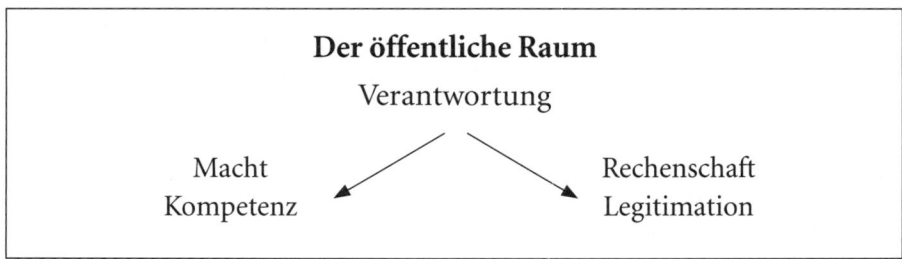

Abbildung 1-2: Grundsätze unseres Handelns im öffentlichen Raum

38 Das Ziel ist in beiden Fällen die Freiheit, doch bedeutet diese je etwas anderes. **Private Freiheit** heisst ungehinderte Willensbetätigung. Sie ist zu schützen gegen alle ungerechtfertigten Einschränkungen von aussen. Für den Einzelnen heisst das: *Alles, was nicht verboten ist, ist erlaubt.* **Öffentliche Freiheit** hingegen heisst gleiche und gerechte Entfaltungsmöglichkeiten für alle. Sie ist zu schützen durch Kontrolle aller Machtausübung. Für denjenigen, der Macht hat, heisst dies: *Alles, was nicht geboten ist, ist verboten.*

39 Die individuelle, private Freiheit ist ein Recht auf Willkür; die kollektive, öffentliche Freiheit ist ein Recht auf Schutz vor Willkür.

Freiheit und Verantwortung gehören immer zusammen, aber im privaten 40
Bereich liegt das Schwergewicht auf der Freiheit, im öffentlichen Raum liegt
es auf der Verantwortung. Im privaten Handeln bin ich frei, solange ich andere nicht verletze. Im öffentlichen Handeln bin ich nur so weit frei, wie die
andern mich dazu ermächtigen. Deshalb sind Rechte im öffentlichen Raum
nicht Spielräume der Willkür, sondern zugleich Verpflichtungen, d.h. Kompetenzen – anvertraute Handlungsmacht, die sich legitimieren muss.

Letztlich geht es in beiden Bereichen um das Gleiche. Ich kann im Privaten 41
nur frei sein, wenn ich im Öffentlichen das Recht habe, die Macht, die andere
über mich haben, zu kontrollieren. Es braucht die öffentliche Verantwortlichkeit für die private Freiheit. Umgekehrt ist die kollektive Freiheit darauf angewiesen, dass Private ihre Freiheit hüten wollen. Denn ohne Wachsamkeit wird
Verantwortlichkeit nicht geltend gemacht.

Der Schutz der beiden Freiheiten ist der Sinn von **Rechtsstaat und Demokra-** 42
tie. Der Rechtsstaat schützt mehr die private, die Demokratie mehr die öffentliche Freiheit. *So dienen die Freiheitsrechte eher dem Einzelnen, die Volksrechte
dem Kollektiv.* Die Grundrechte verknüpfen aber auch private Freiheit und
öffentliche Verantwortung miteinander. Denn sie machen den Schutz privater
Freiheit zu einer öffentlichen Aufgabe. «Wer staatliche Aufgaben wahrnimmt
(d.h. öffentliche Macht ausübt, A.d.V.), ist an die Grundrechte gebunden»,
sagt die schweizerische Bundesverfassung[9]. Das gilt nicht nur für die Behörden, sondern auch für Private, die öffentliche Interessen wahrnehmen und
dafür Macht zugesprochen erhalten. *Warum sollte es nicht auch für die Medienmacht gelten, wenn etwa sensationslüsterne Paparazzi mit ihren Kameras in
die Privatsphäre von Opfern und Tätern eines Skandals eindringen?*

(2) **Nützlichkeit – Solidarität – Subsidiarität:** Als Grundlage soll uns vorerst 43
weiterhin das liberale Modell dienen. Das vereinfachende Bild, welches den
privaten Bereich dem öffentlichen Raum entgegenstellt, muss nun aber differenziert werden. Gesellschaft und Wirtschaft sollen mit einbezogen werden.
Daraus ergeben sich weitere Grundsätze unseres Handelns.

Mit dem Grundsatz der **Subsidiarität** bezeichnen wir den Vorrang der gesell- 44
schaftlichen Regelungskräfte vor staatlicher Steuerung. Staatliche Hilfe setzt
zumutbare Anstrengungen der **Selbstverantwortung** voraus. Wer in Not ge-

---

9 Art. 35 Abs. 2 BV.

rät, hat zwar Anspruch auf Hilfe (lat. subsidium[10]) durch die andern. Was aber nicht aus guten Gründen dem Staat übertragen werden muss, soll der Gesellschaft «überlassen» bleiben[11]. Dabei schlagen wir die Wirtschaft unbesehen zum Bereich der Gesellschaft. Näher besehen ist das Subsidiaritätsprinzip aber eine Zuteilungsregel, mit welcher Verantwortungen für unsere Lebensform zugewiesen werden: teils an die Gesellschaft, teils an die Wirtschaft, teils an den Staat. Die Trennung von Gesellschaft, Wirtschaft und Staat ist Ausdruck einer politischen Entscheidung darüber, wo individuelle Freiheit, wo Markt und wo öffentlich organisierte Solidarität richtig ist.

45 Subsidiarität setzt immer **Solidarität** voraus: Wer sorgt für jenes Mass an Solidarität, das wir in unserer Lebensgemeinschaft pflegen wollen? Übernehmen wir die Verantwortung dafür selbst oder übertragen wir sie dem Staat? Eigentlich geht es um die doppelte Frage, ob eine bestimmte zwischenmenschliche Beziehung solidarisch zu gestalten sei (oder der Steuerung über die Nützlichkeit «überlassen» werden dürfe) und, wenn ja, ob die Verantwortung für die Wahrung der erforderlichen Solidarität der Gemeinschaft oder dem Staat zu übertragen sei.

46 Die erste Frage ist jene nach der Unterscheidung von zwei Verhaltensgrundsätzen des liberalen Modells: jenem der **Nützlichkeit** und jenem der Solidarität. Was jeder nach dem Kriterium seines Nutzens entscheiden soll, fällt in den Lebensbereich Wirtschaft und wird nach den Gesetzen des Marktes gesteuert. Wo wir hingegen nach den Erfordernissen der Solidarität handeln sollen, bewegen wir uns im Lebensbereich Gemeinschaft. Wo diese nicht genügt, erschaffen wir – als Ersatz oder als Stütze – die Gesetze des Staates.

> Der Vorrang, den «die Gesellschaft» vor «dem Staat» kraft Subsidiaritätsprinzip beansprucht, gilt nur für solidarisches Handeln, nicht für Nützlichkeitsstreben. Nur die Gemeinschaft darf sich darauf berufen, nicht aber die Wirtschaft.

---

10 Subsidium meint ursprünglich die Unterstützung der römischen Schlachtordnung durch eine Reservetruppe, die erst angreifen sollte, wenn die vorderen Schlachtreihen nicht ausreichten.

11 Die Redewendung, man «überlasse» eine Aufgabe der Gesellschaft oder der Wirtschaft, ist zwar gebräuchlich, sie verdeckt allerdings, dass damit nicht ein natürlicher Zustand unberührt bleibt, sondern auch dieses «Überlassen» ein Zuteilen ist. Alle Funktionen von Gesellschaft oder Wirtschaft sind diesen politisch zugewiesen und sind von ihnen entsprechend zu verantworten.

Für die Wirtschaft gilt ein anderer Grundsatz: **das liberale Prinzip.** Was nicht 47
der Gemeinschaft vorbehalten werden muss, soll der Will-Kür des Einzelnen
überlassen bleiben. Er soll in eigener Freiheit (und nach eigener Verantwortung[12]) über sein Handeln entscheiden. Aber auch das liberale Prinzip ist eine
Zuteilungsregel, die demokratisch zu bestimmen ist: Die Grenze zwischen
dem Privaten und dem öffentlichen Bereich kann nur öffentlich gezogen werden.

Daraus ergibt sich eine dreifache Beziehungskette. In der liberalen Gesellschaft 48
ist der Nützlichkeit überlassen, was nicht solidarisch von der Gemeinschaft
getragen werden soll. Und in der subsidiär gestalteten öffentlichen Ordnung
ist der Gemeinschaft überlassen, was nicht staatlich geregelt werden muss. Der
Entscheid darüber, wer, zu welchem Ziel und unter welchen Bedingungen Solidarität zu leisten hat, muss **demokratisch** getroffen werden.

Diese Beziehungskette lässt sich verdeutlichen, indem sie grafisch dargestellt 49
wird. Um das bis anhin benutzte räumliche Denken nicht zu verfestigen, werden dabei nicht Bereiche ausgeschieden, sondern Grundsätze aufgezeigt[13].

---

12 Die Freiheit des Wirtschaftens ist kein Freipass für egoistisches Handeln. Vgl. dazu das Konzept des
    Wirtschaftsbürgers hinten unter Rz. 545.
13 Vgl. dazu die sogleich folgende Korrektur am liberalen Modell.

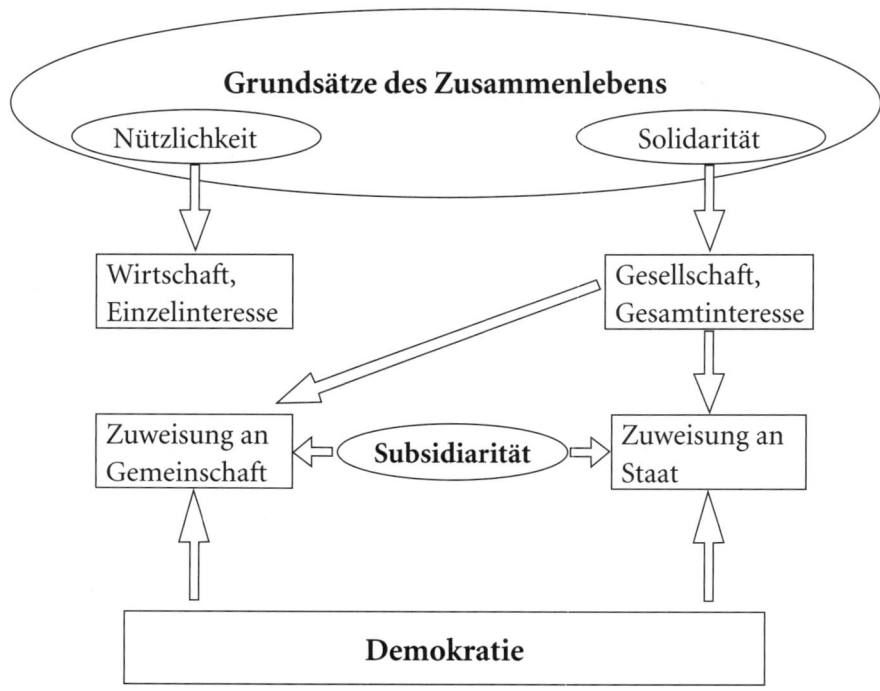

Abbildung 1-3: Nützlichkeit, Solidarität und Subsidiarität als Grundsätze des Zusammenlebens

50 **(3) Effizienz – Gerechtigkeit:** Die liberale Aufteilung des privaten Bereichs in «Gesellschaft» und «Wirtschaft» ordnet diesen zwei Bereichen unterschiedliche Rationalitäten oder Ethiken zu:
- Für die Wirtschaft gelten das Nützlichkeitsdenken und das Kriterium der Effizienz. *Im Beruf muss ich kühl und sachlich sein. Da zählt nur der Erfolg.*
- Für die Gesellschaft gelten die Solidarität und das Kriterium der Verteilungsgerechtigkeit. *In der Freizeit kann ich von Herzen grosszügig sein. Da teile ich gerne mit andern.*

51 Dadurch entsteht freilich eine normative **Spaltung der Welt,** in der wir leben. Je nach Raum, in dem wir uns bewegen, gelten unterschiedliche Prinzipien. Der Grund dafür liegt darin, dass das liberale Weltbild «Wirtschaft» und «Gesellschaft» als Realitäten versteht. Dabei sind es doch nur normative Kons-

trukte unseres Denkens, Vorstellungen, welche uns die Orientierung im Leben erleichtern sollten. Solche Vorstellungen sind nützlich, weil sie die Komplexität der Wirklichkeit reduzieren und damit Entscheidungen vereinfachen. *Jede Teilwelt bietet uns ihre definierten Rollen an, nach denen wir uns verhalten können.* Dadurch schaffen wir aber auch Denkzwänge, die uns einengen. Wenn wir solche Denkzwänge sodann zu so genannten «Sachzwängen» verdinglichen, indem wir sie zu Realitäten machen, werden wir ihre Gefangenen.

Eine **integrative Denkweise,** die diese Spaltung unserer Persönlichkeit über- 52 winden will, wird Wirtschaft und Gesellschaft nicht als zwei «Reiche» begreifen wollen, sondern als zwei normative Einstellungen im Umgang mit Menschen. Sie wird versuchen, sie in eine ganzheitliche Haltung zu integrieren. Sie wird Nützlichkeit und Solidarität in allen Lebensbereichen verknüpfen. Jedes Handeln muss sowohl nützlich wie solidarisch, d.h. effizient wie gerecht sein. *Die eheliche Partnerschaft ist sicher auf Solidarität gebaut, aber sie muss auch nützlich sein. Der Arbeitsvertrag muss beiden Seiten Nutzen bringen, aber er begründet auch ein Solidaritätsverhältnis im Unternehmen.*

(4) Das liberale Prinzip – das soziale Prinzip: Im liberalen Modell treten 53 Freiheit und Solidarität zueinander in ein Spannungsverhältnis:

- Das liberale Prinzip betont die Freiheit eines jeden und verlangt von ihm, dass er in Selbstverantwortung für sich selbst sorge. «*Jede Person nimmt Verantwortung für sich selber wahr*»[14].
- Das soziale Prinzip betont die Sicherheit der Menschen und verlangt von allen, dass sie einander wo nötig Hilfe leisten. «*Wer in Not gerät und nicht in der Lage ist, für sich zu sorgen, hat Anspruch auf Hilfe*»[15].

Auch hier wird eine integrative Sichtweise keine Spaltung zulassen. Einerseits 54 darf Selbstverantwortung nie in Rücksichtslosigkeit ausarten. Anderseits setzt das Hilfsgebot stets die zumutbare Selbsthilfe des Bedürftigen voraus. Das liberale und das soziale Prinzip müssen sich in jedem Einzelfall ergänzen. Jedes Handeln muss sowohl liberal wie sozial sein, d.h. sowohl auf Freiheit wie auf Sicherheit bedacht sein.

---

14 Individuelle und gesellschaftliche Verantwortung, Art. 6 der schweizerischen Bundesverfassung (der Text fährt weiter: «und trägt nach ihren Kräften zur Bewältigung der Aufgaben in Staat und Gesellschaft bei»).

15 Recht auf Hilfe in Notlagen, Art. 12 der schweizerischen Bundesverfassung.

Zwischenmenschliches Handeln im öffentlichen Raum muss somit effizient und gerecht, liberal und sozial zugleich sein.

55 Die vier konkurrierenden Wertvorstellungen lassen sich als vierzackiger Stern von Normen abbilden, welche die Kriterien für alles Handeln im öffentlichen Raum abgeben.

effizient   sozial

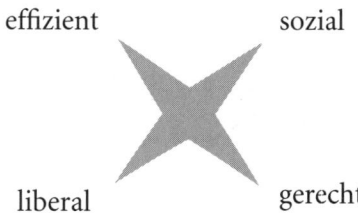

liberal   gerecht

Abbildung 1-4: Der Stern von Normen für das Handeln im öffentlichen Raum

1.1.3. Das Öffentliche als Prinzip

56 Bis hierher haben wir das Private und das Öffentliche als «Bereiche» oder «Räume» beschrieben, um sie fassbar zu machen. Das diente der genaueren Analyse und war als didaktische Vereinfachung angebracht. Aber stimmt dieses Bild?

57 Die Begriffe «privater Bereich», «öffentlicher Raum», «Gesellschaft» und «Wirtschaft» haben stets eine Doppelbedeutung. Sie kennzeichnen einerseits einen bestimmten Lebensbereich, anderseits einen normativen Grundsatz für unser Verhalten gegenüber andern in bestimmten Aspekten unseres Zusammenlebens. Privates Handeln meint Handeln aus individueller Freiheit; öffentliches Handeln ist Handeln aus kollektiver Verantwortung; gesellschaftliches Handeln ist Handeln aus Solidarität und wirtschaftliches Handeln ist Handeln aus Nützlichkeit.

58 Eine **integrative Denkweise** wird diese Unterscheidungen nicht absolut setzen. So gibt es neben privater Freiheit und öffentlicher Verantwortung auch öffentliche Freiheit und private Verantwortung. Dass ein Handeln dem Wirt-

schaftsbereich zugeordnet werden kann, entlastet nicht von der Verpflichtung zu Solidarität. Unser Handeln betrifft stets mehrere Bereiche und ist von mehreren Grundsätzen geleitet.

Eine integrative Sichtweise wird auch in jedem der umschriebenen Begriffe 59 den «Bereich» und den «Grundsatz» stets gleichzeitig erfassen wollen. Die Rede vom «privaten Bereich» und vom «öffentlichen Raum» würde in die Irre führen, wenn sie dazu verleiten wollte, das Private und das Öffentliche zu räumlichen Orten zu verdinglichen. Das Private ist nicht gleichzusetzen mit «den vier Wänden» meiner Behausung; das Öffentliche ist nicht die Strasse oder der öffentliche Platz. Denn bei den verwendeten Ordnungsbegriffen handelt es sich um normative Konstrukte unseres Denkens, die gefährlich werden, wenn wir sie verdinglichen. Dadurch können Denkzwänge entstehen, die wir zu Sachzwängen verfestigen. Entscheidungen würden so zwar vereinfacht, aber auch fehlgeleitet.

Wo wäre denn eine «räumliche» Grenze zwischen privat und öffentlich über- 60 haupt zu ziehen? *Erst beim Schwarzfahren im Bus, schon beim Stammtischgespräch im Restaurant oder gar bei der Unterdrückung der Frau in der Ehe? Verletzt nicht jede private Missachtung der Menschenwürde auch die öffentliche Ordnung?* Es gibt keine sinnvollen räumlichen Grenzen für die Unterscheidung von privat und öffentlich. Die Grenzen müssen normativen Charakter haben.

Wo beginnt der öffentliche Raum? Man könnte sagen, der öffentliche Raum 61 beginne dort, wo Solidarität nicht mehr spontan, kraft Sitte und Moral, gelebt werde und deshalb organisiert werden müsse. Dann beginnt der öffentliche Raum aber für jeden Menschen an einem andern Ort. Denn Erziehung, familiäre Bindungen, regionale Kultur und Lebensalter führen zu unterschiedlichen normativen Vorstellungen über das Verhalten zu andern.

Der private Bereich und der öffentliche Raum sind offenbar normative Vor- 62 stellungen, nach denen wir unser Handeln in bestimmten Situationen ausrichten. Sie haben daher weniger deskriptiven als normativen Inhalt. Die Begriffe beschreiben zwar auch einen Lebensbereich, aber sie formulieren vor allem eine Forderung an unser Verhalten. *Der öffentliche Raum liegt nicht vor der Haustür, sondern findet überall statt, wo ich für mein Handeln öffentlich zur Rechenschaft gezogen werden soll.*

> Der öffentliche Raum beginnt dort, wo Machtverhältnisse dazu führen,
> dass die Freiheit Betroffener staatlich geschützt werden muss. Der Begriff
> «öffentlicher Raum» bezeichnet daher im Folgenden jene Beziehungen
> zwischen Menschen, welche von den Grundsätzen des öffentlichen Zu-
> sammenlebens angeleitet werden.

63 **Das Private als Prinzip** ist die Freiheit der Selbstverantwortung, die Freiheit
zu selbständiger Entscheidung als Individuum. Die private Freiheit enthält
den Auftrag an jeden, seine private Autonomie zu entwickeln.

64 **Das Öffentliche als Prinzip** ist die Freiheit der Mitverantwortung, die Freiheit zur politischen Mitwirkung. Die öffentliche Freiheit enthält den Auftrag
an alle, ihre öffentliche Autonomie zu stärken[16].

65 *Was bedeutet das für das Eingangsbeispiel mit den beiden Gruppen von Reisenden beim Einsteigen in den Zug? Die einen verhalten sich nach der privaten
Freiheit oder dem eigenen Nutzen, die andern nach der öffentlichen Mitverantwortung oder der Gerechtigkeit.*

66 Das Prinzip des Öffentlichen besagt, dass das, was alle angeht, nur alle lösen können[17]. Das setzt Öffentlichkeit im Sinne von Transparenz voraus. *Alle
müssen wissen, worum es geht.* Ferner bedingt es Öffentlichkeit im Sinne der
unbeschränkten Vielzahl beteiligter Menschen. *Alle Betroffenen müssen mitmachen können.* Schliesslich verlangt es Öffentlichkeit im Sinne offener Entscheidungsverfahren. *Jeder muss die gleichen Chancen haben, die Entscheidung
zu beeinflussen.*

67 Das Private und das Öffentliche durchdringen sich faktisch wie normativ. Tatsächlich entwickeln sich immer mehr Mischformen. *So nutzt der Staat immer
mehr private Handlungsformen und immer mehr Private nehmen öffentliche
Aufgaben wahr.* Normativ sind private Freiheit und öffentliche Verantwortung
untrennbar. *Nur wenn selbständige Bürger den Staat führen, dürfen ihm grosse
Verantwortungen übertragen werden. Und nur wenn die Träger öffentlicher
Macht offen Rechenschaft ablegen müssen, ist die private Freiheit der Menschen
im Staat gewährleistet.*

68 Die Antwort auf die eingangs geschilderte Spaltung der Welt in eine private
Freiheit und einen öffentlichen Zwang liegt in der Integration des Privaten

---

16 Näheres zu privater und öffentlicher Autonomie vgl. sogleich hinten unter Rz. 75 ff.
17 Friedrich Dürrenmatt, Punkt 17 der 21 Punkte zu den «Physikern» (Physiker, 91).

und des Öffentlichen. Die Prozesse der Entfremdung des Einzelnen vom öffentlichen Geschehen und der Privatisierung der Freiheit sind nicht unumkehrbar. Es gibt eine starke Bewegung in der Gegenrichtung: **die Zivil- oder Bürgergesellschaft**.

> Die Bürgergesellschaft ist die aktive Öffentlichkeit. Sie umfasst alle Menschen, die sich von öffentlichen Problemen betroffen fühlen und sich in Gruppen organisieren, um an der politischen Regelung von Konflikten im öffentlichen Zusammenleben teilzunehmen. Die Bürgergesellschaft ist Gesellschaft und damit im liberalen Sinne privat, aber sie ist öffentlich im Sinne von politischem Bürgertum, d.h. sie beteiligt sich am öffentlichen Geschehen.

Die Bürgergesellschaft vermittelt zwischen der privat verstandenen Gesell- 69 schaft und der politisch orientierten Öffentlichkeit, indem sie ein Netzwerk von privaten Gruppen bildet, das am öffentlichen Diskurs über politische Fragen teilnimmt[18].

Im Zusammenhang dieses Bandes wird der Begriff der **Bürgergesellschaft** 70 jenem der Zivilgesellschaft vorgezogen. Zwar wird die geschichtliche Herkunft der aktiven Öffentlichkeit durch den Begriff der Zivilgesellschaft besser erfasst: Das bürgerliche Engagement ist aus der Wirtschaft entstanden und hat die liberale Trennung von Staat und Gesellschaft gefordert. Eigentum und Wirtschaftsfreiheit sollten vor dem Staat geschützt werden. Wenn der Staat Steuern erheben wollte, sollte er den Bürgern dafür die parlamentarische Mitbestimmung gewähren («no taxation without representation»). Die bürgerliche Partizipation am Staat hat somit zivile Wurzeln.

Der Begriff des Zivilen wird aber gerne mit jenem des Privaten verbunden, 71 was den Kern der Zivilgesellschaft verfehlt. Die normative Ausrichtung einer staatsbürgerlich engagierten Zivilgesellschaft ist das Bürgerliche im Sinne des Staatsbürgerlichen (Citoyen, nicht Bourgeois). Die Bürgergesellschaft ist daher der Zielbegriff für alle Bemühungen von Wirtschaft und Gesellschaft, den öffentlichen Raum mitzubestimmen. Der Begriff bringt zum Ausdruck, dass

---

18 Mehr zur Bürgergesellschaft findet sich hinten unter Rz. 473 ff.

hier eine öffentliche Macht am Werk ist, welche nach öffentlichen Grundsätzen zu ordnen ist.

72 **Übungsbeispiel:** Nach der modernen Führungslehre soll die öffentliche Verwaltung kundenorientiert arbeiten. Dies ist namentlich eine Forderung des New Public Management (NPM, in Deutschland: «Neues Steuerungsmodell» – NSM, in Österreich und in der Schweiz «Wirkungsorientierte Verwaltungsführung» – WoV). NPM will damit der Verwaltung eine neue Form von Legitimation durch den Kunden verschaffen. Kunden sind die Empfänger von Leistungen der Verwaltung. Gemessen wird die Legitimation an der Kundenzufriedenheit, die mit Umfragen ermittelt wird. Vorher gab es nur die demokratische Legitimation der Verwaltung durch den Bürger, d.h. durch die Wählerschaft oder die Stimmbürgerschaft. Diese Legitimation wird durch Wahlen und demokratisch beschlossene Gesetze hergestellt.

73 **Fragen:**
   (1) Wie unterscheidet sich die Legitimation der Verwaltung durch den Bürger von jener durch den Kunden?
   (2) Was hat dieser Unterschied mit den Grundsätzen privaten und öffentlichen Handelns zu tun?

74 **Antworten:**
   (1) Die Legitimation durch den Bürger ist normativer Art. Sie rechtfertigt das Handeln der Verwaltung aus den Regeln und Grundsätzen des Staatsrechts. Vermittelt wird sie über die Rechenschaftsablage der Verwaltung vor den demokratischen Behörden. Sie ist Ausdruck des Prinzips der Verantwortlichkeit öffentlicher Machtausübung. Die Legitimation durch den Kunden hat nur die Bedeutung einer faktischen Akzeptanz. Sie ist ein Gradmesser für die Nützlichkeit der Leistungen und für die Kundenfreundlichkeit des Stils einer Verwaltung. Sie hat die Funktion, die Verwaltung in ihrer Aufgabenerfüllung zu bestätigen. Ihr entspricht aber keine Verantwortlichkeit der Verwaltung gegenüber ihren Kunden.
   (2) Die Bürgerlegitimation hat öffentlichen Charakter; die Kundenlegitimation hat privaten Charakter. Die Kundenlegitimation beantwortet nur die Frage nach der Nützlichkeit der Verwaltungsleistungen, die Bürgerlegitimation auch jene nach der Gerechtigkeit des Verwaltungshandelns. Die Kundenlegitimation ist eine Maxime der Betriebswirtschaftslehre, die Bürgerlegitimation ein Grundsatz des Staatsrechts.

1.2. Vertiefung: Private und öffentliche Autonomie

Ausgangspunkt ist die Erkenntnis, dass die private Autonomie und die öffentliche Autonomie des Menschen sich wechselseitig bedingen (Ziff. 1.2.1.). Diese beiden Formen menschlicher Freiheit finden ihren Ausdruck in den Institutionen des Rechtsstaats und der Demokratie (Ziff. 1.2.2.). Letztlich steht dahinter ein bestimmtes Menschenbild: jenes der Intersubjektivität der menschlichen Person (Ziff. 1.2.3.)

1.2.1. Wechselseitige Bedingtheit von privater und öffentlicher Autonomie

Private und öffentliche Freiheit sind in der Einführung intuitiv einander ge- 75 genübergestellt worden. Nun gilt es, näher zu betrachten, welche Konzepte hinter diesen Vorstellungen stehen. Es geht um die Polarität und Verschränkung von privater und öffentlicher Autonomie des Menschen.

Als vorläufige Annäherung soll die folgende Begriffsbestimmung dienen: 76

Private Autonomie ist die rechtlich gesicherte Freiheit der Selbstbestimmung jedes Einzelnen. Öffentliche Autonomie ist die ebenfalls rechtlich gesicherte Freiheit zur gemeinsamen Gestaltung des öffentlichen Zusammenlebens.

Falls wir dazu neigen, der privaten Autonomie einen Vorrang vor der öffent- 77 lichen zu geben, verkennen wir, dass beide Formen der Autonomie untrennbar miteinander verbunden sind und keine ohne die andere Bestand haben kann.

Wir können unsere private Autonomie im gesellschaftlichen Zusammenleben 78 nicht alleine definieren. Wir müssen uns darüber mit den andern einigen. Wir müssen gemeinsam Regeln über Inhalt, Umfang und Grenzen der privaten Freiheit aufstellen. Diese Regeln können nur durch das Recht gewährleistet werden. Die private Autonomie ist daher ein rechtlich umschriebener Freiraum.

Wenn die Definition des Freiraums, den wir für uns beanspruchen, ohne un- 79 ser Zutun erfolgen würde, wäre unsere Autonomie von Fremden bestimmt, also heteronom. Das wäre ein Widerspruch in sich selbst. Wir können unsere private Autonomie nur ausschöpfen, wenn wir an der öffentlichen Definition unserer Freiheit teilnehmen. Dies bedeutet, dass wir unsere öffentliche Autonomie dazu brauchen, um die private zu gewährleisten.

80 Das Gleiche gilt für die **öffentliche Autonomie.** Unsere demokratischen Mitwirkungsrechte können nur in einer Kultur der persönlichen Unabhängigkeit der Bürger wirksam sein. Die öffentliche Autonomie wird nur dann gelebt, wenn die Bürger auch privat als autonome Menschen handeln. Denn die politische Kultur lebt vom individuellen Einsatz der Bürger.

81 Beide Formen der Autonomie sind also wechselseitig voneinander abhängig: Private Autonomie wird in Prozessen der öffentlichen Autonomie gesetzt – öffentliche Autonomie wird von Staatsbürgern als den Trägern privater Autonomie geschaffen. Private Selbstbestimmung und öffentliche Selbstgesetzgebung setzen sich gegenseitig voraus. Sie sind zwei Elemente eines zirkulären Zusammenhangs. Private Autonomie muss um ihrer selbst willen darauf ausgerichtet sein, öffentliche Autonomie zu fördern und umgekehrt.

82 Damit lässt sich keine der beiden Formen der Autonomie der andern unterordnen oder auf die andere zurückführen. Sie sind unverzichtbare Momente der einen und unteilbaren Freiheit des Menschen.

83 Diese Verschränkung der beiden Pole menschlicher Freiheit hat Auswirkungen auf das **Rechtsverständnis.** Legitimes Recht muss beide Formen der Autonomie zugleich achten und schützen. Wer eine Rechtsregel anerkennen soll, muss sie auch mitbestimmen können. Das bedeutet, dass jene, die das Recht setzen, und jene, die das Recht befolgen sollen, dieselben sein müssen. Die Autonomie des Menschen verlangt, dass derjenige, der als Adressat des Rechts diesem unterworfen ist, zugleich auch Autor dieses Rechts ist[19].

84 Demnach genügt es nicht, dass das Recht die private Freiheit schützt. Es muss dies zudem in Prozessen der öffentlichen Mitwirkung der Betroffenen tun. «Eine Rechtsordnung ist in dem Masse legitim, wie sie die gleichursprüngliche private und staatsbürgerliche Autonomie ihrer Bürger gleichmässig sichert; aber zugleich verdankt sie ihre Legitimität den Formen der Kommunikation, in denen sich diese Autonomie allein äussern und bewähren kann.»[20] Damit begründet das polare Konzept von privater und öffentlicher Autonomie sowohl den Rechtsstaat wie die Demokratie.

---

19 Jürgen Habermas, Einbeziehung, 301 f.
20 Ders., Faktizität und Geltung, 493.

1.2.2. Autonomie als Grundlage von Rechtsstaat und Demokratie

Die private und die öffentliche Autonomie sind die Zielnormen von Rechts- 85
staat und Demokratie. Der Rechtsstaat schützt die private Freiheit, die Demokratie die öffentliche Freiheit des Menschen. Die Polarität und die Verschränkung der beiden Autonomieformen übertragen sich auch auf die beiden
Prinzipien des modernen Staates. Dass zwischen Rechtsstaat und Demokratie
eine Spannung besteht, leuchtet ein. Daher soll im Folgenden v.a. der innere
Zusammenhang der beiden Grundsätze hervorgehoben werden.

Unter den Prämissen des **Individualismus** rechnen wir Autonomie wie 86
selbstverständlich dem einzelnen Subjekt zu. Autonomie ist eine Eigenschaft
des Individuums. Der Rechtsstaat hat sie zu schützen, insbesondere durch die
Garantie von Menschenrechten. Im Gegensatz dazu ist es dann Aufgabe der
Demokratie, das Kollektiv in seinen Rechten zu schützen, insbesondere die
Volkssouveränität zu gewährleisten. Der Rechtsstaat wird zur Rechtsnorm der
individuellen Autonomie – die Demokratie zu jener der kollektiven Souveränität. Der Rechtsstaat steht für den Einzelnen, die Demokratie für den Staat.
Und damit gelangen Rechtsstaat und Demokratie in den gleichen Gegensatz
zueinander wie der private Einzelne zum Staat.

Die aufgezeigte Verschränkung von privater und öffentlicher Autonomie 87
weist nun aber darauf hin, dass diese Sichtweise einseitig ist. So wie private
Autonomie nur dank der öffentlichen möglich ist, und umgekehrt, sind auch
Rechtsstaat und Demokratie wechselseitig voneinander abhängig. Denn
sie sind ja die organisierten Formen der Sicherung beider Autonomien. Der
Rechtsstaat muss in demokratischen Verfahren geschaffen werden und aufrechterhalten bleiben. Die Demokratie muss durch rechtsstaatliche Garantien
gesichert werden.

In staatsrechtlichen Begriffen bedeutet dies, dass **Menschenrechte** und **Volks-** 88
souveränität einander bedingen. Nur dort, wo die Menschenrechte gewährleistet sind, kann das Volk seinen Willen frei bilden und äussern. Nur dort, wo
das Volk seine Rechte selber bestimmen kann, sind die Menschenrechte vor
Machtmissbrauch geschützt.[21]

Der **demokratische Verfassungsstaat** verbindet Menschenrechte mit Volks- 89
souveränität, indem er private und öffentliche Autonomie der Menschen im
Staat zu einem **Kreisprozess von Rechtsstaat und Demokratie** verbindet.

---

21 Mehr dazu hinten unter Rz. 774 ff und Rz. 843 ff.

- Die Menschen wollen ihr Privatleben autonom gestalten und beanspruchen dafür den Schutz des Rechtsstaates. Sie sorgen für diesen Schutz, indem sie die gemeinsame Rechtsordnung so gestalten, dass sie ihre private
  Autonomie entfalten können. Das können sie nur kraft ihrer öffentlichen
  Autonomie und in den Verfahren der Demokratie.
- Die gleichen Menschen wollen auch ihre öffentliche Autonomie entfalten
  und beanspruchen dafür ihre politischen Freiheiten und Rechte. Sie sorgen dafür, indem sie diese Rechte auf dem Rechtsweg durchsetzen. Das
  können sie nur kraft ihrer privaten Autonomie und auf dem Wege rechtsstaatlicher Verfahren.

> Rechtsstaat und Demokratie sind nach dieser Begründung weniger
> Staatsformen mit bestimmten materiellen Qualitäten, sondern eher ins-
> titutionalisierte Verfahren zur Gewährleistung privater und öffentlicher
> Autonomie. Dies entspricht einem prozeduralen Rechtsverständnis, wo-
> nach Recht ein Diskurs ist, dank welchem die Chance besteht, Fragen des
> Zusammenlebens vernünftig zu ordnen.

90 Was das genau bedeutet, bleibt in den Ziffern 2 bis 4 darzulegen[22]. Hier geht es
nur darum, verständlich zu machen, dass die menschliche Freiheit unteilbar
ist und sowohl eine private wie eine öffentliche Dimension umfasst. Dieser
Autonomiebegriff ist für die Rechts- und Staatstheorie grundlegend.

1.2.3. Intersubjektivität der menschlichen Person

91 Das Konzept der doppelten Freiheit enthält bereits eine Aussage über das
Menschenbild, das dahinter steht. Jede Rechts- und Staatstheorie vertritt ein
bestimmtes Menschenbild. Dieses prägt die Gesellschaftstheorie, welche ausgesprochen oder implizit jedem Modell über das Verhältnis von Staat, Recht
und Mensch zugrunde liegt. Daher ist es ein Gebot der intellektuellen Ehr-
lichkeit, dass der Autor offen legt, auf welchen Grundlagen das hier vertretene
Menschenbild beruht:

92 Im Alltagsbewusstsein erleben wir uns gerne als **Individuum,** das alleine allen
andern gegenübersteht. Das ist allerdings eine verkürzte Sicht. Wir sind, was
wir sind, nur dank unzähligen Verknüpfungen mit andern. Unsere Persön-

---

22 Zum Konzept des Rechts als Diskurs vgl. Philippe Mastronardi, Juristisches Denken, Rz. 373 ff.

lichkeit ist ein Produkt dieser Beziehungen. Genauer ist sie ein Prozess, in welchem sich im Austausch mit andern ein Selbstbildnis formt, entwickelt und bestätigt. Ich bin Subjekt meines Handelns nur durch diese Kommunikation mit den andern. Sprache ist nicht nur sekundärer Ausdruck meines Denkens und Fühlens, sondern konstitutiv für meine Person. Meine Persönlichkeit ist daher nicht individuell, sondern intersubjektiv.

Die philosophische Begründung dieses Selbstverständnisses findet sich in der 93 sprachphilosophischen Wende der modernen Philosophie und in der Diskursethik. Darauf kann hier nicht näher eingegangen werden. Soweit diese Grundlagen für die Rechts- und Staatslehre bedeutsam sind, wird darauf in Ziffer 3 eingegangen. An dieser Stelle soll nur der **Schritt von der Subjektivität zur Intersubjektivität des Menschenbildes** verständlich gemacht werden.[23]

Das Verhältnis des Einzelnen zu Gesellschaft und Staat ist in der Philosophie- 94 geschichte häufig durch die Theorie des **Gesellschaftsvertrags** begründet worden. In verschiedenen Varianten haben etwa HOBBES, LOCKE, ROUSSEAU und KANT damit individuelle Freiheit und kollektive Einbindung des Menschen in ein legitimes Verhältnis zu bringen versucht. Der Gesellschaftsvertrag dient als fiktive Vereinbarung, durch welche die Menschen aus einem Naturzustand in eine gesellschaftliche Ordnung treten. Meist werden dabei die Positionen von Individuum und Kollektiv in Menschenrechte einerseits, Volkssouveränität anderseits übersetzt. Die Menschenrechte gewährleisten so die private Autonomie der Mitglieder der Gesellschaft, die Volkssouveränität verleiht ihnen jene Teilnahmerechte, welche ihre öffentliche Autonomie sichern. Die Legitimität der rechtlichen Gesellschaftsordnung gründet darin, dass beide Autonomien gleichwertig garantiert werden.

Menschenrechte und Volkssouveränität geraten auf diese Weise allerdings 95 in einen Gegensatz, weil Individuum und Kollektiv einander entgegengesetzt werden. Zwei gedachte Subjekte – der Einzelne und die Gesellschaft – werden mit Rechten versehen, die zueinander im Konflikt stehen. In dieser gedanklichen Konstruktion kann die Idee der Menschenrechte nur auf Kosten der Volkssouveränität und diese nur auf Kosten der Menschenrechte zur Geltung gebracht werden.

---

23   Vgl. zum Folgenden JÜRGEN HABERMAS, Einbeziehung, 298 ff.

96 In diesem Konflikt werden zwei grundsätzliche Antworten vertreten: Der **Liberalismus** verlangt den Vorrang der Menschenrechte gegenüber der Volkssouveränität, weil er so die Gefahr einer Mehrheitsherrschaft, welche die
Rechte des Einzelnen missachtet, bannen will. Der **Republikanismus** vertritt
den Vorrang der öffentlichen Autonomie des Menschen und damit der Volkssouveränität, weil alle Rechte kollektiv zu bestimmen sind.[24]

97 Die eine Position verleiht Autonomie einseitig nur dem einzelnen Individuum (so etwa KANT), die andere dem Volk als kollektivem Subjekt (so etwa
ROUSSEAU). Vernünftige Willensbildung kann im einen Fall nur beim einzelnen Menschen, im andern Fall nur im demokratischen Kollektiv stattfinden.
Der Ort der Vernunft ist entweder der Einzelne oder das Kollektiv. Das hat
auch Konsequenzen für das Verhältnis des Privaten und des Öffentlichen und
für den Ort der Autonomie. Entweder ist das private Subjekt autonom, oder
aber das öffentliche Kollektiv. Damit ist immer das eine primär, das andere ist
jeweils die abgeleitete Grösse.

98 Dieser gegensätzliche Positionsbezug verschliesst die Möglichkeit, private und
öffentliche Autonomie in einem **Kreisprozess der gegenseitigen Verständigung** unter Menschen über die Regeln ihres Zusammenlebens zusammenzuführen. Das Denken in Dichotomien trennt die soziale Welt in zwei Teile und
schafft eine unüberbrückbare Differenz, die zum Stellungsbezug und damit
zur Parteinahme zwingt. Wir sind entweder Liberale oder dann Republikaner
– und damit unliberal.

99 Dieses Denken gründet in **subjektphilosophischen Prämissen,** d.h. in der
neuzeitlichen Spaltung der Welt in Subjekt und Objekt seit DESCARTES. Das
erkennende und handelnde Ich ist von seiner Umwelt abgehoben. Es bildet
den Mittelpunkt seiner Welt. Wenn zwei Subjekte einander begegnen, treffen
sich zwei in sich zentrierte Welten.[25]

100 Als Subjekt ist dabei sowohl der Einzelne wie das Kollektiv denkbar. Daher
lässt sich die öffentliche Ordnung in zwei alternativen Bildern darstellen: Entweder konkurrieren autonome Einzelsubjekte miteinander im Rahmen an-
onymer gesellschaftlicher und rechtlicher Prozesse, oder die Gesellschaft als
kollektives Subjekt handelt als Ganzes für die einzelnen Mitglieder.

---

24 Näheres zu Liberalismus und Republikanismus unter Rz. 202 ff.
25 Das Ich als Zentrum der Erkenntnis und des Bewusstseins ist die prägende Vorstellung der Philosophie (vgl. insb. DESCARTES, FICHTE oder HUSSERL), bis HABERMAS im Anschluss an GEORGE HER-
BERT MEAD das Konzept der Intersubjektivität entwickelt (vgl. JÜRGEN HABERMAS, Kommunikatives
Handeln II, 9 ff.)

Dieses Denkschema ist nicht zwingend. Die **Kommunikationstheorie** von 101
Jürgen Habermas bietet eine Alternative, welche die Spaltung überwindet.
An die Stelle der Entgegensetzung zweier als Subjekte gedachter Einheiten
– Individuum und Gesellschaft – kann ein intersubjektiver Prozess gesetzt
werden, in welchem sich die Beteiligten gegenseitig konstituieren. Die Gesellschaft ist dann kein Makrosubjekt, das für oder an Stelle von Individuen handelt, sondern ein Netz von Gesprächsbeziehungen, in welchen sich die Menschen einer Kultur über Fragen des Zusammenlebens verständigen. In diesen
Kommunikationsprozessen bilden sich zugleich die Personen *(die Identität*
der beteiligten Menschen) wie die Gesellschaft *(die anerkannten Normen des*
Zusammenlebens). Diese ist somit nicht ein aus Individuen zusammengesetz-
tes kollektives Subjekt, sondern gelingender Prozess und normatives Produkt
der kommunikativen Verständigung über das öffentliche Zusammenleben.[26]

Die Kommunikationstheorie verändert dabei aber nicht nur den Charakter 102
der Gesellschaft, die vom Makrosubjekt zum Verständigungsprozess wird. Sie
verändert auch den Charakter des Individuums in ähnlicher Weise. Auch es
wird vom Subjekt zum intersubjektiven Prozess, in dem sich seine Persönlichkeit bildet.

Der **Kommunikationsprozess** stellt nämlich im gleichen Zug sowohl die 103
Identität der Gesellschaft wie jene des Einzelnen her. Wir bilden unsere Indi-
vidualität in intersubjektiven Prozessen aus. Wir finden uns, indem wir uns
mit andern auseinandersetzen. Selbstbestimmung heisst weitgehend Entscheidung darüber, wie wir uns in soziale Abhängigkeiten integrieren wollen. «Die
Person bildet ein inneres Zentrum nur in dem Masse, wie sie sich zugleich an
die kommunikativ hergestellten interpersonalen Beziehungen entäussert»[27].
Die Individuation des Menschen erfordert seine Vergesellschaftung. Eine reife
Persönlichkeit ist nicht bindungslos, sondern sie weiss, wie sie mit ihren Bindungen umgehen kann.

Wenn sich die menschliche Persönlichkeit erst in einem intersubjektiven Pro- 104
zess bildet, verändert das den Gehalt der Qualitäten, die der Mensch damit
erlangt. **Autonomie** und **Vernunft** sind dann nicht mehr Qualitäten des Subjekts, mit denen es in die Kommunikation eintritt, sondern nehmen einen
intersubjektiven Charakter an. Sie werden zu Qualitäten der Ergebnisse intersubjektiver Kommunikation, an welcher der Einzelne teilnimmt.

---

26 Vgl. Jürgen Habermas, Diskurs der Moderne, 396 ff.
27 Ders., Erläuterungen, 15 und 69.

105 Vernunft entsteht erst aus Kommunikation[28]. Sie ist eine Qualität meiner Beziehungen zu anderen. Ich bin dann nicht von Haus aus vernünftig, sondern
nehme Teil an einem Diskurs, der vernünftige Ergebnisse zu erzielen vermag.
In gleicher Weise bin ich nicht autonom, sondern ich entwickle meine Autonomie zusammen mit jener der andern.

106 Autonomie und Vernunft sind dann nicht «Eigenschaften», welche das Subjekt «besitzt», gewissermassen «zu eigen» hat. Die Ausdrucksweise, jemand
sei autonom oder vernünftig, ist nur eine Kurzform dafür, dass diese Person
Beziehungen pflegt, welche diese Qualifikationen verdienen. Meine Autonomie und Vernunft sind abgeleitete Grössen, deren Quelle die Art meiner Beziehungen zu anderen ist. Als Teilnehmer an dieser Beziehung bin ich zwar
immer auch Teil dieser Quelle, verfüge aber nicht allein über sie.

107 Autonomie bedeutet dann «nicht die Verfügungsgewalt eines Subjekts, das
sich selbst zum Eigentum hat, sondern die durch Beziehungen reziproker Anerkennung ermöglichte Unabhängigkeit des Einen, die nur mit der symmetrischen Unabhängigkeit des Anderen zusammen bestehen kann»[29]. Nur durch
wechselseitige Anerkennung wird jeder der Beteiligten autonom. Nur dank
den andern können wir werden, was wir sein möchten.

108 Das bedeutet nach der Überwindung der Subjektphilosophie nicht, dass die
Gemeinschaft oder die Kommunikation zum Subjekt der gesuchten Qualitäten würde. Autonomie und Vernunft sind nicht überindividuell, sondern
intersubjektiv, d.h. sie nehmen dem Einzelnen seine Subjektqualität nicht weg
und verlagern sie auf ein Kollektiv. Sie bleiben Zielnormen, an denen wir unser Handeln und unsere zwischenmenschlichen Beziehungen messen können
und die bei gelingender Praxis unsere Persönlichkeit prägen.

109 Der Kern dieser **Intersubjektivität unserer Persönlichkeit** wäre allerdings
verkannt, wenn wir unsere Egozentrik trotzdem retten wollten. Wir sind wohl
versucht, den Andern nur deshalb anzuerkennen, weil uns das im Gegen-
zug seine Anerkennung sichert – und weil wir wissen, dass wir uns nur selber achten können, wenn wir auch von andern geachtet werden. Damit wäre
die wechselseitige Anerkennung nur ein Tauschgeschäft, das wir zu unserer
Selbstbestätigung eingehen. Die intersubjektive Beziehung würde instrumen-
talisiert, um unser Interesse an Selbstachtung zu befriedigen.

---

28 Das Denken ist aus dieser Sicht ein Sonderfall des Gesprächs: der innere Dialog des Menschen mit
   sich selbst.
29 Jürgen Habermas, Erläuterungen, 146.

Dieser Ausweg setzt aber voraus, dass wir bereits ein autonomes Subjekt sind, 110
welches dieses Tauschgeschäft eingehen kann. Dieses Subjekt fehlt jedoch.
Wenn wir die Intersubjektivität unserer Persönlichkeit ernst nehmen, kann
unsere Autonomie erst durch die Anerkennungsbeziehungen zu andern entstehen und nur aus ihnen bestehen. Erst diese Beziehungen gegenseitiger Achtung konstituieren uns als Person.

Ich bin noch gar keine Person, bevor ich mit andern eine Beziehung der ge- 111
genseitigen Achtung eingegangen bin. Erst durch diese Gemeinschaft mit andern werde ich zu dem, was ich bin. Deshalb kann ich mich nur zugleich als
Person und als Angehöriger einer Kommunikationsgemeinschaft verstehen.
Meine Autonomie ist zugleich eine Eigenschaft des Kommunikationsnetz-
werks, in dem ich mich bewege.

Das Menschenbild der intersubjektiven Persönlichkeit verneint nicht, dass je- 112
der sich als **Individuum** erlebt. Aber es macht bewusst, dass dieses Selbstbild
unvollständig ist. Es weist darauf hin, dass wir von Qualitäten unserer Beziehungen zu anderen Menschen abhängen. Das hat auch Konsequenzen für unser Handeln im öffentlichen Raum. Die Qualitäten des öffentlichen Zusammenlebens sind Teil der Qualität unserer eigenen Person. Wir verwirklichen
uns in der Öffentlichkeit, indem wir sie mitgestalten. Und indem wir dies tun,
lassen wir uns von ihr prägen. Wir stehen nicht nur im öffentlichen Raum, er
durchdringt uns auch.

Für die Verfassungslehre bedeutsam an diesem Menschenbild ist, dass wir uns 113
als Beteiligte an einem unverzichtbaren Prozess der öffentlichen Verständigung begreifen. Der Staat ist das öffentliche Gespräch, das wir miteinander
führen (vgl. dazu den Kasten «Das intersubjektive Menschenbild»).

Das intersubjektive Menschenbild

Unser **Bewusstsein** ist unser höchstpersönliches Gut. Aber es ist nur scheinbar privat. Seine Quelle ist der intersubjektive Prozess der gesellschaftlichen Kommunikation, in dem sich unsere Persönlichkeit bildet. Damit ist auch das, was wir als Kern des Privaten empfinden, noch öffentlich geprägt.

Bewusstsein ist Sprache. Wir können nur in der Sprache denken. Unser Selbstbewusstsein ist ein Selbstgespräch des Ich mit sich selbst. Dieses Gespräch ist aber keine originäre Form der Sprache. Es ist abgeleitet vom Gespräch des Ich mit dem Du.

Die Welt der Sprache kennt drei Beziehungsdimensionen: Ich – Du – Er/Sie/Es. Das sind auch die Dimensionen unseres Bewusstseins. Wir nehmen uns wahr als **Subjekt,** das von sich in der Ichform redet. Sodann erleben wir uns als **Teilnehmer,** der zum Du in Beziehung tritt. Schliesslich verhalten wir uns als **Beobachter,** der über Er/Sie/Es spricht. Die drei sprachlichen Perspektiven entsprechen unseren drei grundlegenden Einstellungen zur Welt: der subjektivierenden Einstellung zum Ich, der dialogischen Einstellung zum Du und der objektivierenden Einstellung zu Er/Sie/Es. Wir verstehen uns als Subjekt, Teilnehmer und Beobachter.

Das Ich als unser subjektives Bewusstsein bildet sich erst aus dem Erwerb der Fähigkeit, zwischen den Standpunkten des Teilnehmers, der mit dem Du kommuniziert, und jenem des (Selbst-)Beobachters, der Er/Sie/Es erkennt, zu wechseln. Wir erkennen uns als subjektive Mitte erst, wenn wir uns als Teil einer Beziehung vom Standpunkt eines Dritten beobachten können. Das Bewusstsein unserer Subjektivität ist damit das Ergebnis einer objektivierenden Beobachtung.

Damit konstituieren wir unser Ich erst im Wechsel mit dem Du und dem Er/Sie/Es, d.h. im Handeln und im Erkennen. Unser Subjekt entsteht aus der kommunikativen Interaktion im **Wechsel der drei sprachlichen Perspektiven.** Subjektivität ist damit nicht vorgegeben, sondern das Zielbild eines permanenten Prozesses der Subjektivierung, der intersubjektiven Charakter hat.

Der Vorrang des Intersubjektiven vor dem Subjektiven klingt paradox: Setzt das Inter-Subjektive nicht das Subjektive voraus? Was zwischen zwei Dingen sein soll, setzt doch die beiden Dinge voraus! Das ist allerdings nur in einer linearen, additiven Logik ein Widerspruch. Nur wenn die Gesellschaft als die Summe der Menschen definiert wird, die in ihr leben, sind die Menschen Voraussetzung und die Gesellschaft Folge des Zusammenlebens. In einem dialektischen Denken bilden sich das Ganze und seine Teile zugleich. Hinzu kommt noch ein weiterer Denkschritt: Das Intersubjektive ist nicht eine kollektive Wesenheit oberhalb der Individuen, sondern ein Prozess zwischen ihnen. Aus der Dialektik zwischenmenschlicher Kommunikation entsteht nicht etwas Überindividuelles, sondern eine Verständigung, ein Netzwerk von Beziehungen. In diesem Netzwerk bilden wir unsere Persönlichkeit aus. Das Netzwerk ist sowohl Produkt wie Produzent unserer Individuation. Das Intersubjektive ist ebenso Quelle des Subjektiven, wie das Subjektive Quelle des Intersubjektiven bildet.

(Zur Dialektik von Person, Kultur und Gesellschaft vgl. den Kasten nach Rz. 379)

2.   Staatslehre

Der Staat ist die wichtigste Organisation im öffentlichen Raum. Wie sollen wir ihn verstehen: als Machtapparat, als legitime Herrschaftsform, als gemeinsame Aufgabe oder als Verantwortung für unser öffentliches Zusammenleben?

Wie kann uns die allgemeine Staatslehre dabei helfen? Gewiss kann sie die wesentlichen Merkmale des Staatsbegriffs klären. Sie kann die vielen existierenden Staaten in einer Typologie gruppieren, d.h. so genannte Staatsformen definieren sowie normative Staatskonzeptionen entwerfen. Aber kann sie uns auch sagen, wozu es überhaupt Staaten braucht und welche Aufgaben sie erfüllen sollten?

2.1.   Einführung: Was ist der Staat?

Zunächst gilt es, den Standpunkt der allgemeinen Staatslehre im Umfeld unterschiedlicher Ansätze der Staatswissenschaften deutlich zu machen (Ziff. 2.1.1.). Die Grundlage für das moderne Staatsverständnis liefern sodann die Merkmale des Staatsbegriffs (Ziff. 2.1.2.) und die Staatskonzeptionen, welche im Laufe der Ideengeschichte entworfen worden sind (Ziff. 2.1.3.). Eine Antwort auf die Frage, wozu es überhaupt Staaten braucht, versucht die allgemeine Staatslehre schliesslich mit einem Staatsverständnis zu geben, das den Staat als Macht, Aufgabe und Verantwortung zugleich versteht (Ziff. 2.1.4.).

114 **Beispiel:** *Macht und Herrschaft*
   a) **Macht:** Jacky ist Mitglied einer Räuberbande, welche auch die Anwendung von Gewalt nicht scheut. Nach dem letzten Raubzug der Bande hat Jacky seinen Kollegen einen Teil der Beute unterschlagen. Als einer seiner Kumpanen dahinterkommt und ihn zur Rede stellen will, kommt es zu einem Gerangel, wobei Jacky seinen Kollegen mit seinem Messer tödlich verletzt. Der Bandenrat sitzt über Jacky zu Gericht und wirft ihm Verrat an der Solidarität in der Bande sowie die Tötung seines Kollegen vor. Der Chef der Bande lässt ihn dafür erschiessen. Das hatte er für solche Fälle stets angedroht.
   b) **Herrschaft:** Soldat Jack lässt während einer von seiner Truppe durchgeführten Hausdurchsuchung im Irak einige wertvolle Schmuckstücke in

seine Tasche gleiten. Der Eigentümer bemerkt dies und fordert sein Gut zurück. Jack zieht seine Waffe und erschiesst ihn. In seiner Heimat verurteilt das Militärstrafgericht Jack wegen Plünderung und Mordes zum Tode. Das sieht das Militärstrafrecht vor. Der Staatspräsident als oberster Befehlshaber der Armee lässt das Urteil vollstrecken.

Frage: Was unterscheidet die Bestrafung des Bandenmitglieds von der Bestra- 115
fung des Soldaten

a) von aussen betrachtet

b) aus der Sicht eines Mitglieds der Bande bzw. eines Angehörigen des Staates?

Antwort: 116

a) Diebesbande und Republik haben je ihre Regeln zum Schutz von Eigentum und über die Pflichten der Angehörigen beim Umgang mit fremdem Eigentum. Beide setzen diese Regeln mittels Strafen durch. Die Sanktionen dienen der Bewährung der anerkannten Ordnung in der Gemeinschaft. Der Unterschied liegt darin, dass die Republik das Recht hat oder zumindest beansprucht, die Diebesbande strafrechtlich zu verfolgen. Die Republik übt nicht nur Macht aus, sondern rechtlich legitimierte Herrschaft.

b) Jacky und Jack haben verbindliche Regeln verletzt und werden dafür bestraft, dass sie ihre Pflichten verletzt haben. Beide wussten, was sie erwartet. Der Unterschied liegt darin, dass Jacky gegenüber der Bande die gleiche Diebstahlsmaxime angewendet hat, welche die Bande gegenüber der Gesellschaft für sich beansprucht, also einen Teil der «Bandenmoral» gegen diese selbst anrufen kann. Jack hingegen hat keinen entsprechenden Rechtfertigungsgrund für die Plünderung.

2.1.1. Deskriptive und normative Ansätze der Staatswissenschaften

Der Staat kann von unterschiedlichsten Gesichtswinkeln her untersucht wer- 117
den. *Wie ist er entstanden? Was tut er heute? Wie wirkt er auf die Gesellschaft? Nach welchen Gesetzmässigkeiten funktioniert er? Welche Regeln leiten ihn? Welche Mängel hat er? Wozu brauchen wir ihn? Wie sollte er sein?*

Die verschiedenen Disziplinen, welche sich mit diesen Fragen befassen, ver- 118
fahren typischerweise entweder deskriptiv oder normativ. Die empirische Politikwissenschaft befasst sich mit dem Faktum des Staates, die Rechtswis-

senschaft und die politische Ethik mit der Norm des Staates. Die allgemeine Staatslehre versucht, beides zu verbinden.

119 Die **empirische Politikwissenschaft** versteht sich als Lehre von den Macht-verhältnissen im öffentlichen Raum. Sie beschreibt diese Verhältnisse und sys-tematisiert ihre Befunde anhand von Modellen der Herrschaft. Sie verfährt damit primär deskriptiv. *Sie stellt z.B. fest, dass die staatlichen Behörden zu-nehmend auf hoheitliche Verfügungen verzichten und vermehrt auf vertragliche Vereinbarungen mit Privaten zurückgreifen.* Aber auch für sie ist der Staat in der Regel nicht nur ein Machtapparat, sondern ein politischer Herrschaftsver-band. Das setzt voraus, dass die staatliche Machtausübung in den Augen der Unterworfenen legitim ist.

120 Damit werden Normen zum Gegenstand der Untersuchung. Für manche Po-litikwissenschafter genügt es dabei, dass diese Normen in einem bestimmten Staat faktisch anerkannt sind[30]. Legitimität heisst dann Akzeptanz. *Die Oppo-sition im Bundestag akzeptiert ihre Niederlage, wenn sie auch die unter der neu-en Regierung beschlossenen Gesetze befolgt.* Für andere setzt Legitimität noch eine argumentative Begründung voraus[31]. Die faktische Anerkennung genügt nicht, sie muss sich noch auf anerkennenswerte Gründe stützen, z.B. auf eine freie und unverfälschte Willensbildung. *Die Opposition muss ihre Niederlage anerkennen, weil sie eine faire Chance hatte, die Mehrheit der Sitze zu gewinnen.* In dieser Variante verlässt die Politikwissenschaft den rein deskriptiven Stand-punkt und nimmt normative Züge an.

121 Die **allgemeine Staatslehre** bewahrt der empirischen Politikwissenschaft ge-genüber eine normative Sichtweise. Sie ist durch die Frage nach dem Sollen geprägt und nicht auf jene nach dem Sein beschränkt. Sie stellt die Frage nach der normativen Rechtfertigung der tatsächlichen Machtausübung. Für sie setzt Legitimität von Herrschaft voraus, dass die Anerkennung der Macht-verhältnisse sich auf Prinzipien des öffentlichen Handelns abstützt, welche die Machtausübung rechtfertigen. *Es genügt nicht, dass die Mehrheit der Leute die Gesetze befolgen. Die Bürger müssen auch noch begründen können, dass das richtig ist.*

122 Darüber hinaus ist die allgemeine Staatslehre eine **Entscheidungslehre:** Sie begnügt sich nicht mit der Darstellung und der kritischen Rechtfertigung po-litischer Macht, sondern befasst sich ebenso mit der Frage nach der Gestaltung

---

30 Anton Pelinka, Politikwissenschaft, 15 ff.; Manfred Mols, Politik als Wissenschaft, 48 ff.
31 Christian Welzel, Grundlagen, 400 ff.

der Machtverhältnisse. In ihrem konstruktiven Aspekt sucht sie nach Kriterien der guten und richtigen Verfassung öffentlicher Herrschaft. Sie schafft normative Modelle für Strukturen und Verfahren staatlicher Ordnung. Sie vermittelt dadurch Orientierung für staatspolitische Entscheidungen. *Der Wahlkampf um die Sitze im Bundestag muss allen Gruppierungen die gleiche Chance geben, im Parlament angemessen vertreten zu sein. Zu diesem Zweck sind auch faire Regelungen über die Wahlkampffinanzierung zu erlassen.*

Die allgemeine Staatslehre ist aber nicht auf Rechtswissenschaft eingeschränkt. 123
Sie befasst sich nur beiläufig mit dem positiven Recht[32] eines Staates. Sie gibt nur allgemeine Richtlinien an und kann keine konkreten Einzelentscheide legitimieren. Hierin gleicht sie der politischen Ethik. Beide geben nur überzeugende Gründe für politisches Handeln an, sie ersetzen aber nicht die Umsetzung dieser Gründe in verbindliche Rechtsnormen.

Von der politischen Ethik unterscheidet sich die allgemeine Staatslehre da- 124
durch, dass sie stärker sachbestimmt ist. Sie nimmt die faktischen Verhältnisse als Gegenstand auf und wird von ihnen mitgeprägt. Zudem beschränkt sie sich auf die Institutionen und erfasst damit nicht alles, was Gegenstand der politischen Ethik sein kann.

> Die **allgemeine Staatslehre** muss den Staat als faktisches Phänomen betrachten und zugleich als normative Ordnung verstehen. Sie ist somit zugleich Beobachter, der die Realität aufzeichnet, wie Teilnehmer, der sich an den geltenden Normen orientiert. **Sie sieht sowohl die Staatsmacht wie die Staatsverantwortung.**

Gegenüber den spezialisierten Disziplinen (insb. Politikwissenschaft, Ge- 125
schichtswissenschaft, Ökonomie, Rechtswissenschaft) vertritt die allgemeine Staatslehre eine Gesamtbetrachtung, welche die Erkenntnisse dieser Disziplinen zusammenführt und daraus ein ganzheitliches Bild zu zeichnen versucht. Sie orientiert sich dabei an den Wertvorstellungen des Verfassungsrechts moderner Staaten sowie an den Normen der politischen Ethik. *Sie sieht sowohl das Gerangel der Parteien um die Macht als auch den Sinn des parlamenta-*

---

32 Das **positive Recht** ist das von den zuständigen Behörden erlassene (gesetzte) Recht, das im betreffenden Staat verbindlich ist (Gegensatz: Naturrecht).

rischen Systems, diese Macht zu beschränken, und die Idee der Demokratie, die
Staatsmacht in den Dienst des Volkes zu stellen.

126 Die allgemeine Staatslehre verfährt **hermeneutisch,** d.h., sie versucht das
Ganze aus dem Teil und den Teil aus dem Ganzen heraus zu verstehen[33]. Sie
hat keinen externen Ausgangspunkt, sondern steht mitten im Gegenstand ihrer Untersuchung. Sie dreht sich damit – legitimerweise – im Kreis herum,
um alle Gesichtspunkte ins Blickfeld zu kriegen. Ihr Standpunkt ist jener eines
Teilnehmers im öffentlichen Raum. Auch wenn sie sich bemüht, den Beobachterstandpunkt einzunehmen, kann das nie ganz gelingen. Sie kann weder
rein induktiv (vom Phänomen zum allgemeinen Gesetz) noch deduktiv (vom
allgemeinen Gesetz zum Einzelfall) entlang einer linearen Logik vorgehen.
Wer mitten im Geschehen steht, kann sich zwar bemühen, von einem Podest aus
einen Überblick zu gewinnen. Er kann seinen Standpunkt aber nur ändern, je-
doch nicht auf einen Standpunkt überhaupt verzichten. Auch wenn er sich um
Objektivität und Abstraktion bemüht, das konkrete, subjektive Beispiel bleibt
ihm näher.

127 Der hermeneutische Zirkel ist der allgemeinen Staatslehre dadurch vorgegeben, dass jeder Mensch, der sich um Erkenntnisse über den Staat bemüht,
selbst Mitglied eines Staates ist und sein Vorverständnis in die Untersuchung
einbringt. Der Mensch muss dieses Vor-Urteil kritisch hinterfragen, und zwar
sowohl in Bezug auf die faktischen Verhältnisse wie in Bezug auf die normativen Gründe. Alle Feststellungen und Bewertungen, denen er auf seinem Weg
begegnet, haben den Stellenwert von Argumenten, mit welchen sein Vorverständnis bestätigt oder korrigiert werden kann.

128 Das Ziel der allgemeinen Staatslehre ist die Bildung einer **Typologie von**
Staatsformen und Staatskonzeptionen, in welcher sich stets deskriptive und
normative Merkmale verbinden. Die real existierenden Staaten der Vergangenheit und der Gegenwart werden dabei nach wichtigen Gemeinsamkeiten
und Unterschieden abgesucht und diese zu allgemeinen Merkmalen gestaltet.
Daraus ergeben sich z.B. die Staatsformen der Monarchie, der Aristokratie oder
der Demokratie, ebenso die Konzepte des autoritären oder des liberalen Staa-
tes.[34]

---

33 Zum hermeneutischen Verfahren vgl. Philippe Mastronardi, Juristisches Denken, Rz. 90 ff.
34 Dazu mehr unter Rz. 148 ff.

Dass deskriptiver und normativer Ansatz sowohl zu unterscheiden wie auch   129
zu verknüpfen sind, mag die folgende Auswahl aus neueren Staatskonzeptionen zeigen:

Giovanni Sartori[35] vertritt eine realistische Demokratietheorie im Sinne   130
der modernen Politikwissenschaft. Er entwickelt eine **Entscheidungstheorie**
der Demokratie, mit welcher er begründen kann, wie gross ein politisches
Entscheidungsgremium sein soll. Vorausgesetzt wird, dass das Gremium politische Entscheide für ein grosses Kollektiv trifft. Je grösser das Gremium ist,
desto grösser werden die Entscheidungskosten an Zeit und Kraft. Je kleiner
aber das Gremium gehalten wird, desto grösser werden die Risiken für die
Mitglieder des Kollektivs, durch andere bestimmt zu werden. Die Kosten
wie die Risiken können durch das Wahlrecht und die Verfahrensregeln für
das Gremium günstig beeinflusst werden. – Dieses Konzept ist offensichtlich
nicht rein deskriptiv, sondern setzt normative Vorgaben. Sartori nennt es aber
deshalb realistisch, weil er darin keine ethischen Wertungen vornimmt. Das
rührt daher, dass er Ethik auf Gesinnungsethik im Sinne von Kant reduziert.
Politische Verantwortung fällt dann aus dem Bereich der Moral heraus[36].

Ian Shapiro[37] verknüpft ausdrücklich normative Vorgaben mit empirischen   131
Wirkungsanalysen.

• Normativ ist das Ziel, innerhalb öffentlicher Machtverhältnisse **Herr-**
  schaft möglichst abzubauen. Das Gemeinwohl lässt sich zwar nicht positiv definieren. Negativ aber ist es das Interesse aller, nicht beherrscht zu
  werden. Demokratie erhält die zentrale Aufgabe, Herrschaft auf ein Minimum zu reduzieren.

• Empirisch begründet Shapiro die Wahl des Wettbewerbs unter den politischen Kräften als Instrument zur Verwirklichung dieses Ziels. Im Anschluss an Joseph Schumpeter[38] hält er das kompetitive Modell der Demokratie für wirksamer als das Konsensmodell. Denn die demokratische
  Einigung oder die liberale Verfassung der Gewalten vermag politische
  Macht nicht effektiv zu kontrollieren. Echte Kontrolle braucht den dauernden Streit der Gruppen im Wettbewerb um die Gunst der Wähler.

---

35 Giovanni Sartori, Demokratietheorie, 212 ff.
36 Ders., 244.
37 Ian Shapiro, Democratic Theory, insb. 146 ff.
38 Joseph Schumpeter, Kapitalismus.

Die tatsächlich feststellbaren Demokratiedefizite wertet SHAPIRO als ein Versagen der Rahmenbedingungen für den politischen Markt. Damit wird das Ideal der Marktwirtschaft zum normativen Leitbild der Demokratietheorie.

132 DENNIS C. MUELLER[39] übernimmt das gleiche normative Leitbild, wenn er die **Public Choice** Theorie vertritt. Diese untersucht den öffentlichen Raum mit ökonomischen Methoden. Sie setzt das ökonomische Menschenbild des egoistischen, rationalen Nutzenmaximierers voraus und überträgt das Modell des Marktes auf die öffentlichen Entscheidungen. Die Rechtfertigung des Staates liegt im Versagen des Marktes bei der effizienten Verteilung öffentlicher Güter. Daraus ergibt sich auch der Massstab für die Beurteilung staatlichen Handelns. Politische Entscheidungen werden daran gemessen, wie effizient sie öffentliche Güter verfügbar machen. Der Staat hat für die Herstellung öffentlicher Güter die gleichen Leistungen zu erbringen wie der Markt für private Güter. Von diesem normativen Standpunkt aus lassen sich alle weiteren Fragen mit Hilfe empirischer Beobachtung beantworten.

133 Einzig die Systemtheorie von NIKLAS LUHMANN[40] verlässt den deskriptiven Ansatz nie. Denn sie hält sich streng an den Beobachterstandpunkt. Der Staat zerfällt nach dieser Konzeption in zwei **soziale Systeme,** die Politik und das Recht[41]. Die beiden funktionieren nach je eigenen Codes und Programmen und steuern sich dadurch selbst. Die Politik ordnet alles, was in ihrem System abläuft, nach dem Code von Macht und Ohnmacht, das Recht nach dem Code von Recht und Unrecht[42]. Damit sind aber keine Wertungen verbunden. LUHMANN verzichtet ausdrücklich darauf, eine praxisleitende Theorie aufzustellen, und beschränkt sich auf die Beschreibung der von ihm konstruierten abstrakten Systeme. Die normative Komponente seines Konzepts reduziert sich daher auf sein Erkenntnisinteresse und seine selektive Perspektive. Dass er konsequent den Teilnehmerstandpunkt vermeidet, macht seine Theorie allerdings unsensibel für alle Konflikte des öffentlichen Zusammenlebens.

134 Eine explizit normative Position bezieht hingegen etwa INGEBORG MAUS[43]. Nach ihr verraten die heute vorherrschenden Demokratiekonzeptionen die Errungenschaften der Aufklärung. Gemessen an den Forderungen von ROUSSEAU und KANT fällt v.a. das amerikanische Verfassungsverständnis

---

39 DENNIS C. MUELLER, Public Choice, 1 ff.
40 NIKLAS LUHMANN, Recht, 15 ff.
41 DERS., Recht, 417; DERS., Politik.
42 DERS., Macht, 56.
43 INGEBORG MAUS, Aufklärung der Demokratietheorie, 227 ff.

in feudalistische Vorstellungen von einem Unterwerfungsvertrag unter die Staatsgewalt zurück. Dies verletzt die zentrale demokratische Idee der **Volkssouveränität.** Die Gewaltenteilung wäre eigentlich bloss die Arbeitsteilung bei der Ausübung der Volkssouveränität. Stattdessen wird sie als ein Verhältnis unter teilsouveränen Staatsapparaten missverstanden. Nach den Forderungen der Aufklärung sind die Volksrechte Ausdruck der Volkssouveränität. Tatsächlich bilden sie nur noch ein Widerstandsrecht gegen das – zum System gewordene – politische Machtzentrum der Behörden. Die Bürgergesellschaft kann daher nur noch von aussen Druck auf das politische System ausüben. Bei Maus verbindet sich die Beobachtung moderner Wirklichkeit mit normativen Konzepten, wobei die staatsbürgerliche Teilnehmerperspektive deutlichen Vorrang beansprucht.

Wenn wir den Staat verstehen wollen, müssen wir ihn beobachten, um zu erkennen, was er leistet. Wir verstehen diese Beobachtung aber nur im Lichte einer normativen Konzeption, die uns hilft, die Beobachtungen einzuordnen. Und wir können unser Verständnis nur dann als Teilnehmer an Entscheidungen im Staat nutzen, wenn wir bestimmte Prinzipien, welche diese Konzeption tragen, als für uns verbindlich anerkennen. Ein ganzheitliches Staatsverständnis wird daher immer sowohl den deskriptiven wie den normativen Ansatz verwenden.

2.1.2. Merkmale des Staatsbegriffs: Staatsgebiet, Staatsvolk, Staatsgewalt

Es gibt zahlreiche Umschreibungen des **Staatsbegriffs**[44]. Für die Zwecke der 135 vorliegenden Verfassungslehre lässt sich der Staat wie folgt umschreiben:
- Er ist die formale Organisation, welche die Voraussetzungen und Bedingungen unseres Zusammenlebens im öffentlichen Raum herstellt.
- Er verteilt Macht und kontrolliert sie nach den anerkannten Grundsätzen der öffentlichen Ordnung.

In dieser Definition sind das faktische Element der organisierten öffentlichen Macht und das normative Element der Grundsätze des öffentlichen Zusammenlebens miteinander verbunden. Soweit wir den Staat als formale Orga-

---

44   Vgl. Martin Kriele, Staatslehre, 57 ff.

nisation betrachten, nehmen wir den Beobachterstandpunkt ein, soweit wir seinen Zweck – unser Zusammenleben im öffentlichen Raum – ansprechen, nehmen wir den Teilnehmerstandpunkt ein. *Von aussen betrachtet, erscheint uns der Staat als ein Apparat, der Macht über Menschen ausübt. Von innen erleben wir ihn als Gemeinschaft, die uns Rechte gewährt und Pflichten auferlegt.*

136 Bei dieser wie bei andern gängigen Umschreibungen des Staatsbegriffs sind stets **drei Merkmale** von zentraler Bedeutung:
   • Der Staat ist für ein bestimmtes geographisches Gebiet zuständig,
   • er gilt für die Menschen, die darin leben, und
   • er erfüllt für diese bestimmte hoheitliche Aufgaben.
   Im Anschluss an GEORG JELLINEK[45] werden diese drei Elemente als Staatsgebiet, Staatsvolk und Staatsgewalt bezeichnet.[46]

137 **Staatsgebiet:** Der moderne Staat ist Territorialstaat. Er erfasst alle öffentlichen Belange eines bestimmten Landes. Er ist aber nicht befugt, seine Macht über seine geographischen Grenzen hinaus auszuüben. *Alle Personen, die sich im Staatsgebiet aufhalten, unterstehen seiner Hoheit. Wer dieses Gebiet aber verlässt, entzieht sich seiner Gewalt.*

138 Das Territorialprinzip ist im Wesentlichen historisch begründet. In der Neuzeit wurde die öffentliche Gewalt von der privaten Herrschaft losgelöst. Das mittelalterliche Lehensverhältnis mit seiner persönlichen Bindung zwischen dem Lehensherrn und seinen Vasallen wich dem Territorialfürstentum mit seinem Beamtenverhältnis. Das Lehensgut wurde zur Landeshoheit, das königliche Privateigentum am Land zur öffentlichen Gebietshoheit. Damit wurde der Staat zum Inhaber der territorialen Souveränität.

139 Die territorialen Grenzen der Staatsgewalt sind Gegenstand des Völkerrechts. Dieses hat für Europa zum ersten Mal im Westfälischen Frieden von 1648 die Hoheitsgebiete der Fürstentümer anerkannt. In Kriegen und Friedensverträgen blieben die Staatsgrenzen allerdings immer wieder neu umstritten. Denn das Staatsgebiet definiert den Umfang der öffentlichen Macht und ist zugleich deren wichtigstes Symbol. *Der Grossstaat vereinigt und repräsentiert mehr Macht als der Kleinstaat.*

140 Im Zeitalter des Nationalstaates ist öffentliche Macht somit durch faktische Bedingungen an ein Territorium gebunden. Dieser geographische Bezug macht

---

45 GEORG JELLINEK, Allgemeine Staatslehre, 394 ff.
46 Während die drei Begriffe von der Staatslehre meist rein deskriptiv verwendet werden, wird im Folgenden auch ihre normative Bedeutung berücksichtigt.

aber auch normativ Sinn. Unser Zusammenleben im öffentlichen Raum ist zum Grossteil ortsgebunden. Sowohl unsere Konflikte wie unsere Hilfsbedürfnisse beziehen sich auf den Lebensraum, in welchem wir als Gesellschaft leben. Die solidarische Friedensordnung, welche wir errichten wollen, muss sich daher auf diesen geographischen Raum beziehen. Es ist daher legitim, dass der Staat seine öffentliche Ordnung auf ein bestimmtes Gebiet bezieht.

Staatsvolk: Der Staat hat seine Aufgaben für alle Menschen zu erfüllen, die in 141 seinem Territorium leben. Jeder, der sich im Staatsgebiet aufhält, ist Adressat des Staates. Subjekt staatlicher Mitbestimmung sind aber nur die Staatsangehörigen, d.h. jene, welche den Status von Staatsbürgern haben. *Das Bürgerrecht ist in der Regel Voraussetzung für die Ausübung der politischen Rechte.* Juristisch besteht das Staatsvolk damit aus den Staatsbürgern. Auf sie bezieht sich die Demokratie (der Rechtsstaat hingegen schützt grundsätzlich alle im Staatsgebiet Anwesenden). Das Staatsvolk muss dabei nicht ethnisch, kulturell oder sprachlich homogen sein. Entscheidend ist allein seine rechtliche Definition.

Das Staatsvolk ist das Subjekt der **Volkssouveränität.** Es ist sowohl Legitima- 142 tionsgrundlage des Staates (pouvoir constituant, das Volk als verfassunggebende Gewalt) wie oberstes staatliches Organ (pouvoir constitué, das von der Verfassung eingesetzte Volk).[47]

Etwas anderes als der staatsrechtliche Volksbegriff der Staatsangehörigen 143 meint der Begriff des Volkes als **Nation.** Die Nation ist nicht Anknüpfungspunkt von Rechtsfolgen oder von Staatsgewalt. Sie hat eine politische Bedeutung und drückt den Willen und das Bewusstsein der politischen Zusammengehörigkeit eines Volkes aus. Das Nationalbewusstsein kann durch ethnische Identität, gemeinsame Geschichte oder politische Zusammengehörigkeit begründet werden. Es ist im Wesentlichen ein Konstrukt des 19. Jahrhunderts zur Legitimation des Nationalstaates gegenüber den früheren Reichen Europas. Er dient der Herstellung der politischen Identität einer bestimmten Gemeinschaft und zu ihrer Abgrenzung nach aussen.

Der europäische Staatsbegriff bezieht sich seit dem Westfälischen Frieden 144 nicht auf die Nation, sondern auf das Staatsvolk. Der Staat ist nicht die organisierte Identität einer völkischen Gemeinschaft, sondern die Organisation des Zusammenlebens einer pluralistisch zusammengesetzten Bürgerschaft. Er

---

47 Mehr zur Volkssouveränität hinten unter Rz. 732 ff. und Rz. 778 ff.

beruht nicht auf der Gleichartigkeit seiner Mitglieder, sondern auf der Gleichberechtigung Andersartiger. *Ich gehöre nicht zu meinem Staat, weil ich mich gleich verhalte wie die andern hier, sondern weil ich hier so sein darf, wie ich bin.*

145 **Staatsgewalt:** Die Hoheit, welche der Staat über das Volk in seinem Territorium ausübt, gilt als das zentrale Wesensmerkmal der Staatlichkeit. Sie ist seine Kompetenz, über Belange im öffentlichen Raum zu herrschen. Gewalt und Herrschaft des Staates meinen dabei die legitimierte Macht, Fragen des öffentlichen Zusammenlebens zu entscheiden und diese Entscheidungen durchzusetzen.

146 Ursprünglich war dabei dem Staat das Gewaltmonopol zugedacht, wonach er allein Recht setzen und durchsetzen könne. Der Staat müsse nach innen wie nach aussen souverän sein, d.h. seine Gewalt von niemandem ableiten und mit niemandem teilen. Heute spricht man auch von geteilter Souveränität, etwa zwischen Bund und Gliedstaaten im Bundesstaat oder zwischen Nationalstaaten und supranationalen Organisationen. Aber auch im Verhältnis zwischen Staat, Wirtschaft und Bürgergesellschaft gibt es kein Monopol des Staates. Ihm verbleibt in diesem Verhältnis zwar die höchste Gewalt, aber nur nach Massgabe der Verfassung, welche die Aufgaben an die verschiedenen möglichen Funktionsträger zuweist.[48]

147 Staatsgebiet, Staatsvolk und Staatsgewalt sind somit die drei konstitutiven Elemente der modernen Staatlichkeit. Sie prägen sowohl das Erscheinungsbild des Staates als auch seine Aufgaben und Legitimation. *Einer Exilregierung oder einer Bürgerkriegspartei fehlen ein oder mehrere Merkmale sowohl faktisch wie normativ: Sie können sich nur auf einen Teil des Staatsvolks berufen, verfügen nicht, bzw. nur teilweise über ein Territorium und haben keine bzw. nur umstrittene Hoheitsgewalt.*

---

48 Mehr zum Begriff der Souveränität hinten unter Rz. 730 ff.

2.1.3. Ideengeschichte des Staates
2.1.3.1. Staatsformen

Die allgemeine Staatslehre war im Altertum eine **Staatsformenlehre**[49]. Die- 148
se unterschied verschiedene Typen öffentlicher Ordnung nach der Zahl
der Menschen, welche an den Entscheidungen beteiligt waren, sowie nach
ethischen Kriterien. Schon HERODOT unterschied danach, ob (1) einer, (2)
mehrere oder (3) alle an der Staatsgewalt mitwirkten. PLATO unterteilte jede
dieser drei Formen in eine gute und eine verdorbene. Daraus ergaben sich die
sechs Staatsformen der (1) Monarchie bzw. der Tyrannei, der (2) Aristokratie
bzw. der Oligarchie sowie der (3) Demokratie bzw. der Pöbelherrschaft.

Für ARISTOTELES waren alle drei guten Formen gleichwertig. Entscheidend 149
war, dass sich die Staatsform für das betroffene Volk als geeignet erwies, das
Gemeinwohl anzustreben. Als entartet bezeichnete er jene Formen, welche
nur dem egoistischen Nutzen der beteiligten Personen und Gruppen dienten.
In der Wirklichkeit gab es zahlreiche Mischformen zwischen den sechs Staatsformen.

Die antike Lehre sah ihre Aufgabe darin, der Gefahr der Entartung entgegen- 150
zutreten. Die sechs Staatsformen bildeten einen Kreislauf des Zerfalls. Dieser führte von der Monarchie zur Tyrannei, sodann über die Aristokratie zur
Oligarchie und schliesslich über die Demokratie zur Pöbelherrschaft. Es galt,
durch die geeignete Mischung der Staatsformen Stabilität zu schaffen. Daraus entwickelte sich die Lehre von der **Mischverfassung** (CICERO). Danach
sind die Staatsfunktionen so auf viele, wenige und einen zu verteilen, dass
sich die Kräfte gegenseitig ausgleichen und so Machtmissbrauch verhindern.
*Um rechtzeitig zu verhüten, dass sich eine Monarchie in eine Tyrannei verwan-
delt, braucht es aristokratische Kritik und demokratische Kontrolle der Macht im
Staat.*

Das Konzept der Mischverfassung bildet die Grundlage der modernen **Gewal-** 151
tenteilungslehre. Es bringt den Grundgedanken zum Ausdruck, dass Macht
so verfasst werden muss, dass sie nicht nur aufgeteilt wird, sondern auch auf
Zusammenarbeit mit anderer Macht angewiesen bleibt. Die Staatsgewalt ist
durch eine Mischung der gesellschaftlichen Kräfte im politischen Prozess zu
mässigen und zu stabilisieren. Was heute als Gewaltenteilung bezeichnet wird,

---

49 Vgl. REINHOLD ZIPPELIUS, Staatslehre 169 ff.

ist meist eine Kombination von Trennung und Zusammenführung von Teilen der staatlichen Macht: eine gewaltenteilige Mischverfassung.

152 Die **moderne Staatsformenlehre** unterscheidet nach Monokratie, Oligarchie und Demokratie. Sie folgt dabei der Gliederung nach der Zahl der Beteiligten: (1) einer – (2) wenige – (3) viele. Sie vermeidet zunächst die ethische Wertung aus der antiken Lehre.

153 **(1) Die Monokratie** (Alleinherrschaft) umfasst sowohl die Monarchie wie die Diktatur. Moderne Monarchien sind konstitutionelle Monarchien, in denen sich der König durch eine Verfassung an die Rechte der Bürger bindet. Meist sind sie zugleich parlamentarische Monarchien, in welchen die Kompetenzhoheit vom Monarchen an das Volk übergegangen ist. Dann sind sie nur noch formell Monarchien. Materiell und nach antiker Terminologie gehören sie zu den Demokratien.

154 Die **Diktatur** war in der römischen Republik eine Notstandsregierung. Zur Behebung einer Staatskrise konnte einem Treuhänder vorübergehend die Alleinherrschaft übertragen werden (kommissarische Diktatur). Die Diktatur wurde nur unter strengen Auflagen und für höchstens sechs Monate gebildet. Demgegenüber ist die autokratische Diktatur als Herrschaftsform auf unbestimmte Zeit gedacht. Sie entsteht oft als Antwort einer Elite auf eine entartete Demokratie, aus einer Revolution oder aus einer kommissarischen Diktatur. Plebiszitäre Diktaturen stützen sich auf eine Massenbewegung und nutzen ihre Parteibasis oft zur totalitären Durchdringung der Gesellschaft *(Nationalsozialismus in Deutschland, Kommunismus in der Sowjetunion und in der Volksrepublik China)*. Oktroyierte Diktaturen stützen sich dagegen nur auf eine kleine, aber mächtige Gruppe, insbesondere das Militär. Militärdiktaturen sind allerdings oft eher Oligarchien, wenn sich keine dominante Führerpersönlichkeit in der regierenden Gruppe (Junta) durchsetzt.

155 **(2) Die Oligarchie** (Herrschaft der Wenigen) bezeichnet die Staatsgewalt einer herrschenden Schicht, die aus unterschiedlichsten Gründen *(z.B. Adel, Eroberung, Militär, Geld oder Bildung)* gesellschaftliche Macht in sich vereint. Die Mitglieder der herrschenden Gruppe sind meist durch gemeinsame Interessen aneinander gebunden und nutzen ihre Stellung, um diese Interessen durchzusetzen. Nach dem so genannten ehernen Gesetz der Oligarchie von Michels bildet sich zwangsläufig aus jeder grossen Gruppe zusammenlebender Men-

schen eine organisierte Minderheit, welche die Herrschaft übernimmt[50]. Dies entspricht einerseits der Arbeitsteilung in einer modernen Gesellschaft, anderseits der sozialen Ungleichheit unter Menschen.

Eliten sind unvermeidlich. Wenn sie in sich pluralistisch strukturiert und 156 demokratisch kontrolliert werden, können sie wichtige Aufgaben für die Gemeinschaft erfüllen. Nach dem Modell des pluralistischen Staates sollen Eliten im Wettbewerb untereinander einen ausgewogenen Kompromiss unter den durch sie vertretenen Interessen in der Gesellschaft herstellen. Damit dies möglich wird, müssen die Eliten offen sein für den Aufstieg Externer in ihre Reihen. Dies setzt Chancengleichheit für alle und faire Selektionsprozesse voraus. Eliten neigen allerdings dazu, sich durch Kooptation selbst zu ergänzen und sich gegenüber Dritten abzuschotten. Ferner bilden bestehende Eliten, obwohl im Wettbewerb zueinander, lieber ein Kartell, als neue Gruppen zuzulassen. Somit ist der Pluralismus einer Oligarchie stets prekär.

(3) Die Demokratie (Volksherrschaft) ist in der antiken Lehre die Staatsform 157 der Selbstherrschaft des Volkes nach der Idealvorstellung der Identität von Regierenden und Regierten. Jeder Bürger ist zugleich Autor und Adressat staatlicher Hoheit. Er ist gegenüber allen andern gleichberechtigt und hat Teil an der Volkssouveränität. Er übt diese höchste Staatsgewalt in der Volksversammlung aus.

In der **unmittelbaren** oder **direkten Demokratie** beschliesst das Volk selbst 158 alle Gesetze. Es wählt kein Parlament, höchstens ein Vollzugsorgan und ein Gericht mit kurzer Amtsdauer. Die oberste Gewalt des Volkes wird daher auch nicht nach dem Grundsatz der Gewaltenteilung auf verschiedene Behörden aufgeteilt. Allerdings kam schon das alte Athen nicht ohne die Übertragung von Amtsgeschäften auf wenige aus, um Regierung, Justiz und Verteidigung sicherzustellen.

In der **repräsentativen** oder **indirekten Demokratie** übt das Volk seine 159 oberste Staatsgewalt nur mittelbar aus, indem es das Parlament und allenfalls weitere Behörden wählt. Für Sachentscheide ist allein das Parlament zuständig. Die Volksvertreter sind dabei nicht an inhaltliche Direktiven gebunden, sondern entscheiden aufgrund eigener Meinungsbildung (so genanntes freies Mandat). Sie sind ihren Wählern bis zur Wiederwahl keine Rechenschaft schuldig. In der Praxis des parlamentarischen Systems sind sie allerdings stark

---

50 ROBERT MICHELS, Soziologie des Parteiwesens, 351 ff.

an ihre Partei gebunden und unterstehen dem Fraktionszwang, d.h. der Verpflichtung, mit ihrer politischen Gruppierung im Rat zu stimmen. Der starke Einfluss der Parteiführung macht diese zur politischen Elite und verleiht dem System der parlamentarischen Demokratie einen oligarchischen Aspekt.

160 Die **Referendumsdemokratie** oder **halbdirekte Demokratie** verbindet Elemente der direkten und der repräsentativen Demokratie. Zunächst gelten die Regeln des repräsentativen Systems. Das Volk kann aber mit Hilfe von Referendum[51] oder Volksinitiative Sachentscheidungen an sich ziehen, d.h. im Gesetzgebungsprozess das letzte Wort beanspruchen oder über den Textvorschlag einer Initiativgruppe entscheiden. Auch das Recht, neben dem Parlament weitere Behörden zu wählen, sowie das Recht des Volkes, Parlament, Regierung oder Gerichte abzuberufen, werden zur halbdirekten Demokratie gezählt.

161 Die **plebiszitäre Demokratie** kennt auch direktdemokratische Sachentscheidungen, doch bestimmt hier das Staatsoberhaupt, ob etwas dem Volk zum Entscheid vorgelegt wird. Das Volk muss weder regelmässig zu bestimmten Erlassen befragt werden, noch hat es das Recht, einen Entscheid an sich zu ziehen. Die Volksabstimmung dient vorwiegend der Legitimation persönlicher Macht und der Stabilisierung einer bestimmten Politik. In dieser Staatsform ist das demokratische Element nicht Grundlage delegierter Macht, sondern Instrument einer autoritären Staatsführung (vgl. den Kasten «Regierungssysteme»).

---

51 Gemeint ist hier das Volksreferendum als Volksrecht, wie es in der Schweiz gehandhabt ist. Repräsentative Demokratien kennen das Referendum in der Form des Behördenreferendums, welches ein Recht von Parlament oder Exekutive ist, das Volk zu befragen.

Regierungssysteme

Das **politische System** eines Landes wird nicht nur durch den Demokratietyp bestimmt, sondern auch durch die Art, wie die politische Macht auf Parlament und Regierung verteilt wird. Der Hauptunterschied liegt dabei im Gewicht und der Ausgestaltung der **Gewaltenteilung**:

Parlamentarisches System (z.B. Bundesrepublik, Grossbritannien):
- Parlamentsmehrheit und Regierung sind funktional und personell eng miteinander verflochten. Die Kontrolle ist Aufgabe der Opposition im Parlament (Gewaltenverschränkung)
- Die Regierung wird vom Parlament gewählt und ist von dessen Vertrauen abhängig
- Das Parlament kann der Regierung das Vertrauen entziehen (evtl. nur durch gleichzeitige Wahl einer neuen Regierung, so genanntes konstruktives Misstrauensvotum)
- Die Regierung kann das Parlament auflösen und Neuwahlen erzwingen (z.B. wenn das Parlament die Vertrauensfrage negativ beantwortet)
- Regierungsmitglieder sind meist Parlamentsmitglieder (keine Inkompatibilität)
- Der Regierungschef ist nicht zugleich Staatsoberhaupt
- Die Regierung hat das Recht der Gesetzesinitiative im Parlament
- Die Regierung hat kein Vetorecht gegenüber Erlassen des Parlaments

Präsidialsystem (z.B. USA):
- Parlament und Regierung sind voneinander weitgehend unabhängig. Die Kontrolle ist Aufgabe des Parlaments als Institution (Trennung der Gewalten)
- Die Regierung wird vom Volk auf eine feste Amtsdauer gewählt und kann vom Parlament nicht aus politischen Gründen abberufen werden
- Die Regierung kann nur wegen strafrechtlicher Verfehlungen abgesetzt werden (so genanntes Impeachment)
- strenge Unvereinbarkeit von Parlaments- und Regierungsmandat
- Der Regierungschef ist zugleich Staatsoberhaupt

- Die Regierung kann dem Parlament formell keine Gesetze beantragen
- Die Regierung hat gegenüber Erlassen des Parlaments ein Vetorecht (das z.B. mit einer $\frac{2}{3}$- Mehrheit des Parlaments überstimmt werden kann)

Semi-präsidentielles System (z.B. Frankreich, einige ehemalige Ostblockstaaten):
In dieser Mischform ist der Staatspräsident vom Volk gewählt und unabsetzbar, während der Regierungschef, der vom Staatspräsidenten ernannt wird, vom Vertrauen des Parlaments abhängig ist. Er kann daher vom Parlament abberufen werden. Das Parlament hingegen kann nur durch Staatspräsident und Regierungschef gemeinsam aufgelöst werden.

Direktorialverfassung (nur in der Schweiz):
Die Regierung wird vom Parlament auf eine feste Amtsdauer gewählt und kann nicht abgesetzt werden. Sie kann auch das Parlament nicht auflösen. Regierungs- und Parlamentsmandat sind inkompatibel. Die Regierung hat das Gesetzesinitiativrecht. Sie arbeitet als Kollegialorgan. In jährlicher Rotation amtiert ein Mitglied als Präsidentin oder Präsident des Kollegiums und als Staatsoberhaupt. In Bezug auf die Gewaltenteilung entspricht dieses System dem Präsidialsystem, im Übrigen ist es ein eigenständiger Typus (bedingt v.a. durch die halbdirekte Demokratie).

2.1.3.2.   Staatskonzeptionen

162   Die Typen der Staatsformenlehre sagen einiges aus über die Spielregeln der Machtverteilung. Ihr formaler Charakter lässt es aber zu, dass sich hinter der gleichen Staatsform unterschiedliche Modelle der öffentlichen Machtausübung entwickeln – oder dass unterschiedliche Staatsformen ähnliche Machtstrukturen aufweisen. *Eine Demokratie kann autoritäre Züge annehmen oder eine Diktatur liberale Freiheiten schützen.* Die Staatsformen genügen daher nicht zum Verständnis des modernen Staates. Ebenso wichtig ist die Unterscheidung verschiedener Staatskonzeptionen.

Mit dem Begriff der Staatskonzeption soll hier mehr gemeint sein als mit dem 163
Begriff des «politischen Systems» oder des «Regierungssystems»[52]. Unter diesen Begriffen untersucht die Politikwissenschaft Staatsformen und Prozesse
der Politik und beurteilt sie unter funktionalen Gesichtspunkten. Eine normative Verfassungslehre muss allerdings über die Funktionalität hinaus die politische Ethik einbeziehen. Das geschieht mit dem Titel der Staatskonzeption.

Eine Typologisierung der Staatskonzeptionen ist noch schwieriger als jene der 164
Staatsformen. Jeder Staatsphilosoph und jedes Land haben eigene Konzeptionen entwickelt. Hier kann deshalb nur eine stark vereinfachte Gegenüberstellung von zwei Entwicklungslinien vorgenommen werden: Die eine führt
vom autoritären Staat zum totalitären Staat, die andere vom liberalen Rechtsstaat zum demokratischen Verfassungsstaat[53].

Der autoritäre Staat: Als Grundaufgabe des modernen Staates galt es von 165
Anfang an, Sicherheit und Ordnung zu gewährleisten. Damit er dies leisten
konnte, musste ihm die souveräne Staatsgewalt übertragen werden (JEAN BODIN). Diese sollte ihm gestatten, nach innen und nach aussen unbeschränkte
Macht auszuüben, wenn dies erforderlich wurde (THOMAS HOBBES). Auf
der Grundlage eines pessimistischen Menschenbildes, das vom «Krieg aller
gegen alle» ausging, liess sich so der **absolutistische Staat** rechtfertigen, der
alle Macht beim Monarchen vereinte. Vorausgesetzt wurde, dass dieser seine
Macht nicht missbrauchte, sondern sie als aufgeklärter Diktator zum Wohle
des Volkes nutzte.

Das absolutistische Staatsmodell wirkt bis in die Gegenwart weiter und prägt 166
den Typus des autoritären Staates, in welchem ein alleiniger Machtträger oder
eine Elite die politische Macht monopolisiert. Die Demokratie mag zwar formal gewährleistet sein, das Volk kann aber seine Rechte nicht wirksam ausüben, weil zur herrschenden Gruppe keine Alternativen geduldet werden. Der
Rechtsstaat kann hingegen im unpolitischen Bereich eine gewisse Rechtssicherheit gewährleisten.

Der totalitäre Staat: Das autoritäre Regime kennt freilich keine Schranken 167
gegen Machtmissbrauch. Es kann sich daher zum totalitären Regime entwickeln, wenn die herrschende Gruppe eine Ideologie vertritt, nach welcher sie

---

52 Vgl. soeben den Kasten «Regierungssysteme» nach Rz. 161.
53 Die Darstellung folgt im Wesentlichen der Typologie von KARL LÖWENSTEIN, Verfassungslehre, 24
   ff.; vgl. auch REINHOLD ZIPPELIUS, Staatslehre, 294 ff. Unter dem Titel «Demokratietheorie» werden
   unter Rz. 202 ff. vier Staatskonzeptionen näher erläutert.

die ganze Gesellschaft formen und die einzelnen Menschen beherrschen will. Im totalitären Staat wird nicht nur die Demokratie, sondern auch der Rechtsstaat wirkungslos. Aus dem autoritären Staat kann er sich entwickeln, weil der Rechtsstaat schon dort nicht durch demokratische Prozesse geschützt ist, welche den Willen der politischen Machthaber einschränken.

168 Schrittmacher einer solchen Entwicklung können Staatskonzeptionen sein, welche die Rationalität des politischen Prozesses bestreiten und das Recht auf die blosse Willensentscheidung des Gesetzgebers reduzieren (so genannter **Dezisionismus,** vgl. den Kasten dazu).

Dezisionismus in der Staatslehre von Carl Schmitt

Der **Dezisionismus** legitimiert eine Entscheidung aus sich selbst heraus, ohne eine normative Begründung dafür zu verlangen. Politischer Dezisionismus stellt Politik insbesondere frei von rechtlicher Bindung und ethischer Verpflichtung. Das gilt beispielsweise für die Verfassungslehre von CARL SCHMITT:

SCHMITT definiert **das Politische als die Beziehung von «Freund» und «Feind»** zwischen sozialen Gruppen (Der Begriff des Politischen, 26). Die spezifisch politische Situation ist der Kampf einer Gruppe, die ihre Identität und Eigenheit gegen die politische Existenz einer anderen Gruppe zu behaupten sucht. Es geht also im Politischen nicht um das Erarbeiten von sachgerechten Lösungen öffentlicher Probleme, sondern um einen Kampf zur Überwindung und notfalls Beseitigung der «Feinde» (BERND RÜTHERS, Entartetes Recht, 114).

Für SCHMITT ist der liberale Glaube an die Möglichkeit eines vernunftgemässen, friedlichen Zusammenlebens der Menschen gescheitert. Daher bleibt das Politische als Kampf ein unentrinnbares menschliches Schicksal, welches er letztlich auf die Natur des Menschen zurückführt: auf seine Gefährlichkeit (LEO STRAUSS, Anmerkungen, 741 ff.).

SCHMITT vertritt gegen den liberalen, von ihm als mechanistisch verstandenen Staat das Konzept des totalen Staates, den er als Selbstorganisation der Gesellschaft versteht. Erst der totale Staat hat das Monopol der Entscheidung über Freund und Feind und verwirklicht damit für Schmitt das Wesen des Politischen. Dies sieht er im italienischen Faschismus und im Nationalsozialismus umgesetzt, den er daher befürwortet (Mathias Eichhorn, Staat als geschichtliche Grösse, 62, 69 ff.).

Das Politische geht bei Schmitt dem Staat voraus. Die politische Einheit eines Volkes ist nicht das *Ergebnis* eines durch die Verfassung gesteuerten Prozesses, sondern ein existenzieller Zustand des Volkes, das sich als Einheit versteht und sich als **pouvoir constituant** eine Verfassung gibt (und daher über dieser steht). Die juristische Verfassung ist somit etwas Sekundäres. Das Volk oder der Herrscher als Souverän können davon abweichen (vgl. Ulrich K. Preuss, Bändigung des Politischen, 150; Bernd Rüthers, Entartetes Recht, 116). Insbesondere im Ausnahmezustand darf der Herrscher unmittelbar «Recht» setzen, das von der Verfassung abweicht. «Souverän ist, wer über den Ausnahmezustand entscheidet» (Carl Schmitt, Politische Theologie, 11).

Für Schmitt ist jedes vom Souverän gesetzte Recht legitim, weil er **Legitimität** gleichsetzt mit faktischer Anerkennung der Rechtmässigkeit von Macht und Autorität der verfassunggebenden Gewalt. «Die über Art und Form der staatlichen Existenz getroffene politische Entscheidung, welche die Substanz der Verfassung ausmacht [...] bedarf keiner Rechtfertigung an einer ethischen oder juristischen Norm, sondern hat ihren Sinn in der politischen Existenz» (Carl Schmitt, Verfassungslehre, 87).

Der Dezisionismus Carl Schmitts ist das Gegenteil einer Lehre vom demokratischen Verfassungsstaat, wie sie in diesem Buch vertreten wird. Schmitt analysiert zwar z.T. treffend, macht aber die Realität der Macht zur Norm, statt aus der Warte einer grundsätzlichen politischen Ethik dazu Stellung zu beziehen (vgl. dazu Ziff. 3).

169 **Der liberale Rechtsstaat:** Das Gegenstück zum autoritären wie zum tota-
    litären Staatsmodell ist das liberale. Es macht die individuelle Freiheit des
    Einzelnen zum höchsten Gut, das sowohl durch den Staat wie vor dem Staat
    zu schützen ist. Deshalb stellte JOHN LOCKE dem Absolutismus seiner Zeit
    das Konzept der Menschenrechte als angeborener Freiheiten entgegen. Diese
    seien dem Staat unverfügbar vorgegeben. Im Falle ihrer Verletzung habe der
    Einzelne ein Widerstandsrecht gegen den Staat. Zu ihrem Schutz müsse der
    Staat in mehrere voneinander getrennte Gewalten aufgeteilt werden.

170 Nach diesem Konzept ist **Freiheit** definiert als negative Freiheit von Zugriffen
    durch den Staat. Gesellschaft und Wirtschaft sind staatsfreie Sphären. ADAM
    SMITH hat aus dieser Warte den Wettbewerb der Unternehmer in der Markt-
    wirtschaft, JOHN STUART MILL den Wettbewerb der Meinungen in der Gesell-
    schaft zum Grundprinzip erhoben. MONTESQUIEU entwickelte die entspre-
    chende Lehre von der Gewaltenteilung.

171 Diese Staatskonzeption legt das Hauptgewicht auf den **Rechtsstaat,** der den
    Einzelnen durch Grundrechte und Gerichtsverfahren vor staatlicher Willkür
    schützen soll. Das Gesetzmässigkeitsprinzip bindet alle staatliche Gewalt an
    die Entscheide des Gesetzgebers und sorgt für Rechtssicherheit und Rechts-
    gleichheit. **Demokratie** ist vor allem als Garant dieser Gesetzmässigkeit wich-
    tig und weil sie die Verantwortlichkeit der Regierung gegenüber den Betrof-
    fenen durchsetzt. Dafür eignet sich aber eher ihre repräsentative Form als die
    direkte Demokratie. Letztere entspricht nicht dem skeptischen Menschenbild
    des Liberalen. Dieser vertraut lieber dem Urteilsvermögen einer gewählten
    Elite, die in der Lage ist, die öffentliche Meinung anzuführen.

172 Im 19. und 20. Jahrhundert hat sich das liberale Denken der wirtschaftlichen
    und sozialen Entwicklung anpassen müssen. Einerseits wurde die liberale
    Marktwirtschaft zum ökonomischen Erfolgsmodell, anderseits brach damit
    zugleich die soziale Frage auf, die den Sozialstaat notwendig machte. Das li-
    berale Staatsmodell hat sich in diesem Konflikt in eine sozial offene und eine
    ökonomisch reduzierte Variante aufgespalten. Während der so genannte
    Ordoliberalismus der demokratischen und sozialen Gleichheit erhöhte Be-
    achtung schenkt, folgt der **Neoliberalismus** den Thesen einer konservativen
    Ökonomie, welche allein auf die Gesetze des Marktes vertraut.[54]

---

54 Näheres dazu unter Rz. 230 ff.

Der demokratische Verfassungsstaat: Die Staatslehre steht heute vor der Auf- 173
gabe, die alten Intentionen des Liberalismus unter modernen Bedingungen
neu zu formulieren. Dazu müssen liberale und soziale Freiheit, Rechtsstaat
und Demokratie unter einer Verfassung miteinander verknüpft werden. Das
Konzept des demokratischen Verfassungsstaates (Martin Kriele[55]) bemüht
sich um diese Synthese.

Dieses Konzept richtet alle staatlichen Institutionen auf ihre Hauptaufga- 174
be aus, Friede, Freiheit und Gerechtigkeit herzustellen. Dabei ist **Friede** die
Grundaufgabe des Staates, Ordnung und Sicherheit zu gewährleisten; **Freiheit**
ist die Qualifizierung des Staates als Verfassungsstaat, der die liberalen Anliegen schützt; **Gerechtigkeit** ist die Synthese des demokratischen Verfassungsstaates, der auch die Gleichheit der Menschen und ihre politischen Rechte
gewährleistet. Daher hat der Begriff «demokratischer Verfassungsstaat» drei
Teilgehalte. Der demokratische Verfassungsstaat ist
- **Staat,** weil er **Frieden** anstrebt,
- **Verfassungs**staat, weil er **Freiheit** schützen will, und
- **demokratischer** Verfassungsstaat, weil er **Gerechtigkeit** verwirklichen
  will.

> **Der Staat ist Friedensordnung; die Verfassung macht ihn liberal, die
> Demokratie sozial.**

Zentral für dieses Konzept ist die Idee des **Konstitutionalismus,** nämlich die 175
Bindung aller Staatsgewalt an eine freiheitliche Verfassungsordnung. Das liberale Staatskonzept wird aber in sozialer und demokratischer Richtung erweitert. Der Staat hat sowohl die Aufgaben zu erfüllen, die schon Bodin und
Hobbes mit Sicherheit und Ordnung erfasst hatten, als auch die soziale und
demokratische Legitimation zu ermöglichen, die nur durch die gesellschaftliche und politische Integration aller Bürger Wirklichkeit werden kann.

---

55 Martin Kriele, Staatslehre.

2.1.4. Der Staat als Macht, Aufgabe und Verantwortung

176 **(1) Der Staat als Macht:** Der Staat wird soziologisch primär als Macht verstanden. Er ist die Form, in welcher die Herrschenden über die Beherrschten verfügen. Sie üben Macht im Sinne von MAX WEBER aus, nämlich als «Chance, innerhalb einer sozialen Beziehung den eigenen Willen auch gegen Widerstreben durchzusetzen»[56].

177 *Der Staat ist offensichtlich die grösste Machtorganisation, die der Mensch geschaffen hat. Militär, Polizei und Justiz verfügen über Leben und Tod oder Freiheit, Hab und Gut. Die Politik entscheidet über die Verteilung von Reichtum und Armut, über Bildungs- und Aufstiegschancen und über das Schicksal der Schwachen. Die Verwaltung kontrolliert jeden Einzelnen von Geburt bis Tod.*

178 Der Staat ist aber nicht reiner Machtapparat, sondern Herrschaftsordnung. Und Herrschaft ist begründete, legitimierte Macht. Unter modernen Verhältnissen kommt dafür nur eine rationale Legitimation in Frage. Herrschaft muss sich durch die Zustimmung der Betroffenen begründen lassen. Im demokratischen Verfassungsstaat muss Herrschaft einen Auftrag erfüllen, welchen ihm die Betroffenen selbst erteilen. Staatsmacht muss sich so durch legitime Staatsaufgaben rechtfertigen. Der Staat ist nicht nur Macht, er ist auch Aufgabe. Seine Macht soll seiner Aufgabe dienen.

179 **(2) Der Staat als Aufgabe:** Die allgemeine Staatslehre ist somit aufgerufen, eine **Theorie der Staatsaufgaben** zu entwickeln. *Wozu braucht es Staaten*[57]? Eine erste Antwort ist bereits gegeben worden: Friede, Freiheit und Gerechtigkeit sind die Ziele des demokratischen Verfassungsstaates. Das stellt aber nur eine mögliche Antwort dar, die zudem so allgemein ist, dass sie wenig Orientierung bietet. Deshalb ist verschiedentlich versucht worden, eine **Staatszwecklehre** zu entwickeln.

180 Friede, Freiheit und Gerechtigkeit sind unbestimmte Werte, von denen jeder Mensch eine eigene Vorstellung haben kann. *Friede: Wie viel Polizei braucht es, damit ich mich sicher fühle? Freiheit: Wie viel Toleranz mute ich den andern zu, damit ich tun und lassen kann, was mir passt? Gerechtigkeit: Wie weit bin ich bereit, meine Interessen zurückzustellen, damit andere auch zum Zug kommen?* Friede, Freiheit und Gerechtigkeit sind zunächst subjektive Wertungen. Können sie auch zu objektiven Werten erhoben werden, welche für alle gleich verbindlich sind?

---

56 MAX WEBER, Wirtschaft und Gesellschaft, 28.
57 Vgl. dazu PETER SALADIN, Wozu noch Staaten?.

Die Ideengeschichte ist voller philosophischer Versuche, zu dieser Frage Ant- 181
worten zu finden. Die Antworten reichen von der griechischen Tugendlehre
über den mittelalterlichen Gottesstaat bis zum Vernunftrecht der Aufklärung.
Gemeinsam ist allen, dass sie versuchen, ethische Normen für staatliches Handeln zu errichten. Sie sind Lehren der politischen Ethik. Darauf ist noch näher
einzugehen (Ziff. 3.). An dieser Stelle sei bloss der Gedankengang dargestellt,
dem die Staatszwecklehre folgt.

Grundlegend ist jeweils das **Menschenbild.** Je nach dem Bild, das wir von 182
uns selbst haben, brauchen wir einen anderen Staat. Oft wird daher bei so
genannten **anthropologischen Voraussetzungen** angesetzt. Das sind Annahmen über die Natur des Menschen. Der Mensch wird definiert als ein Wesen
mit einer Begabung zu Sprache und Vernunft. Damit ist er zu individueller
Freiheit fähig. Zugleich aber prägen ihn auch seine Verletzlichkeit und seine
Abhängigkeit von andern, d.h. seine Geselligkeit. Der Mensch gilt als wenig
instinktgebundenes und daher offenes Wesen, das viele seiner Lebensregeln
erst durch Kultur erschaffen muss, weil er sie nicht von Natur aus in sich
trägt. Der Mensch ist damit ein Kulturwesen. Daraus wird abgeleitet, dass der
Mensch für sein Zusammenleben mit andern auf das Recht und den Staat
angewiesen sei.

Dieses Menschenbild ist natürlich selbst auch ein Kulturprodukt und keines- 183
wegs zwingend. Aber selbst wenn man es akzeptiert, ist erst begründet, dass es
einen Staat geben muss. Wie viel Staat nötig ist und wozu er eingesetzt werden
soll, bleibt Gegenstand der Auseinandersetzung.

Zu den grossen Themen dieser Debatte gehört die Spannung zwischen der 184
privaten und der öffentlichen Freiheit, die in Ziffer 1 aufgezeigt worden ist.
*Was soll dem Einzelnen und der Gesellschaft, d.h. dem privaten Bereich und
seinen Grundsätzen überlassen, was dem öffentlichen Raum und seinen Prinzipien übertragen werden? Wofür sollen wir gemeinsam Verantwortung tragen
und wann brauchen wir dazu den Staat?*

Ein zweites grosses Thema ist die Spannung zwischen Gemeinwohl und Ge- 185
rechtigkeit, die in Ziffer 3 noch zu erläutern bleibt. *Wie weit sollen wir den
kollektiven Nutzen der Gemeinschaft zu mehren suchen, auch wenn darunter
Einzelne oder Minderheiten zu Schaden kommen? Wann sollen wir auf eine Er-
höhung des Gesamtnutzens verzichten, wenn die Gerechtigkeit uns gebietet, sub-
optimale Lösungen zu akzeptieren, weil sie eine breitere Verteilung des Nutzens*

und eine Verbesserung für die am schlechtesten Gestellten bringt? Hier geht es
um das Verhältnis zwischen dem Guten und dem Gerechten.

Zentral ist schliesslich auch das Verhältnis zwischen Staat und Wirtschaft.
186 *Welche Aufgaben übertragen wir dem Wirtschaftssystem mit seinen Grundsätzen*
des Erfolgs, der Effizienz und des Wettbewerbs? Welche Aufgaben sollen nach den
Grundsätzen der Demokratie entschieden werden mit ihren Grundsätzen der
Gleichberechtigung, der Verständigung und der Mehrheitsentscheidung? Hier
geht es um die Frage des Primats der Politik oder der Wirtschaft (vgl. den
Kasten «Das Verhältnis von Staat und Wirtschaft»).

Das Verhältnis von Staat und Wirtschaft

Der demokratische Verfassungsstaat vertritt den Anspruch des Staates auf
den **Primat vor der Wirtschaft.** Er will die Rahmenordnung der Wirtschaft nach seinen eigenen Wertungen festlegen und sich nicht umgekehrt
nach den Imperativen der Wirtschaft ausrichten. Als Rechtsstaat gibt er
der Gerechtigkeit Vorrang vor der wirtschaftlichen Nützlichkeit.

Diese zentrale Norm wird aber durch andere Normen relativiert, welche
die Wirtschaft in ihrer Autonomie sowie in ihrer Macht gegenüber dem
Staat stärken: das liberale Prinzip, die Subsidiarität des Staates, der Vorrang kollektiver Selbsthilfe, die Konkordanz der Sozialpartner und die Beschränkung der staatlichen Interventionen in den Wirtschaftsprozess.

Der normative Anspruch des Staates wird ferner durch seine beschränkte
Steuerungsfähigkeit relativiert. Der Staat hat nicht die Macht, der Wirtschaft seine Vorstellung von Gerechtigkeit aufzuzwingen. Entgegen dem
normativen Anspruch des Staates dominiert daher faktisch die Wirtschaft
den Staat. Zum einen wird die Politik durch einen Korporatismus der Ver-
bandsmacht überlagert und von einer wirtschaftlichen Elite dominiert,
zum andern entzieht sich der globalisierte Markt der politischen Steuerung auf nationaler Ebene.

Schliesslich ist das Verhältnis von Staat und Wirtschaft von einem Wandel
im politischen Denken geprägt. Die Politik übernimmt die ökonomischen
Kriterien der **Nützlichkeit** und misst den Staat nur noch an seinem Nutzen für den Einzelnen. *Die Legitimation durch die Wirkungen staatlichen*
Handelns tritt an die Stelle der demokratischen und rechtsstaatlichen Le-

gitimation. Damit beginnen ökonomische Werte, das politische System zu steuern. Das Wirtschaftssystem schafft funktionale Erfordernisse in Gestalt von marktwirtschaftlichen Gesetzmässigkeiten, die nicht verletzt werden dürfen. Das Wirtschaftssystem entwickelt damit eine eigene Normativität gegenüber dem Staat.

Die wirtschaftliche Normativität tritt freilich als ökonomische Rationalität mit dem Anspruch der «**Sachlogik**» auf, die zwingenden Charakter beansprucht. Obwohl Ökonomie nur eines von vielen menschlichen Denk- und Handlungsmodellen ist, wird sie von den Ökonomen als Realität ausgegeben. Die Denkzwänge des ökonomischen Modells werden so zu Sachzwängen. Darauf stützt sich letztlich der Führungsanspruch der Wirtschaft gegenüber der Politik.

Frage: In welchem Verhältnis stehen Staat und Wirtschaft
         a) faktisch
         b) normativ?[58]

Antwort: a) Die beiden Systeme bedingen sich faktisch gegenseitig.
         b) Die Wirtschaft ist in ihrer Legitimation von einer demokratischen Ordnung abhängig, die ihr nur vom Staat vermittelt werden kann.

(3) Der Staat als Verantwortung: Die philosophischen Bemühungen der allgemeinen Staatslehre um eine Staatszwecklehre sind vom Liberalismus und Positivismus des 19. Jahrhunderts abgelehnt worden. Dem Staat durften keine Ziele oder Aufgaben objektiv vorgegeben werden. Das wäre als Beschränkung der individuellen Freiheit empfunden worden. Die Staatslehre beschränkte sich daher in der Folge auf rein funktionalistische Umschreibungen der Staatsaufgaben. Anhand der Vorschriften, welche das positive Recht der vorhandenen Staatsordnungen enthielt, wurden **typische Staatsaufgaben** hergeleitet. So werden heute etwa Frieden, Wirtschaftslenkung, Sozialgestaltung, Technische Entwicklung, Umwelt und Kultur als öffentliche Verantwortungsbereiche anerkannt. Staatszielbestimmungen, die sich etwa am Anfang einer Verfassung finden lassen, bezeichnen Grundentscheidungen und enthalten einen Grundkonsens, auf dem die Staatsordnung beruht. 187

---

58   Vgl. zum Thema Peter Ulrich, Zivilisierte Marktwirtschaft.

188 Auf diesem induktiven Wege lassen sich etwa **staatsleitende Prinzipien** herleiten, wie sie im zweiten Teil dieses Buches erläutert werden[59]. *Beispiele sind
etwa Rechtsstaat, Demokratie, Föderalismus oder Sozialstaat.* Diese Prinzipien
fassen je eine Reihe von konkreten Verfassungsvorschriften mit gemeinsamer
normativer Ausrichtung zusammen (im Rechtsstaat etwa die Grundrechte,
den Rechtsschutz oder die Gewaltenteilung). Mit der Formulierung solcher
Prinzipien wird allerdings die rein positivistische und funktionale Betrachtung des Rechts verlassen. Denn diese Bestimmungen bilden Brücken zwischen positivem Recht, politischer Kultur und Ethik *(der Rechtsstaat setzt voraus, dass dem Individuum ein hoher Wert zugesprochen wird).*

189 Die Entwicklung staatsleitender Prinzipien findet also auf einer mittleren
Ebene zwischen positivem Recht und politischer Ethik statt. Von den philosophischen Bemühungen um Staatszwecke übernimmt sie die Suche nach normativer Orientierung. Vom positiven Recht übernimmt sie die Anbindung an
eine spezifische Kultur und an eine tatsächlich wirksame Staatsordnung.

190 Dabei geht es um die Frage, welche **Verantwortung** der demokratische Verfassungsstaat zu tragen habe. Für seine Machtfülle braucht der Staat eine Legitimation. Diese erlangt er in dem Masse, in welchem er in der Lage ist, sein
Handeln vor den Betroffenen zu rechtfertigen. Er trägt Verantwortung für seinen Machtgebrauch. Wenn der Staat Macht ist, die einer Aufgabe dient, dann
ist er dafür verantwortlich, dass alle Macht von dieser Aufgabe gedeckt ist. Der
Staat ist damit auch Verantwortung.

191 Welche Aufgaben in die Verantwortung des Staates gelegt werden sollen, hängt
von dem bereits geschilderten **Verhältnis von Solidarität und Subsidiarität**
ab[60]. Was in einer bestimmten Gesellschaft solidarisch gelöst werden soll und
nicht von gesellschaftlichen Kräften geleistet werden kann, ist dem Staat zu
übertragen. Ethisch ist zu entscheiden, ob etwas eine Frage der Solidarität ist.
Nach funktionalen Gesichtspunkten lässt sich dann beurteilen, ob der Staat
dafür geeignet ist (SALADIN[61]).

---

59 Vgl. hinten Rz. 697 ff.
60 Vgl. vorne Rz. 44 ff.
61 Vgl. PETER SALADIN, Verantwortung, 119 ff.

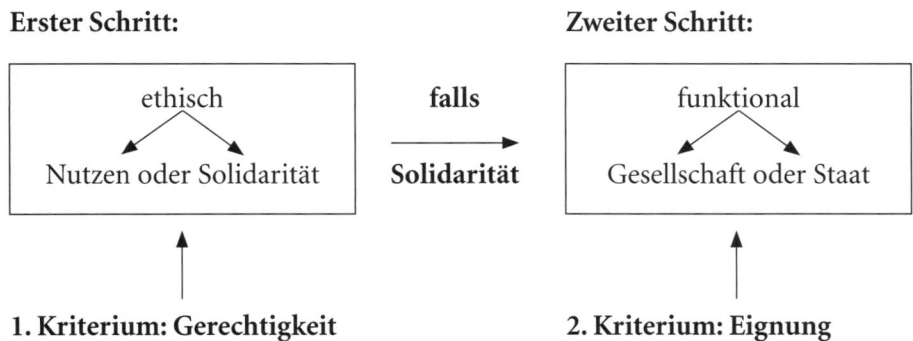

Abbildung 2-1: Verhältnis von Ethik und Funktion bei der Bestimmung von Staatsaufgaben

Als umfassende Organisation mit territorialer Hoheitsgewalt, die auf Gerech- 192
tigkeit verpflichtet ist, eignet sich der Staat vor allem für die Lösung komplexer
Probleme, die innerhalb des Staatsgebiets entstehen und einen fairen Ausgleich
zwischen den dort lebenden Menschen erfordern. *Der Staat hat die Aufgabe,
unser Streben nach grösstmöglichem Nutzen in gerechte Bahnen zu lenken.*
Der Staat trägt damit die Verantwortung für die Gerechtigkeit gesellschaft- 193
licher Problemlösungen. Er hat seine Macht in den Formen des Rechts auszuüben und den Zielen des Rechts dienstbar zu machen. Gerechtigkeit ist dabei die regulative Idee, also das Leitbild, dem zu folgen ist, auch wenn es nie
verwirklicht werden kann.

Die **Verantwortung für Gerechtigkeit** wäre eine Überforderung des Staates, 194
wenn sie nicht in mehrfacher Hinsicht relativiert werden könnte.

Für alle praktischen Belange ist Gerechtigkeit kein Ziel, das tatsächlich erreicht 195
werden soll. Das wäre eine erdrückende normative Last für unser tägliches
Handeln. Wir sollten uns damit zufrieden geben, krasse Ungerechtigkeiten
zu vermeiden, Willkür zu unterlassen und Mindestforderungen der Rechtsgleichheit zu wahren. Das Ideal der Gerechtigkeit soll uns dabei als kritischer
Beurteilungsmassstab dienen, nach welchem wir die relative Qualität unseres
Handelns beurteilen können. *Ideale dienen als Kompass, der uns sagt, ob wir
uns in der richtigen Richtung bewegen, auch wenn wir weit vom Ziel entfernt
sind.* Die staatliche Verantwortung für Gerechtigkeit ist somit nur die Pflicht,

staatliches Handeln im Rahmen des Möglichen an diesem Massstab auszurichten und daran messen zu lassen.

196 Staatsverantwortung bedeutet ferner nicht, dass der Staat alles leisten muss, wofür er Verantwortung trägt. Das war die Vorstellung des **Sozialstaates,** der glaubte, soziale Gerechtigkeit konkret verwirklichen zu müssen. Dieser Anspruch musste in Staatsversagen enden. Der Staat hat nicht die unbeschränkte Macht über Gesellschaft und Wirtschaft, die nötig wäre, um die ungerechten Strukturen unserer Lebensform zu beseitigen. Wenn er das wollte, müsste er totalitäre Züge annehmen. Die Geschichte lehrt zudem, dass er auch dann nicht in der Lage wäre, Gerechtigkeit zu verwirklichen, weil er selbst ungerecht würde: Er müsste gerade jene Freiheit des Individuums vernichten, welche das Gut darstellt, das von ihm möglichst gerecht verteilt werden soll.

197 Staatsverantwortung ist deshalb nicht gleichbedeutend mit Staatsaufgabe. Das wird mit dem Modell des so genannten **Gewährleistungsstaates** zum Ausdruck gebracht[62]. Öffentliche Aufgaben können je nach ihrer Eigenart von der Verwaltung, von der Wirtschaft oder von der Bürgergesellschaft erfüllt werden, oft in gegenseitiger Zusammenarbeit. Der Staat behält die Gewährleistungsverantwortung, die Erfüllungsverantwortung aber trägt der private Partner. Ein Leistungsvertrag regelt die gegenseitigen Pflichten. Private werden so zu Staat in einem funktionalen Sinne. Wenn auf diese Weise eine Aufgabe nur teilweise erfüllt werden kann, dann ist das nicht Staatsversagen, sondern Ausdruck des derzeit Möglichen.

198 Damit ist eine letzte Relativierung des Gerechtigkeitsanspruchs an den Staat angesprochen: seine **zeitliche und kulturelle Bedingtheit.** Staatsaufgaben können nur nach Massgabe der Kulturentwicklung zu einer bestimmten Zeit und in einem bestimmten Land gestellt und erfüllt werden. Es gibt keine objektiv gültige Umschreibung dessen, was Gerechtigkeit im öffentlichen Zusammenleben heisst. *Die Gleichstellung von Frau und Mann ist in Europa eine längst anerkannte Forderung der Gerechtigkeit, in gewissen arabischen Ländern nicht. Die Gleichstellung der Behinderten hingegen ist auch in Europa noch neu.* Die Inhalte der Gerechtigkeit müssen von den Betroffenen im Rahmen ihrer Kultur und für ihre Zeit bestimmt werden. Damit gibt es auch keine objektiv gültige Umschreibung der Staatsaufgaben. Jeder Staat muss sich seine Aufgaben selbst geben.

---

62   Vgl. hinten Rz. 466 ff.

Die Konsequenz aus diesen Relativierungen ist der Rückzug der Staatsaufga- 199
benlehre auf die **prozedurale Ebene:** Wenn es unterhalb der Ideale einer politischen Ethik keine allgemeingültigen Aussagen über die Aufgaben des Staates
gibt, müssen die Staatsaufgaben in öffentlichen Entscheidungsprozessen festgelegt werden. Daher muss die Staatslehre darauf verzichten, die Inhalte von
Staatsaufgaben vorzuschreiben, und sich auf die Verfahrensqualität der staatlichen Entscheidungsprozesse konzentrieren, in welchen die Staatsaufgaben
festgelegt werden. *Wenn materielle Gerechtigkeit nicht objektiv vorgegeben ist,
muss sie in gerechten Verfahren gesucht werden.* Die **Fairness** der öffentlichen
Entscheidungsprozesse zu gewährleisten, wird zur zentralen Staatsaufgabe.

Die Entscheidungsprozesse, in welchen die Staatsaufgaben bestimmt werden, 200
müssen die Chance bieten, gerechte Lösungen zu schaffen. *Die Gerechtigkeit
des Ergebnisses hängt von der Fairness des Weges dazu ab.* Die politische Ethik
kann nicht mehr vorschlagen, welche Ergebnisse die Politik zu leisten hat, sie
kann nur noch aufzeigen, welche Verfahren ethisch gefordert sind. Das ist das
Anliegen der Diskursethik[63]. Ihr geht es um die Frage: *Wie können wir bestimmen, was für uns gut und zugleich für alle richtig ist?*

Übungsbeispiel 201

1. **Macht und Herrschaft:** Versuchen Sie, das Beispiel am Eingang der Ziffer
   2 nochmals zu beurteilen: Was unterscheidet die Macht des Bandenchefs
   von der Herrschaft des Staatspräsidenten?[64]
2. **Macht, Aufgabe und Verantwortung:** In der Stadt Berlin bildet die Alko-
   hol- und Drogenszene ein öffentliches Ärgernis. Der Berliner Senat beab-
   sichtigt, der Polizei das Recht zu verschaffen, Einzelne und Gruppen von
   bestimmten Plätzen wegzuweisen, um so die Szene zu zerstreuen.

Aufgabe: Sie sollen dafür die gesetzliche Grundlage entwerfen. Darin sind insbesondere folgende Fragen zu beantworten:
a) Welche Aufgabe hat die Polizei zu lösen?
b) Welche Macht braucht die Polizei dafür?
c) Wie stellen Sie sicher, dass die Polizei für ihre Aufgabenerfüllung und
   Machtausübung die angemessene Verantwortung trägt?

---

63 Vgl. die nächste Ziff. 3.
64 Vgl. vorne Rz. 148 ff.: Der demokratische Verfassungsstaat mit seinen Zielen des Friedens, der
    Freiheit und der Gerechtigkeit legitimiert die Herrschaft des Staatspräsidenten, was dem Bandenchef
    fehlt. Soweit auch dieser eine Art «Verantwortung für Gerechtigkeit» (innerhalb seiner Gang) trägt,
    ist ihm diese nicht in offenen Verfahren von der Allgemeinheit übertragen, noch wird sein Handeln
    von dieser kontrolliert.

Antwort:

Vorbemerkung: Das Polizeirecht fällt in der BRD in den Zuständigkeitsbereich der Länder. Somit sind die Länder in den Schranken des Grundgesetzes und der Bundesgesetzgebung kompetent, Polizeirecht zu erlassen.

Gesetzliche Grundlage: Die Wegweisung von Personen durch die Polizei berührt die Grundrechte der Betroffenen (allgemeine Handlungsfreiheit Art. 2 Abs. 1 GG, Bewegungsfreiheit Art. 2 Abs. 2 Satz 2 GG, Freizügigkeit Art. 11 Abs. 1 GG). Entsprechende Massnahmen bedürfen daher einer gesetzlichen Grundlage.

a) *Aufgaben der Polizei:* Aufgabe der Polizei ist es, gegen Personen, die durch den Konsum von Drogen oder Alkohol im öffentlichen Raum eine Bedrohung der öffentlichen Sicherheit und Ordnung darstellen, vorzugehen.

b) *Erforderliche Kompetenzen:* Auf gesetzlichem Wege muss eine Grundlage geschaffen werden, welche die Wegweisung ermöglicht (Legalitätsprinzip).

c) *Gewährleistung von Verantwortlichkeit:* Der zu entwerfende Gesetzesartikel ist so zu gestalten, dass Platzverbote nur bei fehlbarem Verhalten ausgesprochen werden, welches tatsächlich die öffentliche Sicherheit und Ordnung gefährdet (Gefahr ist in Verzug) und von der beschuldigten Person bzw. Personengruppe ausgeht. Damit begrenzt das Gesetz die Eingriffskompetenz der Polizei auf die Gefahrenabwehr.

Beispiel: Allgemeines Gesetz zum Schutz der öffentlichen Sicherheit und Ordnung in Berlin (ASOG) § 29 Platzverweisung:

«Die Ordnungsbehörden und die Polizei können zur Abwehr einer Gefahr eine Person vorübergehend von einem Ort verweisen oder ihr vorübergehend das Betreten eines Ortes verbieten. […]»

In einer Verordnung zu § 29 ASOG liesse sich das genaue Prozedere für einen Platzverweis festhalten. Die Verordnung könnte vorschreiben, dass die gesetzliche Grundlage der Massnahme, die Dauer, das räumliche Ausmass und der Grund der Wegweisung bezeichnet werden, zudem eine Belehrung über die Folgen einer allfälligen Missachtung des Platzverweises sowie über Rechtsmittel gegen die Wegweisung erfolgt. Die Verantwortlichkeit der Polizei wäre so durch ein transparentes, überprüfbares und einheitliches Verfahren sichergestellt.

2.2.   Vertiefung: Demokratietheorie

Die moderne Staatslehre äussert sich in einer Vielzahl von Demokratietheorien über den demokratischen Verfassungsstaat[65]. Hier werden diese
Theorien in vier Typen zusammengefasst[66]:
- die republikanische Demokratietheorie (Ziff. 2.2.2.)
- die liberale Demokratietheorie (Ziff. 2.2.3.)
- die realistische Demokratietheorie (Ziff. 2.2.4.) und
- die komplexe Demokratietheorie (Ziff. 2.2.5.).

Dabei erweist sich diese Typologie nicht nur als nützliche Verständnishil-
fe. Sie ist auch praktisch relevant, weil sie sich als staatsrechtliches Argumentarium nutzen lässt (Ziff. 2.2.6.).

Zum besseren Verständnis der vier Demokratietheorien soll vorab ihr ge-
schichtlicher Hintergrund kurz dargelegt werden (Ziff. 2.2.1.).

2.2.1.   Der geschichtliche Hintergrund heutiger
Demokratietheorien

Den Staat im Sinne der modernen Umschreibung gibt es in Europa erst seit 202
Beginn der Neuzeit. In der mittelalterlichen Sozialordnung finden sich zwar
demokratische Elemente des germanischen Volkskönigtums. Der König ist
keineswegs absoluter Herrscher, sondern durch ein gegenseitiges Band der
Treue an sein Volk gebunden. Es wäre aber nicht angebracht, die mittelalterliche Ordnung auf die Elemente der Staatlichkeit hin abzusuchen, wie dies für
den modernen Staat sinnvoll ist. Die ständische Ordnung galt als von Gott
geschaffen und dem Menschen nicht verfügbar. Ein Bereich des Staatlichen,
der von den Mitgliedern der Gesellschaft nach ihrem Willen hergestellt und
verändert werden könnte, war noch gar nicht ausgeschieden.

Das Feudalsystem durchdrang alle Lebensbereiche. Es liess auch keinen Raum 203
für das Konzept einer individuellen Freiheit. Die neuzeitlichen Gegensätze
von Individuum und Gesellschaft und von Gesellschaft und Staat waren noch
nicht ausgebildet. Das Gemeinwohl, wie es durch die Autorität von Kirche und
König im Geiste des Glaubens vorgegeben wurde, hatte absoluten Vorrang vor

---

65   Vgl. Manfred G. Schmidt, Demokratietheorien.
66   Diese Ziffer beruht auf Philippe Mastronardi, Demokratietheoretische Modelle, 383 ff.

dem Individuellen. Das Mittelalter prägt ein Bild einer Gemeinschaft, in der das allgemeine Interesse den Wertmassstab setzt – wobei freilich «allgemein» noch nicht heisst, dass die Allgemeinheit, das Volk, darüber bestimmt.[67]

204 Verschiedene Wege des Zerfalls dieser Ordnung führten zu unterschiedlichen Gesellschaftsverhältnissen. Während in England die Feudalordnung frühzeitig einer Wirtschaftsentwicklung wich, in der sich Bürgertum und Adel verhältnismässig harmonisch zueinander verhielten, kam es auf dem Kontinent mit den Reformationskriegen zu einem radikalen Bruch mit der Feudalordnung. Die Aufgabe der Friedenssicherung musste nach den Glaubenskriegen einem starken, konfessionell neutralen Staat übertragen werden. Die weltliche Macht – der König – beanspruchte und erhielt die volle Souveränität über das Volk. Staat und Politik wurden zum Sozialbereich, in dem aufgrund von Hoheitsrechten eine Ordnung positiv geschaffen und durchgesetzt werden konnte. Die Gesellschaft, früher als integrale Sozialordnung verstanden, wurde privatisiert. So entstand der absolutistische Staat.

205 Der neuzeitliche absolutistische Staat brachte in weiten Teilen eine Fortsetzung des mittelalterlichen, autoritativen Gemeinwohlverständnisses. Das Gemeinwohl war nun aber nicht mehr vorgegeben. Der souveräne Monarch durfte darüber kraft seiner Hoheit entscheiden. Neu daran war v.a. die nun gültige Konzeption von Legitimität. Der Monarch musste sein Recht – mangels göttlicher Autorität – aus der Vernunft herleiten. Letztlich musste er die Unterworfenen von seiner Aufgabe überzeugen können. Damit wurde das Gemeinwohl zur Frage nach dem wohlverstandenen Interesse der Allgemeinheit.

206 Für die Staatslehre bedeutsam ist, dass mit dieser Wendung Machtausübung begründungspflichtig wird, d.h. einer Kontrolle durch die Vernunft untersteht. Zugleich wird der moderne Begriff des Interesses anwendbar: Das Interesse eines jeden wird Grundlage für die Legitimation des Staates. Der gute Staat vereinigt die vernünftigen Interessen aller. Nur: Der absolute Monarch beansprucht noch zu bestimmen, was dieses Interesse sei.

207 Die bürgerliche Revolution, wie sie vor allem in Frankreich stattgefunden hat, kehrt diese Verhältnisse in doppelter Weise um: Der Monarch verliert seine Souveränität über das Volk und der Staat verliert seinen Vorrang vor der Gesellschaft.

---

67   Hierin gleicht diese Ordnung dem pharaonischen Ägypten (vgl. hinten Rz. 587 ff.).

- Innerhalb des Staates stürzt die Revolution das Regime, indem sie die Souveränität vom König auf das Volk überträgt. Die Bürger wollen fortan selbst über die massgeblichen Interessen im Staat bestimmen.
- Revolutioniert wird aber v.a. das Verhältnis von Staat und Gesellschaft: Die Gesellschaft soll von der Herrschaft des Staates befreit werden: Der freie Markt, nicht der Staat, soll die Entwicklung steuern. Die Bestimmung des Gemeinwohls soll nicht mehr Sache des Staates, sondern der Gesellschaft sein. Der Staat wird durch eine Verfassung darauf beschränkt, dafür die Rahmenbedingungen zu schaffen.

Die Reaktion auf den Absolutismus bildet so den gesellschaftlichen Hinter- 208 grund für **das liberale Modell der Demokratie:** Massgeblich wird das Individualinteresse; das Gemeinwohl ergibt sich aus der Summe dieser Interessen. Es muss und darf nicht von Staates wegen verordnet werden.

Ein anderes Modell entwickelt sich, wo das Bürgertum sich mit weniger Ge- 209 walt einen Platz erringen kann (wie in England, in der Schweiz oder in den italienischen Stadtrepubliken). Hier entspricht die republikanische Vorstellung von einem Gemeinwohl, das von der Republik zu verwirklichen ist, einer seit dem Mittelalter nie ganz gebrochenen Erfahrungswelt. Entsprechend bleibt die Vorstellung wirksam, wonach der Mensch durch seine soziale Natur an die politische Gemeinschaft gebunden sei. Marktwirtschaft und staatliche Gemeinwohlverantwortung treten hier in weniger starken Gegensatz. Individuelles und kollektives Interesse verbinden sich in der Idee der Volkssouveränität: In der Mitbestimmung verwirklicht jeder sich selbst. Auf diesem Boden entwickelt sich **das republikanische Modell der Demokratie.**

Die industrielle Revolution verändert dann aber die realen Verhältnisse in 210 allen Staaten in einer Weise, die Korrekturen an beiden Modellen – dem liberalen wie dem republikanischen – erforderlich macht: Sowohl die Souveränität des Volkes wie die Marktwirtschaft finden in den wachsenden sozialen Ungleichheiten keine reale Entsprechung für die Chancengleichheit, die sie voraussetzen: Unterhalb der Bürgerschicht entwickelt sich das Bewusstsein einer sozialen Schicht von Armen. Die Armen sind weder politisch souverän noch wirtschaftlich autonom genug, um als frei gelten zu können. Ihre Schicht kann ihre Interessen nur verteidigen, wenn sie sich organisiert. Sie ist auf die Bildung von Parteien und Verbänden als Machtfaktor in Staat und Wirtschaft angewiesen.

211 Der Staat muss zunehmend soziale Kosten der Wirtschaftsordnung übernehmen und wächst damit auch dort, wo das liberale Modell vorherrscht, zunehmend wieder in eine Gemeinwohlverantwortung hinein. Er wird zum Sozialstaat und Leistungsstaat mit Aufgaben wie Krisenverhütung, Infrastruktur,
Forschungsförderung und Steuerung gesellschaftlicher Entwicklungen. Die
zunehmende Machbarkeit der Welt erhöht den Bereich des Politischen gegenüber dem des Gesellschaftlichen, weil die Folgen des einzelnen Handelns
zunehmend die Allgemeinheit treffen. *Die sozialen und ökologischen Kosten
der wirtschaftlichen Tätigkeit werden immer stärker spürbar.*

212 Das Allgemeininteresse aber spaltet sich gleichzeitig auf. Die Arbeitsteilung
schafft nicht nur spezialisierte Berufe und Sektoren in der Wirtschaft, sie
schafft auch eine gesellschaftliche Differenzierung, die den Einzelnen primär
zum Mitglied einer funktionalen Gruppe werden lässt. Das Interesse des Einzelnen steht nicht unmittelbar dem allgemeinen Interesse gegenüber, sondern
wird durch Interessengruppen vermittelt, denen er zugehört. Politik wird
zum Widerstreit der Interessengruppen, das Gemeinwohl zum Gegenstand
der Ausmarchung unter einflussreichen Organisationen. Diese intermediären Gruppen zwischen dem Einzelnen und dem Staat entwickeln sich dabei
zu Systemen, die sich nach funktionalen Gesetzen selbst erhalten und entwickeln. Hier entsteht die Wirklichkeit, auf die das **Modell der realistischen
Demokratietheorie** antworten will.

213 Aber auch dieses Modell verkürzt die moderne Wirklichkeit zu sehr. Es ersetzt
zwar das Individualinteresse der liberalen Theorie und das Gesamtinteresse der republikanischen Theorie durch das Gruppeninteresse. Aber all diese
Interessen sind unter heutigen Bedingungen nicht mehr klar definierbar. Sie
bilden keine sicheren Grundlagen der politischen Entscheidung mehr. Die
Komplexität der wirtschaftlichen und gesellschaftlichen Verhältnisse verun-
möglicht es, die Ziele und Folgen sozialen Handelns gültig zu beurteilen. Der
Einzelne kann die Vielfalt der Informationen, die zu jeder politischen Frage
anfallen, nicht mehr so verarbeiten, dass er überhaupt zu erkennen vermöchte,
wo sein Interesse läge.

214 Der Einzelne ist zudem durch die Spaltung der Gesellschaft in seiner eigenen
Identität so fraktioniert, dass er seine eigenen Interessenkonflikte nicht auf
einen Nenner bringen kann. Die vielen Rollen, die wir spielen wollen oder
sollen, treten in vielfache Widersprüche zueinander *(in Beruf oder Schule, als
Konsument, im Verkehr, in der Natur, in der Familie, in der Freundschaft und*

der Liebe). Dauernd verletzen wir in der einen Rolle die Interessen, die wir in einer der andern Rollen wahrnehmen möchten. Damit fehlt uns die Identität als Person, die notwendig wäre, um definieren zu können, was unser Interesse ist. Damit ist das Einzelinteresse fraktioniert und in hohem Masse integrationsbedürftig.

Für die Formulierung einer Demokratietheorie heisst dies, dass das Einzelin- 215 teresse nicht mehr die letzte Einheit ist, das Atom, auf der sie aufbauen kann. Denn ebenso wenig wie das «Atom» hat sich auch das «In-dividuum» als unteilbar erwiesen. Demokratie muss bereits in unserem eigenen Innern beginnen. *Ich muss mit mir selbst demokratisch umgehen lernen, nämlich je mit mir als das eine Interesse und mit mir als das andere Interesse.* Auf dieser Grundlage beruhen die Forderungen nach Demokratie am Arbeitsplatz, in der Familie, in der Freizeit: Die Demokratisierung der Politik genügt nicht. Erst durch die Demokratisierung der Gesellschaft wird das Demokratieprinzip in allen Welten, in denen der moderne Mensch lebt, wirksam.

Das Gesamtinteresse hat seinen Boden verloren. Es kann sich nicht mehr aus 216 Einzelinteressen zusammensetzen, sondern nur noch aus den sozialen Teilfunktionen der Menschen in der Gesellschaft. Diese aber werden von den organisierten Gruppen wahrgenommen, die untereinander und mit dem Staat über die politischen Entscheidungen verhandeln. Ein inhaltliches Ziel, das allen einsichtig wäre, ist nicht auszumachen. Alle Inhalte werden zum Verhandlungsgegenstand. Die Gemeinsamkeit beschränkt sich darauf, die Legitimität des Verhandlungsprozesses sicherzustellen. Es besteht einzig ein allgemeines Interesse an der Fairness des Verhandlungsprozesses. Wenn die Verhandlungsresultate nicht mehr den Anspruch auf objektive Richtigkeit erheben können, müssen sie sich durch die Fairness des Verfahrens legitimieren, in dem sie entstanden sind. Die Verhandlung muss einem Verfahren folgen, das optimale Chancen für Resultate schafft, die von allen anerkannt werden können. Auf dieser Grundlage beruht das **Modell der komplexen Demokratietheorie,** das Legitimation durch Verfahren herstellen will.

Diese Skizze der modernen Gesellschaftsentwicklung gibt somit Anlass zu den 217 nachfolgenden vier Demokratietheorien:

- Die *republikanische Demokratietheorie* – oder die Lehre vom demokratischen Gemeinwohl (Ziff. 2.2.2.)
- die *liberale Demokratietheorie* – oder die Lehre vom freien Menschen in freier Gesellschaft (Ziff. 2.2.3.)

- die *realistische Demokratietheorie* – oder die Lehre vom funktionalen Gleichgewicht der sozialen Kräfte (Ziff. 2.2.4) und
- die *komplexe Demokratietheorie* – oder die Lehre von Freiheit und Gemeinwohl unter den Bedingungen einer modernen pluralistischen Funktionsgemeinschaft (Ziff. 2.2.5.).

2.2.2. Die republikanische Demokratietheorie

218   Was hier unter dem Begriff der republikanischen Demokratietheorie zusammengefasst werden soll, findet sich ideengeschichtlich in unterschiedlichen Ausprägungen ausgestaltet. Ihre Wurzeln finden sich bereits in der Antike, zu Beginn der Neuzeit bei JOHANNES ALTHUSIUS[68]. In der italienischen Renaissance sind ihre Vertreter GIROLAMO SAVONAROLA[69], NICCOLÒ MACHIAVELLI[70] und DONATO GIANNOTTI[71]. Über hundert Jahre später springt der Gedanke nach England, wo er von JAMES HARRINGTON[72] und JOHN MILTON[73] verkündet wird. In den USA ist das Gedankengut vor allem von JAMES MADISON und ALEXANDER HAMILTON[74] in den «Federalist Papers» aufgegriffen worden.

219   Ihre stärkste demokratische Ausprägung findet die Idee aber bei JEAN-JACQUES ROUSSEAU[75], der daher oft als Hauptvertreter des Republikanismus angesehen wird. Gerade in seiner Betonung der direkten Demokratie unterscheidet er sich aber wesentlich vom Gedanken der gemischten Verfassung, wie er im italienischen und auch im angelsächsischen Republikanismus vertreten wird. Für die Zwecke einer Typologie kann trotzdem von einer mehr oder weniger einheitlichen Demokratietheorie republikanischer Prägung gesprochen werden.

220   Ausgangspunkt des **Republikanismus** ist ein Menschenbild, das den Einzelnen wesentlich an seine Lebensgemeinschaft mit anderen gebunden sieht. Der Mensch ist von Natur aus nicht so ausgestattet, dass er für sich allein ein menschenwürdiges Dasein führen könnte. Für seine soziale Integrität, die ihn erst zum Menschen macht, ist er essentiell auf das «Du», auf den andern, angewiesen. Sein Leben ist auf Gemeinschaft – Polis – ausgerichtet. Der Republikaner ist sich seiner Schwäche bewusst; er ist hilfsbedürftig.

---

68   JOHANNES ALTHUSIUS, Politik.
69   GIROLAMO SAVONAROLA, Regierung der Stadt Florenz.
70   NICCOLÒ MACHIAVELLI, Discorsi.
71   DONATO GIANNOTTI, Republik.
72   JAMES HARRINGTON, Oceana.
73   JOHN MILTON, Defence of the People; DERS., Free Commonwealth.
74   ALEXANDER HAMILTON/JAMES MADISON/JOHN JAY, Federalist.
75   JEAN-JACQUES ROUSSEAU, Gesellschaftsvertrag.

Ein solcher Mensch hat ein fundamentales Interesse an Gemeinschaft: Sein 221
Interesse an der Gemeinschaft ist das an einer bürgerlich garantierten Freiheit. Denn frei kann er nur als Mitglied dieser Gemeinschaft sein. Und seine
Rechte kann er nur von dieser Gemeinschaft, als Anteil am allgemeinen Gut,
beziehen. Grundlage der gesellschaftlichen Ordnung ist somit die Bereitschaft
des Menschen zur Kooperation, nicht seine Neigung zu Konkurrenz. Entsprechend ist Politik wesentlich auf Konsens angelegt, nicht auf Konflikt. *Dem
entspricht das Modell der Versammlungsdemokratie, z.b. in den schweizerischen
Landsgemeinden.*

Die Lebensgemeinschaft wird von einem Grundkonsens über gemeinsame 222
Werte, die alle Mitglieder teilen, getragen. Die Gemeinschaft hat ein Ziel, das
Gemeinwohl. Dieses umfasst und übersteigt alle individuellen Interessen. Das
gemeinsame Glück schafft das individuelle Glück, nicht umgekehrt. Individuelle und öffentliche Moral fallen zusammen im Bild des «guten Lebens»,
das alle miteinander teilen. Ausdruck dieser Einheit ist die Bürgertugend, der
politische Charakter des Menschen. Gemeint ist die Bereitschaft, an der Auseinandersetzung um das Gemeinwohl teilzunehmen und es zu verwirklichen.
Der Staat hat diese Tugend zu fördern und zu bewahren. Der Republikaner ist
politischer Moralist: Homo politicus.

Die republikanische Theorie betont die Gleichheit, aus welcher die Freiheit 223
entsteht. Freiheit ist das Recht zur gleichen Teilnahme aller am öffentlichen
Leben. Freiheit ist nur unter Gleichen möglich.

Teilnahme führt zur Teilhabe: Indem alle am Staat teilnehmen, bilden sie selbst 224
den Staat. Dieser ist – zumindest in der Variante ROUSSEAUS – keine losgelöste
Identität, sondern das Volk selbst, wie es sich in seinem demokratisch gebildeten Gemeinwillen ausdrückt. Der Staat, das sind wir selbst. Da das Volk die
Staatsgewalt ausübt, herrscht Identität von Regierenden und Regierten. Jeder
gehorcht, wenn er sich dem Gemeinwillen fügt, letztlich nur sich selbst und
bleibt damit so frei als wie zuvor.

Volkssouveränität heisst damit für ROUSSEAU mehr als nur, dass staatliche Ge- 225
walt sich vom Volk ableiten lassen muss. Sie bedeutet die Herrschaft des öffentlichen Interesses. Sie ist die Ausübung des Gemeinwillens durch das Volk,
ein Akt, der unübertragbar ist. Der Wille des Volkes kann nur von ihm selbst
gebildet werden. Dies bedingt die Staatsform der direkten Demokratie. In
dieser ist es aber gefährlich, wenn im Volk Gruppen und Parteien entstehen,
welche die Willensbildung verzerren, so dass der Wille des Volkes (volonté

de tous) vom Gesamtwillen (volonté générale) abweicht, der sonst zustande
käme. Falls sich aber partikuläre Gruppen bilden sollten, dann ist es wichtig,
dass es viele sind und möglichst keine Ungleichheiten unter ihnen entstehen.

226   Als Republik bezeichnet Rousseau jeden durch Gesetz regierten Staat, gleich-
gültig welcher Regierungsform. Denn nur, wo das Gesetz regiert, herrscht das
öffentliche Interesse. Das Gesetz wird damit für ihn das zentrale Instrument
des Staates. Es ist der formulierte Ausdruck des Gemeinwillens. Es verknüpft
die Notwendigkeit einer rechtlichen und politischen Ordnung mit dem Postulat der Selbstbestimmung aller. Das Gesetz ist wesentlich allgemeine und
abstrakte Regel. Alle sind ihm gleichermassen unterworfen. Herrschaft ist
nicht Majestätsrecht eines Herrschers, sondern Gesetzesherrschaft, damit un-
persönliche, allgemeine Ordnung. Ausübung der Herrschaft durch Behörden
ist bloss Vollzug des Gemeinwillens. Gehorsam des Bürgers ist nur Gehorsam
gegenüber dem Gesetz[76].

227   Der Republikanismus kennt mehrere Ausprägungen. Die **kommunitaris-
tische** Variante des Republikanismus[77] betont die Bürgertugenden und den
Gemeinschaftssinn. Sie sucht nach der Gemeinschaft geteilter Werte in lokal
begrenzten, relativ homogenen Gesellschaften. Sie legt das Schwergewicht auf
Fragen der Individualethik.

228   Die übrigen Strömungen des Republikanismus interessieren sich hingegen
mehr für Fragen der **Institutionenethik**[78]. Sie orientieren sich an der Lehre von der Mischverfassung[79] und suchen die gerechte Teilhabe aller sozialen
Kräfte an den politischen Funktionen zu gewährleisten. Die gemischte Verfassung will Machtmissbrauch dadurch verhindern, dass verschiedene Interessen
innerhalb des Staates in verschiedenen Gewalten verkörpert werden, die sich
gegenseitig im Zaum halten. Dadurch entsteht eine gleichgewichtige Funktio-
nenteilung zwischen dem, was besser viele in einem Parlament, und dem, was
besser wenige in einer Regierung entscheiden sollen, sowie zwischen dem, was
nach dem Willen der politischen Behörden, und dem, was nach den Grundsätzen der Justiz zu beurteilen ist.

---

76   Jean-Jacques Rousseau, Gesellschaftsvertrag.
77   Vgl. Walter Reese-Schäfer, Kommunitarismus. Wichtige Vertreter sind Hannah Arendt, Vita
      activa; Benjamin Barber, Demokratie; Amitai Etzioni, Gemeinwesen; Alasdair MacIntyre, Ver-
      lust der Tugend; Charles Taylor, Negative Freiheit?; Michael J. Sandel, Limits of Justice; Robert
      N. Bellah et al., Gewohnheiten und Michael Walzer, Sphären der Gerechtigkeit.
78   Vgl. hinten Rz. 285 ff.
79   Vgl. vorne Rz. 150 f.

Insgesamt entwirft die republikanische Demokratietheorie eine **inhaltliche** 229
Ordnung im Sinne gemeinsamer Werte und Ziele, die das Zusammenleben
regeln.

2.2.3. Die liberale Demokratietheorie

Hauptvertreter dieser Theorie sind JOHN LOCKE[80] und JOHN STUART MILL[81]. 230
Menschenbild und Staatsidee gehen aber im Wesentlichen auf THOMAS HOB-
BES[82] zurück, während die passende Staatsorganisation am besten von MON-
TESQUIEU[83] beschrieben worden ist. Im zwanzigsten Jahrhundert sind zwei
Ausprägungen entstanden, der Ordoliberalismus WALTER EUCKENS[84], der
grundrechtlich argumentiert und an einer autonomen staatlichen Rahmen-
ordnung für die Wirtschaft festhält, und der ökonomisierte Liberalismus
FRIEDRICH AUGUST VON HAYEKS[85], der die marktwirtschaftlichen Gesetzmäs-
sigkeiten zum Massstab der staatlichen Ordnung macht.

Während die republikanische Lehre das Gemeinsame unter den Menschen 231
hervorhebt, betont die liberale Demokratietheorie das Individuelle jedes Einzelnen. Nicht die Gleichheit, sondern die Freiheit ist ihr Leitprinzip.

Der Mensch steht von Anfang an mit unveräusserlichen Rechten seiner Ge- 232
sellschaft gegenüber und wird nie voll in sie integriert. Seine Fähigkeit zur
Selbstbestimmung erwirbt er nicht primär sozial, sondern er trägt sie bereits
vom Naturzustand her in sich. Die Gesellschaft ist daher nicht eine Gemeinschaft geteilter Wertungen und Ziele, wie im republikanischen Modell, sondern eher ein Ort der Koexistenz autonomer Individuen. Leitbild ist die freie
Gesellschaft freier und mündiger Menschen[86]. Der liberale Mensch ist stolz
und selbstbewusst.

Im Gegensatz zur Theorie von der geselligen Natur des Menschen geht das li- 233
berale Menschenbild von Eigennutz und Angst als Triebfedern menschlichen
Handelns aus. Im Naturzustand herrscht unter den Menschen völlige Freiheit
und Gleichheit, aber so, dass jeder im Krieg gegen jeden das gleiche Recht auf alles hat. Die Freiheit ist daher nicht gesichert und das Recht nicht geschützt. Der

---

80 JOHN LOCKE, Abhandlungen.
81 JOHN STUART MILL, Über die Freiheit.
82 THOMAS HOBBES, Leviathan.
83 CHARLES DE MONTESQUIEU, Geist der Gesetze.
84 WALTER EUCKEN, Grundsätze.
85 FRIEDRICH AUGUST VON HAYEK, Verfassung der Freiheit, 304 ff.
86 WERNER KÄGI, Grundordnung, 1 und 14 ff.

Selbsterhaltungstrieb veranlasst die Menschen, ihre natürliche Freiheit aufzuge-
ben und die Fesseln der bürgerlichen Gesellschaft auf sich zu nehmen, um dadurch Sicherheit, Frieden und Wohlergehen einzutauschen. Denn der Mensch
muss das Recht auf Selbsterhaltung, das er für sich beansprucht, auch allen anderen zugestehen. Er muss den Andern als gleichberechtigt anerkennen.

234   Im Unterschied zur republikanischen Theorie sind die Rechte des Einzelnen
nicht primär Anteile am gemeinsamen Gut der Gemeinschaft, sondern Eigentum eines jeden, das er aus dem Naturzustand mitbringt – so die Grundrechte
– oder das er durch das Werk seiner Hände erwirbt: Leistung schafft Besitz.
Der liberale Mensch erschafft sich seine Welt: Er ist Homo Faber.

235   Die Menschen treten ihrem Staat nur so viel von ihrer Rechtsstellung ab, wie
ihnen notwendig scheint, um die Rahmenbedingungen zu schaffen, unter denen sie ihre Freiheit nutzen können. Während die republikanische Theorie
die soziale Integrität des Menschen thematisiert, geht es der liberalen Theorie
mehr um die persönliche Integrität des Einzelnen, die schon besteht, bevor er
vergesellschaftet wird.

236   Nicht Volkssouveränität und Gemeinwille sind die obersten Kategorien der liberalen Wertordnung, sondern die Autonomie und das Interesse des privaten
Menschen. Aufgaben und Organisation des Staates sind diesen Zielen untergeordnet. Nicht der Mensch soll dem Staat, sondern der Staat soll dem Menschen dienen. Gesellschaft und Staat sind voneinander getrennt, und zwar so,
dass die Gesellschaft dem Staat vorgeordnet ist. Die Gesellschaft schafft sich
ihren Staat nach ihren Zwecken. Und innerhalb der Gesellschaft hat das Pri-
vatinteresse Vorrang vor kollektiven Interessen. *Dem entspricht etwa das Demokratiemodell in den USA.*

237   Das öffentliche Interesse ergibt sich aus der Summe der Einzelinteressen. Es ist
keine selbständige, sondern eine abgeleitete Grösse. Der Staat ist damit auch
nicht zuständig, das öffentliche Interesse zu definieren. Dieses ergibt sich vielmehr aus dem Spiel der gesellschaftlichen Kräfte. Dahinter steht ursprünglich
der Glaube, dass im Wettbewerb eigennütziger Handlungen gleichsam mit
unsichtbarer Hand nicht nur eine leistungsadäquate, sondern zugleich eine
gerechte Ordnung geschaffen wird, die das Gemeinwohl fördert.

238   Gemeinwohl verwirklichen heisst dabei nicht, ein kollektives Ziel erreichen,
sondern jedem gestatten, seine individuelle Vorstellung von Freiheit zu verwirklichen. Das Gemeinwohl wird damit individualisiert und zugleich formalisiert. Das Ziel ist der Weg: Da wir über verbindliche Wahrheit nicht verfügen,

gilt es, eine offene Gesellschaft zu bilden, die jedem optimale Entwicklungschancen seiner eigenen Möglichkeiten bietet.

Für die Staatsorganisation hat der liberale Ansatz bei den Rechten des Einzel- 239 nen zur Folge, dass das Hauptgewicht nicht auf die Willensbildung, sondern auf die Kontrolle der Macht gelegt wird. Misstrauen gegenüber kollektiver Macht begründet so den liberalen Rechtsstaat. Dieser erhält seinen Auftrag in einer Verfassung übertragen, die seine Macht beschränken soll. Wohl soll die Willensbildung nach dem Prinzip der Volkssouveränität durch Mehrheitsentscheidung zustande kommen. Dem Mehrheitswillen sind aber mit den unveräusserlichen Menschenrechten Schranken gesetzt. Zudem wird die Machtausübung im Staat durch gewaltenteilige Organisation gemässigt. Gesetze und Entscheidungen des Staates müssen sich durch Zuständigkeit, Verfahren und Grundrechtsschutz legitimieren.

Im Gegensatz zum republikanischen Modell verlangt das liberale eine reprä- 240 sentative Demokratie, in welcher das Volk durch seine Vertreter im Parlament handelt. Unvermittelte Mehrheitsentscheide des Volkes bergen das Risiko, dass Minderheiten und Einzelrechte unterdrückt werden. Die parlamentarische Auseinandersetzung unter gut informierten und ausgewählten Bürgern gibt mehr Gewähr für Freiheitsschutz.

Das liberale Modell geht dabei von einem skeptischen Menschenbild aus. Es 241 rechnet mit dem Egoismus des Menschen. Dieser soll seine Interessen sowohl individuell wie in Gruppen bilden und vertreten können. Partikuläre Interessen werden nicht generell verworfen, sondern so in die staatlichen Institutionen integriert, dass sie zueinander in ein Gleichgewicht treten. Ziel ist eine Balance der divergierenden Interessen am und im Staat im Dienste der Freiheit.

Der moderne Liberalismus ist in zwei Lager gespalten: Der **Neoliberalismus,** 242 vertreten durch HAYEK[87], will zum klassischen Laissez-faire-Liberalismus zurückkehren und den Staat auf die Aufrechterhaltung allgemeiner Rahmenbedingungen beschränken. Die Marktwirtschaft soll demnach ihre gesellschaftlichen Voraussetzungen weitgehend selbst bestimmen können. Die Gesellschaftsordnung wird durch die Anforderungen des Marktes diktiert. Diese ökonomisierte Form des Liberalismus dehnt die Marktwirtschaft zur Marktgesellschaft aus. Das Wirtschaftssystem dominiert das Gesellschaftssystem.

---

87 FRIEDRICH AUGUST VON HAYEK, Verfassung der Freiheit, 304 ff.

243 Demgegenüber vertritt der **Ordoliberalismus,** vertreten durch Eucken[88], die These, dass dem Staat nicht nur die allgemeinen Rahmenbedingungen der Wirtschaft obliegen, sondern auch eine Ordnungspolitik, welche Ungleichgewichte im Markt korrigiert und die Bildung von Monopolen verhindert. In der weiterentwickelten Fassung von Peter Ulrich[89] geht es dem Ordoliberalismus darum, dass Gesellschaft und Politik Institutionen schaffen, welche die Rahmenbedingungen der Wirtschaft bestimmen. Denn die Wirtschaft darf ihre gesellschaftliche Funktion nicht selbst definieren.

244 Insgesamt schafft die liberale Demokratietheorie eine **formale Ordnung** im Sinne von Regeln, welche Freiräume begrenzen.

2.2.4. Die realistische Demokratietheorie

245 Dieser Typus kennt mehr Varianten als die beiden ersten. Als wichtige Vertreter können Robert Dahl[90], Ernst Fraenkel[91], Joseph Schumpeter[92] und Giovanni Sartori[93] erwähnt werden. Die realistische Theorie setzt ein mit einer Analyse des Gruppenpluralismus in der demokratischen Gesellschaft, führt aber zu einer Theorie der funktionalen Erfordernisse, welche ein politisches System an die Institutionen der Demokratie stellt. Der Begriff der realistischen Demokratietheorie umfasst daher sowohl die **Pluralismustheorie** wie den **Funktionalismus.**

246 Die Frage nach dem Menschenbild wird von der realistischen Theorie in ihrer Bedeutung relativiert. Es war gerade ein Mangel der älteren Theorien, dass sie sich zu sehr auf den einzelnen Bürger konzentriert haben. Ebenso wichtig ist die Frage nach dem gesamten politischen System: Demokratietheorie muss sich mit der Funktionsfähigkeit der politischen Organisation als System befassen.

247 Das Interesse dieser Theorie gilt weniger dem demokratischen Willensbildungsprozess in der Bürgerschaft oder der Frage nach dem Allgemeininteresse; sie nimmt vielmehr das Institutionengefüge zum Gegenstand und prüft die Funktionsbedingungen, die dieses Gefüge prägen. Dabei interessieren

---

88 Walter Eucken, Grundsätze.
89 Peter Ulrich, Zivilisierte Marktwirtschaft, 359 ff.
90 Robert A. Dahl, Demokratie-Theorie.
91 Ernst Fraenkel, Pluralismus.
92 Joseph Schumpeter, Kapitalismus.
93 Giovanni Sartori, Demokratietheorie.

Prozesse, die sich ausserhalb der staatlichen Organe und Verfahren abspielen, ebenso wie die formalisierten Entscheidungsabläufe der Demokratie. Ausgangspunkt ist nicht eine normative Vorstellung vom Verhältnis des Ein- 248 zelnen zur Gesellschaft, sondern eine tatsächliche Feststellung: Das mangelnde Interesse der Menschen an der Politik. Die Stabilität politischer Systeme beruht weniger auf der Mitwirkung als auf der politischen Apathie des Volkes. Politik wird im Wesentlichen nicht vom Volk selbst, sondern von interessierten Gruppen und Organisationen betrieben. Diese nehmen die Funktion einer Stellvertretung in dem Sinne wahr, dass sie je bestimmte wesentliche Anliegen eines Teils des Volkes vertreten.

Der Pluralismus der Verbände und Parteien soll garantieren, dass die Interes- 249 sen des Volkes insgesamt auf diese Weise in hinreichender Qualität zur Geltung gebracht werden. Zusammengefügt werden diese Interessen durch die Konkurrenz unter den Eliten, die diese Verbände und Parteien führen. Nach dem Konzept demokratischer Eliteherrschaft gestattet der Wettbewerb der Führer und der Interessenorganisationen den Bürgern, durch Wahlen an der demokratischen Entscheidung zu partizipieren. Der Pluralismus der Konkurrenten gewährleistet die Freiheit des Einzelnen und schafft den demokratischen Interessenausgleich.

Die Pluralismustheorie betont den Realismus ihres Standpunktes. Sie fragt 250 nach den Leistungen des politischen Systems, nach dem Output. Angestrebt wird jene Methode der politischen Entscheidungsbildung, die den höchsten Grad an effektiver Kontrolle über die führende Elite gewährleistet. In funktionaler Betrachtungsweise will diese Theorie die Erfordernisse einer «rationalen» Herrschaftsausübung ermitteln.

Zur Bestimmung dessen, was rational ist, überträgt die Pluralismustheorie 251 meist das Marktmodell auf die Politik. Als Kriterium der Rationalität bietet sich dort die individuelle Nutzenmaximierung an. Danach lässt sich das Verhalten der Bürger bei einer Wahl oder einer Abstimmung ähnlich deuten wie das des rationalen Verbrauchers, der am Markt seinen Eigennutz zu maximieren versucht: Jeder wird seine Stimme so einsetzen, dass dadurch sein persönlicher Nutzen möglichst gefördert wird. Der Mensch der Pluralismustheorie ist Homo oeconomicus.

Der Realismus der pluralistischen Demokratietheorie ist aber auch von 252 normativen Vorstellungen durchdrungen. Das Bild einer «Demokratie der Gruppenkonkurrenz» findet seine Legitimation in den Grundgedanken von

Wettbewerb und Ausgleich: Die Parteienkonkurrenz um die Macht im Staate schafft die Möglichkeit des Machtwechsels. Das Risiko, die Regierungsmacht zu verlieren, verhindert den Missbrauch der Mehrheitsmacht und schützt die politische Minderheit in ihren Rechten und Interessen. Der Pluralismus übernimmt die liberalen Anliegen der Machtkontrolle und des Minderheitenschutzes.

253 Die Konkurrenz der Verbandsinteressen führt nach der Pluralismustheorie zu einem Ausgleich der Interessen im Volk. Da sich ihr zufolge jedes politisch bedeutsame Interesse organisieren lässt, führt das Parallelogramm der Verbandskräfte zu einer angemessenen Berücksichtigung aller Gruppen. Solange keine Gruppe stärker ist als alle anderen zusammen, kann keine zu viel Macht an sich reissen. Alle halten sich gegenseitig unter Kontrolle. Alle sind auf die andern angewiesen und müssen daher zur Zusammenarbeit und zum Ausgleich der Interessen bereit sein.

254 Der Kompromiss zwischen den organisierten Interessen führt zu einer Konkordanz unter den staatstragenden gesellschaftlichen Kräften, die dem Allgemeininteresse zumindest nahe kommt. Demokratie spielt sich zwar primär unter den Eliten des politischen Systems ab. Die Konkurrenz unter den Politikern auf dem Wahlmarkt verleiht dem Volk aber Macht und zwingt die Führer, gegenüber den Anliegen der Geführten aufgeschlossen zu sein.

255 Die Entscheide der politischen Behörden, die diese Konkordanz zum Ausdruck bringen, sind breit abgestützt und finden ein hohes Mass von allgemeiner Zustimmung. Die Pluralismustheorie zielt damit auch auf eine Art Allgemeininteresse und übernimmt damit das Hauptanliegen der republikanischen Theorie. Bloss: Während das Gesamtinteresse dort unmittelbar vom souveränen Volk selbst wahrzunehmen ist, soll es hier von der Gruppenkonkurrenz verkörpert werden.

256 Voraussetzung dafür ist allerdings, dass in der Gesellschaft ein unstrittiger Bereich vorhanden ist, ein Konsens über den Wertkodex des politischen Systems. Dazu gehört die allseitige Bereitschaft, den Wettbewerb für neue Teilnehmer offen zu halten und allen Gruppen die gleichen Chancen in der Auseinandersetzung zu gewähren: Das Prinzip der Fairness muss von allen anerkannt sein. Hinzu kommt ein Bestand an regulativen Ideen, die für unverfügbar gelten und im Konkordanzprozess nicht verändert werden dürfen. Dazu zählen die Grundrechte in ihren Kerngehalten und die staatlichen und demokratischen Strukturen.

Die realistische Theorie relativiert zwar die Standpunkte der beiden ersten 257
Theorien, vertritt aber keinen konsequenten Wertrelativismus. Letztlich setzt
gerade der Freiraum, welchen das Spiel der Interessenkonkurrenz benötigt,
einen normativen Kern voraus. Der Gruppenegoismus bewährt sich nur, solange er seine eigenen Grenzen wahrt. Er funktioniert nur in einem System
der Konkordanz.

Insgesamt schafft die realistische Demokratietheorie eine **funktionale** Ord- 258
nung im Sinne des systemkonformen Zusammenspiels der gesellschaftlichen
Kräfte.

2.2.5. Die komplexe Demokratietheorie[94]

Hier wird es schwierig, einen gemeinsamen Nenner und tragende Namen zu 259
finden. Den Begriff der komplexen Demokratietheorie hat FRITZ SCHARPF
geprägt[95]. Weitere Beiträge finden sich etwa bei JÜRGEN HABERMAS[96] und in
der Schweiz bei JÖRG PAUL MÜLLER[97], RICHARD BÄUMLIN[98] und PETER SALA-
DIN[99].

Das Anliegen dieser neueren Ausrichtung der Demokratietheorie ist, die nor- 260
mativen Postulate der liberalen und republikanischen Demokratietheorien
(wie Freiheit und Gleichheit) unter heutigen gesellschaftlichen Bedingungen
zur Geltung zu bringen. Dabei sollen die Erkenntnisse der realistischen Theorie integriert werden. Deren Neigung, das faktisch Funktionierende zu ideali-
sieren, wird aber bekämpft. Der Mensch wird wieder in die Mitte gerückt, aus
der ihn die systemische Betrachtung verdrängt hat.

Aber der Mensch ist nicht mehr die selbstverständliche Basis der Demokratie. 261
Er ist selbst komplex geworden. Weder das liberale Bild des autonomen Individuums noch das republikanische des sozialen Wesens genügen mehr. Die
Menschenbilder müssen ebenso differenziert werden, wie sich die Gesellschaft
differenziert hat. Liberale und republikanische Interessen des Einzelnen bleiben zwar erhalten. Auf der einen Seite sind es die Ideen der Selbstbestimmung,
des Abbaus von Herrschaft, die Überwindung blosser Funktionalität; auf der

---

94 FRITZ W. SCHARPF, Utopie, 66 ff.
95 DERS., Utopie, 66 ff.
96 JÜRGEN HABERMAS, Faktizität und Geltung; vgl. im Anschluss an JÜRGEN HABERMAS: RAINER
    SCHMALZ-BRUNS, Reflexive Demokratie.
97 JÖRG PAUL MÜLLER, Demokratische Gerechtigkeit.
98 RICHARD BÄUMLIN, Gebändigte Demokratie.
99 PETER SALADIN, Verantwortung.

andern Seite jene der Mitbestimmung, der Partizipation, die Demokratie des Engagements. Zentral ist aber, dass diese Anliegen nicht mehr das Verhältnis des Einzelnen als solchem zu Gesellschaft und Staat als Ganzen betreffen, sondern das Verhältnis verschiedener Aspekte menschlicher Identität zu den entsprechenden sozialen Bezügen, in denen der Einzelne steht. Das Interesse an Demokratie richtet sich nicht mehr nur an den Staat, sondern ebenso sehr an die Wirtschaft, die Kultur, die Familie.

262 Komplexe Demokratietheorie rechnet mit dem Faktum der politischen Apathie, das die realistische Theorie zum Ausgangspunkt nimmt. Sie will aber das Partizipationspostulat retten, indem sie es differenziert auf konkrete Bereiche anwendet, in denen der Einzelne sich betroffen fühlt oder fähig und bereit ist, sich für die Allgemeinheit einzusetzen.

263 Eine **diskursethische Variante** dieser Demokratietheorie fordert Verfahren der vernünftigen Verständigung über alle öffentlichen Fragen. Demokratie legitimiert staatliches Handeln über den offenen Prozess der Beratung (Deliberation), der einer Mehrheitsentscheidung vorausgegangen ist. Die Kriterien der Diskursethik dienen als kritischer Massstab zur Beurteilung der Legitimität unserer demokratischen Institutionen und Verfahren. Aktive Teile der Bürgergesellschaft können sich stellvertretend für die Anliegen der nicht organisierten Öffentlichkeit einsetzen.[100]

264 Es geht dieser Gruppe von Theorien darum, die Chancen des Einzelnen zu aktiver politischer Beteiligung innerhalb des pluralistischen Systems zu verbessern. Indem in möglichst vielen Lebensbereichen die Möglichkeit geschaffen wird, Mitgliedschaftsrollen zu üben, soll die Motivation zur Mitverantwortung an der Politik gestärkt werden. Das Muster des Pluralismus wird nicht verworfen, sondern ausgedehnt auf Interessen, die unter dem dominanten Modell der individuellen Nutzenmaximierung zu kurz kommen.

265 Auch die komplexe Demokratietheorie verfügt nicht über ein definierbares Gemeinwohl. Aber sie verlangt, dass der kollektive Interessenausgleich nicht dem Gruppenpluralismus und dem freien Spiel der Interessen überlassen werde, sondern sich in einem Verfahren abspiele, das allgemeine Interesse fördert. Partikuläre Meinungen müssen sich der Bewährung in einer möglichst rationalen Auseinandersetzung unterziehen, die auf gemeinsame Erkenntnis und auf gemeinsame Wertung ausgerichtet ist[101].

---

100 Vgl. dazu hinten die Ziff. 3 und 4.
101 Vgl. Hans Herbert von Arnim, Staatslehre der Bundesrepublik, 203 ff.

Rationalität heisst hier Überzeugung aufgrund besserer Argumente: Argu- 266
mente, denen die grösstmögliche Zahl der Betroffenen zustimmen kann.
Stichworte zur Gewährleistung solcher Verfahren sind: Öffentlichkeit der
Auseinandersetzung und Verantwortlichkeit der entscheidenden Behörden;
d.h. ihre Pflicht, das Ergebnis des Verfahrens vor einem grösseren Kreis Aus-
senstehender, letztlich vor der Öffentlichkeit, zu begründen. Kontrolle und
Öffentlichkeit werden hier zum kritischen Prinzip.

Die Gemeinwohlbindung des Staates reduziert sich auf eine Rationalitäts- 267
verpflichtung: Er hat darauf zu achten, dass Entscheidungen innerhalb der
modernen pluralistischen Funktionsgemeinschaft in fairer, argumentativer
Auseinandersetzung getroffen werden können.

Insgesamt schaffen die komplexen Demokratietheorien eine **Verfahrensord-** 268
nung, die echte Partizipation innerhalb der pluralistischen Funktionsgemeinschaft begünstigen soll.

2.2.6. Praktische Relevanz der Typologie von Demokratietheorien

Die hier entworfenen Bilder typischer Demokratietheorien schaffen einen 269
Orientierungsrahmen, der gestattet, die zentralen Fragen der Staatslehre in
ein Koordinatennetz von Grundsätzen einzuordnen. Jede Theorie vertritt
dazu ihren eigenen Standpunkt. Zusammen bilden die vier Typen ein **Argu-**
mentarium für die demokratische Debatte.

Die vier Typen unterscheiden sich im Hinblick auf 270
    (1) ihr Leitprinzip
    (2) ihr Staatsbild
    (3) ihr Menschenbild und
    (4) ihr Verhältnis zu den politischen Institutionen.

(1)Die **Leitprinzipien** der vier Demokratiekonzepte lauten in der Reihenfolge 271
ihrer Darstellung – a) republikanisch, b) liberal, c) realistisch, d) komplex:
a) Gleichheit der Genossen
b) Freiheit der autonomen Individuen
c) Konkordanz der Gruppeninteressen
d) Öffentlichkeit i.S. von Offenheit für den Einfluss des Volkes auf die politischen Prozesse.

(2) **Das Staatsbild** gibt an, wer über die Gestaltung des öffentlichen Raums 272
entscheidet:
a) Der Staat, das sind wir selbst.

b) Wir sind die Gesellschaft. Der Staat, das sind die Funktionäre.

c) Entscheidungen fallen im Regierungssystem und in der politisch aktiven Elite.

d) Wir alle haben die Chance, auf die öffentlichen Institutionen Einfluss zu nehmen.

273 (3) Die Typologie liefert uns sodann vier **Menschenbilder:**

a) Ich bin Mensch dank meiner sozialen Bezüge und der Einbettung in meine Lebenswelt.

b) Ich bin von Geburt auf eine Persönlichkeit, einzigartig und zur Autonomie befähigt.

c) Mein öffentliches Handeln wird durch meine soziale Rolle bestimmt.

d) Meine Persönlichkeit teilt sich in eine Vielzahl von sozialen Rollen auf; ich erfahre mich als Prozess und verändere mich dauernd.

274 (4) Auch das **Verhältnis zu den politischen Institutionen** ist verschieden:

- Republikanismus und Liberalismus beziehen Demokratie auf die staatlichen Institutionen im engeren Sinn.

- Der Realismus bricht aus ins Informelle: Macht ist nicht auf staatliche Institutionen beschränkt, sondern benutzt die Institutionen von aussen her.

- Die komplexe Demokratietheorie kehrt in die Institutionen zurück, weitet sie jedoch in den öffentlichen Raum aus, um sie soweit möglich in den Dienst der Öffentlichkeit zu stellen.

	republikanisch	liberal	realistisch	komplex
Leitprinzip	Gleichheit	Freiheit	Konkordanz	Öffentlichkeit
Staatsbild	wir sind der Staat	Staat vs. Gesellschaft	politisches System	öffentliche Institutionen
Menschenbild	soziales Wesen	autonomes Individuum	soziale Rolle	fraktioniertes Individuum
Verhältnis zu den politischen Institutionen	Institutionelle Politik: formalisierter Prozess zur Herstellung staatlicher Einheit		Ausbruch aus den Institutionen: informale Vielfalt	Zurück in die Institutionen: institutionelle Vielfalt

Abbildung 2-2: Vergleichende Auswertung der Demokratietheorien

In verkürzter Form ergeben sich daraus vier Richtungen für die Orientierung 275
der Demokratietheorie. Für jede Richtung lässt sich angeben,
- welche **Art von Ordnung** von der betreffenden Theorie errichtet wird,
- welches **Leitprinzip** massgeblich ist,
- was als **treibende Kraft** angesehen wird und
- mit welchem **Instrument** oder **Mechanismus** das Leitprinzip in erster Linie verwirklicht werden soll.

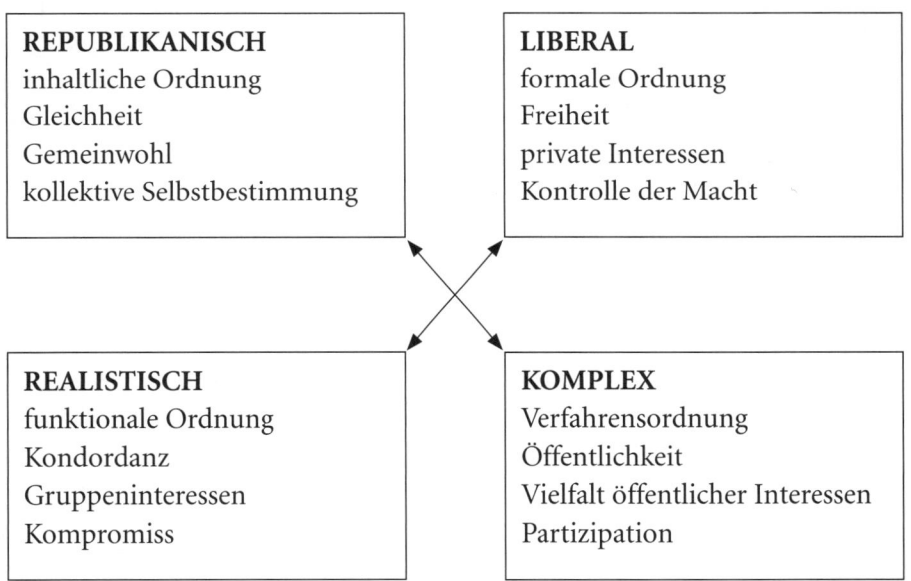

REPUBLIKANISCH
inhaltliche Ordnung
Gleichheit
Gemeinwohl
kollektive Selbstbestimmung

LIBERAL
formale Ordnung
Freiheit
private Interessen
Kontrolle der Macht

REALISTISCH
funktionale Ordnung
Kondordanz
Gruppeninteressen
Kompromiss

KOMPLEX
Verfahrensordnung
Öffentlichkeit
Vielfalt öffentlicher Interessen
Partizipation

Abbildung 2-3: Demokratietheoretisches Argumentarium

Die vier Typen von Demokratietheorie sind im Wesentlichen vier Bilder, die 276
wir vom Staat zeichnen können. «Was ist der Staat?» war unsere Ausgangsfrage. Die Antwort ist: Es kommt auf die Perspektive an. Oder: Wenn jemand etwas über den Staat sagt, sagt er zugleich viel über sich selbst aus, nämlich über sein Verhältnis zum öffentlichen Raum. Er redet über seine politische Ethik.

3. Politische Ethik

Politik soll unser öffentliches Zusammenleben ordnen. Politische Ethik will diese Ordnung auf normative Ziele ausrichten. Lassen sich diese Ziele in einer modernen pluralistischen Gesellschaft noch inhaltlich bestimmen? Auf der abstrakten Ebene bilden die Ziele (z.B. das Gute oder das Gerechte) bloss generelle Leitideen. Auf der Ebene konkreter Normen muss sich politische Ethik darauf konzentrieren, faire Verfahren zu entwickeln, in welchen wir darüber entscheiden können, was wir als gut und als gerecht anerkennen wollen.

3.1. Einführung: Wozu braucht es die Politik?

Die politische Ethik sucht Antworten auf die Frage nach dem Guten und dem Gerechten im öffentlichen Raum (vgl. dazu den Kasten «Ideengeschichte»). Auf dieser Suche sind verschiedene Formen der politischen Ethik entwickelt worden (Ziff. 3.1.1.). Zwei grundlegende Konzepte für die Beantwortung der ethischen Fragen in der Politik liefern die Theorie des Gesellschaftsvertrags und die Diskurstheorie (Ziff. 3.1.2.). Demokratie und Rechtsstaat verwirklichen diese Ideen im Verfassungsstaat (Ziff. 3.1.3.).

277 **Beispiel:** Deutschland führt eine höhere Mehrwertsteuer auf Luxusgütern ein. Damit soll die Verteilungsgerechtigkeit besser verwirklicht werden. Unter welchen Voraussetzungen ist eine solche Bestimmung ethisch gut und gerecht? Wo sehen Sie in Deutschland allfällige Mängel?

278 **Antwort:** Eine Norm soll für die Gesamtheit gut und für jeden Einzelnen gerecht sein. Was das heisst, lässt sich unter den pluralistischen Werten einer modernen Gesellschaft nicht durch Experten der Ethik festlegen. Es müssen alle betroffenen Menschen an der Willensbildung und Entscheidung beteiligt werden. Somit ist eine Norm dann ethisch vertretbar, wenn sie in einem offenen demokratischen Verfahren erlassen worden ist. Alle betroffenen sozialen Schichten, politischen Parteien und Interessengruppen müssen ihre Vorstellungen des Guten und Gerechten in die Lösung (hier die Höhe der Mehrwertsteuer) einbringen können.

In Deutschland hat in erster Linie der Bund die Rechtsetzungskompetenz in Steuerfragen. Also muss das in der Verfassung vorgesehene Gesetzgebungsver-

fahren auf Bundesebene eingehalten werden (unter Beteiligung von Bundestag, Bundesrat und Bundesregierung; vgl. §§ 76 ff. Grundgesetz). Allerdings
kennt Deutschland keine direkt-demokratischen Elemente im Gesetzgebungs-
verfahren. Zwar wird der Bundestag vom Volk gewählt, dieses kann aber nicht
über das konkrete Gesetz entscheiden. Der Entscheid in der Sache ist damit
nur indirekt demokratisch legitimiert.

Ideengeschichte der Suche nach dem guten und gerechten Staat

Die Suche nach dem guten und gerechten Staat, die diesem Buch zugrunde liegt, ist ein zentrales Thema der politischen Philosophie seit der griechischen Antike*. Philosophien des Glücks (Hedonismus, Utilitarismus)
neigen zur Betonung des Guten, Philosophien der Vernunft (Naturrechts-
lehren, Deontologie) neigen zur Betonung der Gerechtigkeit. Immer wieder aber findet sich das Bemühen, eine Synthese des Guten und des Gerechten zu schaffen.

So war nach der griechischen Idealvorstellung ein glückliches Leben (**Eu-
dämonie**) nur möglich, wenn es den anderen auch gut ging. Das Streben
nach Glück schloss die Bemühung um Gerechtigkeit in sich ein. Denn
als höchste Selbsterfüllung galt ein tugendhaftes Leben. Und die höchste
Tugend war die Gerechtigkeit (ARISTOTELES, 384–322 v.Chr.).

Der **Hedonismus** EPIKURS (341–270 v.Chr.) lehrt, dass menschliches
Glück in der Befriedigung (sinnlicher oder geistiger) Lust besteht. Diese
wird zum höchsten Gut und zum Kriterium richtigen Handelns. Diesem
Nutzen dient auch die Gerechtigkeit als Übereinkunft, einander keinen
Schaden zuzufügen. Im Gegensatz dazu ist der Mensch für die **Stoa** (ca.
300 v.Chr.–200 n.Chr.) von Natur aus ein geselliges Wesen und daher auf
die Gemeinschaft mit andern ausgerichtet. Alle Menschen haben die gleiche Vernunft und die gleichen Rechte und Pflichten. Glück und Tugend
fallen zusammen in der Übereinstimmung mit dem göttlichen Weltord-
nungsprinzip. Die Gerechtigkeit ist der höchste Grundsatz dieser **Naturrechtslehre** (CICERO, 106–43 v.Chr.). Die christliche Ausgestaltung dieser
Naturrechtslehre findet sich bei AUGUSTIN (354–430) und bei THOMAS
VON AQUIN (ca. 1225–1274). Gerechtigkeit ist ein Gebot der natürlichen,
gottgegebenen Ordnung.

Ein Teil der Staatslehren zu Beginn der **Neuzeit** ist von einem pessimistischen Menschenbild geprägt. Weil der Mensch eigennützig ist und nicht zum Guten neigt, braucht es eine Staatsgewalt, die eine Ordnung herstellt, welche die fehlende Geselligkeit und Vernunft des Menschen ersetzt (MACHIAVELLI, 1469–1527; HOBBES, 1588–1679). Im Gegensatz dazu gründen die naturrechtlichen Theorien der Demokratie und der Volkssouveränität auf der geselligen Natur des Menschen (ALTHUSIUS, 1557–1638; LOCKE, 1632–1704; ROUSSEAU, 1712–1778). Der gesunde Menschenverstand begründet eine vernünftige und gerechte soziale Ordnung (GROTIUS, 1583–1645; PUFENDORF, 1632–1694).

Die **Deontologie** (Pflichtenethik, vgl. Rz. 341); KANT, 1724–1804) fusst auf der moralischen Fähigkeit des Menschen zur Vernunft. Im Gegensatz zur Lust des Hedonismus, die bloss eine Erfahrungstatsache ist, ist die Pflicht der Vernunftlehre dem menschlichen Bewusstsein vorgegeben. Der kategorische Imperativ, stets nach einem allgemeinen Gesetz zu handeln, macht die **Gerechtigkeit** zum Kriterium richtigen Handelns. Das Gute ist dem Gerechten untergeordnet. Auf dieser Ethik beruhen die in diesem Buch vertretenen Konzepte des Diskurses (Rz. 331 ff.) und der deliberativen Demokratie (Rz. 350 ff.).

Der **Utilitarismus** (Rz. 341; BENTHAM, 1748–1832; JOHN STUART MILL, 1806–1873) beruht auf hedonistischer Grundlage und fragt nach dem **Guten**. Gutes Handeln definiert er als das nützliche. Die ökonomische Reduktion des Utilitarismus führt heute zur Theorie des Public Choice (Rz. 132) und zu den realistischen Demokratietheorien (Rz. 245 ff.)

* Vgl. REINHOLD ZIPPELIUS, Geschichte der Staatsideen.

3.1.1. Formen der politischen Ethik

Politik ist das Handeln im öffentlichen Raum. Politische Ethik will dieses Han- 279
deln auf normative Ziele ausrichten. Sie sagt uns, wozu es Politik braucht. Sie
versucht, überzeugend zu begründen, was gutes politisches Handeln heisst.
Politische Ethik ist die Lehre vom gelingenden, guten staatlichen Handeln.

Nun ist der **Politikbegriff** allerdings mehrdeutig. Er erfasst neben dem Han- 280
deln des einzelnen Politikers auch jenes ganzer Institutionen. Sodann beschreibt er den Prozess der Auseinandersetzung um politische Interessen sowie die Ziele und das Ergebnis dieser Auseinandersetzung. Politik wird von
den Politikwissenschaftern daher in drei Dimensionen aufgeteilt: Polity, Policy und Politics.

Polity bezeichnet den Staat mit seinen Institutionen, d.h. die Verfassungsord- 281
nung und das Institutionen- und Normensystem im öffentlichen Raum. Gegenstand sind die politischen Strukturen und Verfahren. Hier geht es um die
Spielregeln der Politik.

Policy bezeichnet die Ziele und Aufgabenstellungen, die Programmplanungen 282
und die Ergebnisse der materiellen Politik. Gegenstand sind die politischen
Inhalte. Hier geht es um die politischen Interessen und Programme.

Politics bezeichnet die Handlungsabläufe, in denen politische Inhalte ent- 283
schieden werden. Gegenstand sind die politischen Prozesse. Hier geht es um
das Handeln der einzelnen Personen bei der Willensbildung, Entscheidung
und Umsetzung einer Politik. **Polity ist die Struktur, Policy der Inhalt, Politics der Prozess der Politik.**

Zur Klärung dessen, was politische Ethik will, ist es hilfreich, diese Unterschei- 284
dung zu nutzen und drei Formen politischer Ethik zu unterscheiden:

- (1) eine Institutionenethik (Polity), die einen organisatorischen Rahmen
  des politischen Handelns entwirft *(etwa nach dem Prinzip der Gewaltenteilung)*,
- (2) eine Ethik politischer Ziele (Policy), die Leitbilder des politischen
  Handelns formuliert *(wie Gemeinwohl oder Gerechtigkeit)* und
- (3) eine personenorientierte Ethik (Politics), die das Handeln der Menschen zur Erreichung von Zielen im politischen Prozess bewertet *(etwa
  nach der Tugend der Klugheit)*.[102]

---

102 Vgl. BERNHARD SUTOR, Kleine politische Ethik, 37 ff.

285 **(1)** Die **Institutionenethik** fragt nach dem Beitrag von Institutionen zur Förderung politischer Moral. Institutionen sind dabei normative Ordnungen, welche bestimmte Handlungsweisen zur Regel erheben und dadurch sowohl Orientierung wie Stabilität vermitteln. *Wie die Ehe das Verhältnis der beiden Lebenspartner regelt, bestimmt das Parlament den Umgang der Parteien miteinander bei der Entscheidung öffentlicher Fragen.*

286 Gute politische Institutionen verleihen dem politischen Handeln einen Sinn und schaffen Vertrauen in die **Spielregeln** der Politik. Sie errichten faire Spielregeln und gewährleisten, dass jeder Teilnehmer am politischen Prozess darauf verpflichtet wird. Auf diese Weise garantieren sie die politische Rationalität der Entscheidungsprozesse. *Politisch rational ist z.B., dass Ausschüsse im Bundestag proportional nach der Parteienstärke zusammengesetzt werden, aber auch, dass die Opposition bei der Entscheidung über Untersuchungen gegen die Regierung ein Minderheitsrecht hat: Mehrheitsprinzip und Minderheitenschutz müssen je angemessen zur Geltung gelangen.*

287 Gute politische Institutionen haben die Aufgabe, dafür zu sorgen, dass die Politik sich auch dann den Zielen des Gemeinwohls und der Gerechtigkeit annähert, wenn die Menschen, welche Politik betreiben, aus Eigennutz handeln. Zu diesem Zweck sind in der europäischen Verfassungsgeschichte etliche Erfindungen entwickelt worden. Sie richten sich alle gegen den Machtmissbrauch durch Rollenträger im Staat. Einige dieser Erfindungen sollen hier kurz vorgestellt werden.[103]

288 a) Das **Legalitätsprinzip** soll alle staatliche Machtausübung an das allgemeine und abstrakte Gesetz binden. Das sichert zumindest eine formale Rechtsgleichheit unter den Betroffenen. Die Gesetzesherrschaft soll an die Stelle der Willkürherrschaft von Menschen über Menschen treten. *Der Richter darf den Täter nur zu einer Freiheitsstrafe verurteilen, wenn das Gesetz dies vorsieht.* Dadurch wird politische Macht durch das Recht gebändigt.

289 b) Die **Gewaltenteilung** soll dafür sorgen, dass nicht alle legale Macht bei einer Person oder Personengruppe vereinigt ist. Politische Macht wird auf verschiedene Organe und Träger verteilt. Die Staatsstruktur soll so beschaffen sein, dass in ihr die eine Macht der andern Schranken setzt. Zugrunde liegt die Idee der Mischverfassung, wonach alle Kräfte der Gesellschaft in ausgewogener Mischung an der Macht im Staat teilhaben sollen. *Die Regierung kann*

---

103 Vgl. Alois Riklin, Machtteilung, 17 ff.; Ders., Politische Ethik, 105 ff.

ihre Politik nicht verwirklichen, ohne dass das Parlament ihr die erforderlichen Gesetze und Finanzen verschafft und die Justiz die Entscheide der Verwaltung bestätigt. Auf diese Weise wird die Regierung auch durch Parlament und Justiz kontrolliert. Dadurch wird politische Macht sowohl aufgeteilt wie angemessen zugeteilt.

c) Die **Grundrechte** sollen alle Machtträger verpflichten, die Freiheit der Men- 290 schen zu achten und zu schützen. Die Macht, die zur Erfüllung öffentlicher Aufgaben verliehen wird, findet ihre Grenze an den anerkannten Rechten der Einzelnen – und zugleich ihre Ausrichtung auf den Schutz der Entfaltung dieser Freiheiten. Das Gemeinwohl darf nicht zu Lasten der Gerechtigkeit gegenüber den Einzelnen gehen. *Die Verwaltung kann das öffentliche Interesse nur in dem Masse gegen die Interessen der Privaten durchsetzen, als die Gerichte dies zulassen.* Dadurch wird Macht grundsätzlich beschränkt und ausgerichtet.

d) Die **Demokratie** bindet alle politische Macht an die Entscheidungen des 291 Volkes und verpflichtet die Behörden zur Rechenschaft. Wahlen (und Sachabstimmungen) dienen der Volkssouveränität und der Verantwortlichkeit der Regierung. Die Machtunterworfenen nehmen Teil an der Macht, die über sie ausgeübt wird. *In Parlament und Regierung gelangen jene an die Macht, die dazu in Wahlen das Mandat erhalten. Die Gewählten bleiben nur so lange an der Macht, wie sie diese in Neuwahlen rechtfertigen können.* Dadurch wird Macht zu einem Gegenstand gemeinsamer Beteiligung.

e) Der **soziale Rechtsstaat** verpflichtet alle, die Macht haben, zur Verwirkli- 292 chung sozialer Gerechtigkeit. Die formale Gleichheit der Gesetzesherrschaft soll durch die materielle Gleichheit erweitert werden, indem das Machtgefälle zwischen Starken und Schwachen gemildert und allen ein Mindestmass an menschenwürdiger Existenz gesichert wird. *Die Schicht der Besitzenden wird vom Staat zur Solidarität mit der Schicht der Besitzlosen verpflichtet.* Dadurch wird Macht sozial ausgeglichen.

Institutionenethik verlangt, dass alle diese Institutionen zusammenwirken. 293 Da sie sich teils in einem Ergänzungs-, teils in einem Spannungsverhältnis zueinander befinden, ist es Aufgabe der Politik, den richtigen Ausgleich herzustellen.

294 **(2)** Damit ist die politische **Ziel-Ethik** gefordert, welche die Legitimation von Macht auf dem Weg über anerkannte Werte zu begründen versucht. Hier geht es letztlich um die obersten Ziele Frieden, Freiheit und Gerechtigkeit[104].

295 Politik ist immer eine Auseinandersetzung um Interessen. Diese müssen sich aber an den Kriterien der Ziel-Ethik messen lassen, wenn sie politisch legitim sein wollen. In einer modernen Gesellschaft müssen politische Ziele die Zustimmung der Betroffenen finden können. Sie sind in dem Masse legitim, als sie sich auf einen Grundkonsens der Gemeinschaft berufen können. *Alle wollen Frieden, Freiheit und Gerechtigkeit – auch wenn sie darunter nicht das Gleiche verstehen.*

296 Der ethische **Grundkonsens** ist die politisch unumstrittene Wertung, welche dem öffentlichen Zusammenleben zugrunde liegt. Er ist notwendigerweise abstrakt und in seinem Umfang unscharf. Denn sobald er konkret und genau gefasst werden soll, wird er in die Auseinandersetzung hineingezogen. Er kann damit nur elementare Vorstellungen vom guten und gerechten Leben enthalten, so genannte regulative Ideen, die unser Handeln zwar ausrichten, nie aber bestimmen können. *Der demokratische Verfassungsstaat ist eine solche Idee. Die Vorstellungen von Gemeinwohl, Gerechtigkeit und Verantwortung sind Ziele der politischen Ethik, die zu dieser Idee passen.*

297 In einer offenen pluralistischen Gesellschaft zieht sich der ethische Grundkonsens immer mehr von inhaltlichen Werten auf prozedurale Normen zurück. Das einheitliche mittelalterliche Menschen- und Gesellschaftsbild christlicher Prägung ist längst nicht mehr Gemeingut. Das emanzipatorische Bild der Aufklärung vom Menschen als vernünftigem Wesen und von der Gesellschaft gleichberechtigter Individuen ist zwar noch wirksam, aber keinesfalls unumstritten. *Freiheit und Gleichheit, Nutzen und Gerechtigkeit sind Teilziele, welche zueinander in politischen Gegensatz treten und heftig umkämpft sind.* Der Grundkonsens beschränkt sich daher immer mehr darauf, dass die politische Auseinandersetzung in den Formen und Verfahren der öffentlichen Institutionen stattfinden soll. **Ziel-Ethik wird zum Konsens über die Institutionenethik.**

298 Ziel-Ethik enthält damit im Wesentlichen die Forderung an die Politik, die Verantwortung für Frieden, Freiheit und Gerechtigkeit im Rahmen der anerkannten Institutionen wahrzunehmen.

---

104 Vgl. vorne Rz. 173 f.

Jedenfalls lassen sich einzelne Politikziele (Policies) nicht direkt aus der Ziel- 299
Ethik ableiten. Denn die politischen Programme enthalten stets eine Abwägung zwischen ethischen Teilzielen, die zueinander im Konflikt stehen. *Wie
viel soziale Sicherheit notwendig ist, um die Verantwortung für Gerechtigkeit
und Frieden richtig wahrzunehmen, hängt davon ab, wie die Spannung zwischen Freiheit und Sicherheit bewertet wird und in welchem Verhältnis Freiheit
und Gleichheit gesehen werden. Ab wann ist die Kluft zwischen Armen und Reichen so gross, dass sie die Gerechtigkeit verletzt?* Die Verantwortung für den
ethisch vertretbaren Entscheid muss letztlich jeder Einzelne in seiner Rolle
im politischen Prozess tragen. Verantwortung ist letztlich eine Frage der Personenethik.

(3) Personenethik ist die Ethik des politischen Handelns. Sie verlangt von 300
jedem, in einer gegebenen politischen Situation richtig zu entscheiden. Sie ist
die Forderung nach politischer **Tugend.** Tugend meint die Fähigkeit und den
Willen, moralisch richtig zu handeln. Dies bedingt praktische Vernunft, die
sich von moralischen Normen leiten lässt. *Moralische Pflicht des Politikers ist
es, sich dem Konflikt zwischen seiner Gesinnung und den fragwürdigen Mitteln
der politischen Macht zu stellen und nach bestem Wissen und Gewissen das Best-
mögliche zu tun.*

Als die vier Kardinaltugenden gelten Klugheit, Gerechtigkeit, Tapferkeit und 301
Mässigung. Die Klugheit steht an erster Stelle, weil sie das Vermögen darstellt,
allgemeine und abstrakte Grundsätze in einer konkreten Situation praktisch
umzusetzen. Gerade im politischen Zusammenhang ist diese Handlungsori-
entierung von höchster Bedeutung. Denn Politik («die Kunst des Möglichen»)
ist die Aufgabe, das Ideale möglich zu machen, soweit dies geht.

Damit ist politische Personenethik **Verantwortungsethik.** Der Politiker muss 302
sein Handeln vor sich und den andern verantworten können. Dazu genügt
die tugendhafte Gesinnung allein nicht. Es kommt auch auf den politischen
Erfolg an. Dieser aber kann in einer Spannung zur idealen Gesinnung stehen.
Wer das Gute will, kann Übles bewirken und umgekehrt. Und wer in der Politik ein edles Ziel anstrebt, kann sich genötigt sehen, Mittel oder Nebenerfolge
in Kauf zu nehmen, die er ablehnt. Das kann zu Pflichtenkollisionen führen,
die bis zur tragischen Situation reichen, in welcher nur noch moralisch falsch
gehandelt werden kann. *Soll der Geheimdienst einen Terroristen foltern, um
ein Attentat zu verhindern? Die Nützlichkeitsethik verlangt es, die Pflichtenethik verbietet es.* Verantwortungsethik verlangt ein Einstehen für die Folgen

unseres Handelns. Das macht sie nicht zur blossen Erfolgsethik, für welche der Zweck die Mittel heiligt. Vielmehr verbindet sie Gesinnung und Klugheit, ideales Ziel und reale Möglichkeit.

303 Was Personenethik in den politischen Prozessen der Willensbildung, Entscheidung und Umsetzung von inhaltlicher Politik jeweils vom einzelnen Beteiligten fordert, lässt sich nicht allgemein umschreiben. Ein ethisches Minimum kann im Gebot erblickt werden, die Normen der Institutionenethik zu respektieren und den Grundkonsens der Ziel-Ethik mitzutragen. Personenethik wird aber immer in dem Masse gefordert sein, in welchem die beiden andern Formen politischer Ethik keine hinreichenden Leitplanken setzen.

304 Die drei Formen der Institutionenethik, der Ziel-Ethik und der Personenethik bilden eine Ganzheit. Sie ergänzen einander, stehen aber zueinander auch im Konflikt. Das ist kein Widerspruch. In einer pluralistischen Gesellschaft sind auch die ethischen Grundsätze plural. **Politische Rationalität** besteht dann in pluralistischer Grundsätzlichkeit, d.h. darin, dass alle relevanten Grundsätze politischen Handelns in der Entscheidung zur Geltung kommen. *Eine politisch rationale Entscheidung beruht einmal auf individuellen Tugenden wie Klugheit oder der Gerechtigkeit; zugleich muss sie auf Ziel-Ethiken wie Gemeinwohl oder Verantwortung ausgerichtet sein. Ebenso benötigt sie den Rahmen der Institutionenethik, welche die Macht des Einzelnen beschränkt und an Entscheidungsverfahren bindet.*

305 **Pluralistische Grundsätzlichkeit** erfordert eine offene Auseinandersetzung unter allen ethisch vertretbaren Grundsätzen. Sie verlangt von uns, trotz pluralistischer Relativierung aller Massstäbe grundsätzlich zu handeln. Sie verknüpft daher Pluralismus mit Grundsätzlichkeit:
- *Pluralismus* fordert die Anerkennung gleichberechtigter normativer Standpunkte. Er bedeutet den Verzicht auf eine einheitliche, hierarchische Wertordnung. Kein Prinzip kann von vornherein einen Vorrang vor anderen beanspruchen. Insofern sind alle Standpunkte relativ und von gleichem Gewicht.
- *Grundsätzlichkeit* fordert, alles Handeln normativ zu begründen. Die pluralistische Relativierung aller Standpunkte befreit nicht von der Pflicht, Entscheide nach möglichst allgemeingültigen Grundsätzen zu rechtfertigen.

306 Pluralistische Grundsätzlichkeit ist damit die Forderung nach argumentativer Offenheit in Fragen, zu welchen mehrere Grundsätze Geltung beanspruchen. Wo immer die Lösung eines Problems einen Ausgleich mehrerer normativer

Grundsätze erfordert, sind diese zunächst als gleichwertig zu berücksichtigen. Ein Vorrang eines Prinzips vor den andern muss aus dem konkreten Fall heraus gerechtfertigt werden können. Auf abstrakter Ebene ist von einem Pluralismus der Grundsätze auszugehen, in welchem ohne besondere Begründung keine Hierarchie zwischen den Prinzipien besteht.

Pluralistische Grundsätzlichkeit verlangt, dass vor jeder Entscheidung sämtliche anwendbaren Grundsätze daraufhin befragt werden, welchen Beitrag sie zur rationalen Begründung leisten können. Grundsätzliches Denken sucht die Geltung der Prinzipien zu optimieren, d.h. einen angemessenen Ausgleich im Spannungsfeld der Grundsätze herzustellen. Pluralistische Grundsätzlichkeit löst das Dilemma von Vielfalt und Ordnung, indem sie die Vielfalt möglicher Argumente auf eine überschaubare Anzahl von Grundsätzen ausrichtet, zwischen diesen aber den Pluralismus bewahrt. Die Entscheidung im Einzelfall muss durch eine angemessene Gewichtung der relevanten Prinzipien begründet werden. Angemessen ist die Gewichtung dann, wenn die Argumentationskette alle grundsätzlichen Gesichtspunkte zum Einzelfall in ein überzeugendes Gesamtbild integrieren kann.[105]

307

> Pluralistische Grundsätzlichkeit verlangt die argumentative Abwägung zwischen gleichwertigen Grundsätzen im Einzelfall.

Zur Ethik des Verhältnisses von Politik und Wirtschaft
Eine besondere Ausprägung politischer Ethik ist die **Wirtschaftsethik**. Ihr geht es um die Frage, wie wir das Verhältnis von Politik und Wirtschaft ethisch richtig ordnen. Nach neoliberaler Konzeption ist die Politik subsidiär zur Wirtschaft, nach ordoliberaler Konzeption ist die Wirtschaft ein politisch gestalteter Teil des öffentlichen Raums (vgl. vorne Rz. 186 und Ziff. 2.2.3).

Die **integrative Wirtschaftsethik** von Peter Ulrich (Zivilisierte Marktwirtschaft, 33) stellt sich aus ordoliberaler Sicht gegen die Tendenz der Markt**wirtschaft**, sich zur Markt**gesellschaft** auszuweiten, d.h. alle zwischenmenschlichen Beziehungen nach dem Modell des Tauschs zu gestal-

---

105 Vgl. dazu Philippe Mastronardi, Juristisches Denken, Rz. 1008 ff., 1028.

ten. Unser Leben soll nicht im Dienste der Wirtschaft stehen; vielmehr soll die Wirtschaft unserem Leben dienen. Entsprechend erschöpft sich unser Selbstverständnis nicht im Bild des Besitzbürgers (Bourgeois), sondern wir verstehen uns auch als Staatsbürger (Citoyen) und als «**Wirtschaftsbürger**» (dieser folgt auch am Markt nicht ausschliesslich ökonomischer Rationalität, sondern fühlt sich auch in der Wirtschaft den Grundsätzen der politischen Ethik verpflichtet, vgl. hinten Rz. 545).

Auf der Ebene der **Institutionenethik** stellt die integrative Wirtschaftsethik dem Konzept der «freien» Marktwirtschaft, die sich zur totalen Marktgesellschaft zu entwickeln droht, jenes der sozialen Marktwirtschaft gegenüber. Gefordert ist eine lebensdienliche Marktwirtschaft, d.h. eine Marktwirtschaft, welche als materielle Grundlage für die volle Entfaltung einer Bürgergesellschaft dient. Der Markt ist als Institution im Dienste unseres Gemeinwohls auszugestalten.

Auf der Ebene der **Ziel-Ethik** geht es darum, die ökonomische Rationalität, d.h. die normative Logik des Vorteilstausches, der ethischen Vernunft unterzuordnen, d.h. der normativen Logik der Zwischenmenschlichkeit Vorrang zu verleihen. Das Moralprinzip soll dem Marktprinzip vorgehen. Die marktwirtschaftlichen Ziele der Effizienz und der Nutzenmaximierung werden unter den Vorbehalt der moralischen Vertretbarkeit gestellt.

Auf der Ebene der **Personenethik** ist vor allem der Unternehmer aufgefordert, sein an sich legitimes Gewinnstreben moralisch so zu begrenzen, dass er sich auch im Wirtschaften als Bürger versteht und im Sinne der Verantwortungsethik für die sozialen Folgen seines Handelns einstehen kann.

Integrativ ist diese Form der Wirtschaftsethik, weil sie Ethik nicht als Korrektiv versteht, das von aussen Forderungen an eine autonome Wirtschaftslogik stellt, sondern uns herausfordert, auch innerhalb der Wirtschaft unsere Integrität als Mensch und Bürger zu wahren, indem wir uns moralisch nicht spalten lassen.

3.1.2. Von der Theorie des Gesellschaftsvertrags zur Diskursethik

Eine der Grundfragen der politischen Philosophie ist die Legitimation der 308
Staatsmacht. *Warum ist der Staat berechtigt, als Autorität über uns zu verfügen?*
Warum sollen wir seinen Anordnungen Folge leisten?

Im positiven Recht legitimiert der Staat sich über die Hierarchie der Normen. 309
Eine Verfügung stützt sich auf eine Verordnung, diese auf ein Gesetz und dieses
auf die Verfassung. Die Behörden stützen ihre Macht auf die Kompetenzen,
welche ihnen diese hierarchische Rechtsordnung verleiht.

Damit ist aber erst Legalität, nicht Legitimität gegeben. Diese lässt sich seit 310
der Aufklärung nicht mehr durch blosse Autorität, sondern nur noch durch
vernünftige Zustimmung der Betroffenen herstellen.

> Legitimation von Herrschaft erfordert die vernünftige Zustimmung der
> Betroffenen – wie aber kann Herrschaft durch solche Zustimmung legiti-
> miert werden, obwohl faktisch nie alle damit einverstanden sind?

Im Folgenden soll dieser Frage in drei Schritten nachgegangen werden.   311
(1) Ausgangspunkt ist die Idee eines Gesellschaftsvertrags. Ein Gedankenex-
    periment soll Argumente für eine legitime Gesellschaftsordnung liefern
    (Theorien des Gesellschaftsvertrags, insbesondere die Theorie der Ge-
    rechtigkeit von JOHN RAWLS)
(2) Dem wird die naturrechtliche Auffassung gegenübergestellt, die Men-
    schen seien nicht nur gedanklich, sondern auch real in der Lage, vernünf-
    tige Tauschverträge abzuschliessen (Theorie der politischen Gerechtigkeit
    von OTFRIED HÖFFE)
(3) Eine dritte Konzeption bestreitet diese naturrechtliche Position, gibt sich
    aber auch mit dem hypothetischen Gesellschaftsvertrag nicht zufrieden.
    An seine Stelle treten zwar auch ideale Voraussetzungen der Verständi-
    gung, die sich aber auf reale Diskurse unter Menschen beziehen (Diskurs-
    theorie von JÜRGEN HABERMAS)

(1) Die Theorie des Gesellschaftsvertrags: Die Forderung nach vernünftiger 312
Zustimmung der Betroffenen ist die Wurzel der **Vertragstheorie.** Diese begründet den Staat damit, dass er der Ordnung entspreche, welche die betroffenen Menschen unter sich vereinbaren würden, wenn sie ihr Zusammenleben im öffentlichen Raum neu gestalten müssten. *Welche Rechte und Pflichten*

würden wir einander gewähren bzw. auferlegen, wenn wir unsere Gesellschafts-
ordnung neu gestalten könnten?

313   Die Theorie des Gesellschaftsvertrags behauptet nicht, dass der Staat historisch aus einem Vertragsschluss von Menschen entstanden sei. Das wäre offensichtlich falsch. Sie hat nur hypothetischen Charakter. *Angenommen, es gäbe keinen Staat: Warum brauchten wir ihn und wie würden wir ihn erfinden? Wir müssten zusammenkommen und uns darüber einigen, welche Pflichten wir gegenseitig eingehen wollen und welche Rechte wir einander gewähren wollen, um Frieden, Freiheit und Gerechtigkeit unter uns herzustellen. Zu diesem Zweck müssten wir eine Instanz schaffen, welche die Macht hätte, diese Ordnung durchzusetzen.*

314   Die so geschaffene Staatsgewalt müsste idealerweise von allen Betroffenen mitgetragen werden. Eigentlich müsste die Staatsmacht die Zustimmung aller finden. Da dies nicht möglich ist, beschränkt sich die Forderung der Vertragstheorie darauf, dass der Staat die vernünftige Zustimmung aller Betroffenen *verdienen* muss. Die tatsächliche Zustimmung wird durch einen Denkvorgang ersetzt: *Verdient* der Staat vernünftigerweise die Zustimmung aller? Wenn die Frage bejaht werden kann, ist der Staat legitim. *Wir müssen somit nicht alle fragen, ob sie einverstanden sind. Jeder vernünftige Mensch kann das Gedankenexperiment durchspielen und beurteilen, ob sich die Lösung rechtfertigen lässt.*

315   Der Gesellschaftsvertrag ist notwendigerweise abstrakt. Er ist nicht bereits ein Vertrag über eine bestimmte Staatsverfassung. Er legt bloss die Grundstrukturen und die wichtigsten Grundsätze des öffentlichen Zusammenlebens fest *(z.B. die Prinzipien der Gerechtigkeit, der Freiheit oder der Gleichheit).*

316   Trotzdem hat es in der Ideengeschichte sehr unterschiedliche Vertragstheorien gegeben. Die einen haben das vertragliche Element benutzt, um einen sonst autoritären Staat zu begründen (z.B. Hobbes), andere haben es benutzt, um den Staat möglichst an die Grundrechte der Individuen zu binden (z.B. Locke), wieder andere haben daraus die Staatsform der direkten Demokratie abgeleitet (z.B. Rousseau).

317   Während die Theorie des Gesellschaftsvertrags die Staatslehre des 17. und 18. Jahrhunderts beherrschte, wurde sie im 19. und 20. Jahrhundert weitgehend verdrängt. Die reale bürgerliche Revolution ersetzte die hypothetische Konstruktion durch reale Verfassungen. Der Positivismus konnte sich auf das gesetzte bürgerliche Recht beschränken, das die Ideen des Gesellschaftsvertrags bereits in sich trug. Die faktisch geltende bürgerliche Ordnung war als Errungenschaft hinlänglich akzeptiert. Auf die Dauer blieb freilich eine Begrün-

dungslücke offen, weil aus der Tatsache des Bestehens einer Verfassung nicht folgen kann, dass diese Verfassung auch richtig sei. Das Faktum der rechtlichen Machtordnung verbürgt keine Gerechtigkeit.

Diese Lücke des Positivismus versuchte JOHN RAWLS 1971 mit seiner **Theorie** 318 **der Gerechtigkeit** zu schliessen. RAWLS konstruiert den Gesellschaftsvertrag so, dass dieser uns befähigt, über die Grundstruktur der Gesellschaft gerecht zu entscheiden. Zu diesem Zwecke erfindet er eine hypothetische Situation, in welcher niemand seine Stellung in der Gesellschaft kennt und auch niemand weiss, welche natürlichen Gaben er hat und welche Bedürfnisse und Neigungen ihn leiten. Der Gesellschaftsvertrag wird somit unter einem Schleier des Nichtwissens geschlossen.

Der **Schleier des Nichtwissens** garantiert die Fairness des Entscheidungs- 319 verfahrens. Er befähigt uns zum sonst so schwierigen Rollentausch. *Da wir nicht wissen, was unsere Chancen in der Gesellschaft sind, wohl aber sehen, was für Schicksale es gibt, prüfen wir die vorgeschlagenen Regelungen jeweils aus der Warte derjenigen, welche darunter leiden könnten. Wir sind an einer gerechten Lösung interessiert.*

Daraus ergeben sich zwei **Gerechtigkeitsgrundsätze:** 320

(1) Nach dem ersten hat jeder Anspruch auf die gleiche Freiheit wie alle andern. Alle haben die gleichen Grundrechte und Grundpflichten.

(2) Nach dem zweiten lässt sich eine soziale oder wirtschaftliche Ungleichbehandlung nur dann rechtfertigen, wenn sich daraus für jeden Vorteile ergeben, insbesondere für die schwächsten Mitglieder der Gesellschaft. Die soziale Ungleichheit ist abzubauen.

Unter dem Schleier des Nichtwissens würden somit alle (1.) in Fragen der 321 Freiheit für **absolute Gleichheit** optieren und (2.) in Fragen der sozialen Solidarität eine **relative Gleichheit** fordern. Diese würde Ungleichheit zwar zulassen, aber soziale Unterschiede nur dann akzeptieren, wenn von einer Ungleichbehandlung die Schwächsten den grössten Nutzen ziehen. Gerechtigkeit im Sinne von RAWLS fordert somit erstens, dass alle in Bezug auf das Gut der Freiheit absolut gleich behandelt werden, zweitens, dass in Bezug auf das Gut der sozialen Sicherheit die relative (proportionale) Gleichheit gelte, wobei eine Annäherung an die absolute Gleichheit zu fördern sei.

RAWLS hat damit der Auseinandersetzung über den gerechten Staat einen 322 wichtigen Impuls verliehen. Er hat begründet, dass ein guter Staat v.a. gerecht sein muss. Staatliche Macht lässt sich nicht primär über den Nutzen legitimieren, welche sie der Gesellschaft bringt, sondern über die gerechte Verteilung der Güter innerhalb der Gesellschaft.

323 Die Theorie des Gesellschaftsvertrags ist damit wieder aktuell geworden. Allerdings legitimieren nicht alle Gerechtigkeitstheorien den Staat über diese Konstruktion. Der Gesellschaftsvertrag ist nur ein Gedankenexperiment. Dieses hat hypothetischen Charakter und damit keine normative Kraft. Er ist für die politische Wirklichkeit nicht verbindlich. Von zwei Seiten wird daher die Konstruktion von RAWLS kritisiert. So will z.B. OTFRIED HÖFFE an der Forderung der Aufklärung festhalten, wonach der Mensch kraft seiner Vernunft fähig sei, materielle Einsichten in die Natur des Gerechten zu gewinnen [vgl. sogleich unter (2)]. JÜRGEN HABERMAS glaubt das zwar nicht, will aber durch reale Verfahren der Auseinandersetzung zu vernünftigen normativen Ergebnissen gelangen [vgl. unter (3)].

324 **(2) Die Theorie der politischen Gerechtigkeit:** HÖFFE[106] macht zwar Anleihen bei der Vertragstheorie, fundiert sie aber auf anthropologischen Konstanten, d.h. auf Annahmen über die Natur des Menschen. Weil die Menschen vernünftige Wesen sind und zudem auf ein Miteinander mit andern angewiesen bleiben, entspricht es ihrer Natur, einander gegenseitig Menschenrechte zuzuerkennen.

325 HÖFFE greift auf die Tradition des Naturrechts zurück, um eine «politische Fundamentalphilosophie» zu entwickeln. Mit HOBBES entscheidet er sich dabei gegen das Kooperationsmodell und für das Konfliktmodell als Grundlage der Staats- und Gesellschaftsordnung. Das Kooperationsbedürfnis erklärt zwar, warum Menschen überhaupt zusammenleben. Aber erst die Konfliktneigung des Menschen begründet Herrschaft und Zwang in der öffentlichen Ordnung. Eine politische Anthropologie muss nach HÖFFE daher das Konfliktmodell zugrunde legen.

326 Der Mensch ist von Natur aus ein offenes, polykompetentes Wesen. Als Kind ist er zwar hilfs- und erziehungsbedürftig. Mit seiner Handlungsfreiheit entwickelt er aber auch die Fähigkeit zu Gewalt und Aggression. Anders als dem Tier fehlt dem Menschen die Tötungshemmung gegen Artgenossen. Er bildet daher für diese eine Gefahr. Mit seinem Freiheitsgebrauch schränkt der Mensch die Freiheit der anderen ein und gerät dadurch mit ihnen in Konflikt. Daher muss die politische Ordnung Zwangscharakter haben.

---

106 OTFRIED HÖFFE, Politische Gerechtigkeit, 41 ff.; DERS., Gerechtigkeit, 68 ff.; DERS., Globalisierung, 37 ff.

Die grundlegenden Gerechtigkeitsprobleme von Recht und Staat sind unter 327
diesen Voraussetzungen nicht Verteilungsfragen, sondern Tauschfragen und
Verfahrensfragen. Gerechtigkeit wird daher nicht nach dem Muster der Verteilungsgerechtigkeit, sondern nach jenem der **Tauschgerechtigkeit** entwickelt. Gerechtigkeit ist die Forderung nach Wechselseitigkeit von Gabe und
Gegengabe. *Ungerecht ist nicht die Ungleichheit zwischen den Menschen an
sich, sondern jene zwischen ihren gegenseitigen Leistungen.* Damit geht es nicht
um eine vertretbare Proportion zwischen Starken und Schwachen (wie beim
zweiten Gerechtigkeitsprinzip von Rawls), sondern um die Gleichheit von
Leistung und Gegenleistung zwischen den Kontrahenten eines Vertrags.

Im Gesellschaftsvertrag gehen die Menschen einen «transzendentalen Tausch» 328
ein, in welchem es darum geht, jene Interessen, welche ihr Menschsein erst
ermöglichen, zu gewährleisten. *Es geht darum, fundamentale Interessen (wie
jenes am autonomen Handeln) in Rechte umzuwandeln.* Durch wechselseitigen
Gewaltverzicht sichern sie sich die Bedingungen ihrer Handlungsfähigkeit
und Handlungsfreiheit, indem sie einander die Menschenrechte zusichern.
Da dieser Tausch für jeden Einzelnen vorteilhaft ist, genügt der Eigennutz als
Motivation. Das Selbstinteresse begründet auf dieser Ebene die Gerechtigkeit,
ohne dass ein Rollentausch nötig wäre.

Im Wesentlichen teilt Höffe die philosophischen Positionen des Liberalis- 329
mus[107]. Dank der Annahme einiger anthropologischer Konstanten vermag er
zudem eine schwache Form von Letztbegründung für seine Position zu liefern.
*Wer seine Annahmen für plausibel hält, wird seine Schlussfolgerungen als allge-
mein gültig anerkennen.* Die Annahmen selbst sind freilich nicht zwingend.

Heikel ist vor allem Höffes Versuch, nur mit einem Minimum an moralischen 330
Anforderungen an den Menschen auszukommen. Der traditionelle Individualismus stellt hohe moralische Ansprüche an den Menschen. Denn dieser
hat Freiheit und Verantwortung miteinander zu vereinen. Höffe beschränkt
sich aber auf einen legitimatorischen Liberalismus, d.h. er verlangt nur, dass
für die Legitimation der gesellschaftlichen Ordnung die Interessen jedes Betroffenen gezählt werden. Damit entlastet er den Einzelnen von moralischer
Verpflichtung und gestattet ihm einen pragmatischen Egoismus. Damit läuft
die Gerechtigkeit des Tauschs – durchaus entgegen Höffes Absicht – Gefahr,
ökonomistisch verzerrt zu werden. *Es genügt dann, ein rationaler Nutzenma-*

---

107 Vgl. vorne Rz. 230 ff.

ximierer zu sein. Das Ziel, die materiale politische Ethik unter modernen Bedingungen wieder herzustellen, lässt sich so kaum erreichen.

331 **(3) Die Diskurstheorie:** HABERMAS macht sowohl gegenüber RAWLS wie HÖFFE und anderen geltend, dass es unter modernen Bedingungen nicht mehr möglich sei, philosophische Fragen wie jene nach Erkenntnis, Vernunft oder Moral vom Standpunkt des einzelnen Individuums aus zu beurteilen. *Auch der Philosoph ist nicht mehr Experte der Moral, sondern nur ihr Anwalt*[108]. Wahrheit, Vernunft oder Gerechtigkeit sind Fragen der intersubjektiven Verständigung. Sie müssen im Diskurs geprüft und erwogen werden. Jeder kann mit seinen Argumenten dazu nur einen Beitrag leisten. Ethik als Disziplin kann nicht mehr über Inhalte der Moral befinden, sondern nur die Bedingungen angeben, unter welchen ein Diskurs Chancen hat, wahre, vernünftige oder gerechte Ergebnisse zu erzielen. *Der Philosoph kann nicht mehr für alle verbindlich sagen, was richtig ist, sondern nur den Weg vorschlagen, auf dem die Beteiligten sich darüber einigen können, was sie als richtig anerkennen wollen.*

332 Ausgangspunkt der Theorie des **kommunikativen Handelns** von HABERMAS ist die so genannte sprachphilosophische Wende der Philosophie[109]. Unser Denken ist wesentlich von **Sprache** abhängig. Diese ist nicht nur als Aussage über einen Gedanken, sondern vor allem als Handlung zwischen Menschen zu begreifen. Jede Aussage hat nicht nur einen Inhalt, sondern auch einen Verständigungszweck. Sie ist eine Äusserung (ein Sprechakt), mit welcher der Sprechende den Anspruch erhebt, von andern verstanden zu werden. *Sprache besteht aus dieser Sicht nicht aus Worten, sondern aus Handlungen zwischen Menschen, die sich verständigen wollen.*

333 Der intersubjektive Charakter der **Verständigung** bedingt ein Zusammenwirken von Sprecher und Hörer. Der Hörer muss die Bedeutung des Gesagten verstehen, d.h. zumindest anerkennen, was die Äusserung für den Sprecher bedeutet. Ohne diese Anerkennung hat die Äusserung auch für den Sprecher keinen Sinn. Er ist somit auf die **Zustimmung** des Hörers angewiesen. In erster Linie braucht er das Einverständnis des Hörers darüber, was der Sprecher mit seiner Äusserung aussagen will. Darüber hinaus zielt er aber auch auf die Zustimmung des Hörers zum Inhalt der Aussage ab. Diese Zustimmungen lassen sich nicht erzwingen.

---

108 Dem würden freilich sowohl RAWLS wie HÖFFE zustimmen, allerdings nicht mit den Konsequenzen, die HABERMAS daraus zieht.
109 JÜRGEN HABERMAS, Kommunikatives Handeln I, 375 ff.

Nach der Sprechakttheorie bedeutet Verständigung eine soziale Bindung zwi-　334
schen Menschen. Der Sprecher erhebt mit seiner Äusserung gegenüber dem
Hörer einen **Geltungsanspruch.** Er will das Einverständnis des andern zu
dem erzielen, was er sagt. Der andere soll die Äusserung als subjektiv glaub-
haft, objektiv zutreffend und normativ gültig anerkennen. Der andere kann
die Anerkennung dieser Geltungsansprüche freilich auch verweigern. Dann
muss der Sprecher bereit sein, den Hörer von der Wahrhaftigkeit, Wahrheit
und Richtigkeit seiner Äusserung zu überzeugen. *Soll die Verständigung gelin-*
gen, müssen die Hörer darauf vertrauen können, dass der Sprecher ehrlich meint,
was er sagt, dass der Inhalt der Aussage zutrifft und dass die Wertungen, die der
Sprecher vertritt, auch für sie gültig sein sollen.

Das Verfahren, in welchem die Geltungsansprüche eines Sprechers bestritten und gerechtfertigt werden, ist der **Diskurs.** Dieser bietet nur dann
eine Chance zur zwanglosen Einigung, wenn er folgende Voraussetzungen
erfüllt:
- Alle Betroffenen müssen einen Diskurs eröffnen und daran teilnehmen können
- Sie müssen zeitlich unbegrenzt Äusserungen in Frage stellen und darüber argumentieren können
- Sie müssen ihre Einstellungen, Gefühle und Wünsche zum Ausdruck
  bringen dürfen und
- gegenüber andern ohne negative Folgen normative Ansprüche erheben können

Der **Diskurs** ist damit einerseits das Idealbild gelingender Kommunikation　335
über strittige Fragen. Er dient als regulative Idee, an welcher reale Auseinandersetzungen auf ihre legitimierende Kraft überprüft werden können. Je besser die Chancengleichheit der Teilnehmer einer Debatte ausgestaltet ist, desto
näher kommt diese einem idealen Diskurs und desto eher besteht Aussicht
auf eine Einigung, welche den Anspruch auf Vernünftigkeit erheben kann.
Die Diskurssituation ist aber nicht nur ein Ideal. Sie wird auch faktisch von　336
jedem Sprechenden vorausgesetzt, weil er darauf angewiesen ist, dass der
Hörer ihn verstehen kann, und weil er eine Verständigung anstrebt, d.h. die
Zustimmung des Hörers zum Gesagten will. *Die Geltungsansprüche des Spre-*

*chers müssen nicht nur im Idealfall begründet werden können. Jeder Sprecher
zählt auch real darauf, dass es ihm faktisch möglich ist, die andern zu überzeugen. Sonst wäre sein Reden sinnlos.* Jede alltägliche Kommunikation schlägt
daher in einen Diskurs um, sobald Gründe vorgebracht werden müssen, um
jemanden zu überzeugen. Der reale Diskurs kann zwar vielfältig verzerrt sein,
muss sich aber stets am idealen Leitbild messen lassen (vgl. den Kasten «Gute
Gründe im Diskurs»).

Gute Gründe im Diskurs

Die Diskurstheorie verlangt von jedem Teilnehmer, dass er bereit sei, den
Geltungsanspruch normativer Äusserungen zu begründen. Er ist darauf
angewiesen, seine Partner mit «guten Gründen» zu überzeugen. Was ein
guter Grund ist, steht dabei nicht von vornherein fest. Als guter Grund
kann alles gelten, was geeignet ist, alle möglichen Betroffenen von der
Richtigkeit des Geltungsanspruchs zu überzeugen und damit einen **Konsens** herzustellen.

Im Diskurs dürfen daher **nicht nur streng rationale Argumente** vorgetragen werden. Vielmehr kann und soll sich jeder ganzheitlich in den diskursiven Prozess mit seinen persönlichen, kulturellen und universalen Anliegen einbringen. Der Konsens besteht dann darin, dass die persönlichen
und kulturellen Eigenheiten der Einzelnen und ihrer Gruppen gegenseitig
als gleichberechtigt anerkannt und die universalen Gemeinsamkeiten als
für alle verbindlich bestimmt werden.

Zum kommunikativen Handeln gehört damit auch das **Einfühlungsver-
mögen**, das uns befähigt, die Verletzung der Rechte anderer überhaupt
als moralisches Problem zu erkennen. Wir müssen sowohl unsere eigenen
Empfindungen und Bedürfnisse wahrnehmen und diejenigen der anderen ernst nehmen können, damit wir eine gemeinsame Grundlage für einen Konsens herstellen können. Dies bedingt ein Bewusstsein der eigenen
Verletzlichkeit und des eigenen, oft verdrängten Schattens. Auf der Ebene
des politischen Diskurses verlangt dies eine Offenheit für gesellschaftliche
Konflikte und divergierende Lebensentwürfe. Der Diskurs erhält damit
eine therapeutische Funktion für die Gesellschaft und ihre Institutionen
(JÖRG PAUL MÜLLER, Demokratische Gerechtigkeit, insb. 207 ff.)

Die **multikulturelle Spaltung** der Gesellschaft bedingt zudem, dass die öffentliche Kommunikation neben den persönlichen Irrationalitäten auch die Differenzen zwischen den Subkulturen der Lebenswelt ernst nehmen muss. Die Weltbilder, mit denen innerhalb der demokratischen Auseinandersetzung umzugehen ist, sind vielfältiger und widersprechender geworden. Die Gruppenidentität bringt eine neue Qualität von Bedürfnissen in den Diskurs ein, die das Dissensrisiko erhöht. Die Anerkennung der Andersartigkeit und der Anspruch auf Schutz der divergierenden Identitäten erschweren den Diskurs, weil die Art der zuzulassenden «guten Gründe» erweitert werden muss. Das Arsenal jener Argumente, die letztlich nur zu einer Verständigung darüber führen, dass Dissens besteht, wird vergrössert. Aber um der Möglichkeit willen, trotzdem «überlappende Konsense» (JOHN RAWLS, Liberalism, 38 f.) herstellen zu können, muss der Diskurs auch diese Argumente integrieren.

Für die politische Ethik wird die Diskurstheorie bedeutsam, weil sich an ihr 337 sowohl die Institutionen wie das individuelle Handeln messen lassen. Die Diskurstheorie ist eine Grundlage der politischen Ethik, weil sie die Legitimität der Machtverhältnisse in der Politik von symmetrischen Strukturen und reziproken Verfahren abhängig macht. Legitime Macht muss sich auf faire Prozesse der Machtbildung stützen. *Ein Parlament kann Mehrheitsentscheide nur dadurch rechtfertigen, dass jede Minderheit eine faire Chance gehabt hat, die andern zu überzeugen.*

Aus der Diskursethik lassen sich allerdings keine materiellen Gerechtigkeits- 338 grundsätze ableiten. Sie sagt uns nicht, welche Argumente im Diskurs obsiegen sollen. Sie äussert sich daher nicht über Fragen der Ziel-Ethik. Sie spricht sich nicht für oder gegen eine bestimmte Politik oder ein bestimmtes Gesellschafts- und Menschenbild aus. Sie beschränkt sich auf die Gerechtigkeit der Institutionen und Verfahren. Sie bleibt damit formal.

In der Fassung von HABERMAS verzichtet die Diskursethik auch auf den Ver- 339 such einer Letztbegründung. Sie gilt nur für jenen, der die Zustimmung der andern sucht. Wer glaubt, ohne die Verständigung mit andern auskommen zu können, wird durch die Diskursethik zu nichts verpflichtet. Das ist aber für alle moderne Politik kein Mangel, da alle Machthaber zumindest vorgeben, sich über die Zustimmung der Unterworfenen zu legitimieren. Das genügt, um ihr Handeln dem Test der Wahrhaftigkeit, der Wahrheit und der Richtigkeit zu unterstellen.

340 Die Diskursethik ersetzt damit das fiktive Gedankenexperiment eines Gesellschaftsvertrags durch ein Testverfahren, in welchem real und jederzeit geprüft werden kann, ob die betroffenen Menschen eine bestimmte Norm als gerecht anerkennen. Sie sagt uns zwar nicht selbst, was gut und gerecht ist, wohl aber wie wir vorgehen müssen, um das für alle verbindlich festzulegen (vgl. den Kasten «Gesellschaftsvertrag oder Diskursethik»).[110]

Gesellschaftsvertrag oder Diskursethik?
Welches Modell erscheint plausibler, wenn es darum geht, **das Verhältnis von Individuum und Gesellschaft** zu verstehen?

- Die Theorie des Gesellschaftsvertrags geht aus von einem Urzustand der **Anarchie,** in welchem auch die extremsten Individualisten davon überzeugt werden sollen, sich bestimmten Regeln zu unterziehen. Die Menschen müssen zwar Verstand, nicht aber Vernunft haben, d.h. sie müssen erkennen können, wie sie ihren Eigennutzen optimieren können, brauchen aber keine moralischen Einsichten mitzubringen. Darauf beruht das Bild vom Gesellschaftsvertrag als einem Tauschgeschäft (etwa bei HÖFFE).

- Das ist eine ziemlich unwahrscheinliche Hypothese. Zumindest historisch ist die Urform menschlichen Lebens nicht die Anarchie, sondern die Sippe und der Stamm, also die Einbindung des Einzelnen in eine **geschlossene Gemeinschaft.** Damit entspricht nicht der Tausch, sondern die Gründung einer Gemeinschaft den Bedingungen des Menschseins. Die Begründung gegenseitiger Rechte bedeutet nicht den Aufbau, sondern den Abbau einer Hierarchie in der sozialen Ordnung, und zwar durch Anerkennung des Andern als gleichberechtigt und durch Einführung der Legitimation von Macht durch Zustimmung der Betroffenen. Das Individuum erwacht nicht aus dem Chaos, sondern aus der Kollektivität.

- Das Modell des Gesellschaftsvertrags lebt daher von einem kontrafaktischen Ideal eines extremen **Individualismus**. Ein Modell, das wie die

---

110 Vgl. die Vertiefung unter Rz. 354 ff.

> Diskurstheorie von der Einbindung des Einzelnen in intersubjektive Bezüge ausgeht, hat demgegenüber die geringere Begründungslast für seine Annahmen.
>
> - Hinzu kommt, dass die Vertragstheorie einseitig vom **Eigennutz** der Parteien ausgeht. Der Gesellschaftsvertrag müsste sich aber primär auf die Verpflichtung zu Fairness gegenüber dem anderen stützen, wie sie die Diskursethik enthält. Damit könnte die Diskursethik Grundlage eines modifizierten Vertragsmodells sein. Sie überträgt das hypothetische Vertragsmodell in einen realen Prozess der permanenten Einigung über die Bedingungen des öffentlichen Zusammenlebens (vgl. unten Ziff. 3.2.3).

3.1.3. Der gute und gerechte Staat: Demokratie und Rechtsstaat

Politische Ethik bleibt auch im Rahmen des Diskurses auf die beiden grossen 341 moralischen Ziele des Guten und des Gerechten ausgerichtet. Diese strukturieren die Argumentation im Diskurs. Die entsprechenden Ethiken sind der **Utilitarismus** und die **Deontologie** (vgl. den Kasten «Das Gute und das Gerechte»).

> **Das Gute und das Gerechte: Utilitarismus und Deontologie**
> Politische Ethik steht unter der doppelten Anforderung des Guten und des Gerechten. Politisches Handeln muss sowohl möglichst gut als auch möglichst gerecht sein – gut für die Beteiligten und gerecht gegenüber den Betroffenen. Die Politik steht damit im Spannungsfeld der zwei grossen, sich polar gegenüberstehenden Hauptströmungen der philosophischen Ethik, des Utilitarismus und der Deontologie.
>
> Der **Utilitarismus** ist Nützlichkeitsethik (lat. utilitas, Nutzen)*. Er beurteilt eine Handlung danach, in welchem Masse sie zum Glück der meisten Menschen beiträgt. Er trägt den Charakter einer Erfolgsethik, weil er die Handlung nicht nach der inneren Gesinnung, sondern nur nach den äusseren Folgen bewertet. Man spricht deshalb auch von Konsequenzialismus.
>
> Als höchstes Gut gilt das menschliche Glück, die Erfüllung der menschlichen Bedürfnisse und Interessen. Moralisch geboten ist, was am meisten

Lust bereitet oder Unlust vermeidet. Dabei geht es nicht nur um das Glück des Handelnden, sondern um das Wohlergehen aller Betroffenen. Die utilitaristische Maxime lautet: Handle so, dass die Folgen deiner Handlung für das Wohlergehen der Gesamtheit optimal sind. Handlungsziel ist «das grösste Glück der grössten Zahl».

Typisch für den Utilitarismus ist der fehlende Bezug zur Gerechtigkeit. Moralische Fragen werden als Interessenkonflikte behandelt, nicht als Rechtskonflikte. Der Einzelne ist Interessenträger, nicht Rechtsträger. Er hat sich dem Gesamtinteresse unterzuordnen, wenn dieses überwiegt. Das Leid des einen darf mit dem Wohlergehen des andern verrechnet werden, wenn die Gesamtsumme des Glücks trotzdem gesteigert wird.

Die **Deontologie** ist Pflichtenethik (griech. déon, Pflicht)**. Sie beurteilt eine Handlung unabhängig von ihren äusseren Konsequenzen nach der Pflicht, die zu erfüllen ist. Sie trägt daher den Charakter einer **Gesinnungsethik**. Die Pflicht besteht in der Befolgung des inneren Gesetzes oder Sittengesetzes. Dessen moralischer Anspruch ist auch dann zu befolgen, wenn kein äusserer Nutzen zu erwarten ist.

Moralische Pflicht des Menschen ist es, in Übereinstimmung mit seinem inneren Gesetz zu leben. Rechtsform erlangt das Sittengesetz als **Naturrecht**, das religiös, anthropologisch oder rational begründet werden kann. Vor allem in der dritten Form hat es als formales Vernunftrecht durch IMMANUEL KANT grossen Einfluss erlangt.

Nach den Regeln der Vernunft können soziale Normen nur dann allgemeine Gültigkeit beanspruchen, wenn sie verdienen, von allen Menschen anerkannt zu werden. Vernünftig sind jene Normen, die bei allgemeiner Befolgung dem langfristigen und wohlverstandenen Interesse jedes Menschen entsprechen. Anzustreben ist der rationale Konsens aller Betroffenen. Jeder Einzelne wird damit zum Prüfstein der Gültigkeit einer Norm. Der andere wird als frei und gleichberechtigt anerkannt. Mein Interesse muss mit jenem des anderen verträglich sein.

Das Kriterium, nach welchem mein Interesse beurteilt wird, ist seine Verallgemeinerung zum Gesetz. Denn nur, wenn alle wollen dürfen, was ich will, ist mein Wille mit ihrem Willen verträglich. Der kategorische Imperativ ist Ausdruck dieser Rücksichtnahme. Er fordert ein Handeln nach verallgemeinerbaren Maximen. Eine Handlungsregel ist nur dann verbindlich, wenn sie widerspruchsfrei als allgemeiner Sollenssatz gewollt werden kann.

(**Auszug** aus: Philippe Mastronardi, Juristisches Denken, Rz. 948 ff.)

* Vgl. zur utilitaristischen Ethik Otfried Höffe, Utilitarismus.
** Vgl. zur Deontologie Ders., Deontologie, 173 ff.

Utilitarismus und Deontologie bilden die beiden wichtigsten Legitimations- 342
stränge in der Politik. Sie richten diese auf die Zielwerte des Guten und des Gerechten aus. Sie beantworten je eine Hälfte der Doppelfrage, die an jedes menschliche Handeln – und an jede Ordnung unseres Zusammenlebens – zu richten ist: Handeln wir gut? Handeln wir gerecht?

Die **Nützlichkeitsethik** liefert der Politik inhaltliche Wertvorstellungen. Das 343
utilitaristische Ziel (das grösste Glück der grössten Zahl) dient als Gemein-wohlvorstellung, an welcher sich politische Interessen legitimieren können. Die Idee des gemeinsamen Guten kann so als kollektive Nützlichkeit operati-onalisiert werden. *Politisch gut ist, wovon die Mehrheit überzeugt ist, dass es für die Gesamtheit nützlich sei.* Politik wird auf die Herstellung kollektiver Güter reduziert. Gerechtigkeit hingegen ist kein Kriterium. Das Glück des Einzelnen ist aus der Sicht dieser Ethik dem Gesamtwohl unterzuordnen.

Die **Pflichtenethik** liefert der Politik die Idee der Gerechtigkeit, nach welcher 344
die politisch anerkannten Güter zu verteilen sind. Aufgabe der Politik ist es, die gemeinsamen Güter gerecht unter die Mitglieder des Kollektivs zu ver-teilen. Die Massstäbe dieser Zuordnung müssen sich an den verschiedenen Teilgehalten des Prinzips der Gerechtigkeit ausrichten. *Politisch gerecht ist jene Verteilung der Güter der Gesamtheit, welche jedem seinen angemessen Anteil zu-weist. Angemessen kann dabei Verschiedenes heissen: absolut gleich, proportional zu wichtigen Unterschieden oder entsprechend der gebotenen Solidarität mit den Schwachen (nach Massgabe der Bedürfnisse).*

Die beiden Ethiken verpflichten die Politik somit einerseits auf «das Gute», 345
anderseits auf «das Gerechte»:

- **Das Gute:** In der Politik geht es immer um ein konkretes Gut. Das Ideal des Guten muss daher näher bestimmt werden. Dafür bietet sich die Figur des Nutzens an. Der Nutzen kann dabei sowohl individuell wie kollektiv sein. In einer modernen, individualistischen Gesellschaft wird von einem

(moralisch neutralen) Eigennutz auszugehen sein, der zu einem Gemein-
nutzen summiert werden kann. Das gemeinsame Gute ist die Summe allen individuell empfundenen Nutzens. Die politische Methode zur Bestimmung dieses Guten ist die **Demokratie.**

- **Das Gerechte:** Die Gerechtigkeit verlangt die Anerkennung des Individuums als unantastbaren Eigenwert und stellt damit eine Schranke der Nütz-
  lichkeiten dar, und dies sowohl gegenüber dem individuellen Eigennutz
  wie gegenüber dem Gemeinwohl. Denn sie beschränkt die Maximierung
  des Nutzens durch die Teilhaberechte jener, welche von der Nutzenver-
  mehrung nicht oder nicht in gleichem Umfang profitieren. Die politische
  Methode zur Bestimmung dieser Gerechtigkeit ist der **Rechtsstaat.**

346 Das Gute und das Gerechte sind nach Möglichkeit unter der Formel «**für alle
gleich gut**» zu integrieren. Dabei heisst «für alle gut», dass ein Entscheid für
alle von Nutzen ist; «für alle gleich gut» bedeutet, dass der Nutzen zudem
gerecht verteilt ist. Wie weit dieses Ziel erreicht wird, ist nach den Verfahren
und Kriterien zu überprüfen, welche die Diskursethik für Demokratie und
Rechtsstaat vorgibt.

347 **Demokratie:** Die regulative Idee der zwanglosen Einigung aller Betroffenen
verlangt Verfahrensregeln der gleichberechtigten Partizipation aller an der
demokratischen Auseinandersetzung *(z.B. Wahlen und Volksabstimmungen)*.
Volkssouveränität und öffentliche Autonomie konstituieren sich im politischen Diskurs *(z.B. im Wahlkampf oder in der Debatte um eine umstrittene
Sachvorlage)*.

348 **Rechtsstaat:** Zugleich aber verlangt die Diskursidee auch die Herstellung privater Autonomie durch Beteiligungs- und Dissensrechte des Einzelnen *(z.B.
Mitwirkungs- oder Rekursrechte im Verwaltungsverfahren)*. Die individuellen
Bedürfnisse dürfen keinem Mehrheitsinteresse geopfert werden. So gewährleistet der Diskurs auch die Menschenrechte und schafft einen unmittelbaren
inneren Zusammenhang zwischen Volkssouveränität und Menschenrechten.
Demokratie und Rechtsstaat legitimieren sich gegenseitig im Diskurs. *Der politische Diskurs legitimiert sich über die Gleichberechtigung der Beiträge autonomer Teilnehmer. Er muss daher gleichzeitig den Konsens demokratisch ermöglichen und den Dissens rechtsstaatlich schützen.*

349 Die diskursethische Begründungspflicht von Demokratie und Rechtsstaat
wird im Verfassungsstaat in Verfahren der Rechenschaftsablage umgesetzt, die
stufengerechte Diskurse bilden, in welchen die Ausübung von Macht über

Menschen gerechtfertigt werden soll. Dem dienen im Rechtsstaat der Instanzenzug der Gerichte, in der Demokratie die Hierarchie der Rechtsetzungsformen und die Verantwortlichkeit der Regierung. Innerhalb dieser Verfahren werden je nach Qualität der zu entscheidenden Fragen Rechtsdiskurse, politische Diskurse oder moralische Diskurse geführt. *Rechtsfragen lassen sich in der Fachsprache des Rechts und in den Schranken der Gesetze von Amtsstellen und Gerichten beantworten; politische Fragen sind für alle verständlich und nach anerkannten Interessen und Grundsätzen von den demokratisch legitimierten Behörden zu entscheiden; moralische Fragen zielen auf einen Konsens unter sämtlichen Betroffenen. Sie verlangen einen uneingeschränkt offenen und nie abgeschlossenen Prozess permanenter Einigung über die Grundsätze des Zusammenlebens.* Auf diese Weise durchdringen sich Argumentationsformen unterschiedlicher Grundsätzlichkeit und normativer Ausrichtung. Diese unterschiedlichen Diskurse konkretisieren die Diskursidee zu einer bestimmten Form von Demokratie, der so genannten deliberativen Demokratie.

Deliberative Demokratie heisst jene Form der Demokratie, welche ihre Entscheide durch vorgängige, möglichst rationale Beratung legitimieren will. Sie sucht das Diskursideal, das nirgends voll verwirklicht werden kann, in der konkreten Politik umzusetzen. Deliberativ heisst dieses Demokratiekonzept, weil es nicht den Mehrheitsentscheid in den Mittelpunkt rückt, sondern den politischen Diskurs, der vor dem Entscheid stattfinden soll. | 350

Die deliberative Demokratie verbindet die moralischen Anforderungen des Diskurses mit den Kompromissen, die getroffen werden müssen, wo keine Aussicht auf Konsens über verallgemeinerbare Interessen und Wertorientierungen besteht. Hier beschränkt sich die Diskursforderung auf die Fairness des demokratischen Verfahrens. Deliberative Demokratie ist damit auch im Konflikt unterschiedlicher Rationalitäten möglich, der zwischen Moral, Politik, Recht und Wirtschaft besteht.[111] | 351

Übungsbeispiel: Als Reaktion auf das 6. Rahmenprogramm zur Forschungsförderung der EU, in welchem die Stammzellenforschung gefördert werden soll, will Österreich ein Embryonenschutzgesetz erlassen. Dabei stehen sich Anliegen der Forschung, der Medizin, der Wirtschaft und der Ethik einander gegenüber. Wie kann bei der Erarbeitung der einzelnen Bestimmungen die Diskursforderung verwirklicht werden? | 352

---

111 Mehr zum Konzept der deliberativen Demokratie hinten unter Rz. 380 ff.

353 **Antwort:** Die Diskursforderung kann verwirklicht werden, indem bei der Gesetzesausarbeitung nicht nur Juristen, sondern auch Experten aus anderen Sachbereichen herbeigezogen werden. Das Verfahren sollte möglichst breit und offen angelegt sein. So kann sichergestellt werden, dass alle legitimen Interessen nach Massgabe ihrer grundsätzlichen Bedeutung berücksichtigt werden. Im vorliegenden Fall sollten z.B. Mediziner, Biologen, Vertreter von Ethikkommissionen, aber auch Experten aus der Wirtschaft vertreten sein. Das Ergebnis ist einer breiten öffentlichen Auseinandersetzung zu unterziehen, bevor es im Parlament behandelt wird.

3.2.   Vertiefung: Vom hypothetischen zum realen Diskurs

Soweit politische Ethik den Anspruch erhebt, allgemein gültige Normen vorzugeben, muss sie begründen, warum ihre Aussagen universalen Charakter haben sollen. Sie kann sich nicht mit plausiblen Argumenten begnügen, sondern muss die Zustimmung aller anstreben. Die zurzeit bedeutendsten philosophischen Versuche, diesem Anspruch zu genügen, sind die Theorie der Gerechtigkeit von JOHN RAWLS (Ziff. 3.2.1.) und die Diskurstheorie von JÜRGEN HABERMAS (Ziff. 3.2.2.). RAWLS entwickelt einen hypothetischen Diskurs, HABERMAS einen idealen Diskurs, der Massstab für reale Diskurse bilden soll. Beide Konzepte sind in der Einführung bereits vereinfacht dargestellt worden (Ziff. 3.1.2.). Hier sollen zentrale Aspekte der beiden Theorien einer vertieften Diskussion unterzogen werden.

Für eine Verfassungslehre bedeutsam wird die Diskursethik, wenn sie zum Konzept der deliberativen Demokratie konkretisiert wird. Dieses verknüpft das Diskursideal mit der politischen Realität (Ziff. 3.2.3.).

3.2.1.   Der hypothetische Diskurs bei Rawls

354 Der bekannteste Versuch einer universalistischen Begründung politischer Gerechtigkeit ist JOHN RAWLS' **Theorie der Gerechtigkeit.** RAWLS strebt die Kongruenz des Gerechten und des Guten an. Gerechtigkeit sei das höchste Gut. Denn wer gerecht handle, verwirkliche seine Natur als vernünftiges und freies Individuum[112]. Damit sollen die kulturell bedingten Vorstellungen vom

---

112 JOHN RAWLS, Theorie der Gerechtigkeit, 614 ff., 620; BERTRAND GUILLARME, Libéralisme politique, 324.

guten Leben letztlich mit der universalen Vorstellung von Gerechtigkeit verschmelzen.

Wenn dies gelingt, ist ein gültiges Fundament für Staat und Recht jenseits aller 355 gesellschaftlichen Spaltungen gefunden. Allerdings bildet die multikulturelle Wirklichkeit den Prüfstein auch für diese Gerechtigkeitstheorie. Rawls behauptet nämlich, Menschen würden sich unter dem Schleier des Nichtwissens tatsächlich in bestimmter Weise verhalten. Damit stellt er nicht nur Normen auf, nach welchen sich die Menschen richten sollen, sondern entwickelt Thesen über das Verhalten realer Menschen unter idealisierten Bedingungen. Das macht seine Theorie falsifizierbar. Sie gilt nur insoweit, als ihre Voraussetzungen für die Mitglieder der zu ordnenden Gesellschaft zutreffen. Universal gilt sie dann, wenn die Annahmen, die sie trifft, generalisiert werden können; nur für einen Kulturkreis gilt sie, wenn sich nur die Menschen einer bestimmten Kultur danach verhalten.

Idealer Bezugspunkt der Theorie von Rawls ist die **wohlgeordnete Gesell-** 356 **schaft.** In ihr anerkennt ein jeder die gleichen Gerechtigkeitsprinzipien – und weiss, dass alle andern dies auch tun. Ferner erfüllen die wichtigsten politischen und sozialen Institutionen die Anforderungen dieser Prinzipien. Ihrem Gerechtigkeitssinn gehorchend halten sich die Bürger an diese Institutionen. Das allgemein anerkannte Gerechtigkeitskonzept bildet eine gemeinsame Wertgrundlage[113]. Allerdings gibt es auch für Rawls keine von allen Bürgern anerkannte Religion, Philosophie oder Moral. Es genügt aber für eine wohlgeordnete Gesellschaft, wenn die Anhänger unterschiedlicher Weltbilder (comprehensive doctrines) einen überlappenden Konsens bilden können, indem sie eben dieses Gerechtigkeitskonzept miteinander teilen[114].

Dies nimmt Rawls für **vernünftige Menschen** an. Solche müssen bereit sein, 357 Grundsätze fairen Zusammenwirkens als verbindlich anzuerkennen, wenn andere dies auch tun (Fairness und Reziprozität)[115]. Zulässige unterschiedliche Weltbilder müssen in diesem Sinne vernünftig sein[116] und beispielsweise die Gedanken- und Gewissensfreiheit respektieren[117]. Unvernünftige Ansichten lassen sich zwar nicht ausschliessen, doch hofft Rawls, dass sie nicht die

---

113 John Rawls, Liberalism, 35.
114 Ders., Liberalism, 38 f.
115 Ders., Liberalism, 49 f.
116 Ders., Liberalism, 58 ff.
117 Ders., Liberalism, 61.

Kraft haben, ein substantiell gerechtes Regierungssystem zu untergraben[118]. Er räumt ein, dass er damit einen liberal gesinnten Menschentyp unterstellt, der als Bürger eine gewisse natürliche politische Tugend besitzt, ohne welche seiner Meinung nach die Hoffnung auf eine Ordnung der Freiheit unrealistisch wäre[119].

358   Bis hierher setzt JOHN RAWLS eine relativ homogene Gesellschaft voraus, die in erheblichem Ausmass aus politisch motivierten Menschen gebildet wird[120]. Seine Voraussetzungen werden nur von einer stark vom **Liberalismus** geprägten Bürgerschaft erfüllt. Sie gelten daher nicht für eine multikulturell gespaltene Gesellschaft.

359   Diesem Einwand sucht RAWLS zu entsprechen, indem er untersucht, wie weit sich seine Konzeption auch auf nichtliberale Gesellschaften ausdehnen lässt[121]. Er gelangt dabei zum Schluss, dass neben einer liberalen Gesellschaft auch eine hierarchische (d.h. undemokratische) Gesellschaft die Gerechtigkeitskonzeption anerkennen kann, wenn sie wohlgeordnet ist[122]. Dazu muss sie friedlich sein, ihren Mitgliedern moralische Pflichten auferlegen und sich von einer Gerechtigkeitsvorstellung leiten lassen, die sich an einem Gemeinwohl orientiert, das sie «aus nachvollziehbaren Gründen für die grundlegenden Interessen aller Mitglieder der Gesellschaft hält»[123].

360   Zunächst scheint RAWLS die Nachvollziehbarkeit nur «in den Augen des eigenen Volkes» zu verlangen[124], sich also mit einer lokalen, kulturell bedingten Rationalität zu begnügen. Dann fordert er aber eine «vernünftige Konsultationshierarchie»[125]. Als Modell dient das Bild des Richters und seiner Anhörungspflichten. RAWLS stellt auf die «wahrhafte Überzeugung von Richtern» ab[126], also auf eine typisch rechtsstaatliche Figur westlicher Prägung. Schliesslich verlangt er von dieser Gesellschaft, dass sie die Menschenrechte achte[127],

---

118 DERS., Liberalism, 65.
119 DERS., Liberalism, 370.
120 BERTRAND GUILLARME, Libéralisme politique, 341.
121 JOHN RAWLS, Völkerrecht, 53.
122 DERS., Völkerrecht, 71 ff.
123 DERS., Völkerrecht, 73.
124 DERS., Völkerrecht, 73.
125 DERS., Völkerrecht, 73 f. RAWLS versteht darunter ein System von Versammlungen mit beratender Stimme, welche gegenüber der Regierung die wichtigen Interessen aller Teile der Gesellschaft zu vertreten haben. Vernünftig ist diese Konsultationshierarchie, weil sie auf die wahrhafte Überzeugung der Entscheidungsinstanz abzielt.
126 DERS., Völkerrecht, 74.
127 DERS., Völkerrecht, 74.

denn es wäre «unvernünftig oder sogar irrational, wenn diese Rechte verletzt würden»[128].

Zum Mindeststandard der Menschenrechte, der von allen Gesellschaften ei- 361 ner gerechten Völkergemeinschaft anerkannt werden muss, zählt RAWLS «das Recht auf Leben und Sicherheit, das Recht auf persönliches Eigentum, einige Elemente des Rechtsstaatsprinzips, das Recht auf ein gewisses Mass an Gewissens- und Vereinsfreiheit sowie das Recht auf Auswanderung»[129]. Obwohl RAWLS den hierarchischen Gesellschaften zubilligt, dass sie «im Sinne ihrer eigenen Gerechtigkeitsvorstellungen» wohlgeordnet seien[130], schleicht sich in diesen Passagen doch der liberale Vernunftbegriff aus dem Grundmodell in die Konzeption solcher Gesellschaften ein[131]. Das Ergebnis eines Völkerrechts, «in dem die Menschenrechte gesichert sind»[132], wird schon bei der Definition der teilnehmenden Gesellschaften vorausgesetzt.

Sowohl für das Völkerrecht wie für die Ordnung im Innern der beteiligten 362 Gesellschaften gilt für RAWLS der gleiche Grundgedanke «eines vernünftigen Konstruktionsverfahrens, bei dem fair vertretene, rationale Agenten (...) Gerechtigkeitsprinzipien für den betreffenden Bereich auswählen»; hier wie dort lassen sich die Parteien «von angemessenen Gründen leiten, die durch einen Schleier der Unwissenheit gekennzeichnet sind»[133]. – Der gleiche Vernunftbegriff, der die Geltung der ursprünglichen Theorie der Gerechtigkeit begrenzt hat, schränkt somit das Völkerrechtskonzept auf solche Gesellschaften ein, welche die Grundannahmen des Liberalismus teilen.

Ähnlich wie es auf der Ebene der einzelnen Gesellschaft Menschen mit un- 363 vernünftigen Ansichten gibt, finden sich im «hochgradig nichtidealen Zustand unserer Welt»[134] manche Staaten, die sich weigern, die Grundsätze eines vernünftigen Völkerrechts anzuerkennen. RAWLS bezeichnet diese Staaten als «Outlaws» der Völkergemeinschaft[135]. Dazu gehören insbesondere Gesellschaften, «deren Herrscher umfassende religiöse oder philosophische

---

128 DERS., Völkerrecht, 75.
129 DERS., Völkerrecht, 80. Nach seiner Ansicht sind diese Menschenrechte nicht liberal oder allzu sehr der westlichen Tradition verhaftet, sondern «politisch neutral» (a.a.O., 81).
130 DERS., Völkerrecht, 76.
131 So verlangt JOHN RAWLS von den nichtliberalen Gesellschaften ausdrücklich, «was sie vernünftigerweise geben können» (DERS. Völkerrecht,, 93 f.).
132 DERS., Völkerrecht, 76,
133 DERS., Völkerrecht, 79,
134 DERS., Völkerrecht, 83.
135 DERS., Völkerrecht, 84.

Doktrinen vertreten und keinerlei Grenzen für deren legitime Herrschaft akzeptieren»[136] – also genau jenen Fundamentalismus vertreten, der zum Hauptproblem der multikulturellen Gesellschaft zu werden droht[137].

364 Damit die Grundfragen der Verfassung und die Grundrechte nie Gegenstand
des Streites unter umfassenden Doktrinen werden, lässt RAWLS nur solche
Gesellschaften in die Völkergemeinschaft zu, welche diese Fragen «durch eine
öffentliche politische Konzeption von Gerechtigkeit» klären lassen[138]. Dies gilt
auch für die völkerrechtliche Ordnung zwischen liberalen und nichtliberalen
wohlgeordneten Gesellschaften[139].

365 Das Konzept von RAWLS hat damit innere Grenzen, die einer **Kritik** rufen:
Die Theorie der Gerechtigkeit vermag in ihren späteren Anpassungen zwar
ein bestimmtes Spektrum von liberalen und hierarchisch geordneten Gesellschaften auf einer gemeinsamen Wertebasis zu vereinen. Sie kann damit einen
beschränkten Pluralismus gesellschaftlicher Konzepte erfassen, nicht aber die
multikulturelle Weltsituation insgesamt. Sie bleibt auf Staaten mit erheblicher
kultureller Übereinstimmung beschränkt.

366 RAWLS' Konzept gilt in mancher Hinsicht für westliche Demokratien. Als Versuch einer universal gültigen Theorie der politischen Gemeinschaft muss es
aber zwangsläufig daran scheitern, dass es inhaltlich definierte Anforderungen
an das Zusammenleben stellt. Denn konkrete Inhalte sind stets kulturell bedingt – im Falle RAWLS durch die amerikanische Tradition[140]. Auch wenn als
gemeinsamer Nenner nur minimale Anforderungen wie Toleranz, Fairness
und Menschenrechte aufgestellt werden, gilt doch ein bestimmter Vernunftbegriff jeweils als Grundlage der Argumentation[141]. Unter multikulturellen
Bedingungen kann niemand davon ausgehen, dass die eigenen materiellen
Gerechtigkeitsvorstellungen ein universalistisches Fundament besitzen.

367 Das Konzept von RAWLS ist damit eine gut begründete Position, welche im
interkulturellen Diskurs als These vertreten werden kann. Es bleibt aber
parteilich, da es die Werte einer bestimmten westlichen Kultur vertritt. Eine
Demokratietheorie, die universale Gültigkeit anstrebt, muss hingegen darauf verzichten, sich über die kulturell bedingten Inhalte einer guten und ge-

---

136 DERS., Völkerrecht, 85.
137 Leider wählt JOHN RAWLS seine Beispiele nur aus der Vergangenheit (a.a.O.).
138 DERS., Völkerrecht, 94.
139 DERS., Völkerrecht, 94.
140 DERS., Liberalism, 370.
141 DERS., Völkerrecht, 93 f.

rechten Ordnung zu äussern. Sie muss sich auf die Ebene der Bedingungen eines interkulturellen Diskurses zurückziehen. Sie ist damit zwar gewiss noch nicht voraussetzungslos. Sie braucht aber nicht an die von RAWLS gezogenen Grenzen gebunden zu sein. Z.B. muss die Zustimmung der Unterworfenen nicht vernünftig im Sinne der liberalen Theorie sein. Es genügt, wenn sich die Zustimmung im Rahmen der eigenen Rationalität der betroffenen Kultur begründen lässt, sofern dabei die diskursethischen Grundsätze gewahrt bleiben. Demokratie setzt dann nicht voraus, dass überlappende oder gar universale Gemeinsamkeiten demokratischer Rationalität vorgefunden werden können. Solche Gemeinsamkeiten können sich vielmehr auch erst als Resultat aus der Demokratie ergeben. Vernunft muss nicht als Eigenschaft demokratischer Ordnung oder ihrer Mitglieder vorausgesetzt werden, sondern kann sich aus dem Prozess der Zustimmung herausbilden.

Ein struktureller Mangel in der Theorie von RAWLS liegt nämlich darin, dass 368 die von ihm geforderte **Vernunft,** welche den übergreifenden Konsens unter verschiedenen Weltsichten ermöglicht, von gemeinsam geteilten Werten zehrt. Die Grenzen des Akzeptablen werden durch das Minimum an liberalen Werten bestimmt, unterhalb derer ein liberal gesinnter Mensch nicht mehr kooperationsbereit ist. Mit fortschreitender multikultureller Differenzierung der Gesellschaft wird diese gemeinsam geteilte Basis immer knapper. Damit wird der Geltungsbereich von RAWLS' Theorie der Gerechtigkeit immer kleiner. Vernunft ist dann ein Kapital, von dem die heutige gesellschaftliche Entwicklung zehrt. Diese Konzeption wird mit Recht als zutiefst konservativ kritisiert[142].

Stattdessen lässt sich Vernunft als Ergebnis eines öffentlichen Diskurses verstehen, der Konsens (oder geklärten Dissens) unter Menschen verschiedener Weltsicht herstellen kann[143]. Vernunft ist dann nicht ein Kapital, das es zu wahren oder gar zu verteidigen gilt, sondern ein Erzeugnis, das es durch Einübung kommunikativer Prozesse herzustellen gilt und dessen Eigenschaften sich erst im offenen Diskurs herausstellen. Der liberale Vernunftbegriff widerspiegelt dann nur den gegenwärtigen Stand westlich geprägter Diskurskultur.

---

142 BERTRAND GUILLARME, Libéralism politique, 339.
143 Vgl. DERS., 339.

3.2.2. Der ideale Diskurs bei Habermas

370 Demokratietheorie setzt somit nicht notwendigerweise einen kulturell bedingten Vernunftbegriff voraus, wohl aber die **Diskursbereitschaft** der Beteiligten. Wenn Demokratie heute als jene Staatsform gilt, die sich über die Zustimmung der Betroffenen legitimieren will, dann ist Demokratie eine Institution der kommunikativen Verständigung im öffentlichen Raum und damit zentral auf das Mittel der **Sprache** angewiesen. Die Diskurstheorie ist damit auf sie anwendbar.[144]

371 Die sprachtheoretische These, wonach der Sprechende auf ein Einverständnis des Hörers abzielt, das sich nicht erzwingen lässt, gibt das diskursethische Modell für die Anerkennung des Anderen als gleichberechtigten Partner in der Demokratie ab. Es kann als Grundlage für die Legitimation politischer Entscheidungen dienen.

372 Nach der Diskurstheorie anerkennt der Sprechende mit seinem **Sprechakt** ja den Hörer zwangsläufig als ebenbürtig, wenn er das Ziel der intersubjektiven Verständigung verfolgt. Er setzt voraus, dass der andere ebenso zur Kommunikation befähigt ist wie er – oder, anders ausgedrückt, dass beide einer Kommunikationsgemeinschaft zugehören, in der sich alle Mitglieder wechselseitig als gleichberechtigte Gesprächspartner anerkennen.

Die **wechselseitige Anerkennung** der Gesprächspartner im Diskurs ist keine Norm oder idealisierende Vorstellung von Sprache, sondern faktische Voraussetzung eines jeden Sprechaktes, der Verständigung anstrebt.

373 Denn auch der strategisch Handelnde, der seine Hörer nur überreden will, setzt die Verständigungsfähigkeit seines Gegenübers tatsächlich voraus. Sonst hätte seine Rede keinen Sinn. So oder so erhebt der Sprechende mit seiner Äusserung gegenüber dem andern faktisch einen **Geltungsanspruch,** von dem er tatsächlich annehmen muss, der andere könne sich ihm grundsätzlich anschliessen. Er ist zu dieser Annahme gezwungen, auch wenn sich ihr Inhalt als idealisierend erweisen sollte. Eine gegenteilige Annahme geriete in Widerspruch zur Sprechhandlung selber. Ohne Verständigungsanspruch lässt sich nicht argumentieren.[145]

---

144 Vgl. die Einführung in die Diskurstheorie vorne Rz. 331 ff.
145 Jürgen Habermas, Nachmetaphysisches Denken, 63 ff., 123 ff. und 183.

Der normative Aspekt dieser faktischen Anerkennung ergibt sich erst aus 374
dem Willen zur (argumentativen) Sprechhandlung: Wer sprechen will, ist
bei Strafe des **Selbstwiderspruches** zur Anerkennung des Gesprächspartners
verpflichtet. Denn wer selber argumentiert, aber die Gleichberechtigung des
Partners und die Wechselseitigkeit der Kommunikationschancen leugnet, gerät in Widerspruch zu seiner eigenen Sprechhandlung: Auch wer Sprache latent strategisch nutzt, um andere als Mittel für seine Ziele einzusetzen, erwartet von seinen Adressaten insoweit Vernünftigkeit, als sie fähig sein müssen,
die Geltungsansprüche seiner Sprechhandlungen zu verstehen und sich mit
ihm darüber zu einigen; insofern setzt auch er die Möglichkeit zwangloser
Verständigung über den Geltungssinn seiner Äusserungen voraus und spricht
seine Adressaten zunächst als gleichberechtigte Partner an[146].

Der Sprechende, der überzeugen (oder überreden) will, muss bereit sein, sei- 375
nen Geltungsanspruch zu begründen, wenn er sein Vorhaben nicht scheitern
lassen will[147]. Die Begründung von Äusserungen normativer Art findet im so
genannten **praktischen Diskurs** statt: dem argumentativen Verfahren zur
Prüfung der Gültigkeit vorgeschlagener Normen[148]. Die Begründung richtigen
Handelns erfolgt dabei nach den Regeln der moralischen Argumentation, d.h.
nach dem Prinzip der Verallgemeinerung: Eine Handlungsmaxime wird nur
dann als moralisch gültige Norm anerkannt, wenn sie die Zustimmung aller
möglicherweise Betroffenen finden könnte[149].

Diese Aussage ist an sich auch im Monolog möglich. Sie bedeutet dann, dass 376
der Einzelne gedanklich den Rollentausch vornehmen soll und sich fragen
muss, ob alle Betroffenen zustimmen könnten. Dem liegt die subjektphiloso-

---

146 Wer Sprache strategisch einsetzt, um beim Hörer ohne echte Verständigung einen bestimmten Erfolg
zu erzielen, erwartet, dass die andere Seite davon ausgeht, dass die Sprache verständigungsorientiert
gebraucht wird (Ders., Nachmetaphysisches Denken, 72). Der latent strategisch Handelnde muss
somit vorgeben, verständigungsorientiert zu handeln, und kann daher für seine Geltungsansprüche
zur Rechenschaft gezogen werden.

147 Die Begründungspflicht ist das Gegenstück zum Anspruch des Sprechers an den Hörer, dieser habe
aufrichtig zuzuhören. Die Symmetrie der Gegenseitigkeitsbeziehung unter Partnern der Verständigung verlangt, dass dem Zuhörer auch ein Anspruch auf Beantwortung seiner Einwände zusteht.

148 Jürgen Habermas, Moralbewusstsein, 113.

149 Ders., Moralbewusstsein, 73. Immanuel Kant, Zum ewigen Frieden, 51, formuliert das Prinzip der
Verallgemeinerungsfähigkeit in der Form des kategorischen Imperativs: «Handle nur nach derjenigen Maxime, durch die du zugleich wollen kannst, dass sie allgemeines Gesetz werde». Auch bei
John Rawls wird die Unparteilichkeit noch so operationalisiert, dass jeder Einzelne den Versuch
der Rechtfertigung von Grundnormen für sich alleine unternehmen kann (vgl. Jürgen Habermas,
Moralbewusstsein, 76). Erst Jürgen Habermas gibt dem Universalisierungsgrundsatz eine Fassung,
die seine monologische Anwendung ausschliesst (a.a.O.).

phische Konzeption von Vernunft zugrunde, wonach der Einzelne zu vernünftiger Erkenntnis befähigt sei[150]. Das von HABERMAS vertretene intersubjektive Menschenbild erfordert dafür hingegen einen Dialog. Die Kommunikationstheorie verlangt die reale Zustimmung der Betroffenen und formuliert dafür das **Diskursprinzip,** wonach die Geltung einer Norm davon abhängt, dass sich alle von ihr möglicherweise Betroffenen einigen können, wenn darüber unter den Voraussetzungen eines praktischen Diskurses eine argumentative Auseinandersetzung stattfindet[151].

> Gültige Normen müssen nicht nur die Anerkennung von Seiten aller Betroffenen verdienen (ideal), diese Anerkennung muss zudem tatsächlich im Verfahren des praktischen Diskurses hergestellt werden können (real).

Die moralische Rechtfertigung von Aussagen über die Richtigkeit menschlichen Handelns hängt somit ab von der zwanglosen Einigung in einem Verständigungsprozess, in dem alle Betroffenen die gleichen Beteiligungsmöglichkeiten haben.

377 Dieser sprachtheoretische Sachverhalt begründet freilich nicht unmittelbar moralische oder gar politische Pflichten der Kommunikation. Das Diskursprinzip regelt das Verfahren für die Begründung von Handlungen, nicht den Handlungsentscheid selbst. Die Diskurstheorie äussert sich nur über die Voraussetzungen der moralischen Argumentation. Daher gilt sie auch nur für den Begründungsdiskurs, in dem (vergangene oder künftige) Handlungen gerechtfertigt werden; sie betrifft aber nicht ohne weiteres auch die Orientierung der Handlungen selbst. *Das Diskursprinzip zwingt den Diskursteilnehmer, dadurch, dass er argumentiert, allen andern ein «Prinzip der Meinungsfreiheit» zuzuerkennen; aber es zwingt ihn nicht, am Begründungsdiskurs teilzunehmen oder das Prinzip auch als Handelnder ausserhalb dieses Diskurses anzuwenden.* Die handlungsmotivierende Kraft des Diskursprinzips ist nicht evident[152]. Die normativen Vorgaben der Diskursethik können sich damit nur auf Instituti-

---

150 Zur Subjektphilosophie vgl. vorne Rz. 99 f.; zur kommunikativen Vernunft vgl. den Kasten nach Rz. 379.
151 JÜRGEN HABERMAS, Moralbewusstsein, 76.
152 DERS., Moralbewusstsein, 96.

onen und Verfahren beziehen, in denen überhaupt Ansprüche auf diskursive Rationalität erhoben werden[153].

Dass mit der gegenseitigen gleichberechtigten Anerkennung und der Pflicht zur Begründung von Geltungsansprüchen Prinzipien formuliert werden, die für eine Demokratietheorie interessant sind, ist einleuchtend. Die Diskurstheorie lässt sich allerdings nicht unvermittelt auf die demokratische Auseinandersetzung anwenden. Sie liefert zunächst nur eine regulative Idee[154]. Mehrere Umsetzungsschritte sind nötig, damit aus ihr eine «demokratische Form der Ethik»[155] werden kann. 378

Diese Umsetzung ist das Thema einer diskursethisch begründeten **Institutionenlehre.** Diese hat demokratische Institutionen zu entwickeln, welche sich an den Anforderungen der Diskurstheorie messen lassen. Das bedeutet insbesondere, dass Abweichungen vom Diskursideal nur zulässig sind, wenn es möglich ist, sie in einem Diskurs zu rechtfertigen. Dies zu begründen ist das Ziel des Konzepts einer deliberativen Demokratie (vgl. Kasten «Die subjektlose kommunikative Vernunft»). 379

Die subjektlose kommunikative Vernunft

Die **Theorie des kommunikativen Handelns,** deren Kern die Diskursethik ist, überwindet den liberalen Individualismus, der das Subjekt der Vernunft einzig in der autonom gedachten Person des Einzelnen verankern will. Aber sie greift nicht nach einer übergeordneten Subjektivität eines Kollektivs, das an die Stelle des Individuums treten würde. Sie ortet Rationalität im kommunikativen Prozess der Verständigung unter Menschen einer bestimmten Gesellschaft und Kultur. Individuelle und kollektive Momente wirken zusammen, um diese Verständigung zu bewirken. Die Diskursethik nimmt damit eine Stellung jenseits von Liberalismus und Kollektivismus ein.

Ein **intersubjektives Menschenbild** (vgl. den Kasten nach **Rz. 113**) ortet Vernunft nicht als Qualität eines Subjekts, weder des Individuums noch

---

153 Auf der Ebene der Diskursethik legitimiert sich daher Demokratie nur formal durch das qualifizierte Verfahren und die Zustimmung der Betroffenen; materielle Werte des Guten und Richtigen kommen erst auf der Ebene konkreter politischer Diskurse hinzu.

154 Vgl. aber den Vorbehalt von Jürgen Habermas dazu in Nachholende Revolution, 132.

155 Jörg Paul Müller, Begründung der Demokratie, 625; vgl. auch Ders., Demokratische Gerechtigkeit, 88 f.

der organisierten Gemeinschaft. Sie ist aber auch nicht einfach die Eigenschaft des Kommunikationsprozesses oder der diskursiven Prozeduren.
Vernunft wird zur Leitidee der Kommunikation, zum idealen Massstab
für die Qualität der Ergebnisse eines unter idealen Bedingungen ablaufenden Argumentationsprozesses. Vernunft bleibt damit subjektlos. Kein
Subjekt kann ihren Besitz beanspruchen. Die Rede von der Vernunft des
Menschen ist eine Kurzform dafür, dass der Mensch in intersubjektive Beziehungen treten kann, welche die Chance kommunikativer Rationalität
enthalten.

Der Paradigmenwechsel vom liberalen Weltbild des vernünftigen Menschen zum intersubjektiven Weltbild der kommunikativen Vernunft ist
erst vollzogen, wenn wir einräumen, dass wir nur im Prozess der kommunikativen Verständigung als **Person** konstituiert werden. Kultur und
Gesellschaft formen unsere Persönlichkeit mit. Das kulturelle Weltverständnis und die normativen Ordnungsvorstellungen unserer Gesellschaft
prägen nicht nur die Sozialisation, sondern auch die Individuation des
Menschen. Kultur, Gesellschaft und Person bilden einen kommunikativen
Kreisprozess, aus dem wir nie heraustreten können (vgl. JÜRGEN HABER
MAS, Diskurs der Moderne, 397 ff.; DERS., Nachmetaphysisches Denken,
102). Damit müssen wir unseren Vernunftanspruch an diesen Prozess vernünftiger Verständigung abtreten. Vom Subjekt der Vernunft werden wir
zu deren Teilhaber.

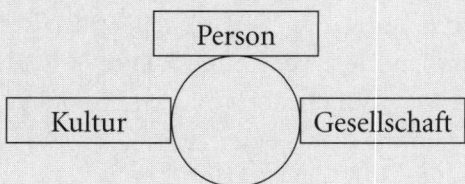

Für die politische Ethik bedeutet dies, dass sich die Rationalitätsforderung
vermehrt auf die Kommunikationsformen der Bürgergesellschaft und die
Institutionen der politischen Willensbildung beziehen muss. Vernünftige
Politik muss sich aus dem Zusammenspiel von politischer Kultur, Öffentlichkeit und Bürgern (als dem politischen Teil der Triade von Kultur,
Gesellschaft und Person) entwickeln. Sie ist ein mehrdimensionaler Lernprozess im öffentlichen Raum. Auch die politische Vernunft hat kein Sub-

jekt; sie bleibt die regulative Idee der öffentlichen Verantwortung, auf welche die Institutionen und Prozesse des politischen Diskurses auszurichten sind. Politisch vernünftig ist die diskursiv gerechtfertigte und damit verantwortliche Macht. Das Modell dafür ist die deliberative Demokratie.

3.2.3. Die deliberative Demokratie

Das Konzept der deliberativen Demokratie von HABERMAS versucht, das Dis- 380 kursideal mit der politischen Realität zu verknüpfen. Ziel ist, kommunikative Rationalität auch unter den Bedingungen konkreter politischer Systeme zu verwirklichen. HABERMAS nutzt dabei die Systemtheorie von NIKLAS LUHMANN zur Beschreibung des politischen Systems, stellt dieses aber unter den Einfluss einer rationalisierten Lebenswelt. Daher ist

(1) zunächst das **Verhältnis von Lebenswelt und System** zu klären, bevor

(2) das **Konzept der deliberativen Demokratie** näher erläutert werden kann.

(1) Lebenswelt und System: In einer ersten Annäherung bedeuten die beiden 381 Begriffe Folgendes:

* Die **Lebenswelt** ist jener Teil der Gesellschaft, in welchem sich das Zusammenleben nach Normen der Tradition, der Kultur und der persönlichen Beziehungen zwischen den Menschen richtet (z.B. die Familie oder das Vereinsleben). In der Lebenswelt können wir uns über die Formen unseres Zusammenlebens verständigen. Hier gilt die Diskursethik.

* **Systeme** sind Teile der Gesellschaft, die sich aus der Lebenswelt verselbständigt haben (z.B. die Wirtschaft oder die Politik). Sie werden durch funktionale Anforderungen gesteuert, die den Charakter von Mechanismen oder Gesetzmässigkeiten annehmen (wie Markt oder Angebot und Nachfrage). Systeme werden durch Medien (wie Geld oder Macht) gesteuert, nicht über Normen. Über sie gibt es keine Verständigung und daher auch keinen Diskurs.

Den Begriff der Lebenswelt gibt es freilich nur bei Habermas. Bei Luhmann ist die Gesellschaft selbst ein System und geht vollständig in ihren Subsystemen auf.

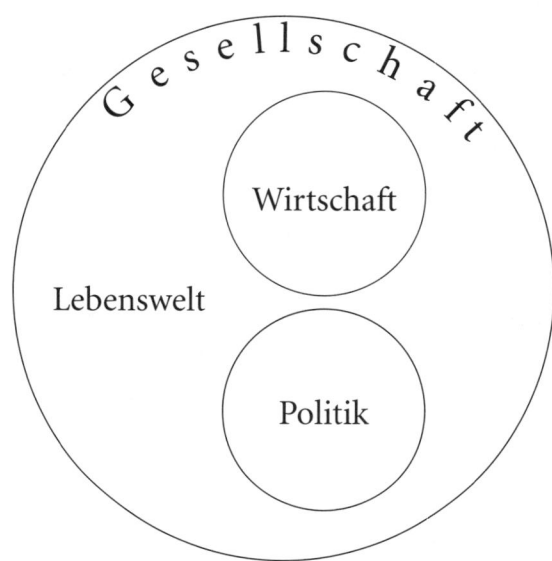

Abbildung 3-1: Verhältnis von Lebenswelt und System nach Habermas

382 Nach Luhmann spielt sich alle soziale Interaktion innerhalb der Gesellschaft als des umfassenden Sozialsystems ab[156]. Aus funktionalen Erfordernissen differenziert sich dieses Gesamtsystem, indem sich Teilbereiche der Gesellschaft zu in sich geschlossenen Systemen ausbilden *(z.B. Politik, Wirtschaft, Recht oder Kultur)*. Damit reagieren sie auf die historisch wachsende Komplexität der gesellschaftlichen Verhältnisse: In Abgrenzung zu ihrer gesellschaftsinternen Umwelt reduzieren sie in ihrem Innern die Komplexität der Kommunikationsbeziehungen und erhöhen damit ihre Funktionsfähigkeit[157].

383 Jedes System ist so genannt **autopoietisch,** d.h. selbstreproduzierend. Es bildet eine selbständige Einheit und erneuert sich nach eigenen Gesetzlichkeiten. Daher ist es gegenüber direktem Einfluss von aussen (operativ) geschlossen[158]. Aber es ist kognitiv offen, also lernfähig. Soziale Interaktion ist dabei nicht Handeln von Menschen, sondern eine Operation des Systems. Gesellschaftliche Entscheidungen werden nicht von Individuen getroffen, sondern sind

---

156 Niklas Luhmann, Soziale Systeme, 555.
157 Ders., Moderne Systemtheorien, 10 f. Niklas Luhmann verwendet hier einen kybernetischen Systembegriff, der das System durch seine operative Geschlossenheit gegenüber seiner Umwelt definiert.
158 Ders., Recht, 42 ff.

Funktionen systemischer Abläufe. Diese Betrachtungsweise hat keinen Raum für die persönlich verantwortete soziale Handlung, sondern nur für die Funktionalität kommunikativer Prozesse.

HABERMAS anerkennt zwar die Funktionalität des Systemischen[159], bestreitet 384 aber die These LUHMANNS, dass die funktionalistische Analyse die einzige zulässige Form der Rationalisierung von Entscheidungen sei[160]. Es gibt daneben eine **kommunikative Rationalität,** die nicht in systemischer Steuerung aufgeht, sondern aus der Verständigung von Menschen in ihrer Lebenswelt entsteht. HABERMAS verteidigt damit die Chance handlungsorientierender Kommunikation unter Menschen als lebensweltlichen Freiraums gegen den systemischen Zwang. Neben der Systemintegration des Menschen gibt es auch eine Sozialintegration; Lebenswelt und System sind zwei nebeneinander berechtigte Modelle für das Verstehen der Prozesse in der Gesellschaft[161].

Eine Gesellschaft differenziert sich nach HABERMAS im Laufe ihrer Geschichte 385 sowohl als System wie als Lebenswelt aus. Mit steigendem Verständigungsbedarf einer Gesellschaft vereinfachen systemische Steuerungsmedien wie Geld und Macht allerdings die erforderliche Handlungskoordination und ersetzen die sprachliche Kommunikation. Ihre Subsysteme verselbständigen sich aus der Lebenswelt, technisieren diese oder unterwerfen sie ihrem systemischen Zwang[162].

So ist die **Wirtschaft** für HABERMAS ein vollständig der systemischen Ratio- 386 nalität des strategischen Handelns unterstellter Bereich, der dem kommunikativen Handeln entzogen und der Steuerung durch das Medium Geld unterstellt ist[163].

Die **Politik** ist ebenfalls ein funktional ausdifferenziertes Teilsystem geworden, 387 das durch das Medium Macht gesteuert wird. Die Politik hat aber gegenüber

---

159 Er will Gesellschaften gleichzeitig als System und als Lebenswelt konzipieren (JÜRGEN HABERMAS, Kommunikatives Handeln II, 180).

160 DERS., Theorie der Gesellschaft, 144.

161 DERS., Legitimationsprobleme, 14.

162 DERS., Kommunikatives Handeln II, 272 ff.

163 Die Wirtschaft ist nach JÜRGEN HABERMAS ein Subsystem der Gesellschaft, das durch zweckrationales Handeln geprägt ist. Sie fällt ausserhalb des Handlungstypus des kommunikativen Handelns und ist daher nicht auf Verständigung angelegt (DERS., Technik und Wissenschaft, 62 ff., vgl. auch DERS., Unübersichtlichkeit, 160 f.). In diesem Buch wird demgegenüber die Auffassung vertreten, der Systemcharakter der Wirtschaft sei zu relativieren (hinten Rz. 541 ff.). Insbesondere umfasst die Bürgergesellschaft auch Teile der Wirtschaft. Diese lassen sich insoweit auch demokratisch verfassen (vgl. hinten Rz. 825 ff.).

den übrigen Teilsystemen nicht die nötige Autonomie, um über sie die vom Sozialstaat vorausgesetzte zentrale Steuerung auszuüben[164].

388 Das **Recht** kann sowohl als systemisches Medium blosser Legalität dienen, als auch eine Institution der legitimen Ordnung in der Lebenswelt sein[165]. In seiner zweiten Rolle kann Recht verständigungsorientiertes Handeln fördern, indem es diskursive Willensbildungsprozesse und konsensorientierte Verhandlungs- und Entscheidungsverfahren errichtet[166]. Es kann dann als Übersetzer zwischen den Systemen Wirtschaft und Politik einerseits, der Lebenswelt anderseits dienen.

389 Die durch Geld und Macht gesteuerten Handlungsbereiche Wirtschaft und Politik sind zwar auch für Habermas im Sinne Luhmanns in sich geschlossen, aber für Impulse aus der Lebenswelt empfindlich. Die Lebenswelt kann mittels der ihr eigenen **kommunikativen Vernunft** eine Kontrolle über die beiden Teilsysteme ausüben[167]. Hier setzt das Konzept der deliberativen Demokratie an.

390 **(2) Deliberative Demokratie:** Zum besseren Verständnis gliedert sich die nähere Darstellung der deliberativen Demokratie in
a) Konzept
b) Ausgestaltung und
c) Würdigung

391 **a) Konzept:** Der Begriff einer deliberativen Politik ist zunächst nur zu dem Zweck eingeführt worden, den politischen Prozess von der ökonomischen **Präferenzentscheidung** abzuheben: In demokratischen Prozessen bestehen Entscheidungen nicht bloss aus einer Summe von Präferenzäusserungen. Sie sind das Ergebnis einer Meinungsbildung, die sich erst im Laufe einer Deliberation (Überlegung, Beratung) entwickelt[168]. In der diskursethischen Fassung nach Habermas meint der Begriff einen intersubjektiven Prozess der Argumentation, welcher instrumentelle und dialogische Politik, also strategisches und kommunikatives Handeln miteinander verschränkt. Hier dient er der pragmatischen Konkretisierung des Diskursideals.

392 **Deliberation** umfasst eine Vielfalt von Kommunikationsformen, die sich nach **Diskursstufen** hierarchisch ordnen lassen: Zuoberst steht der moralische Dis-

---

164 Ders., Diskurs der Moderne, 418 f.
165 Ders., Kommunikatives Handeln II, 536.
166 Ders., Kommunikatives Handeln II, 544; vgl. hinten Rz. 526 f .
167 Ders., Diskurs der Moderne, 422 f.
168 David Miller, Deliberative Democracy, 55, 67.

kurs, weil er sich am besten zu universal gültiger Verallgemeinerung seiner Ergebnisse eignet. Zuunterst steht die Verhandlung über Fragen des Interessenausgleichs, weil hier die Grundsätzlichkeit der Ergebnisse gar nicht mehr gefordert werden kann.[169]

> **Diskurstypen (nach Diskursstufen geordnet)**
> * der **moralische Diskurs** über das universal Richtige (Pflichten)
> * der **ethische Diskurs** über das (lebensweltliche) gemeinsame Gute (Nützlichkeitsfragen)
> * der **juristische Diskurs** über Fragen der rechtlichen Richtigkeit
> * der **zweckrationale Diskurs** über Fragen der Mittelwahl und
> * die **Verhandlung** über einen Kompromiss zu Fragen des Interessenausgleichs

Das deliberative Verfahren sucht in diskursiv begründbarer Abstufung alle 393 Kommunikationsformen so zu verbinden, dass es die Vermutung begründet, dass ihre Ergebnisse vernünftig oder doch fair sind[170]. Diskursiv begründbar ist die Abstufung dabei dann, wenn für jede Diskursform die Abstriche an den Forderungen des moralischen Diskurses begründet werden können. Diese Begründung muss jeweils in einem höherstufigen Diskurs erbracht werden können. *Der zweckrationale Diskurs muss rechtlich zulässig sein, der juristische Diskurs muss sich ethisch und der ethische Diskurs moralisch rechtfertigen lassen.* Fragen, welche auf eine höhere Diskursstufe gehören, dürfen nicht auf einer tieferen behandelt werden. So lässt es sich nicht rechtfertigen, eine blosse Verhandlung über Interessen durchzuführen, wenn es um eine Rechtsfrage oder gar um eine moralische Frage geht.

Die Einstufung des juristischen Diskurses zwischen dem zweckrationalen 394 und dem ethischen Diskurs beruht dabei auf der **Übersetzungsfunktion des Rechts** zwischen der Lebenswelt (in welcher ethisch argumentiert werden kann) und den sozialen Systemen der Politik und der Wirtschaft (in welchen meist zweckrational argumentiert wird). Die Rechtssprache vermag sowohl lebensweltliche Anliegen in die Systemsprache von Politik und Wirtschaft zu

---

169 Jürgen Habermas, Einbeziehung, 284 f.; vgl. Rainer Schmalz-Bruns, Reflexive Demokratie, 102 ff.
170 Jürgen Habermas, Einbeziehung, 285 f.

übersetzen, wie Anforderungen der Systeme an die Lebenswelt weiterzuleiten.

> Im politischen Diskurs der deliberativen Demokratie können alle Diskurstypen vorkommen. Die deliberative Demokratie vermittelt auf all diesen Stufen zwischen der Lebenswelt und dem politischen System. Dieses kann sich nur dadurch legitimieren, dass es sich für die Meinungsbildung in der Lebenswelt öffnet. Es wird von der kommunikativen Macht einer rationalisierten Lebenswelt – z.B. den Initiativen autonomer Öffentlichkeiten – abhängig.[171]

395 **Autonome Öffentlichkeiten** sind lose Organisationen der Bürgergesellschaft (Vereine, Bewegungen), welche mit den demokratischen Institutionen des politischen Systems (Parlamente, Regierungen) in einen Verständigungsprozess über Fragen des öffentlichen Zusammenlebens treten. Solche Verständigungsprozesse bilden Arenen einer mehr oder weniger rationalen Meinungs- und Willensbildung, die mit informellen Äusserungen beginnt und über institutionalisierte Volksentscheidungen bis zu legislativen Beschlüssen führen kann. Auf diesem Weg wird kommunikativ erzeugte Macht in administrativ verwendbare Macht transformiert[172].

396 **Kommunikative Macht** entsteht aus dem Verständigungsprozess über die Ziele und Mittel des Zusammenlebens im öffentlichen Raum. Die rationalisierte Lebenswelt (oder die Bürgergesellschaft) erzeugt sie und nimmt mit ihr Einfluss auf die Systeme Wirtschaft und Staat. Ziel der deliberativen Politik ist eine Gewichtsverschiebung im Verhältnis von Geld, Macht und Solidarität als den drei gesellschaftlichen Ressourcen der Handlungskoordination in Wirtschaft, Politik und Lebenswelt: Solidarität soll sich über weit ausgefächerte autonome Öffentlichkeiten und rechtsstaatlich institutionalisierte Verfahren der demokratischen Meinungs- und Willensbildung entfalten und gegen die beiden andern Gewalten, Geld und administrative Macht, behaupten können[173].

397 Der **Rechtsstaat** ist das Mittel, das über die Macht des politischen Systems gesteuerte administrative System an die rechtsetzende kommunikative Macht zu

---

171 Ders., Einbeziehung, 288 und 292.
172 Ders., Einbeziehung, 288, ähnlich Ders., Faktizität und Geltung, 362 f.
173 Ders., Einbeziehung, 289. Beispiele dafür sind etwa die Bürgerlobby und andere themenbezogene Netzwerke in den USA (Luigi Graziano, Pluralisme, 209 und 217).

binden[174]. Das Recht bindet die politische Macht an Verfassungen und Gesetze und steuert damit zugleich die administrative Machtausübung. Das Recht dient damit als Medium der deliberativen Demokratie, indem es die (nicht organisierte) Gesellschaft politisch als Rechtsgemeinschaft organisiert[175]. Es öffnet das politische System zur Lebenswelt hin[176].

Die Figur der **Lebenswelt** darf dabei nicht idealisiert werden. Lebensweltliche 398 Motive können archaische Züge tragen und die Freiheit des Einzelnen unterdrücken. Die Traditionen und Selbstverständlichkeiten des Alltagslebens bedürfen in vielfacher Weise der kritischen Reflexion. Die Lebenswelt ist bloss der Ort, wo solche Aufklärung stattfinden kann. Sie ist jener Lebensbereich, welcher der zwischenmenschlichen Verständigung offen steht, weil er (noch) nicht von der systemischen Rationalität beherrscht wird. Sie ist der Ort, an welchem Diskurse stattfinden können und **kommunikative Vernunft** hergestellt werden kann.

Diskursethisch legitimiert sich Politik somit, indem sie sich über rechtlich ins- 399 titutionalisierte Diskurse aller Ebenen gegenüber der Lebenswelt öffnet und der kommunikativen Vernunft Einfluss gewährt. Das Diskursprinzip bleibt oberster Beurteilungsmassstab dieser Legitimation. Die Institutionen des politischen Systems müssen sich im Lichte der Grundsätze des Diskursprinzips rechtfertigen lassen.

b) Ausgestaltung: Aus der Diskursethik können allerdings nicht unmittelbar 400 materielle Grundnormen einer demokratischen Ordnung abgeleitet werden. Dies auch dann nicht, wenn vorausgesetzt wird, dass politische Macht durch Zustimmung legitimiert werden soll[177]. **Die Diskursethik wird erst über politische und rechtliche Normen demokratisch wirksam.** Die Verfahrenslegitimation, welche die Diskursethik vermitteln könnte, wird im Verfassungsstaat auf unterer Ebene durch einen rechtlich geordneten Prozess der politischen Auseinandersetzung hergestellt: Die Prozesse und Strukturen der Demokratie *(die demokratische Verfassung)* werden selbst durch demokratische Entscheidungsprozesse geschaffen und durch diese auch legitimiert. Erst diese institutionenbildenden Diskurse *(die Verfassungsgebung)* unterstehen unmittelbar der Kritik moralischer Argumente. Diskurse unterer Stufen gehorchen

---

174 Jürgen Habermas, Faktizität und Geltung, 187.
175 Ders., Faktizität und Geltung, 396 f.
176 Ders., Faktizität und Geltung, 427.
177 Vgl. vorne Rz. 378 ff.

zunächst der demokratischen Rahmenordnung und sind bloss mittelbar den Grundsätzen der Diskurstheorie verpflichtet.

401 Dies führt zu engen Grenzen des Geltungsbereichs universal gültiger Aussagen. Jede Konkretisierung diskursethischer Grundsätze zu einer Demokratietheorie verlässt rasch den Bereich, in dem der **universale Geltungsanspruch** erhoben werden kann. Zahlreiche Formen, in denen der Diskursgedanke institutionalisiert wird, mögen zwar als notwendig oder doch wichtig erscheinen, um die kommunikative Rationalität des Diskurses innerhalb des politischen Systems zu fördern; sie sind aber nicht Bestandteile des übergeordneten moralischen Diskurses, sondern Elemente der demokratischen Auseinandersetzung, die sich an den diskursethischen Massstäben orientieren[178]. Die Grenze zwischen den formalen Aussagen der universal gültigen Moraltheorie und den Argumenten im konkreten Diskurs ist sorgfältig zu wahren. Sonst verfällt die diskursethische Begründung der Demokratie unversehens in Ideologie.

402 Sofern eine Demokratietheorie Macht aus der Zustimmung der Betroffenen legitimieren will, ergeben sich allerdings **universale Vorgaben** aus den folgenden Elementen der Diskurstheorie[179]:

Moralische Ebene: • **Diskurstheorie**	Ebene der politischen Theorie: • **Demokratietheorie**
(1) Selbstbindung	(1) Verbindlichkeit
(2) Begründungspflicht	(2) Verantwortung
(3) Wechselseitige Anerkennung	(3) Reziprozität
(4) Symmetrische Beziehungen	(4) Symmetrie der Strukturen
(5) Einigung	(5) Demokratische Legitimation
	(6) Stufengerechtigkeit

Abbildung 3-2: Diskursethische Vorgaben für die Demokratietheorie

---

178 Beispielsweise ist das Prinzip der Gewaltenteilung eine Institution, die als Ausprägung des Symmetriegebots gewertet werden kann; es ist aber keinesfalls direkt aus universalen Forderungen «ableitbar»: Es ist nur eine Variante für die Erfüllung dieser Forderung innerhalb eines bestimmten Rahmens staatlicher Institutionen. Hingegen kann eine konkrete Ausgestaltung der Gewaltenteilung, die politisch entschieden ist oder zur Wahl steht, teilweise anhand universaler Kriterien auf ihre Legitimität hin beurteilt werden.

179 Vgl. Jürgen Habermas, Moralbewusstsein, 97 ff.

(1) Die **Selbstbindung** der Gesprächsteilnehmer an die Geltungsansprüche, die sie gegenüber ihren Partnern erheben: Die Teilnehmer verpflichten sich zur Gewähr für Wahrheit, Richtigkeit und Wahrhaftigkeit ihrer Äusserungen

(2) Die **Begründungspflicht** zu bestrittenen Äusserungen: die Teilnehmer verpflichten sich, ihre Geltungsansprüche zu begründen

(3) Die **wechselseitige Anerkennung** der Gesprächsteilnehmer: Diese anerkennen einander auf Gegenseitigkeit als ebenbürtige Partner der Kommunikation und billigen einander damit in dieser Beziehung formale Gleichheit zu

(4) Die **symmetrischen Beziehungen** im Diskurs: Die Beteiligten gewährleisten einander Chancengleichheit in Bezug auf Teilnahme am Gespräch, Beteiligung an der Argumentation, Einbringen von Anliegen und gegenseitige Verhaltensansprüche

(5) Die **Einigung** unter den Teilnehmern (Konsensprinzip): Das Gespräch ist so zu führen, dass es die zwanglose Einigung aller Betroffenen erzielen kann.

Für die Formulierung einer Theorie der deliberativen Demokratie (welche 403 sich ja die Verständigung über die Normen des öffentlichen Zusammenlebens zum Ziel setzt) begründen diese Elemente der Diskurstheorie einige **grundlegende Kriterien:**

(1) Aus der Selbstbindung des Sprechenden folgt das Prinzip der **Verbindlichkeit** der Deliberation: die normative Geltung der Ergebnisse deliberativ getroffener Entscheidungen

(2) Aus der Begründungspflicht folgt das Prinzip der **Verantwortung:** die Pflicht zur Rechenschaftsablage für alle Machtausübung

(3) Aus der wechselseitigen Anerkennung folgt das Prinzip der **Reziprozität** der Rechte aller Beteiligten: die politische Gleichberechtigung aller Bürger

(4) Aus des Symmetrie der Beziehungen im Diskurs folgt das Prinzip der **Symmetrie** politischer Strukturen und Prozesse: das Gleichgewicht der Institutionen im politischen Prozess

(5) Aus der zwanglosen Einigung aller Teilnehmer folgt das Prinzip der **demokratischen Legitimation:** Nur die Zustimmung der Betroffenen legitimiert die Ausübung von Macht

(6) Das Prinzip der **Stufengerechtigkeit von Diskursen** folgt nicht unmittelbar aus den Diskursprinzipien, sondern erst aus der faktischen Notwendigkeit, in der Praxis davon abzuweichen. Es ist ein Optimierungsgrundsatz, welcher dafür sorgt, dass für Abweichungen keine Gründe zugelassen werden, welche im idealen Diskurs nicht anerkannt würden.

404 Alle diese Kriterien sind nur insoweit «gültig», als sie einen kritischen Massstab für die Beurteilung konkreter demokratischer Institutionen abgeben: Sie sind **Legitimitätskriterien** einer demokratischen Ordnung. Sie sind aber nicht gültig im Sinne einer positiven Rechtsnorm, welche alle, die am demokratischen Prozess beteiligt sind, zu bestimmten Handlungen verpflichten würden. Ihr Massstab gilt erst für einen Diskurs, in welchem die Qualität der Zustimmung der Regierten zum Gegenstand gemacht wird, nicht schon beim Diskurs, der zur Zustimmung führt. Sie wahren damit die Metaebene der Moral; sie sind keine Rechtsnormen.

405 Die Kriterien bilden ferner keine unmittelbar verbindliche Regeln, sondern nur Grundsätze, welche z.T. wesentliche **Einschränkungen** erleiden. Die wichtigste Einschränkung besteht wohl gegenüber dem Prinzip der demokratischen Legitimation: Da nie alle Betroffenen teilnehmen können, muss jeweils ein stellvertretender Diskurs, der unter fairen Bedingungen zustande kommt, akzeptiert werden.

406 Ferner sind moralische Diskurse eingebettet in Prozesse der Machtbildung und Konfliktentscheidung, in denen kein Konsens gefunden werden kann oder ein Konsens gar nicht gesucht wird. Insbesondere im politischen Diskurs findet sich die moralische Argumentation neben instrumentaler und strategischer Rede; oft sind gar keine verallgemeinerungsfähigen Interessen im Spiel, so dass keine Einigung, sondern höchstens ein echter Kompromiss angestrebt werden kann: ein Ausgleich zwischen partikularen, einander widerstreitenden Interessen.

407 An die Stelle des Konsenses tritt dann die Forderung nach Fairness, nach gleichberechtigter Partizipation aller Betroffenen. Das Prinzip der Fairness selber hingegen entspricht dem verallgemeinerungsfähigen Interesse aller Beteiligten nach Chancengleichheit. Seine Ausgestaltung zu einem Verfahren, in welchem optimale Kompromisse erzielt werden sollen, kann auf übergeordneter Stufe Gegenstand eines praktischen Diskurses sein.

408 Damit hat auch der **Dissens** seine Berechtigung. Die Diskurstheorie vertritt zwar die Konsenstheorie der Wahrheit – wahr ist, worauf wir uns in einem

idealen Diskurs einigen könnten –, sie verlangt aber nicht für alle Entscheide eine Einigung. Vielmehr legitimiert ein faires Verfahren Entscheide auch für jenen, der mit dem Inhalt des Ergebnisses nicht einverstanden ist. Der vernünftige Dissens ist in vielen Fällen sogar das wahrscheinlichere Ergebnis.

Die Diskursidee erträgt somit starke **Relativierungen,** ohne ihre normative 409 Kraft zu verlieren. Partizipation und Zustimmung bleiben gültige Massstäbe für die deliberative Demokratie: Staatliche Prozesse und Strukturen sind in dem Ausmass diskursethisch legitimiert, in welchem sie die Partizipation aller Betroffenen an einem offenen Entscheidungsprozess gewährleisten. Diese Partizipation hat dem Bedürfnis der modernen Lebenswelt nach einem offenen Begründungshorizont Rechnung zu tragen, d.h. alle Gruppen, die vom politischen System betroffen werden, mit allen ihren Anliegen einzuschliessen. Einschränkungen dieses Prinzips müssen sich selber diskursethisch begründen lassen: Es müssen sich dafür verallgemeinerungsfähige Gründe finden, die auch jene überzeugen können, welche von der Einschränkung betroffen sind.

> Auch wenn die **Anforderungen einer deliberativen Demokratie** sich kaum je voll verwirklichen lassen, bleiben sie gültig. Sie dienen als Legitimationskriterien, anhand derer bestimmt werden kann, in welchem Ausmass eine konkrete Staatsordnung vom diskursethischen Ideal abweicht. Sie bilden damit gute Gründe im Diskurs über demokratische Institutionen. Damit bildet die Idee der deliberativen Demokratie eine kritische Instanz zur Beurteilung der tatsächlichen Verhältnisse.

c) **Würdigung:** Abschliessend bleibt zu fragen, was das soeben skizzierte Kon- 410 zept vor anderen Demokratiemodellen auszeichnet – etwa im Vergleich zum liberalen oder zum republikanischen Modell. Folgende Merkmale der deliberativen Demokratie verdienen, besonders hervorgehoben zu werden:

- Politische Entscheide werden nicht dadurch demokratisch legitimiert, dass sie auf der **Mehrheit** der abgegebenen Stimmen beruhen (liberale Position), sondern dadurch, dass sie auf einer **rationalen Verständigung** beruhen. Nicht die Mehrheit legitimiert, sondern die Deliberation. Diese muss nur aus praktischen Gründen durch Mehrheitsentscheid zum Abschluss gebracht werden.[180]

- Gegenstand der Legitimation ist nicht der Inhalt der Entscheidung (republikanische Position), sondern das **Verfahren,** welches dazu geführt hat; zudem geht es nicht um den einzelnen Akt, sondern um die Institution. Das entlastet die Demokratie von der Verantwortung für die materielle Richtigkeit ihrer Entscheidungen und erleichtert den Umgang mit Dissens: Demokratische Entscheide müssen nicht «objektiv richtig» sein, um als gerechtfertigt gelten zu können.

- Deliberative Demokratie ist eine **Institutionenethik;** sie betrifft primär polity, nicht politics oder policy. Sie begründet ein Vertrauen in die Prozesse und Prozeduren der Politik, nicht in die Politiker und ihre Politikziele. Persönliche und sachliche Mängel in der Politik erschüttern dieses Vertrauen nicht, solange sie die Institutionen nicht aushöhlen. Nicht jedes Versagen der Politik ist zugleich ein Versagen der Demokratie.[181]

- Deliberative Demokratie umfasst einen **Kreis von Teilnehmern,** der weiter ist als das Volk im staatsrechtlichen Sinn. Träger der Deliberation sind alle von der politischen Entscheidung Betroffenen. Der Kreis umfasst die ganze Bürgergesellschaft und lässt sich bis zur gesamten Weltbevölkerung ausdehnen.

- Deliberative Demokratie definiert sich über ein **Netzwerk** diskursiver Prozesse, das von aktiven Öffentlichkeiten getragen wird. Dieses Netzwerk verbindet die Bürgergesellschaft mit den formalisierten Trägern der institutionalisierten Politik. Es ist nicht an Wahlen und an Repräsentationsgrundsätze gebunden, welche den formellen Demokratiebegriff prägen. Deliberative Demokratie ist daher offen für neue Entwicklungen, die mit

---

180 Das Mehrheitsprinzip erhält eine zusätzliche Funktion: Es verteilt die Begründungslast. Die Minderheit hat zunächst die Aufgabe, die Mehrheit zu überzeugen. Sie erhält dafür eine faire Chance, die Mehrheit umzustimmen. Gelingt ihr das nicht, wird der Mehrheitsentscheid zwar kraft seiner Rechtfertigung durch die Fairness des vorangegangenen Verfahrens verbindlich. Er hat die Vermutung der Richtigkeit für sich. Er kann aber von der Minderheit jederzeit mit neuen guten Gründen in einem neuen Verfahren umgestossen werden. Deliberative Demokratie garantiert die Revidierbarkeit kollektiver Entscheidungen.

181 Allerdings lebt auch die deliberative Demokratie vom Engagement der Bürgergesellschaft (vgl. hinten Rz. 1222 f.).

den Begriffen Public Governance[182] und Globalisierung[183] umschrieben werden.

- Deliberative Demokratie stärkt zwar vor allem den Einfluss der Lebenswelt auf das politische System, kann aber auch auf die Steuerung des Wirtschaftssystems bezogen werden, soweit dieses auf Druck der Bürgergesellschaft reagiert.

Die Theorie der deliberativen Demokratie gehört zur Gruppe der **komplexen Demokratietheorien**[184], welche den liberalen, den republikanischen und den realistischen Demokratietheorien gegenübergestellt werden kann[185]. Die Theorie der deliberativen Demokratie ist anspruchsvoller als das liberale Konzept. Sie verlangt mehr, leistet aber auch mehr für die kritische Legitimation politischer Macht. Sie ist vor allem entwicklungsfähiger und kann künftigen Anforderungen an eine Rückbindung von Macht an die Betroffenen besser entsprechen. Sie grenzt sich aber auch gegenüber dem republikanischen Demokratiekonzept ab, indem sie kein inhaltliches Gemeinwohl und kein kollektives Subjekt voraussetzt. Sie sucht eine Synthese zwischen der liberalen und der republikanischen Position herzustellen.   411

Welche Gründe sprechen für die deliberative Ausgestaltung der Demokratie? Schafft sie gerechtere Verfahren oder erzielt sie bessere Ergebnisse als andere Formen der Demokratie?   412

Das **republikanische Konzept** erwartet von der Demokratie, dass sie substantiell bessere Ergebnisse erzielt als andere Organisationsformen des öffentlichen Lebens. Demokratie muss eine Methode richtiger Erkenntnis in ethischen Fragen darstellen. Diese Forderung lässt sich freilich nicht einlösen. Denn dahinter steht die umstrittene Voraussetzung, dass das Wahre und das Richtige (unabhängig vom demokratischen Prozess) objektiv erkannt werden können. Deliberative Demokratie kommt ohne diese Voraussetzung aus und ersetzt sie durch das Diskursverfahren, das auf die Überzeugungskraft der Argumente abstellt und nur eine Vermutung vernünftiger Ergebnisse begründet. Damit bietet sie immerhin ein geeignetes Verfahren kollektiver Wahrheitssuche, welches eine Annäherung an das republikanische Ideal gestattet.   413

---

182 Zum Begriff der Public Governance vgl. hinten Rz. 454 ff.
183 Zum Begriff der Globalisierung vgl. hinten Rz. 992 ff.
184 Vgl. vorne Rz. 259 ff.
185 Diese Gegenüberstellung findet sich vorne Rz. 202 ff.

414   Das **liberale Konzept** geht im Gegensatz zum republikanischen davon aus, dass objektiv gültige Antworten auf Fragen der Wahrheit und Richtigkeit nicht verfügbar sind. Demokratie muss daher ein faires Verfahren für die gemeinsame Festlegung dessen schaffen, was für die Beteiligten als wahr und richtig zu gelten hat. Hier sind Wahrheit und Richtigkeit nichts Vorgegebenes, sondern etwas, das durch den Konsens der Beteiligten erst herzustellen ist. Dies gewährleisten die Prinzipien der Diskursethik und der Deliberation in höchstem Masse.

415   **Die deliberative Demokratie erfüllt sowohl republikanische wie liberale Ideale:** Sie erhöht die Chance substantieller Richtigkeit öffentlicher Entscheide, sei dies im Sinne der Annäherung an das republikanische Ideal oder im Sinne der liberalen Konstruktion von Richtigkeit. Noch wichtiger aber ist, dass sie die Demokratie von der Last der «objektiven» Wahrheit und Richtigkeit befreit: Das deliberativ erzielte Ergebnis ist nicht legitim, weil es richtig ist, sondern weil es die qualifizierte Zustimmung der Betroffenen gewonnen hat. Diese Zustimmung legitimiert den Entscheid auch im Falle eines kollektiven «Irrtums». **In der Demokratie legitimiert letztlich nicht Wissen, sondern Zustimmung.**

416   *Ein Beispiel für den Legitimationsgewinn der Deliberation sind die deliberativen Meinungsumfragen (deliberative polls). Dabei diskutieren bis zu hundert Bürgerinnen und Bürger ein Wochenende lang mit Hilfe von Experten unterschiedlicher Ausrichtung über ein bestimmtes Thema, um dazu Empfehlungen an die politischen Instanzen abzugeben. Der Unterschied zwischen den Ergebnissen der Anfangs- und der Schlussbefragung belegt nicht nur einen höheren Informationsstand, sondern auch Meinungsänderungen und ein gestärktes Vertrauen in die Demokratie nach erfolgter Deliberation (vgl. Kasten «Kritik der Diskurstheorie» und Kasten «Voraussetzung der deliberativen Demokratie»).*[186]

Kritik der Diskurstheorie

Die hier vertretene Diskurstheorie ist natürlich selbst auch Gegenstand eines kritischen Diskurses. Auf die zwei wichtigsten Einwände soll hier kurz eingegangen werden:

---

186 JAMES S. FISHKIN, Democracy, 81 ff.; DERS., Voice of the People, 161 ff.

(1) Der Diskurstheorie wird vorgehalten, sie sei eine **abstrakte Utopie.**
Sie idealisiere die Gesprächssituation so sehr, dass ihre Aussagen keine praktische Relevanz mehr hätten. Sie gehe von einem einseitig
rationalistischen Verständnis von Sprache aus, das lebensfremd sei.
Antwort: Die Charakterisierung der Diskurstheorie als Utopie und
Ideal ist zutreffend, darf aber nicht als Vorwurf gelten. Vielmehr begründet die Diskurstheorie ja gerade, dass wir faktisch nicht ohne
idealisierende Unterstellungen auskommen, wenn wir uns verständigen wollen. **Unsere Sprache verweist auf das utopische Ziel des Konsenses.** Das gilt auch für ein weites, nicht rationalistisch verengtes Bild
von Sprache. Das Diskursideal muss gar nie realisiert werden; es kann
trotzdem als praktisch bedeutsamer Massstab für die Legitimation
von konkreten Diskursen dienen.

(2) Der Diskurstheorie wird ihr **universaler Geltungsanspruch** abgestrit-
ten. Sie beruhe auf konkreten moralischen Voraussetzungen der europäischen Aufklärung (wie der Gleichheit der Menschen und der Pflicht zur
Anerkennung des Anderen). Sie setze damit voraus, was sie beweisen wolle.
Antwort: In der Fassung von Habermas erhebt die Diskurstheorie nicht
den Anspruch der Letztbegründung von Vernunft. Sie gilt jedoch für all
jene, welche den Anschein erwecken, Verständigung erzielen zu wollen,
d.h. die **Zustimmung der Adressaten** anzustreben. Dies genügt mindestens für die Zwecke einer Lehre vom demokratischen Verfassungsstaat.
Die Diskurstheorie begründet überdies keine universalen moralischen Pflichten, sondern gibt nur die Bedingungen an, unter welchen eine Pflicht als moralisch begründet werden kann. Sie ist keine
materielle Ethik, sondern eine **Metatheorie der ethischen Rechtfertigung.** Handlungspflichten werden erst auf tieferer Stufe entwickelt
(in diesem Band z.B. im Rahmen der Theorien über die deliberative
Demokratie und über den demokratischen Verfassungsstaat). Die
Diskurstheorie steht somit auch nicht in direkter Konkurrenz zu den
Gerechtigkeitstheorien von RAWLS oder HÖFFE, sondern äussert sich
darüber, wie die Auseinandersetzung über solche materiellen Theorien zu führen ist. Die Frage nach dem Guten und Gerechten bleibt
Inhalt nie abgeschlossener konkreter Diskurse.

Voraussetzungen der deliberativen Demokratie

Der Realitätstest der Diskursethik findet erst auf der Ebene der deliberativen Demokratie statt. Führt Deliberation unter **verzerrenden Bedingungen** (insb. bei ungleichen Fähigkeiten und Machtpositionen der am politischen Diskurs teilnehmenden Menschen) nicht zu einer Stabilisierung bestehender Ungerechtigkeiten? Wird das Ideal des Konsenses unter realen Bedingungen nicht zur Ideologie? Verschleiert die Rede von der Deliberation nicht bloss den realen Machtprozess?

Antwort: Wie die Diskursethik ist auch das Konzept der deliberativen Demokratie ein normatives Postulat der politischen Theorie und soll nicht eine Realität abbilden. Faktische politische Diskurse verletzen in aller Regel die Grundsätze der Deliberation, sogar dort, wo diese nur den fairen Kompromiss unter widerstreitenden Interessen fordert. Wie die Diskursethik ist die Deliberation somit primär **kritischer Massstab der Realität.** Zusätzlich gibt das Konzept der deliberativen Demokratie aber auch an, welche Institutionen zu schaffen sind, um die Unzulänglichkeiten der realen Diskurse zu mildern:

Deliberation setzt Chancengleichheit der Beteiligten voraus. Diese ist zunächst nicht gegeben, sondern muss durch kompensatorische Massnahmen hergestellt werden. Die Einwände gegen die Deliberation lassen sich daher erst auf der dritten Ebene, jener des Staatsrechts, widerlegen. Deliberation muss durch Institutionen des **demokratischen Verfassungsstaates** (vgl. Ziff. 4.2.2 und Teil II dieses Buches) erst noch ermöglicht werden. Eine gute Volksbildung und ein minimaler sozialer Ausgleich sind unverzichtbare Bedingungen funktionierender deliberativer Prozesse. Wichtig sind aber auch die Förderung der Bürgergesellschaft und die Verfassung der intermediären Gewalten. Letztlich ist Deliberation auf eine politische Kultur der Konkordanz und auf entgegenkommende Verhältnisse in der Lebenswelt angewiesen.

Deliberative Demokratie ist das Ideal entwickelter demokratischer Kultur. Sie kann nicht unbesehen auf alle sozialen Verhältnisse angewendet werden. Aber sie kann die Richtung angeben, in welcher diese Verhältnisse entwickelt werden sollten.

4. Verfassungslehre

4.1. Einführung: Die Verantwortung für den öffentlichen Raum

Eine normative Verfassungslehre will die drei bisher vorgestellten Elemente – öffentlicher Raum (Ziff.1.), staatliche Ordnung (Ziff. 2.) und politische Ethik (Ziff. 3.) – miteinander verknüpfen. Was heisst das?

- Zunächst verfolgt Verfassungslehre eine normative Absicht: Sie will den öffentlichen Raum verfassen, d.h. ihn auf eine legitime Grundordnung ausrichten (Ziff. 4.1.1.).
- Damit nimmt die Verfassungslehre einen Standpunkt ein, der Moral und Recht miteinander verbindet (Ziff. 4.1.2.).
- Thema der Verfassungslehre ist die öffentliche Macht. Ihr Gegenstand ist daher nicht nur der Staat, sondern das gesamte Netzwerk der Public Governance (Ziff. 4.1.3.).
- Leitidee der Verfassungslehre ist das Prinzip Verantwortung. Den öffentlichen Raum verfassen heisst, für ihn Verantwortung übernehmen (Ziff. 4.1.3.).

Einführungsbeispiel: Das schweizerische Unternehmen Nestlé ist eine Wirtschaftsmacht mit hohem Einfluss im öffentlichen Raum. Seine Organisation untersteht aber ausschliesslich privatrechtlichen Rechtsnormen. Die Anlagestiftung Ethos, welche bei Nestlé Pensionskassengelder angelegt hat, hat an einer Generalversammlung der Nestlé kritisiert, dass die gleiche Person zum Präsidenten des Verwaltungsrates und zum Vorsitzenden der Geschäftsleitung (CEO) gewählt werden solle. Sie forderte zugleich eine Stärkung der demokratischen Aktionärsrechte sowie eine Reduktion der Amtsdauer der Verwaltungsräte von 5 auf 3 Jahre, um deren Verantwortlichkeit besser sicherstellen zu können. **417**

Frage: Soll ein privates Unternehmen demokratischen Grundsätzen der Legitimation und der Kontrolle unterstellt werden? **418**

Antwort: Nestlé ist eine Kapitalmacht, ein grosser Arbeitgeber und ein mächtiger Anbieter im Konsummarkt. Das Unternehmen hat national und weltweit Einfluss nicht nur auf wirtschaftlicher, sondern auch auf politischer Ebene. Es gehört daher zu den Trägern von Macht im öffentlichen Raum. Damit ist es auch zur Verantwortung für seinen Einfluss auf andere zu verpflichten. Ein **419**

Mittel dazu ist, seine inneren Strukturen demokratisch zu gestalten, damit Transparenz und Kontrolle gewährleistet werden können. Die Forderungen von Ethos sind diskursethisch begründbar.

4.1.1. Den öffentlichen Raum verfassen

420   Der öffentliche Raum ist Gegenstand sowohl deskriptiver wie normativer Ansätze der Staatswissenschaften (vgl. vorne Ziff. 2.1.1.). Die allgemeine Staatslehre versucht, beide Ansätze zu integrieren. Sie stellt die normative Frage nach der Rechtfertigung der Tatsache politischer Macht. Sie sprengt damit den Rahmen der einzelnen Disziplinen zu Staat, Politik, Wirtschaft und Recht und stellt einen Diskurs zwischen diesen Disziplinen her, in welchem über Ziele, Bedingungen und Möglichkeiten des öffentlichen Zusammenlebens beraten wird. Sie bemüht sich um ein ganzheitliches Verständnis des öffentlichen Raums.

421   Diese **integrative Sichtweise** lässt es nicht zu, dass der Blick auf die formellen Institutionen des Staates eingeschränkt wird. Daher ist der Begriff «**Staatslehre**» enger als sein Inhalt. Gegenstand ist nicht der Staat, sondern der öffentliche Raum, d.h. alle Institutionen des öffentlichen Zusammenlebens, soweit Anlass besteht, sie einer allgemein gültigen Ordnung zu unterstellen, mit anderen Worten: sie zu verfassen. Es geht somit um die **Verfassung des öffentlichen Raums.** Was ist damit gemeint? Um das zu verstehen, sind zunächst der Begriff der Verfassung (1) und ihre Aufgabe (2) zu erläutern. Gegenstand der Verfassung muss der öffentliche Raum sein (3). Das hat Auswirkungen auf das entsprechende Demokratiekonzept (4).

422   **(1) Der Begriff der Verfassung:** Was bedeutet es, wenn in diesem Buch davon die Rede ist, es sei etwas zu «verfassen»?

> Menschliches Handeln **verfassen** meint, Beziehungen zwischen Menschen in eine Rechtsform giessen und sie dadurch den rechtlichen und ethischen Anforderungen zu unterstellen, welche in den allgemein gültigen Regeln und Grundsätzen des Rechts enthalten sind.

So bedeutet z.B. «eine Macht verfassen», diese Macht durch ethisch angeleitetes Recht zu beschränken und zugleich zu legitimieren. «Ein ethisches

Prinzip verfassen» bedeutet, das Gute / Gerechte in Rechtsnormen zu konkretisieren.

Der Begriff «Verfassung» ist aber vieldeutig: 423

- Erstens kann er die **tatsächlichen Strukturen und Prozesse der Politik** eines Landes meinen. *Zwischen den Wahlen arbeiten Mehrheit und Opposition auch im parlamentarischen System oft zusammen.*

- Zweitens kann er aber auch die **Regelung dieser Strukturen und Prozesse durch das positive Recht** meinen. *Das Mehrheitsprinzip verleiht der Parlamentsmehrheit das Recht, sich in allen Fragen gegen die Opposition durchzusetzen.*

- Drittens kann er die **Anforderungen der politischen Ethik an die rechtlichen Strukturen und Prozesse und an die Politik** in dem betreffenden Land meinen. *Der Wettbewerb zwischen Mehrheit und Opposition soll die Macht der Regierung kontrollieren und dadurch mässigen. Auf diese Weise soll die öffentliche Freiheit geschützt werden.*

Eine allgemeine Verfassungslehre verwendet den Begriff in dieser dritten 424 Bedeutung. Verfassung ist damit ein normativer Begriff. Er bezeichnet ein Sollen, nämlich die Regeln und Grundsätze, welche die politische Grundordnung eines Landes anleiten sollen. Er bringt die normative Spannung zum Ausdruck, welche zwischen der tatsächlich gelebten politischen Praxis und der Idealvorstellung, welche diese Praxis anleitet, besteht. Er umfasst damit sowohl das Faktische wie das Normative der Politik. Er beschreibt das Faktische und bewertet es normativ.

Der Verfassungsbegriff der allgemeinen Verfassungslehre ist damit nicht wert- 425 neutral. Nicht jeder Zustand einer Landespolitik ist verfasst. Nur jenes Land hat eine Verfassung, in welchem öffentliche Machtausübung an das Recht gebunden ist. Und als Recht wird ebenfalls nicht jede Zwangsordnung anerkannt, sondern nur jene, welche zumindest den Anspruch erhebt, gerechtfertigt zu sein. Der Verfassungsbegriff der allgemeinen Verfassungslehre ist damit ein Idealbegriff. Er bezeichnet **die von der Idee des Rechts angeleitete politische Grundordnung eines Landes.** *Sogar Diktaturen, deren faktische Verfassung eine reine Machtordnung darstellt, geben sich eine ideale Verfassung, um zumindest den Anschein der Legitimation durch das Recht zu erwecken.*

Die allgemeine Verfassungslehre nutzt aber auch einen spezifisch **juristischen** 426 **Verfassungsbegriff.** Dieser bezeichnet die rechtliche Grundordnung des Staates: die Organisation, die Aufgaben und die Befugnisse der Behörden, ferner die staatsleitenden Ziele und Grundsätze sowie die Rechtsstellung der Menschen. Diese Grundordnung ist in der Regel in einer Verfassungsurkunde (Verfassung im formellen Sinn) festgehalten. Aber auch dort, wo diese fehlt oder nicht umfassend ist, besteht eine juristische Verfassung als Gesamtheit der grundlegenden Bestimmungen über den Staat und sein Verhältnis zu den Menschen im Land (Verfassung im materiellen Sinn).

427 Die Verfassungsbestimmungen können durch einen formellen Vorrang gegenüber dem übrigen Recht hervorgehoben sein, sie müssen es aber nicht. Sie brauchen nicht einmal geschrieben zu sein. *Grossbritannien hat zwar keine formelle Verfassung, wohl aber eine materielle, welche aus Parlamentsgesetzen und ungeschriebenen Konventionen besteht.*

428 Aus der Beobachterperspektive lässt sich daher der Inhalt der Verfassung nicht eindeutig festlegen. Was zu den grundlegenden Bestimmungen zählt, hängt von den Erwartungen an das positive Recht und damit weitgehend von der politischen Ethik ab, die den Teilnehmerstandpunkt einnimmt und danach fragt, wie sich staatliche Macht rechtfertigen lässt. Der Verfassungsbegriff der allgemeinen Verfassungslehre ergänzt den juristischen Verfassungsbegriff daher um die ethische Dimension. Die Verfassung einer politischen Praxis umfasst neben den grundlegenden Bestimmungen der positiven Rechtsordnung auch die Anforderungen der politischen Ethik an Strukturen und Prozesse der Politik. **Die Verfassung bezeichnet damit die legitime Grundordnung der Politik.** *Die juristische Verfassung kann vorsehen, dass das Parlament seine Beschlüsse nach dem Mehrheitsprinzip fasst. Die politische Ethik einer deliberativen Demokratie erwartet von einer Verfassung darüber hinaus, dass sie dafür sorgt, dass der Entscheidung ein fairer Willensbildungsprozess vorangeht.*

429 **(2) Die Aufgabe der Verfassung:** Die Verfassung muss entsprechend sowohl funktional wie normativ umschrieben werden. Als **Funktionen der Verfassung** werden die grundlegenden Leistungen einer juristischen Verfassung für die politische Praxis bezeichnet. Dazu gehören die Regelung des Staatsaufbaus, die Bestimmung der Kompetenzen und Verfahren sowie die Mitwirkung der Menschen im Staat.

430 Normative **Aufgaben der Verfassung** sind die Legitimierung der Machtträger und ihrer Machtausübung durch einen Grundkonsens der Betroffenen, die Gewährleistung der Stabilität des Staates durch Schaffen von Vertrauen und Solidarität, aber auch die Begrenzung der Macht durch Kontrolle, Gewaltenteilung und Freiheitsrechte.

(3) Der Gegenstand der Verfassung: Warum sollen Begriff und Aufgabe der 431
Verfassung auf den **öffentlichen Raum** ausgedehnt werden? Traditionellerweise
wird die Verfassung auf den Staat als die formelle Organisation der Politik eines
Landes bezogen. Die Verfassung soll staatliche Macht aufbauen, legitimieren und
begrenzen. Nicht erfasst werden die als privat verstandenen Bereiche der Gesellschaft und der Wirtschaft, ungeachtet dessen, dass diese zum Teil starken Einfluss
auf den Staat ausüben. Grundlage für diese Begrenzung des Geltungsbereichs der
Verfassung ist das liberale Konzept der Trennung von Staat und Gesellschaft.
Unbestrittenes Ziel dieses Modells ist der **Schutz eines privaten Bereichs vor** 432
der Macht Dritter, welche die Entfaltungsfreiheit des Individuums behindern
können. Die individuelle Autonomie ist ein Schutzgut höchsten Ranges. Fragwürdig ist jedoch der Ort der Grenzziehung zwischen dem Privaten und dem
Öffentlichen. Wie in Ziffer 1 dargelegt, beschränkt sich das Öffentliche nicht
auf den formellen Staat, sondern muss als öffentlicher Raum auch Wirtschaft
und Gesellschaft einbeziehen, soweit diese als Machtfaktoren gegenüber dem
Einzelnen wirksam werden. Die Autonomie des Menschen beschränkt sich
nicht auf den privaten Bereich, sondern muss auch den öffentlichen Raum
erfassen, der in hohem Masse persönlichkeitsbildend wirkt. Sowohl die Mitwirkungsrechte wie die Schutzansprüche des Einzelnen müssen sich auch auf
diesen Bereich erstrecken, wenn Autonomie integral verstanden werden soll.
Autonomie in der Arbeitswelt setzt voraus, dass Arbeitnehmende sich in Gewerk-
schaften organisieren können und dabei nicht Gefahr laufen, wegen ihrer ge-
werkschaftlichen Tätigkeit die Stelle zu verlieren.
Deshalb ist nicht nur der Staat, sondern der ganze öffentliche Raum zu verfas- 433
sen. Dabei sind **nicht alle Teilbereiche den gleich strengen Grundsätzen zu**
unterstellen, weil sie in unterschiedlichem Masse Macht über die Politik und
über den Einzelnen ausüben. Alle öffentliche Macht muss sich rechtfertigen,
aber mit steigender Intensität des Einflusses auf Dritte nimmt auch der Recht-
fertigungsbedarf zu. Die stufengerechte Ausgestaltung dieser Verantwortlichkeit ist Thema des Modells der deliberativen Demokratie[187]. *Die Regeln über*
den Betriebsrat einer Unternehmung können im Rahmen allgemeiner Vorgaben
von den Betroffenen ausgehandelt werden. Die Regelung der Interessengruppen
(Lobby), mit welcher die Sozialpartner Einfluss auf Parlament, Regierung und
Verwaltung nehmen wollen, sind hingegen gesetzlich zu bestimmen.

---

187 Vgl. hinten Rz. 525 ff.

434 **(4) Demokratiekonzept:** Staatslehre wird allerdings nicht schon deshalb zu Verfassungslehre, weil der Gegenstand vom Staat auf den öffentlichen Raum ausgeweitet wird. Es braucht dazu noch eine erweiterte Konzeption von Demokratie, welche über die formalisierten Institutionen des Staates hinaus auch informale Prozesse der Politik erfasst. Das zwingt zu einer Wahl zwischen den vier Typen von Demokratietheorien, die in Ziffer 2.2 dargestellt worden sind (d.h. zwischen der republikanischen, der liberalen, der realistischen und der komplexen Demokratietheorie). Die Struktur der modernen Öffentlichkeit ist so komplex geworden, dass die liberalen und republikanischen Konzepte nicht mehr das ganze Spektrum der Konflikte im öffentlichen Raum abdecken. Der Realismus öffnet hier den Blick auf die Veränderungen, verliert aber die Teilnehmerperspektive der klassischen Lehren. Eine normative Antwort auf den realen Wandel in der Politik vermag nur eine komplexe Demokratietheorie zu geben, welche die Netzwerkbeziehungen in der Öffentlichkeit erfasst.

435 Alle vier genannten Konzepte der Demokratie behalten weiterhin ihre Teilberechtigung. Sie bilden zusammen einen Orientierungsrahmen[188]. Die **komplexe Demokratietheorie** erlangt aber einen besonderen Status, weil sie versucht, die drei andern zu integrieren. Sie kann zwar die Frage nach dem inhaltlich guten und gerechten Staat nicht mehr direkt beantworten. Aber sie ersetzt diese Frage durch jene nach legitimen Strukturen und Verfahren, in welchen die Fragen des Guten und Gerechten entschieden werden sollen. An die Stelle materieller Richtigkeit tritt die Fairness auf dem Weg zum Entscheid über das Richtige. Gut und gerecht ist danach jener Staat, der die richtigen Wege auf der Suche nach den inhaltlichen Idealen anbietet.

4.1.2. Zum Verhältnis von Moral und Recht in der Verfassungslehre

436 Das Verhältnis von Moral und Recht ist für die Verfassungslehre unter drei Aspekten bedeutsam:
   (1) unter dem Aspekt der Trennung von Moral und Recht,
   (2) unter jenem der Verknüpfung von Moral und Recht und
   (3) im Hinblick auf die ethischen Konzepte im Recht.

437 **(1) Die Trennung von Moral und Recht:** Eine unverzichtbare Errungenschaft liberalen Denkens ist die Trennung von Moral und Recht. Politische Macht muss im demokratischen Verfassungsstaat zwingend rechtlich gerechtfertigt

---

188 Vgl. Rz. 269 ff.

werden. Sie darf sich nicht unter Umgehung des Rechts unmittelbar auf eine moralische Legitimität berufen. Das wäre willkürlich und stellte eine Verletzung des Rechtsstaates dar; zugleich wäre es eine Umgehung der demokratischen Entscheidungswege und damit eine Verletzung der Demokratie.

Staatliche Macht berechtigt nie dazu, moralische Urteile über andere Men- 438 schen zu fällen. Rechtsfrage ist nie, ob jemand ein guter oder ein böser Mensch sei, sondern immer nur, ob er seine Rechtspflichten erfüllt oder verletzt habe. Beurteilt wird das Handeln, nicht der Mensch selber. Und das Handeln ist nur so weit Gegenstand des Rechts, als dies für das Zusammenleben notwendig ist. *Dem Staat muss genügen, dass jemand seine Steuern pünktlich zahlt, auch wenn er derweil im Wirtshaus gegen den Staat wettert.*

Moral kann somit politische Macht nur über das Mittel des Rechts legitimie- 439 ren. Trotzdem ist die Trennung von Recht und Moral nicht absolut. Der Sinn des Rechts kann oft nicht verstanden werden, wenn seine moralische Aufgabe nicht gesehen wird. Recht muss im Lichte der Kultur und der Moral betrachtet werden, deren Ausdruck es ist. Die Trennung bedeutet nur, dass Recht nicht von Moral ableitbar ist. Es gibt zudem viel Recht, das nicht moralisch begründet ist. Und nur ein kleiner Teil der Moral ist rechtlich durchsetzbar. **Recht und Moral sind daher autonome Normensysteme, die sich überschneiden.** *Ob auf der rechten oder linken Strassenseite zu fahren ist, richtet sich nicht nach moralischen Kriterien, wohl aber, wie schnell innerorts gefahren werden darf.*

(2) Die Verknüpfung von Moral und Recht: Recht und Moral treffen sich im 440 öffentlichen Raum als der Schnittstelle von politischer Ethik und Demokratietheorie. Politische Ethik ist der Teilbereich der Moral, der sich mit dem öffentlichen Raum befasst; Demokratietheorie ist der Teilbereich der Rechtstheorie, der das Gleiche tut. Im öffentlichen Raum gelten sowohl Grundsätze und Regeln der politischen Ethik als auch solche des Rechts. Daher ist es wichtig, ihr gegenseitiges Verhältnis zu klären.

Die Grundsätze des Handelns im öffentlichen Raum, die in Ziffer 1.1.4 vor- 441 gestellt worden sind, haben zunächst nicht rechtlichen, sondern ethischen Charakter[189]. Freiheit und Verantwortung sowie Solidarität und Subsidiarität sind Grundsätze, die ihren Geltungsgrund nicht in positiven Rechtssätzen, sondern in begründbarer Überzeugung finden. Sie sind Kulturgut der euro-

---

189 Vgl. vorne Rz. 33 ff.

päischen Gesellschaft und finden sich in zwar unterschiedlicher Ausprägung in allen westlichen Formen politischer Ethik.

442 Auch der vierzackige Stern konkurrierender Wertvorstellungen, der die Spannung zwischen effizientem und gerechtem sowie zwischen liberalem und sozialem Handeln zum Ausdruck bringt[190], hat ethischen Charakter. Er zeigt, dass politische Entscheide stets einen Ausgleich zwischen einer Pluralität von Grundsätzen zu suchen haben. Politische Ethik liefert keine eindeutigen Handlungsanweisungen, sondern bleibt Gegenstand möglichst rationaler Auseinandersetzung. Ethische Orientierung erfordert die Ausrichtung des Handelns auf pluralistische Grundsätzlichkeit[191]. Ethisch richtig ist nur ein Entscheid, der die einander gegenüberstehenden Grundsätze gewichtet.

443 Der Pluralismus ethischer Normen lässt sich nicht auflösen. Eine zulässige Vereinfachung der Entscheidungssituationen ist aber möglich, wenn alle ethischen Fragen in die grundlegende Spannung zwischen der Nützlichkeitsethik (Utilitarismus) und der Pflichtenethik (Deontologie) eingeordnet werden[192].

444 Diese Grundsätze der politischen Ethik dürfen nicht unvermittelt zu Rechtsgrundsätzen erklärt werden. Sie können aber vom positiven Recht übernommen werden, indem es ethische Konzepte in seinen Rechtsnormen konkretisiert. Die Verfassung und das Gesetz können ethische Inhalte in Rechtsform giessen. Solche ethische Konzepte bilden damit den Übergang von den Grundsätzen der politischen Ethik zu den Grundsätzen des Staatsrechts.

- So entsprechen dem Guten und dem Gerechten in der Ethik die Demokratie und der Rechtsstaat im Recht. Das politisch Gute ist das demokratisch zu bestimmende Gemeinwohl, das politisch Gerechte die rechtsstaatlich zu schützende Gerechtigkeit.

- Demokratie und Rechtsstaat sind somit die wichtigsten Grundsätze, mit welchen sich das Recht auf die politische Ethik ausrichtet. *Das Wohl der Mehrheit ist das ethische Ziel der Demokratie, die Rechte der Minderheiten und der Individuen sind das ethische Ziel des Rechtsstaates.*

445 **(3) Ethische Konzepte im Recht:** Würde das Recht nicht selbst solche ethisch geprägte Grundsätze errichten, stünden Trennung und Verknüpfung von Moral und Recht im Widerspruch zueinander. Das Recht enthält aber neben einer Unzahl von Regeln viele **offene Normen und Grundsätze,** welche in ih-

---

190 Vgl. vorne Rz. 55.
191 Vgl. vorne Rz. 305 ff.
192 Vgl. Rz. 341.

rem Inhalt so unbestimmt sind, dass sie nur unter Rückgriff auf ausserrecht-
liche Disziplinen verstanden werden können. Zu diesen Disziplinen gehört
auch die Ethik. Die juristische Argumentation greift daher immer wieder auf
ethische Konzepte zurück. *So kommen weder das private Haftungsrecht noch
das Strafrecht ohne die Annahme aus, der Mensch habe einen freien Willen und
sei für sein Handeln verantwortlich.*[193]

Zudem verlangt die Anwendung von Rechtsnormen oft, dass der Sinn einer 446
Rechtsregel ermittelt wird, indem ein Grundsatz konstruiert wird, der hinter der Regel steht. So werden auch allgemeine Rechtsgrundsätze gebildet, die
hinter der gesamten Rechtsordnung oder doch hinter grossen Teilen davon
stehen. *Dazu gehören das Vertrauensprinzip, die Privatautonomie oder die Gewaltenteilung.* Im Staatsrecht lassen sich auf diese Weise sämtliche Bestimmungen einer Verfassung auf eine kleine Anzahl von **staatsleitenden Prinzipien**
ausrichten, welche die Grundfragen der Verfassung zum Ausdruck bringen:
das Rechtsstaatsprinzip, das Demokratieprinzip, das Prinzip der Staatshoheit, das Bundesstaatsprinzip, das Prinzip des Leistungs- und Sozialstaates,
das Prinzip des Wirtschaftsstaates[194]. Diese zum Teil ungeschriebenen Grundsätze sind dogmatische Konstruktionen, die teilweise Rechtscharakter haben,
ihre Inhalte aber nicht nur von den positiven Rechtssätzen, sondern auch von
ethischen und kulturellen Wertungen beziehen. Sie sind **Durchgangsnormen
an der Grenze von Recht und Ethik**.

Damit wird diese Grenze freilich nicht verwischt. **Staatliche Macht bleibt al-** 447
lein rechtlich gebunden. Die Rechtsnormen, welche diese Bindung vornehmen, vermögen Macht allerdings nur zu legalisieren, nicht zu legitimieren.
Legitim wird Macht erst, wenn die Rechtsnormen, nach welchen sie sich richtet, der kritischen Kontrolle durch ethische Prinzipien standhalten. **Die Moral
dient somit als kritischer Massstab,** an welchem das positive Recht auf seinen Gerechtigkeitsgehalt geprüft werden kann.

Dabei verbietet der normative Pluralismus der Moderne einen direkten in- 448
haltlichen Vergleich rechtlicher und moralischer Normen. Das individuelle
Gedankenexperiment des kategorischen Imperativs und das kollektive Gedankenexperiment des Gesellschaftsvertrags bieten allenfalls abstrakte Hinweise; aber erst real durchgeführte Diskurse ermöglichen die Prüfung von

---

193 Vgl. Philippe Mastronardi, Freiheit und Verantwortung.
194 Vgl. dazu Teil II Rz. 709 ff.

Rechtsnormen auf ihre Legitimität. **Dabei sind die Anforderungen an die Diskurse stufengerecht zu konkretisieren.**

449   Der juristische Diskurs steht nach dem Konzept der deliberativen Demokratie[195] in der Hierarchie der Diskurse auf der dritten Stufe.

- Zuoberst (auf der Stufe der Moral) steht der **moralische Diskurs** über das universal Richtige (er handelt von den Pflichten aller Menschen gegeneinander und damit von der Gerechtigkeit),
- auf zweiter Stufe (der Stufe der Kultur) steht der **ethische Diskurs** über das gemeinsame Gute einer bestimmten Kultur oder politischen Gemeinschaft (er handelt vom gemeinsamen Nutzen des Zusammenlebens),
- auf dritter Stufe (der Stufe des Staatsrechts) steht der **juristische Diskurs** über Fragen der rechtlichen Richtigkeit in einer konkreten Verfassungsordnung (er handelt von der gerechten Verteilung des Nutzens durch Staat und Recht).

450   Für Rechtsnormen mit moralischem Anspruch (z.B. die Menschenwürde oder die Gleichberechtigung von Frau und Mann) bildet die Diskursethik den universalen Massstab. Sie bildet das Kriterium für die Verfahren und Strukturen des demokratischen Diskurses, in welchem über die Inhalte solcher Normen entschieden werden darf. *Die Verweigerung des Frauenstimmrechts war deshalb nicht nur eine Verletzung des positiven Verfassungsrechts, sondern auch der Diskursethik, weil die Frauen von der Beteiligung am politischen Diskurs ausgeschlossen wurden.*

451   Für kulturbedingte ethische und für rechtliche Normen sind Abstriche an den universalen diskursethischen Forderungen zulässig. Für sie bietet das Modell der deliberativen Demokratie stufengerecht konkretisierte Diskurse an. Dabei ist dem Pluralismus der Weltbilder Rechnung zu tragen, indem unterschiedliche Demokratieverständnisse gleichberechtigt zur Geltung kommen. Republikanische, liberale, realistische und komplexe Ansätze können legitime Gründe für die Ausgestaltung der demokratischen Institutionen liefern.

452   Der konkrete juristische Diskurs über Sachfragen schliesslich hat dem Pluralismus der Grundfragen des Verfassungsrechts Rechnung zu tragen, indem er einen fairen Ausgleich unter den staatsleitenden Grundsätzen anstrebt.[196]

453   Moral, Kultur und positives Staatsrecht sind auf diese Weise miteinander zu verknüpfen (vgl. den Kasten «Konzept einer Verfassungslehre»).

---

195 Vgl. vorne Rz. 390 ff.
196 Mehr dazu hinten unter Ziff. II.

Konzept einer Verfassungslehre der deliberativen Demokratie

Eine allgemeine Verfassungslehre hat zugleich theoretische wie konkrete Ansprüche zu erfüllen: Als **Theorie** muss sie allgemein gültige Kriterien für die Kritik der politischen Praxis liefern; als **Handlungslehre** für den öffentlichen Raum muss sie Vorschläge für die Weiterentwicklung konkreter Verfassungsordnungen anbieten.

Sie muss daher Aussagen auf den drei Ebenen der universalen Moral, der kulturbedingten politischen Theorie und des positiven Verfassungsrechts machen:

a) Als **universale Moral** gelten die diskursethischen Anforderungen an demokratische und rechtsstaatliche Strukturen und Verfahren; diese lassen sich nach dem Konzept der deliberativen Demokratie stufengerecht auf die realen Diskurse der Verfassungsgebung, Rechtsetzung und Rechtsanwendung übertragen.

b) Im **europäischen Kulturkreis** gilt ein Pluralismus unterschiedlicher Verfassungs- und Demokratieverständnisse, die gleichberechtigt nebeneinander Anerkennung verdienen, soweit sich ihre Ansprüche in den Diskursen der deliberativen Demokratie rechtfertigen lassen.

c) Das **positive Verfassungsrecht** der einzelnen Staaten kennt allgemeine Rechtsgrundsätze und staatsleitende Prinzipien des demokratischen Verfassungsstaates, welche verbindliche Eckwerte der politischen Auseinandersetzung bilden. Demokratische und rechtsstaatliche Institutionen sind so zu gestalten, dass die Gewichtung dieser Grundsätze im Einzelfall in einem pluralistisch offenen Verfahren und auf diskursethisch legitime Weise getroffen werden kann.

Die drei Ebenen der Moral, der Kultur und des Verfassungsrechts werden durch das Konzept der deliberativen Demokratie miteinander verknüpft. Das Konzept bringt diskursethische Grundsätze in abgestufter Weise auf allen Ebenen der politischen Auseinandersetzung zur Geltung.

- Die universale Ethik des **Diskurses,**
- die kulturell geprägte politische Theorie der **deliberativen Demokratie** und
- die staatsrechtliche Ausgestaltung des **demokratischen Verfassungsstaates**

verschaffen dem Pluralismus der rechtlichen und ethischen Grundsätze
eine diskursiv gesicherte faire Geltungschance.

4.1.3. Public Governance – die Verfassung des öffentlichen Raums

454 Eine diskursethisch ausgerichtete Verfassungslehre kann ihren Gegenstand
nicht auf den Staat als formelle Organisation der Politik beschränken[197]. Die
Trennlinie zwischen dem öffentlichen Raum und dem privaten Bereich darf
nicht zwischen dem Staat und den Mächten der Wirtschaft und Gesellschaft
gezogen werden. Die Grundsätze öffentlichen Handelns sind auch auf wirtschaftliche und gesellschaftliche Macht anzuwenden. Daher sind alle Machtverhältnisse im öffentlichen Raum rechenschaftspflichtig zu gestalten. Der
Gegenstand der Verfassungslehre ist daher nicht die Staatsverfassung, sondern
die Verfassung des öffentlichen Raums.

455 Dieser Ausweitung des Gegenstandsbereichs entspricht eine Entwicklung in
der politischen Wissenschaft, welche den Blick vom politischen System auf
das **Netzwerk öffentlicher und privater Träger öffentlicher Aufgaben** aus-
weitet. Der Staat erfüllt seine Aufgaben zunehmend in Zusammenarbeit mit
Privaten. Das Netzwerk umfasst zahlreiche öffentliche Träger – Verwaltungen,
selbständige Anstalten, Körperschaften, Zweckverbände – zusammen mit privaten Organisationen – Wirtschaftsverbänden, ideellen Vereinen, Genossenschaften, Stiftungen und Unternehmungen. *Die Partnerschaft zwischen Staat
und Privaten (Public Private Partnership) reicht von der Kehrichtverbrennung
über private Träger des öffentlichen Verkehrs oder gemeinnützigen Institutionen
der Asylvorsorge bis zu privatisierten Polizeidiensten.* In der von den USA auch
in Europa übernommenen Terminologie heisst dieses Netzwerk «**Public Governance**».

456 In den USA ist Public Governance freilich als Gegenbegriff zum Staat aufgestellt worden und meint gesellschaftliche (und als privat verstandene) Aufgabenerfüllung anstelle staatlicher Verwaltung. In Europa wird Public Governance hingegen als kooperative Beziehung von Staat und Privaten begriffen.
Auch hier bedeutet Public Governance allerdings eine teilweise Privatisierung
des Öffentlichen. Öffentliche Aufgaben werden in den privaten Bereich verschoben. Die Trennlinie zwischen privatem Bereich und öffentlichem Raum

---

197 Vgl. Rz. 431 ff.

wird dabei meist weiterhin entlang der formalisierten staatlichen Institutionen gezogen. Public Governance ist aus dieser Sicht Staatsabbau durch Erweiterung des privaten Bereichs.

Die vorliegende Verfassungslehre sieht das anders. Mit der Auslagerung von   457
Aufgaben aus dem Staat an Private muss auch die Trennlinie zwischen dem
Öffentlichen und dem Privaten verschoben werden. Alle Wahrnehmung öffentlicher Aufgaben bleibt dem öffentlichen Raum zugeordnet. Die so genannte «**Privatisierung**» von öffentlichen Aufgaben ist dann ein irreführender Begriff. Die Auslagerung öffentlicher Aufgaben vom Staat an Private führt nämlich dazu, dass die zuständigen Privaten den Grundsätzen des öffentlichen Raums verpflichtet werden. Man könnte deshalb mit ebenso gutem Recht von einer «Verstaatlichung» privater Träger öffentlicher Aufgaben sprechen. Jedenfalls ist Public Governance aus dieser Sicht nicht Staatsabbau, sondern eine Ausdehnung des Staatlichen und seiner Grundsätze in den öffentlichen Raum hinaus. Genau genommen gilt beides: **Der Staat tritt einen Teil der Aufgabenerfüllung an Private ab, dafür gelten die öffentlichen Prinzipien neu auch für diese.**

Trotz dieser Unbestimmtheit im Begriff der Governance leistet diese neue Aus-   458
richtung der politischen Wissenschaft einen Beitrag zum Verständnis des modernen öffentlichen Raums. Während das liberale Staatskonzept Staatlichkeit mit Hoheitlichkeit gleichsetzt und den Staat auf Anordnungen im Subordinationsverhältnis von öffentlicher Hand und Bürgerschaft beschränkt, erweitert das Governance-Konzept die Staatlichkeit um das horizontale Verhältnis der öffentlichen Hand zu Privaten und stellt den Staat mitten in ein Netzwerk von staatlichen, gesellschaftlichen und wirtschaftlichen Akteuren.

Der Staat als Institution der **Stabilität** wird in Beziehung gesetzt zu privaten   459
Organisationen und Unternehmungen, welche dem Prinzip der **Dynamik** verpflichtet sind. *Während staatliche Verwaltungen in Europa meist auf Dauer eingerichtet werden, können die Verträge mit Privaten nach Bedarf angepasst oder aufgehoben werden.* In der alten Frage, wie viel Statik und Dynamik eine politische Ordnung braucht, verschiebt Governance die Gewichte zugunsten der Dynamik. Die Verfassungslehre wird dadurch aufgefordert, ein neues Gleichgewicht zwischen Stabilität und Dynamik zu suchen.

Das Governance-Konzept zeigt, dass auch hoheitliche Aufgaben Privaten über-   460
tragen werden können. Damit bricht es nicht nur das herkömmliche Staatsmonopol der öffentlichen Gewalt. Das Konzept belegt darüber hinaus, dass

es grundsätzlich keine öffentlichen Aufgaben gibt, die nur vom Staat allein erfüllt werden können. Der (National-)Staat lässt sich nicht mehr dadurch rechtfertigen, dass er für die Erfüllung öffentlicher Aufgaben unentbehrlich ist. *Sogar Polizeiaufgaben, die einst zum Kern der hoheitlichen Staatsfunktionen zählten, werden zunehmend durch Private erfüllt.* Dem Staat verbleibt als Mittler zwischen den Akteuren und Ebenen im öffentlichen Raum eine wichtige, aber oft nicht einmal mehr die zentrale Rolle im politischen Prozess[198].

461   Das macht den Staat keineswegs überflüssig. Aber es zwingt dazu, die Rechtfertigung des Staates nicht in seinen Leistungen zu suchen, sondern in der **Legitimation der Entscheidungen über das, was zu leisten ist.** *Nicht, dass der Staat polizeiliche Sicherheit garantiert, legitimiert ihn. Denn das können private Polizeidienste auch. Was den Staat ausmacht, ist, wie er darüber entscheidet, wie viel polizeiliche Sicherheit gewährt werden soll, und dass er dieses Gut gerecht unter alle verteilt.* Damit trifft sich das Konzept der Governance mit jenem der komplexen Demokratietheorie, welche den Sinn des Staates in der Gewährleistung von fairen Strukturen und Prozessen der Zuweisung und Ausübung von öffentlicher Macht sieht. Governance ist die politikwissenschaftliche Entsprechung einer Forderung der politischen Ethik nach deliberativer Demokratie.

462   **Governance ist freilich ein deskriptiver Ansatz,** der meist in funktionaler Absicht eingesetzt wird. Er wird benutzt, um zu beschreiben, wie Staat, Gesellschaft und Wirtschaft faktisch miteinander verwoben sind. Er wird daher kaum mit Forderungen der politischen Ethik angereichert. Er bildet daher bloss den faktischen Anwendungsbereich einer normativen Verfassungslehre ab: die real bestehenden Strukturen und Prozesse im öffentlichen Raum.

463   Einen Schritt zur normativen Nutzung des Konzepts bildet die Forderung nach «**Good Governance**», wie sie von der Weltbank und der OECD für die Unterstützung von Drittweltländern erhoben wird. Als Kriterien gelten neben Leistungsfähigkeit und Effizienz in erster Linie Verantwortlichkeit (Accountability), Rechtsstaatlichkeit, Korruptionsbekämpfung und Transparenz. Weitere Gesichtspunkte sind Menschenrechte, Demokratie und Partizipation der Bürgergesellschaft (oft auch Zivilgesellschaft genannt). Die Empfängerstaaten werden anhand dieser Kriterien evaluiert und je nachdem für unterstützungswürdig beurteilt.

---

198 So Peter Saladin, Wozu noch Staaten?, 248.

Diese Vorgaben spiegeln allgemein anerkannte Normen des Verfassungsrechts   464
und der politischen Ethik. Sie lassen sich als Konkretisierungen der deliberativen Demokratie und des demokratischen Verfassungsstaates deuten. Als
Beispiel weisen sie auf die Möglichkeit hin, Public Governance mit Verfassungsrecht und politischer Ethik zu verknüpfen. Public Governance wird
damit zur modernen Beschreibung des gemeinsamen Geltungsbereichs von
Verfassungsrecht und politischer Ethik.

Public Governance verändert aber mit dem Verhältnis von Staat und Gesell-   465
schaft auch diese selbst. Die Verknüpfung im gemeinsamen Netzwerk führt
dazu, dass je bestimmte Eigenschaften beider Partner gefordert und hervorgehoben werden. Der Staat wird zum Gewährleistungsstaat (1), die Gesellschaft
zur Bürgergesellschaft (2).

(1) **Gewährleistungsstaat**[199]: Weil der kooperative Staat nicht mehr alle öf-   466
fentlichen Aufgaben selbst wahrnimmt, kann er auch nicht mehr die direkte
Verantwortung für alles öffentliche Handeln tragen. Er muss die Verantwortung mit den Partnern der Governance teilen. Allerdings kann er sich nicht
einfach seiner Verantwortung gegenüber den Bürgerinnen und Bürgern ent-
ledigen, indem er seine Aufgaben an Dritte überträgt. Die Antwort auf das
Dilemma von Delegation und Verantwortung bietet das Konzept des Gewährleistungsstaates.

> Mit **Gewährleistungsstaat** wird eine Staatskonzeption bezeichnet, nach
> welcher der moderne Staat zwar die Gemeinwohlverantwortung beibe-
> hält, die Wahrnehmung der Aufgaben, welche dieser Verantwortung die-
> nen, aber mit Privaten teilt.

Der Staat überträgt dabei die **Erfüllungsverantwortung** an Private, welche in   467
seinem Namen und zum Teil auch mit seinen Hoheitsrechten handeln. Die
Privaten geniessen dabei in der Regel einen erheblichen Spielraum, sind aber
der Kontrolle durch die Staatsverwaltung und durch die Gerichte unterstellt.
*Wenn der Staat öffentliche Krankenhäuser in private Aktiengesellschaften über-
führt, delegiert er ihnen die Kompetenz, ganze Abteilungen zu schliessen, erwartet aber trotzdem, dass alle versprochenen Spitalleistungen erbracht werden.*

---

199 Gunnar Folke Schuppert, Gewährleistungsstaat, 399 ff.; Kuno Schedler, Gewährleistungsstaat, 5
ff.

468 Der Staat behält die **Gewährleistungsverantwortung,** die ihn dazu verpflichtet, Strukturen und Verfahren der Governance bereitzustellen, die Aufgaben und Grenzen privater Machtausübung zu regulieren und die delegierte Praxis zu überwachen. Er muss die Privaten durch geeignete Rahmenbedingungen und Leistungsaufträge so steuern, dass sie auch unter marktwirtschaftlichen Bedingungen das angestrebte öffentliche Interesse wahrnehmen können. Er hat zu diesem Zweck die nötigen Informations- und Kontrollinstrumente einzurichten (eine Form davon ist das New Public Management (NPM, in Deutschland: «Neues Steuerungsmodell» – NSM, in Österreich und in der Schweiz «Wirkungsorientierte Verwaltungsführung» – WoV) mit Leistungsauftrag, Indikatoren der Zielerreichung und Controlling des Leistungsprozesses[200]). *Der Staat kann mit einer Finanzierungsvereinbarung die Leistungen festlegen, die er vom Spital erwartet. Periodisch kann er darüber Rechenschaft verlangen.*

469 Zeigen die Kontrollen des Staates, dass die Privaten ihre Aufgabe nicht hinreichend erfüllen, muss der Staat seine **Auffangverantwortung** wahrnehmen und selber handeln, indem er die Privaten korrigiert oder an ihre Stelle tritt. Er zieht damit die Delegation der Kompetenzen ganz oder fallweise zurück und übernimmt wieder die volle Verantwortung für die Aufgabe. *Entspricht das Krankenhaus nicht den Ansprüchen der Bevölkerung, kann der Staat seine Weisungsrechte verfeinern oder die Privatisierung gar rückgängig machen.*

470 Das Konzept des Gewährleistungsstaates schafft auf diese Weise eine geteilte Verantwortung mit drei Verantwortungsstufen: Zuoberst bleibt die Gewährleistungsverantwortung des Staates. Darunter steht die Erfüllungsverantwortung der Privaten. Subsidiär dazu tritt die Auffangverantwortung des Staates. **Die Verantwortung für das Was bleibt beim Staat, nur jene für das Wie wird delegiert.**

471 Die Gemeinwohlverantwortung des Staates wird von diesem Konzept nicht gemindert. Auch die demokratische Legitimation der Staatsaufgaben bleibt gewahrt, weil Ziele und Aufgaben weiterhin politisch und in den Strukturen und Verfahren der deliberativen Demokratie festgelegt werden. Auch der Rechtsschutz lässt sich gewährleisten. Insoweit wahrt der Gewährleistungsstaat die ethischen und rechtlichen Kriterien des demokratischen Verfassungsstaates. Der Gewährleistungsstaat ist damit eine Antwort auf die Frage nach dem

---

200 Vgl. vorne Rz. 72 ff.

neuen Gleichgewicht zwischen Statik und Dynamik unter den Bedingungen der Public Governance.

Der Gewährleistungsstaat ist allerdings eine spannungsreiche Form öffent- 472 licher Ordnung. Denn die Auslagerung der Aufgabenerfüllung an Private unterbricht die **Legitimationskette** des öffentlichen Handelns. Die Privaten handeln mindestens teilweise nicht im öffentlichen Interesse, sondern nach marktwirtschaftlichen Kriterien. Soweit dies zulässig und gewollt ist, wird die Rechenschaftspflicht gegenüber den Behörden des Staates aufgehoben und durch die Bewährung am Markt ersetzt. Der Gewährleistungsstaat ist daher nur zu solchen Aufgaben legitimiert, deren Erfüllung sich in besonderem Ausmass nach ökonomischen Kriterien zu richten hat. Und auch dann darf das Streben nach wirtschaftlicher Effizienz nicht dazu führen, dass der öffentliche Auftrag vernachlässigt wird. *Die Spital-AG wird sich stärker nach wirtschaftlichen Kriterien ausrichten als ein öffentliches Spital. Sie bleibt aber an den Auftrag der öffentlichen Gesundheitspflege gebunden. Das kann zu internen und externen Konflikten führen.* Der Gewährleistungsstaat muss daher dafür sorgen, dass seine privaten Partner an die Grundsätze des Handelns im öffentlichen Raum gebunden werden. Er muss auch sie seiner Verfassung unterstellen.

(2) **Bürgergesellschaft**[201]: Partner des Gewährleistungsstaates ist nach dem 473 Governance-Konzept nicht einfach die Wirtschaft oder die undifferenzierte Gesellschaft. Vielmehr bildet sich aus beiden eine aktive Öffentlichkeit heraus, welche sich am staatlichen Handeln beteiligen will – sowohl bei der Erfüllung von Aufgaben wie bei deren Festlegung. Dafür steht der Begriff der Bürgergesellschaft.

Das Entstehen einer Bürgergesellschaft setzt voraus, dass sich ein Raum ge- 474 sellschaftlicher **Selbstorganisation** bildet, in welchem sich private Organisationen und Bewegungen ohne staatliche Bevormundung entfalten können. Von Bürgergesellschaft ist meist erst dann die Rede, wenn diese Kräfte die Struktur der Gesellschaft und ihre Kommunikationsformen prägen, also tragende Elemente des Gesellschaftsbildes darstellen. Denn erst dann hat die Bürgergesellschaft die Kraft, den Gang der staatlichen Politik in wesentlichen Teilen zu bestimmen. Das aber ist das Merkmal, welches für das Governance-Konzept bedeutsam ist. Die Bürgergesellschaft ist die gesellschaftliche Voraussetzung einer lebendigen Demokratie.

---

201 Vgl. CHARLES TAYLOR, Gemeinschaft, 64 ff.; GUNNAR FOLKE SCHUPPERT, Aktivierender Staat, 185 ff.

> Die **Bürgergesellschaft** ist jener Aspekt der Gesellschaft, welcher diese zu einem öffentlichen Raum macht, in dem politische Entscheide vorbereitet und legitimiert werden. In der Bürgergesellschaft bildet sich die öffentliche Meinung zu politischen Fragen aus. Sie formt die Diskurse über die umstrittenen Fragen des öffentlichen Zusammenlebens. Sie ist die Trägerin des Willens zur kollektiven Selbstbestimmung eines Volkes.

475 Die Organisationen der Bürgergesellschaft bieten sich dem Staat als Partner der Governance an. Sie suchen Einfluss auf den Staat zu gewinnen, indem sie ihm eine zusätzliche Legitimation verschaffen oder eine Verantwortung abnehmen. *Umweltschutzorganisationen kontrollieren den Umgang des Staates mit der Natur und legitimieren ihn damit – sie übernehmen aber auch Vollzugsaufgaben, etwa das Betreiben eines Naturreservats.* Sie wirken sowohl auf den demokratischen Entscheidungsprozess wie auf den administrativen Vollzug der politischen Entscheide ein. So werden sie Teil des öffentlichen Netzwerks, welches die staatlichen Aufgaben definiert und erfüllt.

476 Bürgergesellschaft und Staat teilen sich so in die Aufgabe der Bestimmung und Verwirklichung des Gemeinwohls. Damit übernehmen Private eine hohe **öffentliche Verantwortung.** Damit die Privaten zur Wahrnehmung dieser Verantwortung legitimiert sind, muss auch die Bürgergesellschaft nach den Grundsätzen des öffentlichen Raums verfasst werden.

477 Dabei ist zu beachten, dass die Bürgergesellschaft in unterschiedlichem Masse organisiert ist und vom ideellen Verein bis zum Wirtschaftsverband die unterschiedlichsten Kräfte umfasst. *Ihre Strukturen reichen von informellen Foren der öffentlichen Diskussion über spontane Bewegungen und ideelle Vereinigungen bis zu wirtschaftlichen Verbänden und politischen Parteien.* Mit zunehmendem Organisationsgrad wächst aber die Macht der privaten Akteure. Daraus ergibt sich eine zweifache Aufgabe für die Ordnung des öffentlichen Raums: Die Bürgergesellschaft muss befähigt werden, an staatlichen Aufgaben mitzuwirken (Public Governance); sie muss aber auch verantwortlich gemacht werden, wo sie Macht über Menschen ausübt (Verfassung des öffentlichen Raums).[202]

---

202 Näheres zur Demokratisierung der Bürgergesellschaft vgl. hinten Rz. 825 ff.

Die **Bürgergesellschaft** wird damit zu einem Träger von Freiheit und Verantwortung im öffentlichen Raum:

- Freiheit als übertragene Befugnis, öffentliche Macht auszuüben
- Verantwortung als Rechenschaftspflicht für die Ausübung von öffentlicher Macht

Verantwortung wird dadurch zum Leitprinzip für das Handeln im öffentlichen Raum (vgl. das Beispiel Verbandsklage/Verbandsbeschwerde).

Beispiel: Verbandsklage / Verbandsbeschwerde

Das schweizerische Bundesrecht gewährt gesamtschweizerischen Organisationen, die sich dem Umweltschutz, dem Naturschutz, dem Heimatschutz, der Denkmalpflege oder verwandten, rein ideellen Zielen widmen, und die mindestens zehn Jahre vor Einreichung der Beschwerde gegründet wurden, das Recht, zur Wahrung ideeller Interessen Rechtsmittel des öffentlichen Prozessrechts zu ergreifen. Während Private sonst nur ihre Eigeninteressen gerichtlich geltend machen dürfen, sind diese Organisationen befugt, die **Wahrung öffentlicher Interessen** geltend zu machen (was sonst den Behörden vorbehalten ist). Der Zweck dieser Ausnahme ist, Organisationen der Bürgergesellschaft beim Schutz gemeinsamer Güter wie Wald, Wasser, Landschaft, Kultur und Umwelt hinzuzuziehen. Insbesondere wird dadurch in Baubewilligungsverfahren ein Gleichgewicht der parteilichen Wahrung von privaten und öffentlichen Interessen sichergestellt. Ähnliche Regelungen kennen auch Deutschland und Österreich.

Weil das Verbandsbeschwerderecht eine spürbare Macht ist, wird es von Wirtschaftskreisen bekämpft, die sich in ihrer Entfaltung gehindert fühlen. Der Vorwurf des Missbrauchs ist zwar meist unberechtigt. Trotzdem rechtfertigt es sich, Organisationen, welche im öffentlichen Raum ein Wächteramt ausüben wollen, selbst einer **Rechenschaftspflicht** zu unterstellen. Dazu soll neu die Verpflichtung der Organisationen eingeführt werden, die Öffentlichkeit jährlich über die eingereichten Einsprachen und Beschwerden zu informieren und ihre Erfolgsrechnung zu veröffentlichen. Zumutbar ist auch, dass die Organisationen gewisse Verfahrenskosten tragen müssen, wenn sie mit einer Beschwerde unterliegen.

> Insgesamt geht es darum, das Recht, als Vertreter öffentlicher Interessen aufzutreten, mit der Verpflichtung zu verbinden, diese Aufgabe verantwortungsvoll wahrzunehmen. Dazu muss die Macht der berechtigten Organisationen beschränkt werden, indem sie an Voraussetzungen gebunden und transparent gemacht wird. **Auch die bürgergesellschaftliche Gegenmacht zur Macht der Wirtschaft muss verfasst werden.**

4.1.4.   Das Prinzip Verantwortung

478   Die Verantwortung ist das Leitprinzip des Handelns im öffentlichen Raum. Darauf ist schon verschiedentlich hingewiesen worden. Hier soll diese These näher begründet werden.

479   Ausgangspunkt ist die **Autonomie** des Menschen, die im Zusammenleben mit andern untrennbar sowohl Freiheit wie Verantwortung bedeutet. Während im privaten Bereich die Freiheit im Vordergrund steht, hat im öffentlichen Raum die Verantwortung mehr Gewicht[203]. Der Grund dafür ist die Macht, die mit der Ausübung von Freiheit im öffentlichen Raum unweigerlich ausgeübt wird. Macht aber soll zum Schutze der Betroffenen stets begründet, begrenzt und kontrolliert sein.

480   **Freiheit ist immer eine rechtlich gewährte Befugnis,** sowohl im öffentlichen Raum wie im privaten Bereich. Das Recht gewährt uns unsere Freiheiten. Es unterscheidet aber private Beziehungen, die nur auf Begehren der Betroffenen staatlich geordnet werden, von öffentlichen, welche im öffentlichen Interesse einer staatlichen Kontrolle unterstellt sind. Darin liegt der Sinn der Grenzziehung zwischen privat und öffentlich.

> Der öffentliche Raum beginnt dort, wo Machtverhältnisse dazu führen, dass die Freiheit Betroffener staatlich geschützt werden muss.

Es ist die **Schutzbedürftigkeit** des Menschen, welche die Rechenschaftspflicht aller Macht auslöst. Weil wir alle verletzlich sind, brauchen wir den Schutz des Rechts vor den Mächtigen. Der öffentliche Raum beginnt genau dort, wo Machtverhältnisse diese Schutzbedürftigkeit auslösen.

---

203 Vgl. vorne Rz. 34 ff.

Deshalb formuliert das Recht Freiheit im öffentlichen Raum als **Kompetenz,** 481
d.h. als Recht und Pflicht zugleich. Das Recht, im öffentlichen Raum zu handeln, wird nur in dem Masse verliehen, als es erforderlich ist, um eine Pflicht
zu erfüllen, die im öffentlichen Interesse liegt. *Nach dem Grundsatz der Verhältnismässigkeit darf die Polizei nur so weit in die Freiheitsrechte der Privaten eingreifen, als für das Erreichen des öffentlichen Schutzziels erforderlich.* So
zumindest umschreibt das öffentliche Recht in der Regel die Befugnisse von
Behörden. Denn hier ist anerkannt, dass Macht nur im legalen und legitimen
Ausmass ausgeübt werden darf. Der Grundgedanke, der hinter dem Kompe-
tenzrecht liegt, gilt aber für alle Macht im öffentlichen Raum. Er gilt für private Träger öffentlicher Aufgaben nach dem Governance-Konzept, ja sogar
für gesellschaftliche und wirtschaftliche Mächte ohne staatlichen Auftrag. Wer
für sich das Recht in Anspruch nimmt, andere in ihrer Freiheit einzuschrän-
ken, ist dafür verantwortlich.

Die Ausdehnung des Denkens in Kompetenzen über die Grenzen des Staates 482
hinaus in den öffentlichen Raum widerspricht nun allerdings einer **liberalen
Intuition.** Dass Staatsangestellte ihre Macht nur im Dienste ihrer Pflichten
nutzen dürfen, leuchtet zwar ein. Denn ihnen ist Macht sichtbar durch die
Gemeinschaft übertragen worden. Warum aber Private, welche durch eigene
Leistung in Wirtschaft und Gesellschaft Macht über andere erworben haben,
der gleichen Verantwortung unterstellt sein sollten, bedarf besonderer Begründung. Denn dagegen kann eingewendet werden, Private dürften für die
Ausübung ihrer Freiheit nicht öffentlich zur Verantwortung gezogen werden.

Der Einwand beruht indessen auf Grundsätzen des privaten Bereichs. Er **ver-** 483
steht Macht nach dem Muster des Privateigentums, welches den Eigentümer
dazu berechtigt, über die Sache, die er erworben hat, willkürlich zu verfügen.
Macht erstreckt sich jedoch nicht auf Sachen, sondern auf Menschen. Deshalb ist die Rede vom «Erwerb» der Macht eine irreführende Übertragung
vom Sprachgebrauch der Sachherrschaft auf die Macht über Menschen. Diese haben ein Recht auf Freiheit und sind in diesem Recht zu schützen. Der
Anspruch des einen auf Ausübung seiner Macht stösst auf den Anspruch der
andern auf Schutz ihrer Freiheit. Im öffentlichen Raum müssen beide Ansprüche zu einem gerechten Ausgleich gebracht werden. Das verpflichtet den
Mächtigen zur **Rücksichtnahme** auf die andern.

Die Pflicht zur Rücksichtnahme im öffentlichen Raum beruht allerdings auf 484
einer zentralen Voraussetzung, dem Prinzip der **Solidarität.** Das Prinzip der

Verantwortung kann nur über die Grenzen des Staates hinaus Geltung beanspruchen, wenn im öffentlichen Raum eine Bindung besteht, die durch den Gebrauch der Freiheit verletzt werden kann. Nur wenn wir jemandem verpflichtet sind, tragen wir Verantwortung für ihn und löst unser Handeln eine Rechenschaftspflicht aus. *Typisch dafür ist die Verantwortung des Treuhänders, der für andere z.B. ein Vermögen verwaltet.* Das Prinzip Verantwortung gilt daher nur dort, wo eine verpflichtende Bindung zwischen Menschen besteht.

485   Dieser Voraussetzung trägt die Unterscheidung zweier zentraler Grundsätze des Zusammenlebens Rechnung: **Nutzen und Solidarität**[204]. Das Prinzip Verantwortung fordert Solidarität auch dort, wo jeder seinen Nutzen verfolgen darf. Es bedeutet, dass es keine zwischenmenschliche Beziehung gibt, welche legitimerweise ausschliesslich vom Nützlichkeitsdenken beherrscht wird. Jede zwischenmenschliche Beziehung ist aus normativer Sicht eine Solidaritätsbeziehung. Jeder trägt eine Verantwortung für die Folgen seines Freiheitsgebrauchs für die andern.

486   Für die Zwecke einer allgemeinen Verfassungslehre genügt es, auf die Grundlagen des **intersubjektiven Menschenbildes** hinzuweisen, um ein Minimum an Solidarität zwischen allen Menschen zu begründen[205]. Der Mensch, welcher Freiheitsrechte für sich in Anspruch nehmen will, ist in seiner Persönlichkeit selbst ein Produkt der Gesellschaft und der Kultur, in welcher er lebt. Er ist damit in vielfältiger Weise mit den andern verbunden. Wenn er diese Bande verleugnet, verleugnet er einen Teil seiner selbst.

487   Damit empfängt jeder, der Freiheit im öffentlichen Raum nutzen will, diese von den andern. Er muss daher mit der Freiheit auch deren Grenzen und deren Verpflichtungen annehmen. **Öffentliche Autonomie,** d.h. das Recht, sich im öffentlichen Raum zu entfalten, ist eine Befugnis, welche wir einander gewähren und die durch die Rechte der andern begrenzt ist. *Das gilt gleichermassen, wenn es nur darum geht, bei der Nutzung eines öffentlichen Parks keine Abfälle liegen zu lassen, wie wenn es darum geht, die Chemieabfälle der eigenen Unternehmung nicht in öffentliche Gewässer abzuleiten.*

488   Die Verantwortung, welche mit der Freiheit verbunden ist, findet letztlich ihren Grund in der Sprache. Der Begriff deutet es schon an: **Verantwortung ist die Pflicht, Antwort zu geben.** Antworten muss ich geben, wenn jemand das Recht hat, mir Fragen zu stellen und erwarten darf, dass ich auf ihn eingehe.

---

204 Vgl. vorne Rz. 43 ff.
205 Vgl. vorne Rz. 91 ff.

Das trifft insbesondere zu, wenn ich mir das gleiche Recht herausnehme und wir beide gleichberechtigt sind. Das aber gilt für meinen Anspruch auf Freiheit. Denn diese ist nichts anderes als die Infragestellung der Macht anderer. Frei bin ich dann, wenn ich erwarten darf, dass die andern sich für ihre Macht mir gegenüber verantworten müssen.

Alles Recht ist Sprache. Recht besteht aus Rechtssätzen und führt zu Rechts- 489 sprüchen. Rechte und Pflichten sind staatlich garantierte Sollenssätze, welche das gegenseitige Handeln von Menschen anleiten. Das Recht ist die Sprache, in welcher die Menschen sich gegenseitig ihre Rechte und Pflichten zusprechen. *Diese Gegenseitigkeit ist bei Verträgen offensichtlich, gilt aber auch für Gesetze: Diese sind so abgefasst, dass sie alle gleich berechtigen und verpflichten. Der Unterschied zum Vertrag liegt vor allem darin, dass Dritten die Kompetenz übertragen ist, die Regelung zu beschliessen.*

Damit sind die Grundsätze der **Diskurstheorie**[206] auf alles Recht anwendbar. 490 Wer gestützt auf das Recht einen Anspruch auf Freiheit geltend macht, muss die sprachliche Bindung akzeptieren, welche in seinem Geltungsanspruch mit enthalten ist, und bereit sein, seinen Standpunkt zu begründen. Damit anerkennt er seine Verantwortung für das beanspruchte Recht.

> Weil Freiheit ein **Recht** ist, muss jeder, der sie beansprucht, auch die **Pflicht** übernehmen, den Gebrauch dieses Rechts gegenüber den andern zu verantworten.

Damit dürfte Verantwortung als Leitprinzip für das Handeln im öffentlichen 491 Raum hinlänglich begründet sein. Abschliessend seien noch einige Hinweise auf die Ausgestaltung des Prinzips nach den Konzepten der deliberativen Demokratie (1) und des demokratischen Verfassungsstaates (2) angebracht.

(1) Deliberative Demokratie verlangt Verantwortung des Zentrums poli- 492 tischer Macht gegenüber den Betroffenen im Sinne der «Responsivität»[207].

In der angelsächsischen politischen Theorie ist das Konzept des «**responsible** 493 **Government**» fester Bestandteil der Demokratie. **Demokratie ist verantwortliche Regierung.** Die Regierung vertritt das Volk und übt ihre Macht auf der Grundlage des Vertrauens der Betroffenen aus. Das Volk kann der Regierung

---

206 Vgl. vorne Rz. 331 ff.
207 Jörg Paul Müller, Der politische Mensch, 54 ff.

das Vertrauen entziehen, wenn diese ihre Verantwortung nicht richtig wahrnimmt. Die Verantwortlichkeit der Behörden ist ein ebenso wichtiges Element der Demokratie wie die Volkssouveränität (die Idee der Selbstregierung des Volkes). Verantwortlichkeit ist das Gegenstück zur Delegation der Volksmacht an Parlament und Regierung. Diese müssen ihre Amtsführung vor dem Volk verantworten.

494 Unter dem Konzept der deliberativen Demokratie wird die Verantwortlichkeit (responsibility) der Regierung zur **Responsivität** (responsiveness). Die Legitimität delegierter Macht hängt von der Fähigkeit und dem Willen der Repräsentanten ab, ihre Verantwortung im offenen Diskurs mit den Betroffenen wahrzunehmen. Das politische Zentrum muss empfänglich sein für Impulse, Kritiken und Korrekturen durch die demokratische Öffentlichkeit (vgl. den Kasten «Das Öffentlichkeitsprinzip»).

Das Öffentlichkeitsprinzip der Bundesverwaltung in der Schweiz

Mit dem neuen Bundesgesetz über das Öffentlichkeitsprinzip der Verwaltung (Öffentlichkeitsgesetz, BGÖ) soll in der Schweiz die **Transparenz** der Verwaltung gefördert werden. Eine transparente Verwaltung ermöglicht der demokratischen Öffentlichkeit mittels Impulsen, Kritiken und Korrekturen, an ganz bestimmten Punkten Einfluss auf die Politik zu nehmen. Das Öffentlichkeitsprinzip liefert damit den Rahmen für die kritische Kommunikation zwischen den Organisationen der Bürgergesellschaft und den Behörden und damit die Grundlage für eine verantwortliche Regierung.

Das Öffentlichkeitsgesetz räumt jeder Person ein **durchsetzbares Recht auf Zugang zu amtlichen Dokumenten** ein. Jeder hat das Recht, amtliche Dokumente einzusehen und von den Behörden Auskünfte über deren Inhalt zu erhalten, ohne besondere Interessen geltend machen zu müssen. Nicht unter das BGÖ (sondern unter das Datenschutzgesetz) fällt der Zugang zu amtlichen Dokumenten, die persönliche Daten der Gesuchstellerin oder des Gesuchstellers enthalten. Überwiegende öffentliche Interessen (d.h. Ausnahmen), die eine Beschränkung, einen Aufschub oder eine Verweigerung der Einsichtnahme ermöglichen, werden im Gesetz abschliessend aufgezählt. Solche liegen beispielsweise vor, wenn durch eine vorzeitige Bekanntgabe amtlicher Dokumente die Willensbildung einer

Behörde oder die Durchführung behördlicher Massnahmen beeinträchtigt wird, die innere und äussere Sicherheit der Schweiz gefährdet wird oder andere Interessen des Landes geschützt werden müssen. Der Zugang zu amtlichen Dokumenten kann auch eingeschränkt werden, wenn überwiegende private Interessen vorliegen, d.h. durch den Zugang die Privatsphäre Dritter beeinträchtigt wird.

Wird einer gesuchstellenden Person der Zugang nicht oder nicht in verlangtem Umfang gewährt, so kann sie sich an die oder den Eidgenössischen Datenschutz- und Öffentlichkeitsbeauftragten als Schlichtungsstelle wenden. Kommt keine Einigung zustande, gibt die Schlichtungsstelle den Beteiligten eine schriftliche Empfehlung ab. Die gesuchstellende Person kann zudem von der Behörde den Erlass einer Verfügung verlangen, die sie vor einer gerichtlichen Instanz anfechten kann.

Responsivität stellt hohe Anforderungen an die politische Ethik. Sie verlangt 495 geeignete rechtliche und politische Institutionen, über welche die Öffentlichkeit Einfluss auf die Politik nehmen kann. Sie bedingt ferner eine kritische Kommunikation zwischen den Organisationen der Bürgergesellschaft und den Behörden, damit dieser Einfluss tatsächlich stattfindet. Schliesslich erfordert sie von den Bürgerinnen und Bürgern die Tugend der Wachsamkeit und von den Politikerinnen und Politikern die Tugend der Empfänglichkeit für konstruktive Kritik. **Responsivität ist der Massstab der Dialogfähigkeit des politischen Systems.**

(2) **Der demokratische Verfassungsstaat** erhebt die Verantwortung zum 496 Kerngehalt aller Prinzipien, die ihn konstituieren.

Auf der Ebene des Staatsrechts muss die politische Idee der Responsivität in 497 eine rechtliche Verantwortung umgesetzt und in allgemeinen Grundsätzen, Behörden und Verfahren konkretisiert werden. Eine Analyse des demokratischen Verfassungsstaates, die bereits PETER SALADIN vorgenommen hat, zeigt, dass alle zentralen staatsrechtlichen Regelungen auf ein **Staatsprinzip der Verantwortung** ausgerichtet sind[208].

---

208 PETER SALADIN, Verantwortung, 40 ff.

498 Beispielsweise ist die **Gewaltenteilung,** welche die Staatsmacht auf mehrere
Behörden verteilt, ein Instrument wechselseitiger Kontrolle verantwortlicher
Machtträger. Darüber hinaus bildet sie ein durchgängiges Prinzip rechtlicher
Verfassung sozialer Macht, das sowohl staatliche wie private Macht im öffentlichen Raum zur Verantwortung zieht und dadurch beschränkt und kontrolliert. Ähnliches gilt für die Demokratie. Sie ist Teilhabe der Bürgerinnen und
Bürger an staatlichen Entscheidungsprozessen nach dem Muster des Genos-
senschaftsprinzips, also der wechselseitigen Verantwortung unter freien und
gleichen Menschen.

499 **Das Prinzip Verantwortung bildet den gemeinsamen Kern sämtlicher so
genannter staatsleitender Prinzipien,** welche im zweiten Teil dieses Buches
dargestellt werden. Der Rechtsstaat, die Demokratie, die Staatshoheit, der
Föderalismus, der Leistungs- und Sozialstaat sowie der Wirtschaftsstaat sind
Verantwortungen, welche durch die Verfassung dem modernen Staat übertragen werden und die er im Dienste des guten und gerechten Zusammenlebens
der betroffenen Menschen wahrnehmen soll.

> Das **Prinzip Verantwortung** ist das Leitprinzip des öffentlichen Raums;
> die deliberative Demokratie ist seine politische Konzeption; der demokra-
> tische Verfassungsstaat ist seine staatsrechtliche Ausgestaltung.

4.1.5.   Verantwortung im Wandel

500 Trotz seiner grundlegenden Bedeutung ist das Prinzip Verantwortung keine
universale Konstante. Es ist nach Zeit (1) und Ort (2) wandelbar.

501 **(1) Zeitlicher Wandel der Verantwortung:** Im Laufe der Geschichte gab es
unterschiedliche Konzepte über den Umfang und die Aufgabe des öffentlichen Raums.

502 Unter den **Ägyptern** der Pharaonenzeit entsprang Verantwortung aus Dankbarkeit, welche zum Handeln für andere verpflichtete. Die wechselseitige Abhängigkeit von Herrscher und Untertanen führte zu einer vertikalen Solidarität, welche auch den Herrscher dazu anhielt, für das Wohl des Volkes zu
sorgen. Freilich war er dafür nicht diesem, sondern den Göttern gegenüber
verantwortlich. Verantwortung war damit nicht demokratisch begründet.[209]

---

209 Mehr dazu hinten Rz. 587 ff.

Im antiken **Griechenland** wurde die öffentliche Verantwortung demokratisch 503
fundiert. Allerdings galt hier eine andere Einschränkung. Die Gemeinschaft
der freien Bürger Athens, welche im vierten Jahrhundert v. Chr. die Polis bil-
dete, umfasste nur einen kleinen Teil der Bevölkerung. Von den 200 000 Ein-
wohnern waren nur etwa 30 000 Männer Vollbürger. Die Frauen, die Fremden
und die Sklaven waren ausgeschlossen. Soziale und ökonomische Fragen waren nicht Gegenstand der politischen Auseinandersetzung. Für diese Fragen
war die Polis nicht verantwortlich. Der Geltungsbereich des Verantwortungs-
prinzips war entsprechend eingeschränkt.[210]

Ähnliches galt für die Stadtrepubliken des Spätmittelalters und der **Renais-** 504
sance in Oberitalien. Auch hier war die grosse Mehrheit der Bevölkerung vom
Wahlrecht ausgeschlossen. Gegenseitige Verantwortung gab es im horizon-
talen Verhältnis unter den Bürgern aus genossenschaftlichen Bindungen, im
vertikalen Verhältnis zwischen den sozialen Schichten aus feudalen Bindungen
des Mittelalters, die ähnlich der vertikalen Solidarität des antiken Ägyptens
eine persönliche Fürsorgepflicht zwischen Lehensherr und Lehensnehmer begründeten.

Mit der **bürgerlichen Revolution** wurde die Demokratie zur Staatsform des 505
Flächenstaates, der sich mit allen Fragen auf seinem Territorium zu befassen hatte. Im Gegensatz zur amerikanischen war die französische Revolution
auch eine soziale Umwälzung, welche den dritten Stand, d.h. die Bürgerschaft,
an die Macht brachte. Mit der menschenrechtlichen Begründung der Rechtsgleichheit legte die bürgerliche Revolution die Grundlage für den Anspruch
auf soziale Gleichheit und entsprechende gegenseitige Verantwortung.

Soziale Verantwortung wurde aber erst mit der **industriellen Revolution** und 506
der damit verschärften sozialen Frage ein zentrales Thema der Politik. Erst im
19. und 20. Jahrhundert wurden die früher ausgeschlossenen niederen sozialen Schichten politisch gleichberechtigt und sozial geschützt. Parallel dazu
wurden die Frauen den Männern gleichgestellt und ihre soziale Benachteili-
gung zum Thema politischer Verantwortung gemacht.

In der zweiten Hälfte des 20. Jahrhunderts wuchs das Bewusstsein der Ge- 507
samtverantwortung der Staaten für das ökologische Gleichgewicht auf der
Erde. Das Prinzip der **Nachhaltigkeit** wurde zum Ausdruck der Verantwor-

---

210 Vgl. Hans Vorländer, Demokratie, 34 f.

tung des Menschen für die Natur und für seine Nachwelt. Damit gewann das Prinzip Verantwortung eine ökologische Dimension.[211]

508 Als umfassendes Staatsprinzip ist Verantwortung erst in unserer Zeit erkennbar geworden. Die Machbarkeit der Welt hat die Gefahren der modernen Technologie für das Leben auf dieser Erde erhöht und damit die Verantwortung für die Vermeidung von Risiken vermehrt. Als so genannte **Risikogesellschaft**[212] bildet die moderne Welt einen umfassenden Verantwortungszusammenhang. Verantwortung ist für die Menschheit zu einer Überlebensfrage geworden.

509 Allerdings schwinden die nationalen Grenzen und vermischen sich die Verantwortungsbereiche der Staaten im Zuge der **Globalisierung.** Entscheidungen eines Landes treffen die Bevölkerung anderer Länder. Das wachsende Wohlstandsgefälle löst eine Migration aus armen Ländern in reiche aus. In der Asyl- und Ausländerpolitik findet ein neuer Kampf um Anerkennung statt. In diesem Prozess geht es um die Anerkennung der gegenseitigen Verantwortung aller Weltbürger füreinander. Die Weltbürgergesellschaft wird gefordert.

510 Mit ihrer Ausdehnung ist die Verantwortung nicht nur grösser geworden, sie hat sich auch räumlich und inhaltlich differenziert.

- Räumlich sind **verschiedene, einander überlagernde Verantwortungskreise** entstanden. Es gibt einen kommunalen, einen gliedstaatlichen, einen nationalen, einen regionalen und einen globalen öffentlichen Raum. Jeder Kreis ist Teil des nächstgrösseren und mit allen andern Kreisen kommunikativ vernetzt. Ein Ereignis kann nicht mehr eindeutig einem einzigen Verantwortungskreis zugeordnet werden; es kann gleichzeitig Pflichten auf mehreren Ebenen der nationalen und internationalen Ordnung auslösen. *Nicht nur Naturkatastrophen, auch politische Konflikte wecken die Verantwortung von Staaten und privaten Organisationen auf der ganzen Welt.*

- Inhaltlich lassen sich **verschiedene normative Ebenen der Verantwortung** unterscheiden. Verantwortung umfasst Regeln der universalen Moral, der regionalen Kultur und der positiven Verfassungsordnung eines Landes. Diskursethik, deliberative Demokratie und demokratischer Verfassungsstaat umschreiben je eigene, mit zunehmender Konkretisierung immer verbindlichere Anforderungen an die Verantwortung für das Handeln im öffentlichen Raum. Die Diskursethik formuliert ein abstraktes

---

211 HANS JONAS, Prinzip Verantwortung.
212 Vgl. ULRICH BECK, Risikogesellschaft.

Minimum an gegenseitiger Verbindlichkeit; die deliberative Demokratie fordert Institutionen und Prozesse der Verständigung im politischen Prozess; der demokratische Verfassungsstaat verpflichtet zu demokratisch und rechtsstaatlich legitimem Machtgebrauch.

Normative Ebenen Verantwortungskreise	Diskursethik	Deliberative Demokratie	Demokratischer Verfassungsstaat
Global			
Regional			
National			
Gliedstaatlich			
Kommunal			

Abbildung 4-1: Verantwortungskreise und normative Ebenen der Verantwortung

Ein Ereignis kann unterschiedliche Verantwortungen auf mehreren Ebenen 511 auslösen. *Wenn die politische Opposition in einem Staat der Erde unterdrückt wird, ist die globale Öffentlichkeit in ihren Diskursregeln verletzt, die regionale Öffentlichkeit zusätzlich in ihren kulturellen Vorstellungen von Demokratie und die nationale Öffentlichkeit zusätzlich in ihren demokratischen Rechtsansprüchen.*
(2) Örtliche Unterschiede im Konzept der Verantwortung: Trotz der Globa- 512 lisierung behält das Prinzip Verantwortung örtlich unterschiedliche Bedeutung. Dass das zwischen Europa und Asien oder Afrika der Fall ist, leuchtet ein. Interessanter ist aber der feinere, jedoch grundsätzliche Unterschied zwischen Europa und den USA.[213]
Sowohl **Europa** wie die **USA** verdanken ihre Werte der europäischen Aufklä- 513 rung. Sie haben diese aber unterschiedlich rezipiert. Dafür gibt es verschiedene Gründe. Z.B. war die amerikanische Revolution nicht der Aufstand einer unterdrückten Schicht gegen die Herrschenden des eigenen Landes, wie dies etwa bei der französischen Revolution der Fall ist, sondern ein Unabhängig-

---

213 Das Folgende stützt sich im Wesentlichen auf: GRET HALLER, Grenzen der Solidarität; DIES., Politik der Götter.

keitskrieg gegen das fremde England. Das Verhältnis zum Staat war daher ein anderes. Es ging nicht um die Ergreifung der Macht im eigenen Staat, sondern vielmehr um das Abschütteln staatlicher Macht überhaupt.

514 Ein anderer Grund soll hier zum Thema gemacht werden: In den USA domi-niert weitgehend die **utilitaristische Ethik,** also das Streben nach Glück in der Form von Eigen- und Gesamtnutzen. In Europa wird dieses Streben natür-lich auch vertreten, aber in grösserem Ausmass durch die **Deontologie,** also die These der Verpflichtung auf Gerechtigkeit gegenüber den andern, überla-gert[214]. Das führt zu unterschiedlichen Wertungen im Verhältnis von Mensch und Staat. In Europa wird das Verhältnis von Mensch und Staat primär recht-lich und daher nach den Kriterien des Richtigen und Unrichtigen beurteilt. In den USA ist das gleiche Verhältnis eine Frage der Moral und der Politik, welche nach den Kriterien des Guten und Bösen zu bewerten ist. *In Europa werden die Bürgerinnen und Bürger danach beurteilt, ob sie ihre Pflichten erfül-len, in den USA danach, ob sie gute Amerikanerinnen und Amerikaner sind.*

515 Bezugspunkt des Öffentlichen ist in Europa der Staat als Ort der öffentlichen Auseinandersetzung, während es in den USA die **Nation** als Ort des kollek-tiven Guten ist. Europa stellt den Einzelnen dem Staat gegenüber, während die USA das Gegenüber des Einzelnen primär in der Gesellschaft sehen. In Europa bildet der Staat die Ordnungsstruktur der Gesellschaft, während in den USA die Gesellschaft vor allem durch die Gemeinschaften, die sie enthält, getragen wird.

516 Der Unterschied in der Ethik schlägt sich in der praktischen Denk- und Ar-beitsweise der Politik der beiden Kulturen nieder. Die folgende Gegenüber-stellung ist bewusst überzeichnet. In Wirklichkeit liegen stets Mischformen der beiden Typen vor. Die Liste bringt aber die wesentlichen Unterschiede auf den Punkt.

- Europa schafft zuerst Strukturen, welche die Probleme lösen sollen, wäh-rend die USA direkt an die Problemlösung herangehen und Strukturen nach Bedarf errichten
- Europa löst Probleme damit, dass es Rechtsgüter zu- und verteilt, wäh-rend die USA Interessen ausgleichen
- Europa strebt dabei nach Grundsätzlichkeit, während die USA sich vom Pragmatismus leiten lassen

---

214 Vgl. vorne Rz. 341 ff.

- Europa will insgesamt Rechtsstaat und Demokratie verwirklichen, während die USA primär die Interessen der Nation oder die amerikanische Lebensweise verwirklichen wollen

Als Beispiel sei das Verständnis der **Religionsfreiheit** herausgegriffen. Religi- 517
onsfreiheit ist auf beiden Seiten des Atlantiks die Freiheit des Einzelnen, eine Religion auszuüben. Daneben geht es aber auch um die Regelung des Verhältnisses von Religion und Staat. In Europa geht es um die Freiheit des Staates von der Religion, also darum, dass der Staat die Einzelnen **vor der Kirche schützen** kann, während es in den USA um die Freiheit der Religion vor dem Staat geht, also darum, dass die Kirchen den Einzelnen **vor dem Staat schützen** können. In Europa wird die Gefahr in der Macht der Kirche erblickt, in den USA in der Macht des Staates. Auch dafür liegt die Wurzel im Unterschied der beiden Revolutionen. Die französische Revolution richtete sich gegen König und Kirche, lehnte den Staat als solchen aber nicht ab. Die amerikanische Revolution hingegen richtete sich nur gegen den englischen Staat, nicht aber gegen die Kirche.

In Europa hat das Postulat der **Gleichheit** der Menschen stärkeres Gewicht als 518
in den USA. Waren die Ziele der französischen Revolution «Freiheit – Gleichheit – Brüderlichkeit», so ging es in den USA um «Freiheit und Sicherheit». Während die soziale Frage in Frankreich zentral war, wurde sie in den USA bewusst ausgeklammert. Das lässt sich nicht nur aus den Interessen der Sklavenhalter, sondern auch religiös begründen. Nach dem vorherrschenden calvinistischen Glauben diente das Leben auf Erden dazu, durch materiellen Erfolg herauszufinden, ob man von Gott auserwählt war. Soziale Ungleichheit war deshalb Zeichen des Unterschieds zwischen den Auserwählten und den andern. Diese Begründung wirkt auch heute noch. Es kann daher in den USA nicht Sache des Staates sein, Ungleichheit, die der Markt geschaffen hat, zu beseitigen. Dadurch wird der Bereich staatlicher Solidarität eingeengt und jener des ungebundenen Nützlichkeitsstrebens ausgeweitet.

Insgesamt orientiert sich Europa stärker an der Frage nach der Gerechtigkeit, 519
während die USA öfter nach dem Guten fragen. So ist der Einzelne in Europa voraussetzungslos Mitglied der Rechtsgemeinschaft. Er hat Rechte, weil er Mensch oder Bürger ist. In den USA wird der Einzelne Mitglied der Rechtsgemeinschaft dadurch, dass er sich zu den amerikanischen Werten bekennt. Er hat Rechte, weil er zur Nation gehört (vgl. den Kasten «Die Pluralismustheorie»).

Die Pluralismustheorie in den USA und in Europa
Die örtlich unterschiedliche Bedeutung, die dem Konzept der Verantwortung zukommt, zeigt sich in einem Vergleich der amerikanischen mit der deutschen Pluralismustheorie[*]:

Das in den **USA** lange Zeit dominierende Pluralismusverständnis gründet auf der Annahme, dass eine möglichst unregulierte Mitwirkung von Interessenverbänden am politischen Willensbildungsprozess zu einer Ausbalancierung der Interessen und zu einem Gleichgewicht durch gegenseitige Kontrolle führt. Ein demokratisch-pluralistisches Gemeinwesen stelle eine «offene» politische Arena dar, die allen Gruppen Chancengleichheit gewähre bei der Artikulation und Durchsetzung ihrer Interessen. In einem freiheitlich-pluralistischen System würden sich daher die organisierten Interessen selbst regulieren; der Staat lasse sich auf die Rolle des neutralen Schiedsrichters gegenüber den Interessenverbänden reduzieren.

Dieser von amerikanischen Pluralismustheoretikern während langer Zeit vertretene optimistische Pluralismusbegriff, der den «Selbstheilungskräften» der Interessenverbände vertraut, hat sich in **Deutschland** nie durchsetzen können. Als Hauptproblem des freien Spiels der Interessengruppen wurde die Asymmetrie der Artikulierungs- und Durchsetzungsfähigkeit von allgemeinen und speziellen Interessen erkannt, derzufolge sich nicht alle Gruppen in gleicher Weise organisieren können. Einen entscheidenden Einfluss auf das deutsche Pluralismusverständnis übten die Lehren des Neopluralisten ERNST FRAENKEL aus.[**] Nach FRAENKEL soll Staat nicht mehr – wie im amerikanischen Pluralismusverständnis – nur neutraler Schiedsrichter sein, sondern auch regulierende, reformierende und konservierende Aufgaben ausüben und so aus dem (ungleichgewichtigen) Einflussgerangel kompetitiver Interessen ein «Parallelogramm der Kräfte» entstehen lassen.

[*] Vgl. EMIL HÜBNER, Politisches System der USA, 54 f.; HARTMUT WASSER, Interessengruppen der USA, 297 f.
[**] Vgl. ERNST FRAENKEL, Reformismus und Pluralismus, 404 ff.; DERS., Pluralismus, 197 ff.

520   Gewiss ist Verantwortung sowohl für Europa wie für die USA das Leitprinzip im öffentlichen Raum. Aber die Begründung dafür setzt andere Akzente. *Der Europäer trägt Verantwortung im öffentlichen Raum, weil es gerecht ist, den an-*

dern gleich zu behandeln; der US-Amerikaner tut das Gleiche, weil es gut ist, für seine Freunde zu sorgen.

Übungsbeispiel: Der schweizerische Anbieter von Telefondienstleistungen, 521 die Swisscom, war früher Teil eines Staatsbetriebs, der die landesweite Versorgung der Bevölkerung mit Telefondiensten «nach den gleichen, möglichst billigen Grundsätzen» (Art. 36 Abs. 3 der alten Bundesverfassung) zu gewährleisten hatte. Heute ist die Swisscom eine spezialgesetzliche Aktiengesellschaft im Mehrheitsbesitz des Bundes, also ein Zwitter zwischen Staatsbetrieb und privater Unternehmung. Sie hat einerseits einen öffentlichen Leistungsauftrag zu erfüllen, andererseits muss sie sich im Wettbewerb behaupten. Die Swisscom steht damit in einem Spannungsfeld von Marktwirtschaft und öffentlicher Verantwortung.

Frage: Nach welchen Prinzipien sollen teilprivatisierte öffentliche Unterneh- 522 men geführt werden? Gilt für sie primär die öffentliche Verantwortung oder die Marktlogik?

- Erfüllen solche Unternehmen den öffentlichen Auftrag unter Nutzung des unternehmerischen Spielraums oder
- nutzen solche Unternehmen ihren marktwirtschaftlichen Spielraum im Rahmen der öffentlichen Vorgaben?

Antwort: Faktisch trifft das Zweite zu, normativ das Erste. Der Wettbewerbs- 523 druck verleitet zu primär wirtschaftlichem Handeln. Der öffentliche Auftrag wird nur als Rahmenvorgabe verstanden, welche das unternehmerische Handeln beschränkt. Normativ bleibt die Unternehmung aber ein öffentlicher Dienst (Service public) und ist der Verantwortung für die öffentliche Aufgabe der allgemeinen Versorgung mit Telefondiensten verpflichtet.

Die Übertragung staatlicher Aufgaben an Private bringt diesen zwar mehr 524 Freiheit, aber auch mehr Verantwortung. Privatisierung heisst nicht Ausklammerung aus dem Öffentlichen, es heisst im Gegenteil Übernahme öffentlicher Verantwortung durch Private. Private, die staatliche Aufgaben übernehmen, werden zu Trägern öffentlicher Macht und damit rechenschaftspflichtig. Wo immer der Markt ein Gut erstellt, an dem ein hohes öffentliches Interesse besteht, muss der Staat dafür sorgen, dass die Privaten, welche die Verantwortung für dieses Gut tragen, diese auch wahrnehmen. Wer solche Güter herstellt, hat einen öffentlichen Auftrag unter Nutzung seiner privaten Freiräume zu erfüllen und nicht seine privaten Freiräume unter Berücksichtigung öffentlicher Vorgaben zu nutzen.

4.2.   Vertiefung: Die Verfassung der deliberativen Demokratie

Interdisziplinäre Konkretisierung der Diskursethik zur deliberativen Demokratie und zum demokratischen Verfassungsstaat

Das in diesem Buch vorgestellte normative Konzept für das Zusammenleben im öffentlichen Raum kennt drei Ebenen: eine moralische, eine kulturelle und eine rechtliche. Die Verfassungslehre muss insbesondere die dritte Ebene dieses Konzepts entfalten.

• Im Anschluss an die oberste Ebene der universalen Moral, welche die diskursethischen Anforderungen enthält (vorne Ziff. 3.2.2), und
• zur mittleren Ebene des kulturbedingten Konzepts der deliberativen Demokratie, welche die diskursethischen Forderungen in eine politische Theorie umsetzt (vorne Ziff. 3.2.3),
• formuliert sie die staatsrechtlichen Prinzipien des demokratischen Verfassungsstaates.

Ebene	Disziplin	Theorie
Moral	Ethik	Diskurs
Kultur	Politische Theorie	Deliberative Demokratie
Recht	Staatsrecht	Demokratischer Verfassungsstaat

Abbildung 4-2: Das Verhältnis der Ebenen, Disziplinen und Theorien

Die Verfassungslehre muss somit die Diskursethik und die deliberative Demokratie in Staatsrecht übersetzen. Dieses **interdisziplinäre Vorhaben** ist methodisch nicht einfach, geht es doch darum, eine **interdisziplinäre Richtigkeit** herzustellen, welche zwischen den eigenwilligen Rationalitäten der einzelnen Disziplinen vermittelt*. Grundsätzlich sind alle disziplinären Kriterien als gleichwertig zu behandeln. Wo ein Grundkonsens über ethische Kriterien erreicht werden kann, gehen diese allerdings den andern vor. Damit haben die Kriterien der Diskursethik** Vorrang, während jene der politischen Theorie und des Staatsrechts sich durch ihre Qualität in der interdisziplinären Argumentation bewähren müssen.

* Vgl. dazu PHILIPPE MASTRONARDI, Interdisziplinäre Richtigkeit, 275 ff.
** Vgl. Rz. 402 ff. vorne.

Zunächst sind einige Aspekte der Gesellschaftstheorie, welche im Konzept der deliberativen Demokratie vorausgesetzt werden, zu klären. Sie betreffen das Verhältnis von Lebenswelt und politischem System[215], insbesondere die Frage, ob und wie die gesellschaftliche Peripherie (die Bürgergesellschaft) in die Lage versetzt werden kann, wirksam Einfluss auf das politische Zentrum (den Staat) zu nehmen (Ziff. 4.2.1.). Erst danach lassen sich die Anforderungen der deliberativen Demokratie an den demokratischen Verfassungsstaat formulieren (Ziff. 4.2.2.).

4.2.1. Politisches Zentrum und gesellschaftliche Peripherie

In der modernen Gesellschaft haben verschiedene Teilbereiche eine Autono- 525 mie gegenüber der Gesamtheit entwickelt, welche ihnen gestattet, nach der ihnen eigenen Logik zu funktionieren. Die wichtigsten dieser Bereiche sind die Wirtschaft und die Politik. Diese lassen sich als **Systeme** beschreiben, welche sich nach eigenen Gesetzmässigkeiten selbst reproduzieren und von aussen schwer zu beeinflussen sind. Sie neigen sogar dazu, die sie umgebende Lebenswelt, also die nicht systemisch organisierte Gesellschaft, zu kolonisieren. Das Konzept der deliberativen Demokratie von JÜRGEN HABERMAS will darauf eine Antwort geben, welche der **Lebenswelt** die Chance vernünftiger Verständigung unter den betroffenen Menschen offen hält.[216]

Dabei dient das **Recht** als Institution der Vermittlung von Lebenswelt und po- 526 litischem sowie wirtschaftlichem System. Insbesondere hilft es der allgemeinen Öffentlichkeit, sich als Peripherie des politischen Systems gegenüber dem Zentrum dieses Systems zu artikulieren. Dazu ist primär das Verfassungsrecht aufgerufen.

Die Gesellschaft und ihre Teilsysteme sprechen nicht die gleiche Sprache. Die 527 lebensweltliche Kommunikation bricht dort ab, wo sie auf die systemischen

---

215 Vorne Rz. 381 ff.
216 Vgl. vorne Rz. 390 ff.

Medien Geld und Macht stösst. Die Umgangssprache ist an dieser Grenze auf die **Übersetzung durch das Recht** angewiesen. Dieses ist ja darauf angelegt, wirtschaftliche wie politische Systemfragen zu regeln[217], sind es doch die Institutionen des privaten und des öffentlichen Rechts, welche die Einrichtung von Märkten und die Organisation einer Staatsgewalt ermöglichen. Wirtschaft und Staat funktionieren in den Formen des Rechts[218]. Das Recht funktioniert damit gleichsam als «Scharnier» oder als «Transformator» zwischen Lebenswelt und System[219].

528 Dank seiner rechtlichen Verfassung ist das politische System zum Teil durch lebensweltliche Kommunikation bestimmt und dadurch zur Lebenswelt hin geöffnet[220]. Dieses Verhältnis von Politik und Lebenswelt lässt sich als Beziehung zwischen **Zentrum und Peripherie des politischen Systems** darstellen[221].

529 Das Zentrum bilden Regierung und Verwaltung, Justiz und Parlament. Ihm stehen die formellen Entscheidungskompetenzen des Staates zu. Es ist umgeben von Parteien und organisierten Interessengruppen, die am Verhandlungsprozess des Zentrums teilnehmen und seine Entscheidungen in einer oft wenig transparenten Weise steuern. Die eigentliche Peripherie besteht aus Vereinigungen der Bürgergesellschaft, welche – partikuläre oder allgemeine – Interessen aus der politischen Öffentlichkeit an das Zentrum herantragen[222].

530 Grundsätzlich müssen politische Entscheidungen, um nach dem diskurstheoretischen Demokratieverständnis legitim zu sein, von der Peripherie ausgehen und die Verfahren des Zentrums durchlaufen, bis sie verbindlich werden. Das Zentrum ist zur Ausübung seiner Macht nur in dem Masse legitimiert, als es dazu durch höherrangige Diskurse der von der Politik Betroffenen ermächtigt worden ist.

531 Tatsächlich aber braucht es auch in diesem Bereich systemische Komplexitätsreduktionen, die nur vom Zentrum und den ihm nahestehenden Parteien und Interessenverbänden erbracht werden können. Im Normalfall wird der politische Prozess daher vom Zentrum aus gesteuert[223]. Es herrschen damit die systemischen Imperative von Wirtschaft und Politik vor.

---

217 Jürgen Habermas, Faktizität und Geltung, 78.
218 Ders., Faktizität und Geltung, 59.
219 Ders., Faktizität und Geltung, 77 f.
220 Ders., Faktizität und Geltung, 427.
221 Jürgen Habermas, Faktizität und Geltung, 429 ff., in Anlehnung an Bernhard Peters, Integration, 327 ff., insb. 340 ff.
222 Jürgen Habermas, Faktizität und Geltung, 430 f.
223 Ders., Faktizität und Geltung, 459 f.

Dies kann hingenommen werden, solange das Zentrum für Anstösse aus der   532
Peripherie offen bleibt: Es muss jederzeit die Chance bestehen, den zentral
gesteuerten Kreislauf zu wenden und die Anliegen der Peripherie im Zentrum
durchzusetzen[224]. Für die Legitimation des Zentrums ist nicht erforderlich,
dass die Peripherie alle Anstösse gibt. Es genügt, wenn die Peripherie – die
Bürgergesellschaft mit ihren aktiven Öffentlichkeiten – in der Lage ist und
auch Gelegenheit erhält, die Routine des Zentrums zu stören[225].

Zwischen Lebenswelt und System bildet sich eine **demokratische Arbeits-**   533
teilung heraus: Der politische Alltag verbleibt dem System, die Stunden der
Weichenstellung aber gehören der Lebenswelt. Der Entscheid darüber, ob eine
Ausnahme vom Normalfall vorliegt, ist Sache der Demokratie. Diese behält
damit die Kompetenz, über ihre eigene Zuständigkeit zu befinden. Sie wahrt
damit trotz der Vermutung zugunsten des Systems ihren Vorrang.

Diese Arbeitsteilung ist freilich auf eine entgegenkommende politische Kultur   534
angewiesen. Wachsamkeit der Bürgerinnen und Bürger einerseits, Responsivität der Behörden anderseits sind Voraussetzungen dafür, dass die erforderlichen Diskurse zwischen den Beteiligten zustande kommen. Diese Kultur
lässt sich nicht institutionell herstellen, sondern nur durch geeignete Diskursverfahren unterstützen.

Dieses Bild verbindet die **Normativität diskursethischer Ansprüche** mit der   535
Normalität systemischer Abläufe in der Politik. Es verknüpft das Ideal der
Demokratie mit der Realität der Politik. Es zeigt, dass das Gelingen einer Verständigung zwischen Lebenswelt und System die Ausnahme sein darf, ohne
dass deswegen der Primat demokratischer Legitimation aufgegeben werden
müsste.

Damit dies zutrifft, muss das Verfassungsrecht allerdings den systemischen   536
Prozess des politischen Zentrums so von Zustimmungsakten der Öffentlichkeit abhängig machen, dass die Peripherie ihre Imperative in wichtigen Fällen
durchzusetzen vermag. Dazu dienen einerseits Verfahren (Wahlen, Referendum und Initiative), anderseits inhaltliche Vorgaben (Staatsziele, Grundsätze
und Gesetzgebungsaufträge).

Das hier skizzierte Bild bedarf freilich noch einiger **Präzisierungen:** Zunächst   537
scheint der Gegensatz von Zentrum und Peripherie vor allem auf den Typus
der parlamentarischen Demokratie ohne direktdemokratische Elemente zu-

---

224 Ders., Faktizität und Geltung, 433, 460.
225 Ders., Faktizität und Geltung, 433 f.

geschnitten zu sein. In **halbdirekten Demokratien** wie etwa in der Schweiz sind die Grenzen zwischen Peripherie und Zentrum durch Volksrechte wie Referendum und Initiative oder durch das Milizsystem in den Parlamenten so durchlässig gemacht, dass der Anschein entsteht, das Zentrum sei weitgehend offen und von der Peripherie nicht abgrenzbar. Damit würde ihm der Systemcharakter fehlen.

538   Dieser Eindruck entspricht zwar einem verbreiteten Selbstverständnis der Politik in der Schweiz, ist aber auch dort nicht zutreffend. Die Volksrechte sind nur formal Teil des normalen politischen Prozesses. Sie bilden nicht die Regel, sondern die Ausnahme. Sie haben die Funktion von Korrektiven oder Vetorechten. Nur dort, wo das Volk obligatorisch zum Entscheid aufgerufen werden muss, ist es in das Verfahren integriert. Das gilt meist nur auf der Verfassungsstufe oder in den kleinen Versammlungsdemokratien. Die Institutionen der halbdirekten Demokratie widerlegen nicht das Bild, sie zeigen nur, dass die Vermittlung zwischen Zentrum und Peripherie durch geeignete Institutionen gefördert werden kann[226].

539   Einer Ergänzung bedarf das Bild hingegen durch die Präzisierung, dass das Verhältnis von Zentrum und Peripherie keineswegs nur antagonistisch zu verstehen ist. Die **Entlastung** durch die demokratische Arbeitsteilung ist notwendig. Die Normalität des an das Zentrum delegierten politischen Prozesses entlastet die Gesellschaft von unzähligen Entscheiden, welche sie quantitativ überfordern würden. Die Lebenswelt ist darauf angewiesen, dass spezialisierte Systeme wie Politik und Wirtschaft existenzielle Funktionen effizienter erfüllen als sie selbst. Sie kann sich dank dieser Delegation auf die Sonderfälle beschränken.

540   Daher wäre es einseitig, nur den Einfluss der Lebenswelt auf das System positiv zu bewerten und den Gegenstrom zu verurteilen. Die Systeme drängen der Lebenswelt zwar ihre Zweckrationalität auf, was die Kommunikation über Ziele des Zusammenlebens behindern kann, aber sie bieten zugleich eine Entlastung an. Erst diese schafft den Freiraum, der die Menschen befähigt, die grundsätzlichen Fragen des öffentlichen Zusammenlebens zu stellen. Sodann ist die systemische Rationalität vielfach freiheitlicher als die archaische Herrschaft nicht hinterfragter gesellschaftlicher Zwänge. Zudem kann die Konfrontation mit systemischen Anforderungen dazu dienen, die gesellschaftliche

---

226 Die Öffentlichkeit behält daher entgegen der Meinung von Martin Scheyli (Demokratie nach Habermas, 184 f.) ihren peripheren Status bei.

Reflexion auszulösen und den Prozess vernünftiger Verständigung einzuleiten. Zentrum und Peripherie sind letztlich gegenseitig aufeinander angewiesen. Ihr Verhältnis ist das einer Zweiweg-Kommunikation.

Der Systemcharakter von Wirtschaft und Politik ist ferner zu relativieren. 541
Systeme sind beide nur vom Standpunkt des Beobachters aus. Als Teilnehmer sind sowohl Politiker wie Unternehmer oder Angestellte Menschen, die
gleichzeitig in mehreren Systemen und in der Lebenswelt kommunizieren. Die
Systeme drohen ihre Persönlichkeit zwar zu spalten, indem die Menschen sich
je nach Rolle, die sie gerade einzunehmen haben, ökonomisch oder politisch
rational verhalten müssen. Immer aber bemühen sie sich um ihre persönliche
Integration und Integrität. Sie handeln daher auch in systemischen Bezügen
verständigungsorientiert, soweit dies ihnen möglich ist.

Die Gegenüberstellung von Lebenswelt und System ist ein Modell, welches die 542
Schwierigkeiten der Kommunikation in der modernen Gesellschaft aufzeigt.
Das Modell darf aber ebenso wenig wie irgendein anderes für die Realität
selbst genommen werden. Wenn es für das Konzept der deliberativen Demokratie nutzbar gemacht werden soll, muss das Modell **Beobachterstandpunkt
und Teilnehmerstandpunkt integrieren.**

Einerseits ergibt die Beobachtung von System und Lebenswelt eine Trennung 543
von zwei Sphären. Diese Trennung wird im Falle des politischen Systems
durch zahlreiche Kommunikationskanäle durchbrochen, im Falle der Wirtschaft sind die Verbindungen weniger erkennbar. Anderseits zeigt sich aus der
Teilnehmerperspektive, dass sich fast jeder Mensch sowohl in der Lebenswelt
wie in der Wirtschaft und in der Politik bewegt. Vom Teilnehmerstandpunkt
aus haben wir die Chance, über die Systemgrenzen hinweg miteinander zu
kommunizieren.

Der wichtigste Unterschied zwischen der Teilnahme in der Politik und jener 544
in der Wirtschaft ist der, dass wir für die Politik die Grundsätze des Handelns
im öffentlichen Raum längst anerkannt haben. Wir haben daher auch die entsprechenden Institutionen geschaffen, um diese Grundsätze zum Tragen zu
bringen. Die Wirtschaft aber haben wir meist als «privat» begriffen und von
den Anforderungen des öffentlichen Raums dispensiert. Daher fehlen die persönlichen und institutionellen Bindungen der Mächtigen in der Wirtschaft,
welche das Prinzip der Verantwortung zur Geltung bringen könnten.

Deliberative Demokratie ist als Konzept entwickelt worden, welches die Dis- 545
kursethik in die Politik einbringen soll. Es spricht uns alle als Staatsbürge-

rinnen und Staatsbürger an. Wenn sein Geltungsbereich vom Staat auf den öffentlichen Raum erweitert wird, muss das Konzept die Diskursethik auch in die Wirtschaft einbringen. Es spricht uns dann als «**Wirtschaftsbürgerinnen**» **und «Wirtschaftsbürger»** an[227]. Als solche sind wir auch im Wirtschaften auf die Grundsätze des öffentlichen Raums verpflichtet. Wir erstrecken unser staatsbürgerliches Verantwortungsbewusstsein auch auf unser Handeln am Markt. Wir achten den Marktpartner als Gleichberechtigten und suchen nur einen Erfolg, den wir vor der Öffentlichkeit legitimieren können (vgl. den Kasten «Das Konzept des Wirtschaftsbürgers»).

Das Konzept des Wirtschaftsbürgers

Der Begriff des Bürgers als aktiver Teilnehmer an öffentlichen Entscheidungsprozessen ist herkömmlicherweise auf den staatlichen Bereich beschränkt. Im Wirtschaftsbereich wird die Verantwortung des Unternehmers gegenüber der Gesellschaft etwa unter dem Titel der **Corporate Governance** thematisiert. Dabei geht es jedoch mehr darum, die Unternehmungsleitung durch institutionelle Vorkehren so unter Kontrolle zu bringen, dass sie nicht nur ihre eigenen Interessen, sondern auch jene der Aktionäre wahrnimmt. Öffentliche Interessen werden erst geschützt, wenn der Unternehmer einen Paradigmenwechsel vom Homo oeconomicus zum Wirtschaftsbürger vollzieht und Corporate Governance zu **Corporate Citizenship** wird.

Danach versteht sich der Unternehmer als wirtschaftender Bürger und die Unternehmung als Organisation innerhalb der Bürgergesellschaft. Wirtschaften muss öffentlich verantwortet werden. Die unternehmerische Freiheit wird als eine Befugnis begriffen, welche die Bürgerschaft den Unternehmern erteilt und von diesen vor der bürgerlichen Öffentlichkeit zu verantworten ist. Der Unternehmenserfolg ist nur dann legitim, wenn er auf einer ethisch wertvollen Leistung für die Gesellschaft beruht. **Unternehmensethik ist nicht eine äussere Schranke ökonomischer Logik, sondern integraler Bestandteil der Geschäftsstrategie.**

Damit eine solche Bürgerethik den Unternehmer nicht mit Misserfolg im Wettbewerb bestraft, muss der Staat Rahmenbedingungen schaffen, wel-

---

227 PETER ULRICH, Zivilisierte Marktwirtschaft, 102 ff.

che dem ethisch verantwortungsvollen Wirtschaften entgegenkommen. Die Bürgergesellschaft muss sich daher um ordnungspolitische Reformen bemühen, welche die bestehenden Marktanreize korrigieren, etwa indem humanitäre, soziale und ökologische Kosten zwingend in die betriebswirtschaftliche Erfolgsrechnung internalisiert werden.

Die Ethik des Wirtschaftsbürgers verlangt nicht, auf Gewinn zu verzichten, sondern nur, den Gewinn einer Legitimationspflicht zu unterstellen. Er muss auf sozial- und umweltverträgliche Weise verdient worden sein (vgl. PETER ULRICH, Zivilisierte Marktwirtschaft, 128 ff.; zur Ethik des Verhältnisses von Politik und Wirtschaft allgemein, vgl. vorne den Kasten bei Rz. 307).

Die Verfassungslehre hat Institutionen und Verfahren vorzusehen, die **der** 546 **Lebenswelt gestatten, auch auf das Wirtschaftssystem Einfluss zu nehmen.** Dieser Einfluss kann direkt oder über das politische System laufen. Unmittelbar wirken Aktionen der Bürgergesellschaft gegenüber bestimmten Wirtschaftsträgern oder der Aufbau sozialverträglicher Formen der Produktion oder des Handels. Über das politische System kann Organisationen der Bürgergesellschaft ein Mitsprache- oder Beschwerderecht bei bestimmten wirtschaftlichen Operationen verliehen werden. Generell ist das Verhältnis zwischen Staat und Wirtschaft so zu gestalten, dass die Bürgergesellschaft daran beteiligt wird. Dies gelingt, wenn im Verhältnis von Staat und Wirtschaft insbesondere die **intermediären Gewalten** (Verbände, Parteien, Medien) den Grundsätzen der deliberativen Demokratie und des demokratischen Verfassungsstaates unterstellt werden.[228]

4.2.2. Die staatsrechtliche Ausgestaltung der deliberativen Demokratie: Der demokratische Verfassungsstaat

Wie soll die deliberative Demokratie staatsrechtlich verfasst werden? Auf der 547 dritten, untersten Ebene des Konzepts geht es um die Konturen des **demokratischen Verfassungsstaates.**

Die Anforderungen an den demokratischen Verfassungsstaat ergeben sich 548 aus den bereits dargestellten Vorgaben der Diskurstheorie[229] und den daraus

---

228 Mehr dazu hinten Rz. 817 ff., insb. Rz. 831 ff.
229 Vgl. vorne Rz. 402.

abgeleiteten Kriterien für eine deliberative Demokratie[230]. Daraus lassen sich
die entsprechenden Grundsätze des demokratischen Verfassungsstaates entwickeln.[231]

	Elemente der Diskurstheorie	Kriterien der deliberativen Demokratie	Grundsätze des demokratischen Verfassungsstaates
(1)	Die Selbstbindung der Gesprächsteilnehmer	Das Prinzip der Verbindlichkeit der Deliberation	Der Rechtsstaat
(2)	Die Begründungspflicht für Geltungsansprüche	Das Prinzip der Verantwortung (Rechenschaftspflicht aller Macht)	Die Verantwortlichkeit
(3)	Die wechselseitige Anerkennung (Gegenseitigkeit)	Das Prinzip der Reziprozität (Gleichberechtigung)	Die Grundrechte
(4)	Die symmetrischen Beziehungen (Chancengleichheit im Diskurs)	Das Prinzip der Symmetrie politischer Strukturen und Prozesse	Die Gewaltenteilung
(5)	Die Einigung (Konsensprinzip)	Das Prinzip der demokratischen Legitimation durch Zustimmung	Die Demokratie
(6)	Begründung von Abweichungen vom idealen Diskurs[232]	Das Prinzip der Stufengerechtigkeit von Diskursen	Die Verfahrensgerechtigkeit

Abbildung 4-3: Anforderungen der Diskursethik und der deliberativen Demokratie an den demokratischen Verfassungsstaat

---

230 Vgl. vorne Rz. 403.

231 Die folgende Darstellung führt die Entwicklung von Prinzipien des Rechtsstaates durch JÜRGEN
HABERMAS weiter (vgl. Faktizität und Geltung, 208 ff.)

232 Dies ist kein Diskursprinzip. Wo die Anforderungen der Diskurstheorie nicht erfüllt werden können,
folgt aus der Diskursethik aber indirekt eine Pflicht zur Begründung von Abweichungen vom idealen
Diskurs.

(1) Der Rechtsstaat: Das Diskursprinzip der Selbstbindung bedeutet, dass 549
der Sprecher Gewähr für die Wahrheit, Richtigkeit und Wahrhaftigkeit seiner Äusserungen zu leisten hat. Daraus folgt für die deliberative Demokratie das Prinzip der **Verbindlichkeit der Deliberation.** Die Teilnehmer einer
politischen Auseinandersetzung müssen sich bei ihren Vorschlägen behaften
lassen; der politische Diskurs soll zu verbindlichen Beschlüssen führen.

Staatsrechtlich lässt sich daraus das **Rechtsstaatsprinzip** entwickeln. Grund- 550
lage dafür ist das Vertrauensprinzip als ethische Grundlage des Rechts. Der
Rechtsstaat ist die Form, in welcher Vertrauen unter Fremden gewährleistet
und Vertrauensmissbrauch sanktioniert wird. Er verwandelt deliberative Verbindlichkeit zu Rechtsverbindlichkeit. Er schafft Rechtssicherheit, indem er
klare und verlässliche Regeln über die Diskurse im Staat errichtet und die Ergebnisse von Deliberationen durchsetzt. So bindet er die Politik an das Recht,
indem er ihr eindeutige Kompetenzen und transparente Verfahren vorgibt
und deren Ergebnisse in rechtsverbindliche Beschlüsse kleidet.

Die Rechtsverbindlichkeit der Diskursergebnisse begründet das Prinzip der 551
Gesetzmässigkeit der Verwaltung. Der legislative Diskurs bindet die nach-
gelagerten Behörden. Auf diese Weise dient der Rechtsstaat als Mittel, um das
administrative System an die rechtsetzende kommunikative Macht zu binden.
Er verleiht dem Prozess der Willensbildung in Bürgergesellschaft und Parlament die Macht, das Handeln von Regierung und Verwaltung durch Rechts-
sätze zu steuern. Er bindet das Zentrum des politischen Systems an die Vorgaben der Peripherie.

Schliesslich bedeutet die Rechtsverbindlichkeit der Diskursergebnisse, dass 552
sich jeder Einzelne darauf berufen darf. Er wird durch die **Justiz** in seinem
Vertrauen in das Recht geschützt. Der Rechtsstaat gewährleistet zu diesem
Zweck einen umfassenden individuellen Rechtsschutz, die Bindung der Gerichte an das Gesetz und die Unabhängigkeit der Gerichte.

> Der **Rechtsstaat** ist sowohl Voraussetzung wie Zweck des demokratischen
> Diskurses. Einerseits bindet er die Demokratie an seine Grundsätze und
> Formen, andererseits verleiht er den Diskursergebnissen Rechtskraft und
> Gültigkeit.

553 **(2) Die Verantwortlichkeit:** Die Begründungspflicht für Geltungsansprüche im Diskurs bedeutet auf der Ebene der deliberativen Demokratie **Verantwortung** für alles Handeln im öffentlichen Raum. Wer Macht beansprucht, muss diesen Anspruch gegenüber den Betroffenen rechtfertigen. Alle Macht ist legitimationsbedürftig. Staatsrechtlich wird das politische Prinzip Verantwortung in die Verantwortlichkeit aller Träger öffentlicher Machtbefugnisse übersetzt. Alle öffentliche Handlungsbefugnis ist rechenschaftspflichtig und muss einer Kontrolle unterstehen.

554 **Die Verantwortlichkeit ist die staatsrechtliche Ausgestaltung des ethischen Prinzips der Verantwortung:**

- Das Prinzip **Verantwortung** bringt auf der Ebene der politischen Ethik das Nützlichkeitsdenken unter den Vorbehalt der Pflichtenethik.
- Die **Verantwortlichkeit** gewährleistet diesen Vorrang auf der Ebene der staatlichen Institutionen durch Rechtsnormen wie das Gesetzmässigkeitsprinzip, die Gewaltenteilung oder die richterliche Kontrolle.

Damit wird Macht rechtlich eingebunden. Die Logik des politischen Systems wird der Rationalität des Rechts unterstellt. Ziel ist, das Streben nach Macht auf den Grundsatz der Gerechtigkeit zu verpflichten.

555 Das Staatsrecht übersetzt Macht in **Kompetenzen.** Damit legitimiert es Macht, indem es ein Recht zur Machtausübung schafft. Es koppelt dieses Recht aber gleichzeitig an eine Pflicht, nämlich jene zur Wahrung der rechtlichen Ziele und Grenzen der verliehenen Befugnis und zur Ablage von Rechenschaft über die Verhältnismässigkeit der eingesetzten Machtmittel.

556 Macht wird dadurch zum **Amt,** das im Dienste des Gemeinwohls auszuüben ist. Das Gemeinwohl zu bestimmen ist nicht Sache des Amtsträgers, sondern muss in staatsrechtlich geregelten Diskursen festgelegt werden. Das verweist auf den Prozess der Rechtsetzung, in welchem die Befugnisse von Amtsträgern zu bestimmen sind. Alle Amtsmacht ist ferner nur treuhänderisch übertragen. Sie wird im Namen der Betroffenen ausgeübt und kann von diesen wieder entzogen werden.

557 Verantwortlichkeit muss aber tatsächlich geltend gemacht werden, damit sie wirksam ist. Das Staatsrecht verleiht daher den von der öffentlichen Macht Betroffenen die erforderlichen **Kontroll- und Sanktionsrechte.** Grundsätzlich ist derjenige zur Kontrolle befugt, welcher die Zustimmung zur Machterteilung hätte verweigern können. Dadurch wird der Grundsatz der Verantwortlichkeit mit jenem der Demokratie verknüpft. Das Volk muss seine Vertreter

im Parlament und diese müssen die Regierung zur Verantwortung ziehen können. Die Verantwortlichkeitskette läuft weiter über die Verwaltung bis zu den Privaten, denen nach dem Konzept der Public Governance öffentliche Aufgaben übertragen worden sind. Die Verantwortlichkeit wirtschaftlicher Machtträger für ihr Handeln im öffentlichen Raum muss durch besondere Verfahren geordnet werden[233].

> Einerseits verdankt die deliberative Verpflichtung, auf Einwendungen des Partners im Diskurs zu antworten, dem Prinzip der staatsrechtlichen **Verantwortlichkeit** seine rechtliche Verbindlichkeit. Anderseits erlangt das Verantwortlichkeitsrecht durch seine Ausrichtung auf die Deliberation den Charakter eines Dialogs: Verantwortlichkeit ist nicht primär die Folge einer hierarchischen Kompetenzdelegation, sondern ein Prinzip der horizontalen Gerechtigkeit unter Partnern im öffentlichen Raum. **Verantwortlichkeit ist die Rechtspflicht, öffentliche Macht gegenüber den Betroffenen zu verantworten.**

(3) Die Grundrechte: Das Diskursprinzip der wechselseitigen Anerkennung 558 der Gesprächsteilnehmer führt auf der Ebene der deliberativen Demokratie zum Grundsatz der **Reziprozität** oder der wechselseitigen Anerkennung aller Bürgerinnen und Bürger als Gleichberechtigte. Alle Teilnehmenden am politischen Diskurs sind als autonome und gleichwertige Partner zu achten. Das Staatsrecht hat dieses Prinzip in der Form von Grundrechten umzusetzen, welche Freiheit und Gleichheit der Menschen gleichermassen schützen.

Die Grundrechte sind damit die Rechtsgarantie der individuellen **Autonomie** 559 aller Teilnehmer am Diskurs. Sie gewährleisten die persönliche Integrität und die Handlungsfreiheit als Voraussetzungen der Teilnahme. Sie sind sowohl Bedingung für die Zwanglosigkeit eines Konsenses als auch Grundlage des Rechts auf Dissens. Die Garantie der Rechtsgleichheit ist die Rechtsform, in welcher der Anspruch auf chancengleiche Teilnahme an den Prozessen der Willensbildung in den verschiedenen Diskursen des demokratischen Rechtsstaates gesichert wird.

---

233 Vgl. hinten Rz. 831 ff.

560 Die Grundrechte gewährleisten nicht nur die öffentliche Autonomie des Ein-
     zelnen, sondern gleichzeitig auch seine **private Autonomie.** Denn der Diskurs
     lebt von der privaten Autonomie seiner Teilnehmer. Daher sind alle Grund-
     rechte diskursnotwendig, nicht nur die politischen Rechte. Das gilt sogar für
     die sozialen Grundrechte als Voraussetzung der individuellen Autonomie und
     der Partizipation am öffentlichen Leben.

561 Besondere Bedeutung für die deliberative Demokratie haben die Grundrechte
     der Kommunikation (Meinungsfreiheit, Informationsfreiheit, Medienfrei-
     heit). Sie gewährleisten einen möglichst unverzerrten Diskurs zwischen den
     Beteiligten am politischen Prozess.

> Die **Grundrechte** positivieren das Diskursprinzip der wechselseitigen
> Anerkennung der Gesprächsteilnehmer und geben ihm dadurch die ver-
> lässliche Rechtsform. Umgekehrt gewinnen die Grundrechte durch ihre
> diskursethische Fundierung eine horizontale Ausrichtung: Sie sind nicht
> nur (Abwehr-)Rechte im vertikalen Verhältnis zum Staat, sondern hori-
> zontale Ansprüche der Menschen gegeneinander. Diese Wechselseitigkeit
> verpflichtet jeden, dazu beizutragen, dass auch die andern ihre Grund-
> rechte wahrnehmen können.

562 **(4) Die Gewaltenteilung:** Das Diskursprinzip der symmetrischen Bezie-
     hungen unter den Teilnehmern bedeutet Chancengleichheit beim Eintritt in
     den Diskurs und während der Teilnahme daran. Auf der Ebene der delibera-
     tiven Demokratie enthält dieses Prinzip die Forderung nach **Symmetrie der
     politischen Strukturen und Prozesse.** Die individuelle Chancengleichheit
     soll durch ein institutionelles Gleichgewicht gesichert werden. Das Staats-
     recht hat dieses Gleichgewicht durch Institutionen des **Pluralismus** und der
     Machtaufteilung zu gewährleisten.

563 Der demokratische Verfassungsstaat muss daher den politischen Pluralismus
     achten, schützen und fördern. Er ermöglicht und erleichtert die Bildung von
     Organisationen der Bürgergesellschaft und gewährleistet insbesondere die
     Parteienkonkurrenz. Alle politisch aktiven Organisationen müssen intern
     wie extern nach den Grundsätzen der deliberativen Demokratie handeln. Sie
     müssen ihre interne Willensbildung demokratisch strukturieren und ihren

Einfluss auf den Staat in transparenten Verfahren geltend machen. Die Bürgergesellschaft muss deliberativ verfasst werden.

Die gleichen Grundsätze gelten für das Parlament, seine Organe und die Frak- 564
tionen. Die Wahl der Volksvertreter muss sicherstellen, dass alle politisch relevanten Perspektiven im Parlament vertreten sind. Das spricht für eine Repräsentation nach dem Prinzip der Verhältniswahl (Proporzprinzip).

Die Staatsorganisation ist nach dem Prinzip der **Gewaltenteilung** aufzubau- 565
en. Die Staatsmacht ist so unter verschiedene Behörden aufzuteilen, dass keine ohne die andere handeln kann. Indem möglichst viele Kräfte in Gesellschaft und Staat zum Zusammenwirken gebracht werden, verwirklicht sich der Gedanke der so genannten **Mischverfassung** (die Aufteilung der Staatsmacht auf die verschiedenen Kräfte und die Zuteilung geeigneter Aufgaben an einen, an wenige und an viele). Dadurch wird nicht nur die Staatsmacht gemässigt, die Behörden werden auch zur Zusammenarbeit angehalten. Auch diese Zusammenarbeit ist nach Diskursgrundsätzen zu gestalten.

Die Gewaltenteilung ist im Wesentlichen eine Garantie des **Pluralismus** im 566
Staat. Sie soll dafür sorgen, dass sich die verschiedenen Perspektiven der beteiligten sozialen Kräfte verschränken. Kriterien wie Nutzen und Gerechtigkeit, kollektives und individuelles Wohl, Solidarität und Effizienz müssen in allen wichtigen Prozeduren staatlicher Entscheidung zum Zuge kommen. Die Verfahren sind so zu gestalten, dass die Vertretung der verschiedenen Standpunkte institutionell sichergestellt ist.

Ein Ausdruck davon ist das Prinzip der Repräsentation bei der Zusammen- 567
setzung des Parlaments, insbesondere nach dem Verhältniswahlrecht. Eine besondere Ausgestaltung ist die so genannte vertikale Gewaltenteilung durch den föderalistischen Aufbau von Bundesstaaten. Hier wird der Pluralismus der Gesichtspunkte durch ein Mehrebenensystem von Bund und Gliedstaaten organisatorisch sichergestellt.

Die Gewaltenteilung beschränkt sich aber nicht auf die formellen Institutio- 568
nen des Staates. Da alle öffentliche Macht verfasst werden soll, muss sie sich auf den gesamten öffentlichen Raum beziehen. Sie betrifft daher auch das Verhältnis der Behörden zum Volk oder des Zentrums des politischen Systems zur Peripherie. Die Institutionen des demokratischen Verfassungsstaates müssen damit der Bürgergesellschaft hinreichende Instrumente zur demokratischen Steuerung und Kontrolle des Staates bereitstellen.

> **Gewaltenteilung** und **Pluralismus** institutionalisieren das Diskursprinzip der symmetrischen Beziehungen unter den Teilnehmern des Gesprächs. Der Diskurs wird dadurch auch unter Bedingungen der Macht möglichst fair strukturiert. Umgekehrt gewinnen der Grundsatz der Gewaltenteilung und jener der pluralistischen Zusammensetzung von Organen des Staates durch den Bezug auf die Diskurstheorie eine Dynamik: Scheinbar statische Strukturen legitimieren sich durch ihre Bedeutung für die Gerechtigkeit der Diskursbedingungen.

569   **(5) Die Demokratie:** Das Diskursprinzip der zwanglosen Einigung, das Konsensprinzip, führt auf der Ebene der deliberativen Demokratie zum Prinzip der **demokratischen Legitimation.** Nur die Zustimmung der Betroffenen legitimiert politische Macht. Das Staatsrecht konkretisiert dieses Prinzip zu jenem der **Volkssouveränität.** Alle staatliche Macht muss sich auf Entscheide des Volkes zurückführen lassen.

570   Die Volkssouveränität ist die Institution der staatsbürgerlichen Selbstbestimmung. In ihr entfaltet sich die **öffentliche Autonomie** der Menschen. Diese besteht in der gegenseitigen Anerkennung als Freie und Gleiche. Daher ist die Volkssouveränität eng mit dem Gegenseitigkeitsprinzip (4) verknüpft. Sie gründet in der gegenseitigen Verantwortung der Menschen im öffentlichen Raum.

571   Volkssouveränität beginnt nicht erst mit den formalisierten Verfahren der staatlichen Willensbildung. Schon die Prozesse der Bürgergesellschaft gehören zur Verfassung der deliberativen Demokratie. Politische Diskurse finden bereits in unstrukturierten Arenen statt, in welchen informelle Äußerungen die öffentliche Willensbildung anregen. Der demokratische Verfassungsstaat muss dafür sorgen, dass dieser öffentliche Prozess über institutionalisierte Volksentscheidungen zu legislativen Beschlüssen führen kann. Die Lebenswelt (die Peripherie des politischen Systems) muss in die Lage versetzt werden, in öffentlichen Diskursen jene kommunikative Macht auszubilden, welche im politischen Prozess in administrative Macht transformiert werden kann und so das Zentrum des politischen Systems zu steuern vermag[234]. Dafür braucht es Institutionen der demokratischen Deliberation. *Beispiele dafür sind Volks-*

---

234 Zur Transformation von kommunikativer Macht in administrative Macht vgl. vorne Rz. 396 f.

rechte, aber auch Mitwirkungsrechte der Öffentlichkeit an administrativen Prozessen.

Das demokratische Verfahren ist mehr als eine Methode zur Ermittlung 572
der Präferenzen der Mehrheit. Es muss als Verständigungsprozess aufgebaut werden. Seine Regeln müssen die Einigung oder zumindest den Kompromiss fördern. Das demokratische Verfahren soll Differenzen bereinigen und die strittigen Punkte reduzieren helfen. Das **Mehrheitsprinzip** ist nur eine technische Regel für den provisorischen Abschluss der Diskussion durch einen Entscheid, der jeweils nur eine Etappe im fortwährenden Prozess des Rechts darstellt. Das Diskursprinzip verlangt, dass alle demokratischen Entscheide grundsätzlich reversibel sind.

> Das **Demokratieprinzip** ist die rechtsförmige Institutionalisierung des Diskursprinzips oder die Rechtsform des Diskursprinzips. Das Demokratieprinzip verleiht dadurch dem Diskursprinzip seine praktische Wirksamkeit. Umgekehrt erhält das Demokratieprinzip erst durch seine diskursethische Begründung die Legitimationskraft als Grundlage von Staat und Recht.

(6) Die Verfahrensgerechtigkeit: Das Prinzip der **Stufengerechtigkeit** von 573
Diskursen folgt nicht direkt aus der Diskurstheorie, sondern erst aus den praktisch notwendigen Relativierungen des Ideals. Es ist damit von Anfang an ein Prinzip der deliberativen Demokratie. Stufengerechtigkeit ist das Kriterium, nach welchem sich die Hierarchie aller Diskursformen zu richten hat: Zuoberst steht der moralische Diskurs, darunter folgen der ethische Diskurs, der juristische Diskurs, der zweckrationale Diskurs und schliesslich die faire Verhandlung[235]. Der Grundsatz der Stufengerechtigkeit bildet den Kern einer Institutionenlehre der deliberativen Demokratie.

Aufgabe des Staatsrechts ist es, diese Diskursstufen zu verfassen. Das Leit- 574
prinzip dabei ist jenes der Verfahrensgerechtigkeit. Diese bedeutet zweierlei: Je nach ihrer ethischen Stufe sind politische Verfahren unterschiedlichen **Verfahrenstypen** zuzuordnen (1). Die Wahl des Verfahrenstypus ist jeweils so zu

---

235 Vgl. vorne Rz. 392 f.

treffen, dass jedes politische Problem im **stufengerechten Verfahren** gelöst werden kann (2).

575 **(1) Verfahrenstypen:** Die politischen Auseinandersetzungen können grob in drei Typen unterschiedlicher ethischer Stufe gegliedert werden: a) Gerechtigkeitsfragen, b) Fragen der kulturellen Selbstverständigung und c) Interessenkonflikte.

576 a) **Gerechtigkeitsfragen** können nach verallgemeinerbaren Kriterien des Zusammenlebens beantwortet werden. Sie sind Gegenstand eines moralischen Diskurses, in welchem eine vernünftige Verständigung über moralische Fragen gesucht wird und jeder den Rollentausch vornehmen und die Perspektiven aller Übrigen einnehmen soll. Das wird durch besonders breite Repräsentation gefördert. Die Bürgergesellschaft muss breit einbezogen werden. Auch marginale Gruppen müssen ihren Anliegen Gehör verschaffen können. Letztlich muss jeder Einzelne ein Entscheidungsverfahren auslösen können. Deshalb sind Gerechtigkeitsfragen vorrangig der Justiz zu übertragen, die von allen angerufen werden kann und ein unparteiisches Urteil zu fällen hat.

577 b) Fragen zum **kulturellen Selbstverständnis** einer politischen Gemeinschaft lassen sich nach den relativen Werten der herrschenden Kultur beantworten. Sie sind politische Grundsatzfragen und in ethischen Diskursen zu entscheiden. Es mischen sich darin Fragen der vernünftigen Verständigung über moralische Fragen (a) mit Vereinbarungen über Interessenstandpunkte (c). Hier geht es um die Integration der Vielheit in eine offene Einheit. Der Diskurs kann deshalb stellvertretend von Repräsentanten, insbesondere im Parlament, geführt werden.

578 c) **Interessenkonflikte,** welche keine generalisierbaren Positionen betreffen, sind in fairen Verhandlungen zu entscheiden. Hier genügt es, wenn alle direkt Betroffenen an der Vereinbarung beteiligt werden. Das kann auch ausserhalb der demokratischen Institutionen in Mitwirkungsverfahren zwischen einer Teilöffentlichkeit und der Verwaltung geschehen. Allerdings können auch solche Themen eine breitere Öffentlichkeit berühren und müssen dann demokratisch entschieden werden.

579 **(2) Stufengerechte Verfahren:** Nach dem Konzept der deliberativen Demokratie soll jede politische Frage in der für sie höchstmöglichen Diskursstufe beraten werden. Die Abstufung der verschiedenen Diskursformen muss durch die Art der zu beratenden Gegenstände legitimiert werden. Abstriche an den Forderungen des moralischen Diskurses müssen jeweils in einem höherstu-

figen Diskurs begründet werden können. Dass etwas als Verhandlung beraten wird, muss sich im ethischen Diskurs rechtfertigen lassen; dass etwas im ethischen Diskurs beraten wird, muss sich im moralischen Diskurs legitimieren. Diese Kaskade bildet den Kern einer deliberativen Institutionenlehre.

Aufgabe des Staatsrechts ist es, auf dieser Grundlage festzulegen, für welche 580 Fragen welche Diskursart institutionalisiert werden soll und wie die Diskurse zu gestalten sind. Grundprinzip dafür ist die **Legitimation durch Verfahren.** Demokratisch getroffene Entscheide sind legitim, wenn sie im richtigen Verfahren und unter Einhaltung diskursiv begründeter Spielregeln getroffen worden sind. Das Verfahren muss dabei den verschiedenen Diskursformen der Politik Rechnung tragen.

Diese Aufgabe löst der demokratische Verfassungsstaat mit der **Hierarchie der** 581 **Erlassstufen** und mit dem **Geltungsvorrang der Verfassung.** *Verhandlungen über effiziente Problemlösungen im Netzwerk der Governance müssen sich im Rahmen demokratischer Gesetze bewegen; diese müssen auf verfassungskonforme Weise zustande gekommen sein; die Verfassung muss jederzeit revidierbar sein, wenn das Volk dies verlangt.*

Fragen der Gerechtigkeit sollen auf Verfassungsstufe beantwortet werden. In 582 erster Linie geht es dabei um die Frage der Machtverteilung im Staat. Dazu gehören insbesondere die Institutionen der Demokratie und des Rechtsstaates sowie die Grundrechtsordnung. Auch Staatsaufgaben können dazu gehören, soweit sie die Grundzüge der Sozialordnung umschreiben. In einem Bundesstaat gehören die Staatsaufgaben zur Gerechtigkeitsordnung, weil zu entscheiden ist, wie die vertikale Gewaltenteilung auszugestalten ist. Die Verfassung ist als eigene Diskursstufe auszugestalten, indem entweder das Volk direkt an der Rechtsetzung beteiligt oder die Abänderung der Verfassung sonstwie erschwert wird.

Ethische Fragen sind im Verfahren der formellen Gesetzgebung zu beraten. 583 Hier geht es insbesondere um die Staatsaufgaben und die Rechte und Pflichten der Menschen im Land. Gerechtigkeitsfragen können auch auf dieser Stufe beantwortet werden, allerdings nur nach Massgabe von Grundentscheidungen der Verfassung. Zuständig muss hier mindestens das Parlament sein. Zweitrangige Fragen dürfen an die Regierung oder an die Verwaltung delegiert werden, wenn die Grundzüge der Regelung im formellen Gesetz enthalten sind (Delegationsprinzip).

584 **Interessenkonflikte** dürfen Gegenstand von Verhandlungen zwischen der Verwaltung und Privaten sein, wenn die Entscheidungsgrundlagen auf höherer Diskursstufe hinreichend bestimmt worden sind (Gesetzmässigkeitsprinzip). Oft sind aber Interessen und ethische Fragen miteinander vermischt. Dann sind sie dem Parlament vorzubehalten. Diese Fragen machen daher den Grossteil der Parlamentsberatungen aus.

585 **Direkte Demokratie, halbdirekte Demokratie und parlamentarische Demokratie sind Verfassungsentscheidungen, welche die Diskursstufen unterschiedlichen Staatsorganen zuordnen.** Nach dem Konzept der deliberativen Demokratie sollten die wichtigsten Fragen der Gerechtigkeit in der Form der direkten Demokratie entschieden werden (obligatorisches Referendum). Ethische Fragen dürfen an das Parlament delegiert werden, allenfalls mit dem Recht des Volkes, Einzelfragen an sich zu ziehen (fakultatives Referendum). Der reine Parlamentarismus entscheidet sich von vornherein für einen stellvertretenden Diskurs in sämtlichen Fragen aller Diskursstufen. Dieser Entscheid ist auf einer höheren Diskursstufe zu begründen. Wenn diese Diskursstufe aber gar nicht institutionalisiert ist (d.h. auch die Verfassung dem Parlament anheim gestellt bleibt), fehlt die zentrale Legitimation des Systems.

586 **Verfahrensgerechtigkeit** gilt aber nicht nur innerhalb der formalisierten staatlichen Prozesse. Sie muss auch in der **Bürgergesellschaft,** insbesondere in ihren Beziehungen zum Staat zur Geltung kommen. Die hier ablaufenden Willensbildungsprozesse sind nach den gleichen Grundsätzen zu verfassen wie die staatlichen. Da sie allerdings ihren Charakter verlieren müssten, wenn sie formalisiert würden, kann es hier nur darum gehen, faktische Einschränkungen der Teilnahme und Verzerrungen der Prozesse zu korrigieren, indem Transparenz geschaffen sowie breite und faire Partizipation ermöglicht wird.

Das Prinzip der **Verfahrensgerechtigkeit** ist die staatsrechtliche Verfassung des ethischen Prinzips der Stufengerechtigkeit. Es konkretisiert das Konzept der Deliberation auf der Ebene des Staatsrechts. Umgekehrt erlangt das Prinzip der Verfahrensgerechtigkeit durch die deliberative Abstufung eine grundsätzliche Ausrichtung. Legitimation durch Verfahren setzt voraus, dass das legitimierende Verfahren seinerseits durch höherstufige Verfahren legitimiert wird.

Zusammen bilden die sechs **Verfassungsgrundsätze** einer deliberativen Demokratie – Rechtsstaat, Verantwortlichkeit, Grundrechte, Gewaltenteilung, Demokratie und Verfahrensgerechtigkeit – den Kern einer **Verfassung des öffentlichen Raums.** Sie konstituieren den demokratischen Verfassungsstaat als rechtliche Ausformung des Konzepts der deliberativen Demokratie.

4.3.   Exkurs: Ma'at – die antike Verfassung Ägyptens

Ein Kultur- und Rechtsvergleich kann uns den Blick für die Eigenheiten unserer eigenen Staatsordnung schärfen. Soll Grundlegendes sichtbar gemacht werden, eignet sich vor allem der Vergleich zwischen Gesellschaftsordnungen, die genügend Gemeinsamkeit aufweisen, um vergleichbar zu sein, sich aber trotzdem stark voneinander unterscheiden. Dies trifft auf den pharaonischen Staat des antiken Ägyptens zu.

Zunächst ist zu erläutern, warum sich Ägypten für einen solchen Vergleich eignet (Ziff. 4.3.1.). Zum besseren Verständnis der antiken Vorstellungswelt sind sodann einige Hinweise auf die grundlegenden Merkmale des ägyptischen Denkens erforderlich (Ziff. 4.3.2.); auf diesem Hintergrund soll die Ma'at als ägyptische Verfassungslehre skizziert werden (Ziff. 4.3.3.); schliesslich soll nach möglichen Lehren für die heutige öffentliche Ordnung gefragt werden (4.3.4.).[236]

4.3.1.   Die Eignung Ägyptens für einen Kultur- und Rechtsvergleich

587   Ägypten ist eine der wichtigsten **Quellen der abendländischen Kultur.** Sein Einfluss wirkt über die jüdisch-christliche Traditionslinie und über die antike griechische und römische Kultur bis heute nach. Vor allem aber war Ägypten der erste grossflächige Territorialstaat[237]. Er ersetzte die Sippengemeinschaften und lokalen Patronate durch ein System bürokratischer Herrschaft, das Millionen von Menschen umfasste. Fünftausend Jahre vor unserer Zeit entwickelten die Ägypter jene Herrschaftsform, die wir heute als Staat bezeichnen.[238]

588   Für eine Verfassungslehre ist besonders bedeutsam, dass Ägypten die erste Herrschaftsform war, die **politische Macht systematisch an das Recht band.** Alle Beamten bis hinauf zum Wesir, dem Stellvertreter des Pharao, waren für ihr Handeln rechenschaftspflichtig. Ein differenziertes Justizsystem entschied über die Rechtsstreite. In einem elementaren Sinn kann gesagt werden, Ägyp-

---

236 Der Verfasser verfügt freilich nur über beschränkte Kenntnisse der Ägyptologie und vermag daher kein differenziertes Bild zu vermitteln. Grobe Missverständnisse sollten dank wertvollen Hinweisen von Jan Assmann und Erik Hornung, denen für die Durchsicht dieses Abschnitts herzlich gedankt sei, vermieden worden sein.
   – Die vorliegende Skizze abstrahiert von späteren Wandlungen im Konzept der Ma'at, die es trotz der hohen Beständigkeit der Wertvorstellungen während Jahrtausenden nach der Zeit Echnatons im Neuen Reich gegeben hat.
237 Jan Assmann, Ägypten, 51.
238 Ders., Ägypten , 60 ff.

ten sei der erste Rechtsstaat gewesen[239]. Dies trifft insofern zu, als der ägyptische Staat seine Macht durch das Recht beschränkte und legitimierte. Für einen Rechtsstaat im modernen Sinne fehlten freilich zentrale Institutionen wie die Grundrechte oder die Gewaltenteilung.

Anderseits war Ägypten äusserst hierarchisch aufgebaut und kannte keinerlei Formen von demokratischer Mitbestimmung[240]. Deliberative Demokratie und pharaonischer Staat stehen in schärfstem Gegensatz zueinander. Macht wurde nicht durch Zustimmung der Betroffenen legitimiert, sondern einzig vor den Göttern. Ägypten war eine Theokratie, keine Demokratie.[241]   589

Die Unterschiede sind nicht nur faktischer Art. Sie betreffen auch die Denkweise und die Ethik. Das antike Ägypten bewegte sich in bildhaften Denkformen. Es kannte weder die Philosophie der Griechen noch die Vernunft der europäischen Aufklärung. Die ägyptische Gesellschaftsordnung war auch in ihrer Idealvorstellung nicht egalitär, während die unsrige zumindest ihrem Ideal nach die Freiheit und Gleichheit aller Menschen postuliert.   590

Das antike Ägypten eignet sich daher als Kontrastfolie zum modernen Staatskonzept. Sollten sich trotz der grossen Unterschiede Gemeinsamkeiten ausweisen lassen, so würde dies auf einen universalen Geltungsanspruch der gemeinsamen Werte hinweisen. Eine solche Gemeinsamkeit findet sich tatsächlich im Konzept des richtigen sozialen Handelns, das wir Gerechtigkeit nennen und das bei den Ägyptern Ma'at heisst. Das soll im Folgenden erläutert werden (vgl. den Kasten «Der pharaonische Staat»).   591

Der pharaonische Staat

«Im AR (Altes Reich, Pyramidenzeit, 2665–2155 v.Chr., A.d.V.) hat sich unter dem Dogma des göttlichen Königtums aus der patriarchalischen «Beauftragung» der Prinzen mit Regierungsämtern ein zentralistischer, straff organisierter Beamtenstaat entwickelt mit einem Wesir an der Spitze. Fünf Büros, darunter das königliche Sekretariat, verwalteten im AR die Akten und fertigten die Dekrete aus. Die Abgaben des Landes sammelten sich im Schatzhaus. Feudalismus und Bürokratie, dazu das wachsende Innewerden der individuellen Persönlichkeit, führten auf der Grundlage

---

239 So EMMA BRUNNER-TRAUT, Kleine Ägyptenkunde, 150.
240 JAN ASSMANN, Ägypten, 150 f.
241 DERS., Ägypten, 332 ff.

gleichen Dogmas zwar zu Krisen, aber jeder Neuaufbau richtete sich wieder am Königtum aus als der alleinigen legitimen Wurzel aller staatlichen Macht. Beauftragt werden konnten von der Zentralregierung auch ganze Klassen, wie die Priester. In seinem Amt als höchste richterliche Instanz war selbst der Wesir nur Stellvertreter des Königs, wie alle Vertreter der Bürokratie und Landesverwaltung einen Teil der vom König delegierten Macht innehatten.

Ägypten ist – ganz im Unterschied zu den meisten altorientalischen Ländern – ein **Rechtsstaat** katexochen. Der König, der die Ma'at verwirklicht und hütet, ist die Quelle des Rechts. Er erlässt die Gesetze, Dekrete und Anordnungen. Schon früh gibt es Rechtsbücher, die das Verwaltungs-, Sachen-, Zivil- und Strafrecht betreffen; die Sammlungen liegen beim Wesir. Neben sechs grossen Gerichtshöfen stehen lokale Beamtenkollegien und für besondere Fälle auch Sondergerichte, wo ausser Prozessen notarielle Erhebungen durchgeführt werden.»

(Auszug aus: EMMA BRUNNER-TRAUT, Kleine Ägyptenkunde, 150)

4.3.2. Die Spannung von Ordnung und Chaos

592 Das dominante Thema im antiken ägyptischen Weltbild ist die Polarität von Ordnung und Chaos. Alle Sinngebung strebt nach Ordnung. Das Chaos ist die fortwährende Gefahr für das Leben. Allerdings ist es zugleich notwendiges Element geordneter Bewegung. Um dies zu verstehen, bedarf es dreier Voraussetzungen. Grundlegend ist der nichtlineare Zeitbegriff der Ägypter: Die Zeit schreitet nicht linear fort, sondern dreht sich im Kreis (1). Ferner pflegen die Ägypter kein anthropozentrisches Weltbild, sondern richten das menschliche Leben auf die Gesetze des Kosmos aus: Der Mensch und seine Gesellschaft sind Teil kosmischer Prozesse (2). Schliesslich sind das Gute und das Böse zwar im Streit miteinander, aber auf komplementäre Weise verbunden (3).

593 **(1) Eine Zeit ohne Fortschritt:** Wir modernen Menschen empfinden Zeit als eine lineare Dimension, welche von der Vergangenheit über die Gegenwart in die Zukunft fortschreitet. Wir blicken in die Zukunft, auf das Neue, das auf uns zukommt. Der Ägypter blickt in die Vergangenheit[242] und auf den Kreislauf der Zeiten, auf den Rhythmus der Tage und Jahre, in welchen sich die Zeit

---

242 JAN ASSMANN, Zeitkonstruktion, 122.

einordnen lässt. Die lineare Zeit ist für ihn nur wertvoll, soweit der Staat sie durch Veränderung strukturiert. Der Staat «macht Geschichte», d.h. schafft neue Verhältnisse, etwa wenn Ramses II. nach der legendären Schlacht bei Kadesh den ersten Friedensvertrag der Geschichte schliesst und Krieg durch vertraglichen Frieden ersetzt[243]. Lineare Zeit hat sodann noch Bedeutung, wenn es darum geht, Verantwortung für vergangenes Handeln geltend zu machen. Hier hat der Blick zurück in die Vergangenheit Folgen für das ethisch geforderte zukünftige Handeln des Einzelnen.

In kosmischen Bezügen und in allen menschlichen Belangen, welche das konkrete Handeln des Einzelnen übersteigen, kennen die Ägypter hingegen nur zwei Formen der Zeit: die zyklische Zeit (Neheh) und die Dauer (Djet). Beide Dimensionen von Zeit negieren den Wandel und das Irreversible. 594

- **Neheh,** die zyklische Zeit, ist die ewige Wiederkehr des Gleichen. Sie ist die Form, in welcher sich der Kosmos und das menschliche Leben bewegen. Das Weltgeschehen ist ein Prozess dauernder Erneuerung, aus dem immer wieder das Gleiche hervorgeht. «Der ägyptische Kosmos ist ein Prozess, aber kein Progress»[244]. Das Leben ist ein dauerndes Werden und Vergehen, kein Sein. Der Sinn des Lebens ist, diesen Kreislauf aufrechtzuerhalten.[245]
- **Djet,** die Dauer, ist stillstehende Zeit; sie ist der heilige Raum der Dauer, in welchem alles Gewordene in seiner Vollendung unwandelbar aufgehoben wird. Djet ist die Ewigkeit des Lebens nach dem Tode.[246]

Die kultische Bemühung ist in erster Linie auf die zyklische Zeit ausgerichtet. 595
Der Sinn der Welt ist der Kreislauf[247]. Kultische Rituale bilden die kosmischen Gesetze nicht nur ab, sondern konstituieren sie mit. Menschen und Götter haben die Aufgabe, diesen zirkulären kosmischen Prozess in Gang zu halten. Wenn sie in dieser Aufgabe versagen, droht das Chaos, der Zusammenbruch der Weltordnung.[248]

(2) Die kosmologische Ausrichtung des Lebens: Das soeben Gesagte widerspricht dem modernen Denken in Kausalbezügen. *Wie soll der Lauf der Sonne* 596

---

243 Ders., Ägypten, 298.

244 Jan Assmann, Ma'at, 197.

245 Dieser Kreislauf muss nicht eine reine Repetition sein. Nach Maulana Karenga war die Vergangenheit in ihrer ursprünglichen Vollkommenheit ein Ziel, welchem die Ägypter nacheiferten und dabei versuchten, es in neuer Perfektion zu verwirklichen (Maat, 211).

246 Jan Assmann, Zeitkonstruktion, 112 f.; ders., Ägypten, 26 ff., 32 ff.

247 Ders., Zeitkonstruktion, 124 f.

248 Ders., Ägypten, 88; Maulana Karenga, Maat, 200. Gott und Mensch stehen im alten Ägypten in einem reziproken Verhältnis (a.a.O., 306).

vom Verhalten der Menschen und ihrer Götter abhängig sein? Die Naturgesetze wirken nach unserem Weltbild losgelöst von unserem Dazutun. Im alten ägyptischen Denken hingegen besteht eine Wechselwirkung zwischen Mensch und Kosmos. Zwischen menschlichem Wohlverhalten und kosmischem Rhythmus besteht eine mythische Analogie oder Parallelität, die wir in unserer Sprache als wechselseitige Kausalität bezeichnen müssen. Die Menschen befriedigen durch ihren Kult die Götter und diese halten dafür den Kosmos in Gang, der wiederum menschliches Leben auf der Erde ermöglicht.

597   Während wir seit der **cartesianischen Trennung von Subjekt und Objekt** den Kosmos nur noch beobachten können, weil er als Objekt vom erkennenden Subjekt geschieden worden ist, erlebt sich das ägyptische Denken als Teilnehmer im kosmischen Prozess, vergleichbar dem, wie wir uns als Teilnehmende in sozialen Bezügen erleben. Und ebenso, wie wir unser soziales Handeln nicht primär kausal, sondern nach seinem Sinn und seinem Wertbezug beurteilen, versteht das ägyptische Denken die kosmischen Prozesse als Herstellung eines übergreifenden Sinns und einer ganzheitlichen Wertordnung.

598   Der Mensch versteht sich im alten Ägypten als **Teilnehmer am kosmischen Geschehen.** Mensch und Natur sind nicht zwei getrennte Welten, sondern bilden eine kosmische Gemeinschaft des Zusammenlebens von Menschen und Göttern mit der Natur. Kosmische Prozesse werden als Handlungen verstanden; deren Erkenntnis ist Interpretation, nicht Kausalanalyse.[249]

599   Aus heutiger Warte fällt es nicht leicht, diese Weltsicht zu begreifen. Wir «interpretieren das Seiende, aber konstituieren es nicht mit»[250]. Wir mögen zwar im Einklang mit einer kosmischen Struktur handeln, nehmen aber an, diese existiere unabhängig von unserem Dazutun. Wir erleben uns als vom Kosmos abgelöstes Individuum, das zwar von den Gesetzen der Natur abhängig ist, diese aber nicht beeinflussen kann. Dieser Abbruch der Wechselwirkung ist allerdings ein Produkt des europäischen Individualismus. Unser Menschenbild erschwert uns den Zugang zum Kosmos des alten Ägyptens. Wer der afrikanischen Tradition verbunden ist, kann die ägyptische Weltsicht viel leichter verstehen[251].

---

249   Jan Assmann, Ägypten, 238.
250   Friedrich Junge, Ma'at, 145 ff., 157. Junge kritisiert in diesem Punkt die hier übernommene Darstellung des ägyptischen Weltbildes durch Assmann.
251   Dies gilt für Maulana Karenga (Maat, 10, 200). Nach ihm pflegten die Ägypter ein Menschenbild ohne individuelles Selbst im modernen europäischen Sinn. Die Person definierte sich über ihre sozialen Beziehungen (a.a.O., 254). Karenga sieht darin die Wurzel einer kommunitaristischen Ethik,

Eine Schlüsselrolle für das Verständnis der kosmologischen Ausrichtung des 600
Lebens im alten Ägypten spielt die **Sprache.** Sprache hat in diesem Weltbild
nicht nur eine Abbildfunktion, in welcher sie Wahrnehmungen wiedergeben
und kommunizieren soll. Die Sprache erschafft die Welt, von der sie spricht.
Dies gilt insbesondere für die kultische Sprache, welche aus der Vielfalt natürlicher Phänomene erst einen Kosmos, d.h. ein sinnvoll geordnetes Ganzes,
herstellt. Damit ist nicht nur gemeint, dass sie den Phänomenen einen Sinn
verleiht und sie verstehbar macht. Im mythischen Weltbild wirkt Sprache auch
magisch. Der Kult wirkt auf den Kosmos ein und trägt zu dessen Ordnung bei.
Der Mensch ist ja Teilnehmer im Kosmos und daher für die kosmischen Gesetze mitverantwortlich. Sprache ist eine schöpferische Kraft.[252]

Während das moderne Denken Sprache in erster Linie analytisch nutzt, um 601
Erkenntnisse zu differenzieren, d.h. um Unterschiede auszudrücken und damit Trennungen vorzunehmen, bemüht sich das ägyptische Denken darum,
Sprache holistisch zu nutzen, um aus der Vielheit der Phänomene möglichst
eine Einheit herzustellen. Die ägyptische Sprachwelt ist voller **dualer Begriffe,**
welche wir zunächst als Unterscheidungen verstehen, die aber eine polare Zuordnung zu einem unaussprechlichen Ganzen meinen. Dies gilt zunächst für
die gesamte Götterwelt, welche das unaussprechliche Göttliche in seinen Ma-
nifestationen andeuten soll. Es zeigt sich in den Doppelnamen vieler Götter
(z.B. Amun-Re), aber auch in den Polaritäten von Himmel und Erde, Unter-
und Oberägypten, Horus und Seth (als den Symbolen für Ordnung und Chaos, Recht und Gewalt oder Gut und Böse[253]) oder den beiden Zeitdimensionen
Neheh und Djet als Dynamik und Dauer[254].

Wenn der Ägypter die Dualität der Begriffe betont, dann meint er diese Zwei- 602
heit immer als **Komplementarität.** Alles Seiende ist vom Einen, Unaussprech-

---

welche die gemeinsame Orientierung afrikanischer Gesellschaften bildet (a.a.O., 256). Die altägyptische Ma'at ist für ihn heute noch moralisches Vorbild.

252 DERS., Maat, 187 ff. Das gilt aus ägyptischer Sicht sowohl für das Wort Gottes wie für jenes der Menschen (a.a.O., 187). Vgl. die Macht der Sprache im bekannten Anfang des Johannes-Evangeliums: «Im
Anfang war das Wort».

253 Dazu gleich mehr unter (3).

254 Das duale Verständnis gestattet das sonst widersprüchliche Nebeneinander von zwei unterschiedlichen Zeitbegriffen: Beide Zeiten sind nicht analytische Instrumente der Beschreibung, sondern
normative Konstrukte der Gestaltung – sie sollen je eine Seite des Kosmos strukturieren. Alles, was
sich verändern muss, soll zyklisch verlaufen; alles, was vollendet ist, soll unveränderlich bleiben. Das
Prinzip ist beide Male die Ewigkeit: hier die ewig gleiche Bewegung, dort die ewige Dauer. – Allerdings ist selbst diese Unterscheidung nicht endgültig: Auch die Götter haben ihre Dauer nur dank
zyklischer Erneuerung (ERIK HORNUNG, Der Eine und die Vielen, 159 ff., 170).

lichen getrennt und tritt nur als Vielheit auf. Vielheit kann nur bis auf eine Zweiheit reduziert werden, wenn sie greifbar (begrifflich) bleiben soll. Diese Zweiheit wird vom Ägypter aber komplementär, nicht kontradiktorisch, verstanden. Immer müssen wir beide Seiten zusammen denken, um der ägyptischen Sinngebung nahe zu kommen. Nur so auch lassen sich die praktische Rationalität und das mythologische Weltbild des alten Ägyptens vereinen.[255]

603 Das Duale als Ausdruck einer höheren **Ganzheit** zu begreifen ist der Schlüssel zum Verständnis vieler scheinbarer Widersprüche im ägyptischen Denken. Ordnung und Chaos oder Gut und Böse sind zwar Gegensätze, aber sie sind das nicht in einem kategorischen Sinne, der sie unversöhnlich machen würde, sondern sie stehen zueinander in konstruktivem Ergänzungsverhältnis. Sie sind eben Dualitäten, in welchen sich ein höheres Ganzes manifestiert.

604 Unsere Mühe mit dieser holistischen Konzeption rührt vom kategorischen **Wahrheitsbegriff,** der unser Denken seit der griechischen Logik bestimmt. Danach kann das Gegenteil des Wahren nur unwahr sein. *Tertium non datur. Ein Drittes gibt es nicht.* Ein Drittes zwischen Wahrheit und Unwahrheit würde uns paradox erscheinen. Zwingend erscheint uns diese Logik aber erst seit der Einführung des Monotheismus, welcher zwischen der einzigen wahren Religion und allen anderen, unwahren Religionen unterscheidet (die so genannte mosaische Unterscheidung nach JAN ASSMANN[256]). Wahrheit wird erst mit dem Ausschliesslichkeitsanspruch einer Religion zu einer trennenden Kategorie. Dem ägyptischen Polytheismus war diese Unterscheidung fremd. Für ihn gab es nur relative Unterschiede religiöser Ausrichtung. Ein bestimmtes Weltbild war nicht wahr oder unwahr. Verschiedene Bilder konnten sich zu einem Ganzen ergänzen. Jeder der vielen Götter konnte das Höchste Wesen bedeuten[257].

605 Die Dimension der Wahrheit war ferner von jener der **Richtigkeit** noch nicht kategorisch unterschieden, weil der Standpunkt des Beobachters nicht von jenem des Teilnehmers isoliert war. Heute bezeichnen wir die Qualität einer Beobachtung als wahr und jene einer Teilnahme als richtig. Wenn der Ägypter sich aber als Teilnehmer am Kosmos empfindet, kann er Wahrheit und Richtigkeit nicht trennen. Wenn Sprache nicht nur Abbild einer Wirklichkeit,

---

255 ERIK HORNUNG, Der Eine und die Vielen, 256 f. HORNUNG zeigt, dass es falsch wäre, den Ägyptern bloss ein mythisches Denken zuzuschreiben. Ihr Denken ist vielmehr durch eine auch für uns fruchtbare mehrwertige, komplementäre Logik geprägt (a.a.O., 252 ff.).

256 JAN ASSMANN, Moses der Ägypter, 17 ff.

257 ERIK HORNUNG, Der Eine und die Vielen, 251 f.

sondern deren magische Gestaltung ist, dann muss eine Aussage vor allem
richtig sein. Sie ist dann immer eine ethisch zu bewertende Handlung, eine
Tat.[258] Wahrheit bedeutet damit vor allem die Forderung nach Wahrhaftigkeit dessen, der beansprucht, eine richtige Äusserung zu tun. Das richtig (d.h.
aufrichtig) Gemeinte hat die Qualität einer symbolischen Wahrheit. Wahr ist,
was Sinn macht, d.h. eine richtige, ausgewogene Ordnung der Dinge herstellt.
Die Wahrheit spricht, wer das Richtige sagt und als Teilnehmer die Verantwortung für das Gesagte übernimmt[259]. Wahrheit und Richtigkeit, Sein und
Sollen sind im ägyptischen Denken noch nicht getrennt.

(3) **Das Gute und das Böse:** Der symbolische Charakter von Wahrheit kommt 606
im Mythos von Horus und Seth besonders deutlich zum Ausdruck: Nach der
Legende hat Seth seinen Bruder Osiris ermordet. Dessen Sohn Horus rächt
den Tod seines Vaters an Seth. Während Seth der Gott der Gewalt ist, hat der
Knabe Horus allerdings nur das Recht und die Zivilisation auf seiner Seite.
Dieser Kampf unter Ungleichen wird denn auch nicht als Gefecht unter Fein-
den, sondern als gerichtlicher Prozess ausgetragen. Die Götter geben Horus
Recht, vernichten oder verbannen Seth jedoch nicht. Sie schlichten den Streit,
indem sie das Haus des Ptah (Ägypten) unter den beiden aufteilen. Horus erhält Unterägypten, Seth Oberägypten. Fortan bleibt es Aufgabe jedes Pharao,
die beiden Länder zu vereinigen.[260]

---

258 Typisch für die fehlende Trennung von Wahrheit und Richtigkeit ist, dass wir den Begriff der Ma'at
    zugleich mit Gerechtigkeit und mit Wahrheit übersetzen müssen und dass man die Ma'at sowohl tun
    als auch sagen konnte. Die Ma'at, die man tut, nennen wir Gerechtigkeit, jene, die man sagt, Wahrheit
    (JAN ASSMANN, Ma'at, 70).
259 Wer die Ma'at sagt, gibt primär Gewähr für die Richtigkeit seiner Äusserung als Handlung, nicht für
    die empirische Überprüfbarkeit des Wahrheitsgehalts seiner Aussage im modernen Sinn von Wahr-
    heit. Die Ma'at, die man sagt, bezeichnet einen Sprechakt, der sich rechtfertigen lässt, d.h. sich durch
    seinen Sinngehalt legitimiert.
260 JAN ASSMANN, Ägypten, 55 ff. Nach der Legende weist ein zweites Urteil Horus denn auch das verei-
    nigte Reich zu (während Seth zum Herr der Wüste wird). Dadurch wird aus der blossen Schlichtung
    eines Streits die Schaffung eines Rechtsfriedens. Die Verpflichtung auf Gerechtigkeit siegt über das
    Anliegen der Versöhnung blosser Interessen. Rechtsstaatlichkeit tritt an die Stelle von Machtaus-
    gleich.

Abbildung 4-4: Horus und Seth beim «Vereinigen der beiden Länder», Thronsockel aus Lischt, Sesostris I. (um 1950 v.Chr.)[261]

607   In diesem Mythos ist Horus das Symbol des Guten und Seth jenes des Bösen. Das Böse wird zwar überwunden, nicht aber ausgemerzt. Es muss immer wieder in das Leben integriert werden. Deshalb verkörpert jeder König in sich sowohl Horus wie Seth. Er ist Herr über das Gute und das Böse. Seine Aufgabe ist, den Schiedsspruch der Götter dadurch zu vollenden, dass er die beiden Länder wieder vereinigt, also Gut und Böse miteinander versöhnt.[262]

608   Gut und Böse sind hier Dualitäten, welche zugleich **Gegensatz und Synthese** bedeuten. Ma'at, das Wahre und Gerechte, besteht nicht in der dauerhaften Vernichtung des Bösen, sondern im ewigen Kreislauf der Bewegung zwischen den beiden Polen. Das Gleiche gilt für die anderen Gegensätze, welche durch Horus und Seth symbolisiert werden: Ordnung steht gegen Chaos, Recht gegen Gewalt, Vernunft gegen Trieb. Aber so, wie Ordnung auch Bewegung braucht, kommt Recht nicht ohne Gewalt aus, noch Vernunft ohne Emotion.

609   Genau genommen ist es heikel, wenn wir Horus und Seth mit Gut und Böse gleichsetzen. Wohl ist Seth die negative Gegenkraft des Guten und Richtigen (der Ma'at), weil er jede Ordnung verneint und ihre Regelhaftigkeit verletzt.

---

261 Aus: JAN ASSMANN, Ägypten, 59.
262 DERS., Ägypten, 57.

Er ist aber eine notwendige dynamische Kraft der Schöpfung und wird zeitweise verehrt (wie der Königsname Sethos belegt)[263]. So erhält er im Götterhimmel die Aufgabe, die Sonnenbarke vor dem Apophis-Drachen zu schützen, der das kosmische Chaos personifiziert und damit droht, den Sonnenlauf zum Stillstand zu bringen[264]. Seth ist damit auch eine konstruktive Gewalt. Insgesamt bildet die Erzählung von Horus und Seth das Paradigma sowohl für das Trennungsdenken wie für das ganzheitliche Denken, welches die Gegensätze umgreift[265].

Für das antike Ägypten ist kennzeichnend, dass der Mythos von Horus und 610 Seth nicht rein moralische Funktion hat, sondern als Mythos der **Staatsgründung** Ägyptens dient[266]. Er hat die Aufgabe, den Staat, d.h. den Pharao zu legitimieren. Denn der König ist es, der die Aufgabe der Versöhnung aller Gegensätze hat. Ohne ihn lässt sich der Götterstreit nicht befrieden; nur er kann den Menschen das Zusammenleben am Nil garantieren. Der Friede ist ein Rechtsfriede, der Sieg des Rechts über die Gewalt ist ein Vertrag, der beide Parteien zufrieden stellt[267]. Die Gewalt wird in den Dienst des Rechts gestellt. Das ist der Auftrag der Götter an den König. Die Richtschnur dafür ist die Ma'at.

Die Symbolik der Versöhnung aller Dualitäten gilt es im Auge zu behalten, 611 wenn versucht wird, das Konzept der **Ma'at** zu verstehen. Diese ist trotz ihrer positiven Bewertung als Gerechtigkeit und Wahrheit nicht Partei im ethischen Kampf des Guten gegen das Böse, sondern ein durchgehendes Konzept der Ausgewogenheit der Kräfte, für das Gleichgewicht der Schöpfung[268]. Ma'at ist nicht mit Horus gleichzusetzen, sondern umfasst auch Seth. Sie ist die ausgewogene Dynamik von Gut und Böse. Daher auch das Bild der **Waage** als Symbol des Gleichgewichts und der Harmonie.

---

263 ERIK HORNUNG, Maat, 385 ff., 425.
264 JAN ASSMANN, Ägypten, 59. Das eigentlich Böse ist denn auch der Stillstand, nicht die Unruhe, welche Seth in die zyklisch bewegte Ordnung bringt (DERS., Ma'at, 176). Die Negation des Seins ist daher das Chaos, das in der Gestalt von Apophis, der Schlange aus dem Urgewässer, dargestellt wird (ERIK HORNUNG, Der Eine und die Vielen, 168 f.).
265 MAULANA KARENGA, Maat, 206.
266 JAN ASSMANN, Ma'at, 248 f.
267 DERS., Ägypten, 59; ERIK HORNUNG, Maat, 427.
268 HILARY WILSON, Hieroglyphen, 54.

Abbildung 4-5: Das Totengericht[269]

4.3.3. Die Ma'at

612   Die Ma'at wird in bildlichen Darstellungen als Göttin mit einer Feder auf dem
Kopf dargestellt. Oft trägt sie grosse Flügel unter den Armen, mit denen sie
den König beschützt. Die Feder deutet auf Luft hin, die als metaphorisches
Symbol von Wahrheit und Gerechtigkeit dient. Als Hieroglyphe ist sie ein So-
ckel, der auf der einen Seite abgeschrägt ist – das Zeichen dafür, dass sie die
Basis aller guten Ordnung bildet[270].

613   Besonders einprägsam ist das Sinnbild der Waage im **Totengericht,** in welchem das Herz des Verstorbenen auf der einen Waagschale gegen die Feder
der Ma'at auf der anderen Waagschale abgewogen wird. Ein Herz, das wegen
Verfehlungen im Leben schwerer wiegt als die Feder, wird von einem Urtier
aufgefressen. Nur wenn der Verstorbene mit der Ma'at im Gleichgewicht gelebt hat, kann er in die Götterwelt aufgenommen werden und ewiges Leben
erlangen.[271]

614   Die Ma'at ist das ethische, politische und kosmische Grundprinzip der Weltordnung im antiken Ägypten – das Ideal der Harmonie und der Ausgewogenheit der Beziehungen von Mensch, Staat und Kosmos (1). Sie ist das Mass
des Richtigen, das sich in den Grundsätzen der «konnektiven Gerechtigkeit»

---

269 Aus: EMMA BRUNNER-TRAUT, Kleine Ägyptenkunde, 110. Der Tote wird im Jenseits in die Halle des
Gerichts (vor Osiris) geführt. Sein Herz wird gegen die Wahrheit gewogen, Toth registiert die Sün-
den, das Höllentier erwartet sein Opfer (a.a.O.).
270 JAN ASSMANN, Ma'at, 16 f. Alle Schöpfung beruht auf der Ma'at. Daher steht Ptah, der Schöpfergott,
immer auf dem Sockel der Ma'at.
271 DERS., Ma'at, 133 ff.

(2) und der «vertikalen Solidarität» (3) konkretisieren lässt. Im politischen Bereich errichtet sie den Verfassungsstaat (4).

(1) Harmonie im Menschen, im Staat und im Kosmos: Die Ma'at ist sowohl 615 Handlungsnorm für den Einzelnen, Organisationsprinzip des Staates wie kosmisches Prinzip[272]. Daher gibt es zahlreiche Möglichkeiten, ihren Gehalt zu umschreiben. Genannt werden meist Wahrheit, Gerechtigkeit, Echtheit, Richtigkeit, Ordnung und Geradheit[273]. Dem Verbum *maa* entsprechend mag die Ma'at die Lenkerin bedeuten, welche den Dingen eine Richtung gibt. Aus der räumlichen Richtung (dem räumlichen Mass) lässt sich die ethische Richtigkeit (das ethische Mass) entwickeln, welche im politischen Bereich zum Begriff des Rechts wird[274] und auf der kosmischen Ebene die (zyklische) Weltordnung bezeichnet[275].

Grundlegend für das Konzept der Ma'at ist die Idee der **Rechtfertigung.** Ma'at 616 ist das Prinzip der Legitimation und setzt den Massstab für jedes Handeln.

- Auf der Ebene der individuellen Tugend geht es um die Rechtfertigung des einzelnen Menschen,
- auf der politischen Ebene um die Rechtfertigung der pharaonischen Herrschaft und
- auf der kosmischen Ebene um die Rechtfertigung der Götter.[276]

Auf der individuellen Ebene bedeutet Ma'at das Gebot des **solidarischen** 617 **Handelns.** Der Handelnde soll das Vertrauen rechtfertigen, welches ihm die Gesellschaft entgegenbringt. Dies gilt gleichermassen für das Sagen der Ma'at (Wahrheit) wie für das Tun der Ma'at (Gerechtigkeit)[277]. Tugend fordert vom Einzelnen sowohl Wahrhaftigkeit wie Fairness[278]. Wahrheit und Gerechtigkeit als die positiven Qualitäten von Sein und Sollen bilden eine Einheit, weil im ägyptischen Denken die kosmische Ordnung (des Seins) und die menschliche Ordnung (des Sollens) eins sind[279].

Auf der Ebene der politischen Herrschaft bedeutet Ma'at ebenfalls **Solidarität,** 618 aber in **vertikaler** Richtung, zwischen dem Pharao und seinen Untergebenen einerseits, zwischen ihm und den Göttern anderseits. Der König empfängt die

---

272 Hellmut Brunner, Weisheitsbücher der Ägypter, 13 f.
273 Erik Hornung, Maat, 392; Maulana Karenga, Maat, 6.
274 Erik Hornung, Maat, 393 f.; Miriam Lichtheim, Maat, 18 f.
275 Jan Assmann, Ma'at, 33.
276 Ders., Ma'at, 35 ff.
277 Ders., Ma'at, 77.
278 Miriam Lichtheim, Maat, 37.
279 Jan Assmann, Ma'at, 30.

Ma'at von den Göttern und reicht sie seinen Untertanen weiter. Zugleich lebt er von der Loyalität seiner Untertanen und reicht seine eigene Hingabe den Göttern dar.[280]

619 Auf der kosmischen Ebene ist die Ma'at die Basis für die **ausgewogene Ordnung der Schöpfungswelt.** Die Weltordnung ist zwar vom Schöpfer auf der Grundlage der Ma'at gesetzt worden, aber sie muss durch richtiges Handeln – durch das Sagen und Tun der Ma'at – immer wieder neu hergestellt werden[281]. Die Göttin Ma'at ist als die Tochter des Sonnengottes die Kraft, welche dem Sonnenlauf seine Richtung gibt, d.h. den täglichen Kreisprozess des Kosmos aufrechterhält. Sie ist eine regulative Energie, welche die kosmischen Kräfte ausbalanciert[282].

620 Da die drei Ebenen im ägyptischen Denken ineinander verwoben sind, wäre es nicht angebracht, von einer Kausalität in der einen oder der anderen Richtung zu sprechen. Kosmische und soziale Ordnung lassen sich nicht trennen[283]. Die Ma'at ist auf allen Ebenen dieselbe und gleichermassen unentbehrlich für den Fortgang im Kreislauf der Zeit. Das moderne Bedürfnis, zwischen kosmischer Wahrheit und individueller bzw. gesellschaftlicher Gerechtigkeit zu unterscheiden, trifft das alte ägyptische Weltverständnis kaum. Individuelle Tugend, politische Gerechtigkeit und kosmische Gesetzmässigkeit sind Teile eines einheitlichen Ganzen. **Die Ma'at ist die Verfassung der Welt in all ihren Dimensionen.** Sie verfasst damit den Menschen, die Gesellschaft und den Kosmos gleichermassen.[284]

621 Für die moderne Verfassungslehre ist freilich die soziale Dimension der Ma'at von besonderem Interesse. Deshalb wird im Folgenden das Augenmerk auf die Bedeutung der Ma'at für das gesellschaftliche Zusammenleben gerichtet. Hier sind die von JAN ASSMANN herausgearbeiteten Konzepte der konnektiven Gerechtigkeit (2) und der vertikalen Solidarität (3) hervorzuheben.

---

280 DERS., Ma'at, 92 ff. und 200 ff. Mehr dazu sogleich unter (3) und (4).

281 ERIK HORNUNG, Maat, 390 f.; JAN ASSMANN, Ma'at, 33.

282 JAN ASSMANN, Ma'at, 163.

283 MAULANA KARENGA, Maat, 193.

284 JAN ASSMANN vertritt entgegen der herrschenden Lehre die Auffassung, die Kernbedeutung der Ma'at liege nicht in der kosmischen Weltordnung, sondern in der zwischenmenschlichen Gerechtigkeit. Es geht dabei allerdings auch nach ihm nur um eine Akzentverschiebung innerhalb des ägyptischen Weltbildes (Ma'at, 33 f.). Dem gleichen Anliegen dient im vorliegenden Text die Betonung des Teilnehmerstandpunktes: Es gilt der Versuchung zu widerstehen, die kosmische Ordnung im modernen Sinne als eine vorgegebene, objektiv beobachtbare Gesetzlichkeit vom menschlichen Handeln zu isolieren. Aus altägyptischer Sicht ist die soziale Ordnung für die kosmische Ordnung konstitutiv.

(2) Konnektive Gerechtigkeit: Dem Weltbild im alten Ägypten entspricht ein 622
Menschenbild, das nicht die individuelle Autonomie, sondern die Einbindung
des Menschen in soziale Konstellationen zum Ziel setzt. Mensch sein heisst,
mit andern Menschen und mit Göttern verbunden sein. Diese Verbundenheit
verlangt von jedem, dass er den anderen das Zusammenleben mit ihm auf gerechte Weise, d.h. in Übereinstimmung mit den Strukturen der Gemeinschaft
unter Menschen und mit Göttern, ermögliche[285].

Die Ma'at ist das Prinzip der Gemeinschaftsbildung oder der «**Gemeinschafts-** 623
kunst»: die Kunst des gemeinschaftlichen Zusammenlebens[286]. Im Gegensatz
zur individuellen Glücks- oder Strebensethik, die in der abendländischen Tradition weit verbreitet ist, stellt die ägyptische Lebenslehre eine Beziehungsethik
dar[287]. Egoismus und Habgier sind das reine Gegenprinzip zur Ma'at. Habgier
zerstört die sozialen Bindungen, für deren Harmonie die Ma'at steht[288]. Gegen die Neigung des Menschen zum asozialen Eigenwillen setzt die ägyptische
Kultur die Erziehung zur Gemeinsamkeit als höchsten Wert[289].

Diese Verbundenheit des Einzelnen mit der Gemeinschaft hat eine Zeitdi- 624
mension. Sie setzt ein **soziales Gedächtnis** voraus. Das, was gestern galt, muss
auch heute zählen. Was gestern getan wurde, muss in seinen heutigen Folgen
ernst genommen werden. Die Ma'at fordert eine Konsistenz des Handelns im
Zeitablauf[290]. Gerechtigkeit verpflichtet so jeden zum Einstehen für die Folgen seines Tuns: «Gerechtigkeit ist in dieser Vorstellungswelt das, was die Welt
im Innersten zusammenhält, und zwar dadurch, dass sie die Folge an die Tat
bindet. Dadurch wirkt sie ,konnektiv'. Sie ,vernetzt' das Handeln zum Schick-
salszusammenhang und die Menschen zur Gemeinschaft»[291].

Die gerechte Verbundenheit unter Menschen entsteht daraus, dass jeder für 625
die Folgen seines Handelns verantwortlich ist und die andern darauf vertrau-
en können, dass er für die Folgen seines Tuns gerade steht. Dass der eine für
sein Handeln verantwortlich ist, begründet das Vertrauen des andern in sein
Tun[292]. Auf diese Weise begründet Ma'at als konnektive Gerechtigkeit ein Ver-

---

285 Jan Assmann, Ägypten, 152 f.
286 Jan Assmann/Ekkehardt Krippendorff/Helwig Schmidt-Glintzer, Ma'at, Konfuzius, Goethe,
   12.
287 Jan Assmann, Gemeinschaftskunst, 28.
288 Ders., Gemeinschaftskunst, 61.
289 Ders., Gemeinschaftskunst, 64.
290 Ders., Ägypten, 146 ff.
291 Ders., Ägypten, 151.
292 Ders., Ma'at, 91.

hältnis der Gegenseitigkeit und Solidarität[293]. Sie ist das grundlegende Prinzip der Reziprozität zwischenmenschlicher Beziehungen[294] und der gesellschaftlichen Verantwortung[295].

626   Nach dem Konzept der Ma'at bedeuten diese Werte vor allem ein «Füreinander-Handeln» auf der Grundlage von **Dankbarkeit.** «Der Lohn eines Handelnden liegt darin, dass für ihn gehandelt wird»[296]. Wer nach der Ma'at lebt, darf hoffen, dass ihm von den andern auch Gerechtigkeit widerfährt, oder in der Kurzfassung von ASSMANN: «Wie du handelst, wird für dich gehandelt. Der Lohn deines Handelns liegt in der Antwort. Gib, so wird dir gegeben»[297].

627   Im religiösen Zusammenhang bedeutet das insbesondere, dass der Gerechte auch nach seinem Tod in Erinnerung bleibt und die Überlebenden ihm und seinem Grab die Ehre erweisen. Wer sich durch seine Ma'at im Leben gerechtfertigt hat, wird nach seinem Tod durch das Gedenken der Nachwelt unsterblich.

628   Grundlage dafür ist eine **Kultur der Dankbarkeit.** Das Gegenseitigkeitsverhältnis, welches durch die Ma'at begründet wird, ist die Reziprozität des Schenkens und des Füreinander-Handelns[298]. Das gilt nicht nur im Verhältnis zu Gott (dem die Opfergabe als Dank für das geschenkte Leben dargereicht wird[299]), sondern auch unter Menschen. Auch unter ihnen gilt das «Paradigma der Dankbarkeit, der Verantwortung, der Verpflichtung gegenüber der Vergangenheit»[300]. Die Menschen handeln füreinander, weil sie einander dankbar sind.

629   Das ist ein grundlegend anderes Handeln als jenes aus **Nützlichkeit.** In einer Nützlichkeitskultur wird nach der Maxime des «do ut des» (ich gebe, damit du gibst) gehandelt. Das Handeln bezweckt einen künftigen Erfolg. Der andere soll verpflichtet werden, mir eine Gegenleistung zu erbringen. Verpflichtung entsteht aus dem Versprechen einer künftigen Handlung, d.h. aus Vertrag. In einer Kultur der Dankbarkeit hingegen entsteht Verpflichtung aus dem Erinnern vergangener Handlung, d.h. aus dem Geschenk, das man erhalten hat[301].

---

293 DERS., Ma'at, 58.
294 MAULANA KARENGA, Maat, 363.
295 DERS., 34.
296 Inschrift des Königs Neferhotep aus der 13. Dynastie (nach JAN ASSMANN, Ma'at, 65).
297 JAN ASSMANN, Zeitkonstruktion, 123.
298 DERS., Ma'at, 191
299 EMILY TEETER, Maat, 82.
300 JAN ASSMANN, Zeitkonstruktion, 122.
301 DERS., Ägypten, 148.

Dankbarkeit setzt Gedächtnis voraus. Sie lebt vom Bewusstsein, an die eigene Vergangenheit gebunden und von ihr getragen zu werden.

In einer Kultur der Dankbarkeit bestehen natürlich nicht minder starke ge-   630
genseitige Erwartungen in die Zukunft hinein, aber sie haben einen anderen Charakter. Dankbarkeit bindet viel stärker an persönliche gemeinsame Vergangenheit, während Nützlichkeit sich sachbezogen auf den Wert des Tauschgeschäfts beschränkt. *Wenn zwei Menschen in einer Nützlichkeitskultur nach einer lang dauernden Beziehung Bilanz ziehen, sind sie einander nichts mehr schuldig, wenn ihre Geschäfte gerecht waren. In einer Dankbarkeitskultur sind die gleichen Menschen einander gegenseitig zutiefst verschuldet und verbunden.*

Im alten Ägypten verträgt sich das Handeln aus Dankbarkeit freilich auch mit   631
zweckgebundenem Handeln. Die **Dualität von Dankbarkeit und Nützlichkeit** ist nicht ausschliesslich. Auch hier werden die Gegensätze miteinander verknüpft. So ist das Darbringen des Opfers durch den Pharao immer ein Akt des Dankens und ein Akt der Selbstlegitimation zugleich. Einerseits verpflichtet das von Gott empfangene Geschenk des Lebens und der Herrschaft über andere den Pharao zu Dank gegenüber Gott, anderseits bezeugt der Akt des Opferns zugleich die göttliche Beziehung des Königs. Wenn er Gott seine Ma'at darreicht, bekundet dies seine Befähigung, nach den Regeln der Ma'at über seine Untertanen zu herrschen, was ihn vor diesen in seiner Macht legitimiert[302]. Dafür, dass das Moment der Nützlichkeit nicht überwiegt, sorgt dabei das Totengericht, in welchem der Pharao sich vor der Ma'at rechtfertigen muss, um ins Totenreich eintreten zu dürfen.

Konnektive Gerechtigkeit fordert also Handeln aus Dankbarkeit, schliesst je-   632
doch Nützlichkeit nicht aus. Aber Dankbarkeit setzt dem Eigennutz Grenzen. Diese Grenzen lassen sich wohl am besten mit dem Prinzip der **Verantwortung** umschreiben: Die Ma'at sagen heisst, bereit sein zu antworten, d.h. für sein Tun Red' und Antwort zu stehen. Die Ma'at tun heisst, bereit sein, die Folgen seines Tuns für andere zu beachten, d.h. mit den andern solidarisch zu sein. Die Ma'at ist das Prinzip der Verantwortung und der Solidarität.

(3)Vertikale Solidarität: Die Solidarität, welche die Ma'at meint, ist freilich   633
von anderer Art als moderne Mitmenschlichkeit. Heute verstehen wir Solidarität als ein horizontales Verhältnis unter Menschen auf der Grundlage einer Ethik der Gleichheit[303]. Wir sind mit anderen solidarisch, weil wir sie

---

302 EMILY TEETER, Maat, 90.
303 JAN ASSMANN, Ma'at, 249.

als Gleichberechtigte, als Träger der Menschenwürde, die allen Menschen gleichermassen zusteht, anerkennen. Das ägyptische Konzept der Solidarität hingegen betrifft kein horizontales, sondern ein vertikales Verhältnis unter Menschen. Es hat den Charakter einer Standesethik, welche die Mächtigen und Besitzenden zur Sorge für die Macht- und Besitzlosen verpflichtet – und von diesen als Dank für den Schutz und die soziale Verteilung Gehorsam und Loyalität erwartet[304].

634   Soziale **Ungleichheit** wird als Tatsache anerkannt. Sie soll nicht abgeschafft, sondern nur gemildert werden[305]. Ma'at ist sozialer Ausgleich im Sinne der austeilenden Gerechtigkeit (*iustitia distributiva*)[306]. Sie setzt somit voraus, dass eine Ungerechtigkeit herrscht, welche zu korrigieren ist. Ma'at ist das Gegenprinzip gegen die Unterdrückung, welche durch die Habgier der Menschen in das soziale Leben gebracht wird. Ungleichheit wird somit zwar als gegeben vorausgesetzt, nicht aber als «natürlich» legitimiert. Sie ist nicht Teil der kosmischen Ordnung, sondern der Unordnung. Sie ist nicht normativ richtig, sondern als ein negatives Moment zu bekämpfen.[307]

635   Maulana Karenga bestreitet den vertikalen Charakter der Ma'at. Gegenseitigkeit gebe es nur auf der Grundlage der Gleichheit unter Menschen. Vertikale Solidarität sei problematisch, weil sie die Gerechtigkeit zur politischen Gnade einer oberen Klasse gegenüber den unteren mache. Die Ma'at dulde keine Unterschiede zwischen Personen; sie verlange von allen Gleichbehandlung. Assmanns Konzept der vertikalen Solidarität verletze das Prinzip der gegenseitigen Verantwortlichkeit.[308]

636   Allerdings fehlt in der Arbeit von Karenga gerade eine vertiefte Auseinandersetzung mit der politischen Dimension der alten ägyptischen Gesellschaft. Der Staat mit seiner hierarchischen Struktur spielt kaum eine Rolle. Damit kommt die vertikale Achse der Solidarität nicht ins Blickfeld.[309] Hier kommt der Unterschied zwischen Geschichtsschreibung und Philosophie zum Tragen. Geschichtsforschung kann vom Faktum der Macht nicht abstrahieren. Die philosophische Suche nach einer moralischen Anleitung für die Gegen-

---

304 Ders., Ma'at, 102 f.
305 Ders., Ma'at, 102; Erik Hornung, Maat, 405.
306 Jan Assmann, Ma'at, 227.
307 Ders., Ägypten, 174 f.
308 Maulana Karenga, Maat, 366 f.
309 Jan Assmann, Foreword, xxi.

wart hingegen darf selektiv vorgehen und das für uns weiterhin Gültige an der Ma'at von ihren historischen Beschränkungen lösen.

Während Karengas Kritik aus der Warte des Kommunitarismus stammt, der 637 die **Gruppensolidarität** zur Grundlage nimmt, zweifelt Erik Hornung gerade an der Tragfähigkeit dieser Grundlage. Der von Jan Assmann vorgeschlagene Begriff der Solidarität erfasse den Gehalt der Ma'at nicht hinreichend. Solidarität sei immer einseitig. Sie führe allzu leicht zu Parteiungen und Emotionen und damit zu einer eingeschränkten Gerechtigkeit. Die Ma'at sei das universalste und gerechteste ethische Prinzip, das je von Menschen aufgestellt worden sei – und zugleich verzichte es auf Absolutheitsansprüche, trete ganz bescheiden auf und messe mit menschlichen Massen. Sie sei Ausdruck des Sinns des Ägypters für Mass und Ausgewogenheit, «ein Weg des Masses, der zwischen den Extremen verläuft». Für die Ma'at gebe es kaum einen überzeugenden modernen Begriff.[310]

Dem ist wohl zuzustimmen. Moderne Begriffe verfälschen notwendigerweise 638 den Sinn antiker Konzepte. Trotzdem kommen wir nicht darum herum zu versuchen, in unserer Sprache das auszudrücken, was wir über eine vergangene Kultur zu verstehen glauben. In diesem Sinne trifft der Begriff der vertikalen Solidarität Wesentliches, weil er sowohl Fremdes wie Vertrautes umfasst, d.h. auf das Fehlen der Gleichheit verweist und trotzdem gegenseitige Verpflichtung anspricht.

Solidarität darf allerdings dabei nicht als das Wir-Gefühl einer Gruppe defi- 639 niert werden. Vielleicht wäre es hilfreich, **Solidarität als eine Rechtspflicht im staatsrechtlichen Sinne** zu deuten, die eine Verpflichtung zu Fairness auch unter Fremden darstellt. Dann würde sie zum **Staatsprinzip der Verantwortung,** wie es in diesem Buch erläutert wird.[311]

Vertikale Solidarität ist für den Ägypter allerdings mehr als ein soziales oder 640 rechtliches Prinzip. Der Grundsatz, wonach der Starke Schutz bietet und der Schwache dafür Gehorsam leistet, beherrscht die gesamte Weltordnung und reicht vom Schöpfergott über den Pharao und seine Beamten bis zum geringsten Mitglied der sozialen Gemeinschaft. Die Ma'at verpflichtet und berechtigt alle Glieder dieser Kette gegenseitig. Insbesondere kann der Schwache seinen

---

310 Erik Hornung, Maat, 404 f.
311 Mehr dazu vorne unter Rz. 478 ff.

Anspruch auf Schutz durch den Starken einklagen. Um dies zu gewährleisten, ist der Staat vom Schöpfergott eingesetzt.[312]

641 **(4) Der Staat – die Verfassung der Ma'at:** Die Ma'at ist ein politisches und kosmisches Prinzip zugleich. Sie steht zwischen Moral und Religion[313]. Darüber hinaus ist sie aber auch das grundlegende Rechtsprinzip, das über oder hinter allen Gesetzen des pharaonischen Staates steht[314]. Sie ist allerdings nicht selbst ein schriftlich formuliertes Gesetz (etwa im Sinne göttlich offenbarter Gebote). Der Schritt zur Kodifikation eines Verfassungstextes ist noch nicht gemacht. Aber die Ma'at ist trotzdem **die Verfassung des pharaonischen Staates** in dem Sinne, dass sie diesen auf das Recht verpflichtet.

642 Zum besseren Verständnis von Ma'at und Staat sollen im Folgenden drei Aspekte dieser Verfassungsordnung hervorgehoben werden: die Ma'at als Legitimationsprinzip der Staatlichkeit (a), die Stellung des Pharao als Mittler zwischen Gott und den Menschen (b) und das Verhältnis der Ma'at zu Gleichheit und Freiheit (c).

643 **(a) Die Ma'at als Legitimationsprinzip der Staatlichkeit:** Das Ordnungsprinzip der Ma'at ist trotz seines kosmischen Charakters nichts dauerhaft Gesichertes, sondern muss von Menschenhand immer wieder erneuert werden[315]. Damit dies geschehe, hat der Schöpfergott den Staat als institutionelle Sicherung des geistigen Prinzips eingerichtet[316]. Die Ma'at ist damit das spirituelle Legitimationsprinzip, welches die Ausübung staatlicher Macht rechtfertigt.

644 Faktisch ist der ägyptische Territorialstaat vermutlich mit Gewalt gegen kleinräumigere Stammesherrschaften durchgesetzt worden. Der Gründungsmythos vom Streit zwischen Horus und Seth dient einer Ethik der Integration dieser Teile in das Ganze des Flächenstaates. Er vertritt eine Ideologie der Solidarität und Kooperation und stellt den Staat als Wende von der Gewalt zum Recht dar. Die Vereinigung von Unter- und Oberägypten ist dabei das Symbol der Integration, die Streitentscheidung durch die Götter in der Form eines Gerichtsprozesses begründet die Rechtsform der neuen staatlichen Macht.[317]

645 Die Ma'at begründet die **Staatshoheit** somit als eine rechtliche Friedensordnung, die von Gott gewollt ist. Die Gerechtigkeit, welche der Staat institutio-

---

312 Jan Assmann, Ma'at, 247.
313 Ders., Ma'at, 243.
314 Erik Hornung, Maat, 424.
315 Erik Hornung, Maat, 425; Jan Assmann, Ägypten, 162.
316 Jan Assmann, Ma'at, 9 und 175.
317 Ders., Ägypten, 51 f., 55 ff.

nalisiert, ist im Glauben verankert. Der Ägypter handelt gerecht, weil er an die Unsterblichkeit seiner Seele glaubt und weiss, dass er bei seinem Tod vor ein Gericht gestellt wird, vor welchem er sein Handeln zu Lebzeiten rechtfertigen muss. Diese Glaubensgrundlage begründet die grosse Stabilität der pharaonischen Staatsordnung über Jahrtausende.[318]

Wieder begegnet uns eine komplementäre Dualität: Der Staat ist einerseits 646 eine Zwangsinstitution zur Durchsetzung der Ma'at, andererseits ist er eine Heilsinstitution, welche den Lohn des Lebens nach der Ma'at, das ewige Leben, verwaltet. Denn der Weg zum Leben nach dem Tode führt über den Staatsdienst, weil der König Stellvertreter der Götter auf Erden ist und das Heil nur über ihn erlangt werden kann.[319]

(b) Der Pharao als Mittler zwischen Gott und den Menschen: Nach dem 647 Weltbild der Ägypter besteht eine Partnerschaft zwischen den Göttern und den Menschen. Die Götter brauchen die Antwort der Menschen auf ihr Wirken zur Erfüllung des Sinns der Schöpfung. Sie leben von dieser Antwort, dem Darreichen der Ma'at[320] (modern ausgedrückt heisst dieses Antworten das Tragen von Verantwortung vor Gott). In der hierarchischen Sozialordnung Ägyptens ist die Aufgabe, den Göttern im Gespräch zu antworten, dem Pharao übertragen[321].

Die ägyptischen **Götter** werden nicht als im täglichen Leben gegenwärtig er- 648 lebt[322]. Der Legende zufolge haben sie sich nach einer Empörung der Menschen gegen die Herrschaft des Schöpfer- und Sonnengottes in den Himmel zurückgezogen und haben den Luftgott Schu, der den Staat personifiziert, als Stellvertreter auf der Erde eingesetzt. Seither ist der Staat die Institution, welche den Kontakt mit der Götterwelt aufrechterhalten soll. Der Pharao herrscht als Repräsentant des Schöpfergottes (so genannte repräsentative Theokratie[323]). Die Welt ist zwar in Himmel und Erde gespalten, aber der Staat sorgt dafür, dass sie durch die Kraft der Ma'at zusammengehalten wird[324].

---

318 Ders., Ägypten, 190 f.
319 Ders., Ma'at, 244 f.
320 Erik Hornung, Der Eine und die Vielen, 227.
321 Bis zum neuen Reich galt dies ausschliesslich, ab dann konnte jeder Mensch unmittelbar zu den Göttern in Beziehung treten (Jan Assmann, Ma'at, 118, 122 ff.; Klaus Koch, Ägyptische Religion, 357 ff.).
322 Dies gilt zumindest für die Zeit vor Echnaton.
323 Jan Assmann, Ägypten, 332 f.
324 Ders., Ägypten, 222.

649 Damit ist die pharaonische Monarchie (in moderner Terminologie) **ebenso Religion wie Staat.** Politik und Religion, Staat und Kirche, sind nicht geschieden[325]. Trotzdem besteht keine Identität von Recht und Moral. Der Pharao hat eine Doppelaufgabe, welche Kult und Kultur deutlich auseinanderhält. Im Kult huldigt er den Göttern, um ihre Versöhnung und Besänftigung zu erbitten. Hier ist er das Oberhaupt einer Religion. Seine Kulturaufgabe ist, gegenüber seinen Untertanen Recht zu sprechen. Hier ist er das Oberhaupt eines Staates (wiederum ist diese Trennung freilich anachronistisch, weil nach ägyptischem Selbstverständnis beides die Aufgabe des Staates ist). Der König soll in beiden Fällen die Ma'at verwirklichen und Harmonie bzw. Gerechtigkeit herstellen: zum einen zwischen den Menschen und den Göttern, zum andern unter den Menschen.[326]

650 Weder die Götter noch die Menschen können ohne den Staat leben, denn beide leben von der Ma'at und diese wird vom Staat umgesetzt[327]. Daraus erwächst die Mittlerrolle des Pharao zwischen den Göttern und den Menschen. Der Pharao steht in einem **doppelten Kreislauf der Ma'at:** Der eine Kreislauf verbindet ihn mit den Göttern, der andere mit seinen Untertanen.

651 Im ersten Kreislauf steigt die Ma'at der Götter zum König herab, um die Voraussetzung seiner Herrschaft zu schaffen. In den Ergebnissen des königlichen Handelns sammelt sie sich wieder und wird vom König zum Himmel empor geschickt. Im zweiten Kreislauf gibt der Pharao die Ma'at täglich nach unten an seine Beamtenschaft und an seine Untertanen weiter. Diese lassen die Ma'at durch ihre Loyalität wieder zum König aufsteigen. Wir müssen uns die Ma'at nach ägyptischem Denken vorstellen als «eine einheitliche, Göttern wie Menschen vorgegebene dynamische [...] Wirksubstanz, die zwischen oben und unten ständig zu zirkulieren hat, soll Leben gelingen».[328]

652 Die Götter wirken aber nach dem älteren ägyptischen Verständnis nicht direkt in die Welt ein, sondern bedienen sich dazu des Königs. Der Pharao wird von den Göttern eingesetzt, für alles Weitere ist dieser dann selbst zuständig und

---

325 Ders., Ma'at, 223 f.
326 Ders., Herrschaft und Heil, 40 ff.
327 Ders., Ma'at, 201 und 218. Die Ma'at gilt als die Speise der Götter, ohne die sie nicht leben können (Erik Hornung, Maat, 387). Da Ma'at aber auch Luft bedeutet und eingeatmet wird (Jan Assmann, Ma'at, 16), kann man auch sagen, Gerechtigkeit sei die Luft, die alle Wesen zum Atmen brauchen.
328 Klaus Koch, Ägyptische Religion, 284.

verantwortlich. Entsprechend muss er sich vor den Göttern für die Erfüllung seiner beiden Aufgaben rechtfertigen.[329]

Der Pharao ist somit primär Herrscher mit eigener Macht, nicht Priester und 653 damit Diener Gottes. Er kann beide Funktionen ausüben, sich darin aber auch vertreten lassen. Im religiösen Bereich vertritt ihn der Hohepriester, im Bereich der Justiz der Wesir. Dieser ist allerdings höchster Staatsbeamter und Priester der Ma'at zugleich. Darin kommt die religiöse und politische Doppelbedeutung der Ma'at zum Ausdruck.[330]

(c) Das Verhältnis der Ma'at zu Gleichheit und Freiheit: Umstritten ist das 654 Verhältnis der pharaonischen Herrschaft zu den modernen Begriffen der Gleichheit und der Freiheit. Fest steht, dass nach dem hierarchischen Welt- und Menschenbild der Ägypter die Menschen nicht «von Natur aus» gleich und frei geboren sind, wie das die Aufklärung lehrt. Immerhin wird Ungleichheit als eine Störung der harmonischen Ordnung in Kosmos und Gesellschaft gewertet. Der Sonnengott sagt: «Ich habe einen jeden seinem Nächsten gleich geschaffen»[331]. Es ist daher Aufgabe des Staates, die faktische Ungleichheit zu mildern und vertikale Solidarität durchzusetzen.

Der pharaonische Staat ist seinem Wesen nach Rechtsstaat in dem elemen- 655 taren Sinne, dass er die Macht an das Recht bindet und damit beschränkt. Er ist dem Gründungsmythos zufolge das Recht, welches gegen die Macht antritt. Diese Rechtsförmigkeit der Staatsmacht trägt das Prinzip der Rechtsgleichheit in sich. Die Ma'at ist das Rechtsgebot, welches die Gleichheit aller vor dem Gericht herstellt und den Schwachen vor dem Starken schützt.[332]

Die Ma'at ist somit ein Prinzip der Rechtsgleichheit. Vor ihrem Gesetz sind 656 alle gleich[333]. Ihm sind alle, vor allem der Herrscher und seine Beamten, verpflichtet. Die Ma'at verbietet Willkür und bestraft diese beim Totengericht mit der Verweigerung des Zugangs zum Reich der Götter.[334]

Über die Gleichheit vor dem Recht gewährleistet die Ma'at auch Freiheit. Sie 657 bedeutet Freiheit durch Recht. Ma'at ist das Gegenprinzip zur Macht des Stärkeren[335]. Sie bezweckt damit die Befreiung vor Unterdrückung. Somit ist sie

---

329 Jan Assmann, Ma'at, 201 ff.
330 Ders., Ma'at, 283; Erik Hornung, Maat, 398 f.
331 Sargtext-Spruch 1130 nach Jan Assmann, Ägypten, 174.
332 Ders., Ägypten, 173.
333 Ders., Ägypten, 175.
334 Erik Hornung, Maat, 424.
335 Jan Assmann, Ma'at, 245.

auch ein Prinzip der Freiheit. Sie ist die institutionelle Sicherung von Freiheit[336] in einer weitgehend unfreien Gesellschaft. Freiheit ist hier eine kulturelle, und das heisst im alten Ägypten eine staatliche Errungenschaft.

658   Die Freiheit, welche die Ma'at meint, ist freilich weit entfernt vom individualistischen Freiheitsbegriff der Moderne. Persönliche Autonomie und individuelle Selbstbestimmung werden deutlich negativ gewertet. Wenn jeder
selbst bestimmt, was für ihn gut ist, bricht das Chaos aus. Der Einzelgänger
wird mit dem Bösen gleichgesetzt[337]. Wo wir vom freien Willen sprechen würden, spricht der Ägypter vom Herzen, das sich gegen die Ma'at stellt, weil es
den Emotionen folgt[338]. Das Herz ist zwar gleichzeitig Sitz von Verstand und
Vernunft[339] oder Symbol der moralischen Verantwortung[340]. Die Lehre vom
Herzen aus der Zeit des Mittleren Reichs hat jedoch einen ausgeprägt anti-
individualistischen Charakter und verlangt vom Herzen Qualitäten wie Ein-
fügung, Selbstkontrolle oder Barmherzigkeit. Sie wehrt sich offenbar gegen
selbstherrliche Tendenzen, die sich nach dem Zerfall des Alten Reichs breit
machen konnten[341].

659   Das **hierarchische Denken**, welches die Ma'at prägt, bringt diese in Gegensatz zum modernen liberalen Konzept. Die Ma'at verlangt Schweigen, Unterordnung, Anerkennung der zentralistischen Bürokratie des pharaonischen
Staates. Die Lehre von der Ma'at war vermutlich gerade gegen einen realen
Drang nach Freiheit, der sich gegen die Bürokratie wandte, gerichtet. Denn
das Ideal der Ma'at kann auch zur Ideologie und zum Machtinstrument einer
Schicht von Beamten werden und damit in das Gegenteil von Gerechtigkeit
umschlagen. In diesem Sinne erblickt WOLFGANG HELCK im so genannten
Zusammenbruch des Alten Reiches «in Wirklichkeit die Befreiung der Menschen von einer zur Bedrückung gewordenen Ideologie der Vergangenheit»[342].
Er schliesst daraus, die Ma'at sei insgesamt eine «utopische Ideologie, die in
dem Augenblick ins Gegenteil umschlagen muss, in dem sie verwirklicht werden soll»[343].

---

336 DERS., Ma'at, 252.
337 DERS., Ägypten, 153.
338 ERIK HORNUNG, Maat, 412.
339 DERS., Maat, 412.
340 JAN ASSMANN, Zeitkonstruktion, 184.
341 DERS., Zeitkonstruktion, 184 f.
342 WOLFGANG HELCK, Maat, 11 ff., 18 f.
343 DERS., 19.

Richtig an dieser Kritik ist, dass die Lehre von der Ma'at aus moderner liberaler 660
Warte geradezu totalitäre Züge annimmt, wenn man nicht bereit ist, unsere
Begrifflichkeit dem alten Welt- und Menschenbild anzupassen. Damit wird
man aber dem Sinnverständnis der antiken ägyptischen Kultur nicht gerecht.
Jan Assmann erklärt die Spannung zwischen Ideal und Realität daher damit,
dass die Ägypter ein **pessimistisches Menschenbild** gehabt haben[344]. Danach
war der Mensch nach ägyptischer Ansicht zwar auf Gemeinschaft angewiesen,
nicht aber dazu fähig. Deshalb hatte Gott den Staat einsetzen müssen, damit
die Ma'at überhaupt herrschen kann[345]. Miriam Lichtheim hingegen liest
die Quellen nicht als Beleg dafür, dass der Mensch von Natur aus unfähig sei,
richtig zu handeln. Für sie spricht daraus eine Anerkennung der dualen Natur des Menschen mit einer Befähigung sowohl zum Guten wie zum Bösen.
Gestützt auf die Erkenntnis dieser Dualität habe der antike Ägypter die Ethik
der Ma'at formuliert[346].

Maulana Karenga geht noch weiter und unterstellt dem Konzept der Ma'at 661
ein durchwegs positives und lebensbejahendes Menschenbild[347]. Die Ma'at sei
in ihrem Kern positive Gegenseitigkeit unter Menschen, welche nicht auf der
Angst vor Feindschaft, sondern auf dem gemeinsamen Guten beruhe, welches
sie allen bringe. Natürlich habe der Mensch die Möglichkeit sowohl zum Guten wie zum Bösen. Aber der Sieg des Guten gelte als gesichert.[348]

Ein Nichtfachmann kann diese Differenzen nicht auflösen. Wie schon in der 662
Frage der Wechselwirkung zwischen Mensch und Kosmos[349] und jener nach
der vertikalen Solidarität[350] dürfte allerdings auch hier das unterschiedliche
Vorverständnis massgebend sein, mit welchem wir an die alte ägyptische Kultur herantreten. Der moderne Individualist europäischer Prägung wird dazu
neigen, die Ma'at als kontrafaktisches Ideal zu verstehen, welches einer als negativ, d.h. nichtideal erfahrenen Realität gegenübergestellt wird. Der in der
afrikanischen Tradition verwurzelte Kommunitarist hingegen wird die Ma'at
als Ausdruck einer realen Lebensform verstehen, in welcher Solidarität und
Reziprozität tatsächlich gelebt wurden. Wir werden kaum je entscheiden kön-

---

344 Jan Assmann schreibt den Ägyptern eine «negative Anthropologie» zu (Ma'at, 213 ff.).
345 Ders., Weisheit, 475 ff., 487.
346 Miriam Lichtheim, Maat, 46 f.
347 Maulana Karenga, Maat, 258 ff.
348 Ders., 262.
349 Vorne Rz. 596.
350 Vorne Rz. 633 ff.

nen, welches Bild der damaligen Wirklichkeit entspricht. Die Literaturgattung
der «Klagen» stützt die Sichtweise Assmanns. Anderseits mag das alte Ägypten dem traditionellen Afrika näher gestanden haben als dem modernen Europa, sodass die Vermutung eher für ein kommunitaristisches Menschenbild
spricht als für einen liberalen Individualismus.

663 Letztlich passt die Annahme einer **ethischen Ambivalenz des Menschen** (Miriam Lichtheim) wohl am besten zum dualen Denken der Ägypter. Danach
trägt jeder Mensch Horus und Seth in sich. Seine Aufgabe ist, diese komple-
mentären Kräfte in ein Gleichgewicht zu bringen. Leitbild dafür ist die Ma'at.
Der Staat hat dabei einen Erziehungsauftrag und soll die Menschen dazu an-
halten, ihre Aufgabe ernst zu nehmen. Dem dient die Lehre von der Ma'at.[351]

664 In diesem Bild bedeutet eine staatlich verordnete Ethik der Wahrheit, Gerechtigkeit und Verantwortung durchaus Freiheit, allerdings nicht die negative
Freiheit von Zwang, sondern die **positive Freiheit** zur Erfüllung der Aufgabe
des Menschen innerhalb der sozialen und kosmischen Gemeinschaft.

665 Waren Gleichheit und Freiheit, so verstanden, auch **Realität?** Die Quellen
haben zwar oft den Charakter einer offiziellen Doktrin, doch gibt es hinreichend andere Texte, welche sich zur Realität äussern. Der Schutz, den die
Herrschenden den unteren Schichten als Gegenleistung für ihre Loyalität ver-
sprachen, konnte offenbar auch real eingefordert werden. So zeigen die so
genannten Klagen des Oasenmannes nach Assmann, «dass sich mit dem Begriff der Ma'at die Idee eines Menschenrechts auf Gerechtigkeit verband, das
einklagbar war»[352]. Die Quellen belegen eine Standesethik für die Beamtenschaft, welche die Behörden auf Rechtmässigkeit, Verfahrensgerechtigkeit und
Gleichbehandlung verpflichtete[353].

666 Hornung widmet der Frage eine Untersuchung einschlägiger Quellen. Diese
berichten z.T. über schwere Verletzungen der Ma'at (so z.B. die Klagen des
Oasenmannes). Die Anrufung des Rechts gegen faktisches Unrecht beweist
aber eher die tatsächliche Geltung der Ma'at im Normalfall, als dass sie sie
widerlegt. Hornung gelangt zum Schluss, dass es faktisch zumindest eine
Chancengleichheit aller Ägypter gab, die zwar nicht perfekt, aber doch in
bestmöglicher Weise verwirklicht gewesen sei. Begabung und Leistung er-

---

351 Auch nach Jan Assmann ist der Mensch nach ägyptischer Vorstellung auf Gerechtigkeit hin angelegt,
    so dass er zu ihr erzogen werden kann (Ägypten, 176).

352 Ders., Ma'at, 278. Assmann sieht darin mindestens eine theoretische Selbstbindung der Herrschaft
    an die Ma'at zur Wahrung der eigenen Legitimität.

353 Maulana Karenga, Maat, 35 f.

möglichten jedem den Aufstieg in die höchsten sozialen Schichten[354]. Für die Benachteiligten, insbesondere für Witwen und Waisen, galt ein verstärkter sozialer Schutz[355].

Diese Solidarität fand allerdings am Rande der ägyptischen Gesellschaft ihre 667 Grenzen: Ausländer, Wüstenbewohner und Gefangene standen ausserhalb der gesellschaftlichen Ordnung. Ausgegrenzt wurden auch Ägypter, die sich fremden Kulten zuwandten oder die zu Landstreichern wurden, sowie solche, welche an gefährlichen Krankheiten oder psychischen Gebrechen litten[356]. Diese Grenzen der Ma'at entsprechen der Ausrichtung des ägyptischen Denkens auf das Normale, das Regelmässige, welches in allem Abnormalen ein Element des Chaos erblicken musste. Wenn das normale das normativ Richtige ist, muss das von der Norm Abweichende als negativ beurteilt werden.

Als Ergebnis lässt sich festhalten, dass die Ma'at zwar verletzt wurde und dass 668 ihr Geltungsbereich begrenzt war. Aber das gilt für alle Normen. Insgesamt war das Konzept der Ma'at wohl nicht nur ideell, sondern auch praktisch von hoher Bedeutung.

4.3.4. Gilt die Ma'at heute?

Was kann dieser Exkurs in die ägyptische Vergangenheit für die vorliegende 669 Verfassungslehre bedeuten? Die gewonnenen Erkenntnisse können in zwei Richtungen ausgewertet werden. Die heutige Verfassungskonzeption kann dazu dienen, die pharaonische Verfassung aus grundsätzlicher Sicht zu beurteilen (1). Umgekehrt kann aber auch die pharaonische Ma'at zum Massstab erhoben werden, an welchem sich die moderne Verfassungslehre bewerten lässt (2).

(1) **Die pharaonische Verfassung aus der Sicht einer modernen Verfas-** 670 **sungslehre:** Im vorliegenden Buch werden drei Konzepte entwickelt, welche gestatten, den pharaonischen Staat aus grundsätzlicher Warte zu beurteilen: die Diskursethik (a), die deliberative Demokratie (b) und der demokratische Verfassungsstaat (c).

(a) Die pharaonische Ordnung **widerspricht der Diskursethik.** Der Umgang 671 des Pharao mit seinen Untertanen verletzt offensichtlich die Diskursforderung der Gleichberechtigung aller Teilnehmer. Das hierarchische Welt- und

---

354 Erik Hornung, Maat, 423 f.
355 Ders., Maat, 424.
356 Hans-W. Fischer-Elfert, Abseits von Ma'at, 31 f.

Menschenbild der Ägypter widerspricht den Grundsätzen der Diskurstheorie. Dieser Befund zwingt aber sogleich zur Relativierung des Geltungsanspruchs dieser Theorie. Er zeigt nämlich nicht nur eine Schwäche der pharaonischen Legitimationsordnung auf, sondern zugleich eine Einseitigkeit der Diskurstheorie: Es gibt offenbar die Möglichkeit eines kohärenten Konzepts von Gerechtigkeit, welches sich der Beurteilung durch die Diskursethik entzieht. Der Diskurs gilt nur für solche politischen Ordnungen als Massstab, welche sich durch Zustimmung der betroffenen Individuen legitimieren wollen. Er gilt nur für die Demokratie, nicht für die Theokratie.

672 Das Gespräch des Pharao mit seinen Untertanen hat aber durchaus gewisse **Diskursqualitäten.** So muss der Herrscher wahrhaftig sein (die Ma'at sagen) und die Normen, die er setzt, sowie die Entscheide, die er fällt, begründen und rechtfertigen (die Ma'at tun). Der wesentliche Unterschied liegt darin, dass die Legitimationspflicht nicht gegenüber den Bürgern besteht, sondern gegenüber Gott. Das Gespräch hat damit eine kosmische Dimension, welche dem modernen Diskurs fehlt. Diese Dimension entzieht sich der Beurteilung nach modernen Grundsätzen.

673 (b) Gleiches gilt für die Beurteilung anhand der Grundsätze der **deliberativen Demokratie.** Da der pharaonische Staat keine demokratische Legitimation sucht, kann er auch nicht nach demokratischen Prinzipien beurteilt werden. Der Pharao ist der Souverän, nicht das Volk. Immerhin ist der Pharao den Göttern für die Ausübung seiner Macht verantwortlich, so dass das Element der verantwortlichen Regierung grundsätzlich erfüllt ist. Die Quellen belegen einen intensiven Diskurs der Rechenschaftsablage vor Gott, allerdings meist in stilisierter, d.h. nicht auf konkrete Herrschaftsakte bezogener Form. Wir können schlecht ermessen, wie wirksam der symbolische Akt, in welchem der Pharao einem Gott seine Ma'at darreicht, die tatsächliche Machtausübung des Herrschers beschränkt hat. Insbesondere ist nicht erkennbar, inwiefern die Verantwortlichkeit vor den Göttern die fehlende Institutionalisierung irgendeiner Form von Gewaltenteilung ersetzen und Machtmissbrauch verhindern konnte.

674 Auch hier entzieht sich das, was aus heutiger Sicht einen klaren Mangel an institutioneller Legitimation darstellt, einer gültigen Beurteilung. Aus der Sicht einer Theokratie sind Demokratie und Gewaltenteilung nur ein schwacher Ersatz der Verantwortung aller Machtträger vor Gott. Zudem können Demokratie und Gewaltenteilung ebenso zur Scheinlegitimation verkommen wie

der Gottesstaat. Wir werden daher kaum je wissen, ob unsere Institutionen den Machtmissbrauch in der Welt effektiver verhindern, als das altägyptische Totengericht dies zu tun vermochte. Wir können nur wissen, dass die theokratische Legitimationsform unserer modernen Gesellschaft nicht mehr angemessen ist und dass Diskurs und deliberative Demokratie dadurch unverzichtbar geworden sind.

(c) Am besten erfüllt die pharaonische Ordnung einige Grundsätze des **de-** 675 **mokratischen Verfassungsstaates.** Zwar fehlt jeder Ansatz zur Demokratie, dafür sind einige Aspekte des Rechtsstaates sowie andere Grundsätze zumindest teilweise erfüllt.

– Die Ma'at kann geradezu als **Wurzel der Idee des Rechtsstaates** angesehen werden. Sie verpflichtet alle Macht auf das Recht und lässt Macht nur in den Formen des Rechts zu. Damit begründet sie einen Primat des Rechts vor der Politik. Der Vorrang dieser Verfassung ist unverbrüchlich, weil von den Göttern vorgegeben. Freilich ist die Ma'at keine geschriebene Verfassung, sondern nur das Konzept einer rechtlichen Ordnung der Macht. Rechtsstaat bedeutet im antiken Ägypten nicht Gesetzesstaat, auch nicht expliziten Verfassungsstaat. Verfassung und Recht waren im Pharao personifiziert und bildeten keinen Massstab, an welchem das Handeln des Königs gemessen werden konnte.

– Konkret begründet die Ma'at die Idee der **Justiz,** welche Rechtsgleichheit und Verfahrensgerechtigkeit gewährleistet. Ein eigentlicher Menschenrechtskatalog ist zwar nicht bekannt, doch bestehen einklagbare Rechte und minimale soziale Ansprüche.

– Der Grundsatz der **Verantwortlichkeit** gilt innerhalb der Staatshierarchie gegenüber dem Pharao und zwischen diesem und den Göttern. Dies entspricht dem hierarchischen Welt- und Menschenbild und erfüllt in dessen Rahmen die erforderliche Legitimationsfunktion.

– Darüber hinaus begründen die Elemente der konnektiven Gerechtigkeit und der vertikalen Solidarität ein **allgemeines Prinzip der Verantwortung** für den gesamten öffentlichen Raum. Im hierarchischen Gesellschaftsmodell kann sich diese Verantwortung nicht auf den Staat im engeren Sinne beschränken, sondern muss für alle sozialen Beziehungen gelten. Alle gesellschaftliche Macht ist zu verantworten. Verantwortung wird damit zum Leitprinzip der pharaonischen Verfassung von Staat und Gesellschaft.

676   **(2) Die moderne Verfassungslehre im Lichte der Ma'at:** Noch deutlicher als
die Beurteilung der alten Ordnung anhand moderner Grundsätze dürfte das
umgekehrte Vorgehen deutlich machen, wie heikel der normative Vergleich
zweier so unterschiedlicher Kulturen ist. Und doch liegt in den Anregungen,
die wir aus den alten Grundsätzen für unsere Ordnung ziehen können, der
grösste Gewinn des Staats- und Kulturvergleichs. Solche Anregungen betreffen das Verhältnis von Ordnung und Chaos (a), Dualität und Komplementarität (b), die Kultur der Dankbarkeit (c), den Begriff der Freiheit (d) und das
Prinzip Verantwortung (e).

677   **(a) Das Verhältnis von Ordnung und Chaos:** Aus altägyptischer Sicht ist
unsere Lebensweise chaotisch. Wir setzen aus dieser Sicht einseitig auf individuelle Autonomie und vernachlässigen die Harmonie und den Ausgleich
der sozialen und kosmischen Kräfte. Wir vernachlässigen die Gemeinschaft
mit andern und leben mehr gegen die Natur als mit ihr. Im Verhältnis von
Stabilität und Wandel setzen wir einseitig auf Dynamik. **Stabilität und Ordnung** bilden keine Selbstwerte, sondern müssen begründet werden. Das Neue
hingegen gilt als Chance zum Besseren. Veränderung und Wachstum gelten
weithin als Fortschritt. Nicht die Einheit einer zentral gesteuerten Ordnung,
sondern der Pluralismus autonomer Wertungen bildet das Kriterium des
Richtigen. Der Wettbewerb unter den pluralistischen Kräften sorgt für stetige
Beschleunigung dieser Entwicklung. Das Bewusstsein unserer ganzheitlichen
Verantwortung für die Natur wächst zwar, aber es hat Mühe, sich gegenüber dem Wachstumsstreben durchzusetzen. In dieser Situation verweist uns
die ägyptische Sehnsucht nach der Stabilität einer zyklischen Harmonie auf
ein menschliches Grundanliegen, nämlich das Gleichgewicht aller Kräfte, das
heute zu kurz kommt.

678   Der Ordnungscharakter der Ma'at zeigt uns, wie wichtig die Aufgabe des Staates ist, die Dynamik von Wirtschaft und Gesellschaft zu stabilisieren. Staat
und Recht sollen das Vertrauen herstellen, welches notwendig ist, um verlässliche Beziehungen in Wirtschaft und Gesellschaft aufzubauen. Die Ma'at
betont damit den Wert der **Rechtssicherheit** für das öffentliche Zusammenleben. Zugleich macht sie deutlich, dass Sicherheit und Stabilität nicht mit Statik oder Unbeweglichkeit gleichzusetzen sind. Kreative Dynamik wird nicht
ausgeschlossen. Sie sollte aber nicht chaotisch wirken, sondern erkennbaren
Regeln folgen.

(b) Dualität und Komplementarität von Gegensätzen: Aus Sicht der Ägyp- 679
ter ist unser Denken verarmt. Die binäre Logik ausschliesslicher Gegensätze
vereinfacht die Welt zwar und ist technisch gut verwertbar, aber sie verdeckt
den Blick auf das Ganze. Wir laufen Gefahr, einseitig oder eindimensional zu
entscheiden. Wir verkennen, dass das Gegenteil einer Wahrheit ebenfalls wahr
sein kann. Die ägyptische Denkweise, die an die Stelle von Widersprüchen
Dualitäten setzt und die Komplementarität von Gegensätzen gestattet, würde
uns erlauben, besser mit den Widersprüchen oder paradoxen Entwicklungen
der modernen Welt umzugehen.

Die Ma'at lehrt uns insbesondere, **Wahrheit und Gerechtigkeit** zusammen zu 680
denken. Wir neigen dazu, der Wahrheit einen Vorrang zu geben. Die Wahrheit
der Fakten muss feststehen, bevor darüber ein gerechtes Urteil gefällt werden
kann. Das Sein kommt vor dem Sollen. Die Ma'at hält dem entgegen, dass
Wahrheit ebenso wertungsabhängig ist wie Gerechtigkeit. Die «Erkenntnis»
von Wahrheit ist eine Konstruktion, eine Entscheidung, welche sich nach den
Grundsätzen der Gerechtigkeit (heute: der Diskursethik) legitimieren muss.

(c) Die Kultur der Dankbarkeit: Die moderne Gesellschaft hat eine Nützlich- 681
keitskultur entwickelt, welche die zwischenmenschlichen Beziehungen nach
dem Muster des Vorteilstauschs gestaltet. Diese Kultur hat kein Gedächtnis
und entwickelt keine persönliche Bindung. Sie macht die Wirtschaft zum Modell der zwischenmenschlichen Beziehungen. Sie denkt nicht in Rechten und
Pflichten, sondern in Interessen. Sie bemisst den Wert des Menschen nach
seinen Leistungen, d.h. nach seiner ökonomischen Nützlichkeit. Alles muss
verdient sein. Die ägyptische Kultur der Dankbarkeit erinnert uns daran, dass
alles Wesentliche sich nicht verdienen lässt: Leben und Gesundheit, Liebe und
Freundschaft oder Glück und Freude werden uns geschenkt. Die Logik des
Schenkens könnte uns menschlich bereichern.[357]

Während die Kultur der Nützlichkeit Menschen an Sachgüter und Leistungen 682
bindet, verknüpft die Kultur der Dankbarkeit Menschen direkt miteinander.
Dankbarkeit verpflichtet umfassender. Dafür belässt sie dem Verpflichteten
mehr Freiheit, seine Antwort angemessen zu gestalten. Das Geschenk fixiert
Art und Grösse des Gegengeschenks nicht in gleichem Masse wie der Vertrag

---

357 Vgl. das Schaubild zu Nützlichkeit und Solidarität als Grundsätzen unseres Zusammenlebens vorne
in Rz. 49. Solidarität fusst auch heute noch auf Dankbarkeit – wir fühlen uns der Gemeinschaft
verpflichtet, weil wir ihr dafür dankbar sind, dass sie uns trägt.

Leistung und Gegenleistung. Die Ma'at ist flexibler als der Tausch. Gerechtigkeit lässt sich nicht auf Tauschgerechtigkeit reduzieren.

683 **(d) Der Begriff der Freiheit:** Der moderne Begriff der Freiheit ist einseitig individualistisch geprägt. Freiheit wird oft negativ als Abwesenheit von Zwang verstanden und von ihrem positiven Aspekt der Verantwortung losgelöst. Die ägyptische Ma'at erinnert uns daran, dass Freiheit eine kulturelle, ja staatliche Errungenschaft ist und dass auch der heutige Staat den Erziehungsauftrag hat, eine Kultur der Verantwortung zwischen Starken und Schwachen zu fördern. Die Ma'at verweist uns auf die positive Freiheit zur Erfüllung unserer gesellschaftlichen Aufgaben. Sie zeigt (Jahrtausende vor IMMANUEL KANT), dass Freiheit und Pflicht nicht Gegensätze sind. Sie umschreibt Freiheit als die Fähigkeit, Verantwortung zu übernehmen.

684 **(e) Das Prinzip Verantwortung:** Die wichtigste Anregung der Ma'at für die Moderne ist das Staatsprinzip der Verantwortung. Wo immer Menschen Macht über andere ausüben, unterstehen sie einer Rechtspflicht zu Solidarität mit den Betroffenen. Sie haben diesen gegenüber zu rechtfertigen, wie sie ihr Vorrecht ausüben. Denn alle Macht ist verfasste Rechtsmacht und damit rechenschaftspflichtig. Im antiken Ägypten war die Rechenschaft dem Pharao und den Göttern abzulegen. Im säkularisierten modernen Staat ist sie den demokratischen Behörden, letztlich den Bürgerinnen und Bürgern, geschuldet. Der Kerngehalt der Ma'at aber bleibt. **Ma'at ist die Verfassung der Verantwortung.**

Die ägyptische Ma'at erinnert uns an zwei Werte, welche für den Zusammenhalt von Gesellschaft und Staat wesentlich sind:
- das **Ethos der Dankbarkeit** und
- das **Ethos der Verantwortung.**

In dem Masse, in welchem unsere Zeit an die Stelle von Dankbarkeit und Verantwortung Nützlichkeit und Interesse setzt, tauscht sie Ordnung gegen Chaos ein. Wenn sie darin zu weit geht, verliert sie ihr Gleichgewicht.

5. Zwischenergebnis

Die bisherige **Gedankenfolge** des Buches lässt sich wie folgt zusammenfas- 685
sen: In einem **ersten Schritt**[358] wurde das geläufige Vorverständnis des Staates
überprüft. Der Staat erscheint auf den ersten Blick als eine Zwangsorganisation, welche öffentliche Pflichten schafft und durchsetzt und deshalb in Gegensatz zum privaten Bereich der individuellen Freiheit tritt. Dieses Verständnis
wurde dahin korrigiert, dass der Staat Teil des öffentlichen Raums ist, jenes
Lebensbereichs, in welchem öffentliche und private Träger gemeinsam die
Aufgaben des Zusammenlebens lösen. Ferner wurde dem Begriff des öffentlichen Raums normative Bedeutung zugemessen, weil er den öffentlichen vom
privaten Lebensbereich nur deshalb abgrenzt, weil er angibt, wo die Grundsätze des öffentlichen Zusammenlebens Geltung beanspruchen: überall dort,
wo Menschen Macht über fremde Menschen ausüben wollen.

In einem **zweiten Schritt**[359] wurden die wichtigsten deskriptiven und norma- 686
tiven Staatsbilder vorgestellt und gezeigt, dass der Staat sowohl Macht wie
Aufgabe und Verantwortung ist. Das Konzept des demokratischen Verfassungsstaates sieht die Hauptaufgaben des Staates in der Gewährleistung von
Frieden, Freiheit und Gerechtigkeit. Nach dem Konzept des Gewährleistungsstaates teilt der Staat die Erfüllungsverantwortung für seine Aufgaben mit
Privaten, die an der Gestaltung des öffentlichen Raums mitwirken. Nach der
komplexen Demokratietheorie ist der Staat nicht mehr unmittelbar für die
Herstellung von Gemeinwohl und Gerechtigkeit verantwortlich. Er hat nur
dafür zu sorgen, dass Entscheide über diese Ziele in fairen Verfahren getroffen
werden. Er trägt die Legitimationsverantwortung für die Entscheidungsprozesse des öffentlichen Zusammenlebens.

Die Legitimationsfrage führte in einem **dritten Schritt**[360] in die politische 687
Ethik. Diese sucht nach Kriterien für die Beurteilung der faktischen Machtordnung und des politischen Handelns. Die philosophischen Bemühungen
um allgemeingültige Grundlagen führten über Modelle des Gesellschaftsvertrags zur Diskursethik. Diese liefert kritische Massstäbe für die Bewertung
demokratischer Ordnungen.

---

358 Vorne Rz. 1 ff.
359 Vorne Rz. 114 ff.
360 Vorne Rz. 277 ff.

688   In einem **letzten Schritt**[361] des Gedankenganges verband die Verfassungslehre die drei ersten Schritte zu einem Konzept der Verfassung als Ordnung der öffentlichen Verantwortung. Das Netzwerk der Governance wurde verfasst. Wer darin Macht beansprucht, hat diese zu verantworten. Alle Macht ist eine Rechtsbefugnis und daher rechenschaftspflichtig.

689   Hinter diesem Gedankengang steht folgendes **Konzept:**

690   (1) Ausgangspunkt ist die herkömmliche **Staatslehre** in ihrer Variante als normative Theorie des Staates. Diese verknüpft die deskriptive Beschreibung der öffentlichen Machtverhältnisse mit deren normativen Bewertung. Sie will die Lehre vom guten und gerechten Staat sein.

691   (2) Diese Staatslehre muss zur **Verfassungslehre** werden, weil ihr Gegenstand sich vom Staat zum öffentlichen Raum ausgedehnt hat. Es gilt, alle öffentlichen Machtverhältnisse zu verfassen. Öffentlich ist dabei alles, was solidarisch geordnet werden soll, aber die Reichweite des Wir-Gefühls einer Gruppe übersteigt, so dass Solidarität nicht durch persönliche Bindung und emotionale Identifikation gewährleistet ist, sondern rechtlich organisiert werden muss.

692   (3) Der Anspruch der Verfassung, Menschen rechtlich zu Solidarität zu verpflichten, muss legitimiert werden können. Der öffentliche Zwang bedarf **ethischer Begründung.** Diese lässt sich über die drei Disziplinen der Ethik, der politischen Theorie und des Staatsrechts herleiten:

Ebene	Disziplin	Theorie
Moral	Ethik	Diskurs $\downarrow$
Kultur	Politische Theorie	Deliberative Demokratie $\downarrow$
Recht	Staatsrecht	Demokratischer Verfassungsstaat

Abbildung 5-1: Ebenen, Disziplinen und Theorien einer ethisch begründeten Verfassungslehre

---

361 Vorne Rz. 417 ff.

- Auf der Ebene der **universalen Moral** gelten die ethischen Anforderungen der Diskurstheorie an demokratische und rechtsstaatliche Strukturen und Verfahren.
- Im **europäischen Kulturkreis** verlangt die politische Theorie die stufengerechte Konkretisierung der Diskursethik nach dem Konzept der deliberativen Demokratie.
- Auf der Ebene des **nationalen Rechts** verlangt die Verfassungslehre die staatsrechtliche Umsetzung der Grundsätze einer deliberativen Demokratie in der positiven Staatsverfassung nach dem Konzept des demokratischen Verfassungsstaates.

Alle drei Ebenen liefern dabei **Grundsätze** für die Beurteilung konkreter Ver- 693 fassungsordnungen:

- Die **Diskursethik** verlangt beispielsweise die gegenseitige Anerkennung aller Betroffener als Partner im Diskurs oder die zwanglose Einigung unter den Teilnehmern.[362]
- Die **deliberative Demokratie** verlangt etwa die demokratische Legitimation von Macht durch qualifizierte Zustimmung der Betroffenen und begründet den Grundsatz der Verantwortung für alle öffentliche Machtausübung.[363]
- Der **demokratische Verfassungsstaat** fordert insbesondere die Verfahrensgerechtigkeit aller Entscheidungsprozesse im öffentlichen Raum und die Verantwortlichkeit aller Träger öffentlicher Machtbefugnisse. Der Grundsatz der Verantwortung erweist sich als Kerngehalt aller Prinzipien des demokratischen Verfassungsstaates.[364]

Schliesslich bestätigt der Vergleich mit der pharaonischen Staatsordnung das 694 Ergebnis der Untersuchung: Der **Grundsatz der Verantwortung** – die Ma'at – bildet einen tief in der Geschichte des Menschen verwurzelten Leitsatz öffentlicher Ordnung.

(5) Im zweiten Teil des Buches sollen diese Grundlagen nun auf europä- 695 ische Verfassungen hin konkretisiert werden. Daraus ergeben sich eine Reihe **staatsleitender Prinzipien,** welche dem Verfassungsrecht eine pluralistische Grundsätzlichkeit verleihen (Ziff. 6. bis 12.).

---

362 Vgl. die Zusammenstellung sämtlicher Grundsätze der Diskursethik für die Demokratietheorie vorne in Rz. 402.
363 Vgl. die Liste aller Kriterien vorne in Rz. 403.
364 Vgl. die vollständige Liste von Grundsätzen des demokratischen Verfassungsstaates vorne in Rz. 548.

696 (6) Abschliessend soll aufgezeigt werden, welche Anforderungen sich aus den entwickelten Grundsätzen aller Ebenen für eine **globalisierte Weltordnung** ergeben (Ziff. 13. und 14.).

II Der demokratische Verfassungsstaat – Grundzüge einer Ordnung des öffentlichen Raums

Der zweite Teil dieses Buches widmet sich der Ausgestaltung des demokratischen Verfassungsstaates. Auf der universalen Grundlage der Diskurstheorie und ihrer Ausgestaltung im Konzept der deliberativen Demokratie (Teil I) sollen die Grundzüge einer demokratischen Verfassungsordnung dargestellt werden (Ziff. 6. bis 12.). Dabei fliessen die Wertungen des europäischen Kulturraums ein. Der Geltungsanspruch der hier angeführten Grundsätze ist somit nicht universal, sondern relativ, d.h. bezogen auf staatsrechtliche Normen des europäischen Rechtskreises. Er bezieht sich aber auch nicht nur auf das positive Recht eines einzelnen Staates. Dadurch bleibt die Ebene einer allgemeinen Staatslehre erhalten. Mit dem Ausblick auf die Globalisierung des öffentlichen Raums (Ziff. 13. und 14.) kehrt der Gedankengang schliesslich wieder zur universalen Ebene zurück.

6. Grundzüge moderner Staatlichkeit: Staatsleitende Prinzipien

Die Grundsätze des allgemeinen Staatsrechts sind juristisch zu begründen. Dazu dient die Methode der Generalisierung von Prinzipien aus positiven Rechtsnormen (Ziff. 6.1.). Auf diese Weise lassen sich sechs staatsleitende Prinzipien formulieren (Ziff. 6.2.), welche die Grundsatzgehalte einer modernen Verfassung kennzeichnen.

6.1. Prinzipien: Generalisierung aus positiven Rechtsnormen

Die bisher dargestellten Grundsätze einer Theorie der deliberativen Demo- 697 kratie (vorne Ziff. 4.2.2.) wurden aus Elementen der Ethik und der politischen Theorie entwickelt; sie bilden Konkretisierungen abstrakter Konzepte über das Zusammenleben im öffentlichen Raum. Sie haben interdisziplinären

Charakter, weil sie Ethik, politische Theorie und Staatsrecht miteinander verknüpfen.

698   Der nun folgende zweite Teil dieses Buches, der sich mit der Lehre vom demokratischen Verfassungsstaat und den staatsleitenden Prinzipien befasst, stellt hingegen **allgemeines Staatsrecht dar.** Dieses bildet zwar in wichtigen Teilen auch eine Konkretisierung aus Ethik und Politik. Trotzdem stellt das Staatsrecht eine eigene Disziplin mit eigener Fachsprache dar. Die staatsleitenden Prinzipien tragen daher einen Doppelcharakter: Einerseits sind sie Konkretisierungen der theoretischen Konzepte, andererseits bilden sie Generalisierungen aus dem positiven Verfassungsrecht europäischer Staaten. Methodisch sind sie jedoch Ergebnisse der juristischen Dogmatik und gehören damit zum Recht. *Das Rechtsstaatsprinzip ist eine Verallgemeinerung aus den Verfassungsnormen, welche die Freiheit des Einzelnen schützen. Das Demokratieprinzip ist die Zielnorm aller Regeln der Staatsorganisation, welche die Macht an das Volk binden.*

699   Damit verengt sich der Blick von der interdisziplinären auf die disziplinäre Optik des Rechts. Allerdings ist auch diese von ihrer Verknüpfung mit den andern Disziplinen geprägt. Die staatsleitenden Prinzipien sind Anschlussstellen für die andern Disziplinen. Sie formulieren Rechtsgrundsätze, welche auch für die politische Theorie und die Ethik bedeutsam sind. Allerdings tun sie dies in der **Sprache des Rechts.** Damit haben die staatsrechtlichen Begriffe nicht notwendigerweise die gleiche Bedeutung wie jene der politischen Theorie, auch wenn sie das gleiche Wort verwenden. *Das Wort «Demokratie» umfasst im Staatsrecht die Regeln des staatlichen Entscheidungsverfahrens über wichtige Rechtsfragen. In der politischen Theorie reicht der Begriff Demokratie über diese formellen Verfahren hinaus und meint den gesamten politischen Prozess der Machtverteilung im öffentlichen Raum.*

700   Die staatsleitenden Prinzipien sind also juristisch zu begründen, d.h. in der Sprache des Rechts zu formulieren. Methodisch geschieht dies durch **Generalisierung** aus konkreten Regeln des Verfassungsrechts eines Staates. Generalisierung ist die Gegenbewegung zur **Differenzierung,** die den Normalfall der juristischen Arbeit darstellt. Sie ist aber notwendiger Bestandteil jedes juristischen Urteils.[365]

701   Die juristische Arbeit wird oft als Ableitung von Urteilen aus Regeln dargestellt. Das juristische Denken differenziert sowohl die Regel wie den Sachver-

---

365 Zu den juristischen Operationen des Differenzierens und Generalisierens vgl. PHILIPPE MASTRONARDI, Juristisches Denken, Rz. 725 ff.

halt, indem es sie in ihre relevanten Bestandteile aufgliedert. Diese Bestandteile verknüpft es sodann zum Urteil.

Beispiel: *Für die Werbung auf städtischen Bussen haben ortsansässige Firmen* 702 *Anspruch auf Vergünstigung im Gebührentarif, der für die Miete von Werbeflächen gilt.*

– *Rechtsfrage ist, ob die Ungleichbehandlung von Auswärtigen gegenüber den Anwohnern zulässig ist.*

– *Allgemein handelt es sich um einen Fall der* **Rechtsgleichheit** *in der Rechtsetzung.*

– *Etwas näher besehen geht es um die Rechtsgleichheit* **im Wettbewerb,** *also um die rechtsgleiche Gewährung der Wettbewerbsfreiheit.*

– *Im Wettbewerb verbietet die Rechtsgleichheit unter anderem eine Ungleichbehandlung von* **direkten Konkurrenten.**

– *Anwohner und Auswärtige, welche die gleichen Produkte anbieten, sind direkte Konkurrenten.*

– *Daher ist die Vergünstigung für Ortsansässige unzulässig.*

Dieser Gedankengang hat die Rechtsgleichheit in ihre Teilgehalte aufgegliedert 703 und den Sachverhalt auf seine rechtserheblichen Elemente reduziert. Dabei wurde zunehmend differenziert, d.h. vom Allgemeinen ins Konkrete gegangen. Zugleich musste aber auch generalisiert werden: Dass der Gebührentarif die Rechtsfrage der Rechtsgleichheit aufwirft, ist erst erkennbar, wenn hinter der Rechtsetzung das Prinzip der Gleichbehandlung gesehen wird. Und dass zwei Konkurrenten nicht ungleich behandelt werden dürfen, gilt nur, weil das als Inhalt der Wettbewerbsfreiheit anerkannt ist.

Die konkrete Entscheidung lässt sich erst treffen, wenn die zum Fall passenden 704 Grundsätze generalisiert sind. Juristische Arbeit ist immer zugleich Differenzierung und Generalisierung. Wie wichtig die Generalisierung ist, zeigt ein zweites Beispiel.

Hunde haben keinen Zutritt zum Lebensmittelgeschäft: Gilt das Verbot auch 705 ***für Katzen?*** Zur Beantwortung der Frage sind folgende Generalisierungsschritte nötig.

1. *Das Hundeverbot ist eine Regel der Lebensmittelpolizei.*
2. *Die Lebensmittelpolizei schützt das Rechtsgut der* **öffentlichen Gesundheit.**
3. *Da Katzen und andere Haustiere dieses Rechtsgut im Lebensmittelgeschäft ebenso gefährden wie Hunde, muss das Verbot alle Haustiere erfassen, wel-*

che die Lebensmittelhygiene gefährden. Das Verbot gilt daher auch für Katzen.

4. *Diese Ausdehnung des Geltungsbereichs der Regel auf den analogen Fall der Katze ist verwaltungsrechtlich zulässig, weil der Schutz der öffentlichen Gesundheit eine verfassungsmässige Aufgabe des **Leistungsstaates** ist.*

5. *Hingegen stellt sich die Frage, ob das Verbot gegenüber dem Katzenbesitzer auch mit strafrechtlichen Sanktionen durchgesetzt werden darf. Hier sind andere Generalisierungsschritte erforderlich:*

6. *Im Strafrecht gilt das Prinzip der Gesetzmässigkeit strenger als im Verwaltungsrecht.*

7. *Der Grund dafür liegt im Rechtsgut der **Rechtssicherheit,** das bei Eingriffen in Freiheit und Eigentum höher gewertet wird als bei Handlungen der Leistungsverwaltung.*

8. *Das Strafrecht gehört zum **Rechtsstaat,** dessen Aufgabe es ist, die Privaten vor ungerechtfertigten Eingriffen des Staates in ihre Rechte zu schützen.*

9. *Wenn das Strafrecht daher nur Hundebesitzer für strafbar erklärt, dürfen Katzenbesitzer nicht bestraft werden.*

706 Leistungsstaat und Rechtsstaat sind in diesem Beispiel zwei staatsleitende Grundsätze, die zueinander in Konflikt treten. Das leistungsstaatliche Rechtsgut der öffentlichen Gesundheit spricht für die Gleichbehandlung von Katze und Hund, das rechtsstaatliche Rechtsgut der Rechtssicherheit dagegen. Das Mitnehmen der Katze darf daher zwar verwaltungsrechtlich verboten, nicht aber strafrechtlich geahndet werden. Das Beispiel zeigt, wie Generalisierungen im Staatsrecht für den konkreten Entscheid massgebend sein können.

707 Rechtsstaat und Leistungsstaat stehen hier wie in anderen Fällen in einem unauflöslichen Gegensatz. Sie lassen sich nicht auf ein gemeinsames, noch höheres Prinzip zurückführen, welches allenfalls unter ihnen Prioritäten setzen könnte. Jedes Prinzip hat seinen Kernbereich, in welchem es dominiert, die andern aber nie völlig verdrängt. Der Pluralismus einer offenen Rechtsordnung gestattet keine hierarchische Struktur des Rechts, sondern verlangt ein Netzwerk von Grundsätzen, welche in der Argumentation zum Einzelfall gegeneinander abgewogen werden müssen.

708 Das Beispiel zeigt auch, dass die obersten Grundsätze, welche das Netzwerk der juristischen Argumentation bilden, als gleichwertig zu behandeln sind. Erst aus der konkreten Situation kann im Einzelfall ein Vorrang des einen oder des andern Prinzips begründet werden. Juristische Rationalität ist auf

pluralistische Grundsätzlichkeit[366] verpflichtet: Das juristische Urteil muss nicht nur auf Grundsätzen beruhen; es muss alle relevanten Grundsätze gleichwertig behandeln und angemessen berücksichtigen.

6.2. Staatsleitende Prinzipien

Die Vielzahl verfassungsrechtlicher Normen eines europäischen National- 709 staates lässt sich auf dem Hintergrund einer kleinen Zahl von grundlegenden **Verfassungsprinzipien** besser verstehen. Denn viele von ihnen haben die gleiche grundsätzliche Ausrichtung: Hinter ihnen steht der gleiche Grundsatz. Aufgabe der juristischen Dogmatik ist es, diese Grundsätze zu formulieren und die Richtschnur anzugeben, welche die Interpretation der positiven Rechtsnormen anleiten soll. Dadurch kann zum einen die Gerechtigkeit der Einzelentscheidung erhöht, zum andern die Kohärenz der Verfassungsordnung verbessert werden. *Das Willkürverbot, die Grundrechte und die richterliche Unabhängigkeit folgen alle der gleichen Richtschnur: dem rechtsstaatlichen Schutz der individuellen Freiheit.*

Hinter den positiven Rechtsnormen lassen sich Grundsätze verschiedener 710 Tragweite bilden. Soweit sich diese wiederum zu einem Grundsatz zusammenfügen lassen, bildet dieser die grundsätzlichere Wertung. **Auf oberster juristischer Ebene verbleiben nur noch wenige Prinzipien, welche sich nicht mehr auf andere zurückführen lassen, die aber gemeinsam alle Inhalte der Verfassung abdecken.** Diese Grundsätze werden hier staatsleitende Prinzipien genannt (z. T. werden sie in der Lehre auch als **Strukturprinzipien** bezeichnet).[367]

Um die Grundsätzlichkeit und Kohärenz des Verfassungsrechts zu gewähr- 711 leisten, sind so viele dieser Prinzipien zu bilden, als nötig sind, um allen Verfassungsnormen einen Ausdruck auf oberster Ebene zu verschaffen und eine umfassende Abwägung der höchsten verfassungsrechtlichen Güter zu ermöglichen. **Die staatsleitenden Prinzipien umschreiben jene Grundsatzgehalte, mit welchen die Verfassung möglichst einfach, aber lückenlos charakterisiert werden kann.**

Damit müssen die staatsleitenden Prinzipien zugleich **die normativen** 712 **Grundzüge des modernen Staates** kennzeichnen: Zunächst regeln sie die Or-

---

366 Vgl. vorne Rz. 305 ff.
367 Für die Schweiz vgl. Philippe Mastronardi, Strukturprinzipien.

ganisation des Staates, d.h. sie schaffen seine Einheit (1) und seine Struktur (2) und ordnen die Verfahren, in denen er handelt (3). Sodann gestalten sie das Verhältnis des Staates zu den Menschen, die in ihm leben (4). Schliesslich umschreiben sie die Aufgaben des Staates gegenüber der Gesellschaft (5) und der Wirtschaft (6).

713 (1) Die Strukturen der Staatlichkeit sind Thema der Staatshoheit und des Föderalismus. Das **Prinzip der Staatshoheit** konstituiert den Staat auf einer bestimmten Ebene möglicher Organisation des öffentlichen Raums, heute auf der Ebene des Nationalstaates. Es begründet die staatliche Einheit und Souveränität nach innen und nach aussen.

714 (2) Das **Prinzip des Föderalismus** verteilt diese Hoheit – soweit es in einem bestimmten Staat überhaupt zur Geltung kommt – auf territorial strukturierte Stufen und verteilt die Staatsaufgaben auf relativ souveräne Staatsebenen.

715 (3) Seine Handlungsfähigkeit gewinnt der Staat erst durch die Regelung seiner Entscheidungsprozesse nach dem **Prinzip der Demokratie.** Dieses bestimmt, in welchen Verfahren gültige und damit für alle verbindliche Entscheide über die Regeln des öffentlichen Zusammenlebens zustande kommen. Es legitimiert staatliches Handeln auf der Grundlage öffentlicher Autonomie.

716 Durch die drei ersten Prinzipien begründet der Staat seine Strukturen und Verfahren. Er wird durch sie institutionalisiert. Seine Inhalte erlangt er aber erst durch die drei nachfolgenden Grundsätze.

717 (4) Seinen Sinn erlangt der Staat durch das Verhältnis zwischen ihm und den Menschen. Dieses Verhältnis erhält durch das **Prinzip des Rechtsstaates** seine Ausrichtung auf die individuelle Freiheit. Der Rechtsstaat schafft die Rechte der Einzelnen untereinander und zum Staat sowie die Verfahren, in welchen diese Rechte geschaffen und verändert werden können.

718 (5) Schliesslich bestimmen die Staatsaufgaben, welche inhaltlichen Zwecke der Staat im Rahmen von Demokratie und Rechtsstaat zu erfüllen hat. Das **Prinzip des Leistungsstaates** umschreibt die Gemeinwohlverantwortung, welche der Staat für die Gesellschaft durch Sozialschutz, öffentliche Dienstleistungen und Gesamtverantwortungen (für Kultur, Umwelt und Nachwelt) wahrnehmen soll.

719 (6) Das **Prinzip des Wirtschaftsstaates** regelt das Verhältnis des Staates zur Wirtschaft, indem es der Wirtschaft einen staatlichen Rahmen steckt und ihr Grenzen und Ziele setzt, aber auch indem es die Wirtschaftlichkeit staatlichen Handelns fordert (vgl. den Kasten «Die staatsleitenden Prinzipien»).

Die staatsleitenden Prinzipien als Grundzüge der Staatlichkeit

Das Prinzip der Staatshoheit (1) und das Prinzip des Föderalismus (2) bestimmen die Macht und Struktur des Staates, das Demokratieprinzip (3) und das Rechtsstaatsprinzip (4) ordnen den Prozess der Machtausübung durch Verfahren und Rechte. Die Prinzipien des Leistungsstaates (5) und des Wirtschaftsstaates (6) schliesslich bestimmen die Inhalte und Aufgaben des Staates.

Für die **Konstituierung eines Staates** sind die folgenden sechs Merkmale notwendig:

- Ein Staat braucht erstens ein Hoheitsrecht, das die nationale Einheit herstellt,
- zweitens benötigt er innere Strukturen seiner Organisation, d.h. eine Differenzierung seiner Hoheitsgewalt (die dezentral oder föderalistisch sein kann). Einheit und Differenzierung bestimmen zusammen die Staatsstruktur.
- Im Rahmen dieser Struktur gilt es drittens, die Prozesse der Willensbildung und Entscheidung zu definieren. Dies ist Gegenstand der Demokratie. Sie orientiert sich am Guten (Gemeinwohl, öffentliches Interesse) und versucht, dieses durch kollektive Verfahren und Rechte zu verwirklichen. Die demokratischen Institutionen machen den Staat erst handlungsfähig.
- Gegenüber diesem dritten Element braucht es viertens den Schutz des Einzelnen vor der so gebildeten Staatsmacht durch den Rechtsstaat. Dieser orientiert sich am Gerechten (Grundrechte, individuelle Verfahren, Rechtsschutz).
- Schliesslich gilt es, in diesen Strukturen und Prozessen jene Aufgaben festzulegen, zu deren Erfüllung der moderne Staat eingerichtet wird: Fünftens geht es um die Aufgaben des Leistungsstaates und sechstens um jene des Wirtschaftsstaates.

Insgesamt entsprechen die sechs staatsleitenden Prinzipien den sechs konstitutiven Merkmalen der modernen Staatlichkeit.

Dass die sechs staatsleitenden Prinzipien so definiert sind, dass sich keines auf 720
ein anderes zurückführen lässt und sie gemeinsam den gesamten Inhalt ei-

ner Verfassung abdecken, bedeutet, dass sie alle unverzichtbar sind und keines einen abstrakten Vorrang vor den andern hat. Sie stehen zueinander im Verhältnis der **pluralistischen Grundsätzlichkeit**[368], d.h. sie sind als gleichwertig zu behandeln. Ein Vorrang eines Grundsatzes gegenüber andern muss immer aus dem konkreten Problem heraus begründet werden können.

721   Jede Verfassungsnorm und jeder Einzelfall kann zu allen staatsleitenden Prinzipien in Beziehung gesetzt werden. Eines der Prinzipien mag dabei im Vordergrund stehen, aber oft werden mehrere für das Verständnis der Norm oder des Falles von Bedeutung sein. Um die Qualität der verfassungsrechtlichen Argumentation zu erhöhen, ist es daher sinnvoll, die staatsleitenden Prinzipien in ein Sechseck einzuordnen, das als **Argumentarium** dienen kann. Jede Verfassungsfrage kann in die Mitte des Sechsecks gestellt werden. Die Bedeutung jedes Prinzips für die gestellte Frage kann mit der Länge eines Vektors dargestellt werden. Ein kurzer Vektor bedeutet einen negativen Wert (das Prinzip stellt Schranken auf), ein langer einen positiven (das Prinzip liefert Gründe für die positive Beantwortung der Frage). Daraus ergibt sich für jede Norm und jeden Fall ein spezifisches **Spinnenprofil.**

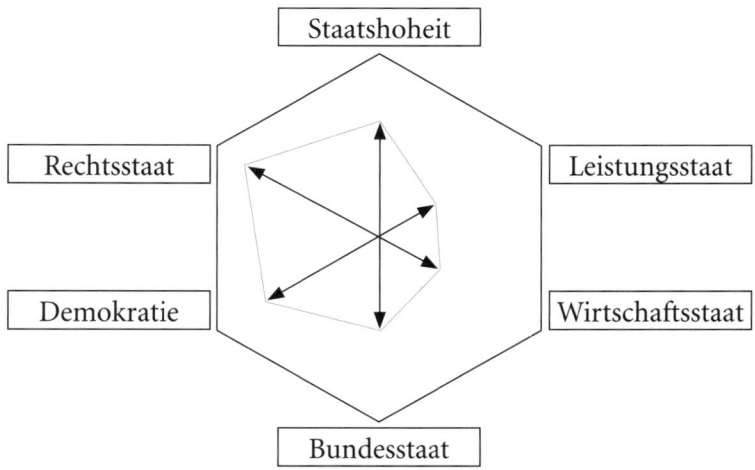

Abbildung 6-1: Spinnenprofil im Sechseck staatsleitender Prinzipien[369]

---

368 Vgl. vorne Rz. 305 ff.

369 Das gezeigte Spinnenprofil trifft für typische Fragen des herkömmlichen Staatsrechts zu, etwa für die Gewaltenteilung oder die hierarchische (bürokratische) Verwaltungsorganisation.

Dieses Sechseck staatsleitender Prinzipien hat selbst keine normative Geltung. 722
Es ist ein Modell, das als methodische Hilfe, als Checkliste dient. Es hat **heuristischen Status,** d.h. es ist bloss ein Arbeitsinstrument zur Entwicklung von Problemlösungen. Die einzelnen Prinzipien haben den Status einer **dogmatischen Konstruktion.** Damit sind sie ein Angebot der rechtswissenschaftlichen Lehre an die Behörden zur Interpretation der Verfassung. Zu Rechtsnormen werden sie in dem Ausmass, in welchem sie in konkreten Verfassungsnormen oder in der Behördenpraxis Aufnahme finden. *Das Leistungsstaatsprinzip ist zunächst von der Lehre aus der Beschreibung der modernen Staatsaufgaben entwickelt worden; als normatives Prinzip der Gemeinwohlverantwortung wird es erst allmählich in die Praxis der Behörden eingeführt.*

Hinweis: Die sechs staatsleitenden Prinzipien decken sich nur zum Teil mit 723 den sechs Verfassungsgrundsätzen einer deliberativen Demokratie (vorne Ziff. 4.2.2.). Das rührt von den unterschiedlichen Quellen her, denen sie entstammen: Die staatsleitenden Prinzipien sind Generalisierungen aus dem positiven Staatsrecht konkreter Staaten, die Verfassungsgrundsätze der deliberativen Demokratie sind Konkretisierungen von Forderungen der Ethik und der politischen Theorie. Diese äussern sich aber nicht über die einzelnen Sachaufgaben des Staates und können daher die Prinzipien des Leistungsstaates und des Wirtschaftsstaates nicht erfassen. Sie überlassen die politischen Entscheidungen dem Prozess fairer Auseinandersetzung und konzentrieren sich auf Fragen der Demokratie und des Rechtsstaates, weil diese die Verfahren definieren, in welchen die Entscheidung über das Gute und das Richtige zu treffen ist.

7. Die Staatshoheit

> Erste Aufgabe eines Staates ist es, die nationale Einheit zu verfassen (Ziff. 7.1.). Die Staatshoheit ist dafür das normative Prinzip. Sie hat zwei Teilgehalte: die innere und die äussere Souveränität (Ziff. 7.2.)

7.1. Die Verfassung der nationalen Einheit

724 Der Staat ist die Organisation der politischen Macht. In ihm üben Menschen über andere Menschen **Herrschaft** aus. Die faktische Gewalt ruft nach einer normativen Ordnung, welche die Ausübung von Macht legitimiert. Legitime Macht muss denen, die sie ausüben, von den andern zugesprochen werden. Sie darf daher nicht ohne Begründung ausgeübt werden. Zugleich ist sie zu begrenzen, damit sie nicht zu Willkür wird. Macht muss verfasst werden, damit sie legitim ist.

725 Das Verfassen der politischen Macht erfordert das Zusammenspiel sämtlicher staatsleitender Prinzipien. Insbesondere Rechtsstaat, Demokratie und Föderalismus bestimmen die Bedingungen, unter welchen Macht ausgeübt werden kann. Zuallererst aber muss entschieden werden, dass überhaupt Macht zugewiesen wird und auf welcher Ebene möglicher Staatlichkeit die höchste Macht angesiedelt werden soll. Es geht um die Definition der staatlichen Einheit, die heute auf der Ebene des Nationalstaates angesiedelt wird.

726 Begrifflich ist es hilfreich, die rechtliche Staatshoheit von der faktischen Staatsgewalt zu unterscheiden. Die **Staatshoheit** ist das Recht des Staates, Macht über Menschen auszuüben. Das Prinzip der Staatshoheit verleiht demnach dem Staat das Hoheitsrecht. Der Begriff der **Staatsgewalt** meint die faktische Macht des Staates. Das Staatsrecht verbindet sodann normative Hoheit und faktische Macht zur Hoheitsgewalt. Der Begriff der Gewalt meint dann die rechtlich gebundene und daher legitime faktische Macht (*so etwa im Begriff der Gewaltenteilung*).

727 Die **Staatsgewalt** ist eines der drei Elemente des deskriptiven Staatsbegriffs (Staatsgebiet, Staatsvolk und Staatsgewalt[370]). Dieser Staatsbegriff meint zunächst nur das Phänomen, dass moderne Gesellschaften sich als Staaten organisieren. Einen normativen Charakter bekommt der Staatsbegriff aber bereits

---

370 Vgl. vorne Rz. 136 ff.

mit dem Element des Staatsvolks, zu dessen Wohl staatliche Macht ausgeübt werden soll. Das Element der Staatsgewalt führt weiteren normativen Gehalt in die Definition ein, indem es Staatsgewalt von schierer Macht unterscheidet und damit die Legitimation von Macht verlangt. Staatsgewalt ist rechtlich begründete und begrenzte politische Macht. *Die Gewalt des Staates unterscheidet sich von der Macht der Mafia über die Bevölkerung nicht durch ihre grössere Wirksamkeit – diese ist höchst zweifelhaft – sondern durch ihre rechtliche und politische Legitimation.*

Das Prinzip der **Staatshoheit** ist die rechtliche Norm, welche die Staatsmacht   728
als Staatsgewalt legitimiert. Es verleiht dem Nationalstaat die rechtliche Hoheit (Souveränität) über Territorium und Volk. Es verlangt, dass das öffentliche Zusammenleben der Menschen in einem Land einheitlich geregelt werde. Es ist das Prinzip der nationalen Einheit. Damit ist weniger die historische oder ethnische Einheit eines Volkes gemeint. Diese kann faktisch mehr oder weniger gegeben sein und ist zeitlich wandelbar. Die Staatshoheit ist eine Rechtsnorm, keine politische Maxime. Sie konstituiert die rechtliche und politische Einheit der Rechtsgemeinschaft, welche keine bereits bestehende Volkseinheit voraussetzt. Die Staatshoheit verschafft dem Staat die Kompetenz, sowohl nach innen wie nach aussen Einheit überhaupt herzustellen.

Das Prinzip der Staatshoheit begründet somit Staatsgewalt als **Kompetenz.**   729
Diese ist gleichzeitig Recht wie Pflicht aller Träger staatlicher Macht. Sie gibt ihnen die Befugnis, nach innen – gegenüber den Staatsangehörigen – und nach aussen – gegenüber anderen Staaten und deren Angehörigen – Macht zu beanspruchen. Dabei bedeutet die Gleichzeitigkeit von Recht und Pflicht, dass diese Kompetenz eine Verantwortung mit sich bringt. Hoheit ist Verantwortung. Das Prinzip der Staatshoheit ist eine rechtliche Ausprägung des Prinzips Verantwortung, das aus der politischen Ethik stammt. Hoheit ist verantwortliche Macht. Sie untersteht damit den Rechenschaftspflichten, welche durch die Prinzipien der Demokratie und des Rechtsstaates ausgestaltet werden.

7.2.   Innere und äussere Souveränität

730   Die Staatshoheit ist die Verantwortung der Behörden, die rechtliche und politische Einheit des Landes nach innen und nach aussen herzustellen und zu
schützen. Das zu schützende Gut ist die innere (1) und die äussere (2) Souveränität des Staates.

731   (1) Die **innere Souveränität** ist die Hoheit des Staates über das Volk seines
Territoriums. Nach der ursprünglichen Souveränitätslehre von Jean Bodin
war diese Hoheit absolut und unteilbar. Sie stand einer zentralen, höchsten
Entscheidungsgewalt zu, dem Monarchen. Nach moderner Auffassung ist die
innere Souveränität des Staates vielfach relativiert und aufgeteilt. Das Demokratieprinzip hat die Ausübung der Souveränität vom Monarchen auf das
Volk verschoben und diesem die Volkssouveränität zugesprochen. Die Gewaltenteilung und der Föderalismus haben ferner die Staatsgewalt auf verschiedene Träger aufgeteilt. Schliesslich ist der Staat heute nur noch der relativ
stärkste Partner im Netzwerk der Public Governance, das er zusammen mit
den Privaten bildet.

732   Höchster Ausdruck der inneren Souveränität ist die **verfassunggebende
Gewalt** (pouvoir constituant). In der Demokratie steht diese aufgrund der
Volkssouveränität dem Volk zu. Die Bürgerinnen und Bürger sind als Be-
troffene legitimiert, die politische Macht rechtlich zu verfassen. Ihre ideelle
Grundlage hat diese Forderung in der Theorie des Gesellschaftsvertrags in der
Fassung von Rousseau.

733   Dieser politischen Idee nach steht das souveräne Volk über der Verfassung
und kann rechtlich nicht gebunden werden. Die Vorstellung einer **Allzustän-
digkeit des Volkes** ist freilich fragwürdig, weil sie die Staatsgewalt von ihrer
rechtlichen Bindung lösen will. Für alle praktischen Belange gibt es ohnehin
kein handlungsfähiges Volk ohne Verfassung. Vom Ausnahmezustand der Revolution abgesehen ist das Volk stets verfassungsrechtlich definiert und handelt in den Formen der Verfassung. Der Griff zum revolutionären Akt verletzt
im Namen der Demokratie den Rechtsstaat und damit den zweiten Strang der
Legitimation politischer Macht. Der revolutionäre Akt ist daher nur durch
schwere rechtliche Mängel, die überwunden werden sollen, zu rechtfertigen.
Damit ist das Volk auch in diesem Fall gebunden, nur nicht an das positive
Recht, sondern an Normen der politischen Ethik (z.B. die Prinzipien der deliberativen Demokratie).

Die Vorstellung vom souveränen verfassunggebenden Volk ist noch aus einem 734
andern Grund problematisch: Volk und Verfassung setzen sich gegenseitig
voraus. Das Volk, das die Verfassung bestimmen soll, wird erst durch diese definiert. Die Menschen eines Landes werden erst durch die Verfassung zu Bürgern gemacht, die politische Rechte ausüben können. Faktisch fusst die historisch «erste» Verfassung eines Landes allerdings immer auf Teilen früherer
Verfasstheit, welche sie übernimmt. Nur in jenen Fragen, wo sie mit der alten
Ordnung bricht, ist die neue Verfassung ein revolutionärer Akt in dem Sinne,
dass sie sich nicht durch positives Recht legitimieren kann.

Souverän im Sinne des Prinzips der Staatshoheit ist das **Volk** erst **als Organ** 735
der Verfassung (pouvoir constitué). Ihm steht die Kompetenz zu, in den Verfahren der Verfassung über die Kompetenzverteilung im Staat zu bestimmen
(so genannte Kompetenzkompetenz). Es ist befugt, die Regeln von Rechtsstaat
und Demokratie zu gestalten und die Aufgaben des Staates festzulegen. Es
bestimmt den Rahmen für die Ausübung legitimer Macht im Staat. *In der direkten und in der halbdirekten Demokratie tut es dies unmittelbar durch Volksabstimmung über die Verfassung, in der repräsentativen Demokratie mittelbar
über die Delegation dieser Kompetenz an die von ihm gewählten Volksvertreter.*

Die innere Souveränität äussert sich vor allem in der Schaffung eines **einheit-** 736
lichen Rechts- und Wirtschaftsraums. Dies war z.B. Hauptzweck der Gründung der Schweizerischen Eidgenossenschaft im Jahre 1848. Die Gründung
des Bundesstaates erfolgte in der «Absicht, ... die Einheit ... der schweizerischen Nation zu erhalten und zu fördern» (Präambel). Zumindest rechtlich
und wirtschaftlich wurde diese Einheit 1848 erst geschaffen.

In Bundesstaaten findet der Anspruch des Staates auf Herstellung einer nati- 737
onalen Ebene seinen Ausdruck im Vorrang des Bundesrechts vor dem Recht
der Gliedstaaten. Diese können ihre Kompetenzen nur unter Vorbehalt der
Befugnisse ausüben, welche die nationale Verfassung dem Bund zuweist: *Der
Bund hat die oberste Gewalt im Lande* (DE: Art. 31 GG; CH: Art. 3 und Art.
49 Abs. 1 BV[371]). *Er wacht über die Einhaltung des nationalen Rechts durch die
Gliedstaaten und setzt dieses durch seine Bundesaufsicht, notfalls durch Inter-*

---

371 In Österreich gilt dieser Grundsatz mangels positiver Regelung nicht. An seine Stelle tritt der Vorrang
des neueren Rechts, allerdings unter der Auflage einer Rücksichtnahmepflicht auf das Recht des
anderen Gemeinwesens.

vention in gliedstaatliche Belange durch (DE Art. 28, 37, 85 Abs. 4 GG; CH: Art. 49 Abs. 2 und Art. 52 BV).[372]

738 (2) Die **äussere Souveränität** ist die Autonomie des Nationalstaates im Verhältnis zu anderen Staaten. Sie ist ein völkerrechtlicher Begriff. Nach dem Völkerrecht sind alle Staaten voneinander unabhängige und gleichberechtigte Subjekte. Die Hoheitsgewalt eines Staates findet aber in der Hoheitsgewalt der übrigen Staaten ihre Grenze. Es gilt der Grundsatz der Nichteinmischung in die inneren Angelegenheiten eines anderen Staates. Das Völkerrecht kennt keine übergeordnete Hoheit, welche legitime Gewalt über die Staatengemeinschaft ausüben könnte. Es beruht daher auf Verträgen unter Staaten und auf Gewohnheitsrecht. *Wo keine supranationale Organisation (wie die EU) besteht, entscheidet z.B. jeder Staat selbständig, ob er ein völkerrechtliches Verhältnis der Gerichtsbarkeit des Internationalen Gerichtshofs in Den Haag unterstellen will.*

739 Die äussere Souveränität erlaubt dem Nationalstaat, selbst zu bestimmen, welche Geltung er dem Völkerrecht im Innern zumessen will. So beanspruchen die USA im Konfliktfall einen Vorrang ihres Landesrechts vor dem Völkerrecht. Die Schweiz anerkennt hingegen den Primat des Völkerrechts vor dem Landesrecht (Art. 5 Abs. 4 BV). Völkerrechtliche Verträge werden damit unmittelbar zu Landesrecht, wenn sie ratifiziert sind. Sie können damit unmittelbar Rechte und Pflichten von Individuen begründen, wenn sie inhaltlich dazu geeignet sind (Konzept der Einheit von Völkerrecht und Landesrecht, so genannte monistische Theorie). Deutschland vertritt demgegenüber eine dualistische Theorie, wonach das Völkerrecht nur die Staaten verpflichtet. Staatsverträge müssen nach dieser Theorie durch einen Rechtsetzungsakt in innerstaatliches Recht umgewandelt werden, damit sie Rechte und Pflichten von Individuen begründen können (Art. 59 Abs. 2 GG). In Österreich gilt grundsätzlich die monistische Theorie, wobei der Nationalrat auch beschliessen kann, dass ein Staatsvertrag durch Erlass von Gesetzen zu erfüllen ist (Art. 50 B-VG).

740 Allerdings wird auch die äussere Souveränität der Staaten in zunehmendem Masse durch inter- und auch supranationales Recht **relativiert.** Dieses Recht entsteht aus zwischenstaatlichen Vereinbarungen bzw. aus der Übertragung

---

372 In Österreich hat das Bundes-Verfassungsgesetz die Bundesaufsicht nicht als allgemeines Rechtsinstitut eingerichtet. Der Grund dafür liegt in der rechtlichen Parität zwischen Bund und Ländern. Konflikte werden durch eine neutrale Instanz, den Verfassungsgerichtshof, entschieden. Es gibt aber eine Reihe von Instrumenten, die einer Kontrolle und Einwirkung zur Wahrung der Rechte und Pflichten der Länder dienen (z.B. Art. 15 Abs. 8, 16 Abs. 5, 98 Abs. 2 B-VG).

von nationalen Rechtsetzungskompetenzen an supranationale Organisationen. Darüber hinaus sind die Staaten an das zwingende Völkerrecht (*ius
cogens*) und damit an einen Kern von Menschenrechten gebunden. Hier fehlen aber z. T. die Sanktionsmechanismen für die Durchsetzung dieser Verpflichtung. *Solange sich die USA weigern, ihre Angehörigen dem internationalen Strafgerichtshof zu unterstellen, kann dieser Kriegsverbrechen, welche durch
US-amerikanische Armeeangehörige begangen werden, nicht verfolgen.*

Die Idee der äusseren Souveränität geht vom Bild eines territorial fest um- 741
grenzten und in diesen Grenzen autonomen Staates aus. Diese Vorstellung
wird durch den Prozess der **Globalisierung** stark relativiert. Globalisierung
heisst die grenzüberschreitende Verflechtung verschiedener gesellschaftlicher
Bereiche wie des ökonomischen, ökologischen, sozialen, kulturellen, militärischen und technologischen. Diese Verflechtung schafft wechselseitige Abhängigkeiten (Interdependenzen) nicht nur in Gesellschaft und Wirtschaft,
sondern auch unter den Staaten. Die Steuerungsmöglichkeiten des Staates
gegenüber Gesellschaft und Wirtschaft schwinden, weil sie seine Grenzen und
damit seine Hoheit sprengen. Die Staatshoheit wird auf diese Weise faktisch
unterlaufen. *So entziehen sich z.b. grössere Konzerne aufgrund ihrer internationalen Vernetzung der Regulierung eines einzelnen Staates.*

Der Nationalstaat verliert damit zwar nicht seine Berechtigung, aber er muss 742
sein Selbstverständnis ändern. Dafür liefert das Konzept der deliberativen Demokratie ein Modell: So, wie das Individuum sich erst als kommunikativer
Teilnehmer an einem intersubjektiven Prozess der Verständigung zur Person
heranbildet, können auch die Staaten ihre nationale Hoheit nur über den internationalen Prozess einer vertraglichen Vernetzung konstituieren. Die Nationalstaaten können ihre Souveränität nur retten, wenn sie sie mit anderen
teilen.[373]

Mit der Entstehung von supranationalen Organisationen – welche (wie die 743
Europäischen Gemeinschaften) Recht mit unmittelbarer Wirkung für die Be-
wohner der Mitgliedstaaten setzen können – und mit der wachsenden Bedeutung internationaler Organisationen wie der UNO, der WTO oder von Weltbank und IWF entwickelt sich allmählich eine transnationale Staatlichkeit,
welche neue Konzepte erforderlich macht.[374]

---

373 Vgl. hinten Rz. 992 ff.
374 Mehr dazu hinten unter Rz. 1034 ff.

744 **Übungsbeispiel:** Die Staatshoheit erscheint in westeuropäischen Staaten als Selbstverständlichkeit. In Ländern wie dem Irak nach der Invasion der USA bildet ihr Fehlen das Hauptproblem. In Ländern des ehemaligen Ostblocks bleibt die Errichtung einer stabilen Staatshoheit eine Hauptaufgabe der Politik. Aber auch in Westeuropa sieht sich der Staat einer wachsenden Anfechtung seiner Hoheit gegenüber, und zwar im Innern durch die Formen der Public Governance, im Äussern durch den Prozess der Globalisierung.

745 **Frage:** Wie verändert sich die Staatshoheit als Folge a) der Public Governance und b) der Globalisierung?

746 **Antwort:**

a) Als Folge der Public Governance teilt der kooperative Staat in zunehmendem Masse Verantwortung mit Privaten (Auslagerung staatlicher Hoheitsgewalt an Private). *Im Laufe dieser Entwicklung wurden bspw. in vielen Staaten Gefängnisse privatisiert oder private Sicherheits- oder Verkehrsüberwachungsdienste für die Durchsetzung des Rechts eingerichtet.* Der Staat besitzt kein Gewaltmonopol mehr und setzt nicht mehr hierarchisch-einseitig Recht, sondern hat vielmehr weite Teile seiner Befugnisse an Private übertragen. Der Staat behält jedoch die Gemeinwohlverantwortung bei und steht damit in der Hierarchie noch immer über den Privaten. Er bleibt im Rahmen seiner Gewährleistungsverantwortung verpflichtet, Strukturen und Verfahren der Governance bereitzustellen, die Aufgaben und Grenzen privater Machtausübung zu regulieren und die delegierte Praxis zu überwachen.

b) Als Folge der Globalisierung wird der Staat in zunehmendem Masse zum Teil eines verzweigten und dichten transnationalen Netzwerkes (*Interdependenz der Staaten, Irrelevanz von Staatsgrenzen, z.B. im Bereich grenzüberschreitender Umweltprobleme*). Die Staaten können viele Materien nicht mehr alleine regeln und ihre politischen Vorstellungen nicht mehr alleine durchsetzen. Damit verliert der Staat seine traditionell verstandene «äussere» Souveränität, seine Staatshoheit nach aussen. Souveränität kann in einer globalisierten Welt nicht mehr im Sinne von faktisch wie rechtlich unbeschränkter Aktionsfreiheit verstanden werden, sondern lässt sich nur noch durch Teilnahme am internationalen System realisieren. Der Staat kann seine Autonomie nur noch wahren, wenn er Bindungen mit anderen transnationalen Akteuren eingeht, d.h. als Akteur am transnationalen Netzwerk teilnimmt.

8. Föderalismus

Die innere Struktur eines Staates kann entweder als Einheitsstaat oder als Bundesstaat ausgestaltet werden (Ziff. 8.1.). Das Bundesstaatsprinzip ist der normative Grundsatz für die Aufteilung der Staatshoheit zwischen Bund und Gliedstaaten (Ziff. 8.2.).

8.1. Einheitsstaat und Bundesstaat

Auf nationaler Ebene begründet die Staatlichkeit zunächst einmal den Ein- 747 heitsstaat. Dieser fasst alle Staatsmacht im Lande auf einer Stufe zusammen und begründet die Hoheit der zentralen Behörden. Diese Zentralisierung verleitet allerdings oft zu schematischen Regelungen. Regionale und lokale Bedürfnisse werden dabei vernachlässigt. Das führt zur Frage, ob die Staatsgewalt dezentralisiert werden sollte. Neben der bloss administrativen Form örtlicher und funktionaler Gliederung der Staatsverwaltung bietet sich dafür vor allem die politische Verselbständigung von Gliedstaaten, der **Bundesstaat,** an.

Der Bundesstaat schafft selbständige staatliche Einheiten auf unterer Ebene. 748 Historisch sind die Gliedstaaten meist der nationalen Einigung vorausgegangen. Im Bundesstaat werden die früheren Staaten aber nicht mehr durch einen **Staatenbund,** also einen völkerrechtlichen Vertrag miteinander verbunden, sondern durch eine Verfassung. Diese beruht nicht auf Einstimmigkeit der Gliedstaaten, sondern auf Mehrheitsbeschluss eines nationalen Organs (Volk oder Parlament). Die Bundesebene hat die Kompetenzkompetenz, also das Recht, über die Kompetenzverteilung zwischen Bund und Gliedstaaten zu entscheiden. Das Bundesrecht ist in den Gliedstaaten unmittelbar anwendbar; der Bund greift also in die Verhältnisse in den Gliedstaaten ein.

Die **Gliedstaaten** sind aber nicht blosse Verwaltungsbezirke, sondern verfügen 749 über eine vollständige Behördenorganisation mit Parlament, Regierung und Justiz. Sie bilden somit eine eigene politische Einheit, die in ihrem Zuständigkeitsbereich gegenüber dem Bund nicht weisungsgebunden ist, sondern autonome Entscheidungen trifft. Die Gliedstaaten sind in der Regel für alle Fragen zuständig, welche nicht von der Verfassung ausdrücklich dem Bund zugewiesen worden sind.[375] Die Gliedstaaten wirken schliesslich an der Entscheidungsbildung des Bundes mit (über eine zweite Kammer des Bundesparlaments, z. T. auch über erhöhte Quoren bei Verfassungsänderungen, z.b. das Erfordernis des Ständemehrs bei Volksabstimmungen über Verfassungsänderungen in der Schweiz).

750 **Einheitsstaat und Bundesstaat** sind die Gegenprinzipien der inneren Struktur des Staates. Sie haben je ihre eigene Rechtfertigung. Keine dieser beiden Staatsformen kann generell einen Vorrang vor der anderen beanspruchen. Die Wahl ist vielmehr anhand der konkreten Verhältnisse eines Landes zu treffen. Zudem kann jede Staatsform durch Elemente der andern ergänzt werden. Allerdings lässt sich zwischen den beiden Strukturformen keine abstrakte Harmonie herstellen, möglich sind einzig konkrete Kompromisse.

751 **Legitimation des Einheitsstaates:** Der Einheitsstaat lässt sich vor allem rechtsstaatlich legitimieren. Er garantiert die Rechtsgleichheit besser als der Bundesstaat, der von Gliedstaat zu Gliedstaat Unterschiede schafft. Der Einheitsstaat nähert seine Rechtsordnung stärker dem Rechtsprinzip der Universalität an. Die Freiheit des Einzelnen und die Würde des Menschen sind bei ihm einheitlicher gewahrt. *Föderalismus schafft Ungleichheiten auch im Grundrechtsschutz. So kennt die Schweiz noch immer 26 verschiedene kantonale Prozessordnungen, was den Rechtsschutz erschwert. Ebenso kann der Föderalismus zu unterschiedlichen Definitionen des Existenzminimums führen.* Deshalb kennen alle Bundesstaaten eine nationale Kontrolle der gliedstaatlichen Rechtsordnung durch ein Verfassungsgericht.

752 **Legitimation des Bundesstaates:** Für den Bundesstaat gibt es eine Vielzahl von Rechtfertigungsgründen. Die wichtigsten sind folgende:

– Die regionale und kulturelle Vielfalt innerhalb eines Landes führt notwendigerweise zu unterschiedlichen Ausprägungen des öffentlichen Interesses. Gliedstaaten können in ihren Zuständigkeitsbereichen selbst definieren, was ihr öffentliches Interesse ist.

– Die politische Gliederung eines Staates ermöglicht politische Gemeinschaften mit gemeinsamen Werthaltungen. Menschen können sich mit ihrer lokalen Gemeinschaft meist stärker identifizieren. Dies ermöglicht im Bundesstaat eine bessere Integration der Bürgerinnen und Bürger in

---

375 Vgl. beispielsweise für Österreich Art. 15 Abs. 1 B-VG: «Soweit eine Angelegenheit nicht ausdrücklich durch die Bundesverfassung der Gesetzgebung oder auch der Vollziehung des Bundes übertragen ist, verbleibt sie im selbständigen Wirkungsbereich der Länder.»

ihren öffentlichen Raum. Die Differenzierung des Staates in verschiedene Ebenen entspricht auch der differenzierten Identität des modernen Menschen. *Der heutige Mensch will nationale und internationale Mobilität, regionale kulturelle Vernetzung und lokale Geborgenheit zugleich. Je nach Bedürfnis identifiziert er sich mit unterschiedlichen Gemeinschaften.*

– Der Bundesstaat schafft zusätzliche Möglichkeiten der kollektiven Mitgestaltung. Die Partizipation auf der unteren Stufe erhöht die politische Autonomie der Bürgerinnen und Bürger. Nur im kleinen Raum ist das direkte Gespräch unter Anwesenden möglich, in welchem sich ein Diskurs unter Betroffenen entwickeln kann.

– Der Gliedstaat steht sodann der Bürgergesellschaft näher. Für lokale Probleme stehen den Bürgern lokale politische Behörden zur Verfügung, für regionale solche auf entsprechender Stufe. So können sich die Bürgergruppen je nach ihren Anliegen auf verschiedene staatliche Stufen ausrichten.

– Schliesslich sind die Gliedstaaten beweglicher und fördern dadurch die Innovation politischer Lösungen. In der Schweiz redet man daher vom «föderalistischen Labor der Kantone» (vgl. den Kasten «Devolution in Grossbritannien»).

«Devolution» in Grossbritannien
– Föderalismus oder Dezentralisation?
In Staaten mit starken regionalen Autonomiebewegungen wie Spanien oder Grossbritannien kommt es vor, dass einer Region ein **Autonomiestatut** gewährt wird, welches starke föderalistische Züge trägt.

So hat das britische Parlament im Jahre 1998 sowohl Schottland wie Wales und Nordirland weitgehende Gesetzgebungs- und Regierungskompetenzen delegiert. Diese sog. Devolution ist eine Verlagerung von Befugnissen von den Behörden des Einheitsstaates an neu geschaffene regionale Einheiten. In Grossbritannien wurde den Regionen das Recht gewährt, ein eigenes Parlament zu wählen, welches nach dem parlamentarischen Regierungssystem wiederum einen ersten Minister wählt, der ein Kabinett anführt. Das nationale politische System wird somit weitgehend kopiert. Die delegierten Befugnisse decken weite Teile der Innenpolitik ab (z.B. Justiz, Gesundheit, Bildung, Kultur, Gemeinden, Wohnungswesen, Wirtschaftsförderung, Tourismus, Verkehr oder Umwelt). Sie reichen weiter als die Befugnisse mancher Gliedstaaten in einem Bundesstaat.

Was fehlt dieser Dezentralisierung noch zu einem echten Föderalismus?

– Grossbritannien bleibt ein Einheitsstaat, da die staatlichen Kompetenzen nicht von unten nach oben, sondern umgekehrt von oben nach unten gewährt werden. Das britische Parlament kann die Devolution mit einfachem Beschluss suspendieren, wie z.B. im Jahre 2000 gegenüber Nordirland geschehen.

– Die Regionen sind nicht konstitutiv für den Nationalstaat. Sie haben keine Mitwirkungsrechte bei der Bildung der nationalen Entscheidungen (z.B. über eine eigene Kammer im Parlament).

– Die Regionen decken nicht das ganze Land ab. England hat kein eigenes Autonomiestatut. Damit hinkt die Staatsstruktur. So beschliessen die Vertreter autonomer Regionen im nationalen Parlament mit über Belange der Innenpolitik, welche nur England betreffen und welche bei ihnen zu Hause abweichend geregelt werden können.

753 **Bundesstaatstheorien:** Föderalismus ist allerdings kein einheitliches Konzept. In Lehre und Praxis werden damit unterschiedliche Vorstellungen und Ansprüche verbunden.[376]

– Der **separative Föderalismus** betont die Trennung der Kompetenzen von Bund und Gliedstaaten, um deren Zuständigkeiten vor schleichender Vereinheitlichung zu schützen.

– Der **unitarische Föderalismus** betont demgegenüber die Notwendigkeit der Vereinheitlichung überall dort, wo die untere Ebene nicht besser geeignet ist, eine Aufgabe zu lösen. Das führt dann oft zu Formen der Zusammenarbeit, in denen die Kompetenzen verwischt werden (Mischverwaltung oder Vollzugsföderalismus).

– Der **kooperative Föderalismus** betont hingegen die Partnerschaft getrennter, zumindest teilweise souveräner Staaten innerhalb des Bundesstaates. Er sucht die bundesstaatliche Subordination der Gliedstaaten unter den Bund durch die Koordination von Bund und Gliedern zu mildern.

---

376 Vgl. HARTMUT BAUER, Bundesstaatstheorien, 645 ff.

Die Kultusministerkonferenz ist ermächtigt, über die Regelung der Sommer-
ferien mit Geltung für die ganze Bundesrepublik zu beschliessen.

- Der **Konkurrenzföderalismus** sieht im Bundesstaat vor allem einen Wettbewerb zwischen den Gliedstaaten, der die staatliche Effizienz erhöhen
soll. So führt die unterschiedliche Ausgestaltung der Steuersätze in den
schweizerischen Kantonen zu einem Standortwettbewerb. Dieser zwingt
die Kantone, haushälterisch mit den öffentlichen Finanzen umzugehen,
weil die dadurch gemachten Einsparungen ihren Bürgern und Wählern
zugute kommen.

- Das Konzept des **solidarischen Bundesstaates** betont die **Bundestreue,**
also die gegenseitige Hilfeverpflichtung der Glieder untereinander und
zwischen ihnen und dem Bund. Dieser Grundsatz gilt allgemein, ist aber
insbesondere im Bereich des Finanzausgleichs zwischen reichen und armen Gliedstaaten von Bedeutung. Er bildet das Gegenprinzip zum Wett-
bewerbsgedanken.

- Föderalismus kann auch **drei- oder mehrstufig** konzipiert werden, indem
als unterste Stufe die Gemeinden und als mittlere Stufe, welche die Grenzen der Gliedstaaten durchbrechen kann, die substaatlichen Regionen mit
einbezogen werden. Die Gemeinden sind eine notwendige unterste Stufe
mit allerdings meist beschränkter Autonomie. Die Regionen haben ebenfalls nicht die gleiche Hoheitsgewalt wie die Gliedstaaten, sondern sind
meist von diesen abhängig. Sie bilden aber eine wichtige Ergänzung, wenn
es darum geht, öffentliche Aufgaben zu lösen, welche die Grenzen von
Gemeinden oder Gliedstaaten übersteigen (z.B. Zweckverbände).

- Insgesamt ergeben diese Konzepte ein **gemischtes Bundesstaatsverständ-
nis,** nach welchem unterschiedliche Gesichtspunkte problemgerecht zu
berücksichtigen sind. Aktuell ist vor allem das Spannungsverhältnis zwischen Wettbewerb und Solidarität. Gliedstaaten dürfen und sollen sich
je um höchste Lebensqualität im eigenen Lebensraum bemühen, aber als
Institutionen des gleichen öffentlichen Raums sollen sie einander auch
beistehen. Wettbewerb hat nur im Rahmen der Bundestreue ihren Platz.

Beispiel: In der Schweiz führt die Suche nach Standortvorteilen unter den   754
Kantonen zu einem Steuerwettbewerb, in welchem Grossverdiener mit güns-
tigen Steuertarifen angelockt werden. Einzelne Kantone gewähren den reichen
Anwohnern sogar einen degressiven Besteuerungssatz, was zur Folge hat, dass
bei höherem Einkommen ein geringerer Steueranteil zu leisten ist. Diese Kan-

tone hoffen, dadurch gute Steuerzahler anzuziehen und damit längerfristig die Steuern auch für die niedrigeren Einkommen senken zu können. Zumindest vorübergehend kann das allerdings dazu führen, dass diese Kantone ihre Einbusse an Steuereinkommen über den interkantonalen Finanzausgleich von eben jenen Kantonen finanzieren lassen, denen sie die guten Steuerzahler abspenstig machen.

755 **Frage:** Welche Prinzipien des demokratischen Verfassungsstaates (insbesondere welche Grundsätze des Föderalismus) werden durch dieses Vorgehen verletzt?

756 **Antwort:** Im Verhältnis unter den Steuerzahlern wird die Rechtsgleichheit (im Sinne des Prinzips der Besteuerung nach Massgabe der wirtschaftlichen Leistungsfähigkeit) verletzt. Im Verhältnis unter den Kantonen werden der kooperative Föderalismus und die Bundestreue verletzt (vgl. den Kasten «Föderalismus versus Federalism»).

Föderalismus versus Federalism:

1. In der deutschen Terminologie wird mit dem Begriff «**Föderalismus**» die Stärkung der Glieder eines staatlichen Gemeinwesens betont, dies im Gegensatz zum Unitarismus oder Zentralismus, der das politische Gewicht auf den Gesamtstaat legt. Der Ausdruck Bundesstaat weist hingegen eine eher «unitaristische», d.h. auf die gesamtstaatliche Ordnung ausgerichtete Stossrichtung auf.

2. In der angelsächsischen Terminologie kommt dem Ausdruck «federalism» eine dem deutschen Sprachgebrauch entgegengesetzte Bedeutung zu. «**Federalism**» bezieht sich mehr auf die Stärkung der Bundesgewalt im Bundesstaat.[*] Die Betonung des zentralstaatlichen Elements im Ausdruck «federalism» geht auf die Debatten um die Ratifikation der amerikanischen Unionsverfassung von 1787 zurück. Die so genannten «Federalists» setzten sich für die Annahme des Verfassungsentwurfs ein, der die Schaffung einer starken Zentralregierung in einem Geflecht mit starken Einzelstaaten vorsah, während die so genannten «Antifederalists» das Gewicht der Einzelstaaten betonten und die grosse Machtballung beim Zentralstaat, die der Kompromiss der «Philadelphia Convention» ihrer Ansicht nach gebracht hatte, beklagten. Im Laufe der Geschichte der Vereinigten Staaten ist die

ursprünglich starke Machtstellung der Einzelstaaten bis auf einen
– zumindest aus der Sicht der Gründerväter – geringfügigen Rest
abgetragen worden. Entgegen der von der Verfassung vorgesehenen
Kompetenzzuweisung bestimmter Politikfelder entweder in den aus-
schliesslichen Zuständigkeitsbereich des Bundes oder in denjenigen
der Einzelstaaten ist die heutige Situation in den USA in den meisten Bereichen durch eine «**Mischverantwortung**» gekennzeichnet. In
den kostenintensiven Bereichen existieren letztlich nur zwei Typen
von Zuständigkeiten: Entweder ist der Bund alleine zuständig oder er
teilt sich gemeinsam mit den Einzelstaaten die Verantwortung. Damit
hat sich der amerikanische «federalism» im Laufe der Zeit von einem
Schichten- (mit sauber abgrenzbaren und zugeordneten Kompetenz-
bereichen) in einen Marmorkuchen (mit vermischten Zuständigkeiten) verwandelt.[**]

---

[*]   Zu «Föderalismus» und «federalism», vgl. WOLFGANG WELZ, Bundesstaatliche Struktur der
        USA, 80; WALTER HALLER/ALFRED KÖLZ, Allgemeines Staatsrecht, 154 f. Verstärkt werden
        die Verständigungsprobleme noch durch den in den Vereinigten Staaten häufig synonymen
        Gebrauch der Begriffe *federal* und *national*. *Federal government* bedeutet daher nicht «bundes-
        staatliche» Regierung, sondern ebenso wie *national government* «Bundesregierung».

[**]   Vgl. EMIL HÜBNER, Politisches System der USA, 50 f.

8.2.   Das Bundesstaatsprinzip

757   Das Bundesstaatsprinzip ist der normative Grundsatz, welcher die Aufteilung der Staatshoheit zwischen Bund und Gliedstaaten fordert. Diese Forderung hat zwei Teilgehalte: (1) die vertikale Gewaltenteilung und (2) das Subsidiaritätsprinzip.

758   **(1) Vertikale Gewaltenteilung:** Das Bundesstaatsprinzip schafft eine vertikale Aufteilung der Staatshoheit. Wie die Gewaltenteilung zwischen Legislative, Exekutive und Justiz sorgt der Bundesstaat dafür, dass Macht aufgeteilt und nur unter gegenseitiger Mässigung der Gewalten ausgeübt werden kann. Die vertikale Gewaltenteilung soll durch Aufteilung der Macht zwischen dem Bund und den Gliedstaaten Freiheit und Demokratie stärken. Die Macht wird gemässigt, die Wirksamkeit demokratischer Mitbestimmung erhöht und das Gemeinwohl teilweise lokal definiert und dadurch gegliedert.

759   Die **Gliederung des Gemeinwohls** besteht darin, dass die Hoheit zur Bestimmung dessen, was als öffentliches Interesse gelten soll, zwischen Bund und Gliedstaaten aufgeteilt wird. Die massgeblichen öffentlichen Interessen sollen bereichsweise von unterschiedlichen Standpunkten aus beurteilt werden. Was Staatsaufgabe ist, kann daher von Gliedstaat zu Gliedstaat unterschiedlich sein. Damit können Grundfragen des Zusammenlebens im öffentlichen Raum je nach den Vorstellungen der Beteiligten differenziert beantwortet werden. *Die Länder allein bestimmen über den Lehrplan der drei ersten Jahrgangsstufen der Grundschule. Jedes Land entscheidet selbständig über den Inhalt und die Prägung des von Art. 7 Abs. 3 GG vorgeschriebenen Religionsunterrichts.*

760   Als vertikale Gewaltenteilung ist das Bundesstaatsprinzip das Prinzip der innerstaatlichen Differenzierung der Macht auf verschiedene Ebenen. Es verlangt aber nicht nur die vertikale Trennung der Machtbereiche, sondern stellt auch die Aufgabe der vertikalen Konkordanz: Die Machtträger schulden einander Rücksicht und Treue. Wie die horizontale Gewaltenteilung enthält das Bundesstaatsprinzip sowohl ein Element der Trennung als auch ein Element des Zusammenwirkens. Die Macht wird beide Male sowohl auf- wie auch zugeteilt.

761   **(2) Subsidiaritätsprinzip:** Allgemein trägt staatliches Handeln eine Begründungslast: Es muss im öffentlichen Interesse sein und es muss subsidiär zu den Möglichkeiten der Gesellschaft erfolgen. Im föderalen Staat kommt noch hinzu, dass die höhere Staatsebene erst handeln darf, wenn die tiefere dazu nicht

in der Lage ist. Die bundesstaatliche Subsidiarität schafft eine Vermutung zugunsten der Kompetenz der Gliedstaaten. Das Subsidiaritätsprinzip gilt als zentraler Verfassungsgrundsatz des Föderalismus. *«Der Bund übernimmt nur die Aufgaben, welche die Kraft der Kantone übersteigen oder einer einheitlichen Regelung durch den Bund bedürfen»*[377].

Diese gängige Umschreibung des Grundsatzes der bundesstaatlichen Subsi- 762 diarität ist rein funktional und orientiert sich am Kriterium der **Effizienz.** Föderalismus rechtfertigt sich danach allein aus der besseren Eignung des kleineren Raums zur Lösung gewisser Probleme. Sobald diese aber in einen Zusammenhang treten, der die Grenzen des Gliedstaates überschreitet, schwindet die funktionale Legitimation. Mit der zunehmenden Vernetzung gesellschaftlicher und wirtschaftlicher Belange entgleitet dem Föderalismus so seine Berechtigung.

Mit funktionaler Begründung lässt sich das Bundesstaatsprinzip somit lang- 763 fristig nicht aufrecht erhalten. Normativ hat es aber eine dauerhafte Grundlage im Prinzip der **kollektiven Autonomie.** Die Selbstbestimmung kleiner politischer Einheiten bildet einen eigenständigen demokratischen Wert, weil sie kollektive Autonomie auf möglichst persönlicher Stufe ermöglicht. Das Dilemma von Effizienz und Legitimität ruft nach einer Abwägung unter den staatsleitenden Prinzipien des Wirtschaftsstaates (Effizienz) einerseits, der Demokratie und des Föderalismus (kollektive Autonomie) anderseits. *In der Schweiz hemmen kantonale Volksabstimmungen über Volksschulgesetze die Angleichung der Ausbildung an internationale Standards, bringen aber die lokal unterschiedlichen Kulturen der Gliedstaaten zum Ausdruck.*

Ausblick: Der Föderalismus wird vielfach als Antwort auf die **multikulturelle** 764 **Zusammensetzung moderner Gesellschaften** angepriesen. Ist er das?

Besonders in der Schweiz hat sich der Bundesstaat historisch als Antwort auf 765 die kulturelle Vielfalt des Landes bewährt. Er gibt den vier Landessprachen, den beiden christlichen Konfessionen und den vielen lokalen Kulturen der Täler dieses Alpenlandes den nötigen Entfaltungsraum, ohne die politische Einheit zu gefährden. Er ist die Organisation der Verständigung unter den «Völkerschaften» der Eidgenossenschaft.

Damit löst der Föderalismus aber vornehmlich Probleme der Vergangenheit. 766 Die neuen Verständigungsprobleme heutiger Staaten sind nicht territorial ab-

---

377 Art. 43a Abs. 1 BV. Diese Bestimmung ist beschlossen, aber noch nicht in Kraft.

grenzbar. Es geht um Segmentierungen der Gesellschaft, die nicht territorialen Charakter haben (Frauen – Männer, Alte – Junge, Reiche – Arme, Inländer – Ausländer, Christen – Andersgläubige). Gesucht wäre ein **variabler oder «virtueller Föderalismus»**[378], der ohne territoriale Anknüpfung den verschiedenen gesellschaftlichen Gruppen Autonomie zur Ausbildung ihrer eigenen Identität verleiht. Der variable Föderalismus überträgt die Idee der lokalen Autonomie auf Personalkörperschaften mit anerkannter kultureller Identität. Diese sollen eigene Rechtsverhältnisse aufbauen können, soweit solche mit der Kultur des Landes vereinbar sind. *Solche Autonomie geniessen von jeher die Kirchen; sie ist aber auch auf andere Gemeinschaften übertragbar.*

767 Den anerkannten Körperschaften sind politische **Mitwirkungsrechte** zu gewähren, welche den föderalistischen Rechten im Bundesstaat nachgebildet sind. Dazu gehört vor allem der Einbezug von Organisationen dieser Gruppen (Ausländerorganisationen, Frauenorganisationen, Religionsgemeinschaften) in den Prozess der Rechtsetzung auf allen Stufen des Staates.

768 Der variable Föderalismus übernimmt das Grundanliegen des klassischen Föderalismus, kollektive Autonomie auf möglichst persönlicher Stufe zu verwirklichen. Zudem kann er sich aber auch auf Forderungen der deliberativen Demokratie berufen. Er verlangt symmetrische Strukturen der Interessenvertretung, fordert die demokratische Beteiligung aller besonders Betroffenen an der Entscheidung und richtet stufengerechte Diskurse ein.[379] Allerdings stösst er sich am vorherrschenden Konzept der Rechtsgleichheit: Dieses verlangt nur die Gleichbehandlung der diskriminierten Minderheiten, nicht die Zusprechung von Sonderrechten aufgrund ihrer Andersartigkeit. Der Rechtsstaat betreibt heute eine Politik der Angleichung. Diese müsste durch eine **Politik der Anerkennung** erweitert werden. *Es genügt nicht, die Ausländer den Inländern gleichzustellen. Weil sie anders sind, brauchen sie einen Entfaltungsraum für ihre Andersartigkeit. So muss die islamische Gemeinschaft ihre eigenen Werte so weit leben dürfen (z.B. durch eigene Schulen), wie dies mit der öffentlichen Ordnung im Land vereinbar ist.* Erst wenn ihre kulturelle Identität anerkannt ist, sind die modernen Minderheiten frei, ihren eigenen Beitrag zur Integration des Staates zu leisten.

769 Die Idee des Föderalismus als Struktur der Partizipation gesellschaftlicher Gruppen in der Demokratie kann nicht nur auf nationaler Ebene fruchtbar

---

378 Diesen Begriff verwendet REGULA KÄGI-DIENER, Eidgenossenschaft, 493–645, 628.
379 Vgl. vorne Rz. 548.

gemacht werden. Sie kann auch neue Formen der Demokratie auf internationaler Ebene anregen. Die **Weltordnung** kann als fünfstöckiges Haus betrachtet werden, das auf der Gemeinde beruht und über Gliedstaaten zu Nationalstaaten und von dort über die regionalen supranationalen Organisationen bis zur Weltorganisation führt. Vor allem auf internationaler Ebene sind neue Legitimationskonzepte für die demokratische Partizipation gefordert, die sich am Modell des virtuellen Föderalismus orientieren können.[380]

Übungsbeispiel: Kann sich ein Schweizer Kanton gegen kompetenzwidriges 770 Bundesrecht wehren?

In seinem Raumplanungsgesetz regelt der Bund Einzelheiten, obwohl er nur 771 die Kompetenz zum Erlass von Grundsätzen hat. Nach der Verfassung bleibt die Gesetzgebung über das Baurecht Sache der Kantone. Ein Kanton erhebt vor Bundesgericht staatsrechtliche Klage gegen den Bund und beruft sich auf die eingeschränkte Verfassungskompetenz des Bundes und auf das Bundesstaatsprinzip von Art. 3 der Bundesverfassung, wonach die Kantone alle Rechte ausüben, die nicht dem Bund übertragen sind.

Frage: Wie muss das Bundesgericht entscheiden? 772

Lösung: Hier geht es um den Konflikt zwischen Rechtsstaat und Föderalismus 773 einerseits, Demokratie auf nationaler Ebene anderseits. Das Vertrauen des Kantons in die Verfassungsnorm (Rechtsstaat) und die kantonale Autonomie (Föderalismus) sprechen für eine Gutheissung der Klage. Die schweizerische Verfassung schützt aber den nationalen Gesetzgeber (nationale Demokratie) vor Eingriffen der Justiz in seine Kompetenzen, indem sie gegenüber dem Bundesgesetzgeber keine Verfassungsgerichtsbarkeit zulässt. Das Bundesgericht kann der Klage daher nicht stattgeben. – In der Schweiz gilt auf nationaler Ebene wegen eingeschränkter Verfassungsgerichtsbarkeit (eine solche besteht nur im Umfang der Grundrechte der Europäischen Menschenrechtskonvention) ein Vorrang der Demokratie vor Rechtsstaat und Föderalismus.

---

380 Mehr dazu hinten unter Rz 1100 ff.

9. Demokratie

Mit dem Einheitsstaat oder dem Bundesstaat steht die Struktur, in welcher staatliches Handeln stattfinden kann, fest. Im Rahmen dieser Struktur müssen nun die Prozesse der staatlichen Willensbildung und Entscheidung bestimmt werden. Dies ist Aufgabe der Demokratie. Sie verleiht dem modernen Verfassungsstaat die Handlungsfähigkeit.

Das Demokratieprinzip ist dafür der legitimierende Grundsatz (Ziff. 9.1.). Seine beiden Teilgehalte sind die Volkssouveränität (Ziff. 9.2.) und die Verantwortlichkeit der Regierung (Ziff. 9.3.). Die verschiedenen Regierungssysteme können dabei den Grundsatz der politischen Verantwortlichkeit auf unterschiedliche Weise ausgestalten (Ziff. 9.4.). Immer aber ist die Demokratie auf eine Kultur der Bürgergesellschaft angewiesen, die sie stützt (Ziff. 9.5.).

9.1. Das Demokratieprinzip

774 Das Demokratieprinzip antwortet auf das Problem der Zuteilung von Macht im Staat. Der Staat muss und soll Macht ausüben, um seine Aufgaben zu erfüllen. Im demokratischen Verfassungsstaat soll er dies aber nach den Zielen des kollektiven Guten und individuell Gerechten tun. Da nicht evident ist, was dies konkret bedeutet, müssen Verfahren eingerichtet werden, welche die Chance erhöhen, diese Ziele zu erreichen. Demokratie und Rechtsstaat teilen sich in diese Aufgabe. Die Demokratie ist die Form, in welcher am ehesten herausgefunden werden kann, was für die Gesamtheit gut ist (das Gemeinwohl); der Rechtsstaat ist die Form, in welcher am ehesten dafür gesorgt werden kann, dass dies einzelne Menschen oder Minderheiten nicht in unzumutbarer Weise belastet (die Gerechtigkeit).

775 Das Demokratieprinzip fasst jene Verfassungsgrundsätze zusammen, welche die politische Willensbildung im Staat anleiten. Das Prinzip regelt die Mitwirkung der politischen Bürgerschaft und der von ihr bestimmten Behörden am staatlichen Prozess:
  – Zunächst verlangt das Demokratieprinzip Institutionen und Verfahren, die allen individuellen und gesellschaftlichen Anliegen eine politische Ausdrucksform ermöglichen.

- Sodann fordert es von den beteiligten Behörden auch ein Verhalten, das diesen Anliegen in einem offenen, möglichst rationalen Diskurs Rechnung trägt: Demokratie verlangt von jeder politischen Behörde bei ihren Entscheiden die offene Abwägung aller Interessen.
- Das Mehrheitsprinzip dient dabei als formales Mittel, diesen Abwägungsprozess zu einem optimalen Abschluss zu bringen.
- Die Gewaltenteilung sorgt für die gegenseitige Verantwortlichkeit der Träger staatlicher Macht und für die Kontrolle ihres Handelns.

Das Demokratieprinzip schliesst direkt an zwei Grundsätze der Diskursethik   776
und der deliberativen Demokratie an:
- Das Konsensprinzip der Diskursethik führt auf der Ebene der deliberativen Demokratie zum Prinzip der demokratischen Legitimation durch Zustimmung. Dem entspricht auf der Ebene des Staatsrechts das Prinzip der **Volkssouveränität** als jenes Teilgehalts des Demokratieprinzips, der verlangt, dass die Adressaten staatlicher Macht auch deren Träger sein sollen (etwa als Selbstregierung des Volkes bezeichnet).
- Die diskursethische Begründungspflicht für alle bestrittenen Geltungsansprüche führt auf der Ebene der deliberativen Demokratie zum Prinzip der Verantwortung, das alle Macht einer Rechenschaftspflicht unterstellt. Dem entspricht auf der Ebene des Staatsrechts die **Verantwortlichkeit der Regierung,** welche durch Gewaltenteilung und demokratische Kontrolle der Regierungsmacht eingefordert wird.

Im Folgenden soll das Demokratieprinzip in seinen zwei Teilgehalten näher   777
erläutert und in den Rahmen der politischen Kultur gestellt werden, welche
für seine Entfaltung erforderlich ist:
- **Die Volkssouveränität** (Selbstregierung des Volkes). Sie ist die Grundlage des politischen Diskurses, insbesondere der direkten Demokratie (Ziff. 9.2.).
- **Die Verantwortlichkeit der Regierung** (responsible government). Dieses Prinzip ist Grundlage der Gewaltenteilung und des Verantwortlichkeitsrechts (Ziff. 9.3.). Das Prinzip der Verantwortlichkeit wird freilich in den verschiedenen politischen Systemen auf unterschiedliche Weise ausgestaltet (Ziff. 9.4.).
- **Die demokratische Kultur der Bürgergesellschaft.** Diese ist Voraussetzung für das Zusammenspiel von Volkssouveränität und Verantwortlichkeit der Regierung (Ziff. 9.5.).

9.2.   Die Volkssouveränität[381]

778 Dass alle Macht vom Volk ausgehen soll, ist das Grundprinzip demokratischer Legitimation politischer Macht. Diese soll immer auf die Zustimmung des Volkes zurückführbar sein. Dieser Teilgehalt des Demokratieprinzips stammt v. a. aus dem Gedankengut von JEAN-JACQUES ROUSSEAU und ist über die Französische Revolution in das Verfassungsrecht der kontinentaleuropäischen Staaten eingeführt worden. Die Volkssouveränität entfaltet und schützt die kollektive Autonomie der Menschen. Sie gewährleistet jedem die Mitbestimmung über Fragen des Zusammenlebens im öffentlichen Raum (vgl. den Kasten «Volksrechte und politische Rechte»).

> **Volksrechte und politische Rechte**
> Die **Volksrechte** sind die Kompetenzen des Volkes als Behörde: Wahlen, Referenden, Volksinitiativen. **Politische Rechte** sind die Grundrechte der Bürgerinnen und Bürger im Rahmen der Kompetenzen des Volkes: Wahlrecht und Stimmrecht. Der erste ist der organisationsrechtliche Begriff, der zweite der grundrechtliche. Was aus der Sicht des ganzen Volkes ein Volksrecht ist, ist aus der Sicht des Einzelnen ein politisches Recht. *Die Wahl des Deutschen Bundestages ist ein Volksrecht; das Recht, an dieser Wahl teilzunehmen, ist ein politisches Recht des Einzelnen.* Volksrechte meinen den demokratischen Aspekt, politische Rechte den rechtsstaatlichen.
>
> Die **Volksrechte** sind demokratische Entscheidungsrechte, mit welchen das Volk die Macht der Behörden entweder begründet oder korrigiert. Mit den Wahlen begründet das Volk das Mandat seiner Vertreter in den Behörden und delegiert ihnen die Kompetenz, an seiner Stelle Sachentscheide zu treffen. **Referendum und Volksinitiative** sind Instrumente, mit denen das Volk Entscheide seiner Vertreter korrigiert. Das Referendum unterstellt einen eben gefassten Parlamentsbeschluss der Volksabstimmung, die Volksinitiative schlägt neues Recht vor, das vom Volk beschlossen werden soll.
>
> Die **politischen Rechte** sind die Befugnisse der Bürgerinnen und Bürger in ihrer Eigenschaft als Mitglied des Staatsorgans Volk. Sie umschreiben

---

381 Vgl. vorne Rz. 732 ff.

die öffentliche Autonomie des Einzelnen und damit seine Freiheit und Gleichberechtigung zur Mitwirkung im Staat. Sie sind die Grundrechte der politischen Entfaltung seiner Persönlichkeit. Sie umfassen v. a. das **Wahlrecht** und das **Stimmrecht**, also das Recht zur Mitwirkung an Wahlen und an Sachentscheiden, u.U. auch das Recht zum Ergreifen von Volksinitiativen oder Referenden.

Das Stimm- und Wahlrecht der Bürgerinnen und Bürger einer Demokratie muss allgemein, gleich, frei und geheim sein.

– **Allgemein:** Das Stimm- und Wahlrecht steht jeder urteilsfähigen erwachsenen Person zu, welche die Staatsangehörigkeit des betreffenden Landes besitzt.
– **Gleich:** Jede Stimme zählt gleich viel («one man, one vote»).
– **Frei:** Alle Wahlberechtigten können ihre Wahlentscheidung ohne staatlichen oder privaten Zwang oder Druck treffen.
– **Geheim:** Die Stimm- und Wahlberechtigten dürfen das Votum, das sie abgeben, vor dem Staat und vor anderen Privaten geheim halten.

Nur diese Garantien zusammen sichern dem Einzelnen die Diskursqualität der politischen Auseinandersetzung.

Die Idee der Volkssouveränität will das Diskursprinzip und die deliberative 779 Demokratie auf staatsrechtlicher Ebene in Rechte und Pflichten umsetzen. Der Konsens der Teilnehmer am politischen Diskurs bzw. die Zustimmung der Betroffenen nach gründlicher Deliberation legitimiert die Ausübung politischer Macht. Dieses Ideal erfährt in der Praxis vor allem **zwei Relativierungen,** die als Abweichung von der Zielnorm einer Begründung bedürfen: (1) den Mehrheitsentscheid und (2) die repräsentative Demokratie.

(1) Das **Mehrheitsprinzip** ist eine Abweichung von der Konsensidee, welche an 780 sich das Einstimmigkeitsprinzip fordern würde. Es rechtfertigt sich dadurch, dass Einigkeit praktisch nicht erreichbar ist, trotzdem aber verbindliche Entscheide getroffen werden müssen, um die öffentliche Ordnung herzustellen. Das Mehrheitsprinzip ist daher keineswegs das oberste demokratische Prinzip, als das es erscheinen mag. Es ist nur eine technische Regel, welche den praktisch erforderlichen Abbruch des demokratischen Diskurses gestattet.

781 Das Mehrheitsprinzip ist nur im Rahmen eines fairen Verfahrens legitim. Es setzt voraus, dass die Betroffenen ihre politischen Rechte angemessen ausüben konnten, also ein qualifizierter politischer Diskurs stattgefunden hat, in welchem alle die gleichen Chancen gehabt haben, ihre Gemeinwohlvorstellungen und Gerechtigkeitsansprüche einzubringen.

782 Jede Mehrheitsentscheidung ist sodann in die Stufenordnung staatlicher Diskurse eingebunden und hat sich an Entscheide zu halten, welche auf höherer Stufe *(z.B. in der Verfassung)* getroffen worden sind. Insbesondere darf sie die **Grundrechte** nicht verletzen. Das gilt zunächst auf der Ebene der einfachen Gesetzgebung, weil die Grundrechte Verfassungsrang haben. Es gilt aber auch für den Diskurs auf Verfassungsebene. Die Grundrechte gehören zum Geltungsbereich des Rechtsstaatsprinzips, welches dem Demokratieprinzip gleichrangig ist. Das demokratische Verfahren verliert einen unverzichtbaren Teil seiner Legitimation, wenn es rechtsstaatliche Grundsätze missachtet. Die individuelle Autonomie des Einzelnen kann nicht dem kollektiven Entscheid geopfert werden, ohne dass dadurch die öffentliche Autonomie der Bürgerinnen und Bürger, welche die Grundlage der Demokratie bildet, zugrunde geht. Die Mehrheit ist daher nicht allmächtig, sondern nur im Rahmen ihrer rechtsstaatlichen Schranken befugt, zu herrschen. *So erklärt das deutsche Grundgesetz Verfassungsänderungen, welche die Grundrechte (aber auch die Grundsätze der Demokratie, des Rechtsstaats oder des Föderalismus) berühren, für unzulässig.*

783 Eine ähnliche Schranke der Mehrheitsherrschaft bilden **irreversible Entscheide.** Das sind solche, welche die Entscheidungsfreiheit künftiger Generationen einschränken. *Kernkraftwerke schaffen für viele Jahrhunderte radioaktiven Abfall; Genmanipulation am menschlichen Erbgut könnte die Persönlichkeit künftiger Generationen verändern; irreversible Umweltschäden können die Lebensqualität auf der Erde dauerhaft beeinträchtigen.* Solche Entscheide berauben künftige Generationen eines Teils ihrer Autonomie, ohne dass sie am Entscheid darüber beteiligt gewesen wären. Das Prinzip der Nachhaltigkeit erlangt dadurch eine demokratische Begründung[382].

784 (2) Die zweite Relativierung der Volkssouveränität liegt in der **repräsentativen Demokratie**[383]. Diese setzt an die Stelle der Einigung unter allen Betroffenen den stellvertretenden Diskurs im Parlament. Nach dem Konzept der Volks-

---

382 Vgl. hinten Rz. 939.
383 Zu den Formen der Demokratie vgl. vorne Rz. 157 ff.

souveränität hat das Volk an sich die Entscheidung über die grundlegenden Verfassungsnormen selbst zu treffen. In einer repräsentativen Demokratie delegiert das Volk die Zuständigkeit für Sachentscheide aber an eine Elite, weil diese dafür besser geeignet scheint. *Aufgrund dieser Delegation konnte z.b. das deutsche Volk nicht selbst über die Wiedervereinigung von West- und Ostdeutschland beschliessen.*

Zur Legitimation dieser Delegation dienen Kriterien der Effektivität und Effizienz. Der Staat muss wirksam und zeitgerecht handeln können, um seine Aufgaben zu erfüllen. Dazu braucht er einen Entscheidungsprozess, der praktikabel ist und optimale Qualität der Entscheidung gewährleistet. Von den Mitgliedern des Parlaments werden mehr Zeitaufwand, bessere Sachkenntnis und höhere politische Individualethik erwartet als vom Volk. Das parlamentarische Verfahren soll eine diskursive politische Rationalität herstellen und verkörpert damit Grundsätze der Institutionenethik. Das **Prinzip der Repräsentation** beruht auf dem Glauben daran, dass demokratische Wahlen eine Elite schaffen, welche fähig ist, sich am Gemeinwohl zu orientieren und nach Kriterien der Gerechtigkeit zu handeln. 785

Das ist freilich nicht evident und bedarf der Begründung. Das Repräsentationsprinzip kann nur gelten, soweit ein Versagen der direkten Demokratie vorliegt. *Sind Volksentscheide inhaltlich so viel schlechter als Parlamentsentscheide, dass dieser Mangel den Vorteil der viel breiteren Zustimmung überwiegt? Woher nimmt das Parlament sein Wissen über das inhaltlich Gute und Richtige, das dem Volk fehlen soll?* Argumente für den Vorrang des Parlaments bestehen durchaus: Die Sachfragen der Politik übersteigen den Horizont und die Kompetenz der meisten Bürgerinnen und Bürger. Diese sind in der Regel zu wenig interessiert, um sich genügend um öffentliche Fragen zu kümmern. In der öffentlichen Auseinandersetzung vor Volksabstimmungen hat das Geld einen grossen Einfluss. Die öffentliche Debatte ist ein stark verzerrter Diskurs, in welchem oft unsachlich und wenig wahrhaftig argumentiert wird. 786

Allerdings gelten diese Argumente z.T. auch für das Parlament. Dessen Realität weicht ebenso von seinem Ideal ab wie die Realität des Volkes von der Idee der Volkssouveränität. Deshalb bleibt am Parlamentarismus aus diskursethischer Sicht immer ein grundsätzlicher Makel haften: Er institutionalisiert den politischen Diskurs unter weitgehendem Ausschluss der Betroffenen und weicht damit von der wichtigsten Diskursregel ab. Das ist nur zulässig, wenn dafür zwingende Gründe vorliegen. 787

788 Als Lösung des Dilemmas von Legitimation und Handlungsfähigkeit bietet sich die so genannte **halbdirekte Demokratie** an: Im Normalfall gilt das Prinzip der Repräsentation; für wichtige Fälle besteht aber die Möglichkeit, Entscheide des Parlaments vom Volk überprüfen zu lassen. Wichtige Fälle können alle Verfassungsfragen sein, ferner solche, in welchen eine bestimmte Anzahl von Bürgerinnen und Bürgern verlangt, dass der Entscheid dem Volk vorgelegt wird (Referendum oder Volksinitiative). Dadurch können die Vorteile der Repräsentation mit jenen der direkten Demokratie verbunden werden. Die halbdirekte Demokratie entspricht damit dem Verhältnis von Zentrum und Peripherie im politischen System: Sie gestattet der Peripherie, auf das politische Zentrum jenen Einfluss zu nehmen, welchen das Konzept der deliberativen Demokratie fordert[384].

789 Freilich ist auch die halbdirekte Demokratie nicht ohne Nachteile zu haben. So kann sie die Bedeutung der Wahlen vermindern, den Handlungsspielraum des Parlaments einschränken oder die Macht organisierter Interessen stärken. *Diese Wirkungen lassen sich z.B. in der Schweiz beobachten.* Die halbdirekte Demokratie ist zwar das weiter fortgeschrittene Demokratiemodell als die repräsentative Demokratie, aber sie ist noch in höherem Ausmass von Qualitäten der politischen Kultur abhängig.[385]

790 Der grundsätzliche Konflikt zwischen Volkssouveränität und Regierung, zwischen direkter und repräsentativer Demokratie lässt sich entschärfen, wenn die Idee der Volkssouveränität von ihrer identitären Komponente gelöst wird: **Direkte Demokratie heisst nicht Identität von Regierenden und Regierten,** sondern Zustimmung der Regierten zu den Regeln der Regierung. In der direkten Demokratie vereinbaren alle Betroffenen, wie sie die gemeinsame Verantwortung für das öffentliche Zusammenleben regeln wollen.

> Das Konzept der Selbstregierung des Volkes ist zu ergänzen durch jenes der Verantwortlichkeit der Regierung gegenüber dem Volk (vgl. den Kasten «Volkssouveränität und Staatsleitung»).

---

384 Vgl. vorne Rz. 525 ff.
385 Vgl. sogleich unter Rz. 818. Mehr zum Verhältnis von repräsentativer und halbdirekter Demokratie vgl. WOLF LINDER, Schweizerische Demokratie, 340 ff.

Volkssouveränität und Staatsleitung durch die Regierung
In der Schweiz will eine Volksinitiative «Volkssouveränität statt Behördenpropaganda» der Exekutive verbieten, im Vorfeld von Volksabstimmungen seinen Standpunkt öffentlich zu verbreiten (vgl. die Botschaft des Bundesrates vom 29. Juni 2005, BBl 2005 4373 ff.).

> «Der Bundesrat, die Angehörigen des obersten Kaders der Bundesverwaltung und die Bundesämter enthalten sich der Informations- und Propagandatätigkeit. Sie enthalten sich insbesondere der Medienauftritte sowie der Teilnahme an Informations- und Abstimmungsveranstaltungen. [...] Davon ausgenommen ist eine sachliche Broschüre mit den Erläuterungen des Bundesrates an die Stimmberechtigten. Darin sind die befürwortenden und ablehnenden Argumente ausgewogen zu berücksichtigen.»

Die Volksinitiative will die freie Meinungsbildung der Bürgerinnen und Bürger schützen. Die staatliche Beeinflussung der öffentlichen Meinung vertrage sich nicht mit dem System der schweizerischen Demokratie.

Fragen: a) Welches Demokratieverständnis steht hinter dieser Initiative?
       b) Welche Aufgabe hat die Regierung vor einer Volksabstimmung?

Antworten:
a) Die Initiative vertritt ein identitäres Demokratieverständnis. Das Volk soll regieren; es weiss, was es will, und braucht keine Führung durch die Behörden. Demokratie wird einseitig aus der Volkssouveränität heraus definiert. Der Aspekt der verantwortlichen Regierung wird unterschlagen.

b) Die Regierung bildet zusammen mit dem Parlament die Staatsleitung. Sie hat die Aufgabe der planenden Vorausschau und der Herstellung von Kohärenz in der Politik. Zu ihrer Führungsaufgabe im Staat gehört auch, dass sie versuchen soll, die Bürgerschaft von ihrer Politik zu überzeugen. Das gilt insbesondere vor Volksabstimmungen.

In der schweizerischen Praxis haben die Bundesbehörden dabei insbesondere folgende Grundsätze zu beachten: (1) Kontinuität der Information (frühzeitige und dauernde Information statt Manipulation kurz vor der Abstimmung), (2) Transparenz (über die behördliche Herkunft einer Information und über die eingesetzten öffentlichen Mittel), (3) Sachlichkeit (Ausgewogenheit; Überzeugung, nicht Überredung) und (4) Verhältnismässigkeit (Wahrung der Chancengleichheit im Abstimmungskampf).

9.3. Die Verantwortlichkeit der Regierung

791 Der zweite Teilgehalt des Demokratieprinzips neben der Volkssouveränität ist das Prinzip der Verantwortlichkeit der Regierung. Es ist eine Konsequenz aus den repräsentativen Elementen der Demokratie. Da Demokratie nicht Selbstregierung des Volkes heisst, sondern Regierung mit Zustimmung des Volkes, muss die Regierung kontrolliert und verantwortlich gemacht werden. Dieser Teilgehalt des Demokratieprinzips stammt v. a. aus dem Gedankengut der britischen Tradition (LOCKE[386]). Er wird daher im angelsächsischen Verfassungsrecht besonders betont.

792 Die Idee der Selbstregierung durch das Volk ist eine Ideologie, welche blind ist für die Machtbeziehungen unter Menschen. Der Staat übt immer Macht aus. Und er kommt nicht darum herum, einen wesentlichen Teil dieser Macht an wenige zu delegieren. Das Gegenstück der Delegation ist die Kontrolle, mit welcher die Inhaber von Staatsmacht zur Rechenschaftsablage verpflichtet werden.

793 Um die Willkür der staatlichen Machtausübung zu beschränken, werden die Staatsorgane verpflichtet, **Rechenschaft** über ihre Repräsentation abzulegen. Umgekehrt bleibt es Aufgabe der Bürgerinnen und Bürger, eine politische Kontrolle über die Behörden auszuüben. Demokratie ist die Staatsform, in welcher die Macht an den Prozess der öffentlichen Willensbildung gekoppelt ist. Sie schafft eine ständige Interdependenz zwischen Behörden und Volk. *Im angelsächsischen Bereich gilt daher die Pflege der Beziehungen zu den Leuten im Wahlkreis zu den wichtigsten Aufgaben der Abgeordneten.*

---

386 Vgl. JOHN LOCKE, Abhandlungen, § 149. Vgl. auch MONTESQUIEU (1748), Geist der Gesetze, 11. Buch, 6. Kapitel (Über die Verfassung Englands).

Allerdings genügt es nicht, die Staatsgewalt durch Kontrollen unmittelbar an 794
die Volkssouveränität zu binden (Verantwortlichkeit). Das nicht organisierte
Volk wäre zu schwach, um seine Aufgabe zu erfüllen. Daher braucht es ein
System von Kontrollen innerhalb des Staates, welches dafür sorgt, dass sich
die Machtträger gegenseitig in ihrer Macht begrenzen und kontrollieren (Gewaltenteilung). Erst auf der Grundlage dieses Systems der Machtbeschrän-
kung kann die Verantwortlichkeit der Organe geltend gemacht werden.

Der Grundsatz der verantwortlichen Regierung kennt somit zwei Teilgehalte: 795
das **Prinzip der Gewaltenteilung** (1) und die **Verantwortlichkeit der Organe**
(2).

(1) Das Prinzip der Gewaltenteilung: Der demokratische Verfassungsstaat 796
teilt staatliche Macht in verschiedene Gewalten auf, indem er die staatlichen
Funktionen an verschiedene Organe und Personen zuweist und dafür sorgt,
dass diese sich gegenseitig in der Machtausübung hemmen.

–   **Funktionelle Gewaltenteilung:** Der Handlungskreislauf staatlichen Han-
    delns wird in verschiedene Schritte aufgeteilt: Meist werden drei Funk-
    tionen unterschieden: Rechtsetzung, Regierung/Verwaltung, Rechtspre-
    chung.

–   **Organisatorische Gewaltenteilung:** Die verschiedenen Staatsfunktionen
    sollen auf verschiedene, voneinander unabhängige Organe verteilt wer-
    den. Jedes Organ hat sich auf seine Funktion zu beschränken.

–   **Personelle Gewaltenteilung:** Keine Person darf mehr als einem der drei
    Organe angehören.

–   **Gewaltenhemmung:** Die drei Organe sollen sich gegenseitig kontrollie-
    ren und aufeinander Einfluss nehmen, damit alle aufeinander angewiesen
    sind.

Die Lehre von der Gewaltenteilung geht von einer schematischen Dreiteilung 797
der Staatsgewalt aus:

Legislative	Exekutive	Judikative
Gesetzgebende Gewalt	Vollziehende Gewalt	Richterliche Gewalt

Abbildung 9-1: Legislative, Exekutive und Judikative

798 Dieses Schema ist freilich zu wenig differenziert. Es vernachlässigt die Funktionen der **politischen Planung** und der **Regierung,** welche zwar in der Regel der Regierungsbehörde zustehen, nicht aber Vollzugscharakter haben. Ferner verdeckt das Schema die Tatsache, dass meist bei jeder Gewalt eine Mischung mehrerer Funktionen vereinigt ist. *Parlament und Gerichte verwalten sich selbst, die Regierung setzt mehr Recht als das Parlament.*

799 Schliesslich unterschlägt das Schema den Prozesscharakter des staatlichen Handelns. Im Anschluss an KARL LOEWENSTEIN[387] und die moderne Kybernetik[388] ist dieses als **Kreislauf** darzustellen, der von der politischen Grundentscheidung über deren Ausführung zur politischen Kontrolle und zurück zu neuen Entscheidungen führt. Im Verhältnis von Parlament, Regierung und Verwaltung lässt sich dieser Kreislauf in konzentrischen Kreisen darstellen. Den innersten Kreis bildet die Verwaltung, den mittleren Kreis die Regierung und den äussersten das Parlament. Das Parlament trifft die wichtigen Entscheidungen, diese werden von der Regierung durch nachgeordnete Entscheidungen ausgeführt und von der Verwaltung vollzogen. Von aussen nach innen wird zudem Kontrolle ausgeübt und von innen nach aussen wird geplant.

---

387 KARL LOEWENSTEIN, Verfassungslehre, 39 ff.
388 Vgl. DAVID EASTON, Political Analysis, 108 ff.; EBERHARD LANG, Kybernetische Staatslehre, 147 ff.; WERNER JANN/KAI WEGRICH, Policy-Cycle, 71 ff. und 81 ff.; KUNO SCHEDLER/ISABELLA PROELLER, New Public Management, 118 ff. und 199 ff.

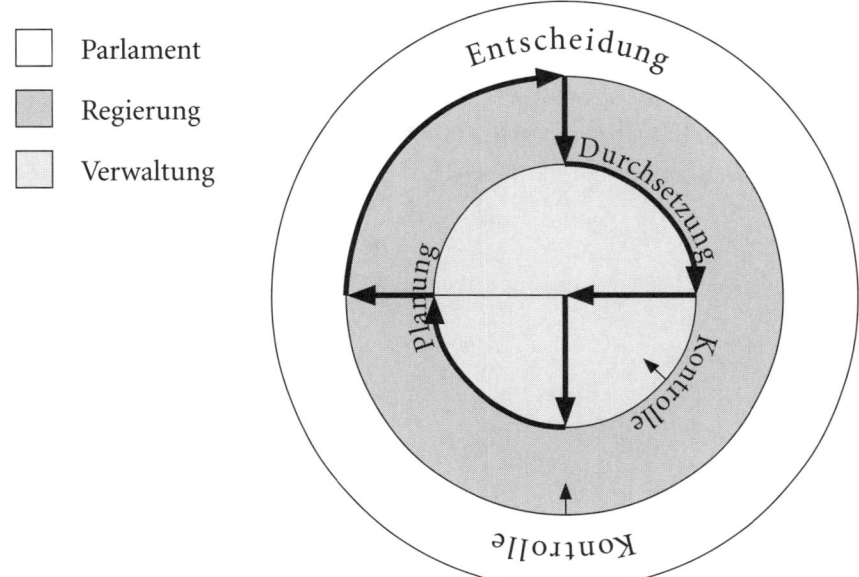

Abbildung 9-2: Der Kreislauf staatlichen Handelns

Das Prinzip der Gewaltenteilung ist von liberalen Staatsrechtlern vor allem im 800
Licht des Rechtsstaatsprinzips entwickelt und als Institution zum Schutze der
individuellen Freiheit verstanden worden. Neben dieser **rechtsstaatlichen Begründung** gibt es aber auch eine **demokratische**: Die Gewaltenteilung dient
nicht nur der Machtbegrenzung im Dienste der individuellen Freiheit, sondern
ebenso der Herstellung einer demokratisch begründeten Rationalität im Zusammenwirken unter den staatlichen Behörden. Die Gewalten sollen nicht nur
getrennt, sondern auch zusammengeführt werden. Sie sollen im Hinblick auf
die gemeinsame Aufgabe der Staatsleitung verantwortlich zusammenwirken.
Die Gewaltenteilung hat somit eine doppelte Aufgabe: 801
– Sie soll staatliche Macht zum Schutze der Freiheit des Einzelnen beschränken und kontrollieren. Darin ist sie Teil des Rechtsstaatsprinzips.
– Sie soll staatliche Macht so an einzelne Organe zuteilen, dass der staatliche Entscheidungsprozess Gemeinwohl und Gerechtigkeit am besten verwirklichen kann. Darin ist sie Teil des Demokratieprinzips.
Wo steht die Gewaltenteilung im Sechseck der staatsleitenden Grundsätze? 802
Die Gewaltenteilung wird von der Lehre meist dem Rechtsstaatsprinzip zuge-

ordnet und dort behandelt. In einer diskursethisch orientierten Verfassungslehre gehört sie aber eher zum Demokratieprinzip. Jedenfalls übergreift sie
Demokratie und Rechtsstaat. Im Bezug der politischen Gewalten zur Justiz ist
die Gewaltenteilung ein rechtsstaatliches Prinzip, im Verhältnis von Legislative und Exekutive ein demokratisches.

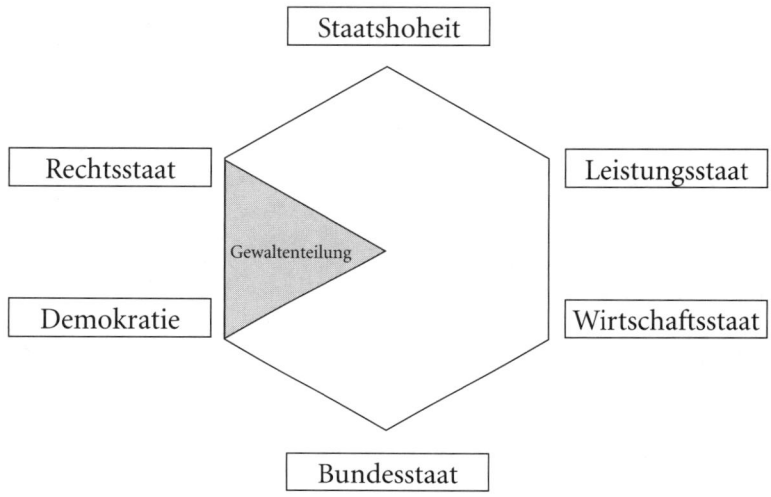

Abbildung 9-3: Die Gewaltenteilung im Sechseck staatsleitender
Prinzipien

803 Die Mischung von demokratischen und rechtsstaatlichen Gehalten im Prinzip der Gewaltenteilung macht verständlich, was mit dem Begriff der «**ge-**
waltenteiligen Mischverfassung»[389] gemeint ist: Während der Rechtsstaat die
Trennung und Aufteilung von Staatsmacht betont, begründet die Demokratie
die Beteiligung der verschiedenen gesellschaftlichen Kräfte an der öffentlichen
Macht. Zusammen verlangen sie eine Mischung von Kräften, welche einander
gegenseitig verantwortlich sind (vgl. den Kasten «Der Vatikan und die Gewaltenteilung»).

---

389 Vgl. vorne Rz. 150 f. Zur gewaltenteiligen Mischverfassung vgl. ALOIS RIKLIN, Machtteilung, 18 ff.

Der Vatikan und die Gewaltenteilung
Das Grundgesetz des Vatikanstaates vom 26. November 2000 enthält die folgenden Bestimmungen über die Behördenorganisation:

Art. 1 Ziff. 1
Der Papst besitzt als Oberhaupt des Vatikanstaates die Fülle der gesetzgebenden, ausführenden und richterlichen Gewalt.

Art. 3 Ziff. 1
Die gesetzgebende Gewalt wird, ausser in den Fällen, die der Papst sich selbst oder anderen Instanzen vorbehalten will, durch eine aus einem Kardinalpräsidenten und anderen Kardinälen bestehende Kommission ausgeübt, die alle vom Papst auf fünf Jahre ernannt sind.

Art. 5 Ziff. 1
Die ausführende Gewalt wird nach dem gegenwärtigen Gesetz und den übrigen geltenden gesetzlichen Bestimmungen durch den Präsidenten der Kommission ausgeübt.

Art. 15 Ziff. 1
Die richterliche Gewalt wird im Namen des Papstes von den nach der Gerichtsordnung des Staates bestellten Organen ausgeübt.

Art. 16
Der Papst kann in jeder Zivil- oder Strafsache und in jedem Stadium des Verfahrens die Untersuchung und die Entscheidung einer speziellen Instanz übertragen, auch mit der Berechtigung, die Entscheidung nach Billigkeit und unter Ausschluss jedweden weiteren Rechtsmittels zu fällen.

Frage: Wie unterscheidet sich das vatikanische Staatsverständnis von dem eines demokratischen Verfassungsstaates?

Antwort: Volkssouveränität und Gewaltenteilung fehlen; das Gesetzmässigkeitsprinzip bindet den Papst nicht. Behörden werden nicht gewählt, sondern ernannt. Demokratie und Rechtsstaat werden durch die Autorität des Papstes ersetzt. Der Vatikanstaat legitimiert Macht religiös durch den katholischen Glauben. Formal steht er der Staatsform der Wahlmonarchie nahe.

804 **(2) Die Verantwortlichkeit der Organe:** Die gewaltenteilige Staatsorganisation weist jeder Behörde klare Kompetenzen und Verantwortungen zu und bestimmt, wer gegenüber wem zu welcher Rechenschaft verpflichtet ist. Erst diese Struktur gestattet, Verantwortung in Verantwortlichkeit, d.h. in eine Haftung für Verletzungen der Verantwortung umzusetzen (vgl. den Kasten «Formen rechtlicher Verantwortlichkeit»).

Formen rechtlicher Verantwortlichkeit

Das öffentliche Recht kennt verschiedene Formen der Verantwortlichkeit:

- **Politische** Verantwortlichkeit: Die Wahlbehörde kann die von ihr gewählten Amtsträger durch Nichtwiederwahl oder Abberufung zur Rechenschaft ziehen.

- **Strafrechtliche** Verantwortlichkeit: Amtsträger können vor einem Strafgericht belangt werden, wenn ihnen eine Straftat nachgewiesen werden kann. Zu ihrem Schutze geniessen sie allerdings meist eine sog. Immunität, welche sie vor Strafverfolgung schützt, solange das Parlament oder die Regierung der Untersuchung nicht zugestimmt hat.

- **Disziplinarische** Verantwortlichkeit: Die Ernennungsbehörde kann Beamte, die gegen Dienstvorschriften verstossen, disziplinarisch bestrafen, was von der Rüge bis zur Entlassung reichen kann.

- **Vermögensrechtliche** Verantwortlichkeit: In der Regel haftet der Staat, wenn Private durch den rechtswidrigen Hoheitsakt eines Staatsangestellten geschädigt werden (unmittelbare Kausalhaftung des Staates). Der Staat kann aber auf die verantwortlichen Personen Rückgriff nehmen (Regress), wenn diese absichtlich oder grobfahrlässig gehandelt haben.

Die Verantwortlichkeit ist die staatsrechtliche Ausgestaltung des Staats- 805
prinzips Verantwortung. An ihr lässt sich zeigen, wie die Rechtsordnung allgemeine Prinzipien in konkrete Rechtsregeln ummünzt.

– Das Prinzip Verantwortung ist der allgemeine Rechtsgrundsatz an der Grenze zwischen Recht und Ethik.
– Der Grundsatz der Verantwortlichkeit konkretisiert dieses Prinzip im Hinblick auf die Rechenschaftspflicht individueller Machtträger (der Grundsatz der Gewaltenteilung tut das Gleiche im Hinblick auf die Institutionen).
– Die verschiedenen Formen rechtlicher Verantwortlichkeit sind die Regeln, in welchen dieses Prinzip seinen Niederschlag findet.

Zusammen mit dem Prinzip der Gewaltenteilung unterstellt der Grundsatz 806 der Verantwortlichkeit staatliche Machtausübung einer rationalen Kontrolle. Gewaltenteilung und Verantwortlichkeit bilden zusammen die Verfassung des Prinzips Verantwortung.

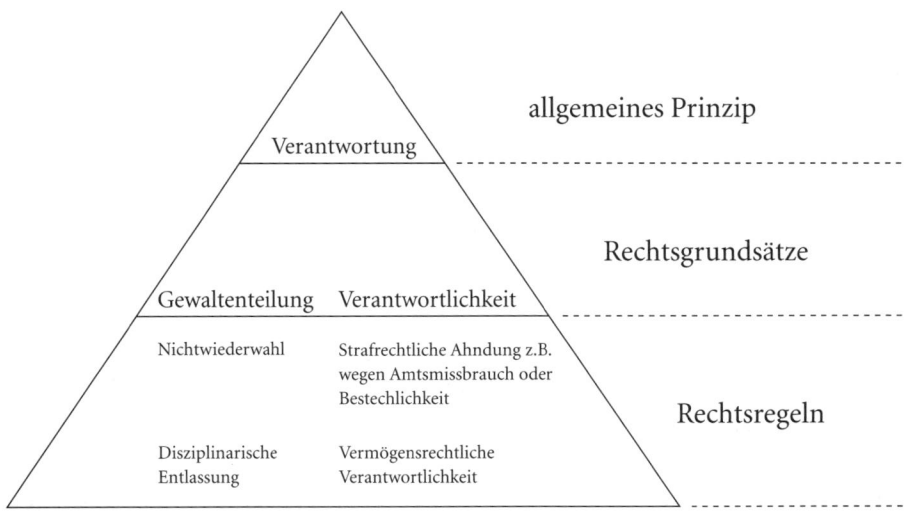

Abbildung 9-4: Rechtliche Konkretisierung des Prinzips Verantwortung

9.4.   Exkurs: Verantwortlichkeit der Regierung im Präsidial-system, im parlamentarischen System und in der Direktorialregierung[390]

807 Die verschiedenen politischen Systeme setzen die Grundsätze der Gewalten-teilung und der Verantwortlichkeit in unterschiedlicher Weise um. Streng eingehalten ist die Idee der Gewaltenteilung im **Präsidialsystem** *(z.B. USA)*. Hier gilt die Idee der «Checks and Balances» zwischen den obersten Staatsor-ganen. Funktionen, Organe und Personen sind klar voneinander geschieden. Die Organe sind aber aufeinander angewiesen, da sie vieles nicht allein bewir-ken können. Dies wird durch Mitwirkungs- oder Kontrollrechte sichergestellt (Gewaltenhemmung).

808 Im **parlamentarischen System** *(z.B. BRD)* kann die Gewaltenteilung nicht strikt durchgehalten werden. Dies lässt sich vor allem an der grundsätzlichen Vereinbarkeit von Regierungsamt und Parlamentsmandat in der gleichen Per-son erkennen: Die Mitglieder der Regierung (Bundeskanzler oder Premier-minister sowie die Minister) gehören dem Parlament an. Die Trennung verläuft nicht zwischen den Institutionen, sondern zwischen den Parteien. Die Kon-trolle ist Aufgabe der Opposition.

809 Das **Direktorialsystem** *(Schweiz)* entspricht in Bezug auf die Gewaltenteilung dem Präsidialsystem. Die Trennlinie verläuft zwischen Parlament, Regierung und Justiz.

810 Beispiele bietet der folgende **Staatenvergleich:**

811 **Grossbritannien** ist das Modell der parlamentarischen Demokratie. Exe-kutive und Legislative sind funktionell und personell eng verflochten. Das Parlament bildet, trägt und unterstützt die Regierung. Die Führungsgruppe der Mehrheitspartei bildet die Regierungsmannschaft. Die Regierungsgewalt (Exekutive) ist aufgeteilt in das monarchische Staatsoberhaupt und den vom Parlament gewählten Regierungschef. Die parlamentarische Kontrolle wird von der Opposition ausgeübt. Die Gewaltenteilung verläuft weniger zwischen Parlament und Regierung als zwischen Mehrheit und Minderheit im Unter-haus.

812 Die **Bundesrepublik Deutschland** ist wie Grossbritannien eine parlamen-tarische Demokratie und zeigt mit Ausnahme des monarchischen Elements

---

390 Vgl. vorne den Kasten «Regierungssysteme» nach Rz. 161.

ähnliche Züge. Im Sinne der Gewaltenteilung wirkt hier die bundesstaatliche Funktion der zweiten Kammer, des Bundesrates, der die Gliedstaaten vertritt. Diese Wirkung des Bundesrates hängt allerdings stark davon ab, ob die Regierung oder die Opposition in ihm die Mehrheit hat.

Österreich ist in den Grundzügen ebenfalls eine parlamentarische Demo- 813 kratie, in welcher die Gewaltenteilung nicht im Sinne der organisatorischen und personellen Trennung der Funktionen verwirklicht ist. Die Regierung wird von der Parlamentsmehrheit gestellt und ist diesem verantwortlich. Weil der Bundespräsident formal das Recht hat, den Nationalrat aufzulösen, wird Österreich auch als semi-präsidentielle Demokratie bezeichnet. Die Verfassungswirklichkeit folgt allerdings eher den Verantwortlichkeitsregeln der parlamentarischen Demokratie.

Im Präsidialsystem der **Vereinigten Staaten (USA)** ist die Regierungsmacht 814 beim Staatspräsidenten konzentriert (monokratische Exekutive). Der Präsident ist nur dem Volk verantwortlich. Damit kann die Gewaltenteilung institutionell und personell strikt verwirklicht werden (mit der unwesentlichen Ausnahme, dass der Vizepräsident dem Senat vorsteht). Der Kongress kontrolliert die Regierung mit den Mitteln der Oberaufsicht und des Budgets.

In **Frankreich** (semi-präsidiales System) hat der vom Volk gewählte Präsi- 815 dent eine grosse Macht gegenüber dem Parlament und der Regierung, welcher er vorsteht. Das Parlament kann mit seinem Misstrauensvotum nur die Regierung, nicht aber den Präsidenten stürzen, während die Parlamentsauflösung nur dem Präsidenten, nicht aber der Regierung zusteht. Entsprechend hinkt auch die Gewaltenteilung: Zwischen Parlament und Regierung läuft die Trennung nach Mehrheitspartei und Minderheiten, zwischen Parlament und Staatspräsident verläuft sie zwischen den beiden Organen.

In der **Schweiz** (Direktorialregierung) wird der Bundesrat (die Regierung) 816 zwar wie im parlamentarischen System von der Bundesversammlung gewählt, kann von diesem aber nicht abberufen werden. Dies gleicht dem Präsidialsystem. Hinzu kommt, dass der Bundesrat eine Kollegialregierung darstellt, die kollektiv für alle Regierungsakte verantwortlich ist. Die Kontrolle des Parlaments über die Regierung läuft wie in den USA über die Oberaufsicht und das Budget. Die organisatorische und die personelle Gewaltenteilung sind streng verwirklicht, allerdings üben alle Organe auch Funktionen aus, welche primär anderen Gewalten zugerechnet werden (vgl. den Kasten «Vertrauen in Parteien oder Institutionen?»).

Vertrauen in politische Parteien oder in politische Institutionen?
Bei der Befragung zum Standard Eurobarometer Nr. 56 (2001) über die Einstellung zum politischen System gaben lediglich 18 % der Befragten in der EU an, den politischen Parteien ihres Landes zu vertrauen (73 % vertrauen den Politikern eher nicht), wohingegen über 47 % der Umfrageteilnehmer erklärten, den politischen Institutionen ihres Landes (nationales Parlament, nationale Regierung, Behörden) zu vertrauen (und lediglich 43 % erklärten, den Institutionen eher nicht zu vertrauen).

Die Umfrage zeigt, dass die Bevölkerung Vertrauen in die demokratischen Institutionen hat, nicht aber in die Menschen, welche diese Institutionen besetzen. Sie vertrauen der Institutionenethik, nicht aber der Personenethik (vgl. Rz. 284 ff.). Dies entspricht auch den Voraussetzungen des Konzepts einer deliberativen Demokratie als Form der komplexen Demokratietheorie (vgl. Rz. 410 f.).

9.5.   Die demokratische Kultur der Bürgergesellschaft

817   Soll die Demokratie auf die Diskursethik ausgerichtet werden, so ist sie auf eine politische Kultur angewiesen, welche die Entfaltung einer Bürgergesellschaft begünstigt. Dies erfordert die Demokratisierung des öffentlichen Raums auch ausserhalb der formellen Institutionen des Staates. Eine demokratische Kultur der Bürgergesellschaft verlangt dreierlei:
(1) eine *politische Kultur,*
(2) eine *Bürgergesellschaft* und
(3) die *Demokratisierung der intermediären Gewalten.*

818   (1) Die **politische Kultur** ist die Orientierung der Bürgerschaft an Werten des öffentlichen Zusammenlebens. Sie nährt sich von Grundsätzen der politischen Ethik und spiegelt die Erfahrungen der Bürgerschaft mit dem politischen System.

819   Politische Kultur kann vom Staat nicht einfach hergestellt werden. Sie hängt v. a. von der Existenz einer aktiven Bürgergesellschaft ab[391]. Der Staat kann aber wichtige Voraussetzungen zur Ausbildung einer demokratisch orientierten

---

391 Vgl. dazu sogleich Rz. 825 ff.

politischen Kultur schaffen. Dazu zählen Transparenz und Öffentlichkeit, Meinungsfreiheit, aber auch Bildung und politische Erziehung.

Transparenz und Öffentlichkeit: Sachgerechte demokratische Entschei- 820 dungen setzen eine informierte Öffentlichkeit voraus. Zu diesem Zweck müssen die Behörden offen über ihre Pläne und Tätigkeiten informieren (Transparenz). Ferner müssen sie alle Bereiche, für welche kein wichtiger Grund zur Wahrung der Vertraulichkeit besteht, der Einsichtnahme durch die Allgemeinheit öffnen (Öffentlichkeit). *Deshalb haben Regierungen und Gerichte Rechenschaftsberichte zu erstatten und sind Parlamentssitzungen i. d. R. öffentlich. Auch Gerichte, insbesondere Strafgerichte, tagen öffentlich. Mit dem neuen Bundesgesetz über das Öffentlichkeitsprinzip der Verwaltung wird in der Schweiz der Schritt vom Grundsatz der Vertraulichkeit zum Grundsatz der Öffentlichkeit der Verwaltung vollzogen.*

Meinungsfreiheit: Transparenz und Öffentlichkeit sind Instrumente einer 821 freien politischen Meinungsbildung. Diese ist das höchste Gut im politischen Diskurs. In der Demokratie müssen Meinungen sowohl individuell als auch kollektiv mit Hilfe aller denkbaren Kommunikationsmittel (v. a. durch die Medien Presse, Fernsehen und Internet) frei gebildet und verbreitet werden können (Meinungsfreiheit). Sowohl die Mehrheit wie auch – vor allem – die Minderheiten müssen sich jederzeit frei in Parteien, Aktionskomitees und anderen Formen organisieren können.

Bildung und politische Erziehung: Demokratie ist auch ein Erziehungsauf- 822 trag an den Staat. Die Menschen in einer Demokratie müssen bereit und in der Lage sein, staatsbürgerliche Verantwortung zu übernehmen. Das gilt sowohl für das Volk wie für die Politikerinnen und Politiker. Soll Entscheidungsmacht auf einzelne Personen übertragen werden, müssen sowohl diejenigen, welche den Auftrag erteilen, wie jene, welche ihn annehmen, fähig sein, die Tragweite solcher Entscheidungen zu beurteilen. Beide brauchen daher eine ausreichende politische Bildung: Die Beauftragten müssen die Institutionen der Demokratie und ihre Stellung innerhalb derselben kennen; die Stimmberechtigten müssen zumindest die wichtigsten politischen Abläufe kennen, um die Auswirkungen eines bestimmten Personen- oder Sachentscheides einschätzen zu können.

Institutionen der halbdirekten Demokratie setzen Bildung nicht nur voraus, 823 sie schaffen auch Anreize dafür. Sie fördern eine demokratische politische Kultur, eine hohe Volksbildung und ein Minimum an sozialer Sicherheit:

Denn in der halbdirekten Demokratie muss die politische Elite dem Volk das Vertrauen entgegenbringen, dass dieses in der Lage ist, die wichtigsten politischen Entscheide selbst zu treffen. Das wird die Elite veranlassen, dafür zu sorgen, dass das Volk hinreichend gebildet, sozial gesichert und staatsbürgerlich verantwortungsbewusst ist. Nur so wird sie bereit sein, ihr Schicksal der Mehrheit des Volkes anzuvertrauen.

824 Umgekehrt heisst dies aber auch, dass die halbdirekte Demokratie erst in Gesellschaften möglich wird, in denen diese Voraussetzungen schon einigermassen erfüllt sind. Ansonsten besteht die Gefahr der Manipulation des Volkes durch die Elite. Je höher die Form der Demokratie, desto wichtiger wird eine wache, aktive Bürgergesellschaft als Trägerin der politischen Kultur.

825 (2) Die **Bürgergesellschaft**[392] ist die aktive politische Öffentlichkeit und Trägerin der politischen Kultur. Sie bildet die gesellschaftliche Wirklichkeit, in welcher sich Demokratie bewähren muss. Sie ist der Partner des Staates im Konzept der Public Governance[393].

826 Damit ist die Bürgergesellschaft die entscheidende Kraft, von welcher die Demokratie lebt. Daher muss auch sie verfasst werden. Denn sie ist nicht ein Ideal, sondern selbst auch reale Macht, welche Gefahren für die Freiheit in sich birgt.

827 Nach dem Governance-Konzept wird der öffentliche Raum von einem **Netzwerk** geprägt, in welchem der Staat mit der Bürgergesellschaft und der Wirtschaft zusammenwirkt. In diesem Netzwerk sind Organisationen aus Gesellschaft und Wirtschaft mit ideellem Anspruch und solche mit ökonomischen Interessen vermischt. *Im Arzneimittelbereich etwa reicht die Mischung von der Konsumentenschutzorganisation über die Ärztegesellschaft bis zu den Pharmakonzernen.* Grundsätzlich nehmen dabei die ideellen Organisationen (NGOs) Allgemeininteressen wahr, die Interessenverbände und Unternehmungen vertreten Gruppen- und Partikularinteressen. In ein und derselben Organisation können sich allerdings Gemeinwohlanliegen und partikuläre Interessen verbinden. Ferner bilden sich auch innerhalb von ideellen Gruppen Machtverhältnisse und wirtschaftliche Positionen aus, welche den Unterschied zu Wirtschaftsverbänden oder Unternehmungen, welche sich an der Politik beteiligen wollen, verschwimmen lassen können. Umgekehrt können auch Organisati-

---

392 Zum Begriff der Bürgergesellschaft vgl. vorne Rz. 473 ff.
393 Zum Konzept der Public Governance vgl. vorne Rz. 454 ff.

onen der Wirtschaft neben partikulären oder Brancheninteressen Anliegen des Gemeinwohls vertreten und damit Teil der Bürgergesellschaft bilden.

Die Organisationen der Bürgergesellschaft vertreten somit nur zum Teil öffentliche Interessen. Sie verfolgen entweder ein partikuläres Eigeninteresse oder nehmen für ein spezifisches öffentliches Interesse Partei. *Eigeninteressen vertreten Branchenorganisationen, welche Selbstregulierungsaufgaben übernehmen (z.B. die Finanzintermediäre bei der Geldwäschereibekämpfung in der Schweiz). Organisationen des Tierschutzes oder der Flüchtlingshilfe vertreten zwar öffentliche Interessen. Doch müssen diese stets gegen andere öffentliche Interessen abgewogen werden.* Damit bilden solche Organisationen stets eine Macht, welche der Legitimation und der Kontrolle bedarf.   828

Der Einfluss des politisch aktiven Teils von Gesellschaft und Wirtschaft auf die Gestaltung des öffentlichen Raums bedingt, dass nicht nur der formalisierte staatliche Prozess, sondern auch der bürgergesellschaftliche Prozess der Willensbildung **nach den Kriterien der deliberativen Demokratie verfasst** wird. Der Einfluss der zivilen Organisationen auf den Staat ist transparent und nach den Regeln der Diskursethik zu gestalten; die interne Willensbildung der Verbände ist demokratisch zu strukturieren. Das Prinzip Verantwortung ist auch bei den privaten Partnern der Governance zur Geltung zu bringen. *Wenn ein Verband sich in den Entscheidungsprozess über ein Gesetz einschaltet, sollte er das offen tun müssen. Ferner sollte er sich darüber ausweisen können, dass die von ihm vertretene Meinung jener seiner Mitglieder entspricht und dass darüber intern ein deliberativer Prozess stattgefunden hat.*   829

Der demokratische Verfassungsstaat beschränkt sich heute meist darauf, eine freiheitliche Rechtsordnung zu errichten, damit die Privaten sich beliebig organisieren können. Die Selbstorganisation gesellschaftlicher und wirtschaftlicher Kräfte genügt aber nicht, um **die deliberative Qualität der privaten Willensbildungsprozesse sicherzustellen.** Der Staat muss daher auch der Bürgergesellschaft demokratische Regeln vorschreiben. Nur durch die Einhaltung dieser Regeln kann sich die Bürgergesellschaft als Partner des Staates legitimieren. *Einerseits muss der Staat z.B. Organisationen des Konsumenten- oder des Umweltschutzes die Befugnis erteilen, im öffentlichen Interesse die Gerichte anzurufen (so genannte Verbandsklage oder Verbandsbeschwerde). Andererseits müssen sich die berechtigten Organisationen durch ihre Statuten und ihre bisherige Tätigkeit für diese Befugnis qualifizieren.* Eine Verfassung der Bürger-   830 gesellschaft ist vor allem dort nötig, wo ihre Organisationen die Macht einer intermediären Gewalt erlangen.

831   **(3) Als intermediäre Gewalten** gelten jene Organisationen, welche eine vermittelnde Position zwischen den Einzelnen und dem Staat innehaben und massgeblichen Einfluss auf die Politik nehmen. Dazu zählen die Wirtschaftsverbände, die politischen Parteien, die Medien, die Kirchen und die grossen ideellen Organisationen (wie Konsumenten- oder Umweltschutzorganisationen). Sie sind nach bisheriger Staatskonzeption privater Natur und daher dem Demokratieprinzip nicht unterstellt. Aus der Warte eines deliberativen Staatsverständnisses ist dies ein Mangel der heutigen Regelung. Das Prinzip Verantwortung ist auch gegenüber den privaten Partnern der Governance zur Geltung zu bringen.

832   Wird nicht nur die formale Institution Staat, sondern der gesamte öffentliche Raum ins Blickfeld der Verfassungslehre genommen, so **sind alle tatsächlichen Machtfaktoren der Politik zu «verfassen»**, d.h. in legitimierende Strukturen und Prozesse einzubinden.

–   Als Macht gilt dabei jeder Einfluss, der die Chance hat, das Ergebnis des politischen Prozesses zu beeinflussen.

–   Wer immer diese Chance hat, handelt im öffentlichen Raum und nimmt am Netzwerk der Public Governance teil. Er ist daher den Grundsätzen des demokratischen Verfassungsstaates zu unterstellen.

–   Insbesondere sind die Grundsätze einer gewaltenteiligen Mischverfassung auf alle Beteiligten auszudehnen: Aus der Gewaltenteilung lässt sich das Prinzip der gegenseitigen Mässigung und Kontrolle der Machtträger übernehmen; aus der Mischverfassung stammt das Prinzip, dass alle gesellschaftlichen Kräfte angemessen an der staatlichen Macht zu beteiligen sind[394].

833   Die Verfassung der intermediären Gewalten ist kein Eingriff des Staates in den privaten Bereich, sondern die Ordnung eines bisher ungeregelten Übergriffs Privater in den öffentlichen Raum. Dass dieser Übergriff nicht längst von verfassungsrechtlichen Regeln erfasst worden ist, liegt an der Verzerrung der Trennlinie zwischen dem privaten Bereich und dem öffentlichen Raum durch ein verkürztes liberales Staatsverständnis[395]. Es ist der blinde Fleck der liberalen Theorie, die öffentliche Macht Privater als privat zu erklären und daher

---

394 ALOIS RIKLIN, Mischverfassung, 33.
395 Vgl. vorne Rz. 15.

einer rechtlichen Verfassung zu entziehen. Weil die Grenze zwischen privatem Bereich und öffentlichem Raum entlang der formellen Staatsorganisation gezogen wird, entlässt der demokratische Verfassungsstaat bis anhin die privaten Teilnehmer am politischen Prozess aus ihrer öffentlichen Verantwortung. Die Verfassung der intermediären Gewalten soll demgegenüber das Wirken informeller Teilnehmer des politischen Prozesses den Diskursanforderungen unterstellen und ihnen die gleichen Begründungspflichten auferlegen wie den Amtsträgern im Staat. Die politische Macht, welche Private im Rahmen der Public Governance beanspruchen, soll «demokratisiert» werden.

Der Ruf nach **Demokratisierung der intermediären Gewalten** enthält zwei 834 Forderungen: (a) die interne Demokratisierung der einzelnen Organisationen und (b) die Demokratisierung des Aussenverhältnisses zum Staat.

(a) Interne Demokratisierung: Nur solche Organisationen sind zum poli- 835 tischen Prozess zuzulassen, die in ihrem Innenverhältnis pluralistisch strukturiert sind und ihre Entscheidungen in diskursethisch fairer Weise treffen. Die Einflussnahme auf den Staat setzt voraus, dass die betreffende Organisation ihren inneren Diskurs angemessen geregelt hat.

Insbesondere ist die interne Willensbildung der Organisation demokratisch 836 zu strukturieren. *Wenn ein Verband sich in den Entscheidungsprozess über ein Gesetz einschaltet, sollte er sich darüber ausweisen können, dass die von ihm vertretene Meinung jener seiner Mitglieder entspricht und dass darüber intern ein deliberativer Prozess stattgefunden hat.* Der Gesetzgeber hat diese Anforderungen näher zu umschreiben und ein geeignetes Kontrollverfahren einzurichten.

Denkbar wäre, für alle jene privatrechtlich konstituierten Organisationen 837 (Aktiengesellschaften, Vereine, Genossenschaften, Stiftungen), die in den politischen Prozess eingreifen wollen und mächtig genug sind, darin einen erheblichen Einfluss auszuüben, ein besonderes internes Organ vorzuschreiben, das eine öffentliche Beratung zu Fragen des allgemeinen Interesses auslösen könnte. *Die deutsche Telekom oder die Handelskammern müssten einen «Verfassungsrat» haben, welcher alle Entscheidungen von strategischer Bedeutung daraufhin zu überprüfen hätte, ob sie mit den sechs staatsleitenden Prinzipien vereinbar sind. Die Erwägungen dieses Rates wären im Internet zur Diskussion zu stellen und könnten insbesondere von konkurrierenden Organisationen kritisiert werden.*

838 **(b) Demokratisierung im Aussenverhältnis:** In Bezug auf das Verhältnis zum Staat ist zu regeln, was als Mitwirkung am politischen Prozess zu gelten hat. Dazu gehören sicher die Lobby, die Teilnahme an Mitwirkungsverfahren und Anhörungen sowie die Finanzierung von Wahlen und Kampagnen oder das Ergreifen von Volksrechten wie Referendum und Initiative. Organisationen der Bürgergesellschaft dürfen zu diesen Formen des politischen Einflusses nur so weit zugelassen werden, als sie sich der Verfassung des öffentlichen Raums unterziehen.

839 Dieser Einfluss der zivilen Organisationen auf den Staat ist transparent und nach den Regeln der Diskursethik zu gestalten; dazu braucht kein neuer Kontrollapparat aufgebaut zu werden. Die Fairness unter den Partnern im politischen Prozess lässt sich verfahrensmässig durch Parteirechte anderer organisierter Interessen bei der staatlichen Willensbildung sicherstellen (*z.B. dadurch, dass die Verwaltungsstellen verpflichtet werden, alle Interventionen von Lobbyisten im Internet zu publizieren und die konkurrierenden Organisationen, welche abweichende Interessen vertreten, zur Stellungnahme einzuladen*).

840 Jenen Organisationen, welche die internen Voraussetzungen der Teilnahme erfüllen, könnte ein Beschwerderecht gegen die politische Einflussnahme von nicht legitimierten Organisationen verliehen werden. Legitimationsvoraussetzung wäre der Nachweis eigener Diskursstrukturen. *Die Tele2 oder die Verbraucherzentrale könnten verlangen, die Telekom bzw. die Handelskammern von einem Mitwirkungsverfahren auszuschliessen, wenn der Gegner intern die Diskursverpflichtungen verletzt hat.*

841 Insgesamt braucht eine **demokratische Kultur der Bürgergesellschaft** ebenso eine Verfassung wie der formale Staat. Seit der Erfindung der modernen Demokratie haben sich die Verhältnisse in Wirtschaft und Gesellschaft wesentlich verändert. Der demokratische Verfassungsstaat hat sich für den formellen Teil der Staatsorganisation bewährt, aber er verfehlt sein Ziel, wenn er die Bürgergesellschaft nicht in seine Ordnung einschliesst. Er darf sich gegenüber dem Wandel nicht strukturkonservativ verhalten, sondern nur wertkonservativ. Denn gerade um seine Werte zu bewahren, muss er seine Strukturen verändern. Er muss seine Regeln auf jene Umwelt ausdehnen, welche ihm gegenüber Anspruch auf Einfluss erhebt. Gesellschaft und Wirtschaft dürfen nicht den privaten Regeln überlassen werden, sobald sie im öffentlichen Raum Macht ausüben. Der öffentliche Raum ist demokratisch zu verfassen.

Gewiss stösst jede Formalisierung in ihrer Wirkung dort an Grenzen, wo sie 842
ein Ausweichen in informelle Prozesse nicht verhindern kann. Es wird nie
möglich sein, Machtprozesse vollständig zu demokratisieren. Aber die Transparenz der Machtstrukturen kann gegenüber heute noch wesentlich verbessert werden (vgl. den Kasten «Die Verfassung der Medienmacht»).

Die Verfassung der Medienmacht

Im Konzept der deliberativen Demokratie haben die Massenmedien eine
wichtige Aufgabe. Sie sollen den öffentlichen Willensbildungsprozess
durch ihre Informationen und Meinungen mitgestalten. Damit bilden
sie zugleich eine der intermediären Gewalten, welche auf den politischen
Prozess einwirken. Die Medien sind weniger Spiegel der öffentlichen Meinung (deren Subjekt das Volk sein müsste) als Produzent einer **veröffentlichten Meinung.** Damit beteiligen sie sich an der organisierten Herstellung von Öffentlichkeit durch Parteien, Verbände und Interessengruppen.
Sie tragen damit zum **Strukturwandel der Öffentlichkeit** (so der Titel
der Analyse von JÜRGEN HABERMAS, 225 ff.) bei, in welchem sich die Bürgerschaft allmählich vom Träger zum Konsument der öffentlichen Meinung wandelt. Dabei wird Öffentlichkeit vom Prinzip der Kritik zu einem
Prinzip der gesteuerten Integration umfunktioniert (a. a. O., 267 ff.), nach
welchem der Staat und die intermediären Gewalten die öffentliche politische Willensbildung lenken.

Die Medien stehen mitten in diesem Spannungsfeld von idealer Aufgabe und faktischem Machtprozess. Der einzelne Journalist mag sich zwar
ehrlich um die Erfüllung seiner demokratischen Aufgabe bemühen, doch
steht er in einem Machtgefüge, das seine Freiheit beschränkt. Dieser
Zwang wird durch die ökonomischen Existenzbedingungen der Medien
verstärkt. Presseverlage und private elektronische Medien sind Unternehmen am Markt und primär an Verkaufszahlen bzw. Einschaltquoten
interessiert. Dies fördert die populistische Neigung, Meinungen zu produzieren, welche dem Publikum gefallen. Dies widerspricht der Aufgabe
der kritischen Meinungsbildung. Die Pressekonzentration gefährdet ferner den Meinungspluralismus, wenn Tageszeitungen in einer Region eine
beherrschende Stellung einnehmen. Öffentlich getragene oder beaufsich-

tigte Rundfunk- und Fernsehanstalten können dieser Entwicklung nur beschränkt entgegenwirken.

Die Macht der Wirtschaft und der partikulären Interessen in der Medienwelt ruft nach einer **demokratischen Verfassung der Medien.** Nach dem Vorbild öffentlicher Medien sind auch die Presse und die privaten elektronischen Medien nach den Grundsätzen der deliberativen Demokratie zu strukturieren. Zwischen Herausgeber und Redaktion muss eine Gewaltenteilung die Autonomie der Redaktion gegenüber partikulärem Druck gewährleisten. Tageszeitungen mit Monopolstellung müssen einen internen Pluralismus von Meinungen herstellen und darüber öffentlich Rechenschaft ablegen. Die Bürgergesellschaft muss sich im Internet und in den übrigen Medien wirksam artikulieren können. Nur so besteht die Chance, dass die veröffentlichte Meinung in wichtigen Fragen auch die Meinung der Öffentlichkeit spiegelt.

10.   Rechtsstaat

Mit der Staatshoheit, dem Föderalismus und der Demokratie ist die Staatsgewalt konstituiert und handlungsfähig gemacht. Damit sind die Voraussetzungen dafür geschaffen, dass der Staat seine Macht über die Menschen
im Land ausübt. Damit wird der Staat aber zugleich zu einer Gefahr für
die Freiheit dieser Menschen. Daher gilt es, die Freiheit des Einzelnen als
Leitlinie und als Grenze für die Ausübung der konstituierten Staatsmacht
zu bestimmen. Das Recht soll Macht sowohl anleiten wie auch begrenzen.
Dies ist Thema des Rechtsstaates.

Das Rechtsstaatsprinzip bindet alle staatliche Macht an die Verfahren und
Grundsätze der Verfassung (Ziff. 10.1.) und insbesondere an die Grundrechte (Ziff. 10.2.). Rechtsstaat und Demokratie stehen zueinander in
einem Spannungs- und Ergänzungsverhältnis (Ziff. 10.3.).

10.1.   Das Rechtsstaatsprinzip

Nach dem Konzept der deliberativen Demokratie muss die politische Bera- 843
tung in verbindliche Resultate ausmünden: Das Resultat des demokratischen
Diskurses ist ein Entscheid[396]. Dieser Entscheid beansprucht Geltung; er soll
Verlässlichkeit garantieren und Vertrauen schaffen. Dazu braucht die Demokratie den Rechtsstaat. Dieser setzt die Interessen und Argumente der Politik
in Rechte und Pflichten um. Er verfasst die Politik und verpflichtet sie auf die
Inhalte des Rechts.

Das Rechtsstaatsprinzip macht aus einem Staat einen **Verfassungsstaat.** Es 844
bindet den Staat an eine rechtliche Verfassung. Anders gesagt: Die Idee der
Verfassung ist das Grundprinzip des Rechtsstaates. Der Rechtsstaat konkretisiert die Rechtsidee für den öffentlichen Raum.

Deutlich wird dies anhand des **Vertrauensprinzips:** Dieses ist der Kernge- 845
halt der Rechtsidee. Das Recht sichert Vertrauen, indem es das Versprechen,
das ein Mensch einem andern macht, verbindlich erklärt. *Die Bereitschaft,
das Versprechen in Rechtsform (in einen Vertrag) zu kleiden, ist Tatbeweis für
die Ernsthaftigkeit der geäusserten Absicht.* Das gilt auch für das Verhältnis

---

396 Vgl. vorne Rz. 549.

zwischen dem Staat und den Privaten. Dafür sorgt der Rechtsstaat, indem er Rechtssicherheit schafft und den Einzelnen vor der Staatsmacht schützt. Der Rechtsstaat ist die Form, in welcher Vertrauen in die Machtordnung geschaffen wird.

846 Nach dem Konzept des demokratischen Verfassungsstaates ist das Rechtsstaatsprinzip der Grundsatz, welcher das Ziel einer **Friedensordnung** rechtlich konkretisiert. Der demokratische Verfassungsstaat verfolgt, wie bereits dargelegt[397], drei grundlegende Ziele: Friede, Freiheit und Gerechtigkeit. Alle drei Ziele will er mit dem Mittel des Rechts erreichen. Das macht ihn zum Rechtsstaat.

847 Was sind nun die Inhalte des Rechtsstaatsprinzips?

(1) Der Rechtsstaat gibt dem Einzelnen sowohl formelle wie materielle Garantien der Freiheit. Deshalb wird zwischen dem formellen und dem materiellen Rechtsstaat unterschieden.

(2) Der **formelle Rechtsstaat** gewährleistet das Prinzip der Gesetzmässigkeit der Verwaltung (Legalitätsprinzip).

(3) Er garantiert sodann die Gewaltenteilung und

(4) stellt dem Einzelnen die Verfahren und den Rechtsschutz zur Verfügung, damit dieser sich gegen Verletzungen seiner Rechte durch den Staat wehren kann.

(5) Der **materielle Rechtsstaat** verpflichtet alle Staatsgewalt auf die Grundsätze rechtsstaatlichen Handelns und

(6) gewährleistet dem Einzelnen die Grundrechte (Ziff. 10.2.).

848 **(1) Formeller und materieller Rechtsstaat:** Der formelle Rechtsstaat verlangt, dass staatliche Macht in den Formen des Rechts ausgeübt werde: Behörden dürfen nur im Rahmen der verfassungsmässigen Zuständigkeitsordnung handeln, haben die Gesetze zu befolgen und ihre Anordnungen in geregelten Verfahren zu treffen. Ihre Verfügungen müssen auf dem Rechtsweg angefochten werden können. Damit wird staatliches Handeln für die Privaten berechenbar; der Einzelne kann sich am Recht orientieren und sich darauf verlassen, dass das, was er als Recht erkennen kann, auch so wirksam wird (Rechtssicherheit).

849 Der materielle Rechtsstaat füllt diese formalen Garantien mit Inhalten. Der formelle Rechtsstaat schützt ja nicht vor ungerechten Gesetzen oder will-

---

397 Vgl. vorne Rz. 173 ff. mit Verweis auf Martin Kriele.

kürlichen Anwendungsakten. Dazu braucht es materielle Grundsätze, die als Richtlinien dienen, und Grundrechte, die das Verhältnis von Staat und Privaten regeln. Diese Inhalte müssen auch für den Gesetzgeber verbindlich sein. Dies bedingt den Vorrang der Verfassung vor dem einfachen Gesetz und die Verfassungsgerichtsbarkeit zur Durchsetzung dieses Vorrangs.

Formeller und materieller Rechtsstaat sind nicht zwei getrennte Prinzipien, 850 sondern nur Aspekte des gleichen Grundsatzes. Der formelle Verfahrensschutz nützt nur etwas, wenn im Verfahren materielle Grundsätze zur Geltung gebracht werden dürfen; diese Grundsätze helfen wenig, wenn keine Verfahren zur Verfügung stehen, in welchen sie wirksam werden können.

(2) Gesetzmässigkeit (Legalitätsprinzip): Die Bindung der Behörden an 851 das Recht hat verschiedene Teilgehalte. Zunächst bedeutet sie fast selbstverständlich die Verbindlichkeit des gesetzten Rechts (Vorrang des Gesetzes): Die Behörden haben die geltenden Gesetze zu beachten. Praktisch wichtiger ist die zweite Forderung, wonach alles Verwaltungshandeln einer gesetzlichen Grundlage bedarf (Vorbehalt des Gesetzes). Für wichtige rechtsetzende Normen ist dabei ein formelles Gesetz erforderlich (also genügt eine blosse Verordnung der Regierung nicht). Das gilt insbesondere für Eingriffe in Grundrechte, in abgeschwächter Form aber auch für die Leistungsverwaltung. Nach dem Bestimmtheitsgebot muss das Gesetz die Voraussetzungen und die zulässigen Massnahmen hinreichend umschreiben, damit die Privaten das Handeln der Behörden voraussehen können. Eine Delegation der Rechtsetzungskompetenz vom Gesetzgeber an die Regierung ist nur unter einschränkenden Bedingungen zulässig. *Das schweizerische Umweltschutzgesetz muss die Ziele und Grundsätze umschreiben, nach welchen es den Bundesrat ermächtigt, eine Luftreinhalteverordnung zu erlassen.*

(3) Gewaltenteilung: Dieser Grundsatz ist ein zentrales Gebot des Verfas- 852 sungsstaates[398]. Seine rechtsstaatliche Bedeutung lässt sich aus dem Schutz der individuellen Freiheit begründen, den er gegenüber der Exekutive gewährt:
– Die Legislative bindet die Regierung an das Gesetz. Durch seinen generellen und abstrakten Charakter schützt das Gesetz die Rechtsgleichheit, weil es alle gleich gelagerten Fälle ohne Ansehen der Person gleich behandelt. Das Gesetz ist ein Instrument zur Gewährleistung gleicher Freiheit für alle.

---

398 Die Gewaltenteilung wird unter dem Gesichtspunkt der Demokratie vorne unter Rz. 796 ff. erläutert; zu ihrer Stellung zwischen Demokratie und Rechtsstaat vgl. sogleich Rz. 875 ff.

- Die Judikative dient der Durchsetzung des Gesetzmässigkeitsprinzips. Auf Antrag jedes Einzelnen kontrolliert sie, ob das Handeln von Regierung und Verwaltung die Anforderungen des formellen und materiellen Rechtsstaates erfüllt. Die richterliche Gewalt gewährleistet auf diese Weise jedem einen Schutz seiner privaten Autonomie gegenüber dem Staat.

853 In ihrem rechtsstaatlichen Gehalt wirkt die Gewaltenteilung auf diese Weise vor allem als Beschränkung der Exekutivgewalt im Dienste von Freiheit und Gleichheit. Das Parlament und die Gerichte werden dabei weniger als Machtträger denn als Korrektive der Staatsmacht verstanden. Die Staatsmacht ist nach diesem Bild vor allem in der Exekutive konzentriert. Hier wirkt noch das monarchische und insbesondere das absolutistische Staatsverständnis nach, gegen welches die bürgerliche Revolution mit der Lehre von der Gewaltenteilung angetreten ist.

854 **(4) Verfahren und Rechtsschutz:** Das **Verfahrensrecht** ist ein zentrales Instrument der Rechtsstaatlichkeit. Der Rechtsstaat bindet staatliche Macht an Verfahren, in welchen die Betroffenen die Chance haben müssen, ihre materiellen Rechte gegenüber dem Staat geltend zu machen. Darin äussert sich eine diskursethische Legitimation hoheitlicher Akte gegenüber den Adressaten des Rechts. Nur jene Anordnungen sollen Rechtskraft erlangen, welche in einem fairen Verfahren ergangen sind und durch Beschwerde überprüft werden konnten. Das Verfahrensrecht ist ein Mittel, um trotz deutlicher Machtposition der Behörde eine Symmetrie der Strukturen und Prozesse herzustellen: Die Behörde muss die Betroffenen anhören und ihren Entscheid begründen; der Entscheid kann an die vorgesetzte Stelle und an ein Gericht weiter gezogen werden. Damit wird die Macht der Behörde relativiert und die Rationalität des Umgangs mit den Privaten erhöht.

855 Der **Rechtsschutz** erfordert, dass der Staat den Privaten gegen alle belastenden Verfügungen einen Rechtsweg garantiert. Dies geschieht insbesondere in den Formen der Verfassungs- und Verwaltungsgerichtsbarkeit. Der Einzelne muss das Recht haben, Verwaltungsakte von einem unabhängigen Gericht auf ihre Verfassungs- und Gesetzmässigkeit überprüfen zu lassen. Dies setzt die Garantie der richterlichen Unabhängigkeit von den politischen Behörden voraus, wie sie im Grundsatz der Gewaltenteilung enthalten ist.

856 **(5) Grundsätze rechtsstaatlichen Handelns:** Der materielle Rechtsstaat gibt den Behörden inhaltliche Ziele und Schranken vor, welche das staatliche Handeln in den Strukturen und Verfahren des formellen Rechtsstaates bestim-

men. Diese Vorgaben haben zum Teil den Charakter von Grundsätzen, zum Teil jenen von individuellen Rechten (Grundrechten). Zu den Grundsätzen zählen etwa die folgenden:

– Das Prinzip der **Rechtsstaatlichkeit** selbst bindet die Behörde an sämtliche Normen des öffentlichen Rechts und verpflichtet dazu, eine grundsätzliche Entscheidung zu treffen, welche alle anerkannten Rechtsgüter beachtet.

– Das **öffentliche Interesse** richtet alles Handeln der Behörden auf die verfassungsmässigen Ziele und Aufgaben des Staates aus und verpflichtet es auf den Dienst am Gemeinwohl.

– Das **Subsidiaritätsprinzip** schafft eine Begründungslast für alles staatliche Handeln; der Staat darf nur handeln, wenn die gesellschaftlichen Kräfte das zu lösende Problem nicht bewältigen können.

– Das **Verhältnismässigkeitsprinzip** verlangt, dass alles staatliche Handeln geeignet, erforderlich und zumutbar sein muss.

– Das **Prinzip von Treu und Glauben** gebietet Behörden wie Privaten ein loyales Verhalten im Verkehr miteinander; sie dürfen das Vertrauen des Partners nicht missbrauchen oder sich widersprüchlich verhalten und müssen sich bei den eigenen Zusicherungen behaften lassen.

(6) Grundrechte: Der materielle Rechtsstaat gewährleistet dem Einzelnen vor allem eine Reihe verfassungsmässiger Rechte zum Schutze seiner persönlichen Entfaltung (Ziff. 10.2.).   857

10.2. Die Grundrechte

Die Grundrechte sind der Kerngehalt des Rechtsstaatsprinzips. Daher ist auch unter den Beschränkungen einer allgemeinen Verfassungslehre kurz auf ihren Inhalt (1), ihre Entstehung (2) und ihre aktuelle Entwicklung (3) hinzuweisen.   858

(1) Inhalt der Grundrechte: Leitidee aller Grundrechte und zum Teil justiziabler Grundsatz für die elementare Freiheit ist die **Menschenwürde,** welche jedem Menschen die persönliche Integrität und Autonomie garantiert. Kein Mensch darf zum blossen Objekt anderer erniedrigt werden.   859

Ein Katalog von **Freiheitsrechten** gewährleistet die elementaren Entfaltungsfreiheiten des Menschen in den historisch gefährdeten Lebensbereichen. *Dazu gehören vor allem die Freiheitsrechte des öffentlich-rechtlichen Persönlichkeits-*   860 *schutzes wie die persönliche Freiheit, Religionsfreiheit, Ehefreiheit; ferner die Freiheiten der Kommunikation und der Vereinigung, die Wirtschaftsfreiheit, die Eigentumsgarantie und die politischen Rechte.*

861 Die Garantie der **Rechtsgleichheit** gewährleistet, dass die verfassungsmässigen und gesetzlichen Rechte der Privaten allen gleich zukommen, und verknüpft damit Freiheit und Gleichheit im Rechtsstaat.

862 Das **Willkürverbot** setzt dem Ermessen der Behörden eine Grenze und schützt alle vor stossenden Ergebnissen der Rechtsanwendung.

863 **(2) Entstehung der Grundrechte:** Die Grundrechte haben ihren Ursprung im Schutz vor willkürlichen Verhaftungen durch die Obrigkeit. Die erste Verbriefung dieses Schutzes findet sich in der englischen Magna Carta Libertatum von 1215, die allerdings nur den Freisassen die Beurteilung durch Standesgenossen und nach dem Gesetz des Landes garantierte. Zu allgemeinen Grundrechten aller Menschen (Menschenrechten) entwickelte sich dieser Ansatz erst im Zuge der Neuzeit. Die wiederum englische Habeas-Corpus-Akte von 1679 gewährte nun jedem Verhafteten den Anspruch, binnen dreier Tage einer richterlichen Behörde vorgeführt zu werden und von ihr die Gründe seiner Verhaftung zu erfahren.

864 Die Grundrechte sind die Antwort der Aufklärung auf den umfassenden Souveränitätsanspruch des absolutistischen Staates. Das aufsteigende Bürgertum macht mit ihnen seinen Anspruch auf persönliche Autonomie und Entfaltung geltend. Die Idee unverbrüchlicher Rechte des Menschen ist eng verknüpft mit der Theorie des Gesellschaftsvertrags, die als Gegenentwurf zur tatsächlich herrschenden autoritären Staatsform zu verstehen ist. Der Absolutismus wird darin als Verletzung der menschlichen Natur bekämpft und durch das Konzept von Rechtsstaat und Demokratie ersetzt.

865 Von ihrem emanzipatorischen Sinn her sind die Grundrechte daher nicht auf eine bestimmte Staatsordnung beschränkte Freiheiten, sondern **Menschenrechte.** Sie erheben einen universalen Geltungsanspruch und fordern damit weltweite Anerkennung. So bilden sie eine Grundlage für die Globalisierung der Idee des Rechtsstaates. Die Menschenwürde, die Freiheit und die Gleichheit der Menschen sollen die Legitimationsgrundlage für sämtliche Staaten auf der Welt darstellen. Die Europäische Menschenrechtskonvention und die Menschenrechtserklärung der UNO sind Zeugnisse dieses Anspruchs. Der Konsens über die Stellung des Menschen in Staat und Recht ist freilich noch

brüchig. Aber er bleibt die treibende Hoffnung auf ein würdiges Zusammenleben auf dieser Erde.

(3) Aktuelle Entwicklung der Grundrechte: Die Freiheitsrechte sind zuerst 866 als **Abwehrrechte** gegen den Staat entwickelt worden (so genanntes defensives Grundrechtsverständnis). Sie haben aber auch eine so genannte konstitutive Bedeutung, weil sie der gesamten Rechtsordnung zugrunde liegen. In ihrem Grundsatzgehalt und in ihrer programmatischen Bedeutung bilden sie Richtlinien und Aufträge, welche überall zur Geltung kommen sollen. Die Freiheit ist nicht nur zu achten, sondern auch zu schützen.

Nach dem defensiven Grundrechtsverständnis kann der Einzelne dank seinen 867 Rechten Eingriffe des Staates in seine Freiheitssphäre abwehren. Der Staat ist zu einem Dulden oder Unterlassen verpflichtet, nicht aber zu einem positiven Tun (Achtungs-, nicht aber Schutzpflicht des Staates). *Die Medienfreiheit verbietet dem Staat jede Form von Zensur.* Nach dem **konstitutiven Grundrechtsverständnis** kann der Staat hingegen auch zu einer Leistung verpflichtet sein. *Er hat beispielsweise dafür zu sorgen, dass die Pressevielfalt erhalten bleibt, und soll gesetzliche Massnahmen zur Presseförderung treffen.* Damit werden die Grundrechte zu Schutzpflichten des Staates: Der Staat darf seinen Schutz auch im Privatrecht nur in verfassungsmässiger Weise zur Verfügung stellen. *Wenn sich ein Politiker gegen den Eingriff einer Zeitung in seine Privatsphäre zur Wehr setzt, muss der Richter die Pressefreiheit beachten, die der Journalist mit seinem Artikel genutzt hat.* Richter und Verwaltung, aber auch Dritte, welche staatliche Aufgaben wahrnehmen, sind immer an die Grundsatzgehalte der Grundrechte gebunden.

Damit erhalten die Grundrechte auch eine soziale Bedeutung. Sie haben nicht 868 nur die rechtliche, sondern auch die tatsächliche Möglichkeit des Freiheitsgebrauchs für alle zu gewährleisten. Faktische Hindernisse für Nutzung von Grundrechten müssen einer Verletzung dieser Grundrechte gleichgestellt werden. *Daher hat insbesondere die Menschenwürde auch den Gehalt einer Garantie der Existenzsicherung.* Der Staat übernimmt auch Verantwortung für die realen Bedingungen der Freiheit und damit für ein Minimum an sozialer Gerechtigkeit.

Schutzziel der Grundrechte ist die **reale Freiheit.** Daher verletzt der Staat die 869 Grundrechte nicht nur durch formelle Eingriffe, sondern auch durch faktische Auswirkungen seines Handelns, z.B. auf Dritte (faktische Grundrechtsbeeinträchtigung). *Die Verfügung des Sozialamtes, welche die Mutter verpflichtet,* *eine Arbeit anzunehmen, kann deren Kleinkind in dessen Persönlichkeitsrechten verletzen.*

870   Schliesslich ordnen die Grundrechte nicht nur das vertikale Verhältnis zwischen Staat und Privaten, sondern z. T. auch das horizontale Verhältnis unter Privaten. *Die Gleichberechtigung von Frau und Mann kann auch gegenüber dem privaten Arbeitgeber geltend gemacht werden; das Streikrecht gilt in erster Linie für den Arbeitskampf in der Privatwirtschaft.* Diese so genannte **Drittwirkung,** also die Horizontalwirkung der Grundrechte, entspricht durchaus der Theorie des Gesellschaftsvertrags. Dieser besteht ja in einer gegenseitigen Zuerkennung von Rechten und Pflichten unter Privaten. Mit den Freiheitsrechten garantieren die Privaten einander gegenseitig die Achtung und den Schutz der menschlichen Autonomie. Der Staat als Treuhänder der Privaten soll sowohl die Achtung wie den Schutz dieser Freiheit gewährleisten. Achtung bedeutet, dass er selber nicht in die Freiheit eingreift, Schutz bedeutet, dass er den Einzelnen vor Eingriffen anderer schützt und die faktischen Voraussetzungen für die Ausübung der Freiheit durch alle herstellt.

871   Damit sind die Freiheitsrechte auch Grundlage jener privaten wie öffentlichen Autonomie, welche eine diskursethische Konzeption von Politik bei jedem Einzelnen voraussetzt. Die Grundrechte schützen daher den Rechtsstaat und die Demokratie zugleich (vgl. den Kasten «Der deutsche Rechtstaat und die angelsächsische Rule of Law»).

Der deutsche Rechtsstaat und die angelsächsische «Rule of Law»
Der Vorrang des Rechts vor der politischen Macht ist in der englischen Geschichte bereits in der «Petition of Rights» von 1628, welche sich gegen exzessive Besteuerungsmassnahmen des Königs richtete, formuliert worden. Die «Petition of Rights» statuierte die Unterordnung der Politik unter das Recht und ihre Kontrolle durch geregelte Verfahren. Schon damals umfasste die **«Rule of Law»** folgende Elemente: den Vorrang des Rechts und den Ausschluss staatlicher Willkür, den Schutz des Einzelnen durch die Gleichheit vor dem Gesetz, die Geltung gewisser Grundrechte und Verfahrensgarantien sowie die Unabhängigkeit der Justiz als der Hüterin dieser Werte. Verbindlich wurde die «Rule of Law» mit der Verankerung der konstitutionellen Monarchie in der «Bill of Rights» und der Unabhängigkeit der Richter im «Act of Settlement» von 1688. Diesen Institutionen

lag die Idee von der Gewaltenteilung zugrunde, die später von Montesquieu weiterentwickelt werden sollte.

Der deutsche Begriff «**Rechtsstaat**» hingegen ist jünger. Er stammt aus der
liberalen Staatstheorie des 19. Jahrhunderts, welche vor allem die Privatsphäre des Einzelnen gegen staatliche Willkürherrschaft schützen wollte.
Er bedeutet nicht dasselbe wie der englische Begriff «Rule of Law». Zwar
wollen beide die Herrschaft des Rechts an die Stelle der Herrschaft von
Menschen über Menschen setzen. Der wesentliche Unterschied liegt aber
darin, dass das angelsächsische Denken das Recht weniger inhaltlich be-
greift und mehr auf das Verfahren bezieht.

Im Angelsächsischen bedeutet «Vorrang des Rechts», dass das Recht aus sich
selbst, d.h. aus seinen eigenen Regeln, weiterentwickelt werden soll *(Leitbild:*
gerechte Verfahren). Recht wird als Prozess der Rechtsentwicklung verstanden. Mit dem Begriff «Rechtsstaat» ist dagegen ein System von materiellen
Rechten gemeint *(Leitbild: gerechte Gesetze)*. Das Recht sichert bestimmte
Ansprüche des Einzelnen gegenüber anderen und dem Staat. Die «Rule of
Law» betont folglich stärker den Aspekt der **Verfahrensgarantie,** während
der «Rechtsstaat» die **materielle Rechtsbindung** des Staates hervorhebt.
Auf eine Kurzformel gebracht meint «Rule of Law» weniger den materiel-
len Rechtsstaat, sondern eher den formellen Rechtsstaat, welcher Gewähr
für «Due Process of Law» (Verfahrensfairness) und «Equal Protection»
(Rechtsgleichheit) in der richterlichen Rechtsfortbildung bietet.

10.3. Rechtsstaat und Demokratie

Rechtsstaat und Demokratie bedingen einander. Aber sie sind selbständige 872
Prinzipien der Staatsordnung. In der europäischen Geschichte hat es sowohl
Demokratien gegeben, **die keine Rechtsstaaten waren,** als auch **Rechts-**
staaten, die keine Demokratien waren.

Die griechische Polis gilt zwar als Ursprung der Demokratie, war aber kein 873
Rechtsstaat im heutigen Sinn. Sie kannte zwar eine Mischverfassung, aber keine Gewaltenteilung und kein allgemeines Gesetzmässigkeitsprinzip. Sie dul-
dete die Sklavenhaltung und verletzte damit die heutigen Grundrechte. Nach
den Massstäben des modernen Rechts war die griechische Demokratie somit
kein Rechtsstaat.

874 In der Neuzeit hingegen gab es den Rechtsstaat auch ohne Demokratie. Der Rechtsstaatsbegriff ist geradezu die deutsche Bezeichnung für die Entwicklung von bürgerlicher Freiheit innerhalb der Monarchie *(Deutschland war zur Zeit Bismarcks eine Monarchie mit rechtsstaatlichen Garantien).* Der Rechtsstaat ist als Konzept für den Schutz des privaten Bereichs vor dem monarchischen Staat entstanden. Er ist Ausdruck der **Trennung von Staat und Gesellschaft:** Dem Staat (dem Monarchen) soll nur unter einschränkenden Bedingungen gestattet werden, in die Gesellschaft (den privaten Bereich) einzugreifen. Rechtsstaatliche Hauptforderung ist die Gesetzmässigkeit. Der Monarch darf nur dann in die Freiheit der Privaten eingreifen, wenn dies durch die Volksvertretung bewilligt worden ist.[399]

875 Auf diesem Staatsverständnis beruht auch die **rechtsstaatliche Begründung der Gewaltenteilung:** Gewaltenteilung ist danach rechtsstaatliche Mässigung der vorgegebenen Staatsmacht des Monarchen. Legislative und Judikative sind Instrumente der Freiheit gegen den Staat, der mit dem König gleichgesetzt wird. Sie sind externe Schranken der monarchischen Staatsgewalt:

– Das Parlament wird dem Monarchen als Zugeständnis an die Gesellschaft abgerungen. Es ist eigentlich eine zivile Organisation ausserhalb der Monarchie mit dem Zweck, die kollektive Freiheit der Gesellschaft vor dem Staat zu schützen. *Hauptbeispiel dafür ist die Steuerhoheit des Parlaments: Wirtschaft und Gesellschaft wollen bestimmen, wie viel privates Vermögen der Staat beanspruchen darf.*

– Die Gerichte werden aus dieser Warte nicht als politische Gewalt wahrgenommen. Die Justiz ist ein Instrument zum Schutz der individuellen Freiheit vor staatlichem Zugriff.

876 Diese Sichtweise war freilich einseitig, weil sie den demokratischen Gehalt der Institutionen Parlament und Gericht nicht erkannte. Sie übersah, dass das Bürgertum seine private und seine öffentliche Autonomie gleichzeitig einforderte, als es Grundrechte und Partizipation am Staat für sich beanspruchte. Heute wird der Zusammenhang von Demokratie und Rechtsstaat denn auch nicht mehr bestritten. *Wie der Rechtsstaat die Demokratie stützt, lässt sich an der Einführung des Gurtentragobligatoriums in der Schweiz zeigen: Der Bundesrat erliess dieses Obligatorium auf dem Verordnungswege, um die Hürden der Demokratie zu umgehen. Mit Beschwerde an das Bundesgericht focht ein Bürger diese Verordnung*

---

399 Vgl. Hans Vorländer, Verfassung, 69 ff.

erfolgreich an. Daher musste das Strassenverkehrsgesetz geändert werden, um den Bundesrat zum Erlass der Verordnung zu ermächtigen. Gegen die Gesetzesänderung wurde das Referendum ergriffen. Das Volk nahm die Vorlage aber knapp an.

Allerdings besteht durchaus ein **Spannungsverhältnis** unter den beiden 877 Grundsätzen. Der Rechtsstaat begrenzt die Demokratie, indem er ihr Schranken setzt. Das Volk kann seine Macht nur im Rahmen des Rechtsstaats ausüben. Die Verfassung bindet die demokratische Entscheidung an die Vorgaben des formellen wie des materiellen Rechtsstaates. *Beispiele dafür sind die Grundrechte, die Verfassungsgerichtsbarkeit und gewaltenteilige Beschränkung der Macht der Legislative durch Kompetenzen der Regierung.*

Umgekehrt beschränkt die Demokratie den Rechtsstaat. Sowohl die Struk- 878 turen und Verfahren der Staatsorganisation wie die materiellen Gehalte des Rechtsstaates können auf demokratischem Wege verändert werden. *So kann der Verfassungsgeber die Verfassungsgerichtsbarkeit weiter oder enger fassen, das Machtverhältnis zwischen den beiden politischen Gewalten verschieben oder einzelne Grundrechte einführen oder streichen (etwa das Verbot der Todesstrafe oder das Streikrecht).*

Ein Widerspruch zwischen Rechtsstaat und Demokratie lässt sich jedoch nur 879 dann konstruieren, wenn man unter Demokratie die unbeschränkte Gültigkeit des Mehrheitsprinzips, die unbegrenzte Herrschaft der Mehrheit versteht. Diese Ansicht verkennt jedoch das Wesen der Demokratie: Die Demokratie dient nicht einfach der «Mehrheit», sondern sämtlichen Mitgliedern der Rechtsgemeinschaft und damit ebenfalls der Bewahrung von Menschenwürde und Freiheit des einzelnen Individuums.

Das **Mehrheitsprinzip** ist Ausdruck der Gleichberechtigung aller Individu- 880 en im politischen Prozess. Es verknüpft die Gleichwertigkeit der Stimmen mit der Notwendigkeit, Entscheide zu treffen. Den Willen der Mehrheit als verbindlich anzuerkennen bedeutet, einer möglichst grossen Zahl von Individuen ein möglichst hohes Mass an Mitbestimmung im Staat und damit an Selbstbestimmung zu gewährleisten. So dient es der kollektiven Form der Selbstbestimmung.

Während die Demokratie die kollektive Form der Selbstbestimmung (**öffent-** 881 **liche Autonomie**) anstrebt, dient der Rechtsstaat der individuellen Form der Selbstbestimmung (**private Autonomie**). Demokratie und Rechtsstaat sind einander zugeordnet, indem sie beide von der Menschenwürde ausgehen und deren Bewahrung bezwecken. Es ist somit auch kein Zufall, dass sich Rechts-

staats- und Demokratieprinzip zwar nicht zeitgleich, aber doch Hand in Hand
entwickelt haben. Sie bedingen sich von ihrem Grundanliegen her gegenseitig,
stehen aber auch in einem Spannungsverhältnis zueinander und bedürfen des
ständigen Ausgleichs.

882 Demokratie und Rechtsstaat vertreten die beiden grossen ethischen Ausrichtungen des demokratischen Verfassungsstaates: **das Gute und das Gerechte.**
Die Demokratie orientiert sich am Guten (dem Gemeinwohl oder dem öffentlichen Interesse). Der Rechtsstaat orientiert sich am Gerechten (an den
Grundrechten, an fairen Verfahren, am Rechtsschutz).

883 **Exkurs:** Juristen neigen dazu, dem **Rechtsstaatsprinzip** einen **Vorrang** vor allen andern zu geben. Das ist verständlich, weil Gesetz und Urteil die spezifisch
juristischen Instrumente der Politik sind. Die juristische Disziplin kann sich
unter dem Rechtsstaatsprinzip am besten entfalten. Zudem gibt es dafür auch
einen sachlichen Grund. Alle andern staatsleitenden Prinzipien benötigen den
Rechtsstaat, um Verfassungsrang zu erlangen: Das Rechtsstaatsprinzip ist das
Prinzip des Verfassungsstaates; nur solche politische Ziele, welche mit dem
Rechtsstaat vereinbar sind, können in die Verfassung aufgenommen werden.
Daher sind alle andern Prinzipien rechtsstaatlich geprägt. Man kann daher
sagen, dass der Rechtsstaat einen Kernbereich ausmacht, in welchem sich alle
andern staatsleitenden Prinzipien überschneiden.

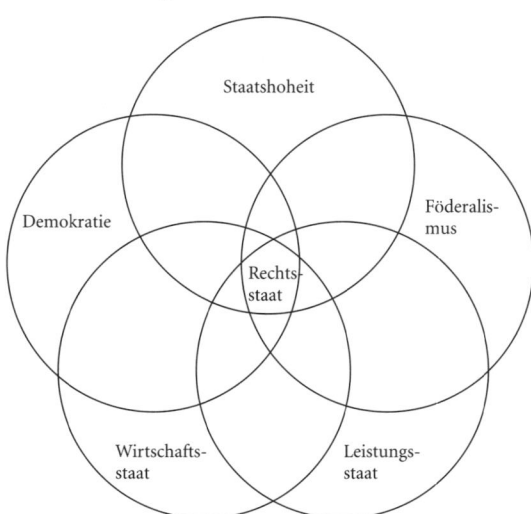

**Abbildung 10-1: Das Rechtsstaatsprinzip als gemeinsamer Kernbereich an-
derer Prinzipien**

Das Gleiche lässt sich allerdings auch von der Demokratie sagen. Der Verfas- 884
sungsstaat kann sich nur demokratisch legitimieren. Alle andern Prinzipien,
auch das Rechtsstaatsprinzip, sind demokratisch geprägt. Ihre Inhalte dürfen
nur in den Formen der Demokratie bestimmt werden. Daher lässt sich das
Bild der überlappenden Kreise auch mit der Demokratie in der Mitte zeichnen.

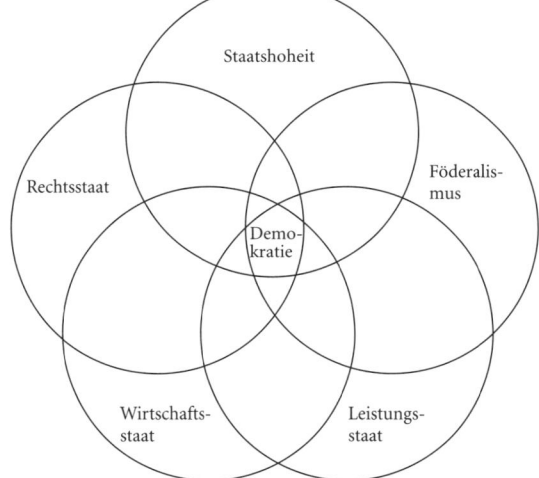

**Abbildung 10-2: Das Demokratieprinzip als gemeinsamer Kernbereich an-
derer Prinzipien**

Das gleiche Bild liesse sich auch noch für die Staatshoheit zeichnen, welche bei 885
allen staatsleitenden Prinzipien vorausgesetzt wird. Hoheit, Rechtsstaat und
Demokratie bilden ja die drei grundlegenden Elemente des demokratischen
Verfassungsstaates (Friede, Freiheit und Gerechtigkeit[400]).

Dass sonst kein anderes Prinzip in sinnvoller Weise derart in den Mittel- 886
punkt gerückt werden kann, weist auf die besondere legitimierende Kraft von
Rechtsstaat und Demokratie für die Staatshoheit hin. Sie sind Ausdruck der
privaten und der öffentlichen Autonomie des Menschen, welche beide gleichwertige Voraussetzungen (und zugleich Ergebnisse) jenes Diskurses sind, der
den demokratischen Verfassungsstaat kennzeichnet (vgl. den Kasten «Demokratie und Rechtsstaat in DE, AT und CH»).[401]

---

400 Vgl. vorne Rz. 173 ff.
401 Die drei Grundsätze erlangen dadurch freilich gegenüber den andern keinen höheren normativen
    Rang. Sie kommen bloss in sämtlichen konkreten Fällen zur Geltung.

Demokratie und Rechtsstaat in Deutschland, Österreich und in der Schweiz

Die beiden staatsleitenden Prinzipien bedingen einander und sind auf grundsätzlicher Ebene gleichwertig. Im positiven Recht konkreter Staaten können sie trotzdem unterschiedliches Gewicht erlangen.

In der **Bundesrepublik** hat der Rechtsstaat Vorrang vor der Demokratie. Diese ist strikt repräsentativ ausgestaltet. Das Volk hat keinerlei Sachentscheide zu treffen, auch nicht auf der Stufe der Verfassung. Hingegen ist die Verfassungs- und Verwaltungsgerichtsbarkeit stark ausgebaut. Das Bundesverfassungsgericht übt eine intensive Kontrolle über die Gesetzgebung von Bundestag und Bundesrat aus und entscheidet oft politisch aktuelle Fragen. – Das deutsche Grundgesetz traut den Richtern mehr als dem Volk.

In der **Schweiz** hat die Demokratie Vorrang vor dem Rechtsstaat. Neben den Wahlen trifft das Volk zahlreiche Sachentscheide, so über jede Verfassungsänderung. Gesetze können mittels Referendum vor das Volk gezogen werden; Volksinitiativen können Verfassungs- und inskünftig auch Gesetzesänderungen verlangen. Hingegen fehlt die Verfassungsgerichtsbarkeit gegenüber formellen Gesetzen auf Bundesebene, soweit nicht die Garantien der Europäischen Menschenrechtskonvention (EMRK) greifen. Es herrscht die Vorstellung, die Bundesversammlung solle nur demokratisch (über das Referendum), nicht auch noch durch ein Gericht kontrolliert werden. – Die schweizerische Bundesverfassung traut dem Volk mehr als den Richtern.

Österreich ist wie Deutschland eine repräsentative Demokratie. Allerdings beschliesst das Volk über Gesamtänderungen der Bundesverfassung und bei Teilrevisionen kann eine parlamentarische Minderheit den Volksentscheid verlangen. Die Verfassungsgerichtsbarkeit erstreckt sich auch auf Bundesgesetze, und zwar sowohl abstrakt wie im Anwendungsfall, hat aber nicht die gleiche politische Bedeutung erlangt wie in Deutschland. – Damit neigt die österreichische Verfassung zur deutschen Lösung, allerdings weniger ausgeprägt.

11. Leistungsstaat

Bis hierher sind jene staatsleitenden Prinzipien erörtert worden, welche den Staat konstituieren (Staatshoheit und Föderalismus), ihn handlungsfähig machen (Demokratie) und auf den Dienst am Menschen verpflichten (Rechtsstaat). Nun sind noch die Staatsaufgaben zu bestimmen, um derentwillen der moderne Staat überhaupt eingesetzt ist.

Alle Staatsaufgaben bezwecken einen Beitrag zum Gemeinwohl. In dieser Gemeinwohlausrichtung handelt der Staat als Leistungsstaat (Ziff. 11.1.). Das Leistungsstaatsprinzip richtet staatliches Handeln normativ auf die zu wahrenden öffentlichen Interessen aus (Ziff. 11.2.). Aus der Fülle leistungsstaatlicher Aufgaben lassen sich drei Gruppen bilden: Sozialstaatsaufgaben, öffentliche Dienste und Gesamtverantwortungen (Ziff. 11.3.).

11.1. Das Gemeinwohl als Staatsaufgabe

Demokratie und Rechtsstaat errichten eine Art Minimalverfassung, welche 887 für jeden Staat, unabhängig vom Umfang der ihm übertragenen Aufgaben, gültig ist. Sie gelten sowohl für einen Staat mit bloss polizeilichen Aufgaben (dem so genannten Nachtwächterstaat aus dem 19. Jahrhundert) als auch für einen Sozialstaat mit umfassender Verantwortung für soziale Gerechtigkeit oder einen Gewährleistungsstaat, der seine Verantwortung für das Gemeinwohl mit Privaten teilt.

Die weiteren Prinzipien formulieren die **Staatsaufgaben** sowie die Leitplanken 888 und Grundsätze für das staatliche Handeln, sind also nähere Umschreibungen des **Gemeinwohls** unter heutigen Verhältnissen und daher zeitbedingt und stärker wandelbar. Das Leistungsstaatsprinzip formuliert die Aufgaben, die der moderne Staat in erster Linie für die Gesellschaft wahrnimmt, das Wirtschaftsstaatsprinzip jene, die er in erster Linie für die Wirtschaft erfüllt.

Der Leistungsstaat ist die moderne Antwort auf die alte **Gemeinwohlfrage:** 889 *Wozu errichten Menschen, die in Frieden, Freiheit und Gerechtigkeit zusammenleben wollen, einen Staat, und welche Aufgaben und Kompetenzen delegieren sie ihm? Was erwartet eine moderne Gesellschaft vom Staat (vgl. den Kasten «Der Begriff des Gemeinwohls»)?*

Der Begriff des Gemeinwohls

In der politischen Philosophie bezeichnet der Begriff «Gemeinwohl» das allgemeine Wohl, das Gesamtinteresse, die allgemeinen Ziele und Werte politischer Gemeinwesen im Gegensatz zum Wohl besonderer Gruppen, einzelner Personen oder sonstiger Partikularinteressen.

Umstritten ist das Ausmass, in dem das Gemeinwohl in einer Gesellschaft verwirklicht werden kann, die aus Individuen besteht, deren Tun und Lassen vorrangig am Eigennutz orientiert ist. In der politischen Philosophie prallen diesbezüglich zwei Auffassungen aufeinander.

–   Das **republikanische Konzept,** das auf Jean-Jacques Rousseaus Idee der volonté générale (**Gemeinwille**) zurückgeht, vertritt die Vorstellung eines vorgegebenen und **objektiv feststellbaren Gesamtinteresses.** Dieses Gesamtinteresse soll mit Hilfe einer angemessenen Institutionenordnung (Gewaltenteilung) und einem angemessenen Willensbildungsprozess (demokratischer Prozess) realisiert werden. Das Gemeinwohl besteht also in einer gegebenen Gesellschaft schon von vornherein als objektive Wahrheit und muss von den am politischen Prozess beteiligten Parteien nur noch gefunden werden. Der Gemeinwille (volonté générale) im Sinne Rousseaus stellt den auf das Gemeinwohl abzielenden «hypothetischen Volkswillen» dar. Dieser unterscheidet sich bei Rousseau vom Gesamtwillen (volonté de tous), der sich aus den addierten Sonderwillen der einzelnen Bürgerinnen und Bürger bzw. den aufsummierten Gruppeninteressen zusammensetzt («empirischer Volkswille»).

–   In der **Pluralismustheorie** wird hingegen die Ansicht vertreten, dass das Gemeinwohl veränderbar und **Ergebnis des freien Spiels der Kräfte** zwischen gleichberechtigten Gruppeninteressen im Rahmen des politischen Prozesses ist. Das Gemeinwohl lässt sich damit erst im Nachhinein auf der Basis der tatsächlichen, empirischen Ergebnisse des politischen Prozesses ermitteln. Das Gemeinwohl existiert damit nicht schon von Anfang an, sondern muss erst noch im politischen Prozess mittels Konfliktaustragung und Konsensbildung zwischen unterschiedlichen Interessen und Ideen gestaltet werden.

Die moderne Gesellschaft überträgt dem Staat wesentliche **Aufgaben der So-** 890
zialgestaltung. Er soll nicht nur Hüter von Ordnung und Freiheit sein – gewissermassen am Rande des Spiels autonomer gesellschaftlicher Kräfte. Er
muss selber gestaltend in die gesellschaftliche Wirklichkeit eingreifen und die
Grundlagen des gesellschaftlichen Lebens herstellen. Diese Aufgaben lassen
sich am besten in der Funktion des Leistungsstaates zusammenfassen.

Der Leistungsstaat umfasst alle **Dienstleistungen** und **öffentlichen Werke** des 891
Gemeinwesens. Folgende Staatsaufgaben werden dem Bereich des Leistungsstaates zugeordnet:

– die ausgleichende Fürsorge und Vorsorge *(Sozialversicherungen, Sozialhilfe oder Ausgleich von Marktverzerrungen);*

– die Erstellung der Infrastruktur, auf der die gesellschaftliche Entwicklung
beruht *(Raumordnung, Strassen, öffentlicher Verkehr, Wasser- und Energie-
versorgung usw.);*

– die Errichtung und Leitung von Anstalten, die das Leben jedes Einzelnen
prägen *(so in der Bildungspolitik etwa die Schulen aller Stufen und in der
Gesundheitspolitik die Spitäler);*

– die Bestimmung und Betreuung wichtiger Instrumente der Information
und Verständigung zwischen den Menschen *(so die Post, das Telefon, z. T.
Radio und Fernsehen);*

– die Förderung von Institutionen der Kultur, welche das Zusammenleben
im öffentlichen Raum prägen *(so etwa Wissenschaft, Kunst oder Philosophie);*

– die Steuerung des Verhältnisses der modernen Gesellschaft zur Natur, in
der sie lebt *(so etwa durch Umweltschutz, Landwirtschaftspolitik, Technolo-
giepolitik)* und zur Nachwelt *(Nachhaltigkeit).*

In dieser Liste kennzeichnet die Ziffer 1 den **Sozialstaat,** die Ziffern 2 bis 4 892
fallen unter die **öffentlichen Dienstleistungen** und die Ziffern 5 und 6 lassen
sich unter dem Begriff der **Gesamtverantwortungen** zusammenfassen.[402]

Der Leistungsstaat sorgt für Bildung und Ausbildung, übernimmt die Pflege der 893
*Kranken und Alten, betreut Jugendliche, baut Wohnungen und Verkehrswege,
verteilt Energie, beschafft und schützt Wasser und Lebensmittel, ermöglicht Mas-
senkommunikation und wendet sich psychischen, geistigen und kulturellen Sorgen seiner Einwohner zu. Er sorgt aber auch für Vollbeschäftigung, verhindert*

---

402 Vgl. Rz. 910 ff.

Wirtschaftskrisen, fördert gefährdete Wirtschaftszweige, hält die Währung auf-recht[403].

894 Der Begriff «Leistungsstaat», wie er gerade umschrieben worden ist, hat **deskriptiven Charakter.** Er beschreibt den Staat in seiner modernen Funktion der Gestaltung von Voraussetzungen und Bedingungen einer zeitgemässen Lebensweise, soweit diese vom Einzelnen und seinen Selbsthilfeorganisationen nicht geschaffen werden können.

11.2.   Das Leistungsstaatsprinzip

895 Das Leistungsstaatsprinzip regelt die verfassungsrechtlichen Kompetenzen und Grundsätze des Leistungsstaates. Es richtet das Verhalten des Leistungsstaates **normativ** auf die Wahrung der ihm übertragenen öffentlichen Interessen und auf das Gemeinwohl aus. Es formuliert die **Verantwortung des Staates für die wichtigsten Voraussetzungen der Erhaltung und Entfaltung der Menschen in einer modernen Gesellschaft** (soziale Sicherheit, öffentliche Dienstleistungen und Werke sowie Verantwortung für die Kultur, die Umwelt und die Nachwelt).

896 Der Leistungsstaat wirkt sowohl als Ergänzung als auch als Korrektur des Wirtschaftsprozesses. Er legitimiert seine Ziele aus dem politischen Ungenügen oder den politisch unbefriedigenden – dysfunktionalen – Nebenwirkungen des Wirtschaftssystems *(z.B. strukturelle Arbeitslosigkeit).*

897 Die wesentlichen Merkmale des Leistungsstaatsprinzips sind das Gemeinwohl (das öffentliche Interesse) (1), die Leistungsverwaltung (2) und die Wirkungsorientierung (3).

898 **(1) Gemeinwohl (öffentliches Interesse):** Leitgedanke der öffentlichen Sozialgestaltung durch den Staat ist das Gemeinwohl. Dieses wird rechtlich durch das öffentliche Interesse konkretisiert. Öffentliche Interessen sind Anliegen, welche im Dienste der Öffentlichkeit (verstanden als Allgemeinheit, Bevölkerung) verwirklicht werden sollen. Das öffentliche Interesse ist somit ein normativer Begriff. *Die Verhütung oder Eindämmung von Epidemien ist eine Aufgabe des Leistungsstaates, die im Interesse der öffentlichen Gesundheit liegt. Dieses Schutzgut rechtfertigt auch Eingriffe in die Freiheit des Einzelnen, z.B. obligatorische Impfungen.*

---

403 Diese Aspekte eines umfassend verstandenen Leistungsstaates werden unter Rz. 941 ff. (Wirtschaftsstaat) behandelt.

Verschiedene wichtige Anliegen werden in Lehre und Rechtsprechung als öf- 899
fentliche Interessen anerkannt: Dazu zählen polizeiliche Interessen, Planungs-
interessen, sozialpolitische Interessen, aber auch solche der Kultur, der Umwelt oder der Nachwelt.

Damit Interessen als öffentlich im Rechtssinne anerkannt werden, müssen sie 900
den demokratischen Prozess der Verfassungs- und Gesetzgebung erfolgreich
durchlaufen (Legitimation des normativen Gehalts durch ein qualifiziertes
Verfahren).

Die Inhalte des öffentlichen Interesses sind zeitlich und örtlich wandelbar. Das 901
hat vor allem zwei Gründe: Zum einen werden sie im demokratischen Prozess, d.h. nach den Vorstellungen der Mehrheit an einem bestimmten Ort und
zu einem bestimmten Zeitpunkt definiert. Zum andern können technische
und gesellschaftliche Entwicklungen neue Interessen schaffen (beispielsweise
Raumplanung, Umweltschutz), welche öffentliche Anerkennung verlangen.

Der **Verfassungsgrundsatz des öffentlichen Interesses** bindet in umfassender 902
Weise alle drei Staatsgewalten (Legislative, Exekutive und Judikative):

– Die rechtsetzende Gewalt legt in generell-abstrakter Weise fest, was dem
  öffentlichen Interesse dient. Sie kann zwar jeweils einzelne Inhalte ändern,
  ist dabei aber an die Gesamtheit der Ziele und Grundsätze der Verfassung
  gebunden. *Das öffentliche Arbeitsrecht hat sich an die Grundsätze einer
  marktorientierten und sozialverpflichteten Wirtschaftsordnung zu halten.*

– Verwaltungs- und Justizbehörden haben das im öffentlichen Interesse gesetzte Recht zu verwirklichen und dabei auch ihrerseits – bei Behandlung
  des konkreten Falles – den Grundsatz des öffentlichen Interesses zu beachten. *Die Verpflichtung Arbeitsloser zum Besuch von Weiterbildungen ist
  zulässig, soweit sie der Reintegration in den Arbeitsmarkt dient.*

– Besondere Bedeutung gewinnt das öffentliche Interesse als Voraussetzung
  von Grundrechtseingriffen bei der Kontrolle durch die Justiz. *Zwangsmassnahmen der Arbeitslosenkasse gegen schulungsunwillige Arbeitslose
  sind nur zulässig, wenn das öffentliche Interesse an der Reintegration des
  Betreffenden in den Arbeitsmarkt sein privates Interesse an der freien Gestaltung seines Berufslebens überwiegt.*

(2) Leistungsverwaltung: Während der Rechtsstaat gegenüber den Privaten 903
als Eingriffsverwaltung auftritt, erscheint der Leistungsstaat als Leistungsverwaltung.

904 **Eingriffsverwaltung** nennt man jene Verwaltungstätigkeit, die in die Rechte und Freiheiten der Privaten eingreift und diese beschränkt. Mittels Eingriffsverwaltung werden dem Individuum Verpflichtungen oder Belastungen auferlegt. Die Eingriffsverwaltung tritt befehlend auf und ist gewöhnlich hoheitlicher Natur. Die Privaten müssen die Einschränkungen ihrer Rechte und Freiheiten dulden, wenn das öffentliche Interesse dies erfordert. *Die Polizei kann das Betreten eines einsturzgefährdeten Hauses verbieten.*

905 **Leistungsverwaltung** nennt man jene Verwaltungstätigkeit, durch die den Privaten staatliche Leistungen, insbesondere wirtschaftliche und soziale Leistungen, vermittelt werden. Die Verwaltung gewährt den Privaten Vorteile und Vergünstigungen, namentlich in Form von Sach-, Geld- oder Dienstleistungen. Die Leistungsverwaltung tritt fördernd und stützend auf. *Die Brandschutzversicherung bezahlt den Wiederaufbau des abgebrannten Hauses.* Auch die Leistungsverwaltung kann zum Teil hoheitlicher Natur sein *(so z.B. bei obligatorischen Versicherungen)*, oft kommt sie aber ohne Eingriffe in Rechte Privater aus *(so z.B. bei öffentlichen Versorgungsbetrieben wie Elektrizitäts- und Gaswerken)*.

906 Die Leistungsverwaltung ist zunächst ein deskriptiver Begriff. Sie bezeichnet einen Typus staatlichen Handelns. Zugleich gelten für dieses Handeln aber auch bestimmte Grundsätze. Bei den öffentlichen Dienstleistungen ist das etwa der Grundsatz der flächendeckenden Grundversorgung. Die staatliche Leistung muss allen zugute kommen, auch wenn sie nicht für alle wirtschaftlich erbracht werden kann. Bei den sozialen Staatsaufgaben sind es etwa die Grundsätze der Solidarität und der Subsidiarität. Staatliche Leistung ist geschuldet, wo der Einzelne sich nicht helfen kann, aber nur, nachdem die zumutbare Selbsthilfe erfolglos geblieben ist.

907 **(3) Wirkungsorientierung:** Demokratie und Rechtsstaat legitimieren sich im Wesentlichen über die Verfahren, in denen der Staat handelt, und über die Grundsätze, an welche er sich dabei binden lässt. Der Leistungsstaat hingegen legitimiert sich über die Wirkung, die er für Gesellschaft und Wirtschaft erzielt. *Zu seiner Anerkennung genügt es nicht, dass staatliches Handeln «gut gemeint» war. Es muss auch «gut herauskommen».* Der moderne Staat muss

908 sich der Realität seiner Wirkungen stellen.

Das Leistungsstaatsprinzip ist daher auf die **Wirksamkeit des staatlichen Handelns** ausgerichtet. Es legitimiert den Staat nicht durch seine Willensprozesse, sondern durch seine Leistungen (Output-Legitimation). Der Leistungsstaat legitimiert sich primär über den von ihm gestifteten gesellschaftlichen und wirtschaftlichen Nutzen. Während Demokratie und Rechtsstaat sich eher an der **Deontologie** (Pflichtenethik) orientieren, findet der Leistungsstaat seine ethische Ausrichtung im **Utilitarismus** (Nützlichkeitsethik)[404].

Zu einem staatsleitenden Prinzip kann das Leistungsstaatsprinzip deshalb generalisiert werden, weil es jeder Staatstätigkeit den Charakter eines öffentlichen Dienstes verleiht und dabei die Frage nach dem öffentlichen Interesse verkörpert. In seiner Geltung ist das Leistungsstaatsprinzip nicht auf die Bereiche der Leistungsverwaltung beschränkt. Vielmehr bringt es zum Ausdruck, dass auch rechtsstaatlich geprägte Aufgaben (*wie die Rechtspflege und der Schutz der klassischen Polizeigüter*) oder demokratische Prozesse (*wie die Rechtsetzung*) als öffentliche Dienste mit sozialgestaltender Wirkung und entsprechender Verantwortung zu verstehen sind.   909

> Das Leistungsstaatsprinzip verpflichtet den Staat, diejenigen Leistungen zu erbringen und zu verteilen, die das Wirtschaftssystem nicht von sich aus im politisch geforderten Sinne erbringt oder zuteilt.

11.3. Sozialstaat, öffentliche Dienste und Gesamtverantwortungen

Die Fülle der Aufgaben eines modernen Leistungsstaates lässt sich in drei Bereiche gliedern: 910

- **(1) Sozialstaat:** Dieser gewährt dem Einzelnen soziale Sicherheit und schafft einen sozialen Ausgleich bei verzerrten Marktverhältnissen (*z.B. die Vorsorge für Alter, Krankheit, Unfall oder die Solidarität mit der schwächeren Partei im Arbeitsmarkt*);
- **(2) öffentliche Dienste:** Diese stellen Voraussetzungen für das Funktionieren der Gesellschaft und Wirtschaft her (*z.B. das öffentliche Bildungswesen oder die Sicherstellung des öffentlichen und privaten Verkehrs, der Postdienste und der Stromversorgung*)
- **(3) Gesamtverantwortungen:** Diese verpflichten den Staat, zu Kultur, Umwelt und Nachwelt Sorge zu tragen (*z.B. Kulturförderung, Umweltschutz oder Politik der Nachhaltigkeit*).

---

404 Zu Utilitarismus und Deontologie vgl. vorne den Kasten zu Rz. 341.

911 **(1) Sozialstaat:** Der moderne Staat kontinentaleuropäischer Prägung nimmt Verantwortung für die Schwachen seiner Gesellschaft wahr. Er sorgt für soziale Gerechtigkeit.

912 Zu den Hauptzielen des Sozialstaates gehören:
1. die soziale Sicherheit – *Übernahme von Risiken, die der Einzelne nicht selber tragen kann (wie Invalidität), minimale Existenzsicherung (Sozialhilfe)*;
2. die soziale Gerechtigkeit – *Ausgleich ungerechtfertigter sozialer Unterschiede (etwa in der Altersvorsorge), sekundäre Einkommensverteilung (durch progressive Besteuerung der Einkommen)*;
3. die Menschenwürde – *elementare Entfaltungsmöglichkeiten zur Wahrung der Integrität als Mensch (Existenzsicherung)* und
4. die Gleichheit – *die drei genannten Ziele der sozialen Sicherheit, der sozialen Gerechtigkeit und der Menschenwürde gelten für jede und jeden gleich. Der medizinische Grundbedarf in der Sozialhilfe beurteilt sich für alle Menschen nach den gleichen Grundsätzen. Seine Gewährleistung ist eine Forderung der Menschenwürde sowie der sozialen Gerechtigkeit und Sicherheit.*

913 Die tragenden **Prinzipien des Sozialstaates** sind die persönliche Selbstverantwortung, die Solidarität und die Subsidiarität.

914 **Persönliche Selbstverantwortung:** Grundwert unserer Gesellschaftsordnung ist die menschliche Persönlichkeit. Daraus entsteht der Anspruch auf persönliche Entfaltungsfreiheit *(Freiheitsaspekt)*. Diesem Anspruch steht aber die Pflicht zur Selbstverantwortung gegenüber: Jede und jeder hat nach besten Kräften für das eigene Auskommen und Wohl zu sorgen *(Verantwortungsaspekt)*.

915 **Solidarität:** Das Zusammenleben im öffentlichen Raum erfordert die gegenseitige Verantwortung aller Mitglieder der Gesellschaft. Diese Gegenseitigkeit muss über die gegenseitige Verbundenheit hinaus reichen, welche sich in kleinen Gemeinschaften zeigt *(Familie, Beziehungsnetze, Vereine etc.)*. Zur Verwirklichung dieser öffentlichen Solidarität braucht es den Staat. Das Solidaritätsprinzip fordert eine gerechte Verteilung der öffentlichen Lasten. *Es verlangt von jenen, die mehr haben, dass sie mehr geben, auch wenn sie weniger dafür bekommen.* Ziel ist die Schaffung eines sozialen Ausgleichs.

916 **Subsidiarität:** Das Prinzip der Subsidiarität besagt, dass Gesellschaft und Staat jene Aufgaben übernehmen sollen, zu deren Wahrnehmung die Privaten

nicht in der Lage sind. Es lassen sich folgende Treppenstufen zur Erfüllung von Gemeinwohlaufgaben ausmachen[405]:

⇩ Was der Einzelne aus eigener Kraft und durch eigene Tätigkeit leisten kann, darf nicht der Gemeinschaft übertragen werden.

⇩ Was vom Einzelnen nicht geleistet werden kann, soll nach Möglichkeit durch private Solidarität *(Vereine, Genossenschaften, Stiftungen, Zweckgemeinschaften, Privatversicherungen)* erreicht werden.

⇩ Was weder vom Einzelnen noch von privaten Organisationen erreicht werden kann, soll vom Staat erbracht werden.

Abbildung 11-1: Subsidiarität als Verantwortungskaskade

Ein Beispiel für diese Kaskade ist das subsidiäre Verhältnis von Sozialhilfe, 917 Sozialversicherung und Privatversicherung:

1. Sicherheit ist primär durch den Abschluss von Privatversicherungen anzustreben *(z.B. Privathaftpflicht oder Lebensversicherung)*.
2. In zweiter Linie organisiert der Staat die Sozialversicherungen als obligatorisches System auf der Grundlage von Beiträgen der Versicherten zur Deckung der eigenen Bedürfnisse, allenfalls kombiniert mit einem öffentlichen Solidaritätszuschlag (CH: Solidaritätsbeitrag) zur Einkommensumverteilung, z.B. die Rentenversicherung *(CH: Berufliche Vorsorge; AT: Pensionsversicherung)*.
3. An dritter Stelle kommt die Sozialhilfe. Diese wird ohne Versicherungsaspekt durch Steuergelder finanziert. Sie gründet auf dem Gedanken der staatlichen Wohlfahrtsverantwortung.

---

405 Grundsätzliches zu Solidarität und Subsidiarität vgl. vorne Rz. 43 ff.

918 Die Sozialstaatskompetenzen des modernen Staates lassen sich in zwei Bereiche gliedern: soziale Sicherheit und sozialer Ausgleich.

- Die **soziale Sicherheit** schützt den Einzelnen vor untragbaren Risiken. *Soziale Sicherheit bieten folgende Institutionen des Sozialstaates: Krankenversicherung, Unfallversicherung, Altersvorsorge/Rentenversicherung, Arbeitslosenversicherung, Familienschutz und Sozialhilfe.*

- Der **soziale Marktausgleich** korrigiert strukturelle Verzerrungen im Markt zugunsten der schwächeren Partei. *Dem sozialen Marktausgleich dienen der Schutz der Arbeitnehmerinnen und Arbeitnehmer, der Konsumentinnen und Konsumenten, der Mieterinnen und Mieter oder die Wohnbauförderung; aber auch die Stipendien oder der Anspruch der Frauen auf Gleichbehandlung gehören dazu.*

919 **(2) Öffentliche Dienste:** Gesellschaft und Wirtschaft sind heute auf zahlreiche Dienstleistungen angewiesen, welche sie selbst nicht erbringen können oder ohne staatlichen Einfluss nicht in sozial gerechter Weise erbringen würden. Sie brauchen eine Grundversorgung mit öffentlichen Gütern, damit sie funktionieren. Auch der einzelne Mensch ist auf diese Güter angewiesen, damit er sich persönlich entfalten kann. Daher muss die Grundversorgung allen Menschen in gleicher Weise offen stehen. Die öffentlichen Dienste haben damit sowohl eine soziale wie eine individuelle Komponente: Sie schaffen die Infrastruktur für eine kollektive Lebensqualität und sie sichern faktische Voraussetzungen für die Wahrnehmung von Grundrechten durch den Einzelnen.

920 *Jeder Einzelne braucht die öffentlichen Dienste, weil sie ihn mit Wasser, Strom, Post und Telekommunikationsmitteln versorgen. Die öffentlichen Dienste bauen und unterhalten seine Strassen, beleuchten sie, sorgen für Sauberkeit und Schneeräumung. Der Einzelne braucht die Eisenbahn oder die Autobahn, er will zur Schule oder zur Universität.* Die gleichen Leistungen sind aber auch für die Gesamtheit wichtig. Sie schaffen einen Lebensstandard, auf den sich Gesellschaft und Wirtschaft verlassen können.

921 Die öffentlichen Dienste beruhen auf zwei Prinzipien: der Grundversorgung und dem Äquivalenzprinzip.

922 Das Prinzip der **Grundversorgung** sichert allen Bewohnern des Landes eine Mindestleistung am betreffenden öffentlichen Dienst. Es ist Ausdruck des Gebots der Gleichbehandlung. Auch unrentable Dienste müssen aufrecht erhalten werden, wenn sie zur Grundversorgung zählen. Der Umfang dieses Anspruchs ist gesetzlich festzulegen. *Die Post muss auch in entlegenen Gebie-*

ten die Postdienste aufrecht erhalten, damit alle Einwohner angemessen Zugang haben.

Das **Äquivalenzprinzip** besagt, dass die Leistungen der öffentlichen Dienste 923
entgeltlich sind. Jede Leistung darf zu dem Preis verkauft werden, der dem
Nutzen des Empfängers entspricht. Das macht die öffentlichen Dienste auch
marktfähig. *Expresssendungen dürfen mehr kosten als normale Post, wenn die
schnellere Zustellung am Bestimmungsort garantiert wird.*

Der Staat muss die öffentlichen Dienste nicht unbedingt selbst erbringen. Er 924
kann sie an Private auslagern, solange er diesen die Auflagen macht, welche
die Grundversorgung sicherstellen. Die öffentlichen Dienste sind denn auch
der Bereich, in welchem die Privatisierung staatlicher Aufgaben am häufigsten
vorgenommen wird.

(3) Gesamtverantwortungen: Unter diesem Titel lassen sich insbesondere 925
folgende öffentliche Aufgaben zusammenfassen: *die Kulturförderung, die Bildungspolitik, die Gesundheitspolitik, die Raumplanung, der Umweltschutz und
der Tierschutz*[406]. Es handelt sich dabei um Staatsverantwortungen, welche Interessen der Allgemeinheit schützen. Es sind originäre Staatsaufgaben auch
für den Staat der Zukunft. Der Grund dafür liegt darin, dass die Aufgaben
weder von Einzelnen noch von der Wirtschaft oder der Gesellschaft gelöst
werden können:

– Es handelt sich stets um Fragen der kollektiven Solidarität, welche die Lebensqualität der gesamten Gesellschaft betreffen und die Lebensform definieren, in welcher wir zusammenleben wollen *(z.B. Gesundheitspolitik)*.

– Sodann betreffen die Gesamtverantwortungen grossräumige Probleme
  von langer Dauer und gesamtgesellschaftlicher Tragweite, so dass sie die
  Möglichkeiten von Einzelnen oder von gesellschaftlichen Gruppen übersteigen *(z.B. Raumplanung)*.

– Schliesslich geht es bei den Gesamtverantwortungen um Probleme, deren
  Lösung sich am Markt nicht verkaufen lässt, weil jeder davon profitieren
  kann, ohne dafür zu zahlen *(z.B. saubere Luft)*. Das bedeutet nicht, dass
  Private sich nicht an der Lösung beteiligen könnten, aber der Staat muss
  hier die führende Rolle übernehmen.

An den Gesamtverantwortungen besteht ein hohes öffentliches Interesse. 926
Im Gegensatz zu vielen anderen Staatsaufgaben ist aber der Nutzen der er-

---

406 Gesamtverantwortungen müssen zum Teil in der Form von öffentlichen Diensten wahrgenommen
    werden. *Die Schule ist der öffentliche Dienst, die Bildung ist die Gesamtverantwortung.*

brachten Leistung für den Einzelnen oft nicht unmittelbar zu erkennen. Der Schaden, der beim Wegfall der Leistung entstehen würde, ist kurzfristig kaum spürbar. Daher lässt sich die Wirksamkeit von Massnahmen der Gesamtverantwortung schlecht messen. Das erschwert die Kontrolle und den rationalen Diskurs. *In den Achtzigerjahren des vergangenen Jahrhunderts glaubte man, der Wald sei wegen der zunehmenden Luftverschmutzung grossflächig am Sterben; später erschien er widerstandsfähiger als vermutet – darf man deshalb die Bemühungen zur Luftreinhaltung vermindern?*

927 Das öffentliche Interesse an Gesamtverantwortungen lässt sich kaum in partikuläre Gruppeninteressen aufgliedern und daher schlecht organisieren. Zwar gibt es wie überall auch in diesen Bereichen Berufszweige, welche davon leben, dass eine Gesamtverantwortung erfüllt wird *(z.B. Planungsbüros oder Theaterschaffende)*, aber das öffentliche Interesse reicht viel weiter als diese organisierten Gruppeninteressen. Es kann nicht durch Spezialisten wahrgenommen werden, weil es den Charakter einer umfassenden Kultur hat, welche nicht instrumentell hergestellt werden kann, sondern von allen gelebt werden muss. Gesamtverantwortungen haben daher stets etwas Unbestimmbares, Unscharfes, Weiches an sich, das in die Zukunft hinein offen bleiben muss.

928 Der **Grundsatz der Verantwortung** ist das leitende Prinzip für alle Aufgaben in diesem Bereich. Die Pflicht, Verantwortung im öffentlichen Raum wahrzunehmen, kommt hier in ihrer umfassenden Form zum Tragen. Gesamtverantwortungen entstehen dort, wo die Freiheit des Einzelnen dazu führen kann, dass die Gesamtheit Schaden nimmt *(z.B. Passivrauchen in Restaurants oder Ozonbelastung durch Treibhausgase aus Industrie und Haushaltungen)*, oder dort, wo der Einzelne nicht jenen Beitrag zur Lebensqualität der Gesamtheit leisten kann, der erforderlich wäre *(z.B. Waldpflege oder Kulturförderung)*.

929 Gesamtverantwortung ist Verantwortung dafür, dass unser Zusammenleben im öffentlichen Raum sich nach Grundsätzen richtet, welche für alle eine möglichst hohe Lebensqualität aufweist. Sie ist die Verantwortung für die Qualität des öffentlichen Raums. Diese Qualität äussert sich v. a. in drei Bereichen: *Kultur (a), Umwelt (b) und Nachwelt (c)*.

930 **(a) Kultur:** Der moderne Staat ist Kulturstaat. Er hat die Aufgabe, kulturelle Werte seiner Gesellschaft zu achten, zu schützen und zu pflegen. Er kann Kultur zwar nicht herstellen, wohl aber fördern. Er soll Bedingungen schaffen, unter welchen die Gesellschaft ihre tradierten Werte leben und weiterentwickeln kann. Das bedingt sowohl Freiräume für Differenzierung kultureller

Identitäten als auch Institutionen zur Integration der Gesellschaft. *Beispiele dafür reichen vom lokalen Volksfest über die Theater- und Filmförderung bis zu Landes- oder Weltausstellungen.*

Das Verhältnis von Differenzierung und Integration zu bestimmen, ist Aufga- 931
be der **Kulturverfassung.** Diese hat von einem offenen Kulturbegriff auszugehen, der die Vielfalt der Vorstellungen und Verhaltensweisen aller Gruppen im
Land zulässt und sich insbesondere an den Grundrechten des Persönlichkeits-
schutzes *(z.B. Religionsfreiheit)* sowie an jenen der Kommunikation und der
Vereinigung *(z.B. Medien, Kunst, Vereinsfreiheit)* orientiert. Besonderes Gewicht hat dabei die politische Kultur, welche auf den demokratischen Grundrechten aufbaut und den Willen des Volkes zur politischen Selbstbestimmung
zur Geltung bringt.

Der Staat hat einen **Erziehungsauftrag,** die Menschen zu befähigen, nach den 932
Werten des öffentlichen Raums zusammenzuleben. Friede, Freiheit und Gerechtigkeit können nicht Ziele des Staates sein, wenn sie nicht auch von den
betroffenen Menschen getragen werden. Diese Ziele sind daher nicht nur Auftrag der Gesellschaft an den Staat, sondern auch Verantwortung des Staates
für die Gesellschaft.

Heisst das, der Staat solle die Gesellschaft erziehen? Gewiss nicht in dem 933
möglichen totalitären Sinn, der die Trennung von Staat und Gesellschaft auf-
hebt und den Staat in alle Lebensbereiche eindringen lässt. Wohl aber in dem
Sinne, in welchem die Gesellschaft ihn zum Hüter einer Verfassung des öffentlichen Raums einsetzt. Der Staat hat die Gesellschaft auf ihre Verantwortung
für das öffentliche Zusammenleben hinzuweisen und sie zu befähigen, danach
zu leben.

Es wäre ein Irrtum zu glauben, die Gesellschaft sei «von Natur aus» freiheits- 934
liebend. Die Fähigkeit zu Freiheit, Selbstverantwortung und Verantwortung
für andere muss erlernt werden. Dazu hat auch der Staat seinen Beitrag zu
leisten. Eine offene Gesellschaft ist darauf angewiesen, dass der Staat die Kultur der Freiheit stützt. *Er tut dies meist mit der Schulpflicht für die Grundaus-
bildung und mit Bildungs- und Ausbildungsangeboten, die darauf aufbauen; er
kann aber darüber hinaus auch politische Erziehung zu den Grundsätzen des
demokratischen Verfassungsstaates betreiben (z.B. mit Staatsbürgerkunde, Er-
wachsenenbildung, Ausstellungen oder nationalen Anlässen).*

(b) Umwelt: Der moderne Staat trägt die Verantwortung für den Umgang von 935
Wirtschaft und Gesellschaft mit der Natur. Das Verhältnis des Menschen zu

seiner Umwelt ist nicht Privatsache. Es muss ebenfalls nach den Grundsätzen des öffentlichen Raums gestaltet werden. Der Staat hat auch hier einen Erziehungsauftrag und muss Massnahmen der Verhaltenssteuerung treffen. Auch hier gilt das Prinzip Verantwortung[407].

936   Wie weit die Verantwortung des Staates dabei reicht, bestimmen die Grundsätze der **Umweltverfassung:** das Vorsorgeprinzip, das Verursacherprinzip und die Umweltverträglichkeit.

– Das **Vorsorgeprinzip** verlangt, dass jede schädliche Einwirkung auf die natürliche Umwelt frühzeitig und an der Quelle zu begrenzen ist. *Der Strassenlärm ist nicht durch Isolation an den Häusern, sondern durch Vorschriften für die Herstellung von Motorfahrzeugen zu vermindern.* Gegen potentielle Schädigungen ist Prävention gefordert.

– Das **Verursacherprinzip** bedeutet, dass derjenige, welcher Umweltbelastungen verursacht, die Kosten der erforderlichen Schutzmassnahmen zu tragen hat. Eine Umweltbelastung schafft jeweils bei Dritten oder bei der Allgemeinheit so genannte externe Kosten, welche internalisiert, d.h. auf den Verursacher überwälzt werden sollen. *Der Schwerverkehr soll die Umweltschutzmassnahmen, die er erforderlich macht, über besondere Abgaben selbst finanzieren.*

– Die Forderung nach **Umweltverträglichkeit** bedeutet, dass grössere technische Anlagen nur errichtet werden dürfen, wenn der Nachweis erbracht ist, dass die Belastung, welche sie für die Umwelt bedeuten, unterhalb festgelegter Grenzwerte liegt. *Bevor ein neues Einkaufszentrum bewilligt werden kann, muss geprüft werden, ob das Projekt die Anforderungen des Umweltschutzes erfüllt.*

937   **(c) Nachwelt: Der Staat ist eine Institution der Dauer.** Er hat die Aufgabe, wichtige Verhältnisse in Wirtschaft und Gesellschaft in der Zeitachse zu stabilisieren. Seine Ordnung beruht einerseits auf Traditionen; andererseits soll er die Zukunft gestalten. Der Staat ist das **statische Element** gegenüber der dynamischen Politik. Das zeigt sich allgemein in der rechtlichen Fixierung politischer Entscheidungen. Das Recht verleiht dem politischen Prozess eine relative Beständigkeit. *Rechtsregeln gelten so lange, bis sie über politische Verfahren geändert werden.* Der Rechtsstaat schafft auf diese Weise Rechtssicherheit und Vertrauen.

---

407 Vgl. Hans Jonas, Prinzip Verantwortung.

Der Staat muss die Beständigkeit der öffentlichen Ordnung gewährleisten, 938
nicht nur für die heute lebenden Generationen, sondern auch für die Nachwelt. Diese Pflicht ist eine Folge der modernen Fähigkeit des Menschen, die
Natur technisch so zu verändern, dass irreversible oder doch sehr langfristige
Folgen entstehen. Es besteht die Gefahr, dass heutige Generationen aus der
Natur einen Nutzen ziehen, der für **künftige Generationen** einen Schaden
mit sich bringt. Die Rechtsgleichheit und das Vertrauensprinzip begründen
daher eine Verantwortung des Staates für die Nachwelt. Diese soll die gleiche
Freiheit zur Gestaltung ihrer Lebensform haben, wie die heutigen Generationen sie hatten. Die künftigen Generationen haben einen Anspruch auf eine
lebenswerte Umwelt und auf gleichwertige Lebensbedingungen. Diese Verantwortung begründet ein eigenes Staatsziel, jenes des «**Naturstaates**»[408].

Der Verfassungsgrundsatz der **Nachhaltigkeit** verlangt eine Politik der tech- 939
nischen Entwicklung, welche die Bedürfnisse der Gegenwart befriedigt, ohne
dass sie die Fähigkeit künftiger Generationen, deren eigene Bedürfnisse zu
decken, schmälert (sustainable development). *Die schweizerische Bundesverfassung umschreibt das Prinzip in Artikel 73 wie folgt: «Bund und Kantone
streben ein auf Dauer ausgewogenes Verhältnis zwischen der Natur und ihrer
Erneuerungsfähigkeit einerseits und ihrer Beanspruchung durch den Menschen
anderseits an.»*

Weitere staatsleitende Prinzipien? Das Leistungsstaatsprinzip ist das am 940
wenigsten einheitliche aller staatsleitenden Prinzipien. Es ist in die Zukunft
hinein offen und kann sich durchaus als **Durchgangsnorm** erweisen, aus welcher weitere elementare Prinzipien hervorgehen können. Kultur, Umwelt und
Nachwelt sind Aufgabenbereiche, welche von ihrer Bedeutung her eigene Teilverfassungen mit spezifischen Grundsätzen rechtfertigen. Man könnte diesen Teilverfassungen je ein eigenes staatsleitendes Prinzip zuordnen. Dagegen
spricht, dass sie je nur thematisch abgrenzbare und damit partielle Staatsaufgaben betreffen, welche sich auf noch höherer Stufe zusammenfassen lassen.
Erst gemeinsam machen sie die Leistungs- und Wirkungsdimension des modernen Staates aus. Diese Dimension aber wird durch das Leistungsstaatsprinzip in höchster Grundsätzlichkeit zusammengefasst.

---

408 Peter Cornelius Mayer-Tasch, Politische Theorie, 139 ff.

12.   Wirtschaftsstaat

Wirtschaft und Staat sind keine getrennte, isoliert nebeneinander stehende Bereiche, sondern vielfältig miteinander verknüpft. Auf der Ebene der Verfassung kommt diese funktionelle Verbindung von Staat und Wirtschaft im Prinzip des Wirtschaftsstaates zum Ausdruck. Die Verfassung erteilt dem Staat mit diesem Prinzip den Auftrag, das wirtschaftliche Wohlergehen des Volkes zu sichern (Ziff. 12.1.).

Der Wirtschaftsstaat verfolgt den Staatszweck der wirtschaftlichen Wohlfahrt insbesondere durch die Schaffung und Steuerung einer funktionierenden Marktordnung. Er tut dies, indem er volkswirtschaftlich günstige Rahmenbedingungen herbeiführt, und, wo nötig, Instrumente der Wirtschaftslenkung einsetzt. Dabei orientiert er sich an den Grundsätzen der Hilfe zur Selbsthilfe und der Kooperation von Staat und Wirtschaft (Ziff. 12.2.).

12.1.   Das Wirtschaftsstaatsprinzip

941 Wie beim Leistungsstaatsprinzip gilt es auch hier, die Begriffe Wirtschaftsstaat, Wirtschaftsstaatsprinzip und Wirtschaftsverfassung zu unterscheiden:
- Der **Wirtschaftsstaat** beschreibt den Staat in seinem Verhältnis zur Wirtschaft. Der Staat betreibt eine Wirtschaftspolitik mit den Themen Währungspolitik, Aussenhandelspolitik oder Konjunkturpolitik. So bekämpft der Staat Inflation und Arbeitslosigkeit oder fördert gefährdete Wirtschaftszweige.
- Das **Wirtschaftsstaatsprinzip** beschreibt den Verfassungsgrundsatz, der den Wirtschaftsstaat normativ auf seine Verantwortung für das wirtschaftliche Wohlergehen des Landes ausrichtet. Es ist das staatsleitende Prinzip der Wirtschaftsverfassung.
- Die **Wirtschaftsverfassung** ist der dazugehörige Teil der Verfassung. Er umfasst Grundrechte, Kompetenznormen und Gesetzgebungsaufträge, ferner Prinzipien wie jenes der wettbewerbsorientierten und sozialverpflichteten Wirtschaftsordnung sowie die Staatszielbestimmung der wirtschaftlichen Wohlfahrt. Eine Besonderheit bildet das wirtschaftsstaatliche Entscheidungsverfahren, welches den Organisationen der Wirtschaft erhöhten Einfluss verschafft.

Das Wirtschaftsstaatsprinzip ist Ausdruck der Frage, wie der Staat am besten 942
das volkswirtschaftliche Gesamtinteresse bestimmen und wahren kann. Im
demokratischen Verfassungsstaat sucht es einen Ausgleich zwischen demokratischer und rechtsstaatlicher Bestimmung einerseits, marktwirtschaftlicher
Steuerung anderseits. Es ist Ausdruck einer so genannten «gemischten Wirtschaftsverfassung» (DE), welche die Elemente Markt und Politik miteinander
verbindet. Es stellt den Grundsatz der «marktorientierten und sozialverpflichteten Wirtschafts- und Gesellschaftsordnung» (CH[409]) nach den Grundsätzen
der Hilfe zur Selbsthilfe und der Kooperation von Staat und Wirtschaft in den
Mittelpunkt.

Das Wirtschaftsstaatsprinzip umfasst folgende drei Elemente: 943
(1) eine Reihe von Grundrechten,
(2) das Prinzip des freien Wettbewerbs sowie
(3) die Verantwortung für die wirtschaftliche Wohlfahrt.

(1) Die Grundrechte des Wirtschaftens: Alle Grundrechte sind zunächst 944
Ausprägungen des Rechtsstaatsprinzips. Während einige überwiegend dem
Schutz der Persönlichkeit und der Würde des Menschen dienen und damit
den Inhalt des materiellen Rechtsstaates ausmachen, gewährleisten andere in erster Linie die freie Ausübung der politischen Rechte der Bürger und
gehören damit zum Gehalt des Demokratieprinzips. Eine weitere Gruppe
von Grundrechten dient hingegen vorwiegend der wirtschaftlichen Entfaltung und Sicherheit des Menschen und deutet damit auf den Gehalt des
Wirtschaftsstaatsprinzips. Es sind dies die Berufs- oder Wirtschaftsfreiheit,
die Eigentumsgarantie und die Niederlassungsfreiheit. Wirtschaftlich bedeutsam ist ferner die Vereinsfreiheit.

Die **Berufsfreiheit** (CH: **Wirtschaftsfreiheit**)[410] gewährleistet die Freiheit der 945
wirtschaftlichen Betätigung. Jeder Einzelne wird in der Freiheit der Wahl und
der Ausübung einer wirtschaftlichen Tätigkeit geschützt.

Die **Niederlassungsfreiheit**[411] ist Voraussetzung für die Ausübung der Berufs- 946
bzw. Wirtschaftsfreiheit im ganzen Staatsgebiet. Sie gewährleistet die Freizügigkeit im gesamten Wirtschaftsraum und damit die freie Wahl des Ortes

---

409 So schon FRITZ GYGI, Wirtschaftsverfassung, 107 ff, 149 ff.
410 Vgl. für die Schweiz Art. 27 BV, für Deutschland Art. 12 GG und für Österreich die Art. 6 und 18
StGG.
411 Vgl. Art. 24 BV, Art. 11 GG und Art. 6 StGG.

der Berufsausübung. Sie ist die Garantie der persönlichen Mobilität und des freien Arbeitsmarktes.

947 Die **Eigentumsgarantie**[412] sichert dem Einzelnen – zumindest wertmässig – den Bestand seines privatrechtlichen Eigentums an Sachen und ähnlicher Rechte an wirtschaftlichen Gütern. Sie schützt die Verfügungsgewalt des Einzelnen über das Ergebnis seiner wirtschaftlichen Tätigkeit und ermöglicht die Kapitalbildung. Sie ist damit rechtlicher Ausdruck von Grund und Ziel des Wirtschaftens im liberalen System überhaupt.

948 Die **Vereinsfreiheit**[413] garantiert das Recht der Vereinigung in körperschaftlicher Organisation. Sie ist sowohl Grundlage des kartellistischen Zusammenschlusses von Unternehmungen wie als Koalitionsfreiheit Grundlage der arbeitsrechtlichen Zusammenschlüsse der Sozialpartner im Arbeitskampf.

949 **(2) Das Prinzip des freien Wettbewerbs:** Nach heutiger Auslegung der Verfassung enthalten Grundrechte unabhängig vom Wortlaut der Verfassungsbestimmung einerseits die Garantie eines Individualrechts, auf die sich der Einzelne berufen kann, und andererseits einen Grundsatzgehalt, der als Richtschnur für die Gestaltung der Rechtsordnung dienen soll.

950 Der Grundsatzgehalt der Wirtschaftsfreiheit gewährleistet das wirtschaftliche System des freien Wettbewerbs. Die staatliche Gewährleistung des Wettbewerbs ist Voraussetzung für das Funktionieren des Marktes. Der freie Wettbewerb ist kein spontanes Produkt des Marktes, sondern muss vom Staat garantiert werden.

951 Der Staat übernimmt zu diesem Zweck die folgenden Aufgaben:

1. Er schafft **faire Rahmenbedingungen** für die Ausübung der Berufs- oder Wirtschaftsfreiheit.

2. Er achtet und schützt die **Chancengleichheit** der Konkurrenten.

3. Er **bekämpft Missbräuche** der Berufs- oder Wirtschaftsfreiheit, wo die Autonomie der Wirtschaftsträger zur Bildung von Wirtschaftsmacht oder zur kartellistischen Verzerrung des Wettbewerbs führt.

952 Der Staat hat dabei nicht nur die Existenz und das Funktionieren des Wettbewerbs sicherzustellen *(z.B. im Kartellrecht)* oder über die Lauterkeit des Wettbewerbs – seine Fairness – zu wachen. Er hat auch einen sozialen Ausgleich zwischen strukturell starken und schwachen Partnern am Markt zu schaffen *(z.B. Konsumentenschutz)*, die Anpassungsfähigkeit gefährdeter Wirtschafts-

---

412 Vgl. Art. 26 BV, Art. 14 GG und Art. 5 StGG.
413 Vgl. Art. 22, 23, 28 BV, Art. 9 GG und Art. 12 StGG.

zweige oder Berufe zu fördern *(z.B. Regionalpolitik)* sowie sozialpolitische Massnahmen *(etwa gegen Arbeitslosigkeit)* zu treffen. Das Wettbewerbsprinzip ist somit nur ein Teil einer wettbewerbsorientierten und sozialverpflichteten Wirtschaftsordnung. *Der Wettbewerb im Arbeitsmarkt ist durch Gesamtarbeitsverträge und Arbeitsgesetze an die Grundsätze der Sozialordnung gebunden. Im Konsumgüterbereich ist der Wettbewerb durch Massnahmen zum Schutz der Konsumenten an Leitplanken gebunden, welche Transparenz herstellen oder eine Kausalhaftung für schädliche Produkte vorsehen.*

(3) Die Verantwortung für die wirtschaftliche Wohlfahrt: Zur Wirtschafts- 953 verfassung gehört eine Reihe von ordnungspolitischen, wirtschaftslenkenden und sozialpolitischen Staatsaufgaben, die neben die Wettbewerbspolitik treten. Die Wirtschaftsfreiheit und der Grundsatz der Wettbewerbswirtschaft sind auf diese Weise eingebettet in ein Netz von staatlichen Vorkehren zur Gestaltung der Wirtschaftsverhältnisse. Das Funktionieren der Volkswirtschaft bildet ein hohes öffentliches Interesse.

Moderne Staaten verfügen daher über zahlreiche wirtschaftspolitische Kom- 954 *petenzen, etwa in der Wettbewerbspolitik, Geld- und Währungspolitik, Konjunkturpolitik, Aussenwirtschaftspolitik, Konsumentenschutz, Bankwesen und Versicherungen sowie regionale und sektorale Strukturpolitik (z.B. Landwirtschaftspolitik).*

Diese wirtschaftspolitischen Kompetenzen umschreiben zugleich das öffent- 955 liche Interesse an der Leistung staatlicher Hilfe im betreffenden Bereich. Sie bestimmen im Einzelnen, was die Interessen der Gesamtwirtschaft sind, denen der Staat zu dienen hat. Sie machen den Staat zum Hüter des volkswirtschaftlichen Allgemeininteresses.

Damit ist der Wirtschaftsstaat auch Wohlfahrtsstaat. Er ist es im Sinne 956 der Sorge um das wirtschaftliche Wohlergehen der Gesamtheit der Glieder unserer Wirtschaft. Allerdings unterscheidet sich die wirtschaftsstaatliche Wohlfahrt von der sozialstaatlichen: Während das Sozialstaatsprinzip vor allem dem Schutz der einzelnen Bürgerinnen und Bürger bzw. dem Schutz benachteiligter Gruppen um ihrer selbst willen dient, schützt das Wirtschaftsstaatsprinzip eher die Gesamtwirtschaft. Die soziale Not wirtschaftlich unbedeutender Gruppen wird primär vom Sozialstaatsprinzip erfasst *(z.B. die Fürsorge für Asylgesuchsteller oder Drogenabhängige).* Das Wirtschaftsstaatsprinzip hingegen schützt Einzelne oder Gruppen nur, soweit ihre Hilfsbedürftigkeit sich auf das volkswirtschaftliche Gesamtinteresse auswirkt *(z.B. Land-*

wirte, Randregionen). Wirtschafts- und Sozialstaatsprinzip sind jedoch eng miteinander verknüpft. Die sozialstaatliche Gewährleistung wirtschaftlicher Sicherheit verpflichtet auch den Wirtschaftsstaat. *Arbeitslosigkeit oder Invalidität sind weitgehend externe Kosten der Wirtschaft, welche diese nach dem Verursacherprinzip in gleichem Masse zu tragen hat wie die von ihr geschaffene Umweltbelastung.*

957   Die wirtschaftliche Wohlfahrt stellt aber nicht nur Forderungen an die Wirtschaft auf, sondern auch solche an den Staat. Dieser muss von der Wirtschaft getragen und finanziert werden können. Das Wirtschaftsstaatsprinzip enthält daher auch die Forderung nach **Wirtschaftlichkeit** des öffentlichen Dienstes und bindet damit insbesondere den Leistungsstaat an die Anforderungen der Effizienz.

> Das Wirtschaftsstaatsprinzip richtet staatliches Handeln auf das Mass an öffentlichem Dienst aus, das für das wirtschaftliche Wohlergehen des Landes einerseits notwendig und andererseits tragbar ist (vgl. den Kasten «Wirtschaftsverfassungen»).

Wirtschaftsverfassungen

Das **Grundgesetz der Bundesrepublik Deutschland** legt sich nicht auf ein geschlossenes Modell einer Wirtschaftsordnung fest (z.B. Marktwirtschaft oder Planwirtschaft). Der Gesetzgeber kann jede ihm sachgemäss erscheinende Wirtschaftspolitik verfolgen. Einzige Schranke bildet das Grundgesetz, insbesondere die Grundrechte. Da im Grundgesetz sowohl der Gedanke der Freiheit als auch der Sozialstaatlichkeit verankert ist, fallen als Wirtschaftsordnung die reine Marktwirtschaft wie auch die Zentralverwaltungswirtschaft ausser Betracht. Die sog. «gemischte Wirtschaftsverfassung» verknüpft individualrechtliche Freiheiten mit sozialrechtlichen Bindungen. Nach dem Modell der sozialen Marktwirtschaft schafft die deutsche Wirtschaftsverfassung eine Synthese zwischen einer rechtsstaatlich abgesicherten wirtschaftlichen Freiheit (soziale *Marktwirtschaft*) und den sozialstaatlichen Postulaten der sozialen Sicherheit und sozialen Gerechtigkeit (*soziale* Marktwirtschaft).

Das Grundgesetz kennt kein selbständiges Grundrecht der Wirtschaftsfreiheit, deckt aber deren Inhalte ab. Dazu dienen die Gewährleistung der freien Entfaltung der Persönlichkeit (Art. 2 Abs. 1 GG), die auch die Privatautonomie und die Entfaltungsfreiheit im Wirtschaftsleben umfasst, die Koalitionsfreiheit und Tarifautonomie (Art. 9 Abs. 3 GG), die Berufsfreiheit (Art. 12 GG) sowie die Gewährleistung eines grundsätzlich frei verfügbaren, andererseits aber auch sozial gebundenen Eigentums (Art. 14 GG).

Das **österreichische Bundes-Verfassungsgesetz** trifft wie das deutsche Grundgesetz keine ordnungspolitische Gesamtentscheidung. Die Grundrechte stellen für den Gesetzgeber insofern eine Schranke dar, als dass eine Zentralverwaltungswirtschaft ausgeschlossen ist. Wenn auch die österreichische Wirtschaftsverfassung nicht als Marktwirtschaft in ihrer reinen Form angesehen werden kann, so überwiegen doch die marktwirtschaftlichen Elemente.

Der **schweizerischen Bundesverfassung** ist ein Entscheid zugunsten einer marktorientierten Privatwirtschaft zu entnehmen. Das ergibt sich implizit aus den wirtschaftlichen Grundrechten der Wirtschaftsfreiheit (Art. 27 BV), Eigentumsgarantie (Art. 26 BV) und der Koalitionsfreiheit (Art. 28 BV). Insbesondere sieht Art. 94 Abs. 4 den Wettbewerb als Ordnungsprinzip vor. Gleichzeitig und gleichrangig soll aber die Wirtschaftsverfassung «zur Wohlfahrt und zur wirtschaftlichen Sicherheit der Bevölkerung» beitragen (Art. 94 Abs. 2 BV). Sie ist daher eng mit der Sozialverfassung (Art. 41 und 108 ff. BV) verknüpft, so dass eine «marktorientierte und sozialverpflichtete» Wirtschaftsordnung entsteht.

12.2. Das Verhältnis von Staat und Wirtschaft

Die staatsleitenden Prinzipien richten sich nie nur an den Staat, sondern betreffen immer den gesamten öffentlichen Raum. Das wird beim Wirtschaftsstaatsprinzip besonders deutlich, weil es ausdrücklich das Verhältnis von Staat und Wirtschaft beschlägt. Dies äussert sich in dreifacher Weise: Im Verhältnis zwischen Staat und Wirtschaft wird ein eigenes Entscheidungsverfahren geschaffen, der wirtschaftsstaatliche Entscheidungsprozess (Ziff. 12.2.1.). Alle an

diesem Prozess beteiligten Partner werden nicht nur an das Wirtschaftsstaatsprinzip, sondern an sämtliche staatsleitenden Prinzipien gebunden. Dadurch
wird das Verhältnis zu anderen Grundsätzen wichtig (Ziff. 12.2.2.). Wenn auf
diese Weise auch die privaten Partner der Governance an alle staatsleitenden
Prinzipien gebunden werden sollen, braucht es eine Verfassung der intermediären Gewalten (Ziff. 12.2.3.).

12.2.1. Der wirtschaftsstaatliche Entscheidungsprozess

958   Berufs- bzw. Wirtschaftsfreiheit, Niederlassungsfreiheit und Eigentumsgarantie machen zusammen noch kein staatsleitendes Prinzip aus. Sie umschreiben
bloss die wirtschaftlichen Rechtsgüter, die geschützt werden sollen. Darüber
hinaus garantiert die Verfassung jedoch noch ein Verfahren, in dem diese
Rechtsgüter grundsätzliche Bedeutung für das Verhältnis von Staat und Wirtschaft erlangen können.

959   Die **Vereinsfreiheit** bildet die Grundlage für ein Verfahren, in dem sich die
wirtschaftliche Willensbildung im Staat vollziehen kann und das neben das
demokratische und das rechtsstaatliche (v. a. das gerichtliche) Verfahren tritt:
Sie ermöglicht die Organisation der gemeinsamen Interessen freier Konkurrenten und die Bildung wirtschaftlicher Interessenvertretungen gegenüber
dem Staat. *Die Vereinsfreiheit gestattet Verbänden und Parteien, sich frei zu bilden und ihre Interessen gegenüber dem Staat geltend zu machen.* Sie verknüpft
individuelle Freiheiten zu kollektiver politischer Macht.

960   Im Verhältnis von Wirtschaft und Staat bildet die Vereinsfreiheit somit die
Grundlage für Strukturen und Verfahren, in denen die durch die wirtschaftlichen Freiheiten geschützten Interessen gegenüber den staatlichen Behörden
geltend gemacht werden können. Sie ermöglicht die Bildung von Interessenverbänden, denen Mitwirkungsrechte bei der Formulierung und beim Vollzug
der Wirtschaftspolitik gewährt werden können. Sie ist die Grundlage für den
Einfluss der Wirtschaft auf den Staat im Rahmen des politischen Prozesses.

961   Dieser Einfluss verläuft allerdings nicht einseitig. Im politischen Prozess wer-
den die wirtschaftlichen Bedürfnisse in rechtliche Strukturen eingebunden.
Recht und Wirtschaft werden so wechselseitig voneinander abhängig:
–   Die wirtschaftlichen Interessen müssen, um im Rechtssystem Geltung zu
    erlangen, den Normen und Grundsätzen des Rechts entsprechen. Sie müs-
    sen grundsatzfähig sein, sonst verdienen sie keinen rechtlichen Schutz.
    Damit ist der Einfluss des Rechts auf die Wirtschaft angesprochen.

– Umgekehrt müssen die Rechtsnormen und Grundsätze des Wirtschafts-
rechts den wirtschaftlichen Bedürfnissen entsprechen. Sie müssen für das
Wirtschaftssystem nützlich sein, sonst können sie darin nicht wirksam
werden.

Einerseits nimmt der Staat das Wirtschaftsleben ins Recht und durchsetzt es 962
mit Rechten und Pflichten. Anderseits durchdringt das Wirtschaftssystem das
staatliche Recht und richtet es auf seine Bedürfnisse aus. Staat und Wirtschaft
werden sachlich und normativ aufeinander ausgerichtet.

In diesem Gegenseitigkeitsverhältnis fordert der Staat von der Wirtschaft zu- 963
nächst Anstrengungen der **kollektiven Selbsthilfe** (1). Genügen diese nicht,
bietet er der Wirtschaft seine **Kooperation** an (2). Daraus entsteht der spezifisch **wirtschaftsstaatliche Entscheidungsprozess** (3).

(1) Das Prinzip der kollektiven Selbsthilfe: Die Wirtschaft ist jener Lebens- 964
bereich, der am meisten vom Prinzip der Selbstverantwortung geprägt ist. Wo
die Wirtschaft staatliche Hilfe braucht, gilt daher das **Subsidiaritätsprinzip.**
Dieses hat zwar seinen Ort im Auftrag der sozialen Hilfe gemäss dem Leistungsstaatsprinzip. Der Staat hat aber auch gegenüber der Wirtschaft einen
Solidaritätsauftrag. Er soll sie dort unterstützen, wo sie seine Hilfe benötigt
und diese im gesamtwirtschaftlichen Interesse liegt. Dies ist Aufgabe der **Wirtschaftspolitik.** Wie anderswo gilt aber auch hier das Prinzip der Subsidiarität staatlicher Massnahmen gegenüber privaten Lösungen. Staatliche Hilfe ist
erst zulässig, wenn **zumutbare Selbsthilfemassnahmen** nicht genügen. Die
kollektive Selbsthilfe hat den Vorrang vor der staatlichen Hilfe. Zur Anrufung
der öffentlichen Hand ist erst legitimiert, wer versucht hat, sein Problem mit
eigenen Mitteln zu lösen. *Die Landwirte oder die Exporteure müssen zuerst versuchen, einander kollektiv zu helfen, bevor der Staat ihre Bemühungen unterstützt.*

(2) Das Prinzip der kooperativen Wirtschaftsordnung formuliert den 965
Grundsatz der Zusammenarbeit von Staat und Wirtschaft. Er bildet die Wei-
terführung der Subsidiaritätsidee im Bereich staatlicher Zuständigkeit: Wo
trotz des Vorrangs der Selbsthilfe und unter Achtung der Subsidiarität staatlicher Massnahmen die Zuständigkeit des Gemeinwesens angerufen werden
muss, soll der Staat nicht an die Stelle der Wirtschaft treten und das Problem
selbst lösen. Er soll bloss Hilfe leisten und mit den Betroffenen zusammenar-
beiten.

966 Die **Selbsthilfeorganisation** der privaten Wirtschaftsträger ist somit nicht nur Voraussetzung der staatlichen Hilfe, sondern auch Empfänger dieser Hilfe. Die Verwaltung soll die privatwirtschaftlichen Organisationen nicht verdrängen. Die erfolglose Selbsthilfe wird grundsätzlich nicht als untauglich abgestempelt, sondern vielmehr als unterstützungswürdig anerkannt. *Im Bereich der Landwirtschaft sind die schweizerischen Produzentenorganisationen grundsätzlich selbst für die Förderung der Qualität und des Absatzes sowie die Anpassung an die Erfordernisse des Marktes verantwortlich. Der Bundesrat kann diese Selbsthilfemassnahmen aber unterstützen, wenn sie durch Verhaltensweisen Dritter gefährdet werden.*

967 Darin liegt ein ordnungspolitischer Grundentscheid zugunsten der Mitwirkung der direkt betroffenen Wirtschaftsträger an der politischen Lösung wirtschaftlicher Probleme. Die staatliche Wirtschaftsordnung soll auf der **Zusammenarbeit von Staat und Wirtschaft** beruhen. Dieses Prinzip einer kooperativen Wirtschaftsordnung findet seinen allgemeinen Ausdruck in den Mitwirkungsrechten der Organisationen der Wirtschaft bei der Gestaltung und beim Vollzug der Wirtschafts- und Konjunkturpolitik. *Am einfachsten formuliert Artikel 100 Abs. 2 der schweizerischen Bundesverfassung das Kooperationsprinzip: «Er (der Bund) arbeitet mit ... der Wirtschaft zusammen.»*

968 **(3) Der wirtschaftsstaatliche Entscheidungsprozess** verläuft natürlich in jedem politischen System auf eigene Weise. Es lassen sich aber doch gemeinsame Aussagen machen. In der Schweiz ist dieser Prozess bloss am besten erkennbar. Daher wird hier auf dieses Beispiel abgestellt.

969 Den Organisationen der Wirtschaft wird im Rahmen des Vorverfahrens der Gesetzgebung (in Expertenkommissionen und bei der Mitwirkung aller interessierten Organisationen) eine Impulsfunktion zugesprochen: Sie wirken sowohl bei der Definition des Problems als auch bei der Auswahl der möglichen Lösungen mit.

970 Ihre Mitwirkung beim Vollzug der Vorschriften kann sodann einerseits ein erneutes Anhörungsrecht beim Erlass der Vollzugsvorschriften bedeuten, andererseits können den interessierten Verbänden auch Verwaltungsaufgaben übertragen werden: Die Selbsthilfeorganisationen der Wirtschaft werden vom Staat als Partner der Governance eingesetzt. Mit finanziellen Mitteln und mit der rechtlichen Zwangsgewalt des Staates ausgestattet, sollen sie jene wirtschaftspolitischen Ziele erreichen, die ihnen vor Anrufung der staatlichen Hilfe versagt waren. Die Branchenverbände werden mit Aufgaben der Wirt-

schaftspolizei oder der Produktionslenkung betraut. *In der Schweiz wird die Durchsetzung der Milchmengenkontingentierung (maximal zulässige Milchmenge pro Jahr und Betrieb) zum Teil den Branchen- und Produzentenorganisationen übertragen.*

Dieses verbandsstaatliche Element lässt sich zunächst als Tatsache beschrei- 971 ben. Seine Bewertung fällt allerdings unter dem Gesichtspunkt des Demokratieprinzips kritisch aus. Die Macht der Wirtschaftsverbände in der Politik schwächt die Gemeinwohlorientierung des Staates, weil sich Partikularinteressen besser organisieren lassen als allgemeine Interessen. Somit werden vorwiegend jene Interessen zum Gegenstand der Politik gemacht, welche von einer Interessengruppe mit erheblichen Ressourcen und mit der erforderlichen Macht im politischen Prozess vorgetragen werden. Auf diese Weise wird Macht ausgeübt, die im Rahmen der herkömmlichen demokratischen Institutionen schlecht kontrolliert werden kann. Der demokratische Verfassungsstaat muss daher nach Wegen suchen, das Verhältnis von Staat und Wirtschaft demokratisch zu verfassen.

Dies bedingt, dass die Wirtschaftsverbände zu Trägern verfassungsmässiger 972 Zuständigkeiten gemacht werden. Sie erhalten damit sowohl Rechte als auch Pflichten. Sie werden legitimiert, Einfluss auszuüben, zugleich aber auch verpflichtet, ihre Ziele in jene des Rechtssystems einzufügen und dem Ergebnis einer Abwägung aller verfassungsrechtlich geschützten Rechtsgüter unterzuordnen.

Der Preis, den die Wirtschaftsverbände für die Anerkennung ihrer faktischen 973 Interessen durch den Staat zu zahlen haben, liegt darin, dass diese Interessen nur so weit normative Geltung erlangen, als sie den Anforderungen des Wirtschaftsstaatsprinzips entsprechen. Die Interessen müssen grundsatzfähig sein, d.h. insbesondere der wirtschaftlichen Wohlfahrt des Landes dienen und den Geltungsansprüchen anderer Strukturprinzipien Rechnung tragen (z.B. den Prinzipien der Demokratie und des Rechtsstaates). *Die Kontrolle der Geldwäscherei wird in der Schweiz den Selbstregulierungsorganisationen des Finanzsektors übertragen; allerdings müssen diese den gesetzlichen Anforderungen und den Auflagen der Kontrollstelle des Bundes entsprechen (vgl. den Kasten «Der wirtschaftsstaatliche Entscheidungsprozess»).*

Der wirtschaftsstaatliche Entscheidungsprozess

⇨ Der Lauf der Wirtschaft führt zu mannigfaltigen **Gefährdungen von Interessen,** die grössere oder kleinere Gruppen von Wirtschaftsträgern miteinander teilen.

⇨ Wollen diese Gruppen geltend machen, ihre privaten Sorgen seien zugleich auch öffentliche Interessen, die der Staat wahrzunehmen habe, so müssen sie sich nach dem Subsidiaritätsprinzip zunächst selbst zu helfen suchen: Der Weg zur staatlichen Hilfe führt über die Bildung einer Interessengemeinschaft der Betroffenen. So verlangt es das **Prinzip der kollektiven Selbsthilfe.**

⇨ Nach dem **Prinzip der kooperativen Wirtschaftsordnung** wird die öffentliche Hilfe von der (oder den) interessierten Organisation(en) ausgelöst und mit dem Staat vereinbart.

⇨ Die Bedürfnisse der betroffenen Gruppen und die von ihnen bereits erarbeiteten Lösungsansätze bestimmen dabei weitgehend die Richtung der staatlichen Hilfe. Die **Ziele der staatlichen Wirtschaftspolitik** werden aufgrund der Mitwirkungsrechte der interessierten Organisationen in erster Linie von diesen **formuliert.**

⇨ Erst anschliessend erfolgen die **Kontrolle,** Korrektur und **demokratische Legitimierung** dieser Zielsetzungen durch die demokratisch bestellten Behörden auf Gesetzesstufe.

⇨ Die nachfolgenden Stufen der **Konkretisierung** spielen sich erneut im Verfahren der wirtschaftsstaatlichen Willensbildung unter den interessierten Organisationen ab.

⇨ Im Rahmen der Zusammenarbeit von Verwaltung und Wirtschaftsverbänden wird Wirtschaftspolitik in mehr oder weniger starkem Ausmass durch die **Betroffenen** selbst **vollzogen.**

Aus wirtschaftsstaatlicher Sicht wird der Staat somit am treffendsten als Selbsthilfeorganisation aller Wirtschaftsträger des Landes beschrieben.

12.2.2. Das Verhältnis zu anderen Prinzipien

Das Wirtschaftsstaatsprinzip verpflichtet alle am wirtschaftsstaatlichen 974
Entscheidungsprozess Beteiligten, Verantwortung für das wirtschaftliche
Wohlergehen aller Bürger wahrzunehmen. Es nimmt in sich die Güterabwägung auf, die zwischen den verschiedenen öffentlichen und privaten Interessen am Wirtschaftsprozess auf Verfassungsstufe erforderlich ist.

Als eines unter mehreren staatsleitenden Prinzipien steht es aber auch in Be- 975
ziehung zu den übrigen obersten Verfassungsgrundsätzen: Es strahlt auf deren Geltungsbereich aus und wird von ihnen beeinflusst.

Gegenüber den anderen Prinzipien macht das Wirtschaftsstaatsprinzip den 976
Gesichtspunkt geltend, dass alle öffentlichen Leistungen in ihren positiven
und negativen Wirkungen für das wirtschaftliche Gesamtwohl zu beurteilen
seien; es postuliert die **Wirtschaftlichkeit des Staates** im umfassenden Sinne:
Es stellt die Frage nach den gesamtwirtschaftlichen Nutzen und Kosten und
orientiert diese Frage an den Zielen einer marktorientierten und sozialverpflichteten Wirtschaftsordnung.

Bei Verfassungsproblemen, die in den Stammbereich anderer staatsleitender 977
Prinzipien fallen, vertritt das Wirtschaftsstaatsprinzip die Frage, welches Mass
an öffentlichem Dienst für das wirtschaftliche Gemeinwohl notwendig sei –
und welcher Aufwand dafür von der Gesamtwirtschaft getragen werden solle.
Welcher Aufwand ist für die Altersvorsorge gerechtfertigt? Kann das Gesundheits-
wesen effizienter gewährleistet werden?

Umgekehrt stehen aber Verfassungsfragen im Stammbereich des Wirtschafts- 978
staatsprinzips, also der Wirtschaftsverfassung, gleichermassen im Wirkungs-
feld der anderen staatsleitenden Prinzipien. Diese stellen je die ihnen eigene
Frage an Probleme des Wirtschaftsstaates und verlangen, im Rahmen einer
Güterabwägung beachtet zu werden. *Mit welchen Auflagen ist die Privatisie-*
rung einer Staatsaufgabe zu verknüpfen, damit soziale Verpflichtungen, demo-
kratische Kontrolle und rechtsstaatlicher Individualschutz nicht der Wirtschaft-
lichkeit geopfert werden?

Probleme der Wirtschaftsverfassung dürfen daher nicht nur nach den Wer- 979
tungen des Wirtschaftsstaatsprinzips gelöst werden. Sonst wird unweigerlich
ein Vorrang der Wirtschaftsverfassung vor anderen Teilen der Verfassung postuliert, insbesondere vor der Sozialverfassung, aber auch vor der Demokratie
oder dem Rechtsstaat. Ein solcher Vorrang lässt sich aber staatsrechtlich nicht
begründen (vgl. den Kasten «Geldwäschereikontrolle»).

Die Spannung von Wirtschaftsstaat, Rechtsstaat und Demokratie am Beispiel der Geldwäschereikontrolle

In der Schweiz bezweckt das Geldwäschereigesetz (GwG) die Bekämpfung der Geldwäscherei im Sinne des Strafgesetzbuches (Art. 305bis StGB) und die Sicherstellung der Sorgfalt bei Finanzgeschäften. Das Geldwäschereigesetz auferlegt den Finanzintermediären eine Anzahl Sorgfaltspflichten (Art. 3 ff. GwG) und Mitwirkungspflichten bei Geldwäschereiverdacht (Art. 9 f. GwG).

Ob die Finanzintermediäre ihre Sorgfaltspflichten erfüllen, wird von den **Selbstregulierungsorganisationen (SRO)** überwacht. Die SRO sind i.d.R. privatrechtliche Organisationen, welche von den verschiedenen regionalen oder Branchenorganisationen der Finanzintermediäre getragen werden. Die SRO konkretisieren die gesetzlichen Sorgfaltspflichten branchenspezifisch durch ein zu erlassendes Reglement. Bei Zuwiderhandlungen verhängen sie Sanktionen, welche vor einem Schiedsgericht angefochten werden können. Die Finanzintermediäre haben die Wahl, sich einer SRO anzuschliessen oder sich direkt der behördlichen Kontrolle zu unterstellen.

Die Tätigkeit der SRO wird durch die Behörden überwacht. Diese entscheiden über die Anerkennung der SRO, genehmigen ihre Reglemente und haben umfassende Kontrollmöglichkeiten. Der Staat steuert somit hier nur indirekt, er kontrolliert, ob die öffentlichen Ziele gewährleistet sind.

Die SRO sind ein Beispiel für die Vor- und Nachteile der Governance, in welcher staatliche Aufgaben durch Branchenverbände wahrgenommen werden. Sie verbinden die Vorteile des **Gewährleistungsstaates** mit den Nachteilen des **Korporatismus.**

–　Die **Vorteile** liegen darin, dass marktnahe Instrumente dem Wirtschaftsstaatsprinzip entsprechen. Sie verfolgen den Grundsatz der Subsidiarität, der Effizienz und der Autonomie. Sie führen zu einer geringen Staatsquote, zu einer geringen staatlichen Regulierung und zu wenig hoheitlichen Eingriffen. Die SRO bilden einen liberalen Ausgleich zwischen Wirtschaftsfreiheit und Verbrechensbekämpfung.

– Die **Nachteile** dieser Lösung liegen in der Gefahr von Interessenkollisionen, im Demokratiedefizit, in der Gefahr für die Gleichbehandlung im privatrechtlichen Rechtsschutz (Schiedsgerichtsbarkeit) und in der Gefahr mangelnder Kontrolle (unbestimmte Rechtsbegriffe bilden in einer dezentralen Struktur einen ungenügenden Massstab für die Rechtskontrolle).

Erforderlich ist eine Abwägung zwischen Wirtschaftsstaat einerseits, Rechtsstaat und Demokratie anderseits.

12.2.3. Die Verfassung der intermediären Gewalten

Die Geltung der staatsleitenden Prinzipien ist auf den öffentlichen Raum 980 und damit v. a. auf die intermediären Gewalten auszudehnen. Diese Forderung ist bereits unter dem Demokratieprinzip dargelegt worden[414]. Nach der Erläuterung der übrigen Prinzipien lassen sich nun noch zwei zusätzliche Begründungen dafür anführen: Unter den staatsleitenden Prinzipien ist ein **Ungleichgewicht** entstanden (1). Die heutigen **Staatsaufgaben sprengen die Staatsform** (2).

(1) **Das Ungleichgewicht unter den staatsleitenden Prinzipien:** Aus staats- 981 rechtlicher Sicht haben alle staatsleitenden Prinzipien den gleichen Rang. In der politischen Praxis aber **erlangt das Wirtschaftsstaatsprinzip einen Vorrang.** Der Gesichtspunkt der finanziellen Belastung und der Kosten-Nutzen-Überlegung spielt bei allen Güterabwägungen zu staatlichen Aufgaben die Rolle einer Grenze: Alle Aufgaben werden unter den Vorbehalt ihrer wirtschaftlichen Tragbarkeit gestellt. Das finanziell Mögliche gilt als Grenze des Wünschbaren. *Staatliche Dienstleistungen können nur erbracht werden, soweit im Staatshaushalt die notwendigen Mittel für sie bereitgestellt worden sind.*

Da Vorkehren zur Verwirklichung von Rechtsstaat und Demokratie meist ver- 982 hältnismässig kostengünstig sind, leiden sie weniger unter diesem faktischen Vorbehalt. Gegenüber Massnahmen des Leistungsstaates wird der Vorbehalt der wirtschaftlichen Tragbarkeit hingegen zum Hindernis bei der Erfüllung der Staatsaufgaben. *Das Erfordernis der wirtschaftlichen Tragbarkeit wird vom Denkzwang zum Sachzwang, weil folgende Logik unterstellt wird: Im (internationalen) Steuerwettbewerb müssen die Steuern gesenkt werden – die Staatsschuld*

---

414 Vgl. vorne Rz. 831 ff.

darf nicht erhöht werden – die Ausgaben des Staates dürfen nicht mehr ansteigen als die Einnahmen – die Staatseinnahmen sind die Grenze der Staatsausgaben. Der Vorrang der Wirtschaft und des Nützlichkeitsdenkens wird dabei als gegeben hingenommen.

983   In diesem Denken überwiegen die Kriterien der Nützlichkeit jene der Solidarität. Wirtschaftliche Interessen erlangen ein Übergewicht vor den sozialen Interessen. Dies verletzt das Gebot der **pluralistischen Grundsätzlichkeit**[415]: Die Gleichwertigkeit der staatsleitenden Prinzipien wird missachtet.

984   Der deliberativ ausgerichtete demokratische Verfassungsstaat kann diese Konfliktlage nicht einfach beheben. Aber er hat darauf eine institutionelle Teilantwort: **die Forderung nach gleichberechtigter Vertretung aller staatsleitenden Prinzipien im politischen Entscheidungsprozess.** Das Ungleichgewicht in der Wirksamkeit der sechs staatsleitenden Prinzipien hat nämlich auch eine institutionelle Ursache. Diese liegt in der **proportionalen Einflussnahme** organisierter Interessen auf den politischen Prozess. Es gilt als angemessen, die Mitwirkungsrechte nach der wirtschaftlichen und politischen Macht der Interessengruppen zu verteilen. Stattdessen müsste die Gewichtung nach den grundsätzlichen Positionen erfolgen, welche vertreten werden. Massstab der Proportionalität müssten die staatsleitenden Prinzipien sein. *Die Staatshoheit wird stets durch die verantwortliche Verwaltung vertreten. Im Bundesstaat finden meist auch die Gliedstaaten frühzeitig Gehör. Daneben erhalten aber oft die Sozialpartner und die betroffenen Branchen ein Übergewicht. Die sozialen Auswirkungen auf Dritte, die Folgen für Umwelt und Nachwelt, aber auch die Schutzgüter des Rechtsstaates und der Demokratie werden im Vorverfahren der Gesetzgebung oft nur in Form von Gutachten, nicht aber als politische Kraft ins Spiel gebracht. Sie müssten aber von Anfang an durch Vertreter am Willensbildungsprozess proportional beteiligt werden.*

985   Wie sich diese Forderung auf die Interessenvermittlung in der Politik auswirkt, kann am Beispiel der **Expertenkommissionen** gezeigt werden: Diese sind heute in der Regel proportional zu den betroffenen wirtschaftlichen und gesellschaftlichen Interessen zusammengesetzt; d.h. nach der politischen Stärke. Dadurch entsteht oft ein Ungleichgewicht unter den in der Sache zu berücksichtigenden staatsleitenden Prinzipien. Die Vertretung der Interessen ist daher durch eine Vertretung der Rechtsgüter zu ersetzen. Die Zusammen-

---

415 Vgl. vorne Rz. 720.

setzung der Kommissionen hat sich an der gleichmässigen Vertretung aller Grundfragen der Verfassung zu orientieren. **Jedes staatsleitende Prinzip braucht einen Vertreter.**

Die beratenden Gremien sind daher nicht primär nach der wirtschaftlichen 986 Betroffenheit, sondern vermehrt nach argumentativen Gesichtspunkten zu bilden. Die Grundsätze der Zusammensetzung sind gesetzlich festzulegen. Dabei sind auch die Rechte von Organisationen der Bürgergesellschaft, welche sich für bestimmte staatsleitende Prinzipien einsetzen, zu regeln. *Jeder Verein mit einer Zielsetzung, die im Sinne der sechs staatsleitenden Prinzipien einen Beitrag zum Sachthema des Gremiums verspricht, müsste Entscheide über die Zusammensetzung solcher Gremien anfechten können.*

(2) **Die Staatsaufgaben sprengen die Staatsform:** Die bürgerlichen Verfas- 987 sungen des neunzehnten Jahrhunderts schufen die Rahmenordnung für Föderalismus, Demokratie und Rechtsstaat. Sie sorgten dafür, dass diese materiellen Verfassungsgrundsätze durch geeignete Strukturen und Verfahren auch tatsächlich gelebt werden konnten. *Sie errichteten eine bundesstaatliche Kompetenzordnung, sorgten für Prärogative des Parlaments und für eine unabhängige Justiz.* Die neueren Verfassungen haben diese Strukturen im Wesentlichen übernommen. Der moderne Staat wird noch weitgehend in den gleichen Strukturen und Prozessen geführt wie der Staat des vorletzten Jahrhunderts.

Der Wohlfahrtsstaat hat jedoch eine grössere Verantwortung als sein Vor- 988 gänger. Seine sozialgestaltenden und wirtschaftslenkenden Aufgaben werden zwar inhaltlich durch die neu eingeführten Verfassungsprinzipien des Leistungsstaates und des Wirtschaftsstaates rechtlich eingebunden. **Es fehlt aber die institutionelle Entsprechung** zu dieser materiellen Ausweitung der Verfassung. Organisationsrechtliche Instrumente sind im herkömmlichen demokratischen Verfassungsstaat zwar für die Ausgestaltung der Staatshoheit, des Föderalismus, der Demokratie und des Rechtsstaates weitgehend vorhanden. Sie fehlen aber bisher für den Leistungsstaat und den Wirtschaftsstaat. Dieser Staat handelt innerhalb des Netzwerks der Public Governance und nach den Grundsätzen des Gewährleistungsstaates[416]. Daher genügt es nicht mehr, die Verfahren und Strukturen der staatlichen Behörden zu regeln. **Die gewaltenteilige Mischverfassung muss vom Staat auf die intermediären Gewalten ausgedehnt werden.**

---

416 Vgl. vorne Rz. 454 ff.

989 Die Forderung nach Verfassung der intermediären Gewalten ist damit nichts anderes als die strukturelle und verfahrensmässige Folge der Ausdehnung der Staatsverantwortung auf den Wirtschafts- und Sozialbereich in den letzten einhundertundfünfzig Jahren. Denn Inhalt und Formen einer Verfassung bilden ein Ganzes und müssen zusammenpassen. Inhaltliche Garantien benötigen zu ihrer Umsetzung organisationsrechtliche Instrumente. Neue staatsleitende Prinzipien wirken auf bereits bestehende zurück.

990 Letztlich geht es darum, die Grenzen des Begriffs «Staat» an die Realität der politischen Macht anzupassen. Staatlich – und damit den Grundsätzen des Verfassungsstaates verpflichtet – ist alles, was wirksam an der Steuerung des Zusammenlebens in der Rechtsgemeinschaft teilhat. Es ist damit Gegenstand verfassungsrechtlicher Normierung.

991 Deliberative Demokratie bedingt daher die Ausdehnung der Grundsätze des Pluralismus und des Diskurses auf die intermediären Gewalten: *Parteien, Verbände, Medien (und allenfalls Kirchen)*. Was bereits unter dem Titel des Demokratieprinzips zur Verfassung einer demokratischen Kultur der Bürgergesellschaft gesagt worden ist[417], gilt in besonderem Masse für eine moderne Gesellschaftsordnung, in welcher Staat und Wirtschaft eng miteinander verflochten sind. Je stärker diese gegenseitige Durchdringung, desto wichtiger werden die interne Demokratisierung der Wirtschaftsmacht und die Demokratisierung des Verhältnisses der Wirtschaft zum Staat[418] (vgl. den Kasten «Die Verfassung der kapitalistischen Wirtschaftsordnung»).

Die Verfassung der kapitalistischen Wirtschaftsordnung

Das Privatrecht der westlichen Staaten verfasst die Wirtschaft als **Eigentumswirtschaft**. Eigentum stellt die Verschuldungsfähigkeit des Eigentümers her, d.h. sie ermöglicht ihm, zusätzliches Kapital aufzunehmen und zu investieren. Die Verzinsung der Kapitalschuld zwingt einerseits den Schuldner, einen Ertrag zu erwirtschaften, der neben den Arbeitskosten mindestens die Kapitalkosten deckt. Anderseits ermöglicht sie dem Kapitalgeber, weiteres Kapital zu akkumulieren. Ob der verschuldete Unternehmer seine Verpflichtungen auf Dauer erfüllen kann, hängt von seiner künftigen Ertragslage ab. Um diese in Konkurrenz zu andern zu sichern,

---

417 Vgl. vorne Rz. 817 ff.
418 Vorne insbesondere Rz. 834 ff.

muss er seinen Ertrag durch Innovation und Rationalisierung – und durch entsprechende zusätzliche Investitionen (d.h. z. T. neue Verschuldungen) – stetig steigern. Dies führt zu einem andauernden Wachstumsanreiz (GUNNAR HEINSOHN und OTTO STEIGER, Eigentum, 345 ff.).

Dieser Investitions- und Kapitalisierungsprozess schlägt sich gesamtwirtschaftlich in einem Wachstumsdrang nieder, der zugleich einen Wachstumszwang darstellt, weil ohne Wachstum die Unternehmensgewinne schrumpfen würden. Daraus ergibt sich eine **Wachstumsspirale** der kapitalistischen Wirtschaftsform (HANS CHRISTOPH BINSWANGER, Wachstumsspirale, 304 ff.).

Die Bedürfnisse der kapitalgetriebenen Wirtschaft setzen den Staat unter Druck, seine Wirtschaftspolitik auf ökonomisches Wachstum auszurichten. Er wird veranlasst, marktnahe und wettbewerbsfreundliche Regeln zu erlassen und die Interessen des Kapitals zu fördern. Sonst riskiert er – insbesondere im globalisierten Kapitalmarkt – den Verlust wichtiger Steuerquellen. In diesem wirtschaftlichen **Standortwettbewerb** mit anderen reagiert der Staat meist mit einer Strategie der Liberalisierung und Deregulierung, d.h. mit letztlich neoliberalen Rezepten zum Verhältnis von Staat und Wirtschaft.

Dabei besteht eine doppelte Gefahr: Zum einen wird das wirtschaftliche Gesamtwohl, als Zielnorm des Wirtschaftsstaatsprinzips, auf das Wohl einer kapitalistischen Minderheit reduziert. Zum andern wird die Einbindung des Wirtschaftsstaatsprinzips in die Gesamtheit staatsleitender Prinzipien ausgeblendet. Insbesondere die soziale Gerechtigkeit und die Rechtsgleichheit werden ausser Acht gelassen. Eine **integrale Verfassung der kapitalistischen Wirtschaftsordnung** müsste einen Ausgleich aller Verfassungsgrundsätze suchen. Dabei bedingt der Rechtsstaat insbesondere die reale Freiheit aller zur Ausübung ihrer Grundrechte; die Demokratie verlangt den Vorrang der Politik vor der Wirtschaft bei der Bestimmung der gemeinsamen Wohlfahrt; das Leistungsstaatsprinzip fordert ein Netz der sozialen Sicherheit und einen sozialen Marktausgleich bei strukturell verzerrten Märkten. Da diese Forderungen der Stabilität und Qualität der Wirtschaft dienen, liegt eine ausgewogene Wirtschaftsverfassung langfristig auch im wohlverstandenen Interesse der Gesamtwirtschaft.

13. Die Globalisierung des öffentlichen Raums

Der Prozess der Globalisierung bringt eine weltweite Vernetzung von Kultur, Wirtschaft und Politik. Die Informationsgesellschaft und die Wirtschaft haben in diesem Prozess eine führende Rolle übernommen. Die Staaten geraten in Zugzwang, weil sie ihre Aufgaben nicht mehr im begrenzten nationalen Raum erfüllen können. Die Staaten werden Teil eines transnationalen[419] öffentlichen Raums (Ziff. 13.1.). Ein immer grösserer Anteil der Politik verlagert sich auf die internationale Ebene. Darin erlangen die internationalen Organisationen eine wachsende Bedeutung (Ziff. 13.2.). Der Nationalstaat wird Teil einer globalen Governance, die einerseits ein staatliches Mehrebenensystem errichtet, anderseits ein Netzwerk transnationaler Akteure bildet (Ziff. 13.3.).

13.1. Der transnationale öffentliche Raum

992 Wenn bis anhin vom öffentlichen Raum die Rede war, so war stets das öffentliche Zusammenleben im **Nationalstaat** gemeint. Im Nationalstaat gelten die sechs staatsleitenden Prinzipien. Zwar besteht zwischen diesen ein faktisches Ungleichgewicht zugunsten des Wirtschaftsstaatsprinzips. Dieses Machtverhältnis lässt sich aber als Mangel kritisieren, weil die nationale öffentliche Ordnung einer Verfassung untersteht, welche allen staatsleitenden Prinzipien einen gleich hohen Geltungsanspruch verleiht. Im nationalen Verfassungsstaat fehlt es somit nicht an normativen Kriterien zur Beurteilung faktischer Verletzungen der legitimen Ordnung.

993 Im **transnationalen Bereich** ist das anders. Hier bestehen nach den Massstäben des demokratischen Verfassungsstaates noch viel schwerwiegendere Mängel in der faktischen Ordnung, aber es fehlt hier an einer weltweiten Verfassungsordnung, von welcher her diese Mängel kritisiert werden könnten. Das internationale Gefüge ist von der ungleichen wirtschaftlichen, politischen und militärischen Macht der rund 200 Staaten geprägt. **Die Macht des Stärkeren ist hier Gesetz.**

---

419 Zur Begrifflichkeit: **International** meint die Beziehungen unter Staaten sowie zwischen den von den Staaten gegründeten internationalen Organisationen; **transnational** schliesst zudem die Privaten, insb. die Nichtregierungsorganisationen (NGO), in dieses Beziehungsnetz ein und erfasst so die gesamte Public Governance im **übernationalen** Bereich (dem Bereich, welcher nicht von einem Nationalstaat beherrscht werden kann). **Supranational** ist eine Organisation nur dann, wenn sie Hoheitsgewalt über Menschen direkt – ohne Vermittlung über die Nationalstaaten – ausüben kann.

Darüber hinaus ist die Macht dieser Staaten weitgehend in den Dienst unge- 994
hinderter **Wirtschaftskräfte** gestellt, welche sich immer mehr der nationalen
Kontrolle entziehen und die Staaten dem so genannten **Standortwettbewerb**
unterwerfen. Die Staaten konkurrieren miteinander um das weltweit zirku-
lierende Kapital, welches weitgehend über den Wohlstand der Völker und das
Steuereinkommen der Staaten bestimmt. Die Mobilität des Kapitals sprengt
die Grenzen der Staatshoheit und entzieht damit den wichtigsten Wirtschafts-
faktor einer staatlichen Steuerung.

Im Verhältnis unter den Staaten und zwischen ihnen und der Weltwirtschaft 995
fehlt eine Staatshoheit, die dem ersten staatsleitenden Prinzip des Nationalstaates entsprechen würde. Damit fehlt die wichtigste Voraussetzung einer öffentlichen Ordnung. Aber auch die übrigen staatsleitenden Grundsätze sind
im Völkerrecht nur ansatzweise und bruchstückhaft verankert. Damit stellen
sich für eine Verfassungslehre des weltweiten öffentlichen Raums besondere
Probleme: Die Grundsätze der deliberativen Demokratie und des demokratischen Verfassungsstaates finden nur schwachen Niederschlag in völkerrechtlichen Normen.

Im Prozess der Globalisierung verliert der Nationalstaat wesentliche Teile sei- 996
ner Staatshoheit. Zudem erwächst ihm ein Legitimationsproblem, weil sich
die Macht im transnationalen Raum nicht in die nationalen Legitimations-
prozesse einbinden lässt. Einer Verfassungslehre erwächst daraus die Aufgabe,
Wege aufzuzeigen, auf denen Macht im transnationalen Raum verfasst und
damit kontrolliert und legitimiert werden kann.

Bevor aber das normative Konzept einer Verfassung der transnationalen De- 997
mokratie vorgestellt werden kann (Ziff. 14.), muss die Internationalisierung
der öffentlichen Ordnung skizziert werden, damit der **Gegenstand einer globalen Verfassungslehre** sichtbar wird. Dabei dienen jeweils die staatsleitenden
Prinzipien als Raster, an dem aufgezeigt werden kann, in welchem Ausmass
die faktische Weltordnung sich bereits an normativen Kriterien orientiert.

13.2. Internationale Organisationen

998 Die Nationalstaaten sind völkerrechtlich frei, ihre Beziehungen zu anderen Staaten nach ihren eigenen Interessen zu gestalten. Im Zuge der Globalisierung haben sich aber alle in ein dichtes Netz von Staatsverträgen eingebunden und eine Reihe von gemeinsamen Organisationen gebildet, welche den transnationalen öffentlichen Raum gestalten. Die meisten dieser Organisationen haben keine direkte Hoheitsgewalt über die Menschen in den Mitgliedsstaaten. Einige wenige – wie die Europäische Gemeinschaft (EG)[420] – gelten als supranationale Organisationen und bilden eine hierarchisch höhere Stufe von Staatlichkeit, auch wenn sie nicht den Charakter eines Bundesstaates tragen. – Das **Prinzip der Staatshoheit** wird im internationalen Bereich ausserhalb der EG kaum verwirklicht.

999 Die Rechtsverhältnisse zwischen den Staaten werden aber im Wesentlichen nicht durch hierarchische Strukturen, sondern durch horizontale Beziehungen geprägt. Das gilt auch für die Mitgliedschaften in internationalen Organisationen. Diese Organisationen dienen der Koordination zwischen den Staaten, nicht ihrer Führung. Ihre Gesamtheit bildet keinen Weltstaat, sondern ein Netzwerk sehr unterschiedlicher Teilstrukturen. Dieses Netzwerk schafft zwar einen transnationalen Rechtsraum. Es weist aber noch grosse Lücken auf und vermag die Macht nur partiell in rechtliche Strukturen einzubinden.

1000 Weltumspannend sind einzig die **Vereinten Nationen** (United Nations Organization, UNO)[421]. Ihre Ziele sind der Weltfrieden, die Entwicklung freundschaftlicher Beziehungen und der Zusammenarbeit zwischen den Staaten sowie die Förderung der Menschenrechte. Dank ihrer Universalität ist die UNO potentiell geeignet, Träger von Staatlichkeit in einer Weltordnung zu werden. Die UN-Charta liesse sich zur Verfassung einer Weltordnung weiterentwickeln. Ein bescheidener Ansatz dazu liegt bereits heute im Vorrang der Verpflichtungen gegenüber der UNO bei Konflikten mit anderen völkerrechtlichen Pflichten (Art. 103 UN-Charta). An sich sieht die UN-Charta auch die Bildung eigener Streitkräfte vor (Art. 43 UN-Charta), die jedoch bisher nicht geschaffen worden sind. Supranationalen Charakter hat einzig der Sicherheitsrat, der Zwangsmassnahmen verfügen kann und dessen Beschlüsse für die Mitglieder verbindlich sind. – Der Sicherheitsrat hat somit die staatliche

---

420 Vgl. nachfolgend den Kasten und die Abbildung 13-2 nach Rz. 1010.
421 Vgl. nachfolgend die Abbildung 13-1.

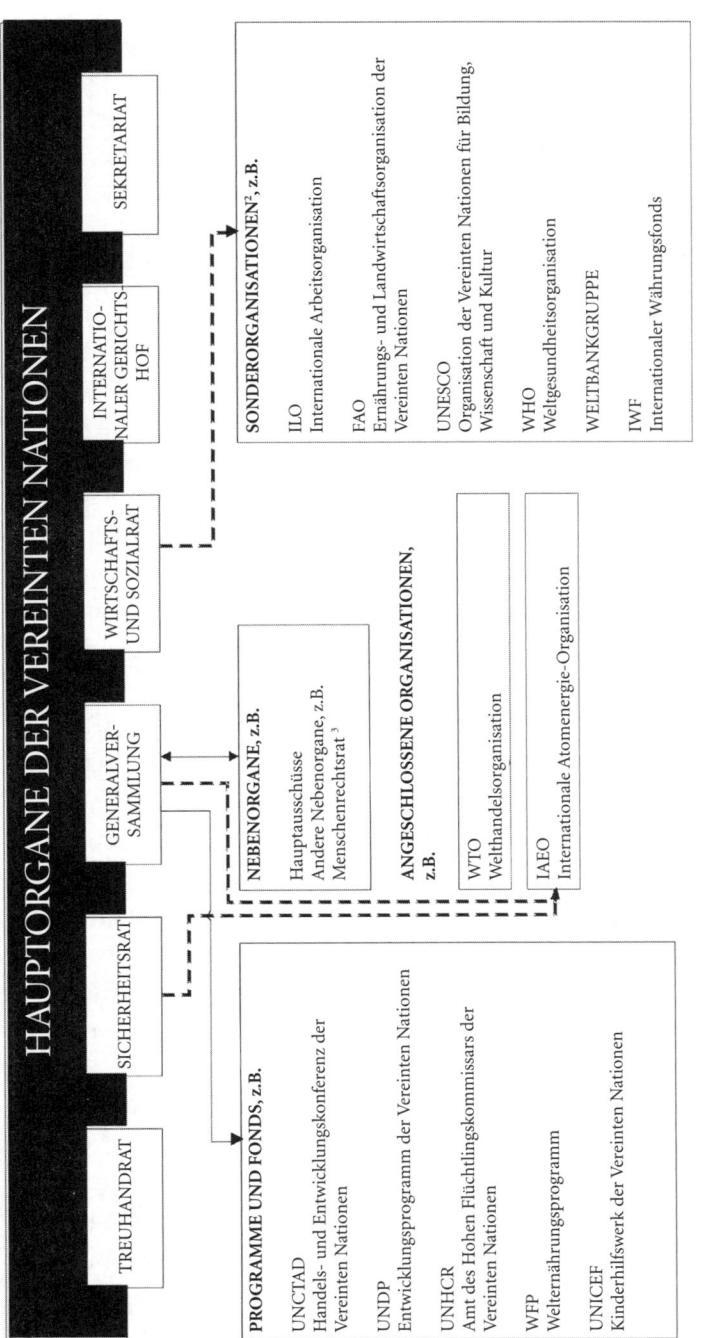

HAUPTORGANE DER VEREINTEN NATIONEN

TREUHANDRAT

SICHERHEITSRAT

GENERALVER-SAMMLUNG

WIRTSCHAFTS- UND SOZIALRAT

INTERNATIO-NALER GERICHTS-HOF

SEKRETARIAT

PROGRAMME UND FONDS, z.B.

UNCTAD
Handels- und Entwicklungskonferenz der Vereinten Nationen

UNDP
Entwicklungsprogramm der Vereinten Nationen

UNHCR
Amt des Hohen Flüchtlingskommissars der Vereinten Nationen

WFP
Welternährungsprogramm

UNICEF
Kinderhilfswerk der Vereinten Nationen

NEBENORGANE, z.B.

Hauptausschüsse
Andere Nebenorgane, z.B.
Menschenrechtsrat [3]

ANGESCHLOSSENE ORGANISATIONEN, z.B.

WTO
Welthandelsorganisation

IAEO
Internationale Atomenergie-Organisation

SONDERORGANISATIONEN[2], z.B.

ILO
Internationale Arbeitsorganisation

FAO
Ernährungs- und Landwirtschaftsorganisation der Vereinten Nationen

UNESCO
Organisation der Vereinten Nationen für Bildung, Wissenschaft und Kultur

WHO
Weltgesundheitsorganisation

WELTBANKGRUPPE

IWF
Internationaler Währungsfonds

Anmerkungen: Durchgehende Linien von einem Hauptorgan zeigen eine direkte Berichterstattungspflicht zwischen Haupt- und Hilfsorgan auf; unterbrochene Linien weisen darauf hin, dass es sich um kein nachgeordnetes Organ handelt. (1) Die IAEO berichtet dem Sicherheitsrat und der Generalversammlung. (2) Sonderorganisationen sind autonome Organisationen, die mit den Vereinten Nationen und untereinander über die Koordinierungsmechanismen des Wirtschafts- und Sozialrates arbeiten und durch den Koordinierungsrat der Leiter der Organisationen des Systems der Vereinten Nationen (CEB). (3) Der Status des Menschenrechtsrates wird fünf Jahre nach seiner Schaffung überprüft werden, mit der Möglichkeit, dass er zu einem «Hauptorgan» gemacht wird.

Abbildung 13-1: Schema des Systems der Vereinten Nationen

Aufgabe der Friedenswahrung, doch ist er dazu nur sehr beschränkt in der Lage.

1001 Der **Föderalismus** ist auf Weltebene zurzeit nicht mehr als eine Idee, welche sich in Konzepten wie dem staatlichen Mehrebenensystem[422] oder in der Frage nach der Konstitutionalisierung des Völkerrechts[423] ausdrückt. Ansätze zu seiner Verwirklichung gibt es auf regionaler Ebene, etwa im supranationalen Charakter der EG.

1002 Das **Demokratieprinzip** kommt auf internationaler Ebene kaum zur Geltung. In bescheidenem Ausmass wird es in der EU durch das Europäische Parlament umgesetzt. In der Generalversammlung der UNO hat jedes Mitgliedland eine Stimme. Damit wird z. T. das demokratische, z. T. das föderalistische Prinzip umgesetzt: das demokratische durch das gleiche Stimmrecht aller Mitglieder ohne Rücksicht auf die Machtstellung der einzelnen Staaten; das föderalistische dadurch, dass nicht die Zahl der von einem Staat vertretenen Menschen zählt, sondern die Staaten als Einheit der Berechnung dienen. Die Kompetenzen der Generalversammlung sind allerdings bescheiden. Ihre Empfehlungen sind nicht verbindlich. Im Sicherheitsrat haben die fünf Grossmächte aus dem Zweiten Weltkrieg (USA, Russland, China, Frankreich und Grossbritannien) ein Vetorecht, was das Demokratieprinzip verletzt.

1003 Der **Internationale Gerichtshof** in Den Haag ist das Rechtsprechungsorgan der UNO für Streitigkeiten unter ihren Mitgliedern und damit der Hüter des **Rechtsstaatsprinzips** im Völkerrecht. Seine Entscheidungen sind verbindlich und können notfalls vom Sicherheitsrat durchgesetzt werden. Allerdings steht es den Staaten frei, sich für bestimmte Streitigkeiten der Gerichtsbarkeit des Gerichtshofs zu unterwerfen. Damit erlangt der Gerichtshof nur den Status eines freiwilligen Schiedsgerichts. Er ist nicht in der Lage, das Rechtsstaatsprinzip weltweit umzusetzen. Hinzu kommt, dass sich Individuen nicht an ihn wenden können.

1004 Das Rechtsstaatsprinzip wird aber noch durch andere Organisationen geschützt, welche dem Einzelnen ein Beschwerderecht gewähren. Hier werden insbesondere die Menschenrechte vor Verletzungen durch Nationalstaaten geschützt. Die wichtigsten Beispiele sind der **Europäische Gerichtshof für Menschenrechte** in Strassburg (Organ der Europäischen Menschenrechtskonvention des Europarates) und der **Gerichtshof der Europäischen Ge-**

---

422 Vgl. hinten Rz. 1013 ff.
423 Vgl. hinten Rz. 1030 ff.

meinschaften in Luxemburg. Geringere Bedeutung haben der Interamerikanische Gerichtshof für Menschenrechte und der Afrikanische Gerichtshof für Menschenrechte.

Einen Kern der Rechtsstaatlichkeit schützt der **Internationale Strafgerichtshof,** der Kriegsverbrechen, Völkermord und Verbrechen gegen die Menschlichkeit ahnden kann, wenn diese durch Angehörige von Unterzeichnerstaaten begangen werden. Ad hoc erfüllen das Jugoslawien-Tribunal und das Ruanda-Tribunal die gleichen Funktionen gegenüber dort begangenen Verbrechen. Die Hauptlast für die Verwirklichung rechtsstaatlicher Grundsätze liegt dabei immer noch auf den nationalen Gerichten. – Insgesamt wird die Rechtsstaatlichkeit nur regional oder nur für die schlimmsten Verletzungen gewährleistet. Ausserdem darf die Möglichkeit einer gerichtlichen Beurteilung durch eine überstaatliche Instanz nicht darüber hinwegtäuschen, dass auf internationaler Ebene Vollstreckungsorgane, wie sie die einzelnen Staaten kennen, fehlen und es somit in der Regel vom politischen Willen eines Staates abhängt, ob und in welchem Umfang einem Urteil Folge geleistet wird. 1005

Das **Leistungsstaatsprinzip** wird im internationalen Bereich höchst partiell umgesetzt. Im Vordergrund stehen Infrastrukturorganisationen wie der Weltpostverein (UPU), die Internationale Fernmeldeunion (ITU) oder die Internationale Zivilluftfahrt-Organisation (ICAO). Soziale Aufgaben erfüllen die Internationale Arbeitsorganisation (ILO), die Weltgesundheitsorganisation (WHO) und die Organisation für Erziehung, Wissenschaft und Kultur (UNESCO). Die Organisation für Ernährung und Landwirtschaft (FAO) erfüllt sowohl soziale wie wirtschaftliche Aufgaben. Auch bei den regionalen Organisationen stehen die leistungsstaatlichen Aufgaben im Schatten der wirtschaftlichen Funktionen. Das gilt grundsätzlich auch für die EU, wenn auch hier Ansätze einer Sozialpolitik zu erkennen sind. 1006

Das **Wirtschaftsstaatsprinzip** wird durch internationale Organisationen im Bereiche des Weltwirtschaftsrechts weitgehend umgesetzt. Die Weltordnung ist zurzeit vor allem eine Welthandelsordnung. Die **Welthandelsorganisation (WTO)** verfolgt das Ziel, den freien Welthandel zu fördern, d.h. die Handelsbeziehungen unter den Staaten zu liberalisieren und das Prinzip der Marktwirtschaft weltweit zu verankern. Sie ist damit die wichtigste Trägerin der wirtschaftlichen Globalisierung. Ihre demokratische Legitimation stützt sich auf die Wirtschaftsminister der Mitgliedsländer. Ein rechtsstaatliches Element 1007 liegt im Streitschlichtungsverfahren, in welchem ein Schiedsgericht und eine Rekursinstanz Streitigkeiten unter Mitgliedsländern beurteilen können.

1008 Weitere zentrale Institutionen der Weltwirtschaftsordnung sind die **Weltbank** und der **Internationale Währungsfonds** (IMF)[424]. Die Weltbank gewährt Mitgliedsstaaten unter bestimmten Auflagen Projektdarlehen für ihre wirtschaftliche Entwicklung; der Währungsfonds gewährt ebenfalls unter Auflagen Finanzhilfen zur Überbrückung von Zahlungsbilanzdefiziten, um so die internationale Liquidität zu sichern.

1009 Auch auf regionaler Ebene wird das Wirtschaftsstaatsprinzip am ehesten umgesetzt. So bilden sich **regionale Märkte** wie die ASEAN (Association of South East Asian Nations), der MERCOSUR (Mercado Común del Cono Sur) in Südamerika, die NAFTA (North American Free Trade Agreement), die EU und EFTA (European Free Trade Agreement) oder die OPEC (Organisation of the Petroleum exporting Countries). Die EU ist noch heute stark durch ihren Ursprung als europäische Wirtschaftsgemeinschaft (EWG) geprägt.

1010 Insgesamt ist das Wirtschaftsstaatsprinzip auf internationaler Ebene das einzige staatsleitende Prinzip, das einigermassen umfassend in rechtliche Vorschriften umgesetzt ist. Das Fehlen konkurrierender Grundsätze führt allerdings zu starker Einseitigkeit in der Abwägung der Gesichtspunkte, unter denen Wirtschaftsmacht im internationalen Bereich beurteilt wird. Die Prinzipien des demokratischen Verfassungsstaates erlangen auf internationaler Ebene wesentlich weniger Geltung als auf nationaler Ebene. Da im Zuge der Globalisierung jedoch eine starke Verlagerung von Zuständigkeiten von den Staaten weg zur internationalen Ebene stattfindet, bedeutet dies einen Verlust an normativer Orientierung. Die Legitimation der international ausgeübten öffentlichen Macht ist prekär. Eine Verfassungslehre wird dadurch vor eine grosse Herausforderung gestellt (vgl. den Kasten «Die Europäische Union (EU)»).

Die Europäische Union (EU)

Der Vertrag der Europäischen Union (EUV) begründet eine **Drei-Säulen-Architektur** für die Europäische Union. Die **erste Säule** wird gebildet aus den zwei (früher drei) Europäischen Gemeinschaften: der Europäischen Gemeinschaft (EG, vormals EWG) und der Europäischen Atomgemeinschaft (EAG); früher gab es zusätzlich die Europäische Gemeinschaft für

---

424 Die sog. Bretton-Woods-Institutionen.

Kohle und Stahl (EGKS, Montanunion). Die **zweite Säule** wird von der Gemeinsamen Aussen- und Sicherheitspolitik (GASP) gebildet. Schliesslich besteht die **dritte Säule** aus der Zusammenarbeit in den Bereichen Justiz und Inneres (ZJI). Die Europäische Union (EU) bildet gleichsam das «Dach» über den drei Säulen. Nur die EG hat supranationale Kompetenzen.

Das **Europäische Parlament** (EP) besteht aus Volksvertretern, die unabhängig und nicht weisungsgebunden sind. Im Vergleich zu den nationalen Parlamenten sind die Beschluss- und Kontrollkompetenzen des EP erheblich vermindert. Adressat seiner Kontrolle ist in erster Linie die Kommission, in sehr viel geringerem Ausmass der Rat.

Der **Europäische Rat,** der sich aus den Staats- oder Regierungschefs der Mitgliedstaaten zusammensetzt, ist das strategische Führungsorgan der Europäischen Union.

Der **Rat** (genauer: Ministerrat, nach Art. 203 EGV in verwirrender Weise Rat der Europäischen Union genannt), der sich je nach Verhandlungsgegenstand aus unterschiedlichen Vertretern der nationalen Exekutiven zusammensetzt, hat als zentrales Organ der Gemeinschaft die Funktion, die Interessen der Mitgliedstaaten im Gemeinschaftsgefüge zu vertreten. Der Rat ist das Hauptrechtsetzungsorgan.

Die **Kommission** setzt sich aus Vertretern der Mitgliedstaaten zusammen, die aber nicht weisungsgebunden sind. Der Rat ernennt den Präsidenten und die Mitglieder, das Parlament bestätigt den Präsidenten und die Gesamtheit der Mitglieder. Die Kommission repräsentiert im Organgefüge der Gemeinschaft am stärksten das supranationale Element. Sie definiert, repräsentiert und verteidigt die originären Gemeinschaftsinteressen. Innerhalb der EG hat die Kommission selbständige Rechtsetzungsbefugnisse und eine Initiativfunktion. Sie vollzieht weite Bereiche des Gemeinschaftsrechts und stellt dessen Respektierung durch die Mitgliedstaaten sicher («Hüterin der Verträge»). Schliesslich repräsentiert die Kommission die Gemeinschaft sowohl intern wie extern.

Der **Gerichtshof** der Europäischen Gemeinschaften (EuGH) setzt sich aus einem Richter je Mitgliedsstaat sowie acht Generalanwälten zusammen. Er hat die Aufgabe der Wahrung der Rechtseinheitlichkeit und Fortentwicklung des Gemeinschaftsrechts.

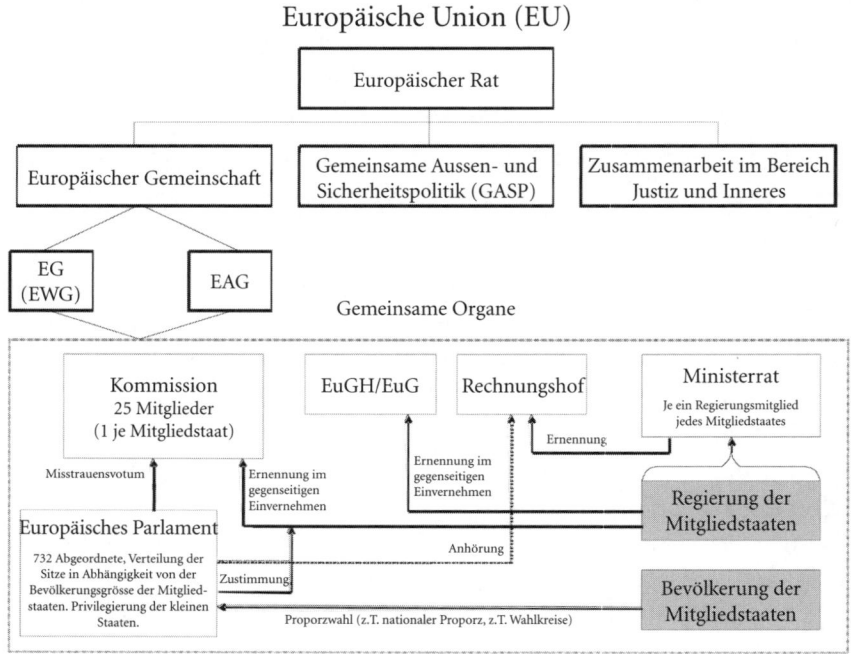

Abbildung 13-2: Schematische Darstellung der Europäischen Union und ihrer gemeinsamen Organe[425]

13.3. Die globale Governance

1011 Der transnationale öffentliche Raum wird von vier sehr unterschiedlichen Partnern gestaltet: den Nationalstaaten, den internationalen Organisationen, den Nichtregierungsorganisationen (NGO) und den multinationalen Konzernen. Ihr Zusammenwirken lässt sich ebenso wie im nationalen Raum als Governance beschreiben. Allerdings verschieben sich die Machtverhältnisse im internationalen Bereich zu Lasten der staatlichen und zugunsten der wirtschaftlichen Kräfte. Gleichzeitig erlangen die NGO in diesem Netzwerk eine wachsende Bedeutung.

---

425 Aus: WALTER HALLER/ALFRED KÖLZ, Allgemeines Staatsrecht, 227 f.

Die globale Governance ist durch zwei konkurrierende Strukturierungsprin- 1012
zipien geprägt: **das staatliche Mehrebenensystem** (1) und **das Netzwerk
transnationaler Akteure** (2).

(1) Das staatliche Mehrebenensystem: Die Staaten organisieren sich unterein- 1013
ander in internationalen Organisationen, um die öffentliche Ordnung in Teilbereichen auf die internationale Dimension auszuweiten. Sie gehen dadurch
zwar vertragliche Bindungen ein, welche ihre Autonomie («Souveränität»)
beschränken, gewinnen aber Einfluss auf das internationale Zusammenleben.
Zugleich verringern sie den Mangel an Hoheitsgewalt im transnationalen öffentlichen Raum. Dadurch entsteht ein Mehrebenensystem staatlicher Steuerung: Subnationale, nationale, internationale und supranationale Instanzen
beteiligen sich an der Lösung öffentlicher Probleme.

Am deutlichsten wird diese Strukturierung am Beispiel der **Europäischen** 1014
Union erkennbar. Die Staaten der EU gliedern sich zum Teil in föderalistische Einheiten, stets aber kennen sie Formen der Dezentralisierung bis auf
die Stufe der Gemeinde hinab. Daraus ergeben sich bereits zwei bis drei interne Handlungsebenen, welche zusammenwirken müssen. Die EU bildet im
Teil der EG eine supranationale Handlungsebene, welcher wichtige Teile einer
gemeinsamen Wirtschaftsordnung übertragen sind. Darüber hinaus bildet
die EU ein Gefüge von internationalen Verträgen, in welchen regionale Koordination gesucht wird. Schliesslich ist auch sie in ein Netz von weltweiten
Verträgen und Organisationen eingebunden, welches staatliches Handeln in
Teilbereichen koordiniert.

Für Staaten ausserhalb der EU entfällt eine dieser Stufen, doch bleibt die 1015
Strukturierung grundsätzlich die gleiche: Sie sind in regionale und weltweite
Strukturen internationaler Koordination eingebunden. Immer mehr Staatsaufgaben müssen ebenenübergreifend von subnationalen, nationalen und
internationalen Instanzen gemeinsam angegangen werden. Die Welt wird zu
einem **mehrstöckigen Haus geteilter Kompetenzen**[426].

(2) Das Netzwerk transnationaler Akteure: Parallel zu dieser formalen 1016
Strukturierung bildet sich ein Netzwerkprozess aus, welcher staatliche und
nichtstaatliche Akteure untereinander verknüpft.

Schon die staatlichen Akteure gehorchen nicht der herkömmlichen Hierar- 1017
chie bürokratischer Strukturen, wie sie vom Nationalstaat her bekannt sind.

---

426 Thomas Cottier/Maya Hertig, Constitutionalism, 328.

Sie bilden schon unter sich eine Art «zwischenstaatlicher Governance». Die Entscheidungsprozesse sowohl internationaler wie supranationaler Organisationen folgen dem Muster der **Verhandlung.** Da alle auf die Kooperation der andern angewiesen sind, werden Kompromisse gesucht, denen möglichst alle zustimmen können. Entscheidungen beruhen meist nicht auf Mehrheitsbeschluss (auch wenn dieser möglich wäre), sondern auf Konkordanz.

1018 Das **internationale Netzwerk** beruht somit weniger auf der Ausübung von Zuständigkeiten, sondern vielmehr auf der Abstimmung von Machtpositionen. Nicht die rechtliche Kompetenz entscheidet, sondern die faktische Macht, eine Problemlösung blockieren zu können. Wer immer eine faktische Vetoposition innehat, muss eingebunden werden. Dies öffnet den internationalen Prozess für informale Kooperation mit nichtstaatlichen Akteuren. NGO und multinationale Konzerne verschaffen sich durch ihr politisches bzw. wirtschaftliches Gewicht Gehör. Dadurch entsteht ein weltweites politisches System der so genannten **Polyarchie** – ein Netzwerk von subnationalen Gruppen, Nationalstaaten, transnationalen Interessen und Gemeinschaften, die in unterschiedlicher Zusammensetzung themenspezifisch miteinander in Verhandlungen treten. Das System der Staaten und ihrer internationalen Organisationen wird zu einem Subsystem eines polyzentrischen weltweiten politischen Systems[427].

1019 Die **NGO** spielen in diesem System die Rolle einer teilweise organisierten transnationalen Bürgergesellschaft. Ihre Bewertung fällt dabei unterschiedlich aus. Je nach Standpunkt des Betrachters dienen sie als Hüter der Solidarität und der Demokratie oder aber als Lobby für partikuläre Interessen. Der Grund für diese unterschiedliche Wahrnehmung liegt darin, dass die transnationale Bürgergesellschaft nicht nur ideelle Bewegungen, sondern auch wirtschaftliche Organisationen umfasst und NGOs mitunter selbst Machtstrukturen ausbilden[428].

1020 Die zur Anhörung oder Mitwirkung zugelassenen NGO werden von den verschiedenen internationalen Organisationen **unterschiedlich definiert.** Es gibt daher keine «Verfassung» der transnationalen Bürgergesellschaft. NGO können in idealisierender Absicht als private Organisationen definiert werden, welche nicht gewinnorientiert arbeiten, advokatorisch für andere gewisse Interessen wahrnehmen, von Staaten und Unternehmungen unabhängig sind

---

427 James N. Rosenau, Global Order, 284 f.
428 Vgl. vorne Rz. 827.

und professionell wie organisatorisch stabilisiert sind[429]. Bei dieser Umschreibung gehören v. a. idealistische Sachwalter gemeinnütziger Anliegen dazu, wie etwa das Internationale Rote Kreuz, Amnesty International, Greenpeace oder Ärzte ohne Grenzen, allenfalls auch transnationale soziale Bewegungen wie die Friedensbewegung oder die Globalisierungsgegner. Wirtschaftsverbände, professionelle Vereinigungen oder Gewerkschaften können durch eine solche Definition ausgeschlossen werden. Diese Eingrenzung des Begriffs der NGO ist aber nicht verbindlich. So gilt sie nicht für die Zulassung zur Mitwirkung im System der UNO gemäss Art. 71 der UN-Charta, in welchem sich z.B. die Internationale Handelskammer (ICC) zur einflussreichsten NGO im Wirtschafts- und Sozialrat entwickeln konnte[430].

Nur ein Teil dieser heterogenen Gruppe von intermediären Gewalten bildet jenes kritische Potential, das als Hoffnungsträger für die Heranbildung einer aktiven **weltweiten Bürgergesellschaft** gelten kann. Es sind jene gemeinwohlorientierten Organisationen, welche sich durch Spenden einer breiten Schicht von Mitgliedern und Gönnern legitimieren und eine Wächterrolle gegenüber den Nationalstaaten, den multinationalen Konzernen und den transnationalen Organisationen wahrnehmen. Sie bilden primär eine Opposition gegenüber dem Entscheidungsverfahren der offiziellen Träger des internationalen politischen Prozesses, entwickeln aber mit zunehmender Professionalisierung auch eigene Lösungsvorschläge und nehmen damit eine konstruktive Rolle ein. 1021

Es wäre allerdings irreführend, sich den internationalen politischen Prozess als ein gerechtes Zusammenspiel von Staaten, transnationalen Organisationen, Unternehmungen und NGO vorzustellen. Der transnationale politische Diskurs wird durch ein **mehrfaches Machtgefälle** verzerrt, das zunächst zwischen den staatlichen und den privaten Partnern herrscht, sodann aber auch innerhalb dieses Gefälles in der unterschiedlichen Macht der einzelnen Nationalstaaten sowie in den ungleichen Ressourcen der nichtstaatlichen Akteure besteht. 1022

Die Idee eines **transnationalen Netzwerks** darf nicht über den Machtcharakter der darin stattfindenden Politik hinwegtäuschen. Der Netzwerkcharakter sagt nichts aus über die Machtbeziehung unter den Partnern. Er bedeutet nur, dass die Teilnahme am Netz für alle offen ist, die einen nützlichen Beitrag 1023

---

429 Vgl. Joachim Hirsch, Des Staates neue Kleider, 15 f.
430 Vgl. Roland Roth, NGO, 44 f.

leisten können, und dass jeder so lange mitmacht, wie er das für sich selbst für nützlich hält. Netzwerke kombinieren stets Eigennutz mit kollektiver Nützlichkeit. Sie haben aber kein Instrumentarium für Gerechtigkeit[431].

1024 Die transnationale wirtschaftliche Vernetzung verringert somit zwar die Gefahr militärischer Konflikte, der «**Friede**», der so entsteht, ist allerdings kein «gerechter», sondern eine reine Machtordnung. Er ist das Resultat systemisch gesteuerter Interaktion, nicht der Verständigung über gemeinsame Ziele. Er entspricht nicht den Vorstellungen Kants vom «ewigen Frieden», der aus dem natürlichen Handelsgeist der Menschen erwachsen sollte[432].

1025 Insgesamt wirken Staaten und staatlich begründete Organisationen in der transnationalen Governance in einem wenig strukturierten Machtprozess mit unterschiedlichen Typen von NGO zusammen. Noch mehr als auf nationaler Ebene fehlt es an einer demokratischen und rechtsstaatlichen Verfassung dieses politischen Prozesses.

1026 Am wenigsten fassbar ist die Macht der **multinationalen Konzerne,** weil diese unmittelbar im globalisierten Markt wirksam wird. Transnational tätige Unternehmen können sich zudem direkt oder über ihre Verbände auf allen Stufen des Mehrebenensystems in den politischen Prozess einschalten und ihre Interessen geltend machen. Sie sind aber in keine Verantwortung eingebunden. Kennzeichnend dafür ist die Initiative des UN-Generalsekretärs zu einer freiwilligen Einbindung in eine weltbürgerliche Verantwortung im Rahmen des so genannten Global Compact[433].

1027 Der **Global Compact** ruft alle Unternehmen der Welt auf, in einem Netzwerk der UNO private Verantwortung für Menschenrechte, humane Arbeitsbedingungen, Umweltschutz und Korruptionsbekämpfung zu übernehmen. Die Beteiligten verpflichten sich auf zehn Grundsätze[434] zu diesen gemeinsamen Werten und haben in ihren Jahresberichten Rechenschaft darüber abzulegen, wie sie diesen nachleben.

1028 Der Global Compact ist keine Verfassung der globalisierten Wirtschaft. Aber er zeigt zweierlei: Zum einen kann die bestehende transnationale öffentliche

---

431 Zur Frage, wie die egoistischen Interessen von Teilnehmern eines Netzwerkes in ein Verhandlungssystem integriert werden können, vgl. Fritz W. Scharpf, Koordination, 57 ff.

432 Zur Idee des ewigen Friedens bei Kant vgl. hinten Rz. 1041 ff.

433 Vgl. die Rede von UN-Genralsekretär Kofi Annan vom 31. Januar 1999 am World Economic Forum (WEF) in Davos (United Nations, Global Compact).

434 Die «Global Compact Brochure» nennt z.B. das Recht zu Kollektivverhandlungen und verbietet Zwangsarbeit, Kinderarbeit und Diskriminierung. Vgl. United Nations, Global Compact Brochure.

Ordnung die Wirtschaft nicht rechtlich zwingen, sich an die Grundsätze des öffentlichen Zusammenlebens zu halten, sondern muss moralisch an sie appellieren, diese Grundsätze freiwillig anzuerkennen. Zum andern zeigt dieses Vorgehen durchaus Wirkung: Wichtige Teile der Wirtschaft sind bereit, ein solches Gentlemen's Agreement einzugehen. Der Diskurs um Werte des Zusammenlebens kann von der Politik auf die Wirtschaft übertragen werden. In den letzten fünf Jahren hat sich der Global Compact zu einer praxistauglichen Bewegung entwickelt, welche von über 2400 Unternehmungen weltweit umgesetzt wird[435].

Damit sind die Möglichkeiten der transnationalen öffentlichen Ordnung 1029 freilich noch nicht ausgeschöpft. Im Zuge der Entwicklung einer globalen Governance wandelt sich auch das **Völkerrecht.** Es übernimmt teilweise Verfassungsfunktionen, welche früher ausschliesslich den Nationalstaaten vorbehalten gewesen sind. Dazu gehören der Menschenrechtsschutz und die Friedenswahrung, aber auch Elemente einer Wirtschaftsverfassung im WTO-Bereich (z.B. die Nichtdiskriminierung beim Marktzugang).

Grundlegend an diesem Wandel ist, dass nichtstaatliche Akteure zu Subjekten 1030 des Völkerrechts werden. Dieses wird vom Recht unter Staaten zum transnationalen öffentlichen Recht, das auch Bürgerkriegsparteien und Individuen erfasst und ihnen Rechte und Pflichten zuspricht. Das Völkerrecht öffnet sich für die Anliegen aller Menschen. Es wird teilweise zu einem Recht höherer Stufe, das die Staaten auch gegen ihren Willen an humanitäre Grundsätze bindet, so im Bereich des zwingenden Völkerrechts (z.B. Folterverbot) oder der internationalen Verbrechensbekämpfung. Hier liegen Ansätze einer «**Konstitutionalisierung des Völkerrechts**»[436].

Damit ist die Entwicklung zu einer weltweiten öffentlichen Ordnung auf der 1031 Grundlage gemeinsamer Rechtsgrundsätze gemeint. Diese Ordnung liegt nicht in der Verfügungsgewalt der einzelnen Staaten, sondern bindet diese in ihrem Verhältnis zu den Individuen. Ohne einen Weltstaat vorauszusetzen, kann das Völkerrecht zumindest partiell zum Weltrecht werden.

Wie ungewiss diese Entwicklung allerdings ist, zeigt der Widerstand, welcher 1032 einer Konstitutionalisierung des Völkerrechts von Seiten der USA erwächst. Nach US-amerikanischem Rechtsverständnis gibt es keine höhere demokratische Legitimation als die Verfassung eines Nationalstaates und entsprechend

---

435 Vgl. GEORGE KELL, Who cares wins.
436 Vgl. dazu WOLFGANG WIEGAND et al., Öffnung des Verfassungsrechts, insb. 42 ff.

kein höheres öffentliches Interesse als das nationale[437]. Zudem herrscht die Auffassung vor, die eigene Verfassungsordnung habe als weltweites Vorbild zu dienen[438]. Solange die westliche Supermacht diese Haltung beibehält, hat es der Grundsatz des Vorrangs des Völkerrechts vor dem nationalen Recht schwer.

1033 Insgesamt ist die Konstitutionalisierung des Völkerrechts bis heute nur in sehr bescheidenen Ansätzen erkennbar und entsprechend umstritten. Aber sie zeigt die Richtung auf, in welcher sich eine weltweite Verfassung des öffentlichen Raums entwickeln könnte (vgl. den Kasten «Ersatzformen der Staatlichkeit»).

Ersatzformen der Staatlichkeit im transnationalen Raum

Das Völkerrecht entwickelt eigene Formen, in welchen das Fehlen supranationaler Hoheit kompensiert wird. So kennt der **Internationale Pakt über bürgerliche und politische Rechte (UNO-Pakt II)** drei Wege, die Einhaltung seiner Bestimmungen zu kontrollieren (z. T. allerdings nur, soweit die Mitglieder sich der betreffenden Kontrolle unterstellt haben).

(1) Das Berichtssystem: Alle Staaten haben dem UN-Ausschuss für Menschenrechte Bericht über die Massnahmen vorzulegen, welche sie zur Verwirklichung der im Pakt anerkannten Rechte getroffen haben.

(2) Ein Vertragsstaat kann dem Ausschuss gegenüber geltend machen, ein anderer Vertragsstaat komme seinen Verpflichtungen aus dem Pakt nicht nach.

(3) Einzelpersonen können die Verletzung von Rechten des Paktes mit Individualbeschwerde geltend machen.

Rechenschaftspflicht, Peer-Kontrolle unter Staaten und Rechtsschutzverfahren bilden zusammen ein Anreizsystem zur Entwicklung der Menschenrechte durch alle Mitgliedstaaten des Paktes.

---

437 Francis Fukuyama, State-Building, 148 f.
438 Ders., 154.

14. Die Verfassung der transnationalen Demokratie

Die Vielfalt divergierender Konzepte einer Weltordnung weckt Zweifel daran, ob eine weltweite Verständigung über die Verfassung des öffentlichen Raums überhaupt möglich ist. Daher sind zunächst die Grundlagen zu klären, auf denen die interkulturelle politische Deliberation beruht (Ziff. 14.1.). Erst danach kann ein eigenes Konzept für eine transnationale Verfassung entwickelt werden (Ziff. 14.2.). Ziel wird es sein, die globale Governance auf die Verfassungsprinzipien einer Weltordnung auszurichten. Zu diesem Zweck werden staatsleitende Prinzipien wie Föderalismus, Demokratie und Rechtsstaat neu zu definieren sein. Dadurch soll ein kritischer Standpunkt gegenüber der aktuellen Weltordnung gewonnen werden.

14.1. Grundlagen interkultureller politischer Deliberation

Die Idee einer weltweiten Verfassung des öffentlichen Raums beruht auf Vo- 1034 raussetzungen, welche nicht evident sind. Die wichtigste Voraussetzung ist jene, wonach es möglich sein soll, dass sich die verschiedenen Kulturen der Erde über Grundsätze des Zusammenlebens verständigen. Bevor das Konzept einer transnationalen Verfassung dargelegt werden kann (Ziff. 14.2.), sind daher die Grundlagen zu erläutern, welche es überhaupt ermöglichen, einen Verfassungsdiskurs unter den Kulturen zu führen. Auszugehen ist von einer Vielfalt angebotener Konzepte (1). Diese lassen sich in zwei Typen zusammenfassen: einerseits universalistische, andererseits relativistische Konzepte einer Weltordnung (2). Diese beiden Typen lassen sich im interkulturellen Diskurs miteinander verbinden (3).

(1) **Die Vielfalt der angebotenen Konzepte:** In der Literatur gibt es viele 1035 Konzepte, die versuchen, die Vielfalt der internationalen und transnationalen Machtverhältnisse einzufangen und zu bewerten. **Wie soll der «gute und gerechte Staat» auf der Ebene des weltweiten öffentlichen Raums gestaltet werden?**

Zunächst bietet sich die Idee der **Demokratie** an, welche in verschiedenen 1036 Formen weltweit Verbreitung gefunden hat. Das nationalstaatliche Konzept der Demokratie kann allerdings nicht ohne weiteres auf den übernationalen Raum ausgedehnt werden. Zum einen würde das einen Weltstaat voraussetzen, der ungeheure Macht in sich vereinigen müsste, zum andern wären die repräsentativen Institutionen der nationalen Demokratie (Wahlen, Parlament) nicht in der Lage, diese Macht so weit zu kontrollieren und zu legitimieren, dass der einzelne Mensch sich damit identifizieren könnte. Trotzdem stehen sich auf der internationalen Ebene zunächst die gleichen politischen Ideen und damit auch die gleichen Demokratiekonzepte gegenüber wie auf nationaler Ebene.

1037 Grundsätzlich lassen sich die verschiedenen Demokratietheorien vier Gruppen zuordnen, die im Grundlagenteil dieses Buches bereits dargestellt worden sind:

- die **republikanische Demokratietheorie** (oder die Lehre vom demokratischen Gemeinwohl),
- die **liberale Demokratietheorie** (oder die Lehre vom freien Menschen in freier Gesellschaft),
- die **realistische Demokratietheorie** (oder die Lehre vom funktionalen Gleichgewicht der sozialen Kräfte) und
- die **komplexe Demokratietheorie** (oder die Lehre von Freiheit und Gemeinwohl unter den Bedingungen einer modernen pluralistischen Funktionsgemeinschaft).[439]

1038 Diese vier Konzepte führen auch auf internationaler Ebene zu unterschiedlichen Erwartungen. Das republikanische Konzept weist auf eine wachsende weltweite Solidarität der Bürgerinnen und Bürger hin. Das liberale Konzept vertraut auf den friedlichen Wettbewerb der Individuen und der Kulturen. Das realistische Konzept baut auf der gegenseitigen Abhängigkeit der grossen Träger politischer, militärischer und wirtschaftlicher Macht auf. Das komplexe Modell fordert Prozesse der Partizipation und Kontrolle im pluralistischen Feld der globalen Governance. Die Kerngehalte der vier Typen von Demokratietheorie bleiben die gleichen, bloss die Erwartungen werden an das internationale Umfeld angepasst.

1039 Die Auseinandersetzung unter den vier Positionen ist in diesem Umfeld aber noch offener als auf nationaler Ebene, weil es keine positivierten Verfassungen gibt, welche für die eine oder gegen die andere Auffassung angerufen werden könnten. Es fehlt jede autoritative Entscheidung von Grundfragen des Zusammenlebens im weltweiten öffentlichen Raum. Diese fehlende Gewissheit spricht freilich für die Angemessenheit des komplexen Modells, denn ein Kon-

---

439 Vgl. vorne Rz. 202 ff., insb. Rz. 218 ff.

sens über liberale oder republikanische Ideale ist auf weltweiter Ebene noch weit unwahrscheinlicher als in einem Nationalstaat. Wer bei der Analyse realer Machtspiele nicht Halt machen will, sondern einen normativen Anspruch erhebt, ist somit auf prozedurale Formen der Legitimation angewiesen. Die Weltordnung wird auf der Grundlage einer **komplexen Demokratietheorie** aufzubauen sein.[440]

Im Diskurs über eine Weltordnung werden zurzeit allerdings sehr unterschiedliche Thesen vertreten. Drei Beispiele mögen dies zeigen: 1040

Die Quelle heutiger Auseinandersetzungen über die wünschbare Weltordnung   1041
bleibt die Idee des «**ewigen Friedens**» von IMMANUEL KANT. Nach ihm sollten die Staaten sich zu einem Friedensbund[441] zusammenschliessen und das Völkerrecht auf einen Föderalismus freier Staaten gründen[442]. Der Krieg entspreche zwar der menschlichen Natur[443], aber der «wechselseitige Eigennutz», der «Handelsgeist» des Menschen sei mit Krieg nicht vereinbar. Das Geld als die zuverlässigste Macht im Staat dränge diesen, «den edlen Frieden zu befördern», auch wenn dies nicht aus moralischem Antrieb geschehe. Auf diese Art garantiere die Natur durch den Mechanismus der menschlichen Neigungen selbst den ewigen Frieden[444].

KANT hofft, dass dieser Friede daher keine leere Idee, sondern eine Aufgabe   1042
sei, die ihrer Erfüllung beständig näher komme[445]. Bedingung dafür sei, dass die weltweite Föderation aus republikanischen Staaten bestehe, die von der Zustimmung der Angehörigen abhängen[446]. Der ewige Friede sei nur dann eine menschengerechte Ordnung, wenn die Menschen sich in der Föderation durch ihre Staaten richtig vertreten fühlten[447]. Die Weltordnung müsse durch demokratische Zustimmung legitimiert sein.

Auf ganz anderer, nämlich religiöser Grundlage beruht der Weltfrieden für   1043
HANS KÜNG. Dieser fordert in seinem **Projekt Weltethos** einen Weltfrieden auf der Basis eines Religionsfriedens. Er glaubt einen weltweiten minimalen Grundkonsens in den Maximen elementarer Menschlichkeit zu erkennen,

---

440 Vgl. vorne Rz. 435.
441 IMMANUEL KANT, Zum ewigen Frieden, 356.
442 DERS., 354.
443 DERS., 365.
444 DERS., 368.
445 DERS., 386.
446 DERS., 349 ff.
447 JÖRG PAUL MÜLLER, Republikanische Repräsentation, 149.

welche in allen grossen Weltreligionen anerkannt sind[448]. Ferner vertraut er auf einen allgemeinen Fortschritt der Moderne in Richtung Humanität[449]. Das Humanum, konkret die Menschenwürde, sei ein allgemeines ökumenisches Grundkriterium, auf welches sich ein Konsens zwischen den Religionen aufbauen lasse[450]. Mit diesem Ziel vor Augen ruft er zu einem interreligiösen Dialog auf allen Ebenen auf[451].

1044 Anders als Kant sieht Peter Ulrich in der modernen Weltwirtschaft nicht den Garanten, sondern das Problem einer künftigen Weltordnung[452]. Er kritisiert die ökonomisierte Rationalität der Weltwirtschaft, welche Geltung auch im politischen Bereich beansprucht. Diesem Ökonomismus hält er entgegen, dass die Logik der Marktwirtschaft selbst auf eine politisch – und das heisst demokratisch – bestimmte supranationale Rahmenordnung angewiesen ist[453]. Dem neoliberalen Glauben an den Marktmechanismus setzt er das Konzept einer **lebensdienlichen Marktwirtschaft** entgegen, die in eine globale Governance mit weltweiten Standards eingebettet ist, welche die Wirtschaft an Menschenrechte, Demokratie, Sozial- und Umweltverantwortung bindet.[454]

1045 **(2) Universalistische und relativistische Konzepte der Weltordnung:** Die Thesen, welche in der Auseinandersetzung um den globalen öffentlichen Raum vertreten werden, lassen sich in zwei Kategorien einteilen.

- Die einen erheben einen universalistischen Anspruch. Sie stützen sich auf Normen, welche für die ganze Welt einheitlich gelten sollen.
- Die andern vertreten einen relativistischen Standpunkt. Sie bestreiten die Möglichkeit, universale Normen zu begründen, und anerkennen nur kulturbedingte, wandelbare Werte.

1046 Typischer Vertreter einer **universalistischen Position** ist Immanuel Kant. Er postuliert als universale Norm die Gleichheit aller Menschen. Unter seinem Einfluss stehen zahlreiche liberale westliche Positionen, welche die Universalität der Menschenrechte als vorgegeben annehmen. Die typische **Gegen-**

---

448 Hans Küng identifiziert fünf solche Gebote: nicht töten, nicht lügen, nicht stehlen, nicht Unzucht betreiben, die Eltern achten und die Kinder lieben (Weltethos, 82).

449 Ders., 116 f.

450 Ders., 119.

451 Ders., 169 ff.

452 Peter Ulrich, Zivilisierte Marktwirtschaft, 158 ff.

453 Ders., Zivilisierte Marktwirtschaft. 177.

454 Weitere solche Konzepte haben u.a. Jürgen Habermas und David Held entwickelt. Auf sie wird unter Rz. 1071 ff. näher eingegangen.

position zeichnet die Weltgesellschaft als «Vielfalt ohne Einheit» [455], als All-gegenwart kultureller, religiöser, politischer und ökonomischer Unterschiede. Aus dieser Perspektive unterliegt der Diskurs über die Weltordnung einem «Gesetz des endlosen Streitgesprächs»[456]. Die Bürgergesellschaft ist geprägt von einer unendlichen Vielfalt unterschiedlicher Moralvorstellungen und frei von einer einheitlichen universalen Ethik[457]. Die weltweite Bürgergesellschaft ist aus dieser Sicht gerade die Garantie eines permanenten Gastrechts für Sitt-lichkeiten aller Art[458].

Wie lassen sich diese gegensätzlichen Positionen miteinander vereinbaren?   1047
Zunächst scheint dies unmöglich. Entweder gibt es eine universal gültige Mo-ral oder alles ist relativ, auf subjektive oder kulturell variable Einstellungen bezogen. Bei näherer Betrachtung sind die Positionen allerdings nicht so aus-schliesslich, wie es scheint. Zumindest gibt es eine Interpretation, nach wel-cher sie sich vertragen können.

Vorauszusetzen ist, dass beide Haltungen normative Ansprüche erheben. Kei-   1048
ne akzeptiert grundlos jede Machtausübung des Stärkeren. Wer immer Macht beansprucht, behauptet, diese sei nach seinem Verständnis von Moral gut oder gerecht. Die Unterschiede liegen nur darin, dass die Relativisten anerkennen, dass das, was für den einen gut oder gerecht ist, es nicht auch für den an-dern zu sein braucht – und das nicht nur wegen praktischer Schwierigkeiten, sondern auch unter optimalen Verhältnissen –, während die Universalisten geltend machen, dass zumindest idealerweise für alle das Gleiche gut oder gerecht sein müsste.

Der Streit dreht sich also darum, ob es Gründe gibt, nach denen alle zur glei-   1049
chen Überzeugung kommen müssten, oder ob es bleibende Differenzen geben darf oder sogar soll. Damit teilen beide Positionen zumindest eine Gemein-samkeit: **Sie befinden sich im gleichen Diskurs**, jenem über die Begründung von Normen des öffentlichen Zusammenlebens. Sie anerkennen damit die Grundsätze der Diskursethik.

Für die Vertreter des Relativismus ist dieser Diskurs allerdings kein mora-   1050
lischer in der Terminologie von JÜRGEN HABERMAS, sondern ein ethischer, d.h. es geht ihnen nicht um eine universale Begründung von Normen, son-

---

455 ULRICH BECK, Perspektiven der Weltgesellschaft, 7.
456 JOHN KEANE, Global Civil Society?, 194.
457 DERS., 196
458 DERS., 197.

dern nur um eine auf eine konkrete Gemeinschaft begrenzte Rechtfertigung. Gerade für diesen relativierten Geltungsanspruch stellt nun aber das Konzept der **deliberativen Demokratie** eine Reihe von stufengerecht differenzierten Diskursen zur Verfügung, die vom ethischen über den politischen Diskurs bis hinab zum fairen Kompromiss unter nicht verallgemeinerbaren Interessen reicht. Universalisten und Relativisten streiten sich also letztlich darum, auf welcher Diskursstufe ihre Auseinandersetzung stattfinden soll. Die Universalisten tragen dabei die Begründungslast dafür, dass es eine höhere Stufe gibt, auf welcher der Streit richtigerweise auszutragen sei.

1051 Auch wenn diese Debatte eine endlose sein sollte, stellt sie jedenfalls eine Deliberation in jenem Sinne dar, der im Grundlagenteil dieses Buches dargelegt worden ist[459]. Deliberiert wird über die Begründung von legitimen Formen des öffentlichen Zusammenlebens. Damit gelten für die Auseinandersetzung zwei Arten von Normen:

– die Diskursethik als universaler Rahmen, der allerdings keine substantiellen Gebote für das Verhalten im öffentlichen Zusammenleben vorschreibt,

– die Grundsätze der deliberativen Demokratie mit ihren Gehalten der Verbindlichkeit, der Verantwortung, der Reziprozität, der Symmetrie und der demokratischen Legitimation[460].

1052 Unbestimmt und damit subjektiv oder kulturell variabel bleibt dabei die Interpretation dieser Normen. Aus relativistischer Sicht wird jeder Teilnehmer und jede Kultur eigene Vorstellungen z.B. von demokratischer Legitimation entwickeln und behaupten können. Die Universalisten müssen hier versuchen, zu überzeugen.

1053 Daraus ergibt sich eine **relativierende Konsequenz** für die universalistische Position: Sie kann zwar behaupten, es gebe universal vorgegebene substantielle Normen für das öffentliche Zusammenleben, aber sie wird ihre Position im interkulturellen Diskurs nicht durchsetzen können, solange ihre Behauptung sich nicht diskursiv bewährt hat: **Moral ist nicht a priori universal, sondern muss sich erst noch universalisieren lassen.** *Gute Gründe für die Universalität von Menschenrechten sind ein Schritt zur Universalisierung der Menschenrechte – aber nur in dem Ausmass, als sie alle Betroffenen zu überzeugen vermögen. An*

---

459 Vgl. vorne Rz. 390 ff.
460 Vgl. vorne Rz. 403.

die Stelle der **Universalität** (als Voraussetzung) tritt die **Universalisierung** als Ziel.

Der Konsens über die Grundsätze des weltweiten Zusammenlebens im öf- 1054
fentlichen Raum kann als Ziel und als regulative Idee dienen, der Weg dazu
ist aber ein deliberativer Prozess einer Kommunikation über grundlegende
Differenzen. Der Ausgangspunkt dieses Prozesses ist die Vielheit, ohne dass je
vorausgesetzt werden darf, dass als Ergebnis eine Einheit erzielbar wäre. Der
Konsens ist immer nur annäherungsweise und nur partiell möglich. *Zurzeit
betrifft er nur elementare Fragen wie den Gewaltverzicht oder die Menschenrechte – und auch diese Anerkennung ist nicht gesichert.*

Wohl besteht demnach die Möglichkeit zur weltweiten Verständigung, aber 1055
diese folgt nicht der Logik des Einheitsdenkens. Handlungsnormen lassen
sich nicht deduktiv von einem Universalprinzip *(z.B. von der Menschenwürde
oder der Gleichheit der Menschen)* ableiten. Die **Logik der interkulturellen
Verständigung** folgt anderen Schritten:

— Auszugehen ist von der Anerkennung des Andern im Diskurs als gleichwertig, auch wenn er ganz andere Grundsätze für massgebend erachtet.

— Der Diskurs ist sodann als Methode des Umgangs mit Differenzen auszugestalten. Konsens darf nicht als strategisches Ziel vorgegeben werden.
   Dissens ist nicht nur wahrscheinlicher als Konsens, er ist auch legitim.

— Im Rahmen zahlreicher Differenzen ist sodann nach Überlappungen unter den divergierenden Positionen zu suchen, um gemeinsame Grundsätze formulieren zu können.

— Daraus kann sich schliesslich ein Netz von Prinzipien ergeben, das als
   Grundlage für weitere Schritte der Universalisierung von Normen des Zusammenlebens dienen kann.

Im besten Fall fügen sich die Elemente dieses Netzes zu einem allseits aner- 1056
kannten **Argumentarium** zusammen: zu dem, was in diesem Buch als pluralistische Grundsätzlichkeit bezeichnet worden ist[461]. Dann lassen sich konkrete
Streitfälle durch Interpretation und Abwägung leitender Grundsätze beurteilen, vielleicht sogar in justizförmigen Verfahren *(so z.B. das Folterverbot oder
die Verbrechen gegen die Menschlichkeit)*. Ob die verschiedenen Grundsätze
sich je in eine widerspruchslose Hierarchie universaler Werte einfügen lassen,
muss dabei aber offen bleiben.

---

461 Vorne Rz. 305 ff.

1057 **(3) Der interkulturelle Diskurs**[462]**: Wie muss der Diskurs über die Weltordnung ausgestaltet werden, damit er relativistische Positionen universalisieren und auf diese Weise gemeinsame Werte und Grundsätze begründen kann?** Der vorgezeichnete Weg soll im Folgenden noch verdeutlicht werden: Er muss über die Diskursethik (a) zur Anerkennung der Vielfalt und der Differenz (b) führen und von dort aus nach überlappenden Wertvorstellungen und Gemeinsamkeiten (c) suchen.

1058 **(a) Der universale Anspruch der Diskursethik** gilt auch für das Gespräch unter den Kulturen. Alle Menschen bedienen sich einer Sprache, wenn sie sich verständigen wollen. Damit gelten die Geltungsansprüche der Wahrhaftigkeit, der Wahrheit und der Richtigkeit für alle, ebenso die Voraussetzungen für die Chance zur zwanglosen Einigung[463].

1059 Besonderes Gewicht erlangt dabei die Diskursregel, die besagt, dass alle Betroffenen ihre Einstellungen, Gefühle und Wünsche zum Ausdruck bringen können müssen[464]. Die sprachliche Verständigung darf nicht auf einen europäischen Rationalismus verengt werden. Sprache muss so weit gefasst werden, dass sie alle Formen der menschlichen Äusserung einbezieht. Verständigung läuft nicht nur rational ab. Die Forderung nach Rechtfertigung von Geltungsansprüchen mit «guten Gründen» lässt zu, dass das, was ein guter Grund ist, nicht restlos expliziert werden kann. Gründe überzeugen stets auf dem Hintergrund unausgesprochener Übereinstimmungen. *Gut kann ein Grund auch sein, weil er gemeinsamen Intuitionen oder Emotionen entspricht.*

1060 Sogar die Formulierung der Diskursregeln muss für Modifikationen offen bleiben. Die Diskursethik meint etwas Universales, kann dieses aber zwangsläufig nur in einer bestimmten Sprache zum Ausdruck bringen. Diese ist kulturell geprägt und damit auch nur relativ. *Die Diskurstheorie, wie sie z.B.* JÜRGEN HABERMAS *formuliert hat, ist auch nur ein Beitrag im Diskurs über die Ethik der Verständigung.* Damit bleibt auch die Diskursethik selbst in den interkulturellen Diskurs eingebunden und kann sich in diesem entwickeln.

1061 **(b) Die Anerkennung, welche die Diskurspartner einander schulden,** bedeutet im interkulturellen Diskurs vor allem Anerkennung der Vielfalt und der Differenz. Die Konsenstheorie der Wahrheit, welche der Diskursethik zugrun-

---

462 Ausführlicher zur Spannung von Universalismus und kultureller Relativität: PHILIPPE MASTRONAR-DI, Juristisches Denken, Rz. 468–551.

463 Vgl. vorne Rz. 334.

464 Vorne Rz. 334.

de liegt, wird hier auf eine harte Probe gestellt. Im weltweiten Diskurs kann meist keine Wahrheit hergestellt werden, weil im interkulturellen Verhältnis der **Dissens** viel wahrscheinlicher ist als ein echter Konsens. Die Differenz, d.h. der Widerstreit der Meinungen[465], hat im interkulturellen Diskurs viel mehr Gewicht als in der Verständigung innerhalb eines kulturell homogenen Rahmens. Die Diskursethik wird damit zum Massstab der Wahrhaftigkeit in der Anerkennung des Andern und in der Akzeptanz von Konflikten unter verschiedenen Rationalitäten.

Die Vielzahl gegenläufiger Rationalitäten bleibt das Merkmal des interkulturellen Diskurses. Ob dieser es schafft, Übereinstimmungen herzustellen, ist nie gesichert. Einen Grund zur Hoffnung nennt WOLFGANG WELSCH: Er sieht in der menschlichen Vernunft die Fähigkeit, sich auf die Gesamtheit der kulturellen Rationalitäten zu beziehen und zwischen diesen nach dem Massstab der Gerechtigkeit zu vermitteln[466]. Diese so genannte **transversale Vernunft** schafft durch ihr dialektisches Hin- und Hergehen zwischen den Rationalitäten Übergänge zwischen Heterogenem, d.h. zwischen Welten, welche unterschiedlichen Ursprung haben und keinen gemeinsamen Nenner teilen. Solche heterogene Welten lassen sich auch durch die Vernunft nicht zu einer Einheit verschmelzen[467]. Vernunft kann höchstens Übergänge zwischen ihnen schaffen. Transversale Vernunft ist keine Hyper-Rationalität[468], sondern bloss die Fähigkeit, zwischen unterschiedlichen Denkwelten Verbindungen herzustellen[469], also Kulturen gleichberechtigt miteinander zu verknüpfen. 1062

Die Idee einer transversalen Vernunft hilft weiter, weil sie versucht, Verständigung ohne übergeordnete Einheit denkbar zu machen. Interkulturelle Verständigung kann nur unter gleichberechtigten Partnern glücken. Niemand kann andere zwingen, die eigene Vorstellung von einer übergeordneten Einheit zu übernehmen. Vernunft kann deshalb nur horizontale Bezüge herstellen, nicht vertikale Schlüsse ziehen. Allerdings geht WELSCH davon aus, dass die tradi- 1063

---

465 Der Begriff stammt von JEAN-FRANÇOIS LYOTARD. Dieser Vertreter der Postmoderne geht von einer Theorie der Differenz oder des Widerstreits aus, welche den Konsens zwischen einer Vielzahl unterschiedlicher Diskurse verunmögliche (JEAN-FRANÇOIS LYOTARD, Le Différend, 9 f). Allerdings nimmt LYOTARD gerade mit dieser These aktiv am Diskurs über die Möglichkeit einer Verständigung teil und kann sich damit den Regeln der Diskursethik nicht entziehen.
466 WOLFGANG WELSCH, Vernunft, 698 f.
467 DERS., 749 ff.
468 DERS., 759.
469 DERS., 761.

tionelle Vorgabe, wonach Vernunft «für das Ganze zuständig ist»[470], weiterhin gültig bleibt. Damit setzt er doch die Universalität der menschlichen Vernunft voraus und lokalisiert diese beim vernünftigen Menschen als Subjekt. Vernunft bleibt eine Kompetenz des postmodernen Menschen (und wird nicht zum Ergebnis eines intersubjektiven Prozesses). Damit besteht weiterhin die Gefahr, dass jeder – insbesondere der westliche Mensch – den Anspruch erhebt, über diese Vernunft zu verfügen und damit zu bestimmen, welche Übergänge zwischen den Rationalitäten die «gerechten» sind.

1064 WELSCH beachtet zu wenig, dass sämtliche Teilnehmer im interkulturellen Diskurs auf diese richterliche Position verzichten und sich dem intersubjektiven Prozess der Heranbildung eines vernünftigen Konsenses unterziehen müssen. Es gibt keine Expertenposition, von welcher aus beurteilt werden könnte, welches Ergebnis die Qualifikation als gerecht beanspruchen kann. Der Einzelne kann Gerechtigkeitsansprüche zwar erheben, ob diese sich aber als richtig erweisen, muss der Diskurs ergeben.

1065 **(c) Der interkulturelle Diskurs wird damit zur Suche nach überlappenden Wertvorstellungen und Gemeinsamkeiten.** Gibt es Fragen, zu denen alle Kulturen bereits eine übereinstimmende Antwort haben oder doch in Zukunft finden können? Die bisherige Geschichte des interkulturellen Austauschs weist darauf hin, dass sich solche Gemeinsamkeiten herstellen lassen. *Das wichtigste Beispiel ist die Entwicklung der Menschenrechte. Auch wenn darunter nicht überall das Gleiche verstanden wird, bilden die Menschenrechte doch ein Anliegen, das gemeinsame Wertvorstellungen in sich birgt.*

1066 Diese Verständigungsmöglichkeit beruht auf dem Konzept eines **überlappenden Konsenses**, genauer: eines Konsenses über Werthaltungen, die einander überlappen. Werthaltungen können sich in bestimmten Teilen decken, in andern einander widersprechen. Im privaten Bereich dürfen Widersprüche stehen gelassen werden. Sie können sogar fruchtbar sein. Im öffentlichen Raum aber braucht es ein Minimum an Übereinstimmung, um das weltweite Zusammenleben zu verfassen. Die entscheidende Frage ist somit, ob sich in Fragen von öffentlicher Bedeutung ein überlappender Konsens der Kulturen herstellen lasse.

1067 JOHN RAWLS hat das Konzept des überlappenden Konsenses zur Grundlage der Gerechtigkeit in einer wohlgeordneten Gesellschaft gemacht. Danach ge-

---

470 DERS., 699.

nügt es für die öffentliche Ordnung, wenn Anhänger unterschiedlicher umfassender Konzeptionen (comprehensive doctrines) einen Konsens über Fragen der öffentlichen Gerechtigkeit finden können. Konsens ist damit nur über die Grundfragen des öffentlichen Raums erforderlich. Alles Übrige kann offen bleiben.[471]

MICHAEL WALZER wendet ein ähnliches Konzept auf das Verhältnis der Völ-   1068
ker untereinander an. Daraus entwickelt er das Prinzip des «**wiederholenden Universalismus**»[472]. Jedes Volk macht seine eigenen Erfahrungen und bildet seine eigene «dichte Moral» aus. Jeder Mensch und jedes Volk hat das Recht, eine bestimmte Auffassung vom guten Leben zu entwickeln und danach zu leben, d.h. diese Lebensweise zu wiederholen. Im interkulturellen Vergleich ergeben sich aus dieser Autonomie zunächst Differenzen. Dennoch lässt sich in diesen Lebensweisen «eine sich überschneidende Vielheit von Bündeln entdecken, die alle eine gewisse Familienähnlichkeit zu den anderen aufweisen»[473]. Diese Gemeinsamkeit betrifft insbesondere Prinzipien der Gerechtigkeit.

In den dichten Moralauffassungen der einzelnen Völker finden sich auf diese   1069
Weise Merkmale, welche auch in allen andern immer wieder auftauchen. Diese nennt WALZER die «dünne Moral» oder das moralische Minimum, welches die Vertreter verschiedener dichter moralischer Kulturen wechselseitig anerkennen. Dieses moralische Minimum bildet allerdings nicht einen gemeinsamen Kern letzter Werte, aus dem sich eine einheitliche Moral entwickeln liesse. Das moralische Minimum ist nicht ein gemeinsamer Nenner aller dichten Konzepte von Moral. Es ist bloss ein überlappender gemeinsamer Teil der verschiedenen Moralvorstellungen der Völker. Die dichte Moral geht der dünnen stets voraus.[474]

Insgesamt kann der interkulturelle Diskurs somit einen Prozess der Universa-   1070
lisierung von relativen Werten bilden. Wo Leitvorstellungen unterschiedlicher Kulturen einander überlappen, kann sich eine Gemeinsamkeit ergeben. Die

---

471 JOHN RAWLS, Liberalism, 133 ff.
472 MICHAEL WALZER, Lokale Kritik – globale Standards, 139 ff.
473 DERS., Lokale Kritik – globale Standards, 159.
474 DERS., Lokale Kritik – globale Standards, 13 ff. WALZER wirft der Diskurstheorie vor, auch sie sei ein Produkt einer dichten Moral und könne daher nicht als universales moralisches Minimum dienen (a.a.O., 26 f.). Dem lässt sich aber Rechnung tragen, wenn die Formulierung der Diskurstheorie als Beitrag zum Diskurs über die interkulturelle Verständigung selbst der Anerkennung im interkulturellen Diskurs unterworfen wird (vgl. vorne Rz. 1057). – Einmal mehr lässt sich der hermeneutische Zirkel in Fragen der Verständigung unter Teilnehmern nicht durchbrechen: Eine Theorie des Diskurses kann nur als Vorgriff auf das Ergebnis des Diskurses über diese Theorie entworfen werden.

Anerkennung gemeinsamer Werte hängt aber immer von der Zustimmung in jeder einzelnen Kultur ab.

> Die Universalität gemeinsamer Werte ist nicht vorgegebene Norm, sondern nur regulative Idee oder aufgegebenes Ziel eines Prozesses der Universalisierung.

14.2. Ein Konzept transnationaler Verfassung

1071 Unter den skizzierten Bedingungen soll abschliessend ein eigenes Konzept transnationaler Verfassung zur Diskussion gestellt werden. Dieses nutzt den Gedankengang, der sich durch das ganze Buch gezogen hat, um daraus eine Synthese zu ziehen:

- Die Trennung von Staat und Gesellschaft ist durch die Trennung von öffentlichem Raum und privatem Bereich zu ersetzen.
- Dadurch weitet sich der Geltungsbereich einer Verfassung vom formalen Staat auf alle Träger von Macht im öffentlichen Raum aus; die traditionelle Staatslehre wird zur Verfassungslehre für Public Governance.
- Public Governance als das Zusammenwirken von Staat, Wirtschaft und Bürgergesellschaft wird den Grundsätzen des öffentlichen Zusammenlebens unterstellt, wie sie im Konzept der deliberativen Demokratie und in den staatsleitenden Prinzipien des demokratischen Verfassungsstaates umschrieben sind.
- Die **Weltordnung** einer globalen Governance ist auf der Grundlage der Diskurstheorie stufengerecht auszugestalten: Zu Themen, über welche ein universaler Konsens erzielbar scheint, sind Diskurse auf der Weltebene zu führen, zu Themen, über welche nur partielle Konsense möglich scheinen, sind die Diskurse sektoral oder regional zu begrenzen.

1072 Die nachfolgende Darstellung gliedert sich in sechs Schritte:

(1) **Staatliche Strukturen, Markt oder Netzwerke?** Die bestehenden Konzepte einer übernationalen Ordnung lassen sich drei Typen zuordnen: solche, welche staatliche Strukturen errichten (Typ 1), solche, welche die Koordination dem Markt übertragen (Typ 2), und solche, welche Netzwerke schaffen wollen (Typ 3).

(2) **Verfassung der Staatlichkeit:** Typ 1 betont die internationalen, d.h. staatlichen Strukturen, auf denen die öffentliche Organisation der Welt aufzubauen sei.

(3) **Verfassung der Weltwirtschaft:** Typ 2 vertraut auf die Gesetze des Marktes, um eine Weltwirtschaftsordnung zu errichten.

(4) **Verfassung der Bürgergesellschaft:** Typ 3 betont die Netzwerke der weltweiten Bürgergesellschaft als Grundlage einer neuen Weltordnung.

(5) **Verfassung der globalen Governance:** Die Synthese der verschiedenen Ansätze versucht, staatliche, wirtschaftliche und bürgerschaftliche Machtträger einer gemeinsamen Verfassung zu unterstellen.

(6) **Kritik und Reformbedarf der aktuellen Weltordnung:** Die Kluft zwischen Idee und Realität der Weltverfassung ruft nach Kritik der bestehenden Verhältnisse und nach Reformen auf allen Ebenen.

(1) **Staatliche Strukturen, Markt oder Netzwerke?** Die meisten bestehenden 1073 Konzepte für eine Weltordnung lassen sich in drei Typen zusammenfassen. Sie setzen entweder bei den staatlichen Strukturen an (Typ 1), setzen auf den Markt als Koordinationsmechanismus (Typ 2) oder betonen das Gegengewicht, welches die weltweite Bürgergesellschaft gegen diese beiden Mächte aufbaut (Typ 3). Dabei folgt das Denken jener Trennung, die bereits aus der nationalen Ebene bekannt ist: Dem Staat (mit dem der öffentliche Raum meist gleichgesetzt wird) stehen die Wirtschaft und die private Gesellschaft gegenüber. Es werden drei Welten gebildet, welche zueinander in Konkurrenz treten.

Die eine Welt ist das **Staaten-System,** das sich durch internationale und su- 1074 pranationale Organisationen auf regionaler und weltweiter Ebene fortsetzt. Hier wird das staatsleitende Prinzip des Föderalismus in abgewandelter Form auf höhere Stufen der Staatlichkeit übertragen (Typ 1).

Die zweite Welt ist die **Weltwirtschaft,** welche als Motor der wirtschaftlichen 1075 Globalisierung die neue Ordnung herstellt, wenn sie von nationalen Beschränkungen freigesetzt wird. Hier übernehmen ökonomische Gesetzmässigkeiten die Funktion einer Verfassung (Typ 2).

Die dritte Welt ist die **Weltbürgergesellschaft,** in welcher sich Teile der na- 1076 tionalen Bürgergesellschaften in politische Bewegungen und NGO auf Weltebene treffen. Hier wird Public Governance meist im Sinne von «Governance without Government», also als Gestaltung öffentlicher Angelegenheiten ohne den Staat verstanden und als Netzwerk transnationaler privater Kräfte zur Förderung einer neuen Weltordnung postuliert (Typ 3).

1077 Kein Konzept vertraut ausschliesslich auf die eine oder die andere Welt. Es sind aber eindeutige Präferenzen auszumachen, welche wohl auf grundsätzliche Differenzen im Weltbild zurückzuführen sind. Die Positionen unterscheiden sich in ihrem Vertrauen in den Staat, in die Wirtschaft oder in die Gesellschaft: Je nachdem, wo sie die grösste Gefahr für die Zukunft des Menschen erblicken, setzen sie auf die eine oder die andere Gegenkraft.

1078 **(2) Verfassung der Staatlichkeit (Typ 1):** Wird das Gefüge des internationalen Rechts und der ihm entsprechenden Organisationen als eine Fortsetzung der Staatlichkeit im übernationalen Raum verstanden, so entsteht das Gesamtbild eines «**Five Story House**»[475], eines fünfstöckigen Aufbaus der institutionellen Weltordnung, die von der Gemeinde über den föderalistischen Gliedstaat und den Nationalstaat zum regionalen und schliesslich zum globalen Recht und seinen Organisationen reicht. Dieser mehrstöckige Aufbau kann als Modell eines weltweiten Föderalismus dienen, dessen oberste Ebenen freilich nur noch beschränkte Kompetenzen ausüben. Insgesamt entspricht dieses Bild dem Anliegen, so viel von der nationalen Staatlichkeit auf internationaler Ebene zu wiederholen, als nötig scheint, um eine verlässliche Weltordnung zu garantieren. Zu diesem Bild passen die Konzepte von JÜRGEN HABERMAS und DAVID HELD, welche als Beispiele für den Typus einer Verfassung der Staatlichkeit im internationalen Raum kurz vorgestellt werden sollen.

1079 HABERMAS entwirft ein Mehrebenensystem mit drei Arenen:
   - Die **supranationale Arena** wird von einer Weltorganisation beherrscht, welche nur zwei Funktionen hat: die Wahrung der internationalen Sicherheit und die globale Durchsetzung der Menschenrechte. Diese Beschränkung ist erforderlich, weil nur in diesen Belangen ein hinreichender Konsens erwartet werden kann.
   - Die mittlere Arena ist die **transnationale Ebene** regionaler Regime mit einer überschaubaren Anzahl von Global Players, bestehend aus Zusammenschlüssen von Nationalstaaten nach dem Vorbild der EU und aus einigen grossen Nationalstaaten wie den USA oder China. Auf dieser Ebene ist ein flexibles Machtgleichgewicht anzustreben, in welchem auch weltweite Fragen der Weltinnenpolitik (z.B. Energie-, Umwelt-, Finanz- und Wirtschaftspolitik) ausgehandelt werden können.

---

475 THOMAS COTTIER, Konstitutionalisierungsprobleme, 51.

– Die dritte Arena ist jene der **Nationalstaaten,** die weiterhin handlungsfähige Akteure der Weltordnung bleiben.[476]

HELD betont in seinem Modell einer Weltordnung zwar auch die Rolle der Bürgergesellschaft. In der Institutionalisierung staatlicher Macht auf übernationaler Ebene geht er aber weiter als andere Autoren, sodass sein Konzept unter dem Typus einer Verfassung der Staatlichkeit vorgestellt werden muss. 1080

HELD entwirft ein «**kosmopolitisches Demokratiemodell**», in welchem eine Vielzahl von Staaten und internationalen Mächten dank einem gemeinsamen Fundament von demokratischen und rechtsstaatlichen Grundsätzen und Regeln zusammenleben[477]. Das Modell beruht auf den Ideen der individuellen Selbstbestimmung und der kollektiven demokratischen Autonomie. Ein Schatz anerkannter Rechte und Pflichten stellt in wichtigen Bereichen eine Übereinstimmung der Politik aller Mächte sicher. 1081

Nach Ansicht von HELD gibt es **acht Prinzipien**, welche unparteiisch und universal gültig sind[478]. Dazu gehören die Gleichheit und Würde des Individuums, die Handlungsfreiheit, die persönliche Verantwortlichkeit für eigenes Handeln, aber auch das Prinzip der zwanglosen Einigung, welches den demokratischen Mehrheitsentscheid begründet, wenn alle wesentlich Betroffenen am Verfahren partizipieren konnten. Die Verhütung von Leid und die Linderung von Not sowie das Nachhaltigkeitsprinzip schliessen die Reihe. Bei diesen Prinzipien handle es sich um notwendige Voraussetzungen menschlichen und gesellschaftlichen Handelns. Dabei ist sich Held bewusst, dass diese Grundsätze jeweils interpretiert und in politischen Diskursen institutionalisiert werden müssen[479]. 1082

Auf der Basis solcher Prinzipien kann ein vielfältiger Pluralismus weiterbestehen; es genügen überlappende Netzwerke unter den Völkern und Nationen. Politische Partizipation ist nicht territorial, sondern personal definiert. Jeder nimmt an verschiedenen Gemeinschaften teil. Sein Bürgerrecht umfasst daher Mitgliedschaften in allen sich überschneidenden politischen Gemeinschaften[480]. 1083

---

476 JÜRGEN HABERMAS, Der gespaltene Westen, 134 f.; DERS., Naturalismus und Religion, 334 ff.
477 DAVID HELD, Democracy and the Global Order, 139 f.
478 DAVID HELD, Cosmopolitan Order, 10–27.
479 DERS., Democracy and the Global Order, 152.
480 DERS., Democracy and the Global Order, 271 f.

1084 HELD fordert die **Demokratisierung der Wirtschaft**[481]. Die neuen Grund-
regeln der Marktwirtschaft sind auf weltweiter Ebene demokratisch festzulegen[482]. Investition, Produktion und Handel müssen an demokratische
Bedingungen und Verfahren gebunden werden[483]. Letztlich erfordert die Demokratisierung der Wirtschaft, dass das Eigentum an den Produktionsmitteln
breiter gestreut wird[484].

1085 HELD skizziert auch den Weg zur Verwirklichung seines Konzepts. Das demokratische Weltrecht verlangt den Aufbau übernationaler Parlamente und
Regierungen, sowohl auf regionaler wie weltweiter Ebene. Diese Organe sind
der Volkswahl zu unterstellen. Eine weltweite Versammlung von Delegierten
aller demokratischen Staaten und Institutionen soll zunächst als Ergänzung
neben die UNO-Vollversammlung treten, später diese allenfalls ersetzen. Die
Verwirklichung des Weltrechts kann sich dabei nur schrittweise dem Ideal an-
nähern. In fortgeschrittenem Stadium wird die Weltordnung aber auch über
militärische Macht verfügen, um Angriffe gegen die Demokratie abzuweh-
ren[485].

1086 Insgesamt fordert HELD zwar keinen Weltstaat, aber doch ausgebaute Elemente von Staatlichkeit im übernationalen Raum. Die Weltordnung soll nach
dem Typus einer Verfassung der Staatlichkeit und damit nach dem Vorbild
nationaler Staaten politisch hergestellt werden.

1087 **(3) Verfassung der Weltwirtschaft (Typ 2):** Die neoliberale Gegenposition zu
dieser Art von Weltordnung misstraut der politischen Steuerung des Gemeinwohls grundsätzlich. Der zweite Typus einer Weltordnung beschränkt die Verantwortung von Staat und Recht daher auf jene internationalen Institutionen,
welche erforderlich sind, **um einen effizienten Wettbewerb auf dem Weltmarkt sicherzustellen.** Entgegen dem altliberalen Glauben an die «unsicht-
bare Hand des Marktes» ist es zwar Aufgabe menschlicher Politik, dafür zu
sorgen, dass das Marktprinzip funktioniert; aber entgegen der ordoliberalen
Variante muss sich diese Politik nicht nach Kriterien der politischen Ethik vor
allen betroffenen Menschen legitimieren, sondern findet ihre Rechtfertigung
in der reinen **ökonomischen Rationalität.** Die Effizienz des Marktes – ge-

---

481 DERS., Democracy and the Global Order, 251 ff.
482 DERS., Democracy and the Global Order, 255.
483 DERS., Democracy and the Global Order, 256.
484 DERS., Democracy and the Global Order, 263 ff.
485 DERS., Democracy and the Global Order, 272 ff.

nauer: die Effizienz der Kapitalverwertung – legitimiert sich selbst durch das erzielte Wirtschaftswachstum, ungeachtet aller Verteilungsfragen.[486]
Aus dieser Sicht genügen die heute vorhandenen Institutionen des Weltwirt- 1088 schaftsrechts wie WTO, Weltbank und Internationaler Währungsfonds. Diese müssen nur von Zielkonflikten zwischen dem Wettbewerb und der diesem entgegenstehenden sozialen oder ökologischen Verantwortung befreit und ausschliesslich auf die Effizienz des Weltmarktes ausgerichtet werden, damit sie sich ganz der Steigerung des Weltwirtschaftswachstums widmen können. Denn alle politischen Kompromisse bedeuten eine Einbusse am ökonomischen Weltgesamtwohl. Dieses Konzept beschränkt die Weltordnung auf eine marktorientierte **Weltwirtschaftsverfassung.** Der Markt bildet den Rahmen und den Massstab für die gesellschaftliche Entwicklung. Daher besteht für dieses zweite Konzept einer Weltordnung kein Bedarf nach einer weitergehenden Verfassung des weltweiten öffentlichen Raumes.[487]

(4) Verfassung der Bürgergesellschaft (Typ 3): Das erste Konzept einer Welt- 1089 ordnung setzt auf den Staat, das zweite auf den Markt. Staat und Markt sind aber Mächte, welche je auf ihre Weise die Freiheit des Menschen gefährden können. Deshalb setzen viele Leute heute auf ein drittes Konzept einer Weltordnung, in welchem die kommunikative Macht einer wachsenden **Weltbürgergesellschaft** die entscheidende Rolle spielt. Diese stellt der uniformierenden Kraft von staatlicher Regulierung und marktwirtschaftlicher Logik die Pluralität friedlicher Koexistenz und die gegenseitige Anerkennung unterschiedlicher Lebensweisen und Moralvorstellungen entgegen[488]. Für MICHAEL WALZER bildet diese den Ort des guten Lebens, in welchem sich Menschen freiwillig zu Gruppen verbinden und miteinander kommunizieren. Diese Welt entspreche dem Menschen, weil er von Natur aus sozial sei und erst in zweiter Linie ein politisches oder ökonomisches Wesen[489].

Auch DAVID HELD betont in seinem kosmopolitischen Modell[490] die Bedeu- 1090 tung der Bürgergesellschaft. Diese bildet neben Staat, Wirtschaft und anderen gesellschaftlichen Kräften eine eigene Sphäre der Macht[491]. Im Rahmen der Weltordnung ist nach Lösungen zu suchen, die weder Staats- noch Markt-

---

486 FRIEDRICH A. VON HAYEK, Illusion der sozialen Gerechtigkeit, 102 f, 157 ff.
487 Vgl. PETER ULRICH, Zivilisierte Marktwirtschaft, 170 f.
488 JOHN KEANE, Global Civil Society?, 202.
489 MICHAEL WALZER, Civil Society, 16.
490 Vgl. vorne Rz. 1080 ff.
491 DAVID HELD, Democracy and the Global Order, 181.

charakter haben. Dies erfordert die Schaffung einer Vielzahl von selbstregulierenden Vereinigungen und Gruppen der Bürgergesellschaft[492].

1091 In diesem dritten Konzept einer Weltordnung gelten die **NGO** vielfach als Repräsentanten einer weltweiten Bürgergesellschaft. Sie handeln für und im Namen von Benachteiligten oder zur Wahrung bestimmter öffentlicher Interessen. Allerdings sind die NGO weder geographisch gleichmässig über die Welt verteilt, noch decken sie thematisch alle vertretungswürdigen Interessen gleichmässig ab[493]. Da sich unter dem Titel der NGO zudem sehr unterschiedliche Organisationen an der Macht beteiligen wollen[494], stellt sich die Frage nach ihrer Legitimation. Auch die weltweite Bürgergesellschaft braucht eine Verfassung. Diese rechtliche Strukturierung kann zwei Formen annehmen: die interne Demokratisierung der NGO und die Demokratisierung des Verhältnisses zwischen den NGO und anderen Machtträgern im weltweiten öffentlichen Raum.

1092 Die **interne Demokratisierung** wird gefordert, weil zahlreiche NGO keine oder kaum demokratische Willensbildung von einer Mitgliederbasis her kennen. Die professionellen Kader dieser Organisationen handeln meist aus eigener Beurteilung des öffentlichen Interesses, in dessen Namen sie auftreten. Sie können sich nicht, wie die Fachvertreter nationaler Ministerien in internationalen Organisationen, über eine Kette demokratischer Legitimation (die sich vom Volk über das Parlament und die Regierung bis in die Verwaltung hineinzieht) ausweisen. Allerdings wird die demokratische Legitimationskette auf internationaler Ebene so lange, dass auch hier die rechtfertigende Kraft zweifelhaft wird. NGO haben demgegenüber eine direkte Legitimation über Mitgliederbeiträge und Spendengelder, welche gestützt auf die Kenntnis vergangener und aktueller Projekte bezahlt werden und eine Art informellen Plebiszits darstellen[495]. Der Wettbewerb um die öffentliche Unterstützung kann als Prozess der Legitimierung gewertet werden[496].

1093 Trotzdem ist die Forderung nach interner Demokratisierung so weit gerechtfertigt, als sie die Kontrolle der Führung in grossen Organisationen betrifft. **Am politischen Diskurs teilzunehmen ist nur legitimiert, wer sich selbst**

---

492 Ders., Democracy and the Global Order, 280.
493 Janina Curbach, Global Governance, 138 ff.
494 Vgl. vorne Rz. 1019 ff.
495 Thomas Gebauer, Demokratische Legitimation, 99 f.
496 Ernst Ulrich von Weizsäcker, Legitimität, 23 ff.

auch durch diskursive Strukturen ausweist[497]. Auch eine NGO stellt eine Macht dar, welche gewaltenteilig kontrolliert werden muss. Dies bedingt deliberative, exekutive und Kontrollverfahren, die freilich nicht streng nach dem Muster von Parlament, Regierung und Justiz zu gestalten sind und der Grösse und Finanzkraft der Organisation entsprechen müssen. Angesichts der erheblichen Unterschiede unter den NGO können Beteiligungsrechte an internationalen Verfahren nur von einem Minimum an deliberativer interner Struktur einer NGO abhängig gemacht werden.

Die **Demokratisierung des politischen Prozesses,** insbesondere des Verhält- 1094 nisses zwischen den NGO und anderen Machtträgern, ist Aufgabe einer Verfassung der globalen Governance[498]. Gefordert wird vor allem der Zugang der NGO als Beobachter oder als Teilnehmer an den Prozessen der internationalen Organisationen. Hier sind Verfahren zu entwickeln, in welchen sich die Bürgergesellschaft am politischen Prozess beteiligen kann. Die internationalen Organisationen sollen sich für die Zusammenarbeit mit der Zivilgesellschaft öffnen (z.B. die Generalversammlung der UNO[499]).

Insgesamt fordert der dritte Typus einer Weltordnung eine neue Form von 1095 Demokratisierung, mit welcher Staat und Wirtschaft von aussen her, über Strukturen der Gesellschaft, an die Anliegen der Bürgerinnen und Bürger gebunden werden.

(5) **Verfassung der globalen Governance:** Eine Synthese der drei skizzierten 1096 Modelle einer Weltordnung muss die drei Positionen aufnehmen und über sie hinaus führen. **Staat, Wirtschaft und Bürgergesellschaft** sind gleichermassen unverzichtbar wie gefährlich. Sie zu verfassen heisst, **sie in eine gewaltenteilige Mischverfassung einbringen, in welcher keine Macht ohne die andere handeln kann und jede die andere kontrolliert.**

Die Verfassung der globalen Governance muss zu diesem Zweck die Elemente 1097 der nationalen Verfassungslehre an transnationale Bedingungen anpassen. Insbesondere muss eine transnationale Verfassungslehre:

(a) den Föderalismus variabel gestalten,

(b) die Demokratie neu definieren und dabei insbesondere

(c) das Prinzip der Volkssouveränität durch jenes der Verantwortlichkeit der Exekutive ergänzen,

---

497 Vgl. vorne Rz. 835 ff.
498 Vgl. dazu sogleich Rz. 1096 ff.
499 Vgl. UNITED NATIONS, Secure World, Rz. 243.

(d) das globale politische System als Verhältnis von Zentrum und Peripherie begreifen,

(e) die transnationalen Prozesse rechtsstaatlich legitimieren,

(f) die staatsleitenden Prinzipien des demokratischen Verfassungsstaates zur Geltung bringen und

(g) das Weltwirtschaftssystem in diese Verfassung integrieren.

1098 **(a) Den Föderalismus variabel gestalten:** Staatlichkeit muss mehrstufig gestaltet werden. In Anlehnung an JÜRGEN HABERMAS sind die Zuständigkeiten der Weltorganisation auf die Friedenssicherung und den Menschenrechtsschutz zu beschränken. Damit werden auf Weltebene Minimalfunktionen erfüllt, für welche am ehesten eine breite Zustimmung zu erwarten ist. Politisch umstrittene Fragen sind erst auf tieferer Stufe, möglichst innerhalb regionaler Zusammenschlüsse oder über Verhandlungen unter den Regionen zu lösen. Soweit Regionen fehlen oder sie zu einem Thema nicht handlungsfähig sind, bleibt die Regelung auf dem multilateralen Weg unter den Nationalstaaten offen. Damit wird der Weltordnung ein **dreistufiger internationaler Föderalismus** zugrunde gelegt.

1099 Die herkömmliche territoriale Definition von Föderalismus ist allerdings nur beschränkt geeignet, Probleme der globalen Governance zu lösen. Internationale Organisationen haben meist keine oder nur geringe Hoheitsgewalt und lassen sich daher nicht mit Bundesstaaten vergleichen. Zudem sind sie unter sich und mit den Organisationen der weltweiten Bürgergesellschaft in ein vielseitiges Netzwerk eingebunden, das eher horizontale als vertikale Beziehungen pflegt. Schliesslich haben sie keine umfassenden Sachzuständigkeiten, sondern sind thematisch spezialisiert (Handel, Gesundheit, Umwelt) oder kümmern sich um bestimmte Personenkreise (Arbeitnehmende, Flüchtlinge, Frauen). Die Staaten und ihre Angehörigen sind somit nicht einfach einer höheren politischen Einheit unterstellt, sondern sehen sich einer Vielzahl von partiellen Machtträgern gegenüber. Somit hat jeder Staat und jeder Einzelne ein ganzes Bündel von Beziehungen zur übernationalen Ebene.

1100 Dem entspricht ein **variabler Föderalismus,** der neben territorial bestimmten Zugehörigkeiten auch sektorale und personelle Ausgestaltungen kennt. Er sucht die Grundanliegen des Föderalismus auch ohne die territoriale Bindung herkömmlicher Staatlichkeit zu verwirklichen. Vertikale Gewaltenteilung, stufengerechte Demokratie und Minderheitenschutz bleiben die massgeblichen Grundsätze des föderalen Prinzips. Verfahren der Problemlösung sollen so strukturiert werden, dass die Macht vertikal gegliedert wird, die Betroffenen möglichst direkt an der Mitbestimmung beteiligt werden und die Minderheiten einen eigenen Entfaltungsraum erhalten.

Ein variables Konzept des Föderalismus wird dann erforderlich, wenn internationale Organisationen in ihrem sachlichen Zuständigkeitsbereich einen Teil der nationalen Staatshoheit über Menschen beanspruchen. Diese partielle Hoheit muss nicht territorial begrenzt sein, sondern kann sich auf bestimmte Gruppen von Individuen beziehen, weil die Zuständigkeit internationaler Organisationen oft nicht territorial, sondern sachlich oder personell definiert ist. Die Partizipationsrechte im transnationalen Verfahren müssen daher diesen betroffenen Gruppen zustehen. *Ein altes Beispiel dafür sind Glaubensgemeinschaften, die zu Kirchen zusammengeschlossen sind. In der multikulturellen Gesellschaft sind transnationale kulturelle Organisationen sinnvoll, welche Aspekte der kulturellen Identität auf übernationaler Ebene vertreten können.* 1101

Der variable (oder virtuelle[500]) Föderalismus schafft so direkte Beziehungen zwischen den internationalen Organisationen und den durch ihre Tätigkeit betroffenen Mitgliedern der Weltbürgergesellschaft. *Jedes Projekt einer solchen Organisation kann im Rahmen der übertragenen Hoheit zu Rechten und Pflichten in der Sache, aber auch zu Mitwirkungsrechten der Betroffenen führen.* 1102

Daraus ergibt sich ein **Mehrebenensystem,** welches viele Zentren nebeneinander kennt und für jeden einzelnen Menschen eine Vielzahl funktionaler Zugehörigkeiten schafft[501]. Die internationalen Organisationen bilden dabei **ein Netzwerk überlappender Autoritäten gegenüber jedem Einzelnen.** Dieser findet sich entsprechend in mehrfache Loyalitäten zu verschiedenen Ebenen und Sektoren der Weltordnung eingebunden[502]. Werden in diesen Beziehungen demokratische Partizipationsrechte gewährt, so wird eine sektorale Definition des Volkes erforderlich. Das Volk wird für jede Funktion gesondert zusammengesetzt[503].

(b) Die Demokratie neu definieren: Was heisst Demokratie unter den Bedingungen der globalen Governance? Demokratie darf sich auf der Weltebene nicht auf das Mehrebenensystem der staatlich organisierten Strukturen beschränken. Die globale Governance umfasst die Zusammenarbeit öffentlicher 1103

---

500 REGULA KÄGI-DIENER, Eidgenossenschaft, 628. Vgl. vorne Rz. 766.
501 Vgl. SAMANTHA BESSON, Deliberative *Demoi*-cracy.
502 HEDLEY BULL, Anarchical Society, 245.
503 JANINA CURBACH, Global Governance, 148 f.

und privater Akteure in zahlreichen Formen, welche wenig institutionalisiert sind und vor allem als Prozesse der Problemlösung verstanden werden müssen. Sie sind in ihren Strukturen variabel und überlappen einander territorial wie personell (Nationalstaaten, regionale Märkte, weltweite internationale und private Organisationen). Dieses Netzwerk entspricht dem Strukturbild der Public Governance und nicht jenem der Staatlichkeit, welches auf einem hierarchischen, territorial bezogenen Föderalismus aufbaut.[504]

1104 Die herkömmliche, **formale Konzeption von Demokratie** ist an staatliche Strukturen gebunden. Sie definiert das demokratische Verfahren als Aggregation von individuellen Willensäusserungen zum demokratischen Mehrheitsentscheid. Die Summe der individuellen Wahlakte bildet den Volkswillen. Diese Definition setzt eine Staatshoheit voraus, welche bestimmt, wer zum stimmberechtigten Volk gehört. Demokratie muss daher territorial oder zumindest personell begrenzt sein.

1105 In der globalen Governance muss sich die Demokratie von diesen Begrenzungen lösen können. Sie kann nicht an das nationale Konzept der Selbstbestimmung eines Volkes gebunden bleiben, sondern muss offener formuliert werden. Sie muss sich **als partizipativ legitimierter Problemlösungsprozess** definieren lassen. Das verlangt ein Umdenken, weg vom **Systemdenken** und hin zum **Problemlösungsdenken,** weg von Strukturen und hin zu Prozessen, weg von Territorien und hin zu Funktionen[505].

1106 Das Konzept der **deliberativen Demokratie** bietet dafür einen Ansatz. Die demokratische Entscheidung – der Schlusspunkt der Deliberation – ist zwar an einen territorialen oder personellen Geltungsraum gebunden, die vorangehende politische Deliberation hingegen nicht. *Im politischen Diskurs mitreden können auch jene, welche in der Sache kein Stimmrecht haben.* Die Deliberation reicht über die institutionellen Grenzen der Demokratie hinaus in infor-

---

504 Vgl. Liesbet Hooghe/Gary Marks, Unraveling the Central State, 8 ff.

505 Unter **Systemdenken** versteht man eine Denkweise, bei der die Konzeption einer vorgegebenen Ordnung und die formale Logik (Deduktion und Subsumtion) dominieren, unter **Problemlösungsdenken** eine Denkweise, bei der das Problem (als zu lösende Aufgabe) und die inhaltliche Argumentation im Mittelpunkt stehen. Während Systemdenken statischer Natur ist, zeichnet sich Problemlösungsdenken durch seinen Prozesscharakter aus. Im Bereich des Rechts dient Systemdenken der Rechtssicherheit und Rechtsgleichheit und neigt zur Generalisierung. Problemlösungsdenken fördert hingegen die Gerechtigkeit und tendiert zur Individualisierung. Vgl. zur Unterscheidung Philippe Mastronardi, Juristisches Denken, Rz. 839–913.

male Netzwerke hinein, an denen sich alle beteiligen können, ungeachtet ihrer rechtlichen Legitimation zur Teilnahme an der staatlichen Entscheidung[506].
Im Gegensatz zur formalen Demokratie erfasst die Deliberation somit das 1107 **Netzwerk der globalen Governance.** Der Ort der Entscheidung bleibt zwar das Mehrebenensystem der internationalen Staatlichkeit. Der Ort der Deliberation aber ist nicht der Staat, sondern der öffentliche Raum. An der Deliberation können alle Partner der Governance teilnehmen. Die Deliberation ist daher die Form, in welcher Demokratie vom formalen Staat auf die Netzwerke im öffentlichen Raum ausgedehnt werden kann. Wenn es gelingt, eine Form von Demokratie zu umschreiben, in welcher die Deliberation dieser Netzwerke legitimiert werden kann, ist ein Weg aufgezeigt, auf dem sich die Weltordnung demokratisieren lässt.

Gesucht werden somit **neue Formen von Legitimität.** Denkbar sind allenfalls 1108 Kombinationen verschiedener Formen von Demokratie (Deliberationen und Verhandlungen verknüpft mit repräsentativer und direkter Demokratie) oder die Ergänzung von herkömmlicher Repräsentation in internationalen Organisationen durch eine themenspezifische Repräsentation über transnationale NGO[507].

Die **NGO** eignen sich als Teilnehmer an der transnationalen Deliberation. Sie 1109 vertreten transnationale Öffentlichkeiten, welche nicht territorial, sondern sektoral definiert sind und sich um bestimmte thematische Schwerpunkte herum gruppieren[508]. Damit diese nicht formalisierte Form von Vertretung legitimierend wirkt, sollten die NGO einen eigenen Verhaltenscodex formulieren und Akkreditierungsverfahren vereinbaren, welche eine Qualitätssicherung mit Kontrollmechanismen fordern[509] (ähnlich den Gütesiegeln des Deutschen Spendenrats, des österreichischen Instituts für Spendenwesen oder der schweizerischen ZEWO für Transparenz und Lauterkeit im Spendenwesen).

Solche Massnahmen genügen freilich den Ansprüchen des herkömmlichen 1110 Demokratieverständnisses nicht. Wer in strukturkonservativer Einstellung an den Formen der nationalen Demokratie festhält, wird keinen Weg finden, die globale Governance demokratisch zu verfassen. In einer wertkonservativen

---

506 JOHN S. DRYZEK, Deliberative Democracy, 116.
507 JANINA CURBACH, Global Governance, 148.
508 DIES., 149.
509 DIES., 154.

Haltung kann jedoch nach neuen Formen gesucht werden, um die Werte der Demokratie unter den Bedingungen der globalen Governance zur Geltung zu bringen.

1111 **Was kann die Zustimmung der Betroffenen ersetzen, wenn es nicht möglich ist, alle zu fragen?** Die nationale Antwort ist jene der **repräsentativen Demokratie.** Das Parlament wird durch Wahlen dazu legitimiert, für das Volk einen stellvertretenden Diskurs zu führen. Die Logik der Stellvertretung lässt sich allerdings nicht auf die Weltebene ausdehnen, ohne dass die notwendige Bindung zwischen dem Volk und seinen Vertretern abbricht. Ein einheitliches Weltparlament oder verschiedene sektorale Parlamente für jede internationale Organisation würden das Repräsentationsprinzip überdehnen.

1112 **Wie kann auf der Weltebene ein legitimer stellvertretender Diskurs institutionalisiert werden?** Die Befugnis zur stellvertretenden Entscheidung muss in einen **Prozess der globalen Deliberation** eingebettet werden. Die Deliberation in den Gremien der internationalen Organisationen bietet sich eigentlich dafür an, weil sie mangels formeller Bindung flexibel ist und für jede Ebene und jeden Sektor der globalen Governance angemessen ausgestaltet werden kann. Bedingung dafür ist aber, dass die diskursethische Qualität der Deliberation hinreichend gesichert werden kann.

1113 Dies ist möglich, wenn **transnationale Demokratie** in folgenden Aspekten abweichend von nationaler Demokratie definiert wird:

– Demokratie bedeutet auf transnationaler Ebene weniger Volkssouveränität als Verantwortlichkeit der Exekutive: Im Kreislauf des politischen Handelns setzt die Demokratie weniger bei der Entscheidung als bei der Kontrolle an (c).

– Die Mitsprache des Volkes braucht nicht die Regel, sondern kann die Ausnahme bilden: Demokratie kann auf transnationaler Ebene als Korrektiv der weltbürgerlichen Peripherie gegenüber dem an sich bereits national legitimierten Machtprozess in den Zentren der internationalen Politik definiert werden *(z.B. durch Antrags-*[510]*, Referendums- oder Initiativrechte)* (d).

---

510 Mit Hilfe des Antragsrechts (CH: Motionsrecht) kann eine Regierung aufgefordert werden, einen Gesetzesentwurf zur Regelung bestimmter Dinge vorzulegen. Vgl. dazu den Vorschlag für eine europäische Bürgerinitiative im gescheiterten «Vertrag für eine Verfassung für Europa» (Art. 47 Abs. 4): «Unionsbürgerinnen und Unionsbürger, deren Anzahl mindestens eine Million betragen und bei denen es sich um Staatsangehörige einer erheblichen Anzahl von Mitgliedstaaten handeln muss, können die Initiative ergreifen und die Kommission auffordern, im Rahmen ihrer Befugnisse geeignete Vorschläge zu Themen zu unterbreiten, zu denen es nach Ansicht jener Bürgerinnen und Bürger eines Rechtsakts der Union bedarf, um die Verfassung umzusetzen.»

- Auf transnationaler Ebene kann der demokratische Legitimationsanspruch gesenkt werden, wenn eine rechtsstaatliche Legitimation die demokratische ergänzen kann: Beschwerderechte in justizförmigen Verfahren können Betroffenen auch dann gewährt werden, wenn sie nicht demokratisch legitimiert sind (e).

- Die Diskursqualität von Verfahren kann nicht nur dadurch gesteigert werden, dass möglichst viele Betroffene daran teilnehmen; sie kann auch dadurch gefördert werden, dass gewährleistet wird, dass alle staatsleitenden Prinzipien des demokratischen Verfassungsstaates im Verfahren angemessen vertreten sind (f).

(c) Das Prinzip der Volkssouveränität durch jenes der Verantwortlichkeit 1114
der Exekutive ergänzen: Schon auf nationaler Ebene ist die Vorstellung, Demokratie bedeute die Selbstregierung des Volkes, eine Ideologie, welche nur einen Teil des Demokratieprinzips erfasst. Das Volk muss immer Kompetenzen delegieren. Es kann die Staatsaufgaben nicht selbst erfüllen. Es muss auch die demokratischen Entscheidungsprozesse weitgehend an Parlamente und Regierungen übertragen. Sich selbst kann es nur das Recht vorbehalten, korrigierend einzugreifen, wenn die Behörden von dem abweichen, was es für richtig hält. Das gilt in hohem Masse für die repräsentative Demokratie, aber auch für die halbdirekte Demokratie, in welcher das Volk mit Referendum und Initiative Sachentscheide der Behörden aufheben oder ersetzen kann.

Damit gewinnt der zweite Teilgehalt des Demokratieprinzips, die **Verant-** 1115
wortlichkeit der Regierung, an Bedeutung. Demokratie ist im Wesentlichen jene Staatsform, in welcher alle Machtträger Rechenschaft über ihr Handeln ablegen müssen. **Demokratie ist die Staatsform der öffentlichen Kontrolle politischer Macht.** Sie bindet alle Gewalt im öffentlichen Raum an die Gewaltenteilung. Die Volkssouveränität ist dabei nur Legitimationsquelle für die Letztinstanzlichkeit von Volksentscheiden innerhalb des Gleichgewichts unter den politischen Organen.

Die Volksrechte sind aus grundsätzlicher Warte betrachtet zwar konstitutiv für 1116
die Staatsordnung. Das Volk ist die oberste Gewalt im Staat. Das heisst aber nicht, dass es alles Wichtige selbst bestimmt. Es bedeutet nur, dass das Volk das Recht und die faktische Möglichkeit haben muss, den Behörden in wichtigen Fragen die Richtung vorzugeben, in welcher Lösungen zu entwickeln sind. Dazu sollte es das Recht haben, in der Sache über die Staatsverfassung zu entscheiden und damit die Ziele und die Spielregeln der Politik vorzugeben.

Unterhalb dieser Ebene aber genügen die periodische Rückfrage in der Form von Wahlen und die Eingriffsrechte der halbdirekten Demokratie. Das Volk besitzt unterhalb der Verfassungsebene nur Korrektur- und Vetorechte; die Grundlast der politischen Entscheide liegt bei den Behörden.

1117 Dies gilt in erhöhtem Masse auf der übernationalen Ebene. Da sich ein weltweites Volk im Sinne einer stimmberechtigten **Weltbürgerschaft** kaum organisieren lässt, bleibt die Volkssouveränität an die nationalen Grenzen gebunden. Als Legitimationsgrundlage für internationale Entscheide vermag die repräsentative Zusammensetzung der internationalen Gremien auch zu genügen. Ungenügend sind eher die Eingriffs- und Kontrollmöglichkeiten der Weltöffentlichkeit. Das ist aber eine Frage der **Verantwortlichkeit.** Dieses Prinzip lässt sich ohne weiteres über die nationalen Grenzen hinaus ausdehnen. Auch internationale Machtausübung muss wirksam zur Rechenschaft gezogen werden können. Wer dabei jeweils zur Rechenschaftsablage verpflichtet ist, lässt sich meist einfach bestimmen. **Verantwortlich ist, wer ein Amt ausübt.** Schwierig ist einzig die Frage, wer berechtigt sein soll, die Verantwortlichkeit geltend zu machen. **Wem gegenüber sollen die Amtsträger verantwortlich sein?**

1118 An sich besteht die Verantwortung gegenüber der Weltbürgerschaft. Diese lässt sich aber auch als Kontrollorgan kaum organisieren. Trotzdem lässt sich die Frage einfacher beantworten, als wenn die umfassende Legitimation zur demokratischen Mitwirkung im Prozess der internationalen Politik begründet werden müsste. Es muss nicht mehr bestimmt werden, wer die Gesamtheit aller Völker bei der «souveränen Selbstgesetzgebung» gültig vertreten darf. Es geht nur noch darum, zu begründen, wer beauftragt werden soll, **im Namen der Weltbürgergesellschaft** die Kontrolle und Korrektur der Machtausübung durch bereits demokratisch legitimierte Organe der internationalen Ordnung wahrzunehmen. *Deshalb dürfen die Anforderungen an die demokratische Legitimation etwa von NGO, welche im internationalen Prozess mitwirken wollen, gesenkt werden.*

1119 Kontrollaufträge können auch an Personen vergeben werden, welche sich anders als demokratisch legitimieren. *Bekannte Beispiele dafür sind die Gerichte oder die Instanzen der Finanzaufsicht.* Erforderlich ist allerdings, dass hinreichend klare Kriterien vorgegeben werden können, nach welchen die Kontrolle ausgeübt werden soll. Gefragt sind somit **Kriterien des Rechtsstaates** oder anderer Verfassungsprinzipien[511].

---

511 Vgl. sogleich unter (e) und (f).

Soweit nicht Grundfragen der Weltverfassung betroffen sind[512], lässt sich somit 1120
das Legitimationsproblem eingrenzen auf die Frage, wer nach welchen Kriterien befugt sein soll, Kontrollfunktionen gegenüber internationaler Macht
wahrzunehmen. Dabei geht es darum, die Peripherie des globalen politischen
Systems zu befähigen, Kontrolle über die politischen Zentren auszuüben.

**(d) Das globale politische System als Verhältnis von Zentrum und Peri- 1121
pherie begreifen**[513]: Die Kontrollfunktion bildet bereits im Nationalstaat die
wichtigste Aufgabe des Volkes. Die gewaltenteilige Demokratie errichtet eine
Funktionsteilung zwischen Volk und Behörden, in welcher das Volk die Behörden von aussen kontrolliert. Das Volk bildet nie das Zentrum des politischen
Systems. Es bleibt an dessen Peripherie. Das Zentrum bilden die gewählten
und ernannten politischen Behörden. Der Staat bleibt auch in der Form einer
Demokratie eine Organisation politischer Macht; diese liegt nie an der Peripherie, sondern immer im Zentrum. In der Demokratie unterliegt die Macht
des Zentrums aber der Kontrolle und Korrektur durch die Peripherie.

Dieses Demokratiemodell gilt es vom Nationalstaat auf die übernationale 1122
Ebene zu übertragen. Auch im globalen politischen System gilt das Verhältnis
von Peripherie und Zentrum. Hier betrifft es v. a. **das Verhältnis der NGO zu
den Staaten und ihren internationalen Organisationen.** Auch hier werden
die Bürgerinnen und Bürger sich im Normalfall nur beschränkt für den Gang
der Politik interessieren. Für Fragen der grundsätzlichen Orientierung müssen jedoch Verfahren der Partizipation und Kontrolle zur Verfügung stehen,
welche der Weltbürgergesellschaft gestatten, korrigierend einzugreifen.

Weil aber die globale Governance viel stärker als jene auf nationaler Ebene 1123
durch dezentrale Strukturen und informale Prozesse geprägt ist, müssen auch
die Korrekturmöglichkeiten der Weltbürgergesellschaft flexibler gestaltet sein.
Das politische Zentrum ist in zahlreiche Staaten und internationale Organisationen zersplittert. Deshalb müssen die Rechte der Peripherie gegenüber all
diesen Teilen des Zentrums geltend gemacht werden können. Die Weltbürgergesellschaft braucht Mitwirkungsrechte sowohl in nationalen[514] wie in inter-

---

512 Vgl. dazu sogleich unter (e)
513 Vgl. dazu vorne Rz. 525 ff.
514 Auch nationale Entscheidungen können international bedeutsame Auswirkungen haben. Der
    Einfluss der Weltbürgergesellschaft auf nationale Entscheidungen muss auf dem Weg über nationale Sektionen transnationaler NGO stattfinden, soweit die Regeln der nationalen Demokratie dies
    ermöglichen.

nationalen Entscheidungsprozessen, wo immer die Entscheidungen Auswirkungen auf wichtige Anliegen im weltweiten öffentlichen Raum haben.

1124 **(e) Die transnationalen Prozesse rechtsstaatlich legitimieren:** Wenn transnationale Demokratie im Wesentlichen bedeutet, die Peripherie der Weltbürgergesellschaft zu befähigen und zu ermächtigen, Kontrolle über die Prozesse in den Zentren der internationalen Politik auszuüben, sind vor allem zwei Fragen zu beantworten:

– Wie kann die Weltbürgergesellschaft jemanden ermächtigen, stellvertretend für sie diese Kontrolle wahrzunehmen (e), und

– nach welchen Kriterien ist die Kontrolle auszuüben (f)?

1125 Im Modell des demokratischen Verfassungsstaates ist die Ermächtigung zur Wahrnehmung von öffentlichen Aufgaben Sache der Verfassung. Entsprechend müsste eine **Weltverfassung** sowohl die Kompetenzen festlegen als auch die Grundfragen des öffentlichen Zusammenlebens in Zielen und Grundsätzen festlegen. Die Weltverfassung dürfte sich dabei nicht auf die staatlich begründeten internationalen Organisationen beschränken, sondern müsste sich auf das gesamte System der globalen Governance erstrecken. Sie müsste auch die Weltbürgergesellschaft verfassen und die Weltwirtschaft in die Verfassungsordnung integrieren.

1126 Diese Idealvorstellung mag als regulative Idee gültig sein und dem internationalen Prozess eine wünschenswerte Richtung vorgeben[515]. Zurzeit fehlt aber eine solche Weltverfassung. Trotzdem braucht es auf dem Weg dazu einen politischen Prozess mit legitimierten Partnern. Die Situation gleicht jener eines Volkes im Zustand des Pouvoir constituant, das sich erst noch eine Verfassung geben soll, dazu aber erst befugt sein kann, wenn es durch eine Verfassung als verfassunggebendes Organ eingesetzt ist[516]. Die Situation erfordert den hermeneutischen Vorgriff auf die zu schaffende Verfassung auf der Grundlage immer schon vorhandener Elemente oder Bruchstücke der zu schaffenden Ordnung.

1127 Würde der Vorgriff einzig aus dem demokratischen Prinzip der **Volkssouveränität** heraus begründet, so liefe er Gefahr, einem logischen Zirkelschluss zu verfallen. Denn dann setzt Demokratie ein Staatsvolk (Demos) voraus, das erst durch die Demokratie geschaffen wird. Wird der Vorgriff hingegen zu-

---

515 In diesem Sinne kann den Vorstellungen von DAVID HELD zugestimmt werden (vgl. oben Rz. 1080 ff.)

516 Vgl. vorne Rz. 732 ff.

sätzlich auf das Element der **Rechtsstaatlichkeit** des demokratischen Verfassungsstaates abgestützt, ergibt sich ein dialektisches Verhältnis gegenseitiger Bedingung und Ergänzung.

Das Rechtsstaatsprinzip vermag das Demokratieprinzip in zweierlei Hinsicht 1128
zu ergänzen:

– Es legitimiert jeden Einzelnen zum Handeln im öffentlichen Raum und
– es lässt sich in seinen Kerngehalten universalisieren, ohne dass dafür eine weltweite politische Entscheidung erforderlich ist.

Das **Rechtsstaatsprinzip** liefert damit ein paar Bruchstücke einer künftigen 1129
Weltverfassung. Es hilft zunächst, eine Voraussetzung des Demokratieprinzips herzustellen: die Legitimation zum Handeln im öffentlichen Raum. Das Demokratieprinzip setzt mit seinen Teilgehalten der Volkssouveränität und der Verantwortlichkeit der Regierung stets eine Organisation voraus, welche das Kollektiv handlungsfähig macht. Das Rechtsstaatsprinzip hingegen stützt sich unmittelbar auf den einzelnen Menschen, der seine Menschenrechte und seine Ansprüche auf faire Verfahren selbst und alleine geltend machen kann. **Rechtsstaatlich ist jeder Einzelne legitimiert, im öffentlichen Raum zu handeln.** Demokratisch hingegen muss er die Zustimmung oder den Auftrag der andern erhalten, um handeln zu dürfen. Soweit die Anliegen der Weltbürgergesellschaft somit rechtsstaatlich begründet werden können, ist grundsätzlich jedermann legitimiert, sie geltend zu machen.

Sodann lassen sich Kerngehalte des Rechtsstaatsprinzips als **Elemente einer** 1130
bereits gültigen Weltverfassung konstruieren, ohne dass darüber auf Weltebene ein verfassunggebender Entscheid getroffen werden müsste. Auf dem Wege zahlreicher überlappender Konsense hat sich ein gemeinsamer Kodex universal gültiger Menschenrechte herstellen lassen, der als **zwingendes Völkerrecht** anerkannt ist. *Dieser Konsens erfasst beispielsweise das Verbot von Verbrechen gegen die Menschheit und das Verbot von Angriffskriegen.* Dieser Prozess der Universalisierung einer Gerechtigkeitsmoral und der Entwicklung von dazu passenden juristischen Kriterien ist nicht abgeschlossen. Die bestehenden internationalen Organisationen können ihn vorantreiben, indem sie den Kreis der zu schützenden Menschenrechte ausweiten und insbesondere allgemeine Verfahrensrechte Betroffener darin einschliessen. Grundsätzlich kann der Kreis rechtsstaatlich geschützter Güter auf alle Anliegen ausgeweitet werden, welche sich in justiziable Grundsätze fassen lassen. Was immer von einer richterlichen Behörde beurteilt werden kann, lässt sich auf diesem Wege

in die Weltverfassung einbringen. Die Verpflichtung aller Macht auf die Verwirklichung der Grundrechte, welche für die nationale Ebene begründet worden ist[517], führt auch auf internationaler Ebene zu einer Bindung aller Organe an die Menschenrechte[518].

1131 Wenn die Verfassung auf der **Weltebene** wie von JÜRGEN HABERMAS vorgeschlagen auf **Friedenssicherung** und **Menschenrechte** beschränkt wird[519], erhält die Weltorganisation weitgehend justiziable Aufgaben. Daher kann die Macht der Weltorganisation mindestens teilweise durch rechtsstaatliche Verfahren legitimiert werden. Dadurch lässt sich ihr Mangel an demokratischer Legitimation kompensieren. Falls sich der rechtsstaatliche Universalisierungsprozess weiterführen lässt, kann damit der Kern einer Verfassung der globalen Governance begründet werden. *So könnte der Sicherheitsrat der UNO durchaus gestützt auf einen weltweiten Hintergrundkonsens und auf die normative Kraft bewährter Prinzipien und justizförmiger Verfahren justiziable Fragen der Friedenssicherung und des Menschenrechtsschutzes entscheiden*[520]. Diese Beschränkung birgt zwar die Gefahr, dass die Menschenrechte nach liberalem Konzept auf ein westlich geprägtes Verständnis reduziert werden. Diese Gefahr besteht aber in allen Fragen gleichermassen, solange der interkulturelle Diskurs verzerrt ist. Der Menschenrechtsdiskurs ist von allen Diskursen der globalen Governance am besten geeignet, diese Schranken zu überwinden.

1132 Erst auf der **zweiten Ebene** regionaler und sektoraler politischer Verhandlungen ist eine Ergänzung durch demokratisch zu legitimierende Verfassungsentscheide unerlässlich. Dort sind solche aber auch im Rahmen bestehender Organisationen grundsätzlich möglich. Auf dieser mittleren Ebene der globalen Governance ist kein universaler Verfassungsakt mehr gefragt. Jede Organisation kann ihren Beitrag zur Verfassung des gesamten Netzwerks leisten.

1133 Auf dem rechtsstaatlichen Weg könnte insbesondere das demokratische Legitimationsdefizit von **NGO** behoben werden. Die internationalen Organisationen haben diesen ja bereits heute in unterschiedlichem Ausmass den Status von Beobachtern oder Beratern zuerkannt. Es würde genügen, ihnen Antragsrechte zu gewähren und ihnen für den Fall, dass ihre Anträge willkürlich übergangen werden, ein Verbandsbeschwerderecht in einem internen Beschwerde-

---

517 Vgl. vorne Rz. 867 ff.
518 Vgl. ERNST-ULRICH PETERSMANN, Global Compact, 621–650.
519 Vgl. vorne Rz. 1079.
520 JÜRGEN HABERMAS, Naturalismus und Religion, 356 f.

verfahren zu verleihen. Die NGO würden in diesen Verfahren stellvertretend die Rechte ihrer Mitglieder oder Destinatäre vertreten und müssten berechtigt sein, dabei auch öffentliche Interessen der Weltbürgergesellschaft geltend zu machen. Je nach Ausgestaltung justiziabler Grundsätze im Bereich der betreffenden Organisation würden solche Verfahren eine hinreichende Machtkontrolle gewährleisten. Die demokratische Verantwortlichkeit internationaler Organisationen könnte auf diese Weise gesichert werden.

(f) Die staatsleitenden Prinzipien des demokratischen Verfassungsstaates 1134
zur Geltung bringen: Entscheidend ist somit die Entwicklung möglichst **justiziabler Beurteilungsmassstäbe**[521]. Für den Nationalstaat haben sich aus den Grundsätzen der deliberativen Demokratie und aus dem positiven Staatsrecht westeuropäischer Staaten sechs staatsleitende Prinzipien entwickeln lassen *(Staatshoheit, Föderalismus, Demokratie, Rechtsstaat, Leistungsstaat und Wirtschaftsstaat).* Diese beantworten die Grundfragen einer nationalen Verfassung für einen demokratischen Verfassungsstaat. Lassen sich diese Grundsätze auf die Ebene der Weltverfassung übertragen?

In Bezug auf die Grundrechte als Kern des Rechtsstaatsprinzips ist dafür so- 1135
eben der Weg des **überlappenden Konsenses** aufgezeigt worden. Das hat auch erlaubt, die Kontrolle als Teilgehalt des Demokratieprinzips auf die globale Ebene anzuheben. Lassen sich auch die andern Grundfragen der globalen Governance *(insbesondere das Leistungsstaatsprinzip)* in ähnlicher Weise universalisieren *(zumindest in Teilbereichen wie Sozialschutz oder Umweltschutz)?* Können daraus justiziable Ansprüche Einzelner, also Klagerechte, abgeleitet werden?

Ausserhalb elementarer Gehalte des Rechtsstaatsprinzips haben die staatslei- 1136
tenden Prinzipien schon auf der nationalen Ebene nicht ohne Weiteres justiziablen Gehalt. Das gilt in erhöhtem Masse auf der übernationalen Ebene. Der erforderliche überlappende Konsens ist dort weitgehend politischer Natur. Er lässt sich deshalb auch weniger gut moralisch unterstützen. Die Prinzipien dienen immerhin als gute Gründe im Diskurs um die richtige Ausgestaltung einer internationalen Politik.

---

521 **Justiziabel** ist eine Streitfrage, wenn sie gerichtlich entscheidbar ist, d.h. mit den Methoden des Gerichts oder der rechtsanwendenden Behörde entschieden werden kann. Ein Grundrecht ist beispielsweise justiziabel, wenn sein Inhalt durch Auslegung hinreichend bestimmbar ist und für die Umsetzung im Rahmen der Rechtsanwendung keiner politischen Wertung bedarf, die dem Gesetzgeber vorbehalten wäre.

1137 Im globalen Diskurs um sektorale oder regionale Fragen des öffentlichen Zusammenlebens wirken die staatsleitenden Prinzipien als **Argumente zur Begründung von Verfassungsprinzipien der Weltordnung.** Sie begründen die These, wonach auf der übernationalen Ebene im Wesentlichen die gleichen Kriterien einer guten und gerechten Ordnung zu gelten hätten wie auf der nationalen Ebene. Wenn es gelingt, regionale oder sektorale internationale Organisationen für diese Prinzipien zu gewinnen, erlangen diese den Charakter von Elementen einer Verfassung der globalen Governance. **Hier liegt wohl die Hauptaufgabe der laufenden Universalisierung moderner Erkenntnisse über das gute und gerechte Zusammenleben im öffentlichen Raum.**

1138 Die **Statuten der internationalen Organisationen** bilden dabei Teilverfassungen der Weltordnung. Sie bestimmen sowohl die inhaltlichen Grundsätze wie die formalen Prozesse der Legitimation ihrer Macht. Sie bestimmen auch die Formen der Gewaltenteilung im Rahmen ihrer Institution. Legitim sind ihre Strukturen und Verfahren aber nur, wenn diese die Beachtung der Verfassungsprinzipien der Weltordnung organisatorisch sicherstellen und den advokatorischen Gruppen der Weltbürgerschaft (insb. den NGOs) **Mitwirkungs- und Kontrollrechte** gewähren.

– Nach den Diskursregeln und den Regeln der deliberativen Demokratie müssen die NGOs über Antrags- und Mitspracherechte verfügen

– Nach dem Kontrollgehalt des Demokratieprinzips und dem Rechtsstaatsprinzip müssen den NGO Rekursrechte zustehen, mit welchen sie die Verletzung von Diskursregeln, völkerrechtlichen Normen oder Verfassungsprinzipien der Weltordnung rügen können.

1139 Die Verknüpfung von demokratischen und rechtsstaatlichen Mitwirkungsrechten nach dem Konzept von Verantwortlichkeit und Kontrolle würde gestatten, auf der übernationalen Ebene **Mischformen zwischen Volksrecht und Rechtsweg** zu erfinden. So liesse sich ein Motionsrecht von NGO mit dem Recht verknüpfen, ein Schieds- oder Beschwerdeverfahren einzuleiten, wenn die Behandlung der Motion Verfassungsprinzipien der Weltordnung verletzt. Eine Motion würde die internationale Organisation nur zur Prüfung und Debatte des Anliegens verpflichten. Der Sachentscheid bliebe frei. Er dürfte jedoch nicht willkürlich oder diskriminierend ausfallen, weil dagegen das Schieds- oder Beschwerdeverfahren eingeleitet werden könnte. Schiedsgerichte hätten gegenüber festen internen Instanzen den Vorteil, dass sie gewährleisten würden, dass die Gesichtspunkte beider Parteien berücksichtigt würden.

Sobald eine internationale Organisation die Verfassungsprinzipien der Welt- 1140
ordnung für sich als verbindlich anerkennt, erweitern sich die **Möglichkeiten
der demokratischen und rechtsstaatlichen Kontrolle** über diese Organisation. Der Anspruch auf gleichberechtigte Vertretung aller staatsleitenden Prinzipien, der für das nationale Staatsrecht begründet worden ist[522], gilt dann auch
für die internationale Organisation. Der Anspruch bedeutet, dass institutionell sichergestellt werden muss, dass alle Verfassungsprinzipien im politischen
Diskurs Gehör finden. Entscheidungsgremien sind daher nicht proportional
nach den in Wirtschaft und Gesellschaft vertretenen Interessen, sondern nach
den Grundsatzgehalten der Verfassungsordnung zusammenzusetzen.

Dabei ist nicht erforderlich, dass die Grundsätze justiziablen Gehalt erlangen. 1141
Es genügt, dass eine internationale Organisation sich darauf verpflichtet und
die nötigen Institutionen zur Sicherung des Gleichgewichts unter den Verfassungsprinzipien schafft. Z.B. könnte jede internationale Organisation **ein
Gremium einsetzen, in welchem bestimmte Vertreter jeweils die Aufgabe
hätten, eines der Verfassungsprinzipien zu vertreten** (*z.B. einer die Rechtsstaatlichkeit, ein anderer die Umweltverträglichkeit*). In allen strategischen Fragen der Organisation wäre dieses Gremium um seine Expertise anzufragen. Es
hätte zudem das Recht, von sich aus Grundfragen aus dem Wirkungsbereich
der Organisation aufzugreifen. Eine NGO, deren Anliegen nicht berücksichtigt worden wäre, könnte dann geltend machen, das Gleichgewicht zwischen
den Verfassungsgrundsätzen der Organisation sei willkürlich verletzt worden. Damit müssten nicht die Verfassungsprinzipien selber justiziabel sein.
Die Verfahrensgrundsätze und das Willkürverbot würden genügen, um eine
Kontrolle des Machtgebrauchs in der internationalen Organisation zu ermöglichen[523]. Zugleich wäre ein Stück Gewaltenteilung in den transnationalen politischen Prozess eingeführt.

(g) Das Weltwirtschaftssystem in die Verfassung integrieren: Auf internati- 1142
onaler Ebene fehlt das Zusammenspiel von Wirtschaft, Staat und Gesellschaft,
das die nationalen Ordnungen prägt. Moderne westliche Staaten haben die
Ideale von Freiheit, Gleichheit und Mitmenschlichkeit (früher Brüderlichkeit)
umgesetzt in Wirtschaft, Demokratie und Sozialstaat. Davon hat sich nur die
Wirtschaft international organisiert. Damit das internationale Recht zu einer
Weltordnung wird, bedarf es einer **weltweiten Entsprechung für Demokratie**

---

522 Vgl. vorne Rz. 984 ff.
523 Vgl. dazu das Beispiel zur WTO hinten unter Rz. 1157 ff.

und Sozialstaat als der beiden anderen Voraussetzungen des öffentlichen Zusammenlebens. Der Weltmarkt muss nicht nur in eine Wirtschaftsverfassung integriert werden, sondern auch in die demokratischen und sozialen Komponenten der Weltverfassung. Die weltweite Wirtschaftsverfassung muss eingebunden werden in die Gesamtheit der Verfassungsprinzipien der globalen Governance.

1143 Vertreter der neoliberalen These wehren sich gegen diese Forderung. Wettbewerb und politische Steuerung seien miteinander unvereinbar und dürften nicht vermischt werden[524]. Demnach dürfte die Weltwirtschaft nicht deliberativ verfasst werden. Diese Auffassung übersieht jedoch, dass das Wirtschaftssystem selbst bis zu einem gewissen Grade den Bemühungen deliberativer Politik entgegenkommt. Das globale Wirtschaftssystem ist aus seiner inneren Logik heraus auf die Gerechtigkeit seiner eigenen Regeln angewiesen.

1144 Nur die kurzfristige Nutzenmaximierung profitiert nämlich vom Abbau des rechtlichen und sozialen Rahmens. Langfristig ist die Wirtschaft an einer stabilen Gesellschafts- und Rechtsordnung mit einem Mindestmass an demokratischer Kultur interessiert. Der Markt braucht autonome Subjekte auf beiden Seiten des Tauschverhältnisses. Zwischen ihnen muss ein Mindestmass an Gerechtigkeit verwirklicht werden, wenn die Marktwirtschaft funktionieren soll. Das Wirtschaftssystem ist damit offen für ein moralisches Minimum. Diese Öffnung ermöglicht einer deliberativ orientierten Politik, die wirtschaftliche Rationalität an deren Gerechtigkeit zu messen. **Die Weltwirtschaftsordnung muss aus wohlverstandenem Eigeninteresse der Wirtschaftenden zu einer demokratischen und sozialen Ordnung werden, wenn sie Bestand haben soll.**

1145 Damit haben die internationalen Organisationen, welche zurzeit die Weltwirtschaftsverfassung ausmachen, die Möglichkeit zum Diskurs mit der Wirtschaft. Diese wird zwar weiterhin versuchen, ihre oft kurzfristigen Interessen durchzusetzen, muss sich dabei aber die Diskursprinzipien entgegenhalten lassen. Der Wettbewerb ist nur eine Technik, kein übergeordnetes Ziel. Nur der politische Diskurs kann unter Abwägung aller Verfassungsgrundsätze darüber entscheiden, in welchen Bereichen und in welchem Ausmass der Wettbewerb das Verhalten der Menschen bestimmen soll.

1146 Die Organisationen der Weltwirtschaftsverfassung müssen nach dem bisher Gesagten zunächst die **Menschenrechte** achten und dafür sorgen, dass diese

---

524 Vgl. FRIEDRICH A. VON HAYEK, Verfassung der Freiheit, 204 ff., 312 ff.

auch in der Wirtschaft zur Geltung kommen. Darüber hinaus aber müssen sie auch die Auswirkungen der Weltwirtschaft auf den Schutzbereich der anderen Verfassungsgrundsätze der Weltordnung berücksichtigen. So muss z.B. die WTO nicht nur die Menschenrechte achten, sondern sämtliche Prinzipien einer Weltverfassung. Insbesondere gelten für sie auch die Kriterien der Sozialverfassung und der Umweltverfassung. Als technische, eindimensional ausgerichtete Institution der Marktliberalisierung kann sich die WTO vor der Weltverfassung nicht legitimieren.

Die **sektorale Struktur der internationalen Organisationen** im Wirtschafts- 1147 und Sozialbereich rechtfertigt keine gegenseitige Isolation von Weltbank, IMF, WTO und ILO. Die Wirtschaft ist eine Einheit. Der Kapitalmarkt, der Markt für Güter und Dienstleistungen und der Arbeitsmarkt bilden erst zusammen den Markt, der den Gegenstand der Marktwirtschaft darstellt. Sie müssen auch gemeinsam den Gegenstand einer integralen Wirtschaftsverfassung bilden. Arbeitspolitik ohne Zugriff auf andere Märkte als den der Arbeit ist hilflos. Eine Abschottung der gewinnträchtigen Märkte von aller sozialen Verantwortung ist daher nicht legitimationsfähig. Die Organisationen der Weltwirtschaftsverfassung müssen ihre Strukturen so gestalten, dass ihre Entscheide im Rahmen einer internen und öffentlichen Deliberation über das Gleichgewicht aller Verfassungsgrundsätze getroffen werden.

(6) Kritik und Reformbedarf der aktuellen Weltordnung: Die globale Wirk- 1148 lichkeit entspricht freilich nicht den hier aufgestellten Forderungen. Die westlichen Industriestaaten vermitteln der Welt eine zwiespältige Botschaft. Zum einen vertreten sie die Ideale der Aufklärung und verkünden die Ziele der bürgerlichen Revolution: Freiheit, Gleichheit und Mitmenschlichkeit. Zum andern vertreten sie die Bewegungsfreiheit ihres Kapitals und unterstellen die Menschheit dem Zwang des wirtschaftlichen Wettbewerbs. Mit der zweiten Botschaft untergraben sie die erste, weltweit wie zu Hause. Denn je mehr der Wettbewerb zum obersten Gesetz des Handelns wird, desto weniger Gestaltungsfreiheit bleibt sowohl der individuellen wie der kollektiven Autonomie. Darin zeigt sich ein **Widerspruch zwischen Idee und Realität der Weltverfas-** 1149 **sung.** Dieser Widerspruch verletzt sowohl die Diskursethik wie die Grundsätze der deliberativen Demokratie[525].

---

525 Vgl. vorne die Zusammenstellung in Rz. 548.

–   Die **Diskursethik** wird bereits im Prinzip der Wahrhaftigkeit verletzt,
    weil die liberale Marktwirtschaft widersprüchliche Geltungsansprüche
    erhebt, wenn sie Freiheit verspricht und Zwang verordnet. Der Wider-
    spruch verletzt sodann die Prinzipien der wechselseitigen Anerkennung
    und der symmetrischen Beziehungen unter Diskurspartnern, weil sie eine
    weltweite Macht der Kapitaleigner über die Arbeitenden schafft. Dadurch
    wird der Diskurs verzerrt und jede Einigung unecht. Ein scheinbarer Kon-
    sens, der unter Zwang zustande kommt, ist aber ungültig.
–   Die Grundsätze der **deliberativen Demokratie** werden gleichermassen
    verletzt: Es fehlt an faktischer Gleichberechtigung der Parteien im poli-
    tischen Diskurs und an der Symmetrie der politischen Strukturen; unter
    den ungleichen Bedingungen hat die Zustimmung keine legitimierende
    Kraft; das Prinzip der Verantwortung führt nicht zu einer effektiven Re-
    chenschaftspflicht aller Macht.

1150 Diskursethik und deliberative Demokratie begründen freilich nicht nur eine
      Pauschalkritik der realen Verhältnisse. Wer bei der Pauschalkritik stehen
      bleibt, läuft Gefahr, sich entweder der Enttäuschung hinzugeben und das Ide-
      al als machtlos zu verwerfen oder die Realität zu verdammen und sich ihr zu
      verweigern. Beide Haltungen verletzen ihrerseits die Grundsätze von Diskurs
      und Deliberation, weil sie die Dialektik von Norm und Wirklichkeit an einer
      willkürlichen Stelle abbrechen.

1151 Diskursethik und deliberative Demokratie liefern nämlich auch die **Kriterien,**
      nach welchen einzelne Machtverhältnisse oder ganze Institutionen daraufhin
      untersucht werden können, wie weit sie vom Ideal abweichen und inwiefern
      solche Abweichungen begründbar sind. Daraus ergeben sich auch Hinwei-
      se auf den **Reformbedarf** und auf **mögliche Reformen** an den Institutionen
      und Prozessen der globalen Governance. Damit wird die Kritik konstruktiv
      und kann zur Reduktion des Widerspruchs beitragen. Und das ist letztlich der
      Sinn einer Verfassungslehre der globalen Governance.

1152 Zum Schluss seien dafür **zwei Beispiele** herausgegriffen: die Reform des Si-
      cherheitsrats der UNO und die Demokratisierung der WTO.

1153 Der **Sicherheitsrat** ist das supranationale Organ der UNO, welches den Welt-
      frieden sichern soll. Er kann auch Aufgaben einer Weltpolizei erfüllen. Er ver-
      körpert den Gewaltverzicht unter den Staaten und institutionalisiert so das
      Ideal des Weltfriedens. Der Sicherheitsrat ist damit eine grosse Errungenschaft
      auf dem Weg zu einer Weltverfassung. Er hat freilich noch Mängel. Dazu ge-

hört das **Vetorecht** einiger Grossmächte, das im Wesentlichen die Kräfteverhältnisse aus der Zeit des Zweiten Weltkriegs widerspiegelt.

Diskurswidrig ist nicht das Ungleichgewicht zwischen mächtigen und 1154 schwachen Staaten im Sicherheitsrat an sich. Ein gewichtetes Stimmrecht, welches die wirtschaftliche, politische und kulturelle Bedeutung der Mitglieder eines Gremiums, das delegierte Kompetenzen wirksam nutzen soll, in verhältnismässiger Weise zur Geltung bringt, ist durchaus vertretbar. Nicht begründbar hingegen ist die **Irreversibilität** der aktuellen Machtposition der Vetostaaten, welche durch ihren Widerstand jede ihnen missliebige Reform verhindern können. Sie haben dadurch faktisch die Möglichkeit der Diskursverweigerung. Aus diskursethischer Sicht muss das Vetorecht aufgehoben werden können, wenn es sich nicht mehr rechtfertigen lässt.

Von den Grundsätzen der Diskursethik und der deliberativen Demokratie 1155 her lässt sich eindeutig zur Reform des Sicherheitsrates Stellung nehmen. Alle Vorschläge, welche zusätzlichen ständigen Mitgliedern ein Vetorecht verleihen wollen, lassen sich nicht rechtfertigen. Wohl können Japan, Brasilien, Indien und Deutschland geltend machen, sie seien gegenüber anderen Vetomächten in ungerechtfertigter Weise schlechter gestellt[526]. Sie würden aber das Kartell der potentiellen Diskursverweigerer nur vergrössern und das Machtgefälle zu den andern Staaten verschärfen. Legitim ist es hingegen, die Staaten der UNO in bestimmte **Weltregionen** zu gruppieren und jeder Gruppe eine Vertretung im Sicherheitsrat zu garantieren. Das delegierte Land könnte von der Gruppe, die es vertritt, nach Ablauf jeder Amtsperiode wiedergewählt werden, müsste aber seiner Region periodisch Rechenschaft ablegen. Dadurch würde der Grundsatz der Kontrolle und der Verantwortlichkeit in das System des Sicherheitsrates eingeführt.[527]

Solange sich das Vetorecht einiger Staaten nicht aufheben lässt, müsste versucht werden, die Diskursqualität dadurch zu heben, dass ein **Expertengremium** beauftragt wird, die Voten im Sicherheitsrat daraufhin zu bewerten, ob sie alle Verfassungsgrundsätze einer weltweiten Friedensordnung angemessen zur Geltung bringen. Die dadurch erhöhte Begründungspflicht für die Durchsetzung von reinen Machtpositionen könnte mit der Zeit eine Kultur der Verständigung fördern und die Bedeutung der Vetorechte verringern.

---

526 Vgl. den G-4-Vorschlag zum Entwurf einer Resolution über die Reform des Sicherheitsrats vom 8.
     Juni 2005 (UNITED NATIONS, G-4 Reformvorschlag).
527 Vgl. ibid.

1157 Als zweites Beispiel sei die Forderung nach **Reform der WTO** angeführt. Hier geht es einerseits darum, die Vertretung der Anliegen von Drittweltländern und von NGO zu verstärken, anderseits darum, den Kreis der zu beachtenden Entscheidungskriterien zu erweitern. Die Drittweltländer haben Anspruch auf Fairness im Handel mit landwirtschaftlichen Produkten. Den NGO sind Teilnahme- und Rekursrechte zu gewähren. Als zusätzliche Entscheidungskriterien stehen der Sozial- und der Umweltschutz im Vordergrund.

1158 Die WTO verfügt bereits heute über ein Beispiel für solche Reformen: Sie kennt ein **Streitbeilegungsverfahren,** in welchem auch Interessen Dritter berücksichtigt werden können. So können Vertragsstaaten neben wirtschaftlichen Interessen auch Normen des Konsumenten- und Arbeitsschutzes oder des Gesundheits- und Umweltschutzes geltend machen. Die WTO entscheidet über solche Streitigkeiten in einem zweistufigen Verfahren (Panels und Apellate Body). Die Entscheide erster Instanz werden verbindlich, wenn sie vom Allgemeinen Rat der WTO nicht einstimmig abgelehnt werden (so genannter negativer Konsens) oder eine Partei ein Rechtsmittel an das Berufungsgremium einreicht. Entscheide des Berufungsgremiums werden verbindlich, wenn sie nicht vom Allgemeinen Rat der WTO einstimmig abgelehnt werden.[528]

1159 Entwicklungsfähig ist v. a. die heutige Regelung, wonach Private (z.B. NGO, Wirtschaftsverbände oder Konzerne) sich als so genannte «amici curiae» an den Verfahren beteiligen können. Sie tun dies entweder im Auftrag einer Partei oder auch unaufgefordert. Sie geniessen dabei allerdings keine Parteistellung. Hier besteht Reformbedarf. Ebenso fehlt der WTO heute eine demokratische Instanz, welche das materielle WTO-Recht weiterentwickeln und die Praxis der gerichtlichen Instanzen im Sinne einer Gewaltenteilung kontrollieren und korrigieren könnte. Damit besteht ein Ungleichgewicht zwischen Rechtsstaat und Demokratie in der WTO.

1160 Falls die WTO ihre Institutionen ausbauen und ihre materiellen Entscheidungskriterien umfassender festlegen würde, könnte in den Streitbeilegungsverfahren auch geprüft werden, ob die Belange der **Weltwirtschaftsverfassung in angemessener Weise in das Netzwerk sämtlicher Verfassungsprinzipien der Weltordnung eingebunden** werden. Ein internes Organ der WTO hätte diese Frage jeweils zu prüfen. Eine NGO, welche die Anforderungen einer Verbandsklage oder Verbandsbeschwerde erfüllt[529], wäre dann legitimiert, geltend

---

528 Vgl. Juliane Kokott/Karl Doering/Thomas Buergenthal, Grundzüge des Völkerrechts, 187 f.
529 Vgl. vorne den Kasten nach Rz. 477.

zu machen, ein von ihr vorrangig vertretenes grundsätzliches Anliegen werde in willkürlicher Weise verletzt. Die rechtsstaatliche Legitimation der NGO
und eine institutionelle Sicherung der massgeblichen Verfassungsgrundsätze würden so gestatten, dem Kontrollgehalt der transnationalen Demokratie
Geltung zu verschaffen.

15. Gesamtbetrachtung

Zum Schluss soll die hier entwickelte Verfassungslehre zu einem Gesamtbild zusammengefügt werden. Die Suche nach dem guten und gerechten Staat führt zu Antworten auf den drei Ebenen Moral, Kultur und Recht. Die entsprechenden Disziplinen sind die Ethik, die politische Theorie und das Staatsrecht. Die Antworten finden sich in der Diskursethik (Ziff. 15.1.), in der Theorie der deliberativen Demokratie (Ziff. 15.2.) und im Konzept des demokratischen Verfassungsstaates (Ziff. 15.3.). Diese Grundlagen lassen sich zu staatsleitenden Prinzipien konkretisieren (Ziff. 15.4.) und zu Grundsätzen der globalen Governance generalisieren (Ziff. 15.5.). Der so gewonnene Kriteriensatz liefert einen normativen Standpunkt für die Kritik der politischen Realität (Ziff. 15.6.).

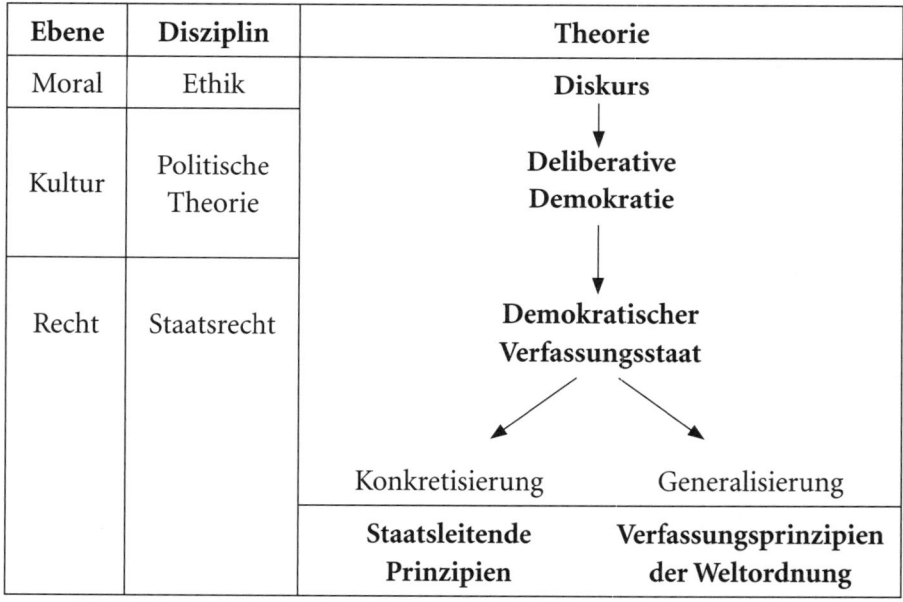

Abbildung 15-1: Gesamtbild der Gedankenführung

15.1. Moraltheorie: Diskursethik[530]

Die **Diskursethik** geht von der Sprache aus. Reden ist eine Handlung, in wel- 1161
cher der Sprecher die Verständigung mit dem Hörer bezweckt. Der Sprecher
erhebt mit seiner Äusserung einen Geltungsanspruch und will das Einverständnis des Hörers dazu erzielen. Verständigung lässt sich nicht erzwingen.
Wird der Geltungsanspruch bestritten, muss der Sprecher versuchen, den
Hörer von der Wahrhaftigkeit, Wahrheit und Richtigkeit seiner Äusserung zu
überzeugen. Der Diskurs hierüber bietet nur dann eine Chance zur zwanglosen Einigung, wenn er folgende Voraussetzungen erfüllt:

- Alle Betroffenen müssen einen Diskurs eröffnen und daran teilnehmen
  können;
- sie müssen zeitlich unbegrenzt Äusserungen in Frage stellen und darüber
  argumentieren können;
- sie müssen ihre Einstellungen, Gefühle und Wünsche zum Ausdruck bringen dürfen und
- gegenüber andern ohne negative Folgen normative Ansprüche erheben
  können.

Der Diskurs ist damit das Idealbild gelingender Kommunikation über strittige 1162
Fragen. Er dient als regulative Idee, an welcher reale Auseinandersetzungen
über Normen gemessen werden können.

Die Diskursethik enthält einige Grundsätze, die als **universale moralische** 1163
Vorgaben für eine Demokratietheorie dienen können, sobald diese die politische Macht durch die Zustimmung der Betroffenen legitimieren will:

(1) Die Selbstbindung der Gesprächsteilnehmer an die Geltungsansprüche,
    die sie gegenüber ihren Partnern erheben;
(2) Die Begründungspflicht zu bestrittenen Äusserungen;
(3) Die wechselseitige Anerkennung der Gesprächsteilnehmer;
(4) Die symmetrischen Beziehungen im Diskurs;
(5) Die Einigung unter den Teilnehmern (Konsensprinzip).

15.2. Politische Theorie: Deliberative Demokratie[531]

Unter der Voraussetzung, dass Demokratie politische Macht durch die Zu- 1164
stimmung der Betroffenen legitimieren soll, lassen sich aus diesen Elementen

---

530 Vgl. vorne Rz. 331 ff. und Rz. 370 ff.
531 Vgl. vorne Rz. 380 ff.

der Diskurstheorie einige grundlegende **Kriterien für eine Demokratietheorie** ableiten.

(1) Aus der Selbstbindung des Sprechenden folgt das Prinzip der **Verbindlichkeit** der Deliberation. Auf die Beratung soll ein Beschluss folgen. Diese Entscheidung soll normativ gültig sein.

(2) Aus der Begründungspflicht folgt das Prinzip der **Verantwortung:** Über alle Machtausübung ist Rechenschaft abzulegen.

(3) Aus der wechselseitigen Anerkennung folgt das Prinzip der **Reziprozität** der Rechte aller Beteiligten: Alle Bürger sollen politisch gleichberechtigt sein.

(4) Aus der Symmetrie der Beziehungen im Diskurs folgt das Prinzip der **Symmetrie** politischer Strukturen und Prozesse: Die Institutionen im politischen Prozess sollen zueinander in einem Gleichgewicht der Macht stehen.

(5) Aus der zwanglosen Einigung aller Teilnehmer folgt das Prinzip der **demokratischen Legitimation:** Nur die Zustimmung der Betroffenen legitimiert die Ausübung von Macht.

(6) Das Prinzip der **Stufengerechtigkeit von Diskursen** verlangt, dass jede Frage in der höchsten Diskursform beraten wird, die möglich ist. Das Prinzip folgt nicht unmittelbar aus der Diskursethik, sondern erst aus der faktischen Notwendigkeit, in der Praxis von den Diskursprinzipien abzuweichen. Es ist ein Optimierungsgrundsatz, welcher dafür sorgt, dass nur vertretbare Abstriche am Ideal zugelassen werden.

1165   Die diskursethischen Kriterien liefern einen kritischen Massstab für die Beurteilung konkreter demokratischer Institutionen: Sie sind **Legitimitätskriterien** einer demokratischen Ordnung.

1166   Die diskursethischen Kriterien ersetzen freilich nicht die Auseinandersetzung über Grundfragen der Moral, etwa die Spannung zwischen Utilitarismus und Deontologie. Aber sie bilden den Rahmen, innerhalb dessen diese Auseinandersetzung stattfindet: Nützlichkeitsethik und Pflichtenethik sind Thesen, über welche im Diskurs zu entscheiden ist. Da eine Ethik, welche die Rechte von Einzelnen und von Minderheiten verletzt, im Diskurs nicht bestehen kann, lässt sich der Utilitarismus diskursethisch nur beschränkt legitimieren. Die Ethik der Rechte und Pflichten setzt dem Nützlichkeitsdenken Grenzen.

1167   Gut mit der Diskursgrundlage vereinbar ist hingegen eine Ethik der Dankbarkeit und der Verantwortung, wie sie in der altägyptischen Lehre von der **Ma'at** enthalten ist. Die Forderung, jeder habe die Folgen seiner Machtausübung zu verantworten, ist verallgemeinerbar und verdient die Zustimmung aller Betroffenen.[532]

Demokratietheorie am besten diskursethischen Rahmenbedingungen. Sie 1168 fordert genau jene Institutionen, welche für die Gewährleistung der diskurse- thischen Prinzipien notwendig sind. Sie zielt auf Verfahren der vernünftigen Verständigung über alle öffentlichen Fragen und gestattet so, die normativen Postulate der liberalen und der republikanischen Konzeptionen (wie Freiheit und Gleichheit) unter pluralistischen Bedingungen zur Geltung zu bringen.

Die diskursethische Konkretisierung der komplexen Demokratietheorie führt 1169 zum Konzept der **deliberativen Demokratie.** Diese gestattet, das Diskursideal situationsgerecht in die politische Praxis umzusetzen, indem sie für jede Art der Auseinandersetzung die angemessene Diskursstufe der öffentlichen Bera- tung vorsieht.

Deliberation umfasst eine Vielfalt von Diskurstypen, die sich nach **Diskurs-** 1170 **stufen** hierarchisch ordnen lassen:

- der **moralische Diskurs** über das universal Richtige (Pflichten),
- der **ethische Diskurs** über das (lebensweltliche) gemeinsame Gute (Nütz- lichkeitsfragen),
- der **juristische Diskurs** über Fragen der rechtlichen Richtigkeit,
- der **zweckrationale Diskurs** über Fragen der Mittelwahl und die **Ver- handlung** über einen Kompromiss zu Fragen des Interessenausgleichs.

Die höchste Rechtfertigung leistet der moralische Diskurs, die geringste die 1171 Verhandlung über Kompromisse. Eine Frage darf nur dann in einem tiefer eingestuften Diskurs behandelt werden, wenn sich das rechtfertigen lässt. Es muss gute Gründe dafür geben, die Auseinandersetzung nicht in einem der höherstufigen Diskurse zu führen. Diese Rechtfertigung muss jeweils in einem höherstufigen Diskurs erbracht werden können (*diese Forderung wird auf der Ebene des Staatsrechts z.B. durch die Forderung nach Verfassungsmässigkeit von Gesetzen und nach Gesetzmässigkeit von Verwaltungsakten konkretisiert*).

So wie der Anspruch der Diskurstheorie durch das Konzept der deliberativen 1172 Demokratie praxisgerecht relativiert wird, wird der Anspruch der delibera- tiven Demokratie durch das **Verhältnis von Zentrum und Peripherie** im po- litischen System nochmals gesenkt. Nicht alle politischen Entscheide müssen

---

532 Vgl. vorne Rz. 587 ff.

dem Verfahren der öffentlichen Deliberation unterstellt werden. Das Zentrum des politischen Systems kann im Normalfall ermächtigt sein, stellvertretend zu entscheiden. Es ist allerdings dazu nur legitimiert, wenn jederzeit die Chance besteht, den zentral gesteuerten politischen Prozess für die Anliegen der Peripherie zu öffnen, sodass die Peripherie das politisch Wichtige bestimmen kann. *(Das Verfassungsrecht muss daher dafür sorgen, dass das Zentrum von der Zustimmung der Öffentlichkeit abhängig bleibt, was ausgebaute Volksrechte bedingt).*

1173 Diskurs und Deliberation können allerdings nicht auf den formal organisierten Bereich des Staatlichen beschränkt werden. Der Geltungsbereich einer Staatslehre muss auf das gesamte Geschehen der Public Governance im öffentlichen Raum ausgedehnt werden. Nach dem Konzept der **Public Governance** müssen die Normen der Demokratie auch in der Wirtschaft und in der Bürgergesellschaft zur Geltung kommen, soweit diese Macht im öffentlichen Raum ausüben. Der gesamte öffentliche Raum ist deliberativ zu verfassen.

1174 Dabei trifft die eher statisch ausgerichtete Staatsordnung auf die **Dynamik der Public Governance.** Im Netzwerk öffentlicher und privater Träger öffentlicher Aufgaben trifft der Staat als Institution der Stabilität auf private Organisationen und Unternehmungen, welche dem Prinzip der Dynamik verpflichtet sind. Governance verschiebt die Gewichte in der Politik zugunsten der Dynamik. Die Verfassungslehre muss Kriterien für ein neues Gleichgewicht zwischen Stabilität und Dynamik entwickeln.

1175 Eine Antwort auf diese Herausforderung ist das Konzept des **Gewährleistungsstaates.** Danach behält der moderne Staat zwar die Gemeinwohlverantwortung bei, teilt aber die Wahrnehmung der Aufgaben, welche dieser Verantwortung dienen, mit Privaten. Die Rechtfertigung des Staates liegt danach nicht so sehr in seinen Leistungen, sondern in der Legitimation der Entscheidungen über das, was im öffentlichen Raum zu leisten ist.

1176 Partner des Gewährleistungsstaates ist die **Bürgergesellschaft,** d.h. jener Teil von Gesellschaft und Wirtschaft, welcher sich aktiv an der Gestaltung des öffentlichen Raums beteiligen will. Die Grundsätze des Zusammenlebens im öffentlichen Raum müssen auch für die Bürgergesellschaft verbindlich gemacht werden.

15.3. Staatsrecht: Demokratischer Verfassungsstaat[533]

Auf der dritten Ebene des **allgemeinen Staatsrechts** begründen die Prin- 1177
zipien der Diskursethik und der deliberativen Demokratie das Staatsprinzip
der Verantwortung (1) sowie weitere Grundsätze des demokratischen Verfassungsstaates (2).

(1) Verantwortung: Nach dem intersubjektiven Menschenbild der Diskurs- 1178
ethik verdankt jeder seine individuelle Autonomie dem Austausch mit anderen. Die Persönlichkeit des Ich entsteht durch Kommunikation mit dem Du.
Die persönliche Freiheit ist ein Recht, das uns von den andern zugesprochen
wird. Freiheit ist eine Befugnis, die immer schon an die Pflicht gebunden ist,
die andern in ihren Rechten zu achten. Wir müssen unsere Freiheit verantworten, d.h. Antwort geben, wenn andere geltend machen, sie seien durch
unseren Freiheitsgebrauch in ihrer eigenen Freiheit verletzt.

Somit ist Freiheit ein Recht, mit dem jeder, der sie beansprucht, auch die Pflicht 1179
übernimmt, den Gebrauch dieses Rechts gegenüber den andern zu verantworten. Dies gilt in erhöhtem Masse für die Ausübung von Macht im öffentlichen Raum. Hier schlagen sich die diskursethische Pflicht zur Begründung
von Geltungsansprüchen und die deliberative Pflicht zur Rechenschaftsablage in einem allgemeinen Prinzip der Verantwortung für öffentliches Handeln
nieder. *Das Prinzip Verantwortung ist das Leitprinzip des öffentlichen Raums;*
die deliberative Demokratie ist seine politische Konzeption; der demokratische
Verfassungsstaat ist seine staatsrechtliche Ausgestaltung.

Das Prinzip Verantwortung bildet den gemeinsamen Kern sämtlicher staats- 1180
leitender Prinzipien. Der Rechtsstaat, die Demokratie, die Staatshoheit, der
Föderalismus, der Leistungs- und Sozialstaat sowie der Wirtschaftsstaat sind
Verantwortungen, welche durch die Verfassung dem modernen Staat übertragen werden und die er im Dienste des guten und gerechten Zusammenlebens
der betroffenen Menschen wahrnehmen soll (vgl. sogleich Ziff. 15.4.).

(2) Grundsätze des demokratischen Verfassungsstaates: Der Demokratische 1181
Verfassungsstaat will öffentliche Macht nach dem Prinzip der Verantwortung
verfassen, d.h. öffentliche Macht auf rechtlich bestimmte Ziele ausrichten und
durch rechtlich begrenzte Mittel beschränken. Er richtet alle staatlichen Institutionen auf ihre Hauptaufgabe aus, Friede, Freiheit und Gerechtigkeit herzu-

---

533 Vgl. vorne Rz. 547.

stellen. Der demokratische Verfassungsstaat ist **Staat,** weil er **Frieden** anstrebt. Er ist **Verfassungs**staat, weil er **Freiheit** schützen will. Er ist **demokratischer** Verfassungsstaat, weil er **Gerechtigkeit** verwirklichen will. Insgesamt bindet er Macht an die Formen des Rechts und begrenzt damit die Willkür öffentlicher Macht.

1182   Der demokratische Verfassungsstaat bringt dabei die Prinzipien der Diskursethik und der deliberativen Demokratie auf staatsrechtlicher Ebene zur Geltung:

Diskurstheorie	deliberative Demokratie		demokratischer Verfassungsstaat
Selbstbindung	Verbindlichkeit	⇨	**Rechtsstaat**
Begründungspflicht	Verantwortung	⇨	**Verantwortlichkeit**
wechselseitige Anerkennung	Reziprozität	⇨	**Grundrechte**
symmetrische Beziehungen	symmetrische Strukturen und Prozesse	⇨	**Gewaltenteilung**
zwanglose Einigung	demokratische Legitimation	⇨	**Demokratie**
Abweichungen vom idealen Diskurs	Stufengerechtigkeit von Diskursen	⇨	**Verfahrensgerechtigkeit**

Abbildung 15-2: Anforderungen der Diskursethik und der deliberativen Demokratie an den demokratischen Verfassungsstaat

15.4. Konkretisierung: Staatsleitende Prinzipien[534]

Die staatsleitenden Prinzipien sind die staatsrechtlichen Antworten des demo- 1183 kratischen Verfassungsstaates auf Grundfragen der Staatlichkeit: Das Prinzip der Staatshoheit und das Prinzip des Föderalismus bestimmen die Macht und Struktur des Staates, das Demokratieprinzip und das Rechtsstaatsprinzip ordnen den Prozess der Machtausübung durch Verfahren und Rechte. Die Prinzipien des Leistungsstaates und des Wirtschaftsstaates schliesslich bestimmen die Inhalte und Aufgaben des Staates.

Diese Prinzipien enthalten die normativen Kriterien für den Aufbau eines 1184 Staates. Sie geben die Antwort auf die Frage, wie **die Merkmale, welche einen Staat konstituieren**, auszugestalten sind. Funktional braucht ein Staat folgende Merkmale (denen je ein staatsleitendes Prinzip entspricht):

– Ein Staat braucht erstens ein Hoheitsrecht, das die nationale Einheit herstellt (1),

– zweitens benötigt er eine innere Differenzierung (die dezentral oder föderalistisch sein kann). Einheit und Differenzierung bestimmen zusammen die Staatsstruktur (2).

– Im Rahmen dieser Struktur gilt es drittens, die Prozesse der Willensbildung und Entscheidung zu definieren. Dies ist Gegenstand der Demokratie. Die demokratischen Institutionen machen den Staat erst handlungsfähig (3).

– Gegenüber diesem dritten Element braucht es viertens den Schutz des Einzelnen vor der so gebildeten Staatsmacht durch den Rechtsstaat (4).

– In diesen Strukturen und Prozessen müssen sodann jene Aufgaben festgelegt werden, zu deren Erfüllung der moderne Staat geschaffen worden ist: die Aufgaben des Leistungsstaates (5) und des Wirtschaftsstaates (6).

– Schliesslich erfordert die Ausdehnung des Staatlichen in den öffentlichen Raum (Public Governance) auch die Verfassung der intermediären Gewalten (7), d.h. die Anbindung privater Träger öffentlicher Macht (wie Parteien und Verbände) an die Prinzipien öffentlicher Verantwortung. Diese Anforderung wird nicht durch ein einzelnes staatsleitendes Prinzip abgedeckt, sondern durch die Ausweitung des Geltungsbereichs aller Prinzipien.

---

534 Vgl. vorne Rz. 697 ff.

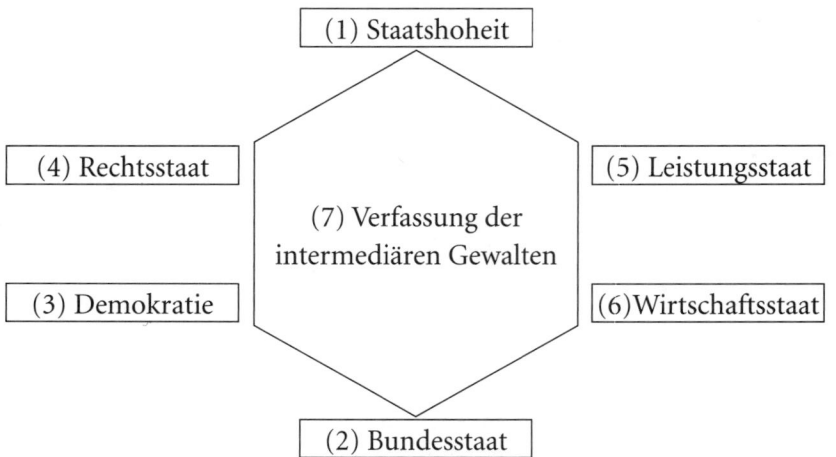

Abbildung 15-3: Staatsleitende Prinzipien

1185 **(1) Das Prinzip der Staatshoheit**[535]**:** Soll politische Macht verfasst werden, muss vorab entschieden werden, auf welcher Ebene möglicher Staatlichkeit die Macht angesiedelt werden soll. Es geht um die Definition der staatlichen Einheit. Das Prinzip der Staatshoheit verleiht dem Staat das Hoheitsrecht, das die nationale Einheit begründet. Es konstituiert den Staat als Hoheitsgewalt.

1186 Das Prinzip der Staatshoheit ist die rechtliche Norm, welche die Staatsmacht als Staatsgewalt legitimiert. Es macht aus faktischer Macht rechtlich gebundene Hoheit, indem es Macht rechtlich an das Prinzip Verantwortung bindet. Hoheit ist anvertraute und damit rechenschaftspflichtige Macht.

1187 **(2) Der Föderalismus**[536]**:** Der Bundesstaat errichtet selbständige staatliche Einheiten auf unterer Ebene, welche über eine vollständige Behördenorganisation mit Parlament, Regierung und Justiz verfügen und in ihrem Zuständigkeitsbereich autonome Entscheidungen treffen. Diese vertikale Gewaltenteilung soll durch Aufteilung der Macht zwischen dem Bund und den Gliedstaaten Freiheit und Demokratie stärken. Nach dem Subsidiaritätsprinzip besteht eine Kompetenzvermutung für die Zuständigkeit der Gliedstaaten. Die höhere Staatsebene darf erst handeln, wenn die tiefere dazu nicht in der Lage ist.

1188 Das Prinzip des Föderalismus sichert kleinen politischen Einheiten ein Selbstbestimmungsrecht. Es garantiert die öffentliche Autonomie des Menschen auf

535 Vgl. vorne Rz. 724 ff.
536 Vgl. vorne Rz. 747 ff.

möglichst persönlicher Stufe. In seiner traditionellen Ausprägung schützt das Prinzip nur territorial abgegrenzte Autonomien. In einer multikulturellen und transnationalen Bürgergesellschaft kann es aber so variiert werden, dass es die kulturelle Identität anerkannter Personalkörperschaften gewährleistet. Es ermöglicht damit Demokratie in einem variablen Mehrebenensystem, das von der Gemeinde bis zur Weltebene reicht und neben staatlichen Autoritäten auch Organisationen der Bürgergesellschaft umfasst.

(3) **Das Demokratieprinzip**[537]: Der demokratische Verfassungsstaat ist die Staatsform für eine Kultur, in welcher kein Einzelner für alle andern verbindlich erkennen kann, was für sie gut und gerecht ist. Unter pluralistischen Bedingungen müssen die Ideale des kollektiven Guten und des individuell Gerechten in Verfahren bestimmt werden, welche die Chance bieten, sich diesen Idealen anzunähern. Demokratie und Rechtsstaat teilen sich in diese Aufgabe. Die Demokratie ist die Form, in welcher am ehesten herausgefunden werden kann, was für die Gesamtheit gut ist (das Gemeinwohl); der Rechtsstaat ist die Form, in welcher am ehesten dafür gesorgt werden kann, dass dies einzelne Menschen oder Minderheiten nicht in unzumutbarer Weise belastet (die Gerechtigkeit).   1189

Das Demokratieprinzip verknüpft die Diskursprinzipien des Konsenses und der Begründungspflicht miteinander. Die Zustimmung aller Betroffenen führt zum Grundsatz der Volkssouveränität; die Begründung aller Geltungsansprüche führt zum Grundsatz der Verantwortlichkeit der Regierung. Alle Staatsgewalt muss sich von der Zustimmung des Volkes herleiten lassen; jede Machtausübung muss sich vor dem Volk rechtfertigen.   1190

Die repräsentative Demokratie und das Mehrheitsprinzip sind Abweichungen von der Volkssouveränität und von der diskursethischen Legitimation staatlicher Macht. Diese Abweichungen müssen sich rechtfertigen, d.h. verantworten lassen. Der Grundsatz der Verantwortung gewinnt damit an Bedeutung. Er findet seine staatsrechtliche Ausgestaltung in der Gewaltenteilung und in den Verfahren, in welchen Verantwortlichkeit geltend gemacht werden kann. Diese Institutionen müssen die Mängel an kollektiver Selbstbestimmung kompensieren. Sie bilden zusammen die Verfassung des Staatsprinzips Verantwortung.   1191

---

537 Vgl. vorne Rz. 774 ff.

1192 **(4) Das Rechtsstaatsprinzip**[538]: Staatshoheit, Föderalismus und Demokratie machen den Staat handlungsfähig. Damit wird er als Macht auch zu einer Gefahr für den Einzelnen. Der Rechtsstaat bindet die staatliche Macht an eine rechtliche Verfassung. Er macht ihn zum Verfassungsstaat. Das Rechtsstaatsprinzip setzt staatlicher Macht formelle Grenzen (Legalitätsprinzip, Gewaltenteilung, Verfahren des Rechtsschutzes) und verpflichtet sie auf materielle Ziele (Grundsätze rechtsstaatlichen Handelns und Grundrechte).

1193 Das Rechtsstaatsprinzip verpflichtet den Staat auf den Dienst am Menschen. Sein Kerngehalt ist die **Menschenwürde**. Diese verpflichtet alle staatliche Macht, die persönliche Integrität und die Autonomie des Menschen sowohl zu achten wie zu schützen. Die Freiheit des Einzelnen wird dadurch sowohl Grenze wie Inhalt des staatlichen Auftrags. Der einzelne Mensch ist voraussetzungslos in seinem Selbstwert anzuerkennen. Der Staat darf nicht über den Menschen verfügen. Zugleich hat der Staat die Voraussetzungen zu schaffen, damit der Mensch sich frei entfalten kann. Damit bedingen sich Mensch und Staat gegenseitig. Der Staat – besser: der öffentliche Raum – lebt von der Entfaltung der Menschen und die Menschen entfalten sich in ihm.

1194 Das Rechtsstaatsprinzip ist die Norm, welche die private Autonomie des Menschen schützt, während das Demokratieprinzip die Rechtsnorm ist, welche dessen öffentliche Autonomie zur Entfaltung bringt. Demokratie und Rechtsstaat vertreten zudem die beiden grossen ethischen Ausrichtungen des demokratischen Verfassungsstaates: das Gute und das Gerechte. Die Demokratie orientiert sich am Guten (dem Gemeinwohl oder dem öffentlichen Interesse). Der Rechtsstaat orientiert sich am Gerechten (an den Grundrechten, an fairen Verfahren, am Rechtsschutz).

1195 **(5) Das Leistungsstaatsprinzip**[539]: Die bis hierher aufgeführten Grundsätze umschreiben eine Minimalverfassung. Das Leistungsstaatsprinzip und das Wirtschaftsstaatsprinzip umschreiben die Verantwortung des Staates für inhaltliche Ziele des Gemeinwohls und der Gerechtigkeit. Sie definieren die Aufgaben, die der Staat zu erfüllen hat.

1196 Das Leistungsstaatsprinzip steuert die Aufgaben der Sozialgestaltung, die dem Staat übertragen sind: seine Verantwortung für die wichtigsten Voraussetzungen der Erhaltung und Entfaltung der Menschen in einer modernen Gesellschaft. Dabei übernimmt der Sozialstaat die Verantwortung für die

---

538 Vgl. vorne Rz. 843 ff.
539 Vgl. vorne Rz. 887 ff.

Schwachen seiner Gesellschaft und sorgt für soziale Gerechtigkeit. Die öffentlichen Dienste schaffen die Infrastruktur für eine kollektive Lebensqualität und sichern die faktischen Voraussetzungen für die Wahrnehmung von Grundrechten durch den Einzelnen. Im Rahmen seiner Gesamtverantwortung für Kultur, Umwelt und Nachwelt schützt der Staat grossräumige und langfristige kollektive Interessen, welche Private nicht richtig wahrnehmen können.

Insgesamt konkretisiert das Leistungsstaatsprinzip das Prinzip Verantwortung für die modernen Bedingungen des Zusammenlebens im öffentlichen Raum. Der Leistungsstaat ist die kollektive Organisation der menschlichen Verantwortung. Er tritt an die Stelle des Einzelnen, wo dieser zu Solidarität nicht bereit oder in der Lage ist. Das Leistungsstaatsprinzip verpflichtet den Staat, an Stelle der Privaten Verantwortung für die Folgen der gesellschaftlichen und wirtschaftlichen Freiheit zu tragen. Es ist die moderne Form der altägyptischen Ma'at[540].   1197

(6) Das Wirtschaftsstaatsprinzip[541]**:** In seiner Funktion als Wirtschaftsstaat erfüllt der Staat die Aufgabe, das wirtschaftliche Wohlergehen des Volkes zu sichern. Zu diesem Zweck ist ihm die Schaffung und Steuerung einer funktionierenden Marktordnung übertragen. Er hat die Wirtschaft zu verfassen. Das Wirtschaftsstaatsprinzip verpflichtet ihn dabei auf seine Verantwortung für das wirtschaftliche Gesamtwohl.   1198

Das Wirtschaftsstaatsprinzip ordnet das **Verhältnis von Staat und Wirtschaft** auf drei Ebenen: 1199

- Auf der Ebene der einzelnen Menschen gewährt es die Grundrechte des Wirtschaftens. Die wirtschaftliche Entfaltung und Sicherheit des Einzelnen ist Voraussetzung für das Funktionieren der Marktwirtschaft.
- Auf der Ebene des Wirtschaftssystems garantiert es das Prinzip des freien Wettbewerbs. Der Staat soll die Chancengleichheit der Konkurrenten schützen, faire Rahmenbedingungen schaffen und den Missbrauch der Wirtschaftsfreiheit bekämpfen.
- Auf der gesamtgesellschaftlichen Ebene formuliert das Wirtschaftsstaatsprinzip die Staatsverantwortung für die wirtschaftliche Wohlfahrt mit einer Reihe von ordnungspolitischen, wirtschaftslenkenden und sozialpolitischen Aufgaben.

---

540 Vgl. vorne Rz. 587 ff.
541 Vgl. vorne Rz. 941 ff.

1200 Das Wirtschaftsstaatsprinzip institutionalisiert das Prinzip Verantwortung für den Wirtschaftsbereich. Das Wirtschaften ist in der Moderne weitgehend dem Nützlichkeitsdenken überlassen und von der Verantwortung für seine sozialen Folgen entlastet worden. Daher wird der Staat eingesetzt, um dem Eigennutz die Prinzipien der Gerechtigkeit und des Gesamtwohls entgegenzusetzen. Der Leistungsstaat hat dabei die individuelle Gerechtigkeit, der Wirtschaftsstaat das Gesamtwohl im Auge. In beiden Fällen tritt der Staat an die Stelle persönlicher Solidarität.

1201 (7) **Die Verfassung der intermediären Gewalten**[542]: Die staatsleitenden Prinzipien sind untereinander gleichwertig. Sie gelten sowohl für den Staat wie für die Macht der Wirtschaft im öffentlichen Raum und den Einfluss der Bürgergesellschaft im Rahmen der Public Governance. Faktisch besteht freilich ein Ungleichgewicht unter den Prinzipien. Ihre Kraft, das staatliche Handeln zu bestimmen, ist ungleich. Insbesondere überwiegen die Anliegen des Wirtschaftsstaates in vielen Konflikten. Zudem sind die staatsleitenden Prinzipien nur beschränkt in der Lage, das Handeln im öffentlichen Raum ausserhalb des Staates anzuleiten. Deshalb ist alle Macht im öffentlichen Raum zu verfassen.

1202 Das Wirtschaftsstaatsprinzip hat in der Praxis gegenüber den andern einen Vorrang erlangt, weil alle öffentlichen Aufgaben unter den Vorbehalt ihrer wirtschaftlichen Tragbarkeit gestellt werden. Dies verletzt die Gleichwertigkeit der staatsleitenden Grundsätze und das Gebot der pluralistischen Grundsätzlichkeit: Der Entscheidungsprozess ist nicht für alle grundsätzlichen Gesichtspunkte gleich offen.

1203 Zur Kompensation dieses Ungleichgewichts ist alle Macht im öffentlichen Raum auf die Verwirklichung der Grundrechte zu verpflichten und so zu organisieren, dass **alle staatsleitenden Prinzipien im politischen Entscheidungsprozess gleichberechtigt vertreten** werden. Dies bedeutet zum einen, dass die Grundrechte nicht nur gegen den Staat, sondern auch gegen die Wirtschaft geltend gemacht werden können. Zum andern heisst es, dass der Einfluss von Wirtschaft und Bürgergesellschaft auf den Staat **nach den Prinzipien der deliberativen Demokratie** zu gestalten ist: Alle intermediären Gewalten (Wirtschaftsverbände, politische Parteien, Medien, Kirchen und die grossen ideellen Organisationen) müssen intern pluralistisch strukturiert sein und ihre Entscheide in diskursethisch fairer Weise treffen, wenn sie sich am

---

542 Vgl. vorne Rz. 980 ff.

staatlichen Entscheidungsprozess beteiligen wollen. Diese Beteiligung muss ihrerseits transparent und nach den Regeln der Diskursethik gestaltet werden, d.h. insbesondere allen Interessengruppen faire Chancen eröffnen.

Dabei sind die Beteiligungsrechte nicht bloss proportional zur wirtschaft- 1204 lichen und politischen Macht der Interessengruppen zu verteilen, sondern nach den grundsätzlichen Gesichtspunkten, auf welche sich diese Gruppen berufen können. Den Massstab für die Gewichtung müssen die staatsleitenden Prinzipien abgeben: Zur Mitwirkung legitimiert ist nicht bereits, wer faktisch die Macht hat, Einfluss zu nehmen, sondern erst, wer für seine Interessen ein staatsleitendes Prinzip anrufen kann. Und fair ist ein politisches Entscheidungsverfahren erst, wenn darin alle staatsleitenden Prinzipien gleichwertig vertreten sind.

15.5. Generalisierung: Verfassung der transnationalen Demokratie[543]

Die Grundsätze des demokratischen Verfassungsstaates lassen sich nicht nur 1205 zu staatsleitenden Prinzipien des Nationalstaates konkretisieren, sondern auch zu Elementen einer transnationalen Verfassung generalisieren. Dabei kann allerdings nicht von einer Universalität der Prinzipien ausgegangen werden. Vielmehr geht es um einen Prozess der Universalisierung kulturell bedingter Werte.

Der interkulturelle Diskurs über die Grundsätze einer Weltverfassung sucht 1206 überlappende Wertvorstellungen und Gemeinsamkeiten über das Gute und Gerechte im öffentlichen Raum. Er vermag heute erst in groben Zügen das Bild einer Verfassung der globalen Governance zu entwerfen, welche die Staaten und ihre internationalen Organisationen, die Weltwirtschaft und die Weltbürgergesellschaft in eine gewaltenteilige Mischverfassung integrieren.

Die staatsleitenden Prinzipien dienen auch auf dieser Ebene als Modell für 1207 **Verfassungsprinzipien einer Weltordnung.** Vor allem die Prinzipien des Föderalismus und der Demokratie müssen allerdings inhaltlich an die Verhältnisse der globalen Governance angepasst werden:

---

543 Vgl. vorne Rz. 1034 ff.

- **Föderalismus:** Das internationale Mehrebenensystem ist föderalistisch auszugestalten, wobei Föderalismus variabel zu konzipieren ist. Föderalismus kann mehr bedeuten als territoriale Gliederung eines Staates. Partielle Staatshoheit kann auch Institutionen zugesprochen werden, welche nur für bestimmte Sektoren der Weltpolitik (Handel, Gesundheit, Umwelt) oder für bestimmte Personenkreise (Frauen, Arbeitnehmende, Flüchtlinge) zuständig sind. Neben die herkömmliche, territorial bestimmte Staatlichkeit treten so auch sektorale und personelle Formen der Staatlichkeit. Die internationalen Organisationen bilden dann ein Netzwerk überlappender Autoritäten gegenüber dem Einzelnen. Dieser wird in mehrfache Loyalitäten zu verschiedenen Ebenen und Sektoren der Weltordnung eingebunden.

- **Demokratie:** Das Konzept der Demokratie ist von seinen nationalen Begrenzungen zu lösen und als Prozess der Deliberation auf das gesamte Netzwerk der globalen Governance auszudehnen:

  – Demokratie bedeutet auf transnationaler Ebene weniger Volkssouveränität als Verantwortlichkeit der Exekutive. Die Weltbürgerschaft ist so gross und so heterogen, dass das Handeln der Weltorganisationen nicht durch direkte Wahlen und Sachabstimmungen gesteuert werden kann. Deshalb muss die Weltöffentlichkeit ihren Einfluss stärker durch Kontrollen ausüben. Im Kreislauf des politischen Handelns setzt die Demokratie somit nicht bei der Entscheidung, sondern bei der Kontrolle und Korrektur an.

  – Der Machtprozess in den Zentren der internationalen Politik wird teilweise durch die Vertreter der Nationalstaaten in den internationalen Organisationen demokratisch legitimiert. Daher kann transnationale Demokratie als Korrektiv der weltbürgerlichen Peripherie gegenüber diesem Machtprozess definiert werden.

  – Die demokratische Legitimation kann durch eine rechtsstaatliche ergänzt werden: Beschwerderechte in justizförmigen Verfahren können Betroffenen bekanntlich gewährt werden, ohne dass sie demokratisch legitimiert sind. So kann NGO von internationalen Organisationen ein Verbandsbeschwerderecht zugesprochen werden, ohne dass sie sich als Vertreter der Weltbürgerschaft ausweisen müssen.

  – Die Diskursqualität von Verfahren kann schliesslich dadurch gefördert werden, dass im Entscheidungsprozess alle staatsleitenden Prinzipien als Verfassungsprinzipien der Weltordnung anerkannt und angemessen vertreten werden.

Die Ausbildung einer Weltverfassung ist vor allem Aufgabe der **internationa-** 1208
len Organisationen. Diese können je in ihrem Bereich Teile einer Weltverfassung verwirklichen, indem sie die Weltwirtschaft und die NGO in ihre deliberativ strukturierten Entscheidungsprozesse einbinden und dafür sorgen, dass die staatsleitenden Grundsätze in ihren eigenen Entscheidungen gleichwertig Beachtung finden.

Insgesamt liefern die Diskursethik, die deliberative Demokratie und der de- 1209
mokratische Verfassungsstaat die Modelle für die Gestaltung einer Verfassung der transnationalen Demokratie.

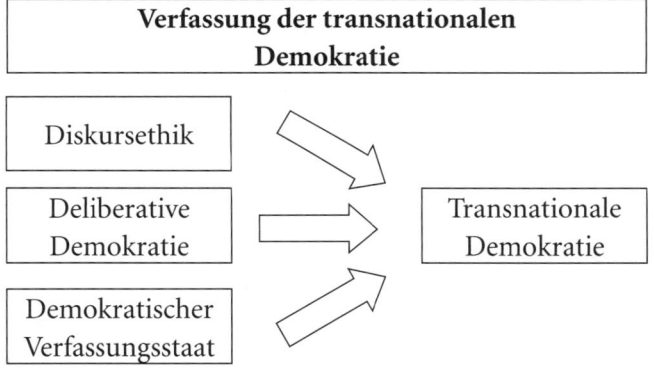

Abbildung 15-4: Verfassung der transnationalen Demokratie

Grundsätze der transnationalen Demokratie lassen sich sowohl für Verfahren 1210
wie für Inhalte angeben:

- Diskurs und Deliberation bilden dabei die Legitimationsgrundlage für die Entscheidungsverfahren.
- Inhaltlicher Leitgrundsatz ist auch auf transnationaler Ebene das Prinzip Verantwortung.
- Die staatsleitenden Prinzipien werden zu Verfassungsgrundsätzen der Weltordnung. Diese bilden ein Netz von Grundsätzen für die inhaltliche Rechtfertigung transnational wirksamer Entscheidungen.

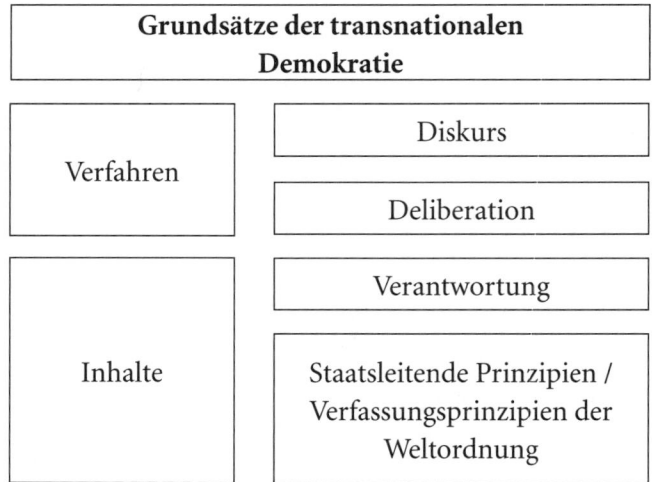

Abbildung 15-5: Grundsätze der transnationalen Demokratie

15.6.   Kritik: Macht ohne Verantwortung

1211   Das vorliegende Buch hat nicht die reale Verfassung der Welt analysiert, sondern eine **ideale Verfassung** entworfen. Trotzdem war es immer das Faktische,
welches den Anstoss zu einer normativen Antwort gab. Es ist die Wahrnehmung von nicht legitimer Macht, welche den Ruf nach einer Verfassung begründet. Diese Wahrnehmung hat den gesamten Gedankengang begleitet. Sie
soll zum Schluss noch ausgesprochen werden.

1212   Diese Reihenfolge mag überraschen, ist jedoch legitim: Wir sind zwar gewohnt,
den Sachverhalt, also die Realität, zum Ausgangspunkt zu nehmen und die
Bewertung erst als zweiten Schritt zuzulassen. Im hermeneutischen Prozess
des Urteilens wird dabei aber immer ein normatives **Vorverständnis** vorausgesetzt, aus dessen Perspektive die Realität selektiv wahrgenommen wird. In
diesem Buch wurde dieses Vorverständnis systematisch überprüft und durch
eine Verfassungslehre expliziert, um die Selektion unserer Wahrnehmung zu
reflektieren. Erst auf dieser normativen Grundlage ist begründbar, warum
bestimmte Verhältnisse zwischen den Menschen als **Macht** verstanden und
damit zum Problem für die Verfassungsordnung werden.

Die Tatsache, dass ein Mensch das Verhalten anderer steuert, lässt sich vom 1213
Beobachterstandpunkt aus neutral feststellen. Erst aus der Teilnehmerperspektive wird diese Tatsache zum Problem. Sie wird zur Macht, die dem einen
die Chance verleiht, «den eigenen Willen auch gegen Widerstreben durchzusetzen»[544]. Nur als Teilnehmer weiss ich, ob mein Wille gegen den Willen anderer steht. Aus dieser Perspektive wird Macht zu einem Handeln, das gegen das
Diskursprinzip verstösst, es sei denn, sie sei mit einer normativ begründeten
Befugnis verbunden. Macht ist legitimationsbedürftig und muss verantwortet
werden. Aus der Sicht der hier vertretenen Verfassungslehre ruft jede Macht,
die nicht an eine entsprechende Verantwortung gebunden ist, nach Kritik.
Diese Kritik soll abschliessend an den herrschenden Verhältnissen in Wirtschaft (1), Staat (2) und Bürgergesellschaft (3) geübt werden, bevor daraus
das Fazit (4) gezogen wird.[545]

(1) Wirtschaft: Das System der **Marktwirtschaft** entlastet den Einzelnen von 1214
der Verantwortung für sein Handeln. Am Markt handelt jeder ökonomisch
effizient und damit funktional «richtig» (besser: systemkonform), wenn
er seinen Eigennutz zu maximieren sucht. Regeln der Sitte und des Rechts
braucht er nur zu befolgen, soweit dies seinen langfristigen Interessen dient.
Die Marktwirtschaft ist stark von einer Kultur der Nützlichkeit geprägt. Die
Ethik der Rechte und Pflichten (die eine lebensdienliche Wirtschaft benötigen
würde) wird nach herrschender ökonomischer Lehre der Erfolgsethik untergeordnet. Die Folgen des eigenen Erfolgs für andere sind aus dieser Sicht nicht
Gegenstand von Verantwortung.

Dadurch wird das Wirtschaften zu einer Form von **Macht ohne Verantwor-** 1215
tung. Diese wird an das Gesamtsystem und an den Staat ausgelagert. Das Gesamtsystem gilt als gerecht und damit verantwortbar, wenn es einen fairen
Wettbewerb der Leistungen und damit Tauschgerechtigkeit, also die Gleichwertigkeit von Leistung und Gegenleistung am Markt, gewährleistet. Diese
ersetzt die Gleichheit der Menschen durch die Gleichheit der Warenwerte.
Marktversagen kann dabei unverschuldete menschliche Härten verursachen.
Die Verantwortung für den sozialen Ausgleich dieser Folgen des Wirtschaftens
wird dem Staat übertragen.

---

544 MAX WEBER, Wirtschaft und Gesellschaft, 28.
545 Eine detaillierte und begründete Kritik der faktischen Verhältnisse würde freilich ein zweites Buch
füllen. Hier können nur allgemein bekannte Abläufe angedeutet und summarisch beurteilt werden.

1216 Die Marktwirtschaft gliedert sich zudem in verschiedene Teilmärkte. Im **Kapitalismus** steuert der Kapitalmarkt sowohl den Markt für Güter und Dienstleistungen wie vor allem den Arbeitsmarkt. Die Globalisierung verschärft dieses Ungleichgewicht. Die Arbeitgebenden sind für ihr Handeln nicht den Arbeitnehmenden gegenüber verantwortlich, sondern den Kapitalgebern. Das sind bei börsenkotierten Unternehmungen nicht einmal die Aktionärsversammlungen. Die Sanktionen spricht das anonyme Börsensystem, das die Unternehmen nach ihrem Kapitalertrag bewertet. Der Kapitalmarkt kennt keinen Diskurs über Verantwortungen zwischen Menschen. Die Rede von der «Verantwortlichkeit» der Geschäftsleitung oder des Aufsichtsrates (CH: Verwaltungsrates) ist irreführend: Nur ein kleiner Teil aller Betroffener kann vom Management Rechenschaft verlangen (die Kapitalgeber), obwohl die Arbeitnehmenden, die Lieferanten und die Kunden ebenso und oft stärker in ihren vitalen Interessen betroffen sind.

1217 **Die kapitalistische Marktwirtschaft** verletzt damit ihrer Struktur nach die Grundsätze des öffentlichen Raums, obwohl sie darin zurzeit die grösste Macht ausübt. Sie ist **ein System verantwortungsloser Macht.** Einzelne Wirtschaftende können sich zwar abweichend, d.h. nach normativen Grundsätzen (als so genannte Wirtschaftsbürger) verhalten, aber sie werden dafür durch wirtschaftlichen Misserfolg bestraft, wenn sie sich zu weit vom Denkzwang des Wettbewerbs entfernen. Alleine können sie das System nicht ändern. Dazu brauchen sie die Hilfe des Staates. Nur der Staat kann den Wirtschaftsprozess menschlicher machen, indem er durch Regulierung deliberative Prozesse für alle verbindlich vorschreibt. – **Die Kritik der Wirtschaft setzt ihre Hoffnung somit auf den Staat.**

1218 **(2) Der Staat:** Der Staat wäre an sich die **Organisation der öffentlichen Verantwortung.** Er verfügt meist über die nötigen Institutionen, um Macht an Verantwortung zu binden. Das moderne Staatsrecht setzt primär auf die Institutionenethik, also auf institutionelle Schranken der Macht (wie Legalitätsprinzip oder Gewaltenteilung). Die Staatsorganisation soll so ausgestaltet werden, dass sie auch unter Beteiligung von nicht ethisch handelnden Menschen einigermassen gerechte Ergebnisse erzielt. Die Unterstellung amoralischer Politik droht allerdings zur selbsterfüllenden Prophezeiung zu werden, weil sie die Menschen nicht zu richtigem Handeln anspornt. **Das politische System lässt individuelle Verantwortungslosigkeit ebenso zu wie das Wirtschaftssystem.**

Zum einen können ausgebaute deliberative Prozesse und Rechtfertigungs- 1219
prozeduren zu einer höchst differenzierten Arbeitsteilung führen. Entscheidungen werden kollektiv oder in kleinen Schritten getroffen, so dass niemand
mehr für das Ganze verantwortlich ist. Bürokratien und Parlamente können
zu Institutionen der organisierten Verantwortungslosigkeit verkommen.

Zum andern herrscht auch im politischen System eine Nützlichkeitskultur. 1220
Jeder sucht einen möglichst grossen Anteil an der Staatsmacht zu erlangen.
Während am Markt das Geld zählt, zählen in der Politik die Wählerstimmen
als Massstab der Macht. Und auch hier zahlt es sich aus, die Regeln des politischen Systems und des Staatsrechts nur so weit zu befolgen, als dies den
eigenen Interessen dient. Am meisten Erfolg haben daher jene, welche die
Institutionen, in welchen sie wirken, für eigene Zwecke missbrauchen und
damit den Sinn von Politik langfristig aushöhlen. Sie bringen die Politik in
Verruf, weil sie das Diskursprinzip der Wahrhaftigkeit verletzen.

Auch hier kann jeder sich weigern, den Raubbau an der Demokratie mitzu- 1221
machen. Im Gegensatz zur ökonomischen Rationalität, die den Eigennutz
legitimiert, stützt die politische Rationalität die verantwortungsbewusste
Handlungsweise sogar. Sie verpflichtet die Politik auf die Ziele und Normen
der verfassungsmässigen Ordnung. Auf diese kann sich derjenige berufen, der
die Logik der Nützlichkeitskultur nicht mitmachen will. Allerdings vermag
diese normative Ordnung das tatsächliche Funktionieren des politischen Systems nur beschränkt zu steuern. **Der Staat versagt,** nicht etwa weil er nicht
allen den von ihm erwarteten Nutzen bringen kann, sondern weil er vielfach
Macht zulässt, die nicht verantwortet werden muss.

Die Wirtschaft findet das Korrektiv ihrer Verantwortungslosigkeit im Staat. 1222
Wo aber findet der Staat die Instanz, die sein Versagen korrigiert? Das Gegengewicht zur Macht des politischen Zentrums kann nur in der Peripherie
liegen. Nur eine wachsame Bürgergesellschaft, welche die Verantwortlichkeit
der Behörden einfordert, kann dafür sorgen, dass die normative Ordnung des
Staates das politische System wirksam steuert und dem Prinzip Verantwortung Geltung verschafft. – **Die Kritik des Staates setzt ihre Hoffnung somit
auf die Bürgergesellschaft.**

(3) Die Bürgergesellschaft: Daher richten sich die Hoffnungen vieler auf das 1223
Entstehen einer Bürgergesellschaft, welche als Partnerin des Staates in der
Public Governance auf den Staat einwirkt. Doch darf auch diese Erwartung
nicht über die Realitäten hinwegtäuschen. Zunächst bleibt der Grossteil der

Bürgerschaft politisch passiv und ist nicht bereit, im öffentlichen Raum Verantwortung zu übernehmen. Sodann ist die Bürgergesellschaft sehr heterogen zusammengesetzt und reicht von idealistischen Bewegungen bis zu reinen Wirtschaftsorganisationen. Schliesslich sind die Organisationen der Bürgergesellschaft weder repräsentativ noch in einen Rechenschaftsprozess eingebunden, der ihre Wächterrolle legitimieren könnte. Auch hier entsteht somit eine Macht, welcher keine Verantwortung entspricht.

1224   Allerdings besteht hier die Möglichkeit, das notwendige Korrektiv zu schaffen. Der Staat kann **die Bürgergesellschaft** so **verfassen**, dass sie den Anforderungen von Diskursethik, deliberativer Demokratie und demokratischem Verfassungsstaat entspricht. Durch innere und äussere Demokratisierung kann die Bürgergesellschaft zum legitimen Wächter über den Staat und über dessen Kontrollauftrag gegenüber der Wirtschaft werden. Damit lässt sich ein System der **Gewaltenteilung** zwischen Staat, Wirtschaft und Gesellschaft herstellen, das die hier dargelegten normativen Anforderungen erfüllt. – **Die Kritik der Bürgergesellschaft setzt ihre Hoffnung somit auf die Verfassung eines Gleichgewichts der Macht.**

1225   **(4) Fazit:** Das in diesem Buch entworfene Bild vom guten und gerechten Staat ist letztlich nicht mehr als eine These im Diskurs über unser öffentliches Zusammenleben. Ob sie zu überzeugen vermag, muss sich weisen. In ihrer kürzesten Fassung lautet sie wie folgt:

- Das Hauptproblem unserer Zeit ist verantwortungslose Macht.
- Unsere Aufgabe ist, alle öffentliche Macht zu verfassen.
- Den Weg dazu weisen die Diskursethik, die deliberative Demokratie und der demokratische Verfassungsstaat.

Lektüreempfehlungen

ARNIM, HANS HERBERT VON, Staatslehre der Bundesrepublik Deutschland, München 1984 (536 Seiten)

BATTIS, ULRICH / GUSY, CHRISTOPH, Einführung in das Staatsrecht, 4. Aufl., Heidelberg 1999 (362 Seiten)

ERMACORA, FELIX, Österreichische Verfassungslehre, bearbeitet von GERHARD BAUMGARTNER / GERHARD STREJCEK, Wien 1998 (499 Seiten)

HALLER, WALTER / KÖLZ, ALFRED, Allgemeines Staatsrecht, 3. Aufl., Basel/Genf/München 2004 (382 Seiten)

KRIELE, MARTIN, Einführung in die Staatslehre, 6. Aufl., Stuttgart/Berlin/Köln 2003 (333 Seiten)

LINDER, WOLF, Schweizerische Demokratie. Institutionen – Prozesse – Perspektiven, 2. Aufl., Bern 2005 (444 Seiten)

MASTRONARDI, PHILIPPE, Juristisches Denken: eine Einführung, 2. Aufl., Bern 2003 (318 Seiten)

MÜLLER, JÖRG PAUL, Demokratische Gerechtigkeit. Eine Studie zur Legitimität rechtlicher und politischer Ordnung, München 1993 (221 Seiten)

SALADIN, PETER, Verantwortung als Staatsprinzip. Ein neuer Schlüssel zur Lehre vom modernen Rechtsstaat, Bern 1984 (219 Seiten)

SCHMIDT, MANFRED G., Demokratietheorien, 3. Aufl., Opladen 2000 (608 Seiten)

SUTOR, BERNHARD, Kleine politische Ethik, Opladen 1997 (127 Seiten)

ULRICH, PETER, Zivilisierte Marktwirtschaft. Eine wirtschaftsethische Orientierung, Freiburg i. Br. 2005 (222 Seiten)

VORLÄNDER, HANS, Demokratie. Geschichte, Formen, Theorien, München 2003 (128 Seiten)

VORLÄNDER, HANS, Die Verfassung. Idee und Geschichte, München 2004 (127 Seiten)

ZIPPELIUS, REINHOLD, Allgemeine Staatslehre. Politikwissenschaft, 14. Aufl., München 2003 (480 Seiten)

ZIPPELIUS, REINHOLD, Geschichte der Staatsideen, 10. Aufl., München 2003 (213 Seiten)

Literaturverzeichnis

ALTHUSIUS, JOHANNES, Politik, Übersetzt von Heinrich Janssen, In Auswahl hrsg., überarbeitet und eingeleitet von Dieter Wyduckel, Berlin 2003 (zit. Politik)

ARENDT, HANNAH, Vita activa oder Vom tätigen Leben, 12. Aufl., München 2001 (zit. Vita activa)

ARNIM, HANS HERBERT VON, Staatslehre der Bundesrepublik Deutschland, München 1984 (zit. Staatslehre der Bundesrepublik)

ASSMANN, JAN / KRIPPENDORFF, EKKEHARDT / SCHMIDT-GLINTZER, HELWIG, Ma'at, Konfuzius, Goethe. Drei Lehren für das richtige Leben, Frankfurt am Main 2006 (zit. Ma'at, Konfuzius, Goethe)

ASSMANN, JAN, Ägypten. Eine Sinngeschichte, 3. Aufl., München 2003 (zit. Ägypten)

ASSMANN, JAN, Foreword, in: KARENGA, MAULANA, Ma'at. The Moral Ideal in Ancient Egypt. A Study in Classical African Ethics, New York/London 2004, xvii ff. (zit. Foreword)

ASSMANN, JAN, Herrschaft und Heil. Politische Theologie in Altägypten, Israel und Europa, München/Wien 2000 (zit. Herrschaft und Heil)

ASSMANN, JAN, Ma'at. Gerechtigkeit und Unsterblichkeit im alten Ägypten, München 1990, 2001 (zit. Ma'at)

ASSMANN, JAN, Ma'at – Gemeinschaftskunst im alten Ägypten, in: ASSMANN, JAN / KRIPPENDORFF, EKKEHARDT / SCHMIDT-GLINTZER, HELWIG, Ma'at, Konfuzius, Goethe. Drei Lehren für das richtige Leben, Frankfurt am Main 2006 (zit. Gemeinschaftskunst)

ASSMANN, JAN, Moses der Ägypter. Entzifferung einer Gedächtnisspur, München/Wien 1998 (zit. Moses)

ASSMANN, JAN, Weisheit, Schrift und Literatur, in: ASSMANN, ALEIDA (Hrsg.), Weisheit, München 1991, 475 ff. (zit. Weisheit)

ASSMANN, JAN, Zeitkonstruktionen, Vergangenheitsbezug und Geschichtsbewusstsein im alten Ägypten, in: ASSMANN, JAN / MÜLLER, KLAUS E. (Hrsg.), Der Ursprung der Geschichte. Archaische Kulturen, das Alte Ägypten und das Frühe Griechenland, Stuttgart 2005, 112 ff. (zit. Zeitkonstruktion)

BARBER, BENJAMIN, Starke Demokratie: über die Teilhabe am Politischen, Berlin 1994 (zit. Demokratie)

BAUER, HARTMUT, Bundesstaatstheorien und Grundgesetz, in: BLANKENAGEL, ALEXANDER / PERNICE, INGOLF / SCHULZE-FIELITZ, HELMUTH (Hrsg.), Verfassung im Diskurs der Welt, Liber Amicorum für PETER HÄBERLE zum siebzigsten Geburtstag, Tübingen 2004, 645 ff. (zit. Bundesstaatstheorien)

BÄUMLIN, RICHARD, Lebendige oder gebändigte Demokratie?: Demokratisierung, Verfassung und Verfassungsrevision, Basel 1978 (zit. Gebändigte Demokratie)

BECK, ULRICH, Die Risikogesellschaft. Auf dem Weg in eine andere Moderne, 18. Aufl., Frankfurt am Main 2006 (zit. Risikogesellschaft)

BECK, ULRICH, Vorwort, in: DERS. (Hrsg.), Perspektiven der Weltgesellschaft, Frankfurt am Main 1998, 7 ff. (zit. Perspektiven der Weltgesellschaft)

BELLAH ROBERT N. et al., Gewohnheiten des Herzens: Individualismus und Gemeinsinn in der amerikanischen Gesellschaft, Köln 1987 (zit. Gewohnheiten)

BERMBACH, UDO, Liberalismus, in: FETSCHER, IRING / MÜNKLER, HERFRIED (Hrsg.), Pipers Handbuch der politischen Ideen, Bd. 4, München/Zürich 1986, 323 ff. (zit. Liberalismus)

BESSON, SAMANTHA, Deliberative *Demoi*-cracy in the European Union. Towards the Deterritorialization of Democracy, in: BESSON, SAMANTHA / MARMOL, MARTI (eds.), Deliberative Democracy and its Discontents, Aldershot 2006, 181 ff. (zit. Deliberative *Demoi*-cracy)

BINSWANGER, HANS CHRISTOPH, Die Wachstumsspirale. Geld, Energie und Imagination in der Dynamik des Marktprozesses, Marburg 2006 (zit. Wachstumsspirale)

BRUNNER, HELLMUT, Die Weisheitsbücher der Ägypter. Lehren für das Leben, Düsseldorf/Zürich 1991 (zit. Weisheitsbücher der Ägypter)

BRUNNER-TRAUT, EMMA, Kleine Ägyptenkunde. Von den Pharaonen bis heute, 3. Aufl., Stuttgart/Berlin/Köln 1991 (zit. Kleine Ägyptenkunde)

BULL, HEDLEY, The Anarchical Society. A Study of Order in World Politics. 3. Aufl., New York 2002 (zit. Anarchical Society)

COTTIER, THOMAS / HERTIG, MAYA, The Prospects of 21st Century Constitutionalism, Max Planck Yearbook of United Nations Law 7, London 2003 (zit. Constitutionalism)

COTTIER, THOMAS, Konstitutionalisierungsprobleme im internationalen Wirtschaftsrecht: Verfassungsrechtliche Herausforderungen im Rahmen der WTO, in: Recht, Zeitschrift für juristische Ausbildung und Praxis, Sonderheft: Die Öffnung des Verfassungsrechts. Symposium zum 65. Geburtstag von Prof. Jörg Paul Müller, Bern 2005, 50 ff. (zit. Konstitutionalisierungsprobleme)

CURBACH, JANINA, Global Governance und NGOs. Transnationale Zivilgesellschaft in internationalen Politiknetzwerken, Opladen 2003 (zit. Global Governance)

DAHL, ROBERT A., Vorstufen zur Demokratie-Theorie, Tübingen 1976 (zit. Demokratie-Theorie)

DRYZEK, JOHN S., Deliberative Democracy and beyond. Liberals, Critics, Contestations, Oxford 2002 (zit. Deliberative Democracy)

DÜRRENMATT, FRIEDRICH, Die Physiker. Eine Komödie, Zürich 1998 (zit. Physiker)

EASTON, DAVID, A Framework for Political Analysis, Englewood Cliffs, N.J. 1965 (zit. Political Analysis)

EICHHORN, MATHIAS, Carl Schmitts Verständnis des Staates als einer geschichtlichen Grösse, in: VOIGT, RÜDIGER (Hrsg.), Mythos Staat. Carl Schmitts Staatsverständnis, Baden-Baden 2001, 59 ff. (zit. Staat als geschichtliche Grösse)

ETZIONI, AMITAI, Die Entdeckung des Gemeinwesens. Ansprüche, Verantwortlichkeiten und das Programm des Kommunitarismus, Stuttgart 1995 (zit. Gemeinwesen)

EUCKEN, WALTER, Grundsätze der Wirtschaftspolitik (1952), hrsg. von EDITH EUCKEN und K. PAUL HENSEL, 7. Aufl., Tübingen 2004 (zit. Grundsätze)

EUROPÄISCHE UNION, Vertrag über eine Verfassung für Europa, gefunden am 26. September 2006 unter http://www.europa.eu.int/constitution/index_de.htm (zit. Vertrag über eine Verfassung für Europa)

FISCHER-ELFERT, HANS-W., Abseits von Ma'at. Fallstudien zu Aussenseitern im Alten Ägypten, Würzburg 2005 (zit. Abseits von Ma'at)

FISHKIN, JAMES S., Democracy and Deliberation. New Directions for Democratic Reform, New Haven/London 1991 (zit. Democracy)

FISHKIN, JAMES S., The Voice of the People. Public Opinion and Democracy, New Haven/London 1995 (zit. Voice of the People)

FLEINER, THOMAS / BASTA FLEINER, LIDIJA R., Allgemeine Staatslehre: über die konstitutionelle Demokratie in einer multikulturellen globalisierten Welt, 3. Aufl., Berlin/Heidelberg/New York 2004

FRAENKEL, ERNST, Der Pluralismus als Strukturelement der freiheitlich-rechtsstaatlichen Demokratie, in: DERS., Deutschland und die westlichen Demokratien, 7. Aufl., Stuttgart/Berlin/Köln/Mainz 1979, 197 ff. (zit. Pluralismus)

FRAENKEL, ERNST, Reformismus und Pluralismus: Materialien zu einer ungeschriebenen politischen Autobiographie, Hrsg. von FALK ESCHE und FRANK GRUBE, Hamburg 1973 (zit. Reformismus und Pluralismus)

FUKUYAMA, FRANCIS, State-Building. Governance and World Order in the Twenty-first Century, London 2004 (zit. State-Building)

GEBAUER, THOMAS, «...von niemandem gewählt!» Über die demokratische Legitimation von NGO, in: BRAND, ULRICH et al. (Hrsg.), Nichtregierungsorganisationen in der Transformation des Staates, Münster 2001, 95 ff. (zit. Demokratische Legitimation)

GIANNOTTI, DONATO, Die Republik Florenz (1534), hrsg. und eingeleitet von ALOIS RIKLIN, übersetzt und kommentiert von DANIEL HÖCHLI, München 1997 (zit. Republik)

GRAZIANO, LUIGI, Le pluralisme. Une analyse conceptuelle et comparative, in: Revue française de science politique, volume 46 (1996), 195 ff. (zit. Pluralisme)

GRIMM, DIETER, Recht und Staat der bürgerlichen Gesellschaft, Frankfurt am Main 1987 (zit. Recht und Staat)

GUILLARME, BERTRAND, Rawls et le libéralisme politique, in: Revue française de science politique, volume 46 (1996), 321 ff. (zit. Libéralisme politique)

GYGI, FRITZ, Die schweizerische Wirtschaftsverfassung, 2. Aufl., Bern 1978 (zit. Wirtschaftsverfassung)

HABERMAS, JÜRGEN, Der gespaltene Westen. Kleine politische Schriften X, Frankfurt am Main 2004 (zit. Der gespaltene Westen)

HABERMAS, JÜRGEN, Der philosophische Diskurs der Moderne. 12 Vorlesungen, 9. Aufl., Frankfurt am Main 2004 (zit. Diskurs der Moderne)

HABERMAS, JÜRGEN, Die Einbeziehung des Anderen. Studien zur politischen Theorie, Frankfurt am Main 1999 (zit. Einbeziehung)

HABERMAS, JÜRGEN, Die nachholende Revolution, Kleine politische Schriften VII, Frankfurt am Main 1990 (zit. Nachholende Revolution)

HABERMAS, JÜRGEN, Die neue Unübersichtlichkeit, Frankfurt am Main 1996 (zit. Unübersichtlichkeit)

HABERMAS, JÜRGEN, Erläuterungen zur Diskursethik, 3. Aufl., Frankfurt am Main 2001 (zit. Erläuterungen)

HABERMAS, JÜRGEN, Faktizität und Geltung. Beiträge zur Diskurstheorie des Rechts und des demokratischen Rechtsstaats, Frankfurt am Main 1998 (zit. Faktizität und Geltung)

HABERMAS, JÜRGEN, Legitimationsprobleme im Spätkapitalismus, 10. Aufl., Frankfurt am Main 1996 (zit. Legitimationsprobleme)

HABERMAS, JÜRGEN, Moralbewusstsein und kommunikatives Handeln, 8. Aufl., Frankfurt am Main 2001 (zit. Moralbewusstsein)

HABERMAS, JÜRGEN, Nachmetaphysisches Denken: philosophische Aufsätze, 2. Aufl., Frankfurt am Main 1997 (zit. Nachmetaphysisches Denken)

HABERMAS, JÜRGEN, Strukturwandel der Öffentlichkeit: Untersuchungen zu einer Kategorie der bürgerlichen Gesellschaft, 9. Aufl., Frankfurt am Main 2004 (zit. Strukturwandel der Öffentlichkeit)

HABERMAS, JÜRGEN, Technik und Wissenschaft als «Ideologie», 18. Aufl., Frankfurt am Main 2003 (zit. Technik)

HABERMAS, JÜRGEN, Theorie der Gesellschaft oder Sozialtechnologie? Eine Auseinandersetzung mit Niklas Luhmann, in: HABERMAS, JÜRGEN / LUHMANN, NIKLAS, Theorie der Gesellschaft oder Sozialtechnologie – Was leistet die Systemforschung? Baden-Baden 1971/1975, 142 ff. (zit. Theorie der Gesellschaft)

HABERMAS, JÜRGEN, Theorie des Kommunikativen Handelns, Band 1: Handlungsrationalität und gesellschaftliche Rationalisierung, 5. Aufl., Frankfurt am Main 1997 (zit. Kommunikatives Handeln I)

HABERMAS, JÜRGEN, Theorie des Kommunikativen Handelns, Band 2: Zur Kritik der funktionalistischen Vernunft, 5. Aufl., Frankfurt am Main 1997 (zit. Kommunikatives Handeln II)

HABERMAS, JÜRGEN, Zwischen Naturalismus und Religion. Philosophische Aufsätze, Frankfurt am Main 2005 (zit. Naturalismus und Religion)

HALLER, GRET, Die Grenzen der Solidarität. Europa und die USA im Umgang mit Staat, Nation und Religion, 2. Aufl., Berlin 2002 (zit. Grenzen der Solidarität)

HALLER, GRET, Politik der Götter. Europa und der neue Fundamentalismus, Berlin 2005 (zit. Politik der Götter)

HALLER, WALTER / KÖLZ, ALFRED, Allgemeines Staatsrecht, 3. Aufl., Basel/Genf/München 2004 (zit. Allgemeines Staatsrecht)

HAMILTON, ALEXANDER / MADISON, JAMES / JAY, JOHN, Die Federalist-Artikel (1787/88), hrsg., übersetzt, eingeleitet und kommentiert von ANGELA ADAMS und WILLI PAUL ADAMS, Paderborn 1994 (zit. Federalist)

HARRINGTON, JAMES, Oceana (1656), in: The Political Works of James Harrington, hrsg. und eingeleitet von JOHN G. A. POCOCK, London 1977 (zit. Oceana)

HAYEK, FRIEDRICH AUGUST VON, Die Verfassung der Freiheit, 4. Aufl., Tübingen 2005 (zit. Verfassung der Freiheit)

HAYEK, FRIEDRICH AUGUST VON, Recht, Gesetzgebung und Freiheit: eine neue Darstellung der liberalen Prinzipien der Gerechtigkeit und der politischen Ökonomie, Band 2: Die Illusion der sozialen Gerechtigkeit, Landsberg am Lech 1981 (zit. Illusion der sozialen Gerechtigkeit)

HEINSOHN, GUNNAR / STEIGER OTTO, Eigentum, Zins und Geld. Ungelöste Rätsel der Wirtschaftswissenschaften, 2. Aufl., Marburg 2002 (zit. Eigentum)

HELCK, WOLFGANG, Maat – Ideologie und Machtwerkzeug, in: DANIELS, DWIGHT R. et al. (Hrsg.), Ernten, was man sät. Festschrift für KLAUS KOCH zu seinem 65. Geburtstag, Neukirchen 1991, 11 ff. (zit. Maat)

HELD, DAVID, Democracy and the Global Order. From the Modern State to Cosmopolitan Governance, Stanford 2000 (zit. Democracy and the Global Order)

HELD, DAVID, Principles of Cosmopolitan Order, in: BROCK, GILLIAN / BRIGHOUSE, HARRY (eds.), The Political Philosophy of Cosmopolitanism, Cambridge 2005, 10 ff. (zit. Cosmopolitan Order)

HIRSCH, JOACHIM, Des Staates neue Kleider. NGO im Prozess der Internationalisierung des Staates, in: BRAND, ULRICH et al., (Hrsg.), Nichtregierungsorganisationen in der Transformation des Staates, Münster 2001, 13 ff. (zit. Des Staates neue Kleider)

HOBBES, THOMAS, Leviathan (1651), hrsg. und eingeleitet von IRING FETSCHER, Frankfurt am Main 2002 (zit. Leviathan)

HÖFFE, OTFRIED, Demokratie im Zeitalter der Globalisierung, München 1999 (zit. Globalisierung)

HÖFFE, OTFRIED, Einführung in die utilitaristische Ethik: klassische und zeitgenössische Texte, 3. Aufl., Tübingen 2003 (zit. Utilitarismus)

HÖFFE, OTFRIED, Gerechtigkeit: eine philosophische Einführung, München 2004 (zit. Gerechtigkeit)

HÖFFE, OTFRIED, Immanuel Kant, 6. Aufl., München 2004 (zit. Deontologie)

HÖFFE, OTFRIED, Politische Gerechtigkeit. Grundlegung einer kritischen Philosophie von Recht und Staat, 3. Aufl., Frankfurt am Main 2002 (zit. Politische Gerechtigkeit)

HOFMANN, HANS, Kommentierung von Art. 14 Grundgesetz, in: SCHMIDT-BLEIBTREU, BRUNO / KLEIN, FRANZ, Kommentar zum Grundgesetz. 10. Aufl., München 2004, 488 ff. (zit. Art. 14 Grundgesetz)

HOOGHE, LIESBET / MARKS, GARY, Unraveling the Central State, but how? Types of Multi-Level Governance, Reihe Politikwissenschaft 87, Wien 2003 (zit. Unraveling the Central State)

HORNUNG, ERIK, Der Eine und die Vielen. Ägyptische Götterwelt, 6. Aufl., Darmstadt 2005 (zit. Der Eine und die Vielen)

HORNUNG, ERIK, Maat – Gerechtigkeit für alle? Zur altägyptischen Ethik, in: Jahrbuch ERANOS 56, Frankfurt am Main 1989, 385 ff. (zit. Maat)

HÜBNER, EMIL, Das politische System der USA, 5. Aufl., München 2003 (zit. Politisches System der USA)

JANN, WERNER / WEGRICH, KAI, Phasenmodelle und Politikprozesse: der Policy Cycle, in: SCHUBERT, KLAUS / BANDELOW, NILS C. (Hrsg.), Lehrbuch der Politikfeldanalyse, München/Wien 2003, 71 ff. (zit. Policy-Cycle)

JELLINEK, GEORG, Allgemeine Staatslehre, 3. Aufl., Berlin 1914 (zit. Allgemeine Staatslehre)

JONAS, HANS, Das Prinzip Verantwortung. Versuch einer Ethik für die technologische Zivilisation, 3. Aufl., Frankfurt am Main 1993 (zit. Prinzip Verantwortung)

JUNGE, FRIEDRICH, Rezension von JAN ASSMANN:. Gerechtigkeit und Unsterblichkeit im Alten Ägypten, in: Göttingsche Gelehrte Anzeigen 245. Jg., Göttingen 1993, 145 ff. (zit. Ma'at)

KÄGI, WERNER, Die Grundordnung unseres Kleinstaates und ihre Herausforderung in der zweiten Hälfte des 20. Jahrhunderts, in: Schweizerischer Juristenverein (Hrsg.), Regards sur le droit suisse aujourd'hui et demain/Das schweizerische Recht, Besinnung und Ausblick, Festschrift zur

Schweizerischen Landesausstellung, Lausanne 1964, Basel 1964, 1 ff. (zit. Grundordnung)

KÄGI-DIENER, REGULA, Zweck und Aufgaben der Eidgenossenschaft aus bundesstaatlicher Sicht, Zeitschrift für Schweizerisches Recht (ZSR) NF 117, 1998, II, 493 ff. (zit. Eidgenossenschaft)

KANT, IMMANUEL, Kants gesammelte Schriften, Band VIII, Zum ewigen Frieden, Königlich Preussische Akademie der Wissenschaften (Hrsg.), Berlin/Leipzig 1923 (zit. Zum ewigen Frieden)

KARENGA, MAULANA, Maat. The Moral Ideal in Ancient Egypt. A Study in Classical African Ethics, New York/London 2004 (zit. Maat)

KEANE, JOHN, Global Civil Society? Cambridge 2003 (zit. Global Civil Society?)

KELL, GEORGE, Who cares wins, in: Compact Quarterly 4 (2005), gefunden am 2. Oktober 2006 unter http://www.enewsbuilder.net/globalcompact/e_article000474087.cfm?x=b11,0,w (zit. Who cares wins)

KOCH, KLAUS, Geschichte der ägyptischen Religion. Von den Pyramiden bis zu den Mysterien der Isis, Stuttgart/Berlin/Köln 1993 (zit. Ägyptische Religion)

KOKOTT, JULIANE / DOERING, KARL / BUERGENTHAL, THOMAS, Grundzüge des Völkerrechts, 3. Aufl., Heidelberg 2003 (zit. Grundzüge des Völkerrechts)

KRIELE, MARTIN, Einführung in die Staatslehre, 6. Aufl., Stuttgart/Berlin/Köln 2003 (zit. Staatslehre)

KÜNG, HANS, Projekt Weltethos, 7. Aufl., München 2002 (zit. Weltethos)

LANG, EBERHARD, Zu einer kybernetischen Staatslehre. Eine Analyse des Staates auf der Grundlage des Regelkreismodells, Salzburg 1970 (zit. Kybernetische Staatslehre)

LICHTHEIM, MIRIAM, Maat in Egyptian Autobiographies and Related Studies, Freiburg, Schweiz/Göttingen 1992 (zit. Maat)

LINDER, WOLF, Schweizerische Demokratie. Institutionen – Prozesse – Perspektiven, 2. Aufl., Bern 2005 (zit. Schweizerische Demokratie)

LOCKE, JOHN, Zwei Abhandlungen über die Regierung (1690), hrsg. und eingeleitet von WALTER EUCHNER, 8. Aufl., Frankfurt am Main 2000 (zit. Abhandlungen)

LÖWENSTEIN, KARL, Verfassungslehre, 4. Aufl., Tübingen 2000 (zit. Verfassungslehre)

LUHMANN, NIKLAS, Das Recht der Gesellschaft, 4. Aufl., Frankfurt am Main 2002 (zit. Recht)

LUHMANN, NIKLAS, Die Politik der Gesellschaft. Frankfurt am Main 2002 (zit. Politik)

LUHMANN, NIKLAS, Macht, 3. Aufl., Stuttgart 2003 (zit. Macht)

LUHMANN, NIKLAS, Moderne Systemtheorien als Form gesamtgesellschaftlicher Analyse, in: HABERMAS, JÜRGEN / LUHMANN, NIKLAS, Theorie der Gesellschaft oder Sozialtechnologie – Was leistet die Systemforschung? Baden-Baden 1971/1975, 7 ff. (zit. Moderne Systemtheorien)

LUHMANN, NIKLAS, Soziale Systeme. Grundriss einer allgemeinen Theorie, 7. Aufl., Frankfurt am Main 1999 (zit. Soziale Systeme)

LYOTARD, JEAN-FRANÇOIS, Le Différend, Paris 1983 (zit. Le Différend)

MACHIAVELLI, NICCOLÒ, Discorsi: Gedanken über Politik und Staatsführung (1513–1521), übersetzt, eingeleitet und erläutert von RUDOLF ZORN, Stuttgart 1977 (zit. Discorsi)

MACINTYRE, ALASDAIR, Der Verlust der Tugend. Zur moralischen Krise der Gegenwart, Frankfurt am Main 1995 (zit. Verlust der Tugend)

MASTRONARDI, PHILIPPE, Demokratietheoretische Modelle – praktisch genutzt, Aktuelle Juristische Praxis (AJP) 4 (1998), 383 ff. (zit. Demokratietheoretische Modelle)

MASTRONARDI, PHILIPPE, Der Zweck der Eidgenossenschaft als Demokratie. Essay zu einer schweizerischen Demokratietheorie, Zeitschrift für Schweizerisches Recht (ZSR) NF 117, 1998, II, 317 ff. (zit. Zweck der Eidgenossenschaft)

MASTRONARDI, PHILIPPE, Juristisches Denken: eine Einführung, 2. Aufl., Bern 2003 (zit. Juristisches Denken)

MASTRONARDI, PHILIPPE, Kriterien interdisziplinärer Richtigkeit, in: ULRICH, PETER / BREUER, MARKUS (Hrsg.), Wirtschaftsethik im philosophischen Diskurs. Begründung und «Anwendung» praktischen Orientierungswissens, Würzburg 2004, 275 ff. (zit. Interdisziplinäre Richtigkeit)

MASTRONARDI, PHILIPPE, Strukturprinzipien der Bundesverfassung? Fragen zum Verhältnis von Recht und Macht anhand des Wirtschaftsstaatsprinzips, Beiheft zur Zeitschrift für Schweizerisches Recht (ZSR), Heft 7, Basel 1988 (zit. Strukturprinzipien)

MASTRONARDI, PHILIPPE, Theorie des Rechts und der Rechtswissenschaft: Freiheit und Verantwortung als Voraussetzungen des Gesprächs mit der

Gehirnforschung, in: Senn, Marcel / Puskás, Dániel (Hrsg.), Gehirnforschung und rechtliche Verantwortung, ARSP-Beiheft 111, Stuttgart 2006, 39 ff. (zit. Freiheit und Verantwortung)

Maus, Ingeborg, Zur Aufklärung der Demokratietheorie. Rechts- und demokratietheoretische Überlegungen im Anschluss an Kant, Frankfurt am Main 1994 (zit. Aufklärung der Demokratietheorie)

Mayer-Tasch, Peter Cornelius, Politische Theorie des Verfassungsstaates: eine Einführung, München 1991 (zit. Politische Theorie)

Michels, Robert, Zur Soziologie des Parteiwesens in der modernen Demokratie, 2. Aufl., Leipzig 1925, Neudruck 1970 (zit. Soziologie des Parteiwesens)

Mill, John Stuart, Über die Freiheit (1859), mit Anhang und Nachwort, Hrsg. von Manfred Schlenke, Stuttgart 2001 (zit. Über die Freiheit)

Miller, David, Deliberative Democracy and Social Choice, in: Political Studies, vol. XL (Special Issue), 1992, 54 ff. (zit. Deliberative Democracy)

Milton, John, Defence of the People of England (1651) in: Areopagitica and Other Political Writings of John Milton, Hrsg. von John Alvis, Indianapolis 1999 (zit. Defence of the People)

Milton, John, The Ready and Easy Way to Establish a Free Commonwealth (1660), in: Areopagitica and Other Political Writings of John Milton, Hrsg. von John Alvis, Indianapolis 1999 (zit. Free Commonwealth)

Mols, Manfred, Politik als Wissenschaft: Zur Definition, Entwicklung und Standortbestimmung einer Disziplin, in: Mols, Manfred / Lauth, Hans-Joachim / Wagner, Christian (Hrsg.), Politikwissenschaft: eine Einführung, 4. Aufl., Paderborn/München/Wien/Zürich 2003, 25 ff. (zit. Politik als Wissenschaft)

Montesquieu, Charles Louis de Secondat, Vom Geist der Gesetze (1748), Auswahl, Übersetzung und Einleitung von Kurt Weigand, Stuttgart 2001 (zit. Geist der Gesetze)

Mueller, Dennis C., Public Choice III, Cambridge 2005 (zit. Public Choice)

Müller, Jörg Paul, Demokratische Gerechtigkeit. Eine Studie zur Legitimität rechtlicher und politischer Ordnung, München 1993 (zit. Demokratische Gerechtigkeit)

MÜLLER, JÖRG PAUL, Der politische Mensch – menschliche Politik. Demokratie und Menschenrechte im staatlichen und globalen Kontext, Basel/München 1999 (zit. Der politische Mensch)

MÜLLER, JÖRG PAUL, Kants Entwurf globaler Gerechtigkeit und das Problem der republikanischen Repräsentation im Staats- und Völkerrecht, in: ZEN-RUFFINEN, PIERMARCO / AUER, ANDREAS (Hrsg.), De la constitution. Études en l'honneur de Jean-François Aubert, Basel 1996, 133 ff. (zit. Republikanische Repräsentation)

MÜLLER, JÖRG PAUL, Versuch einer diskursethischen Begründung der Demokratie, in: HALLER, WALTER et al. (Hrsg.), Dienst an der Gemeinschaft, Festschrift für Dietrich Schindler zum 65. Geburtstag, Basel/Frankfurt am Main 1989, 617 ff. (zit. Begründung der Demokratie)

PELINKA, ANTON, Grundzüge der Politikwissenschaft, Wien/Köln/Weimar 2004 (zit. Politikwissenschaft)

PETERS, BERNHARD, Die Integration moderner Gesellschaften, Frankfurt am Main 1993 (zit. Integration)

PETERSMANN, ERNST-ULRICH, Time for a United Nations «Global Compact» for Integrating Human rights into the Law of Worldwide Organizations: Lessons from European Integration, in: European Journal of International Law, vol. 13 (2002), 621 ff. (zit. Global Compact)

PREUSS, ULRICH K., Carl Schmitt – Die Bändigung oder die Entfesselung des Politischen?, in: VOIGT, RÜDIGER (Hrsg.), Mythos Staat. Carl Schmitts Staatsverständnis, Baden-Baden 2001, 141 ff. (zit. Bändigung des Politischen)

RAWLS, JOHN, Das Völkerrecht, in: SHUTE, STEPHEN / HURLEY, SUSAN (Hrsg.), Die Idee der Menschenrechte, Frankfurt am Main 1996, 53 ff. (zit. Völkerrecht)

RAWLS, JOHN, Eine Theorie der Gerechtigkeit, 8. Aufl., Frankfurt am Main 1994 (zit. Theorie der Gerechtigkeit)

RAWLS, JOHN, Political Liberalism, New York 1993 (zit. Liberalism)

REESE-SCHÄFER, WALTER, Was ist Kommunitarismus?, 2. Aufl., Frankfurt am Main 1995 (zit. Kommunitarismus)

RIKLIN, ALOIS, Machtteilung. Geschichte der Mischverfassung, Darmstadt 2006 (zit. Machtteilung)

RIKLIN, ALOIS, Politische Ethik, Österreichische Zeitschrift für Politikwissenschaft 23 (1994), 105 ff. (zit. Politische Ethik)

ROSENAU, JAMES N., Citizenship in a Changing Global Order, in: ROSENAU, JAMES N. / CZEMPIEL, ERNST-OTTO (eds.), Governance without Government: Order and Change in World Politics, Cambridge 2002, 272 ff. (zit. Global Order)

ROTH, ROLAND, NGO und transnationale soziale Bewegungen: Akteure einer «Weltzivilgesellschaft»?, in: BRAND, ULRICH et al. (Hrsg.), Nichtregierungsorganisationen in der Transformation des Staates, Münster 2001, 43 ff. (zit. NGO)

ROUSSEAU, JEAN-JACQUES, Der Gesellschaftsvertrag, oder Grundsätze des Staatsrechts (1762), in Zusammenarbeit mit EVA PIETZCKER neu übers. und hrsg. von HANS BROCKARD, Stuttgart 2004 (zit. Gesellschaftsvertrag)

RÜTHERS, BERND, Entartetes Recht. Rechtslehren und Kronjuristen im Dritten Reich, 2. Aufl., München 1989 (zit. Entartetes Recht)

SALADIN, PETER, Verantwortung als Staatsprinzip. Ein neuer Schlüssel zur Lehre vom modernen Rechtsstaat, Bern 1984 (zit. Verantwortung)

SALADIN, PETER, Wozu noch Staaten? Zu den Funktionen eines modernen demokratischen Rechtsstaats in einer zunehmend überstaatlichen Welt, Bern/München/Wien 1995 (zit. Wozu noch Staaten?)

SANDEL, MICHAEL J., Liberalism and the Limits of Justice, 2. Aufl., Cambridge 1998 (zit. Limits of Justice)

SARTORI, GIOVANNI, Demokratietheorie, Darmstadt 1997 (zit. Demokratietheorie)

SAVONAROLA, GIROLAMO, Über Verwaltung und Regierung der Stadt Florenz (1498), in: O Florenz! O Rom! O Italien! Übersetzt und mit einem Nachwort von JACQUES LAAGER, Zürich 2002 (zit. Regierung der Stadt Florenz)

SCHARPF, FRITZ W., Demokratietheorie zwischen Utopie und Anpassung, Konstanz 1970 (zit. Utopie)

SCHARPF, FRITZ W., Positive und negative Koordination in Verhandlungssystemen, in: HÉRITIER, ADRIENNE (Hrsg.), Policy-Analyse. Kritik und Neuorientierung, Opladen 1993, 57 ff. (zit. Koordination)

SCHEDLER, KUNO / PROELLER, ISABELLA, New Public Management, 2. Aufl., Bern 2003 (zit. New Public Management)

SCHEDLER, KUNO, Gewährleistungsstaat – eine Konzeption für den Staat im New Public Management, Berliner Debatte INITIAL 11, Berlin 2000, 5 ff. (zit. Gewährleistungsstaat)

SCHEYLI, MARTIN, Politische Öffentlichkeit und deliberative Demokratie nach Habermas. Institutionelle Gestaltung durch direktdemokratische Beteiligungsformen?, Baden-Baden 2000 (zit. Demokratie nach Habermas)

SCHMALZ-BRUNS, RAINER, Reflexive Demokratie. Die demokratische Transformation moderner Politik, Baden-Baden 1995 (zit. Reflexive Demokratie)

SCHMIDT, MANFRED G., Demokratietheorien: eine Einführung, 3. Aufl., Opladen 2000 (zit. Demokratietheorien)

SCHMITT, CARL, Der Begriff des Politischen. Text von 1932 mit einem Vorwort und drei Corollarien, Berlin 1963 (zit. Der Begriff des Politischen)

SCHMITT, CARL, Politische Theologie. Vier Kapitel zur Lehre von der Souveränität, München/Leipzig 1934 (zit. Politische Theologie)

SCHMITT, CARL, Verfassungslehre, München/Leipzig 1928, unveränderter Neudruck, Berlin-Neukölln 1954 (zit. Verfassungslehre)

SCHUMPETER, JOSEPH, Kapitalismus, Sozialismus und Demokratie, 8. Aufl., Tübingen 2005 (zit. Kapitalismus)

SCHUPPERT, GUNNAR FOLKE, Aktivierender Staat und Zivilgesellschaft – Versuch einer Verhältnisbestimmung, in: Enquete-Kommission «Zukunft des Bürgerschaftlichen Engagements», Deutscher Bundestag (Hrsg.), Bürgerschaftliches Engagement und Zivilgesellschaft, Opladen 2002, 185 ff. (zit. Aktivierender Staat)

SCHUPPERT, GUNNAR FOLKE, Der moderne Staat als Gewährleistungsstaat, in: SCHRÖTER, ECKHARD (Hrsg.), Empirische Policy- und Verwaltungsforschung – lokale, nationale und internationale Perspektiven, Leverkusen 2001, 399 ff. (zit. Gewährleistungsstaat)

SHAPIRO, IAN, The State of Democratic Theory, Princeton/Oxford 2003 (zit. Democratic Theory)

STRAUSS, LEO, Anmerkungen zu Carl Schmitt, Der Begriff des Politischen, in: MEIER, HEINRICH, Carl Schmitt, Leo Strauss und «der Begriff des Politischen»: zu einem Dialog unter Abwesenden, erw. Neuausg., Stuttgart/Weimar 1998, 97 ff. (zit. Anmerkungen)

SUTOR, BERNHARD, Kleine politische Ethik, Opladen 1997 (zit. Kleine Politische Ethik)

TAYLOR, CHARLES, Negative Freiheit? Zur Kritik des neuzeitlichen Individualismus, 2. Aufl., Frankfurt am Main 1992 (zit. Negative Freiheit?)

TAYLOR, CHARLES, Wieviel Gemeinschaft braucht die Demokratie? Aufsätze zur politischen Philosophie, Frankfurt am Main 2002 (zit. Gemeinschaft)

TEETER, EMILY, The Presentation of Maat. Ritual and Legitimacy in Ancient Egypt, Chicago 1997 (zit. Maat)

ULRICH, PETER, Integrative Wirtschaftsethik. Grundlagen einer lebensdienlichen Ökonomie, 3. Aufl., Bern/Stuttgart/Wien 2001 (zit. Wirtschaftsethik)

ULRICH, PETER, Zivilisierte Marktwirtschaft. Eine wirtschaftsethische Orientierung, Freiburg i. Br. 2005 (zit. Zivilisierte Marktwirtschaft)

UNITED NATIONS, A more Secure World: Our Shared Responsibility, Report on the Secretary-General's High-level Panels on Threats, Challenges and Change, 2004, gefunden am 16. Oktober 2006 unter http://www.un.org/secure-world/report2.pdf (zit. Secure World)

UNITED NATIONS, Reform des Sicherheitsrats (Resolutionsentwurf zur Sicherheitsratserweiterung, vorgelegt u.a. von Brasilien, Deutschland, Indien, Japan), gefunden am 16. Oktober 2006 unter http://www.un.org/Depts/german/gv-sonst/screform-a59-l64.pdf (zit. G-4 Reformvorschlag)

UNITED NATIONS, Secretary-General Proposes Global Compact on Human Rights, Labour, Environment, in Address to World Economic Forum in Davos, Press Release SG/SM/6881 1 February 1999 (zit. Global Compact)

UNITED NATIONS, The Global Compact. Human Rights, Labour, Environment, Anti-Corruption, 2004, gefunden am 16. Oktober 2006 unter http://www.un-globalcompact.org/docs/about_the_gc/2.0.1.pdf(zit.Global Compact Brochure)

VORLÄNDER, HANS, Demokratie. Geschichte, Formen, Theorien, München 2003 (zit. Demokratie)

VORLÄNDER, HANS, Die Verfassung. Idee und Geschichte, München 2004 (zit. Verfassung)

WALZER, MICHAEL, Lokale Kritik – globale Standards: zwei Formen moralischer Auseinandersetzung, Hamburg 1996 (zit. Lokale Kritik – globale Standards)

WALZER, MICHAEL, Sphären der Gerechtigkeit: ein Plädoyer für Pluralität und Gleichheit, Frankfurt am Main 1998 (zit. Sphären der Gerechtigkeit)

WALZER, MICHAEL, The Concept of Civil Society, in DERS. (ed.), Towards a Global Civil Society, Providence/Oxford 1995, 7 ff. (zit. Civil Society)

WASSER, HARTMUT, Die Interessengruppen, in: JÄGER, WOLFGANG / WELZ, WOLFGANG (Hrsg.), Regierungssystem der USA, München/Wien 1998, 297 ff. (zit. Interessengruppen der USA)

WEBER, MAX, Wirtschaft und Gesellschaft, Grundriss der Sozialökonomik III. Abteilung, Tübingen 1922 (zit. Wirtschaft und Gesellschaft)

WEIZSÄCKER, ERNST ULRICH VON, Zur Frage der Legitimität der NGOs im globalen Machtkonflikt. Ein einführender Beitrag, in: BRUNNENGRÄBER, ACHIM et al. (Hrsg.), NGOs als Legitimationsressource. Zvilgesellschaftliche Partizipationsformen im Globalisierungsprozess, Opladen 2001, 23 ff. (zit. Legitimität)

WELSCH, WOLFGANG, Vernunft. Die zeitgenössische Vernunftkritik und das Konzept der transversalen Vernunft, Frankfurt am Main 1996 (zit. Vernunft)

WELZ, WOLFGANG, Die bundesstaatliche Struktur, in: JÄGER, WOLFGANG / WELZ, WOLFGANG (Hrsg.), Regierungssystem der USA, München/Wien, 1998, 80 ff. (zit. Bundesstaatliche Struktur der USA)

WELZEL, CHRISTIAN, Wissenschaftstheoretische und methodische Grundlagen, in: MOLS, MANFRED / LAUTH, HANS-JOACHIM / WAGNER, CHRISTIAN (Hrsg.), Politikwissenschaft: eine Einführung, 4. Aufl., Paderborn/München/Wien/Zürich 2003, 395 ff. (zit. Grundlagen)

WIEGAND, WOLFGANG et al. (Hrsg.), Die Öffnung des Verfassungsrechts, Symposium zum 65. Geburtstag von Prof. Jörg Paul Müller, Recht: Zeitschrift für juristische Ausbildung und Praxis, Sonderheft, Bern 2005 (zit. Öffnung des Verfassungsrechts)

WILSON, HILARY, Hieroglyphen lesen, 6. Aufl., München 2002 (zit. Hieroglyphen)

ZIPPELIUS, REINHOLD, Allgemeine Staatslehre. Politikwissenschaft, 14. Aufl., München 2003 (zit. Staatslehre)

ZIPPELIUS, REINHOLD, Geschichte der Staatsideen, 10. Aufl., München 2003 (zit. Geschichte der Staatsideen)

Sach- und Personenregister

Das Register bezieht sich auf die Randziffern. Auch bei längeren Abschnitten zum Thema wird nur die Randziffer angegeben, in welcher die Ausführungen beginnen.

Ein Stichwort kann über mehrere Randziffern hinweg erläutert werden. Die wichtigsten Fundstellen sind **fett** gedruckt. Stichwörter aus Kasten werden den Randziffern zugeordnet, zu welchen der Kasten gehört. Sie tragen den Vermerk «K» nach den Randziffern.

Philippe Mastronardi

Juristisches Denken

Eine Einführung

Uni-Taschenbücher (UTB) – mittlere Reihe. Band 2267
2., überarbeitete Auflage 2003. XIX + 318 Seiten, 20 Tabellen und
8 Grafiken, kartoniert
CHF 30.10 / € 16.90
ISBN 978-3-8252-2267-3

Die gesamte juristische Argumentation lässt sich anhand von polaren Denkweisen darstellen. Sie zeigen das Spektrum auf, innerhalb dessen sich das juristische Denken bewegt. Die Leserinnen und Leser lernen sich in der juristischen Denkwelt zu bewegen. Sie erkennen, was sie tun, wenn sie juristisch argumentieren und erlangen die Fähigkeit, die wichtigen grundsätzlichen Fragen im Recht zu stellen.

⋮ Haupt **Haupt Verlag** Bern·Stuttgart·Wien
verlag@haupt.ch·www.haupt.ch

Karl-Ludwig Kunz

Kriminologie
Eine Grundlegung

Uni-Taschenbücher (UTB) – mittlere Reihe. Band 1758
4., völlig überarbeitete und aktualisierte Auflage 2004.
XIV + 476 Seiten, 28 Schaubilder, kartoniert
CHF 52.20 / € 29.90
ISBN 978-3-8252-1758-7

Die Gesamtdarstellung bietet eine Übersicht der allgemeinen Kriminalitätsforschung sowie des aktuellen Wissensstandes zu Kriminalität und sozialer Reaktion auf diese. Der Akzent liegt bei einer verständlichen (und sogar unterhaltsamen) argumentativen Bilanzierung kriminologischer Sichtweisen, die eine solide Wissensbasis legt und dabei beständig zum Nach-Denken anregt.

: Haupt **Haupt Verlag** Bern · Stuttgart · Wien
verlag@haupt.ch · www.haupt.ch

Karl-Ludwig Kunz / Martino Mona

Rechtsphilosophie, Rechts-theorie, Rechtssoziologie

Eine Einführung in die theoretischen Grundlagen der Rechtswissenschaft

Uni-Taschenbücher (UTB) – mittlere Reihe. Band 2788
2006. XI + 308 Seiten, 37 Fenster, kartoniert
CHF 34.90 / € 19.90
ISBN 978-3-8252-2788-3

Dieses Buch bietet eine einführende Gesamtdarstellung der theoretischen Grundlagenfächer der Rechtswissenschaft (Rechtsphilosophie, Rechtstheorie und Rechtssoziologie) für Studierende der Jurisprudenz. Eine vergleichbare, ähnlich umfassende Einführung in die theoretischen Grundlagenfächer in einem Band gibt es im deutschen Sprachraum bisher nicht. Jedem Kapitel sind Hinweise auf Lektüreempfehlungen vorangestellt. Zusammenfassungen und «Denkfenster» im Text regen zum aktiven Nachdenken an.

: Haupt   **Haupt Verlag** Bern · Stuttgart · Wien
verlag@haupt.ch · www.haupt.ch

Urs Fasel

Repetitorium zur Rechtsgeschichte

insbesondere zur Geschichte des Privatrechts

Uni-Taschenbücher (UTB) – kleine Reihe. Band 2535
2004. XX + 312 Seiten, kartoniert
CHF 30.10 / € 16.90
ISBN 978-3-8252-2535-3

In diesem Buch wird der historische Hintergrund des Rechts in stark geraffter Form und mit Hilfe des klassischen Frage-Antwort-Schemas vermittelt. Das Buch vereinigt dabei u.a. Inhalte, wie frühe Rechtsgeschichte, mittelalterliches Recht, Verfassungsgeschichte, nationale Privatrechtskodifikationen (Deutschland, Frankreich, Österreich, Schweiz) und reicht in Einzelheiten bis in die jüngste Gegenwart herein.

⋮ Haupt **Haupt Verlag** Bern · Stuttgart · Wien
verlag@haupt.ch · www.haupt.ch

Jussi Baade / Antje Schlottmann / Holger Gertel

Wissenschaftlich arbeiten

Ein Leitfaden für Studierende der Geographie

Uni-Taschenbücher (UTB) – mittlere Reihe. Band 2630
2005. 236 Seiten, 30 Abbildungen, kartoniert
CHF 33.40 / € 18.90
ISBN 978-3-8252-2630-5

Wer heute studieren will, muss dies effizient und weitgehend selbständig tun. Dabei gilt es, sowohl inhaltlichen als auch formalen Anforderungen gerecht zu werden. Dieses Buch bietet eine leicht verständliche Anleitung für das wissenschaftliche Arbeiten. Es thematisiert den Umgang mit Literatur, die Gestaltung von schriftlichen Arbeiten sowie verschiedene Präsentationstechniken. Mit Tipps, Anregungen und vielen Beispielen ist das Buch eine verlässliche Begleitung für Studierende (nicht nur) der Geographie vom ersten Referat bis zur Abschlussarbeit.

⋮ Haupt **Haupt Verlag** Bern · Stuttgart · Wien
verlag@haupt.ch · www.haupt.ch